2019年第2辑
（总第11辑）

法大研究生

Journal of Postgraduate.CUPL

李曙光 / 主编

中国政法大学出版社

2020 · 北京

图书在版编目（ＣＩＰ）数据

法大研究生.2019年.第2辑/李曙光主编.—北京：中国政法大学出版社，2020.3
ISBN 978-7-5620-9465-4

Ⅰ.①法…　Ⅱ.①李…　Ⅲ.①社会科学－文集　Ⅳ.①C53

中国版本图书馆CIP数据核字(2020)第039983号

出　版　者	中国政法大学出版社
地　　　址	北京市海淀区西土城路 25 号
邮寄地址	北京 100088 信箱 8034 分箱　邮编 100088
网　　　址	http://www.cuplpress.com (网络实名：中国政法大学出版社)
电　　　话	010-58908289(编辑部) 58908334(邮购部)
承　　　印	北京九州迅驰传媒文化有限公司
开　　　本	720mm×960mm　1/16
印　　　张	45.5
字　　　数	770 千字
版　　　次	2020 年 3 月第 1 版
印　　　次	2020 年 3 月第 1 次印刷
定　　　价	125.00 元

解放思想
质量第一
根除割据

江

公正为人类之共
同价值追求；
法治为当代之共
同生活方式。

陈光中

業精於勤

積學待用

張晉藩

法治是法大人的"中国梦"。

李曙光

宝剑锋从磨砺出，
梅花香自苦寒来！

博观而约取，
厚积而薄发！

启祝季

主编寄语

"随风潜入夜，润物细无声。"于无声处，《法大研究生》进入了第六个春秋。在过去的五年里，我们始终秉承"开放、交流、思考、进步"的办刊宗旨，兢兢业业，为青年学子和青年学者搭建起了施展才华的舞台，为学术星空贡献了一片属于我们的光辉：

第一，提供交流平台，培育学术新人。青年学子和青年学者具有敏锐的洞察力并且有充足的时间、旺盛的精力，是关注新变化、研究新情况、解决新问题的重要力量。自创刊以来，《法大研究生》以提供平台、培育新人为努力方向，每年出版两辑，此前已连续出版 10 辑。在这些刊发论文的作者中，绝大多数是青年学者和硕博研究生，这表明，《法大研究生》已确实成为青年学子和青年学者"指点江山，激扬文字"的学术阵地，这同时也表明，我们的办刊取得了显著效果。

第二，贡献学识智慧，繁荣学术发展。从党的十八届三中全会到十九届四中全会，社会的变革从未止步，快速发展的社会经济和纷繁复杂的社会生活不仅仅给社会带来了持续更新的动力，同时也给社会制度不断地提出新的挑战。众多新变化和新问题亟待研究和解决。长期以来，《法大研究生》很好地发扬了"关注重大问题，研究前沿理论"的优良传统，前后涌现出大量的高质量研究成果，在这些成果中，有对"一带一路"相关法律问题的有益探讨、有针对《民法典》编纂问题的交流、对《刑事诉讼法》修改的建议，以及国家知识产权战略的实施等问题。无疑，本刊呈现的这些由作者贡献的学识和智慧，对于繁荣学术、解决社会现实问题，均大有裨益。

"木欣欣以向荣，泉涓涓而始流。"任何的繁盛都不可能由一人造就。《法大研究生》取得的以上成就，得益于广大作者、编辑部和各位读者的奉献。

在此，感谢向我们惠赐稿件的每一位作者，你们的学识和智慧的奉献，是我们发展的基础；感谢应往届编辑部的所有同学们，你们甘居于"幕后"，默默地耕耘和无私的奉献，使每辑刊物似如期盛开的繁花，特别美丽；感谢本刊的广大读者，你们的关注，是我们不懈努力、精益求精的动力；最后，同样重要的，感谢与《法大研究生》产生联系的每一个人，在广袤的书海里，相遇不易，我们珍惜每一份遇见。

"雄关漫道真如铁，而今迈步从头越。"所有的发展都是面向未来的。作为由中国政法大学主办，研究生院承办的哲学社会科学类系列出版物，《法大研究生》始终以高标准和严要求砥砺自身。在此，为进一步发挥《法大研究生》培育学术新人、推动学术进步的作用，希望青年学者和同学们一如既往，初心不改。

首先，继续以"敬畏科研，崇尚学术"的理念指导自身研究工作。真切的投入和锤炼都是源自内心的认同，科研是需要"静得下，坐得住"的工作，做好科研的开端一定是敬畏和崇尚。近日，基因编辑的消息屡见报端，科研伦理的话题引起热议，这告诉我们，从事科研工作是需要怀有一颗敬畏之心、公义之心的，这样所做的工作才能真正有益于社会的发展和人类的进步。同样，从事社会科学研究工作也是如此，我们的青年学子，应抱有敬畏和崇尚之心，彻底摒弃"做论文就是文字的拼拼凑凑"这种思想，孜孜以求，研究真问题，提出新思路，保障学术质量，努力使自己的研究成果有助于推动学术进步。此外，编辑部的同学们也要严守学术道德底线，在我们初审和外审双重匿名审稿制度和学术打假制度的保障下，严格遵守审稿流程，以学术水平和学术价值为衡量论文的标准，甄别出优秀的作品以供刊发，为推动学术发展贡献一己之力。

其次，继续以"扎实基础，开阔视野"的认知引领自身为学治学。"冰冻三尺，非一日之寒"，任何优秀的作品，都历经了不断地淬炼；任一名家学识的汇集，都经历了岁月的沉淀。在学术研究的道路上，一定要沉心静气、脚踏实地，广泛阅读文献资料以扎实学术基础，而不能心浮气躁、浅尝辄止，希望通过捷径走上学术的康庄大道；同时，广泛交流，通过各种方式开阔学术视野，既要汇通中西，又要贯通古今，而不是坐井观天、固守一隅，思维狭隘的认识和研究问题。在此同时希望编辑部的同学们能够以更高的标准要求自己，以提高自身学术品鉴能力，甄别出更多的学术精品，助推学术的进步和问题的解决。

最后，继续以"关注热点，研究前沿"的方式贡献自身学识智慧。真问题是一切研究的逻辑起点。我们现今正处于全面深化改革的关键时期，经济社会在取得显著成就的同时也给我们提出一系列的挑战。在科技领域，人工智能、大数据、云计算以及渐趋成熟的区块链技术等，科技的发展不仅需要前沿技术的支撑，还需要伦理和制度的保障，这些都亟待我们社会科学领域学者加以研究。在作为经济核心的金融领域，金融科技的发展，致使监管失灵不断，已经倒逼监管机构不得不面临新问题，改革监管方式。在全国上下关注的国企改革领域，央企和地方国有企业混合所有制改革已经进入深水区，需要进一步的探索。党的十九大以来，社会主要矛盾发生深刻变化，人民日益增长的美好生活需要和不平衡不充分的发展之间矛盾的解决，需要我们全面且深入的研究，为社会问题的解决和国家的进步建言献策，提供智力支持。青年一代作为民族之希望、社会之栋梁，应摒弃固守象牙塔之思维，广泛接触社会，持续关注社会热点和现实问题，将理论与实践结合，深刻分析问题和解决问题，担负起青年学子应尽的社会责任。

春华秋实，又至辞旧迎新季。过去的一年，新中国在七十周年的盛典中总结回望，祖国的美好蓝图正渐次打开。与此同时，我们的学术研究也迎来了大发展、大繁荣。就在刚刚过去的 12 月，《法大研究生》承办了"第一届全国法学学术集刊建设与发展研讨会"，这标志着《法大研究生》跨过五周年，迈向了具有学术影响力刊物的征程。在此，希望青年学子继续以真知为方向，坚持不懈，奋发有为，为学术的发展和繁荣奉献自己的一分力量；也希望编辑部的同学们不忘初心，继续秉承"开放、交流、思考、进步"的办刊宗旨，站在前人的肩膀上，让《法大研究生》在学术的时空里绽放出更加璀璨的光辉。

李曙光

中国政法大学研究生院院长

中国政法大学钱端升讲座教授

2020 年 1 月 10 日

目 录

法理法史

刑法论坛

诉讼论丛

私法纵横

法理法史

阿奎那自然法的古典自然论基础

李亭慧*

　　摘　要：阿奎那认为人法源自人类理性，与上帝理性相比，人类理性是不完善的，所以人法的位阶在永恒法和自然法之下。阿奎那的人法位阶理论深受古希腊神学的影响，在古希腊，自然有善的目的，后来演化出自然神，自然和自然神都在人之上，主宰人类及人法。后来，基督教中的上帝取代了古希腊的自然神统治人类。可见，人在自然、自然神和上帝之下的观点是一脉相承的，人法也因此在上帝的永恒法和自然法之下。

　　关键词：人法　人类理性　位阶　自然法　自然神

　　托马斯·阿奎那（Thomas Aquinas，约 1225—1274）处在一个思想上百家争鸣的时代，在他之前的神学理论家一直在圣·奥勒留·奥古斯丁（Saint Aurelius Augustinus，354—430）的笼罩之下，而奥古斯丁继承的是柏拉图（Plato，B. C. 427 – B. C. 347）的思想。阿奎那在吸收亚里士多德（Aristotle，B. C. 384—B. C. 322）及阿威罗伊（Averroe，1126—1198）等人的思想的情况下也没有抛弃柏拉图、奥古斯丁的思想。在这个意义上，可以说阿奎那

---

　　* 李亭慧，中国政法大学法学院 2018 级法学理论专业博士研究生（100088）。

的思想孕育于古希腊的土壤。从古希腊开始，人就在自然和神之下，人不仅认识能力有限，而且德性上也是有缺陷的。在古希腊，人之上有自然神和宇宙神，他们都是完整德性的代表，都是人应该模仿的对象，所以人制定出来的法律不可能完全符合自然和神的意图，需要向自然和神靠拢，阿奎那的人法位阶理论就根源于此。所以，对阿奎那的人法位阶理论的分析不得不考察古希腊对人的局限性的观点、人与神的关系、人法与神法的关系等观点。

一、阿奎那论法与理性

阿奎那的人法在其神学法体系中有其特殊性：人法的位阶较低。其原因在于人法来自于人类理性。所以考察阿奎那的人法理论前应当先看他关于法律与理性的看法。在柏拉图那里，理性在灵魂中起主导作用。马库斯·图留斯·西塞罗（Marcus Tullius Cicero，B. C. 106—B. C. 43）更是用理性详细解释了自然法，他说："法律乃是植根于自然的最高理性，它允许做应该做的事情，禁止相反的行为。当这种理性确立于人的心智并得到充分体现，便是法律"[1]。西塞罗用理性的两个方面来阐释法，其中一方面是自然的最高理性，这是法的根基，但是人的认识能力并不能完全认识自然的最高理性，所以，当自然理性部分地被人认识到时，它就是人的法律，这种法律是与自然相吻合的，因而适用于所有的人。这里已经涉及了理想的两个层次，一个是自然的最高理性，不管人类能不能够认识到，它都存在于那里；另一个是人所认识到的自然的最高理性，这是前者显现出来的可以作为人的行为指引的。同样，理性也是阿奎那法理论的线索，贯穿于永恒法、自然法和人法三位阶体系之中。研究阿奎那的人法位阶理论难以避免地要处理法律与理性问题。

阿奎那在讨论法律的本质时的法律是指广义的法律，包括了永恒法、自然法、人法和神法在内。法律与理性有关吗？阿奎那的回答是肯定的。他一如既往地采用以三段论为基础的逻辑推理方法来论证。首先，法律是行为的规则和标准。同时，他还认为人的行为的规则和标准是理性。如此可以推出，法律和理性同为行为的规则和标准，人们依此行事。在这个程度上，法律和理性已经难脱关系了。但阿奎那不满于此，他更具体地将理性与法律的位阶关系加以说明。理性是人的行为的首要原则，[2] 此处阿奎那还引证了亚里士

---

〔1〕 ［古罗马］西塞罗：《西塞罗文集》（政治学卷），王焕生译，中央编译出版社 2010 年版，第158 页。

〔2〕 ［意］阿奎那：《论法律》，杨天江译，商务印书馆 2016 年版，第 3 页。

多德的权威论述，"理性指向目的，是所有行动的首要原则"。[1] 又因为任何种类的原则就是那个种类的规则和标准。由此，可以得出法律与理性相关的结论。[2] 或者更具体地说，理性是法律的规则和标准。

可以看出，法律与理性并非地位相同的关系，而是一种类似于"附属"的关系。因为，相比于法律，理性处于更为本质的层面。阿奎那针对人类提及的重点是，遵守规则并根据一定标准衡量自己便是理性的行为。他没有将我们与具有理性并受法律支配的天使相提并论，而是同非理性动物比较。动物当然地、在某种类似的程度上受法律支配；上帝的理性安排可以被看作对它们推动力的设计。但它们察觉不到我们能够感知的秩序。对它们而言，那不是法律而仅仅是欲望。因此，在更严格的意义上，法律对理性动物来说，非但不是束缚，而是一种特权。[3] 可以看出，人与非理性动物理性程度的差异，导致了法律不同的表现形式。在下文法律不同种类的划分中，可以更明显感受到由于理性完善程度的差异对法律造成的影响。在这种情况下，理性在和法律关系中的高位阶就不言而喻了。

二、理性的下降与人法的位阶

既然理性是法律的基础，那么理性也是人法的基础，所以人法的地位也是人法背后的理性决定的，他对法律的分类，也是基于法律与理性之关系。阿奎那是一位虔诚的天主教徒，他的法理论与天主教信仰是分不开的。他认为永恒法来自上帝理性，人法是人类理性对自然法的具体化。在上帝的超凡智慧面前，人类理性是不完善的，上帝的理性是至高之理性，人的理性是有限之理性，所以源自人类理性的人法也是不完善的，其位阶当然比源自上帝智慧的永恒法和自然法要低，不同的理性对应着相应的法律种类。从永恒法到自然法，再到人法的位阶逐次下降实际上是从上帝理性到人类理性的下降。

（一）永恒法：完满的上帝理性

对于永恒法，阿奎那认为，既然法律不过是实践理性的命令，源于治理完善共同体的统治者，[4] 那么，在天主教的世界里，无论是在时间还是空间

---

〔1〕 苗力田编：《亚里士多德选集》（伦理学卷），中国人民大学出版社 1999 年版，第 165 页。

〔2〕 ［意］阿奎那：《论法律》，杨天江译，商务印书馆 2016 年版，第 4 页。

〔3〕 J. Budziszewski, *Commentary on Thomas Aquinas's Treatise on Law* 19 - 20 (Cambridge University Press 2014).

〔4〕 R. J. Henle, *Saint Thomas Aquinas The Treatise on Law* 146 (University of Notre Dame Press 1993).

意义上，上帝是世界共同体的统治者。宇宙共同体显然是由上帝的理性统治着的。又因为法律从属于理性的关系，阿奎那认为，上帝作为宇宙统治者统辖万物这一观念中存在着法律的本质。[1] 上帝的神学统治与法律之理性本质完美的接洽在一起。另外，上帝以其智慧创造万物，以此成为其万能产品的创造者。永恒法是上帝超凡智慧之理性，指引着万事万物之运动和行为。并且，上帝之理性不在时间范围内形成关于事物的概念，而是永恒的，这种赋有上帝理性之法律必然被冠之为永恒。

关于永恒，要注意的是上帝统治者是永恒的，然而上帝统治下的万物并非永恒，包括人在内。也就是说永恒法之对象并非永恒。有反对者质疑人不永恒，何谈法之永恒。然而上帝法律之永恒的含义便是在上帝为统治其预知的事物而规定的意义上来说，乃具有永恒之特征。因此，法律之对象（以及法律公布之对象）的非永恒反而印证了上帝的全知全能。而全知全能上帝之立法目的更加不可能指向世间任何事物。只有终极的目的才是永恒的，而上帝自身才是神圣统治之目的。如此看来，法律难道不是指向现实之目的的吗？在这里，需要区分两种目的，一种是上帝抑或永恒法之目的，一种是事物自身之目的。法律拥有法律自身之目的，法律统治的事物亦有自身之目的，法律的功能是引导事物指向其自身之目的。

永恒法的永恒性体现在永远正确和永远有效，它针对的是上帝所统治的整个世界，当然包括人类世界。这个正确性和有效性是建立在上帝全知全能全善的基础之上的，所以是以信仰为前提，但是这个"信仰"并不取消人的理性的空间，而是在信仰之下的理性，是通过人的理性去参悟上帝的立法意图，上帝的立法意图是上帝的理性的结晶，他通过理性思考在众多的可能世界中选择了一个最好的世界，并做出了对这个世界的最好的立法安排，也就是永恒法。那么，是否所有人都认识或能够认识到永恒法？是否所有种类之法都源于永恒法？是否必然性的事物或偶然之物都服从永恒法？以上问题的答案无一例外都与理性相关。具体而言，人们在不同的程度上认识着永恒法，而对永恒法的认识程度正是由认知、反思等能力决定的，这些能力恰属于人类理性之范围，人类理性有能力分有上帝理性，从而产生的就是自然法。

（二）自然法：对上帝理性的分有

阿奎那在对待自然法问题时，依然采用二分方法，他认为，法律是一种

---

〔1〕 ［意］阿奎那：《论法律》，杨天江译，商务印书馆 2016 年版，第 16 页。

规则和标准，可以两种方式存在于人内：一种是以统治者和权衡者的方式存在；另一种是以被统治者和被权衡者的方式存在。上帝是万物之统治者，万物作为被统治者分有上帝之理性。也就是说，事物在分有规则和标准的范围内是被统治和被权衡的。[1] 那么，上帝统治之下的万事万物都是由永恒法统治和权衡的，同上之理，万事万物以各自的方式分有着永恒法，亦如肢体的法律分有着头脑的理性之法，后者是统治者和权衡者，是更高一级的法，推动着被统治者指向恰当的行为和目的。而被统治者身上铭刻着上帝之理性——永恒法之光芒。

万事万物以两种方式接受上帝的统治、权衡或照管，即服从永恒法：一种是通过知识分有永恒法；另一种则是通过主动或被动的方式分有永恒法，例如以内在行动原则的形式。[2] 非理性造物是以第二种方式从属于永恒法。例如猫天生知道捕捉老鼠，并没有知识学习的过程。每一非理性动物都以其自身的方式分有着永恒理性，这与理性造物[3]是一致的。但是，理性造物是以一种理智性的方式分有的，理性造物既有关于永恒法的某种知识，也有与永恒法相和谐的自然倾向。[4] 但与非理性造物相比，理性造物以一种更为卓越的方式服从上帝的照管，他自身即分有着这种照管，既照管自身也照管他物。因此，理性造物有一种对永恒理性的分有，借此他们拥有了一种指向恰当行为和目的的自然倾向。这种理性造物对永恒法的分有就称之为自然法。其实当上帝在造人的时候决定模仿自己的样子本身就说明人在被创造的时候就分有了上帝的"形式"，而人的理性能力也是对上帝的能力的分有，人有理性能力，上帝也有理性能力，二者有共性，否则人的理性不可能认识上帝的永恒法。

什么是分有呢？"分有"源自柏拉图，万事万物都有一个最初始最完美的相，这个完美的一切事物因为分有一，是一，又因为分有多，这些同一事物

---

〔1〕 ［意］阿奎那：《论法律》，杨天江译，商务印书馆 2016 年版，第 16~17 页。

〔2〕 ［意］阿奎那：《论法律》，杨天江译，商务印书馆 2016 年版，第 17 页。

〔3〕 理性造物只有两类：人和天使，他们都拥有理性的意愿（voluntas）能力，能够自由地作出价值判断，并承担责任。

〔4〕 当然，这两种方式都不是完美的，在恶人身上受到某种程度的破坏；在他们身上美德的自然倾向被邪恶的习惯所败坏，甚至善的自然知识在他们身上也为情欲和罪恶所削弱。但对善人而言，这两种方式都以比较完美的形式存在着，因为在他们身上除了有着关于善的自然知识，还有智慧和信仰的额外知识；而且，除了善的自然倾向，还有着美德和恩宠的额外的内在动机。参见 ［意］阿奎那：《论法律》，杨天江译，商务印书馆 2016 年版，第 54 页。

也是多。[1] 柏拉图是为了解决一个形而上学的问题才提出"分有"的概念的：事物和事物之间为何即相同又有差异，柏拉图认为万事万物是"多"，这些"多"有自身的元素，所以彼此相异，但所有的"多"又都分有"一"，所以彼此又有相同的地方。分有是占有其中一份的意思，[2] 在这里，阿奎那的意思指理性造物只能部分认识到上帝的永恒法，就他所认识的部分对他来说是普遍有效的自然法，所以二者相同。相应地，阿奎那这里，永恒法是上帝的理性，是最完美的理念，而自然法便是造物的理性对上帝理性的分有。上帝理性处在上位，被造物的理性处在下位。

（三）人法：人类理性的具体化

既然自然法是普遍的、正确的，那用自然法去调整人类事务就够了，为什么需要人法呢？阿奎那认为人类事务复杂多样，不能以同样方式适用一切人，因此，有变化多样的人法存在的必要。而这个人法又不是人类理性的任意规定，而是依据自然法对具体事务作出的裁判。所以，人法本身派生于自然法，表现为一般准则的特殊规定或出自不可证明的原则的具体结论。[3]

阿奎那对人法的概念的探讨同样是在理性阶梯的基础上，人作为理性造物分有上帝之理性，但有限的人的理性无法完全分有全知全能的上帝的理性，只能根据其自身的形式不完善地分有。就实践理性与思辨理性之差异而言：思辨理性是人通过对上帝智慧的自然分有，拥有共同原则的知识。但这却不是特定真理的完善知识，完善知识只存在于上帝智慧之中。就实践理性而言，人有着按照共同原则对永恒法的自然分有，但这不是关于特殊情形的特定决定，这些共同原则只包含于永恒法中。因此，需要人的理性进一步制定具体的法律。[4] 因此，阿奎那认为，法律是实践理性的命令。[5]

同时，实践理性和思辨理性遵循着类似的步骤——都是从某些原则出发到达特定的结论。思辨理性是通过理性的努力，从自然可知的不可证明的原则中得出各种不同科学的结论，只是这不是通过人之本性即可达到的。同样，人法亦符合这些不证自明的原则，即从自然法之原则抑或共同的不可证明之

---

[1] ［古希腊］柏拉图：《巴曼尼得斯篇》，陈康译注，商务印书馆1982年版，第38页。

[2] 刘素民：《托马斯·阿奎那自然法思想研究》，人民出版社2007年版，第110页。

[3] ［意］阿奎那：《论法律》，杨天江译，商务印书馆2016年版，第82~84页。

[4] ［意］阿奎那：《论法律》，杨天江译，商务印书馆2016年版，第20页。

[5] ［意］阿奎那：《论法律》，杨天江译，商务印书馆2016年版，第5页。

原则出发，人之理性需要进入到对特殊事项的更为具体之决定。[1]

但问题在于：人如何通过思辨理性认识到神的意图？这是其一，其二，在具体化的过程中，实践理性如何选取最佳手段？对于第一个问题，阿奎那认为是不证自明的，也就是说他认为人本能的有向上帝靠近的天性，因为上帝是善的。所以，阿奎那认为那些基本的人类善就是这些不证自明的原则，包括①生命；②男女间的婚姻；③知识；④与他人的友谊，等等。[2] 当然，还包括"行善避恶"（to do good and avoid evil），这是阿奎那和吴经熊自然法的首要原则，是所有原则的前提，没有这个原则，其他自然法的原则都是无效的。

但是，在激发人行动的动机上，"行善避恶"原则显得薄弱了一些。因为动物也行善，正如阿奎那说："人有着向善的倾向，这是与所有物质所共有的本质一致的，亦即每一本体依其本性都追求着自我保存。"那么人与动物的区别在哪里？动物可以本能地"行善"，而人要积极地"追求善"。我们不仅仅要行善，还要追求善。所以下面这个原则就成为实践理性的首要原则："应当为善和追求善，且应当避免恶（Good is to be done and pursued, and evil is to be avoided）"。[3] 也就是说，所有手段的选择在于是否在追求那个善，不能最佳地实现那个善的就不是最佳的手段。而以规则表现出来的人法就是实现这种善的最佳手段。所以，人法就是"应当为善和追求善，且应当避免恶"这一原则的具体运用，而这个运用依赖于人的实践理性。

那么，接下来的问题是人法的改变或者完善问题。阿奎那认为人法应当改变，原因有两个：[4] 第一，人法是人类理性的具体化，但是，人的理性从不完善逐步发展到完善，这似乎是自然的过程。因此，人法也有一个自然的发展进化过程。第二，人法所规范的人类事务会发生变化。[5] 所以，法律需要不断地修改变得更完善，更接近自然法。阿奎那同时提醒我们，对法律的修改要审慎，不能朝令夕改，只有出现特定条件才能改变法律，即人法的改变有利于共同福利时才能改变。无论如何，人法的改变是人类理性对上帝理性的再一次认识。每一次改变都是向上帝理性的完满状态的靠近。在长久的

---

〔1〕 ［意］阿奎那：《论法律》，杨天江译，商务印书馆 2016 年版，第 19 页。

〔2〕 ［意］阿奎那：《论法律》，杨天江译，商务印书馆 2016 年版，第 64 页。

〔3〕 吴经熊：《正义之源泉：自然法研究》，张薇薇译，法律出版社 2015 年版，第 49 页。

〔4〕 ［意］阿奎那：《论法律》，杨天江译，商务印书馆 2016 年版，第 110~111 页。

〔5〕 吴经熊：《正义之源泉：自然法研究》，张薇薇译，法律出版社 2015 年版，第 38 页。

时间进程中，人法在每次修改中得到进化。

总之，阿奎那的自然法体系是永恒法、自然法和人法所构成的位阶体系，在这个位阶体系中，永恒法处在上位、人法处在下位，而自然法是永恒法和人法的结合，处在中间位置。因为永恒法指引所有的行为，当然包含人的行为或神的行为，当然在最上位，它是自然法的基础，而人法又是自然法的具体化，所以人法在最下位。而最上位的永恒法是来自"神圣智慧"（divine wisdom），[1] 最下位的人法是来自人类理性，[2] 由此可见，神圣智慧在人类理性之上，这个神圣智慧就是上帝的智慧。那么，阿奎那的自然法体系预设了人的位置：人在上帝之下。其实这个思想根源可以追溯到古希腊，从古希腊到中世纪，人要么在自然神、城邦神之下，要么在上帝神之下，也就是说，当自然哲人发现自然之后，自然之理取代了自然之物，随后，宇宙神取代了自然之理的地位成为人类秩序的统治者，基督教兴起之后，上帝又取代宇宙神的位置。人的这个位置理论为阿奎那的人法位阶理论奠定了基础。

三、阿奎那与柏拉图论人的局限性

在《法律篇》中雅典人问了这样一个问题，我们在牧牛或者牧羊时，既没有让牛本身去统治牛群，也没让山羊去统治羊群，这是为什么？[3] 相反，我们选择了牧童或者羊倌来统治牛群或者羊群。但无论是牧童还是羊倌，都是比牛羊高一级的动物——人。这说明了政治生活的复杂性。在私人生活中，人可以日出而作日落而息，而一旦进入政治生活就会出现统治者与被统治者，谁可以成为统治者就成为一个难题？这个难题在于，一旦成为统治者，就面临"公"与"私"的冲突，是为了自己的利益还是为了全体人的利益行事？[4] 为君者或者事君者不私爱其身其实很难。所以柏拉图反讽地认为在克洛诺斯时代出现过最好的统治，因为那时是精灵统治人类而非人类统治人类，精灵比人更有智慧。但是，在现实的政治中，我们面临两难：一方面找不到

---

〔1〕 R. J. Henle, *Saint Thomas Aquinas The Treatise on Law* 205（University of Notre Dame Press 1993）.

〔2〕 R. J. Henle, *Saint Thomas Aquinas The Treatise on Law* 165（University of Notre Dame Press 1993）.

〔3〕 Plato, *The Laws of Plato* 99（Thomas Pangle trans. , The University of Chicago Press 1980）.

〔4〕 这也是区分正宗政体与变态政体的唯一标准，"凡照顾到公共利益的各种政体就都是正当或正宗的政体；而那些只照顾统治者们的利益的政体就都是错误的政体或正宗政体的变态（偏离）。"（［古希腊］亚里士多德：《政治学》，吴寿彭译，商务印书馆 1965 年版，第 135 页。）

精灵来统治人类；另一方面人们又不相信人可以颁布法律统治人类，正如不相信牛可以统治牛群。这个两难源自人的局限性，阿奎那及其先哲接受人固有的局限性，归纳起来有三点：

人的局限性首先在其认识能力，柏拉图认为只有少数热爱智慧的人才能不断地接近真理，大多数人被欲望牵着鼻子走。"当某人的欲望流向知识和一切类似的领域，我想，它们就会涌向只属于灵魂本身的那种欢乐，把躯体所能感受到的种种快乐抛在后面"。[1] 只有少数热爱智慧的哲人具有节制的精神，他们所热衷的不仅是事物的本质，亲近真理，具有节制的精神，这样的人拥有智慧和好的认识能力。而被欲望牵着鼻子走的人"忙着填饱肚子，忙着进行交配，为了在这方面比别人得到更多的利益，他们之间你踢我、我踢你"。[2] 他们都停留在感官的快乐中，具有较低的认识能力，只有少数热爱智慧的灵魂能从生活的世界转过来，面向真理和本质的世界。

而阿奎那是通过与天使的认识能力的对比，来发现人的认识能力的局限性的。阿奎那认为，认识能力有三个等级，最高的是天使的认识能力，这种能力能认识脱离质料而独立存在的形式；最低等级的认识能力是感觉，是一种身体器官的活动，有感觉的生物都具有这种能力，这种能力所认识的对象是个体质料的形式，是个体事物的知识；而人的认识能力是在这二者的中间位置，人的认识能力不纯然是身体器官的活动，而是包含有身体形式的灵魂的活动能力。[3] 也就是说天使能直接认识事物的本质，而人只能借由通过个体事物去认识其抽象的本质，人的认识能力比有感觉的生物的认识能力要高，但是低于天使的认识能力，不能直接把握事物的本质。

人除了在认识能力方面具有局限性之外，人在智力、天赋和德性方面还有差异。这些差异会影响立法安排，一方面人们愿意德性和智力卓越的人来立法，另一方面又不愿承认这种差异。但柏拉图认为这方面的差异是客观存在的，并且是先天决定的。具有统治能力的人，在被生产时加了金子，因此是最有价值的。他们的助手，被加了银子。农夫或其他手工业者被加了铁和青铜。[4] 人的灵魂是有高低差异的，要在高尚的人中去寻觅法官和立法者，

―――――――――

〔1〕 〔古希腊〕柏拉图：《理想国》，王扬译注，华夏出版社 2012 年版，第 215 页。

〔2〕 〔古希腊〕柏拉图：《理想国》，王扬译注，华夏出版社 2012 年版，第 346 页。

〔3〕 〔意〕圣多玛斯·阿奎那：《神学大全》（第 3 册），周克勤等译，中华道明会、碧岳学社 2008 年版，第 163~164 页。

〔4〕 〔古希腊〕柏拉图：《理想国》，王扬译注，华夏出版社 2012 年版，第 126 页。

"因为低劣的本性永远无法了解高贵的品质，也不能了解自己，而高贵的本性，一旦其本性经过时间的培育，将会同时获得有关自己、有关低劣本性的知识"。[1] 关于这一点，阿奎那也是予以直接接受的，他说在人当中，那些具有最好触觉的人所具有的理智也是最好的。[2] 人在德性和知识方面存在不平等，一些人比另一些有更好的德性和知识。[3] 这样，阿奎那必然不同意人类理性的高级地位，一方面，因为人类理性本身是不稳定的，是存在高低之别的；另一方面，具有德性和天赋的人在政治社会中也不一定有条件和机会参与立法。这两点使得阿奎那必然把人类理性所制定的法放在较低位置。

最后，人不可避免地倾向道德的邪恶。柏拉图很早就洞察到了这一点，"人的自然本性压根无法控制人类事务，当它拥有主宰一切的权威时，没有不充满肆心和不义的"。[4] 肆心和不义就会导致城邦的战乱和犯罪，而正义和不肆心是一种灵魂的和谐状态，理性具有智慧，所以让理性作为领导，勇气服从理性智慧的领导，并作为理性的盟友。勇气按照理性制定的战略奋起行动，并始终坚守理性的指导。并且，理性要统治欲望。这是正义和节制的状态，但是这种状态是很难得，人大多数时候很难摆脱欲望的驾驭，特别是位越高、权越大时作恶的可能性就越大，正是基于这一点，阿奎那对由人充当人世间的立法者持怀疑态度。[5]

因为人有这三个局限性，所以在古典思想体系中，人上面有两个东西，一个是自然，一个是神。同样，人法上面也有两个法，一个是自然法，一个是神圣法。[6]

四、人在自然和自然神之下

自然具有双重属性，一层指包含自然万物的自然界，另一层是自然万物

---

〔1〕 ［古希腊］柏拉图：《理想国》，王扬译注，华夏出版社 2012 年版，第 119 页。

〔2〕 ［意］圣多玛斯·阿奎那：《神学大全》（第 3 册），周克勤等译，中华道明会、碧岳学社 2008 年版，第 37 页。

〔3〕 ［意］圣多玛斯·阿奎那：《神学大全》（第 3 册），周克勤等译，中华道明会、碧岳学社 2008 年版，第 300~301 页。

〔4〕 Plato, *The Laws of Plato* 99 (Thomas Pangle trans., The University of Chicago Press 1980).

〔5〕 吴经熊：《正义之源泉：自然法研究》，张薇薇译，法律出版社 2015 年版，第 50 页。

〔6〕 在阿奎那那里，"神法"特指《旧约》和《新约》，这里的神圣法不是指阿奎那的神法，而是指立基于神的法，后面将会给出关于神的准确定义。

的运行规律。前者是自然之物，是现象界，后者是自然之理，是本质世界。[1] 但是，无论是自然之物还是自然之理都包含有不受人为干涉的内在性，当陶渊明说"久在樊笼里，复得返自然"时，陶渊明的自然既可以指自然界也可以指自然的舒适状态，但是无论是哪一种自然都包含不受人为干涉的内在性，这个内在性意味着事物自身运转的规律，无论人的理性是否能认识到，自然都有它的规律和目的。"天何言哉？四时行焉"，也即是说自然界有它自身的目的，例如，一粒树种子的目的是长成参天大树。同样，自然之理也具有它的内在性和目的性，它的目的性在于它的正确性和正当性，例如，"偿还欠物"是一条具体的自然之理，它的正当性在于它的正确性，这种正确性确保了它的普遍性。这直接影响了古罗马法学家对法律的看法，例如西塞罗就曾经说法源于自然。[2] 也正是这种正确性使得人类必须服从于它，人长于自然界，受天生地养，人的行为也需要合于自然的道理，逆天而行通常要遭受惩罚，无论是自然界还是自然之理都是比人高一级的存在，人类必须服从。

如果说自然是比人更高的一类存在物，那么在古典世界中，还有一类比人更高的存在物：神。当然，这个神不是指基督教中的上帝，那时基督教还没有产生，基督教产生之前，这个神叫宇宙神或自然神。直接提到自然神的著作是柏拉图的《蒂迈欧》。自然哲人的观点认为宇宙是火土水气相互黏融构成的平衡体，但是柏拉图多了一个"神"的观念，认为火土水气的比例是神调配的，宇宙是神有目的的设计的结果。因此，柏拉图的自然之理不再是火土水气等基础质料及其运动的组合，而多出了在质料之上的神的意图——完善生命体。[3] 并且柏拉图在《法律篇》中证明宇宙神的存在并讨论神和法律的关系。《法律篇》第十卷通过证明神的存在反驳了不敬神的行为：当我们在思考万物时我们发现有的物体运动，有的物体静止，那么，有没有一种东西他既能引起自身运动也能引起他物运动？这就是第一运动，也叫自身运动，他必定是活态的，是活态的东西必定是灵魂通过自身的运动驱动万物运动，灵魂自身的运动有意愿、深思、勇敢和喜爱等，天体的运动和心智的运动具

---

〔1〕 汪雄：《柏拉图思想中"自然"的呈现与"法"的二重张力》，载《首都师范大学学报（社会科学版）》2016 年第 5 期，第 67 页。

〔2〕 [古罗马] 西塞罗：《西塞罗文集》（政治学卷），王焕生译，中央编译出版社 2010 年版，第 165 页。

〔3〕 Cornford, *Plato's Cosmology* 52（Hackett Publishing Company 1997）.

有一致性，心智就是诸神的神，灵魂具有驱动万物的完整德性，[1] 具有完整德性的灵魂就是神。

也就是说，当自然哲人发现自然之后，自然之理取代了自然之物，随后，自然神取代了自然之理的地位成为人类秩序的统治者，基督教兴起之后，上帝又取代自然神的位置。在自然、自然神和上帝三者争霸的时代没有人的位置。那自然和神的关系是怎样的呢？

五、人的低阶位置作为人法位阶理论的基础

亚里士多德对"自然"做了三种阐述："其一，自然被解释为每一个自身内具有运动变化根源的事物所具有的直接基础质料；其二，自然乃是自身内具有运动根源的事物的形状或形式；其三，第三种解释把自然说成是产生的同义词"[2]。关于自然的第一层解释被自然哲人采用，自然被解释为火土水气。然而，如果按照这种说法，解释一个桌子的自然本质是木时，桌子的本质并没有完全呈现出来。是因为木腐朽后长出来的是树苗，而不是一张桌子，是桌子让木的潜能得以实现——形式让本质的潜能得以实现。这便是亚里士多德对自然的第二层解释——桌子的形式也是桌子的自然本质。但是，当我们进一步追问这个"形式"从哪里来时，就会出现自然的意图之类的概念，而这个自然的意图已经和神的意图高度近似了。这时的神还是抽象意义上的自然神，后来的基督教就直接用上帝取代了这个自然神，也就同时取代了自然。因为上帝不仅设计了"原型"，还制作了"原型的摹本"和"载体"。[3]简而言之，上帝不仅在头脑中设计了世界的"形式"，而且制作了自然界的"质料"，所以，在基督教之前，"自然之理"和自然神还可以争抢一下自然秩序的统治者的地位，到基督教之后，"自然"彻底沦为了神的设计物，神无可争辩地成为秩序的主宰者。按照这个位阶逻辑，在阿奎那那里自然法是永恒法的下位法也就不足为怪了。

如前所述，自然是指自然之理的话，自然之理的正当性源自它的正确性。那与自然之理的正确性相比，人具有倾向道德邪恶的可能性，也就是具有错误性，那么"自然"自然在人之上了。又据《创世纪》神在第六天造了人，既然人和其他自然物体都是神造的，所以，人不仅在自然之下，还在神之下。

---

〔1〕 Plato, *The Laws of Plato* 297 (Thomas Pangle trans., The University of Chicago Press 1980).

〔2〕 ［古希腊］亚里士多德：《物理学》，张竹明译，商务印书馆1982年版，第45～46页。

〔3〕 A. E. Taylor, *A Commentary On Plato's Timaeus* 312 (Oxford University Press 1928).

所以，人的位置见下图：

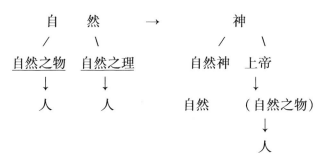

在基督教产生之前，人类秩序的主宰者是自然之理或者自然神，基督教产生之后，上帝取代自然之理和自然神成为人类秩序的主宰者。依据这个论述，基于人类理性的人法有两个根基，在基督教产生之前，人法的根基是自然；在基督教产生之后，这个根基是神。

也就是说，在基督教产生之前，自然是法的根基，自然法高于人法，在基督教产生之后，上帝是法的根基，上帝法高于人法，人法要么要向自然法靠拢要么要向上帝法靠拢。人法永远都只是近似于智慧的一种裁决，但它足以刻画寻常德性或曰政治德性的种种要求，同样也足以刻画财产法规、婚姻法规以及诸如此类的各种法规[1]。人法虽然仅仅只是近似于智慧，但是这不影响它对我们的财产和婚姻生活的规范和指引。只是，自然法无时无刻不对人法有一种更高的要求，人法需要时刻改变自己向自然法的完美方向努力。这深深地影响了罗马人对法律的定义。西塞罗在《论共和国》第三卷中说："真正的法律是与自然相符合的正确理性"。几百年之后的《法学阶梯》开篇也说："根据自然原因在一切人当中制定的法为所有的民众共同体共同遵守，称为万民法"[2]。但是，这个真正的法律或万民法都是理想中的法，都是法律中的典范，是人法的上位法和努力方向。

六、结语

人最开始是在自然之下，依赖于自然界而生存，也必须顺应自然规律，但是人不可能认识这个自然规律。自然规律产生于人之前，只可能是神设计的结果，这个神在古希腊就是自然神，基督教产生之后，这个自然神被上帝

〔1〕 ［美］施特劳斯：《论自然法》，载［美］列奥·施特劳斯《柏拉图式政治哲学研究》，张缨等译，华夏出版社2012年版，第185~186页。

〔2〕 ［古罗马］盖尤斯：《盖尤斯法学阶梯》，黄风译，中国政法大学出版社2008年版，第1页。

神取代了，自然的善的目的也被上帝的善的目的取代了。但是，无论如何，人都处在较低的位阶，要么在自然神之下，要么在上帝神之下，相对应地，人所制定的法律要么在自然法之下，要么在神法之下，这就注定了人法是不完善的，需要在永恒的时间长河中向其上位法进化。进化的原因不是源自外界，而是来自人法自身，它自身的目的就是向善靠拢，正如种子的目的就是长成参天大树。在这个意义上，没有古希腊的神学奠基就没有阿奎那的人法位阶理论。

论作为"民间法"的体育竞技规范

张桐珲*　胡宗亮**

　　摘　要：在我国，体育行业的自治权和法律规制的关系一直是一个被广泛关注的问题。从足球界的"黑哨"问题到竞技体育中的"因赛致伤"问题，似乎体育行业的自治权和法律规制处于一种冲突的状态。不过，我们或许需要去问，体育行业的自治权和国家法律的干预是否真的构成"冲突"？是否需要为二者的治理领域设置一个边界？如果需要，那么这个边界存在于何处？在确定特定行业的自治权和国家法之间的界限的问题上，需要法社会学的"出场"。借由欧根·埃利希的"活法"理论，借由探讨作为"民间法"的体育行业内部规范和国家法的关系，尝试划定体育行业自治权及相关行业和国家法律规制的界限。

　　关键词：法社会学　体育行业自治　"活法"理论　国家法和民间法

　　*　张桐珲，中国政法大学马克思主义学院 2018 级马克思主义中国化博士研究生（100088）。
　　**　胡宗亮，中国政法大学法学院 2018 级法学理论专业博士研究生（100088）。

一、绪论：本文写作的必要性探究

我国现已成为世界上屈指可数的竞技体育大国。就奥运会的奖牌数而言，我国自从 2000 年起一直保持在前三的水平。特别是近几年，在诸多竞技领域，更是实现了"金牌零"和"奖牌零"的突破。可以看出，近年来在国家政策的扶持和人民群众广泛的参与下，我国的竞技体育水平取得了极大提高。通过下述的数据可以看出我国近年来在奥运会上成绩的显著进步：

表 1　我国历届奥运会奖牌数量统计（1984—2012 年）[1]

夏季奥运会年份	金牌数	总奖牌数
1984 年洛杉矶奥运会	15	32
1988 年汉城奥运会	5	28
1992 年巴塞罗那奥运会	16	54
1996 年亚特兰大奥运会	16	50
2000 年悉尼奥运会	28	59
2004 年雅典奥运会	32	63
2008 年北京奥运会	51	100
2012 年伦敦奥运会	38	88
2016 年里约热内卢奥运会	26	70

不过，也需要承认，竞技体育成绩的提高不能等同于我国体育行业的健全程度的提高。在我们看来，一个行业的发展不仅仅在于行业的"效益"，也需要考虑到这个行业的规范程度。相比于欧美发达国家，我国现有的体育行业自治权的问题还是需要进一步讨论的。有学者认为我国现今的体育自治领域面临如下问题："首先，体育自治主体的法律性质与地位不明确；其次，体育自治事务范围界定不清楚；再次，体育自治权力内容法律来源模糊；最后，

---

〔1〕　资料来源：中国奥委会官方网站：http://www.olympic.cn/，最后访问日期：2015 年 7 月 4 日。

体育自治效力等级无限扩大"。[1] 在我们看来,上述问题之所以产生的原因更多在于对于一般性问题的界定尚未清晰,比如何为"自治"?如何定位体育行业的内部规范以及体育竞技中的竞技规则?"行业自治权"和"国家权力"之间以及"行业规范"和"国家法"之间如何区分和各自定位?我们认为,对于上述一般性问题的回答可能是更为重要的。

我们可以假设一个情境:假设运动员甲在一场武术比赛中被运动员乙以并不犯规的招式击成重伤,那么在这个情境之中,运动员乙是否需要负民事责任,甚至承担刑事责任?我们再假设一个情境,假设运动员甲——很不幸地再次被运动员乙在武术比赛中击成重伤,但是运动员乙这回是使用了一种犯规的招式,那么在这个情境中,是否需要对运动员乙在如禁赛、吊销运动员资格等竞技处罚之外处以民事或刑事处罚?当然,还有一个情境,假设在这个情境之中运动员甲终于击败了运动员乙,但是裁判丙却因为与运动员乙私交甚笃而裁判运动员甲失败,那么运动员甲是否有权在体育仲裁之外对裁判丙提出民事诉讼?我们继续假设,这一次运动员甲本应获胜,但是运动员乙使用违规招式击败了甲,而裁判丙则未宣示之,那么甲能否依照法律追究裁判员丙的责任?我们把上述的四个情境分为两类,第一、二个情境为第一类,指的是单纯的实体规范适用问题;第三、四个情境归为第二类,即程序规范和权利救济问题。后一类问题的讨论实际上更多一些,毕竟我国对于体育仲裁的研究方兴未艾,大量的文章和著作亦如雨后春笋。不过,需要注意的是,对于第二类问题的探讨实际上是以第一类问题为前提的,也即在我们看来,必须厘定实体规范的规制范围,探讨实体规范之间的竞合和补充,才能解决第二个问题。因此,本文所探讨的即是第一类问题,也是基础性的和一般性的问题,以供日后进一步研究。我们在本文中主要探讨作为"民间法"的体育竞技规范和国家法之间的一般性关系问题,基于此,厘定社会自治权和国家权力的关系。

二、作为"民间法"的体育竞技规范

如果认为"体育竞技规范"属于"民间法"的话,就需要先行明确"民间法"的词义。实际上在对"民间法"一词的界定方面,无论是其内涵还是外延均较为混乱,甚至就其定义本身是否能够得以证立也存在争议。然而,既然我们需要探讨这一概念,首先就必须承认民间法确实存在。在我们的生

---

〔1〕 彭昕:《体育自治原则的法理解读》,载《天津体育学院学报》2010年第6期,第497页。

活中可能有"规矩""行规""校规校纪""职业伦理"等不同的规范，这些规范虽然不是由国家制定的，甚至并未由国家承认，但是在我们的生活中却发挥着约束、引导和教化的作用；我们难以找到其"制定主体"，更难以一己之力去挑战之、变更之，因为一旦如此就会受到社会的否定评价，一个人就难以在社会上立足；同时我们也会发现，上述规范虽然找不到实在载体，却仿佛产生了自我意识，上至庙堂之高，下至江湖之远，皆无缝不入；而最重要的一点是，似乎人们乐得接受上述规范的调整，对其抱有一种承认的情感语调。所以，既然这些规范真正存在于生活之中，就可以作为规范研究和实证研究的对象，也就不存在概念本身被否定的可能。

（一）"民间法"的定义

民间法是从社会内部而来的逐渐具有规范性、权威性、自治性的，被人群接受的规范。民间法来源于社会，或者说是来源于"非国家"领域。从狭义上看，民间法是来自于民间，并作用于民间的规范。故在此意义上，不意味着一切来自于"非国家"领域的规范都属于"民间法"，必须注意的是，存在超越国家和国内社会的"超国家领域"，譬如国际条约、国家贸易惯例规范，虽然也并非来自于国家，但是也难以将其和仅作用于国内社会的民间的交易习惯、乡土伦理规范归属于同一类别之下。原因在于，上述的不同领域内的规范的精神内核是存在差异的，譬如乡土伦理的精神内核是维护乡土秩序的"秩序"价值，而交易习惯则更重于保护交易的"自由和平等"——因此在这一意义上，也即狭义的民间法意义上，我们只能将视野置诸一国社会之内的民间规范——甚至由于精神内核的差异，国内的商事惯例也不能纳入民间法研究的视野。

不过，这种狭义的定义会导向一个疑问，即为何将"民间"仅仅限定于"国内社会"？为何"民间法"的内核就必然限定一致？根据《现代汉语词典》的解释，"民间"有两个含义：首先指的是"人民中间"；[1] 其次，指民众方面，与官方相对。[2] 故而，从词义来看，"民间"代表着与国家权力

---

[1] 如《墨子·非命上》："执有命者，以杂于民间者众。"《史记·项羽本纪》："于是项梁然其言，乃求楚怀王孙心民间，为人牧羊，立以为楚怀王。"（唐）柳宗元《乞巧文》："灵气翕欷，兹辰之良，幸而弭节，薄游民间。"（宋）苏轼《书琅玡篆后》："（苏轼）得旧纸本於民间，比今所见犹为完好。"（清）陈康祺《郎潜纪闻》卷三："当时民间闻者感泣，至今颂之。"

[2] 如《史记·孝武本纪》："民间祠尚有鼓舞之乐，今郊祠而无乐，岂称乎？"（明）冯梦龙《东周列国志》第一百六回："民间有童谣曰：'秦人笑，赵人号，以为不信，视地生毛。'"

相对的"社会权力",也代表着与国家活动范围相对的"群众自治"范围。在这一意义上,无论是"国内商事惯例"还是"国际贸易规则"都可以被涵盖在"民间法"这一此项之下。

民间法不必然是经过长期历史演变形成的。原因在于,虽然我们看到某些习惯法等传统性规范其确实是建立在历史基础上,比如在少数民族的社会组织与头领习惯法中,有"壮族寨老制""苗族议榔制""瑶族瑶老制和石碑制"等,[1] 这些制度都是在长期的历史演变中,由不同的民族进行发展得出的民间规范,其不仅包括组织规范,更包括程序规范和责任规范。但是也需要注意的是,在现代社会有更多的民间法是社会组织内部自行制定的,比如公司内部的规章制度、居民社区的基层规约等民间法,其未必是在历史演进中产生的,毋宁是基于即时约定产生的,虽然必须注意到这些规范在一定意义上受到制定者的社会经验和社会环境影响,但是其产生方式是约定的,不是自然生成的。

民间法还面临着一个价值指控:虽然民间法深植于某一社会群体中,但是对于不处于这一社群中的人,不接受这种规范的人应当如何进行行为?这一问题将在后文回应,不过在这一意义上,也能够看到民间法的同意基础并不是广泛的,这也是和国家法之间的区别。在此意义上,可以认为,民间法的自治性也只是集中于某一社群内部的治理活动,而不能对其他社群进行治理——这也是民间法的"文化相对主义"的意涵。

(二)体育竞技规范作为"民间法"

如果读者尚可以接受我们上述论述的话,那么不难看出体育领域的竞技规范也具有民间法的特质,原因在于以下几个方面:

1. 作为特定群体内部规范的"体育竞技规范"

体育竞技规范具有群体性。这体现在以下两个方面:首先,体育竞技规范具有专业性,这意味着,只有经过专业训练的体育运动员或者裁判员,以及其他专业人士才有熟知的可能;其次,体育竞技规范的适用人群和场所是有限的:一方面,体育竞技规范仅仅适用于与体育竞技活动有关的领域;另一方面,体育竞技规范只适用于特定的时间和空间,比如仅仅适用于在与体育比赛相关的场合,相延续的时间线之内。这就意味着,体育竞技规范在体育行业内部具有约束力,但是不适用于与体育行业无关的那些领域。比如在

---

[1] 高其才:《中国习惯法论》(修订版),中国法制出版社 2008 年版,第 220~227 页。

我们的体育教学活动中，一方面需要向学生传授与授课内容有关的体育竞技规范，另一方面又必须注意，学生这一特定的群体并不等于运动员群体，我们也不可能时时刻刻都向学生强调体育竞技规范的重要性，因为学生这一群体可能更需要遵守教育行业的规范。概言之，体育竞技规范必须保持在群体内部的有效性，与对于群体外部的非规范性。

2. "体育竞技规范"的非国家性

根据上文的基本假设，那些不是"国家法"的规范可以被认为是"民间法"，而体育规范正是一种非国家性质的规范。也是基于此种立场，有学者认为："从体育组织机构的章程看，许多体育组织章程均包含排除司法介入的条款。例如《国际足联章程》规定，协会应确保规定在协会内得到实施，如有必要对其成员施加义务。协会将对任何不遵守义务的当事人实施制裁，并且确保任何反对这些制裁的上诉均提交仲裁，而不是国家法庭。"[1] 也有学者认为："全国单项体育协会建立其自律组织管理机构就不应当受到其他国家机关或团体的非法影响，而是依法采取民主选举的方式构建其权力机构，并且由于其具有独立的社会团体法人资格，可以有效摆脱政府部门的直接干预，使自己能够成为独立承担法律责任的市场主体，制定内部成员共同遵守的章程以及行业自律性的规章制度，有权监督检查本行业自律性规章制度的执行情况，对违犯自律性规章的行为有权进行自治处罚，同时加强对本协会成员进行业务培训和职业道德教育，搞好资格认证与业务等级考核，协商、协调本协会内部事务，维护自身合法权益。"[2] 上述的论述可以诠释下述观点：体育竞技规范不仅需要在实体上独立于国家法规范体系，而且体育行业依照体育竞技规范可以具有一定的自治权。

三、体育竞技规范和国家法的关系——一种"活法"理论的立场

"活法"的意涵成形于奥地利法学家欧根·埃利希，此后的川岛武宜等对其观点进行了建立在批判基础之上的发展。民间法和"活法"实际上是同一个问题的两个方面，"民间法或民俗习惯已是经过初步抽象或概括过的观念形态的产物，而'活法'则是一种事实，是隐藏在社会生活中的各种各样的事

---

〔1〕 向会英：《体育自治与国家法治的互动——兼评 Pechstein 案和 FIFA 受贿案对体育自治的影响》，载《上海体育学院学报》2016 年第 4 期，第 42 页。

〔2〕 彭昕：《体育行业自律困境的立法学释疑》，载《武汉体育学院学报》2011 年第 5 期，第 28 页。

实关系，是社会生活本身。"[1]

（一）欧根·埃利希的活法理论

埃利希坚持"活法"的命题，"活法"意味着"活的法律，就是'支配生活本身的法律，尽管这种法律并不曾被制定为法律条文'。它的价值就在于'构成了人类社会法律社会秩序的基础'。"[2] 埃利希在一定程度上坚持了规范的分离倾向，作如下表述：

1. 对于群体秩序的讨论

内部（一阶）秩序是团体行为规范的法，或者可以表述为是社群产生了一阶秩序。埃利希在其著作《法社会学原理》中将社会秩序进行了人为的分离，他从初民社会的"原始团体"和"古代法（团体法）"进行考虑。"原始团体"按照埃利希的说法，就是"氏族和家庭"，而固有的法律，也就是"古代法"，也仅仅是氏族、家庭、家庭成员共同体的秩序，而这种秩序完全是"由团体独立地为自己创造的，而不受其他团体为此而存在的秩序之约束"[3]。这种秩序就是最初的内部秩序。故此，我们可以看到，一阶秩序和内部秩序就是重叠的，换言之，"人类群体和团体的内部秩序就是法律秩序的基础"。[4] 不过，一阶秩序虽然是规定了权利义务的行为规范，但是这种权利义务关系并未明确，而且作为团体内部的秩序，也仅仅得到一个社群普遍性地遵守。而至于惩罚措施，也是仅仅由社群本身给予的非人身性制裁。

2. 对于社会一般秩序的讨论

外部（二阶）秩序作为社会的秩序，则是对于一阶秩序的救济规范，按照埃利希本人的表述，就是"有一种法，它不直接规制和调整团体秩序，而仅仅保护团体免受攻击"。[5] 这就是埃利希所谓的"二阶秩序"，这种秩序维护和巩固团体，而并不直接塑造团体，也就是说，这种秩序不创设财产权，不涉及产权分配和社会制度，而仅仅是在保护团体，使得团体免受异动因素的侵害，这种秩序就表现为刑法和诉讼法，这两种法律并不创设团体所需要

---

〔1〕 何珊君：《法社会学》，北京大学出版社 2013 年版，第 132 页。

〔2〕 何珊君：《法社会学》，北京大学出版社 2013 年版，第 44 页。

〔3〕 ［奥］欧根·埃利希：《法社会学原理》，舒国滢译，中国大百科全书出版社 2009 年版，第 31 页。

〔4〕 ［美］罗斯科·庞德：《法理学》（第 1 卷），余履雪译，法律出版社 2007 年版，第 273 页。

〔5〕 ［奥］欧根·埃利希：《法社会学原理》，舒国滢译，中国大百科全书出版社 2009 年版，第 58 页。

的产权制度，而只是为了保证对于产权制度的侵害是可诉的，也是可罚的。这种秩序并非直接由团体自我创制，而产生于法学家法或者国家法，它们对于权利人之外的其他主体都持有禁止的态度。

另外，按照埃利希的说法，社会需要统一规制团体的内部秩序，因为"随着团体紧密地联系在一起，并成为社会整体的组成部分时……对属于社会整体之团体内部所进行的事情都更加敏感"[1]。那么，社会必须要依靠自己的力量，创设一种外部秩序，是强加于各个团体的，也就含有了"支配—斗争"的意味。那么，外部秩序本质上是什么？埃利希认为，这是"社会中处于统治地位的团体对处于被统治地位的团体之地位的表现"[2]。换句话说，就是一种团体创立社会之后的共识性规范，代表了多数群体的利益，而通过"法律的发现"可以对其进行整理和收集。总而言之，外部秩序"不具有直接在团体中创设某种秩序的目的，而仅仅是把社会创设的秩序带进各个团体之中，也就是说，它们只是二阶秩序的规范"。[3]

3. 对于"裁判规范"的讨论

埃利希还提出了"裁判规范"的概念，裁判规范则是司法实用角度的法。埃利希认为，"团体在建立正常生活时，仅仅为团体成员实现预见的情形提供规范，没有预见而出现的任何一种新的情形则使团体有必要寻找新的行为规则，团体秩序的这种难以避免的续造一般是从其内部来进行的……一些从前一直占支配地位的个别规范被放弃，而另外一些规范则被采纳。"[4] 换言之，"任何裁判规范最先以团体中的内部秩序为基础，也就是以由此创造这种秩序的法的事实为基础。"[5] 但是，裁判规范并不等于内部秩序，甚至完全不同于内部秩序，因为，内部秩序不是纠纷的秩序而是和平的秩序，它仅仅规定了权利义务的归属，而并未规定，应在权利义务纠纷时如何处理；它仅仅作

---

〔1〕 ［奥］欧根·埃利希：《法社会学原理》，舒国滢译，中国大百科全书出版社 2009 年版，第160 页。

〔2〕 ［奥］欧根·埃利希：《法社会学原理》，舒国滢译，中国大百科全书出版社 2009 年版，第162 页。

〔3〕 ［奥］欧根·埃利希：《法社会学原理》，舒国滢译，中国大百科全书出版社 2009 年版，第162 页。

〔4〕 ［奥］欧根·埃利希：《法社会学原理》，舒国滢译，中国大百科全书出版社 2009 年版，第130 页。

〔5〕 ［奥］欧根·埃利希：《法社会学原理》，舒国滢译，中国大百科全书出版社 2009 年版，第128 页。

为一种前人对当时状况，基于习惯、支配关系、占有关系以及契约意思表示等法律的事实之归纳，而不能够应付以后的社会出现的纠纷事件；它仅仅是一种行为规范，而不能够应付裁判的情景。从另一个层面来说，裁判规范不能作为行为规范。因此，如果当一个团体已经"脱离了其原来的秩序状态，那么，再将它们的规范作为裁判规范的基础则是愚蠢的，因为这些规范在团体内已经丧失了其规制力"[1]。

职是之故，在纠纷出现时，法官必须以原有秩序为基础，同时超越原有的秩序，独立地、不完全依赖内部秩序来利用裁判规范。而裁判规范本身，是"普遍化和统一化"[2]的，是把多样化的纠纷解决机制化约简单的公式，而这种规范，也就往往成为社会共同法的内容，却允许地方性差异的存在，因为裁判规范本身不能与其基础——内部秩序相矛盾。

埃利希认为，在得到充分发展的法律规范中正是存在如上的三种规范领域。"国家法和法学家法的僵化规范一般会被新发展出的社会法律制度打败，而成为'死'法。与此同时，受到社会生活影响所创造出的国家法也被带入社会而成为行为规范。所有这些，人民真正按照它'来指导自己的行为举止'的规范，是'活着的法'。"[3]

4. 如何定位"国法"？

那么，这种二阶秩序究竟表现为何种规范体系？埃利希认为，其中最有代表性的就是"国法"。而在埃利希看来，"从大多数方面看，特别是有关法的事项上，国家仅仅是社会的一个机关。"[4] 也就是说，国家是社会进行管理自我的一个机构，来源于社会，而服务于社会。换言之，依照埃利希的观点，国家不能够抵抗社会，因为即使最高的主权者也无法避免与社会有这样或那样的联系，如果国家意图反对社会，社会都会寻求各种方法解决问题。

而"国法"一词，在埃利希看来，并非是我们经常定义的，类似于如下

---

[1] 〔奥〕欧根·埃利希：《法社会学原理》，舒国滢译，中国大百科全书出版社 2009 年版，第130 页。

[2] 〔奥〕欧根·埃利希：《法社会学原理》，舒国滢译，中国大百科全书出版社 2009 年版，第129 页。

[3] 〔奥〕欧根·埃利希：《法社会学原理》，舒国滢译，中国大百科全书出版社 2009 年版，第123 页。

[4] 〔德〕格尔德·克莱因海尔、扬·施罗德主编：《九百年来德意志及欧洲法学家》，许兰译，法律出版社 2005 年版，第163 页。

表述的概念，即"法是由国家制定或认可并有国家强制力保证其实施的，反映着统治阶级意志的规范系统"[1]。或者"法是为社会主体提供行为标准的，以国家政权意志形式出现的，作为司法机关办案依据的，具有普遍性、明确性和肯定性的，以权利和义务为主要内容的，首先和主要体现执政者意志并最终决定于社会物质生活条件的各种社会规范的总称"[2]。埃利希对这样的观点，即倡导国家管理社会，社会服从于国家的观点嗤之以鼻，他说："国法的观念在科学上是站不住脚的。它部分地基于这样一点，借助于各种各样完全行不通的人为虚构，一切法律规范，不管它是怎么起源的，也不管它凭什么可以维持存在，都与国家联系起来；它部分地还在于：人们对大量独立于国家而产生，独立于国家而存在的法粗暴地视而不见。"

埃利希认为，国家的立法要比国家的司法，在历史上要晚得多，而"国家首先创造了其自身的秩序，即国家法（Staatsrecht），而每当它设立一种官吏时，都会为其规定权限、活动规则，有时也为其规定程序"[3]。而在这一时代，国家的法律往往是委托私人进行记述，也就是说，此时并不存在法律的制定，而是国家通过私人，将统治者内部的制度进行简要的记述。这是因为，国家还没有形成"发达的权力手段"把自己的命令完全地确定下来，因为"立法在任何地方都是随着行政的发展而发展的"。从另一个角度，当时的国家没有一套权力运作体系。而"只有一个由中央所指挥并受到一种强大的军事和警察权力所支撑的司法和行政建立起来时，国法才出现"[4]。因此，如前文所述，由于社会对于创设整体秩序（外部秩序）的需求，国家立法也就具有了正当性。

（二）作为"活法"的体育竞技规范与国家法

我们业已把埃利希的理论主张进行了介绍，下面需要论证的则是作为"活法"的体育竞技规范和国家法之间的关系。我们的观点是，"体育竞技规范"是相对于国家法的"一阶秩序"，其与国家法的规制范围大小有差异，规制的领域也存在不同。但是就运动员和裁判员等体育竞技人士而言，更容易

---

〔1〕 孙国华、朱景文主编：《法理学》（第 3 册），中国人民大学出版社 2010 年版，第 44 页。

〔2〕 周旺生：《法理学》，北京大学出版社 2006 年版，第 39 页。

〔3〕 ［奥］欧根·埃利希：《法社会学原理》，舒国滢译，中国大百科全书出版社 2009 年版，第 152 页。

〔4〕 ［奥］欧根·埃利希：《法社会学原理》，舒国滢译，中国大百科全书出版社 2009 年版，第 153 页。

在体育竞技规范上达成一致。而在体育竞技活动中，国家法应当扮演的角色是"二阶秩序"，即国家通过对体育活动的立法、对体育纠纷的司法监督活动，保障体育竞技规范的遵守和执行。

1. 体育竞技规范和国家法的相对独立性

体育竞技规范是与国家法相互对应的"民间法"，这表现为在法律多元主义视域下体育竞技规范的相对自足性和实效性。有论者指出："除了国家体育法外，体育行业自身具有很强的规则性，每个体育协会都会有自己相应的章程、行规行约和行业标准，并通过这些规范调整运动员、教练员、俱乐部、体育协会等之间的关系，维护体育行业的秩序，这些规范显然不属于国家法的范畴。"[1] 在这种法律多元主义的视角之下，体育竞技规范虽然不能够作为一种"国家法"存在，但是由于体育竞技规范不仅具有应然的效力，也具有实效，其就能够满足体育行业自治的要求。在这一意义上，体育竞技规范是自足的。在此基础上，国家法也表示了对体育竞技规范的一定尊重。例如，《中华人民共和国体育法》（以下简称《体育法》）第 32 条规定：在竞技体育活动中发生纠纷，由体育仲裁机构负责调解、仲裁。体育仲裁机构的设立办法和仲裁范围由国务院另行规定。《体育法》第 47 条规定：在竞技体育中从事弄虚作假等违反纪律和体育规则的行为，由体育社会团体按照章程规定给予处罚；对国家工作人员中的直接责任人员，依法给予行政处分。《体育法》第 48 条规定：在体育运动中使用禁用的药物和方法的，由体育社会团体按照章程规定给予处罚；对国家工作人员中的直接责任人员，依法给予行政处分。《中国足球协会章程》规定："会员协会、注册俱乐部及其成员，应保证不得将他们与本会、其他会员协会、会员俱乐部及其成员的业内争议提交法院，而只能向本会的仲裁委员会提出申诉。仲裁委员会在《仲裁委员会工作条例》规定的范围内作出的最终决定，对各方均具有约束力。仲裁委员会作出的上述范围外的裁决，可以向执行委员会申诉，执行委员会的裁决是最终裁决。"实际上都赋予了体育行业自治组织的行业自治权。在这些条文中，并不能看出有何种体育竞技规范的实质内容出现，但是我们可以从一个侧面看出这样的问题：即国家通过立法，以"二阶秩序"的形式，在国法层面赋予了体育行业自治组织通过作为"一阶秩序"的体育竞技规范的自治权，这

---

[1] 向会英、谭小勇等：《法律多元视角下的体育法概念》，载《武汉体育学院学报》2015 年第 4 期，第 34 页。

也代表着作为具有较大规制范围的国家法对于具有较高可接受性的民间法的认可。

从这一角度观察的话，国家法和作为"民间法"的体育竞技规范并不是冲突的，而是存在不同的分工和界域。接续埃利希的看法，在实效方面，我们可以假定体育竞技规范和《体育法》都是"活法"。那么，实际上二者可以被认为是相互补充的"一阶秩序"和"二阶秩序"的关系，同时，作为国家法律系统的要素的法官也可以为体育竞技规范提供"裁判规范"。前面引述的法律条文表明了，国家不干涉体育竞技规范的内容，但是在规范适用的条件和主体、客体等方面为体育行业进行了规制。在这一点上，我们可以看出，国家权力的边界业已得到澄清。即国家对于体育竞技规范的影响力限于在社群之外的其他社会环境之中，而对于体育行业内部，尤其是在不同门类的体育竞技领域中，国家法并不会进行规定。体育竞技规范可以规制一个社群内部的成员的行为，而当成员的行为涉及社会层面的时候，就需要作为二阶秩序的国家法的干预。

2. 国家权力对于体育行业内部的影响

虽然我们认为，国家法和体育竞技规范应当属于一种相对独立的关系，但是实际上并不代表二者不存在影响。主要的影响方式在于国家法作为二阶秩序对于作为一阶秩序的体育竞技规范的整合作用。有论者认为："受制于我国整体的法治发展不够完善。目前，受传统封建思想的影响，民众更愿意和解而不愿意走向法庭，而体育在普通民众生活中跟法律'发生交集'的可能性更小。可有可无的体育法律必将导致公民体育法律意识的淡薄。普通大众体育法律意识的淡薄，使得体育法规发生实效的几率降低，从而掩盖了其相关问题、阻碍了我国体育法制的整体发展。"[1] 我们并不赞同这一观点，如果以"活法"理论来看，体育竞技规范作为运动员群体的内部规范，本身对于一般群众不具有效力——不过这不代表这种规范不具有规范性和实效性。不过上述的引述确实能够从一个侧面表明，国家法应该扮演一个将各种民间法加以整合的角色。所谓整合，就是提炼出在各个"民间法"中的共性因素，并且加以处理——换言之，相较于"民间法"，国家法不必细致地规定各种行为要求，细致地规制各种行为要求的任务应该由且只能由民间法执行。在以

---

[1] 吴亮、杨海平：《我国体育法制建设的若干问题及欧美经验借鉴》，载《广州体育学院学报》2016 年第 1 期，第 12 页。

下的四个假设中可能体现出国家法的各个部门对规范适用的整合问题：

    A. 在足球比赛中，A 运动员在运动场上恶意犯规，导致 B 运动员摔倒，但是并未导致伤情——那么裁判员按照足球竞技规范直接给予其红牌或者黄牌处罚即可。

    B. 如果 A 运动员无意中的犯规行为导致运动员 B 摔倒，并使其受轻微伤，那么在这种情况下按照足球运动的规则，可能 A 并不需要负责——可能给出的论证是，B 在踏上运动场的一刻业已接受可能预见的风险，因此 A 对 B 的致伤行为也只能说是在体育竞技规范所许可的合理的范围内的一种不具有刑法上的可罚性，以及民法上的侵权性的行为。

    C. 即使 A 是恶意犯规，同时造成 B 的轻微伤（不构成故意伤害的认定标准，但是如果在其他情况下可以认定为民事侵权）——可能导致的和 B 情境的结果一致，但是可能对于 A 运动员会给予禁赛等行业内部的处罚。

    D. 如果 A 恶意犯规，同时导致 B 受重伤（假设 A 对 B 有致伤的故意），那么 A 可能就需要被处以刑罚——因为在这种情境中，导致的结果是 B 在进行比赛之前不能预见的情况。

    实际上，通过上述的各种情境，我们就可以看到体育竞技规范和国家法的界限。我们首先需要探讨关于刑法的问题。我们认为，如果在体育竞技过程中的恶意行为违反了刑法，就需要依照刑法进行处理，但是也必须尊重体育竞技规范的要求。即在刑法未规定的情况下，优先适用体育竞技规范。以体育竞技中的恶意伤害行为为例，"竞技体育恶意伤害行为具有一定的范围，它是指违反体育道德、超越体育内涵的故意侵犯他人人身权利的行为"，[1] 在界定这种行为的罪与非罪上方面，有论者认为："可以运用递进式识别程序进行识别，即第一层次考虑体育行业自治规范的违反性，第二层次考虑犯罪构成理论的应用。该行为罪与非罪的界分标准是：①体育行业自治标准：体育规则、项目的特点、比赛的性质等；②特殊标准：严重的危害结果和行为目

---

[1] 刘水庆：《竞技体育恶意伤害行为罪与非罪的研究》，载《体育文化导刊》2013 年第 8 期，第 5 页。

的标准；③限定标准：主体及其差异性、时空标准和罪过。"[1] 换言之，根据前引文的思路，在刑事罪过的认定上，需要首先考虑到体育竞技规范的内容，可以根据体育竞技规范确定那些不应当进行刑罚的情况——这也是刑法谦抑性和罪刑法定原则的要求——因此，在上述各个情境中，我们可以根据作为一阶秩序的，也是作为社群自治规范的体育竞技规范的进行调节——只要不与作为二阶秩序的刑事法冲突即可——也即"法无明文规定即许可"。

不过，如果问题牵涉到民事领域就比较困难，正如 B、C 两个假设一样。我想在探讨民事领域的时候，不妨换一个思路，也即运用埃利希的"裁判规范"概念对这一问题进行解释，在这一部分，我们将结合民事诉讼中的一些方法进行论述。这也是国家法作为裁判规范对违反体育竞技规范，但是无法得到执行的状况的救济方法。如果我们以一种理想化的思路来看的话，作为体育竞技行业的裁决机构的体育仲裁委员会就是作为"民间法"存在的体育竞技纠纷的主要裁决主体，而我国的民事纠纷解决机制主要有调解、仲裁和诉讼三种，那么我们如果能够明确作为民事纠纷的裁决主体的法院和体育仲裁机构的关系就能够明确体育竞技规范和民事法律之间的关系。在体育竞技纠纷的处理过程中，仲裁相对于诉讼处于优先地位，这表明了在民事纠纷的解决之中，国家法尊重民间的自治权能。这可以说明在民事领域也能够体现出国家法对作为民间法的体育竞技规范的尊重，换言之，如果能够保证体育竞技行业在民事领域中的自治能力，那么国家的民事法律就不应该介入，或者只规定规范适用的形式性规则，譬如规定在何种情况下应当适用国家法，在何种情况下适用体育竞技规范。因为，"为实现体育救济的法治化，应重建自力救济、行政救济与司法救济三位一体的均衡化的体育治理体系，在补善各别救济机制的前提之上实现它们之间法治化的分工与合作，无为而治的救济体制才是体育法治化的上善之境"。[2] 同样，我们认为在行政诉讼领域也应当保持这样的规范方式，唯一的差别就是需要在行政领域考虑体育竞技组织和国家机关之间的关系。

概言之，就作为"民间法"的体育竞技规范和国家法之间的关系上看，在刑事领域需要保证体育竞技规范和刑法边界的清晰，明确"一阶秩序"和

---

〔1〕 刘水庆：《竞技体育恶意伤害行为罪与非罪的研究》，载《体育文化导刊》2013 年第 8 期，第 8 页。

〔2〕 张春良：《体育纠纷救济法治化方案论纲》，载《体育科学》2011 年第 1 期，第 19 页。

"二阶秩序"的边界；在民事和行政领域，则更需要考虑国家法和民间法的对接问题——毕竟在二阶秩序向一阶秩序的统合过程中，一阶秩序原有的刑罚权能被二阶秩序掌握，最终一切刑罚权均归属于国家；但是在民事领域，只存在规范的具体性的差异，而不存在权能的差异。

四、结论：体育竞技规范和国家法的关系及整合

综上所述，我们认为，如果以"活法"理论审视体育竞技规范和国家法的关系的话，首先需要将体育竞技规范定位为体育竞技行业这一社群的"一阶秩序"，而将国家法定位为"二阶秩序"，这样就能够保证国家法对于体育竞技规范的统合作用，譬如我们业已谈及的，在竞技体育比赛中，运动员知悉比赛中的合理风险，这就需要以"免责书"的形式（这或许可以理解为一种合同），其对由于自己或对方的过失或过错犯规造成的伤害放弃诉权，虽然合同代表了一定的自治性，但是国家法对于合同的形式是有规定的。

其次，在一定程度上可以以裁判规范的角度看出国家法和体育竞技规范的关系，根据纠纷解决机制的分工，我们可以认为，在民事纠纷解决的过程中，应该优先适用体育竞技规范，这就能够保持国家对于体育竞技行业自治权的尊重。譬如在竞技赛事中，裁判员对于比赛的裁判需要本着公平公正的原则，要出于职业道德进行裁判，虽然裁判员的资格培训以及考试是国家组织的，但是这并不代表着国家司法权的直接介入，而是以行政权进行裁判员的行为管理，这不得不说也是一种"行业自律"。这样，我们也就能够看到体育竞技规范和国家法的界限，我们认为，国家法和体育竞技规范的边界就是体育行业这一社群的边界和国家的边界。

虽然体育竞技赛事是一种"成王败寇"的游戏，但是这种游戏需要有游戏的规则。这种规则，一方面是国家的法律，另一种则是行业内部的规范，尤其是职业道德。将我国建设为一个体育大国仍是"路漫漫其修远兮"的，在对于竞技成绩的关注之外，建立健全合理的行业秩序也是必要的。这就需要合理界分国家和社会在体育竞技领域中的权能分工。

环境法伦理基础的审视与抉择

张亚峰*

　　摘　要：随着环境问题日益严峻，人们愈加重视人类与自然之间环境伦理关系，许多环境法学者同样看到了传统法学理论中传统人类中心主义伦理观的弊端，主张环境法应当看到自然的"内在价值"与后代人的应有权利，以非人类中心主义作为伦理基础，在价值取向、调整对象等方面对环境法进行重构，并以此为契机带动整个传统法学理论的发展。但是，一方面，作为实体法，环境法仍旧当以传统法学理论为根基，加强与其他法律部门的交流与沟通，而不能脱离实际；另一方面，非人类中心主义理论自身也存在着逻辑难以自洽、与环境法对接不畅等问题。在此前提下，我们应当看到人的主体性与法的实在性，重新回归人类中心主义，兼采可持续发展与环境正义，作为环境法的伦理基础。

　　关键词：环境法　环境伦理　人类中心主义　非人类中心主义

一、问题的提出

　　随着经济迅猛发展，我国面临的环境问题日益严峻，

---

　　* 张亚峰，中国政法大学民商经济法学院 2017 级环境与资源保护法学专业硕士研究生（100088）。

在此背景下，环境法开始作为新的法律部门逐渐发展起来。除了传统法律部门调整的社会关系之外，环境法不可避免地还会涉及人与自然的关系，于是，环境伦理也成了环境法领域需要思考的重要问题。

什么是伦理？可以说，在实践生活中，伦理与道德并没有什么大的区别，二者都是一种社会道德现象，是人们应当如何行为的规范，[1] 而环境伦理则是人与自然之间的"应然"关系，即在人与自然的关系中，人对于自身行为是非好坏的主观认知。从本质上讲，环境伦理是判断人之行为是否合理、正当的客观价值标准。[2]

法与伦理同属于社会规范，关系十分紧密。一方面，包括伦理在内的诸多因素会通过价值判断的形式存在于法律规则的产生及其适用过程中，成为法律或其内在组成部分，契合社会伦理成为法律产生的前提、实施的基础；[3] 另一方面，伦理规范也需要借助实在法实现从美德阶段到规范伦理阶段的跨越，以获得自身的延伸和稳固。我国环境法涉及领域之宽泛、立法体系之松散、法律关系之复杂使其更加需要有坚实而统一的环境伦理基础作为灵魂，而环境伦理也离不开环境法这一载体保障自身的确定性与强制力。

因此，许多学者也习惯将环境伦理作为切入点来解释、解决环境法领域的理论以及实践问题。在环境伦理研究逐渐深入的今日，如何从中汲取适合环境法发展所需的养分是一个值得我们深思与回答的问题。

二、环境法的伦理基础审视

（一）环境伦理学[4]的内部分歧

以"人类为何保护非人类存在物"这一问题作为重要分界线，我们大致可以把环境伦理学的诸多学说分为人类中心主义与非人类中心主义两大阵营。前者认为，只有人类是具有价值的主体，人类保护自然的行为是基于人类生存发展的需要；后者则主张，"非人类存在物能够感受到外界事物对自身的

---

〔1〕 参见王海明：《新伦理学》，商务印书馆 2001 年版，第 104 页。

〔2〕 参见王妍：《环境伦理生成论的内在逻辑》，北京大学出版社 2012 年版，第 7 页。

〔3〕 参见［英］丹尼斯·劳埃德：《法理学》，M. D. A. 弗里曼修订，许章润译，法律出版社 2007 年版，第 38～39 页。

〔4〕 许多学者也将环境伦理学称为生态伦理学，二者含义基本相同，都指的是从伦理学视角审视和研究人与自然的关系，其目的是面对自然环境，人类何种作为是属于"善"或者"恶"，为保护环境提供一个恰当的根据。参见任重：《生态伦理学维度》，江西人民出版社 2012 年版，第 3 页。

'好'与'坏'"〔1〕，同样具有客观存在的内在价值，人类保护其"好"的状态是一种应当履行的道德义务。

具体说来，二者有以下不同：

1. 本体论〔2〕之分："理性"与"荒野"〔3〕

不难发现，二者最根本的分歧在于本体论，即到底什么才应当"是"人类行为的最终本性。人类中心主义认为，自然赋予了人类超脱于本能的自我意识，即通常意义上的"理性"，这种"理性"正是人类作为一种"类"与"没有理性"的非人类存在物有所区分的关键。非人类中心主义则通过直接描述生态环境以及动物活动的方式来肯定非人类存在物的内在价值、抨击人类中心主义将人类脱离出"荒野"的狂妄视角与主张。其主张人类是"荒野"的一部分，应该努力做到从"荒野"的角度出发，消除诸如"理性""独立意思"等所谓的区分点，激发我们本性之中对"荒野"的天然热爱，发自内心地去保护它们的存在。

2. 认识论之分："主客二分"与"整体主义"

在人类中心主义看来，具有"理性"的人类"不应当全盘接受从自然得来的知识"，〔4〕而应当从自然中脱离出来检验自然。在这种"主客二分"的思维框架下，人类开始理所当然地"理性"地分解其中的内部构成要素，直接导致了环境伦理观的机械化，也极大地促进了自然科学的发展。相对的，非人类中心主义主张人类应当回归"荒野"，以系统整体观去直接感受我们与"荒野"之间的内在联系。例如，利奥波德指出，"包括湖泊、沼泽、森林、动物在内的生物组成了一个完美的生物共同体'大地'，对'大地'的整体

---

〔1〕 Paul W. Taylor, *Respect For Nature: A Theory of Environmental Ethics* 61, Princeton University Press, 1986.

〔2〕 本体论是西方哲学特有的一种哲学形态，是以"是"为核心的一些范畴，通过逻辑的方法构成先验意愿系统，指的是实在的最终本性，需要我们以认识论去加以认识。详见俞宣孟：《本体论研究》（第 3 版），上海人民出版社 2012 年版，第 3 页。

〔3〕 "荒野"这一概念起源于罗尔斯顿，简单来说，指的就是人类社会以及人类社会活动之外的自然环境，"'荒野'一词中有着某种东西，是与'自由'一词相契合的"，"她是一个呈现着美丽、完整与稳定的生命共同体"。详见 [美] 霍尔姆斯·罗尔斯顿：《哲学走向荒野》，刘耳、叶平译，吉林人民出版社 2000 年版，第 9~10 页。

〔4〕 [法] 笛卡儿：《第一哲学沉思录》，宫维明编译，北京出版社 2008 年版，第 30~31 页。

性、系统性认识是保护环境的必要条件"。[1]

3. 方法论之分："可持续性"和"尊重生命"

随着时代发展，主张人类主体"唯一性"的古典人类中心主义借由"理性"，逐渐向主张保障人类利益、兼顾环境关切的现代人类中心主义转变。

以诺顿为代表的许多学者提出了弱人类中心主义的主张，把非人类存在物的价值分为满足人类需求的价值以及可以改变人类价值观的价值，并另辟蹊径地指出，"转化价值为人们保护它们提供了恰当的理由，而这与自然是否具有内在价值无关"。[2] 以海华德为代表的部分学者提出了开明自利的人类中心主义，将问题侧重点从"人的利益与环境关切能否统一"转变为了"在于如何才能在关心人类利益的基础上真正做到环境关切"，[3] 主张以"道德"与"理性"祛除人类中心主义中不利于环境关切以及人类利益可持续发展的部分。同时，许多学者在反思机械环境伦理观的基础上看到了同样属于善的"荒野"之美，[4] 并提出了美学人类中心主义的主张，顺利将"荒野"之美拉回人类社会范畴之中。

非人类中心主义由动物关怀到生物平等再到生态系统保护等主张，始终将"尊重生命"的神圣生命意识作为内核，强调非人类存在物与人类一样，存在着自身的内在价值。

动物关怀主义学者认为，"如果一个生命能够感知痛苦，道德便没有理由拒绝考虑这个痛苦"，[5] 我们推断他人感知疼痛的包括翻滚、叫喊等外在征象几乎都可以见于动物，它们也能够感知痛苦，应当获得与人类一样的道德主体地位，[6] 并获得与周围环境保持协调一致状态的基本福利要求。生物中心主义则将关怀对象从能够感知痛苦的动物延伸向具有内在价值的所有生命，

---

〔1〕 参见〔美〕利奥波德：《沙乡年鉴》，舒新译，北京理工大学出版社 2015 年版，第 208~209 页。

〔2〕 B. Norton, *Why Preserve Natural Variety* 210-211, Princeton University Press, 1987.

〔3〕 参见杨通进：《对人类中心主义的理性申辩——评海华德的开明人类中心主义》，载《井冈山大学学报（社会科学版）》，2015 年第 2 期，第 28~29 页。

〔4〕 参见〔美〕尤金·哈格洛夫：《环境伦理学基础》，杨通进等译，重庆出版社 2007 年版，第 230~234 页。

〔5〕 参见〔澳〕彼得·辛格：《动物解放》，祖述宪译，中信出版社 2018 年版，第 11 页、第 13-22 页。

〔6〕 参见〔美〕汤姆·睿根：《打开牢笼——面对动物权利的挑战》，莽萍、马天杰译，中国政法大学出版社 2005 年版，第 84 页。

人类应当顺应自然，而非刻意改变自然的原始形态。而在生态中心主义看来，生态系统作为具有包容力的生存单元，其所拥有的系统价值并不会浓缩或综合于个体，生物之间相互联系会形成系统，系统的完整、稳定和美丽就是最高的善，人类是其中的一部分，有一种天然义务去维持其平衡。[1]

（二）环境法对于环境伦理学的回应

作为新兴的法律部门，环境法不仅兼具公益与私益色彩，还涉及了人与环境之间的环境伦理，因此不管是在理论还是实践层面，环境法对于环境伦理学的回应都十分热烈。

首先，法的价值作为立法的思想先导，直接接触伦理规范，决定着所有立法行为的动因、意图、目标，[2] 环境法对于环境伦理学的回应首先就体现在环境法价值取向的转变上。

有学者主张我们应当抛弃原有刻板印象，选择生态中心论作为环境法的伦理基础，将伦理共同体范围从人扩展至自然，关注生态系统的完整与平衡，建立以协调人与自然之间和谐关系为目的的生态法。[3] 也有学者提出，环境立法应该以不排除保护人类自身权益与利益为前提，确立"衡平世代间利益，实现经济社会的可持续发展"和保护人类的"环境权"、生态世界的"自然权利"这两大目标。[4] 当然，也有学者表示，当代环境法的伦理基础应当是经过改良的现代人类中心主义，在保护人类利益的同时应当尊重生态环境价值和发展规律，把人与自然公平地纳入到法律追求的目的之中，[5] 实现传统法的生态化。

其次，借鉴系统整体观对笛卡尔主客二分法的批判，部分环境法学者对传统法理论将"人-自然""主体-客体"分离的认识论提出了质疑。

有学者认为，要想把人与非人类存在物之间的主、客体关系上升为类似于法律关系中主体和主体间关系加以调整，必然需要对"主、客二分法"的

---

〔1〕 参见［美］霍尔姆斯·罗尔斯顿：《哲学走向荒野》，刘耳、叶平译，吉林人民出版社 2000 年版，第 24~26 页。

〔2〕 参见卓泽渊：《法的价值论》（第 2 版），法律出版社 2006 年版，第 66 页。

〔3〕 参见曹明德：《生态法新探》，人民出版社 2007 年版，第 193 页；参见沈守愚、孙佑海：《生态法学与生态德学》，中国林业出版社 2010 年版，第 80~81 页。

〔4〕 汪劲：《环境法律的理念与价值追求——环境立法目的论》，法律出版社 2000 年版，第 2 页。

〔5〕 参见张瑞萍：《论环境法的生态化转型》，载《法学杂志》2009 年第 6 期，第 138 页。

传统法律结构作出调整。[1] 基于此前提，有学者提出，我们应当采取"主、客一体"的认知方法，[2] 即"人""物"或"人""自然"所表示的是实体的两种不同存在形态，某个实体并非必然就是主体或是客体，而只有在某段特定的具体关系中，才能够成为主体或客体。有学者则从法的本质出发，强调法应当是人与自然和谐一体的同构规则，然而"现有的'人在法'排除了'人在'与'非人在'同构、互助的必然性"，才导致了人与自然、自在与他在的全面对抗。[3]

最后，由于对环境法价值观和认识论的理解不同，诸多学者在环境法的调整对象问题上也产生了不小的分歧。

按照传统法学理论，法律调整的法律关系是人与人之间社会关系，因此大多数学者主张，环境法的调整内容虽然包括人与自然、人与人之间的关系，但其直接调整对象仍旧是人与人在开发、利用、保护、改善等活动中产生的特定的社会关系，[4] 人与自然的关系是普遍且综合的社会动态变化过程，不可能比照着人与人的社会关系被量化成个别关系。[5] 也有学者表示，环境法并不应当以人类利益为唯一目的，虽然在目前"人本思想"的时代背景下难以实现对人与自然关系的调整，但我们可以给这一目标留下一点发展的空间。[6] 正是在这一"发展空间内"，有学者通过重新解读环境法律关系概念、重新划分环境法律体系的方式强调环境法不仅能调整人与人之间的社会关系，

〔1〕 常纪文：《动物福利法——中国与欧盟之比较》，中国环境科学出版社2006年版，第14页。

〔2〕 参见蔡守秋，吴贤静：《从"主、客二分"到"主、客一体"》，载《现代法学》2010年第6期，第3页、第7页。

〔3〕 参见江山：《人际同构的法哲学》，中国政法大学出版社2002年版，第58页、第67~68页。

〔4〕 参见陈泉生等：《环境法学基本理论》，中国环境科学出版社2004年版，第107页；参见王社坤编著：《环境法学》，北京大学出版社2015年版，第24页；参见吕忠梅主编：《环境法原理》，复旦大学出版社2007年版，第38页；参见汪劲：《环境法学》（第3版），北京大学出版社2014年版，第57页。

〔5〕 参见张梓太主编：《环境与资源保护法学》，北京大学出版社2007年版，第12页；参见李爱年：《环境保护法不能直接调整人与自然的关系》，载《法学评论》2002年第3期，第74~75页。

〔6〕 参见金瑞林主编：《环境法学》（第3版），北京大学出版社2013年版，第20页；参加常纪文：《环境法原论》，人民出版社2003年版，第22页；参见胡德胜主编：《环境与资源保护法学》（第2版），西安交通大学出版社2017年版，第51页。

并且能够实现对传统法理学的突破，直接调整人与自然之间的关系，[1] 亦有学者主张，由于生态是一个极为广泛的概念，环境法调整的应当是一种区别于传统法律关系的独特的生态社会关系。[2]

在环境法律关系的具体内容上，有学者基于非人类中心主义伦理观开始讨论起非人类存在物的环境权利问题。有学者认为自然体权利应当是某些与人最接近的自然体和物种生存、不受侵犯、获得尊重的最基本的权利；[3] 也有学者认为自然权利思想是权利概念延伸的一个当然结果，其包括不被瓜分和耗尽、不被灭绝、不被污染、免于战争毁灭的权利；[4] 还有学者创建了包括自然的权利、后代人权利以及人类环境权在内的新权利谱系，并主张在自然权利之下依据人的生产力发展水平、地域经济发展状况等具体因素进行细分。[5] 基于非人类中心主义的动物解放说以及相关国外立法实践，[6] 我国也有诸多学者开始提出动物的法律主体地位及其保护问题，主张有"内在价值"的"动物"并非民法之"物"而与人类一样具有法律主体地位的主张，对传统法律部门提出了颠覆性的挑战。

综上，不管是基于人类中心主义还是非人类中心主义，在环境法应当尊重生态规律、追求人与自然和谐这一点上并无争议。然而，在环境法研究范

---

〔1〕 参见蔡守秋：《调整论——对主流法理学的反思与补充》，高等教育出版社 2003 年版，第184~192 页；参见蔡守秋主编：《环境资源法教程》（第 3 版），高等教育出版社 2017 年版，第 20 页。参见周珂等主编：《环境法》（第 5 版），中国人民大学出版社 2016 年版，第 206 页；参见周训芳、李爱年主编：《环境法学》，湖南人民出版社 2008 年版，第 21 页；参见刘建辉：《环境法价值论》，人民出版社 2006 年版，第 59 页；参见郭红欣：《环境保护法能够调整人与自然的关系——兼与李爱年教授商榷》，载《法学评论》2002 年第 6 期，第 74 页。

〔2〕 参见曹明德：《生态法新探》，人民出版社 2007 年版，第 199 页。

〔3〕 参见蔡守秋：《调整论——对主流法理学的反思与补充》，高等教育出版社 2003 年版，第 482页。

〔4〕 参见张锋：《自然的权利》，山东人民出版社 2006 年版，第 2~6 页；参见刘建辉：《环境法价值论》，人民出版社 2006 年版，第 211 页。

〔5〕 郑少华：《生态主义法哲学》，法律出版社 2002 年版，第 106 页。

〔6〕 例如《德国民法典》第 90 条，"动物非属物。其应以特别法保护之。特别法未特别规定者，准用对于物之规定"；德国《动物福利法》第 1 条规定，"基于人类对其伙伴动物的责任，本法的目的是保护生命和动物的福利"；美国分物种进行多项专项立法，1918 年《候鸟条约法》、1940 年《秃鹰保护法》、1972 年《海洋哺乳动物保护法》，等等；值得注意的是，各国虽有大量动物保护立法，但是多以动物福利保障法的面貌出现，鲜有提及动物的法律主体地位及其法律权利，且各国立法状况取决于经济、科技与社会各项因素之间复杂的互动关系等基本国情，具体情况不一而足。参见常纪文：《动物福利法——中国与欧盟之比较》，中国环境科学出版社 2006 年版，第 49 页。

式、调整对象、自然的环境权利等问题上二者还是存在显著区别，坚持人类中心主义伦理观的环境法学者力图在传统法理框架内与其他部门法进行磨合衔接，而坚持非人类中心主义的环境法学者则已经超脱了传统法学研究范式以及法律关系的框架，对传统法律理论产生了巨大的冲击。如此情况下，我们必须在"重新走进人类中心主义"与"迈向非人类中心主义"之间作出恰当的抉择。

三、环境法伦理基础之抉择

我们需要知道，能被环境法所吸纳的环境伦理应当能够与现有环境法自身本质属性以及法律规则体系相合，这意味着，环境法的伦理基础起码应当符合两个标准：第一，其自身逻辑必须能够自洽；第二，其能够与现有环境法进行对接，即一方面其对环境法可以起到正确的指引、矫正作用，另一方面是环境法可以通过稳定的具体法律制度对其进行贯彻落实。

（一）法与环境法

"无数法学家和哲学家都试着为法下一个定义，但至今还没有一个统一的、得到整个法学界认可的法的概念"。[1] 自然法学派认为"法"与"法律"是有所区分的，"法"就是自然法，直接源于自然秩序，属于"应然"范畴，而"法律"指的是实定法或人定法，属于"实然"范畴。[2] 相反，实证主义法学派却认为并不存在"法"这一虚幻的本体，法就是权力机关根据宪法的规定所制造出来的法，在民主的社会状态下，其性质和具体内容应当由多数人决定而非由所谓的"自然法"决定。

环境法如果将非人类中心主义作为伦理基础，就十分容易脱离实在法范畴，转而向"自然法"寻求理论支撑。如就有学者主张，"法律并非绝对人造，人类全部秩序的本源均出于自然秩序，法不止规范自己也要规范自然行为"，[3] 环境法应当是人际同构法的一部分，其调整的社会关系是包含人与自然关系在内的新的社会关系形态。[4]

虽然对于先验的自然法，我们无法基于经验进行否定，但我们还是应当认识到两点：

---

〔1〕 ［德］魏德士：《法理学》，丁晓春、吴越译，法律出版社2005年版，第27页。

〔2〕 参见李永红、谢拓：《论自然法思想对法本体论的哲学阐述》，载《社会科学动态》2018年第9期，第21页。

〔3〕 王圣礼：《论环境法的主体与客体》，法律出版社2015年版，第56页。

〔4〕 参见江山：《人际同构的法哲学》，中国政法大学出版社2002年版，第183~187页。

第一，"自然法"是相对模糊的，而"实在法"是明确具体的，两者应当加以区分。在奥斯丁、阿奎那等诸多学者将自在法与实在法作出区分、将法学从宗教与不可知论的束缚中解放出来之后，法律开始成为"一个有意识服务于法律价值与法律理念的现实"。[1] 即使法律概念中包含着一系列具有先验本质的法律概念，但这并不是法律科学的结果，而是法律科学的工具，无论如何，"法律必须是规范的"。[2]

第二，以非人类中心主义伦理观为基础的环境法，在性质上也应当属于实在法而不是"自然法"。首先，在价值上，先验的"自然法"不为人类意志所改变，然而环境法时刻透露着人类价值判断的影响与创造；其次，在内容上，"自然法"作为普适性指导规则，内容并不确定，而环境法有着明确内容，即使将其伦理价值部分抽离出来视作"自然法"，我们也无法忽视其作为"实在法"的法律规则部分；最后，在功能上，"自然法"往往作为一般准则存在，而环境法由权力机关制定，承担着特定的目的与功能，在相应领域内具有明确效力。

因此可以说，虽然环境法有着区别于传统法律部门的特征，但实质上其仍然是传统法为了保障人类自身的利益、解决环境问题、稳固社会关系、保障公民权利而作出的反应，[3] 而非新规则替代旧规则的产物。因此，环境法必须以传统法学为基础，不断吸收邻近法学学科的成果，进行不同法部门、法学科之间的交流与对话。[4]

（二）非人类中心主义的哲学困境

同时，我们还要看到，非人类中心主义在哲学层面还难以做到严密的逻辑自洽。

首先，体现为"荒野"本体的虚伪性。非人类中心主义学者眼中自在存在的"荒野"本体是人类经由动物群落分析、实地调研等途径，通过"以生

---

〔1〕 ［德］古斯塔夫·拉德布鲁赫：《法哲学》，王朴译，法律出版社 2013 年版，第 34 页。

〔2〕 ［德］考夫曼：《法律哲学》，刘幸义等译，法律出版社 2004 年版，第 150 页。

〔3〕 参见汪劲：《环境法律的理念与价值追求——环境立法目的论》，法律出版社 2000 年版，第 140 页。

〔4〕 参见吕忠梅：《环境法回归 路在何方？——关于环境法与传统部门法关系的再思考》，载《清华法学》2018 年第 5 期，第 20~23 页；参见汪劲：《环境法学的中国现象：由来与前程——源自环境法和法学学科发展史的考察》，载《清华法学》2018 年第 5 期，第 33 页。

态系统论的科学驳倒生物进化论的科学"[1]而得出的实践产物，带有强烈的"理性"烙印而非"自在"。正相反，"荒野"的内在价值背后存在着一种隐性的人为价值取向，即人"绝对地"不优越于其他非人类存在物，但是，人拥有的主观能动性是客观事实而非妄自尊大，刻意贬低人类的发展会使得"人""物"彻底割裂，最后导致"人"被刻意消灭，与"物"同质化。[2]同时，"荒野"这一概念类还存在着不可避免的模糊性，根据人的主观情况不同会得到不同的解读，无法制定客观标准，很难获得普适性。

其次，体现为"内在价值"的属人性。认为非人类存在物同样具有"内在价值"是非人类中心主义的重要理论基础，而这一基础暗含有几个前提：其一，"价值"是客观存在的物质属性；其二，"内在价值"并不以"有用"为条件，存在即可拥有；其三，"人"无法评价由自然赋予的"价值"。然而，价值是"产生于人按照自己的尺度去认识世界改造世界的现实活动的一种关系现象，其本质是客观存在的特定的'关系态'或'关系质'",[3]而非是客观物质固有的某种内在属性。在价值领域，主体性是人的主体性，人普遍地处于最高地位，这是一切价值命题的基础，若不能否定这个基本前提，那么把"价值"理解成人的尺度之外的概念就是一种误读或者混淆。[4]

最后，体现为道德的非强制性。不难发现，非人类中心主义包括"动物解放""生命平等"在内，许多主张的施行基础都在于人类主体的道德自律以及对"荒野"的热爱。但是道德并不可能由自然直接产生，一个道德主体必须满足三个基本条件：一是社会性意识，即一种对他人的利好；二是一定程度的理智能力，具备选择与反思能力；三是对上述社会性意识与选择反思能力扩散与代价传递的环境。[5] 人类回归"荒野"的最终结果只会是把"荒野"变为人类社会，而在社会中拥有"道德"的人，必然不会具有天然的道德水平，人利用自然满足自身发展需要是所有一般人都有的本性，以此划分

〔1〕 孙道进：《环境伦理学的哲学困境——一个反拨》，中国社会科学出版社 2007 年版，第 83 页。
〔2〕 参见吴国盛：《自然本体化之误》，载《哲学动态》1993 年第 7 期，第 31 页。
〔3〕 参见李德顺：《价值论——一种主体性的研究》（第 3 版），中国人民大学出版社 2013 年版，第 29 页。
〔4〕 参见李德顺：《价值论——一种主体性的研究》（第 3 版），中国人民大学出版社 2013 年版，第 303 页。
〔5〕 参见米丹：《生物学对道德的挑战：关于自然主义道德观的争论——基于生物学哲学文献的研究》，载《自然辩证法通讯》2018 年第 8 期，第 6 页。

善行和恶行也是不现实的。

（三）非人类中心主义的法学困境

除开哲学上的逻辑自洽问题，非人类中心主义与环境法的对接也存在着一定困难，其很难为环境法的完善与实施提供良好帮助，环境法也很难以具体制度将其贯彻落实。

在立法目的层面。作为人造的环境法，其以解决环境问题、设计一套人与自然和谐相处的法律机制为最终目的，并不可能严格做到摆脱"人"之"理性"，完全依据"荒野本性"作出行为。而且，法律和伦理的要求并不等价，伦理标准比法律确定的标准要更加广泛、严格，其可以主张的慈悲、怜悯等要求都已经超出了法律的要求范围，[1] 很难形成相应的法律法规。诸如素食主义等较为严格的环境伦理态度会导致环境法有意识地自我限制，以致于很难产生相当的法律行动。[2]

在基本原则层面。环境法的法律原则所体现的就是立法者对社会公认的环境法价值观的认识，其实体内容应由立法目的所决定。在环境法的基本原则中虽然规定了类似"预防原则""保护优先原则"等规定，体现了人类对自然的保护与尊重，但应当将其理解为为了实现人类社会的可持续发展这一目的而以保护为优先，[3] 是人类对保护与开发利用的优先性作出价值判断后的结果，而非对"人"的否定。非人类中心主义的伦理主张并不完全符合现有环境法的价值取向，难以作为环境法基本原则以及基本制度的建构基础。

在具体制度建构层面。"如果法律规则与道德要求之间的界限是不明确的或是极为模糊的，那么法律的确定性和可预见性就必定会受到侵蚀"，[4] 因此在实践中，非人类中心主义在法律主体、权利义务内容等方面的模糊直接会导致"环境""动物""环境权利"等概念的模糊，从而引发一系列现实问题，例如，家养动物是否也有自然赋予的内在价值，是否也需要保护？非人类存在物适用何种代理模式？"没有操作性的道德诉求一旦进入法律，不但不

---

〔1〕 参见［美］大卫·莱昂斯：《伦理学与法治》，葛四友译，商务印书馆 2016 年版，第 79 页。

〔2〕 参见［英］丹尼斯·罗伊德：《法律的理念》，张茂柏译，上海译文出版社 2014 年版，第 40 页。

〔3〕 参见王社坤、苗振华：《环境保护优先原则内涵探析》，载《中国矿业大学学报（社会科学版）》2018 年第 1 期，第 26 页。

〔4〕 ［美］E. 博登海默：《法理学——法律哲学与法律方法》，邓正来译，中国政法大学出版社 2017 年版，第 389 页。

能够使其成为法律现实，反而会导致法律的虚妄"。[1]

综上，人类中心主义比非人类中心主义更加适合作为环境法的伦理基础。从伦理学角度来讲，人类的出现给自然界打上了难以抹灭的人类意志烙印，在这一意志中，利益意识是人一切价值判断、社会行动的前提，[2] 因此，重新走进人类中心主义是必要且恰当的。从法学角度来讲，环境法"所关注的是一个行动应受法律规范裁判的人的心智倾向",[3] 本身就是人的主观能动性以及实践性的体现，其伦理基础必然与传统法律部门一样，是强调人类主体性的人类中心主义。

四、作为环境法伦理基础的人类中心主义

当然，这里所说的"人类中心主义"指的是祛除了传统偏见的现代人类中心主义。在人和自然的关系上，我们应当以"人类"整体利益为中心，可以体现为以人类发展为核心的可持续发展伦理观；在人和人的关系上，我们应当通过调整人与人的社会关系的方式尽可能做到环境关切，可以体现为以分配正义为核心的环境正义伦理观。

（一）以人类发展为核心的可持续发展

可持续发展的概念广受世界关注，[4] 有学者指出，可持续发展伦理观是建立在现代人类中心主义"人本思想"基础上的新型发展战略，[5] 关注的不仅是当代人的发展问题，还有未来后代人的发展问题，这与专注于当代人类社会关系的传统法律有所不同的。也有学者认为，可持续发展并没有对人类

---

〔1〕 高利红：《环境法的生态伦理外套》，载《郑州大学学报（哲学社会科学版）》2002 年第 2 期，第 22 页。

〔2〕 参见刘湘溶：《人与自然的道德话语——环境伦理学的进展与反思》，湖南师范大学出版社 2004 年版，第 87-88 页。

〔3〕 ［美］E. 博登海默：《法理学——法律哲学与法律方法》，邓正来译，中国政法大学出版社 2017 年版，第 389 页。

〔4〕 1972 年 6 月，联合国在斯德哥尔摩主持召开第一次"人类环境会议"，讨论了全球人口增加和工业发展所引起的环境日益严重的问题，发表了《人类环境宣言》，提出了人类的"可持续发展"问题；1980 年国际自然保护同盟在野生动物基金会的支持下制定发布了《世界自然保护大纲》，第一次使用了"可持续发展"概念。1987 年，世界与环境发展委员会公布了《我们共同的未来》研究报告，对可持续发展下了一个定义，即"既满足当代人的需要、又不对后代人满足其需要的能力构成危害的发展"，世界环境与发展委员会：《我们共同的未来》，王之佳、柯金良等译，吉林人民出版社 1997 年版，第 52 页。

〔5〕 参见汪信砚：《现代人类中心主义：可持续发展的环境伦理学基础》，载《天津社会科学》1998 年第 3 期，第 53 页。

中心主义或非人类中心主义作出否定或肯定，而是在二者的基础上，吸收合理成分并落脚于人类利益可持续发展的伦理观重构，[1] 关注的人与自然的关系是发展中的人与自然，强调在实践中通过自然的人化和人的自然化的辩证运动来实现人类与自然的协调发展。[2]

党十八届五中全会确定了"创新、协调、绿色、开放和共享"五大发展理念，由此，绿色发展理念开始作为生态文明建设的最新成果进入大众视野，学界也开始思考其与可持续发展伦理观之间的关系。有学者指出，可持续发展词组中的发展是经济发展概念的下位概念，其核心含义是"财富"的"增长"以及"物质繁荣"的持续创造，[3] 而绿色发展思想不仅要求满足人的物质文化需要，而且满足人的生态环境需要，协调经济发展与环境保护二者间关系，实现"生产发展、生活富裕、生态良好"的目标。[4] 也有学者指出，绿色发展理念本质上以"可持续发展观"为思想基础，是当代语境下的可持续发展观，[5] 主要包括两方面内容：一方面，人类必然需要发展，尤其是作为最不利人群的贫穷人口；另一方面，发展是有合理限度内的发展，不危及没有选择权的后代人的发展。

从伦理基础上讲，"任何一种环境伦理首先都必须肯定人的生存与延续，一种不包含人的福利的环境伦理是没有生命力的"。[6] 笔者认为，可持续发展理论同样也是以人类中心主义为基础，将人作为一个整体的"类"进行利益衡量，并吸纳了部分非人类中心主义中关于环境关切的观点，将"人与自然的和谐"作为维护人类利益的手段，并非是以彻底不开发式的生态保护优先。从具体内涵上讲，可持续发展应当是以"发展"，即社会内部结构政治、经济、文化等多维度多方面的和谐进步为最终目的，而非单纯地追求"物质"或"经济"一方面的"创造"或"增长"，其内涵是多层次的。在这一基础上，绿色发展理念是对可持续伦理观的具体化，其要求我们维持"经济发展"

---

〔1〕　参见陈剑：《可持续发展与环境伦理探析》，载《河北法学》2005 年第 10 期，第 109 页。

〔2〕　参见徐海静：《可持续发展环境伦理的认同与构建》，载《理论与改革》2016 年第 3 期，第 113 页。

〔3〕　参见徐祥民：《绿色发展思想对可持续发展主张的超越与绿色法制创新》，载《法学论坛》2018 年第 6 期，第 7 页。

〔4〕　参见刘卫先：《绿色发展理念的环境法意蕴》，载《法学论坛》2018 年第 6 期，第 39 页。

〔5〕　参见渠彦超、张晓东：《绿色发展理念的伦理内涵与实现路径》，载《青海社会科学》2016 年第 3 期，第 54 页。

〔6〕　参见杨通进：《当代西方环境伦理学》，科学出版社 2017 年版，第 103 页。

与"环境保护"之间、"现代人"与"后代人"之间的平衡,是在可持续发展伦理观基础上对人类社会提出的更高要求。

可持续发展伦理观应当不仅仅是一个价值理念,其需要经由实际法律制度进行具化与贯彻,成为严格的法定目标和法定标准。中国当代的环境立法、司法、执法活动必须充分吸收可持续发展思想的精髓,引入绿色发展等具体化理念,为实现生态文明提供制度保障。由于可持续发展的本质是人类中心主义伦理观,因此与环境法的对接工作较为顺利,也已经对环境法以及传统法律部门产生了许多实际的积极影响。

《中华人民共和国环境保护法》明文确定了可持续发展伦理观的效力,由经济发展与环境保护处于对立位置的目的一元论转向了不因社会发展牺牲环境、而以环境保护促进经济发展的目的二元论。可持续发展伦理观不仅仅体现于立法目的层面,其还体现在风险预防、保护优先等原则规制,以及环境影响评价、污染者负担、生态补偿等制度建构在实践中能够得到贯彻落实。[1] 同时,在可持续发展伦理观以及环境法的影响下,传统法律部门也开始出现"绿化",如2017年《中华人民共和国民法总则》第9条就规定了关于"绿色原则"的要求。

(二)以分配正义为核心的环境正义[2]伦理观

除开协调人与自然的关系,调整人与人之间的伦理关系也是现代人类中心主义伦理观的重要组成部分。环境法作为法律的一部分,是国家权威实现正义的强制性规范,[3] 在调整人与人之间环境法律关系之时必然需要将环境正义作为最高价值理念。

一直以来,正义是一个含义广泛的道德范畴。直到20世纪70年代,罗尔斯在其著作《正义论》中开始将正义的核心问题界定为社会基本制度建构以及制度下的基本权利义务分配问题。[4] 而环境正义这一概念最初诞生于美

---

〔1〕 参见竺效、丁霖:《绿色发展理念与环境立法创新》,载《法制与社会发展》2016年第2期,第186页。

〔2〕 环境正义一般分为国内环境正义、国际环境正义、代际正义三个维度,考虑到本文主题与篇幅限制,对于国际环境正义部分未予展开。当我们说到代际正义,可持续发展与环境正义是有所交叉的,但前者明显侧重于发展层面,后者则侧重于正义层面。参见刘卫先:《后代人权利理论批判》,载《法学研究》2010年第6期,第94页。

〔3〕 [美]罗斯科·庞德:《法理学》(第1卷),余履雪译,法律出版社2007年版,第297页。

〔4〕 [美]约翰·罗尔斯:《正义论》(修订版),何怀宏、何包钢、廖申白译,中国社会科学出版社2009年版,第6页。

国。1987 年，詹妮·拉巴尔姆在其著作《必由之路：为环境正义而战》中给当时人们要求解决严峻环境污染、保障弱势群体的环境权益保障、合理分配环境权利与责任等主张提出了"环境正义"这一概括性称谓。[1] 随着时代发展，人们开始把对环境问题的关注与社会、种族和经济正义并列，使得环境正义从环境领域上升为社会正义的一个子领域。在此背景下，美国环保局将环境正义定义为"在环境法律、规章和政策的制定、实施和执行过程中，全体国民，不论种族、肤色、国籍和财产状况差异，都应得到公平对待及有效参与"，并着重强调加强对弱势、少数群体的环境权益保护。

环境正义伦理观在我国环境法中集中体现为生态环境权益与义务的公正分配，较多生态环境利益的受益者应当负担较多环境负担，[2] 主要以分配正义为核心，兼顾权利承认、公众参与、能力培养三方面，与环境法在立法、司法、执法等各个阶段进行对接。

其中，权利承认是进行利益分配的前提，也是公众进行参与的权利基础，强调的是环境法对于公民环境权益与权利的确定。许多学者对"环境权"的概念、性质、内容及其可诉性进行建构与论证，以冀将其在宪法层面进行确定，并作为公民环境权益保护的权利基础。[3] 也有学者认为，环境问题产生于环境风险与环境行政等原因，确定"环境权"并非是一个直接有效的解决办法。[4]

分配正义作为环境正义伦理观的核心，指的是对环境权益与义务通过公权力与市场进行公平分配，[5] 而这一过程必然需要环境法的参与。首先，分

---

〔1〕 参见朱达俊：《环境正义的思想溯源与理论探析》，载《资源与人居环境》2013 年第 3 期，第 51 页。

〔2〕 参见丁玉娟、洪波：《法律生态化》，中国环境出版社 2017 年版，第 35 页。

〔3〕 参见吕忠梅：《环境权入宪的理路与设想》，载《法学杂志》2018 年第 1 期，第 23 页；参见吴卫星：《宪法环境权条款的实证考察》，载《南京工业大学学报（社会科学版）》2017 年第 4 期，第 80 页；参见吴卫星：《环境权入宪的比较研究》，载《法商研究》2017 年第 4 期，第 173 页；参见周珂、罗晨煜：《论环境权"入法"：从人权中来，到人权中去》，载《人权》2017 年第 4 期，第 70 页；参见胡静：《环境权的规范效力：可诉性和具体化》，载《中国法学》2017 年第 5 期，第 152 页；参见王树义、李华琪：《也谈环境权利的可诉性》，载《湖北大学学报（哲学社会科学版）》2018 年第 5 期，第 120~127 页。

〔4〕 参见张恩典：《"司法中心"环境权理论之批判》，载《河南大学学报（社会科学版）》2015 年第 3 期，第 8 页。

〔5〕 参见郁乐：《环境正义的分配、矫正与承认及其内在逻辑》，载《吉首大学学报（社会科学版）》2017 年第 2 期，第 43 页。

配正义要求环境法在与行政法协调的基础上对政府环境行政许可的设定、审批、后续监管作出详细规定，要求其许可依法作出，且不得有损于环境保护和公民环境权益。其次，环境权益经由市场进行流通，实现环境权益在不同主体间的高效配置，[1] 在这过程中，各市场主体以及公权力主体都应当遵守环境法及其相关法律。最后，环境法还必须要与传统部门法紧密配合，关注分配结果的矫正问题，在实质上、程序上关注关系双方之间的力量均衡，进一步完善相关法律救济制度。

公众参与作为环境法上的一个重要原则，对分配正义起到重要的补充和辅助作用。依据公众参与原则，公民有权依法定程序参与与公众环境权益相关的行政决策等活动，且有权要求行政机关对权利行使进行相应的保护和救济。[2] 由于环境法的公益性与社会性，公众参与几乎在整个环境法律体系之中都有所体现，但在实践过程中还存在着诸如立法层级较低、规定较为原则性、制度构建并不全面等需要解决的问题。

能力培养指的是通过环境教育、基础设施建设等形式提高全民环境素养、改变人们传统的价值观念，[3] 是培育人们环境保护意识、保障自身环境权利、履行自身环境保护义务的有效手段，是贯彻落实生态文明理念的重要途径。《中华人民共和国环境保护法》第9条也明确规定了政府部门对于环境保护的宣传普及义务以及教育行政部门、学校的环境教育义务，但是由于环境教育对象广泛、内容复杂，我国环境教育立法工作以及相关制度建构还需进一步发展和完善。

五、结语

相对于传统法律部门来说，环境法是超前的，也是稚嫩的，我们必须以理性态度去衡量环境法自身的变革力量，是否足以挑战整个法学，甚至是伦理学、社会学的基本理论框架，这样做又是否真的有利于环境问题的解决。实践证明，对于环境法来说，夯实自身基础理论建设、完善自身制度建设的道路远没有终止，而只是刚刚启程。

---

〔1〕　参见刘航、温宗国：《环境权益交易制度体系构建研究》，载《中国特色社会主义研究》2018年第2期，第85页。

〔2〕　参见竺效：《〈环境保护法〉对公众参与原则的确认：昨天、今天和明天》，载《环境经济》2013年第5期，第42页。

〔3〕　参见时军：《我国的环境教育立法及其发展》，载《中国海洋大学学报（社会科学版）》2013年第5期，第87页。

为实质法治辩护

——对陈景辉教授批评的回应

尹不忧 *

摘　要：法治的观念可以区分为形式法治和实质法治。实质法治的观念由于法治作为一种理想的性质具有初步的理论优势，而陈景辉教授在其《法治必然承诺特定价值吗?》一文中对实质法治的观念提出了两个重要的反对意见：第一个反对意见分为两部分，第一部分认为实质法治的观念会使得法治的重要性被实质价值吸收，第二部分认为法治将沦为一种工具，因此将会使得法治的观念变得不重要。第一部分由于具有循环论证的特征而无效，第二部分则是忽略了当法治成为一种工具的时候法治自身独立的重要性仍然存在，因此该论证同样无效。第二个反对意见认为实质法治的观念面临着内在的两难。然而这个两难并不是法律的实质条件与形式条件的冲突，而是法治这一价值与其他价值的冲突，因此该论证与实质法治和形式法治之间的理论争论没有实质的联系因此无效。所以，陈景辉教授对实质法治的观念的批评没有达到其目的。

关键词：法治　实质法治　形式法治

* 尹不忧，中国政法大学法学院 2018 级法学理论专业博士研究生（100088）。

引　言

在法治的观念中，可以区分出形式法治和实质法治。形式法治的观念关心法律公开的方式、规范的清晰性、法律是否溯及既往等，而并不对法律自身的内容下判断，其并不关心法律是好的法律还是坏的法律。而实质法治的观念要求更高，不仅仅对法律进行形式上的限制，同样关心法律的内容，例如法律是否是基于或者来源于个人权利。[1] 陈景辉教授在其《法治必然承诺特定价值吗?》一文中对实质法治的观念提出了两个反对意见，[2] 第一个是说任何对实质价值的强调都会贬损法治的重要性，第二个是说实质法治的观念将会与反法治的立场重合。本文试图回应这两个反对意见。如果第一个反对意见是成立的，那么任何主张实质法治概念的人都面临着自己的讨论变得不重要的危险，所以这个反对意见必须被认真对待。而第二个反对意见甚至将实质法治的观念与反法治的立场联系起来，如果这个反对意见是正确的，那么实质法治的观念将会面临自相矛盾的处境，因此也值得认真回应。如果能够成功回应这两个反对意见，那么由于法治作为一种理想的特性，实质法治的观念便重新能够占据理论优势地位，因为作为一种理想通常要是值得追求的，而这便直接指向法律的内容。

第一个反对意见又分为两个部分，第一个部分是主张如果主张实质法治的观念，那么法治的重要性将被实质价值的重要性所吸收所以使得法治变得不重要，我把它叫作吸收论。第二个部分是主张如果主张实质法治的观念，那么将会使得法治成为实质价值的工具，因此使得法治不重要，我把它叫做工具论。第二个反对意见以法治的实质条件与形式条件的冲突为基础，其尝试展示实质法治观念的两难困境。

一、实质法治观念的初步优势

法治这个词汇从其出生开始便是实质性的。古希腊的亚里士多德关于法治的名言便体现了这一点。"法治应包含两重含义：已成立的法律获得普遍的服从，而大家所服从的法律又应该本身是制订得良好的法律"。[3] "被普遍服从"这虽然是描述一种社会状态，但是如果法律连一些基本的形式条件都不

---

〔1〕　See Brian Tamanaha, *On the Rule of Law: History, Politics, Theory* 91-92 (Cambridge University Press 2004).

〔2〕　参见陈景辉：《法治必然承诺特定价值吗?》，载《清华法学》2017 年第 1 期，第 5~21 页。

〔3〕　参见〔古希腊〕亚里士多德：《政治学》，吴寿彭译，商务印书馆 2016 年版，第 202 页。

具备，那么法律不会具有指引人们行动的能力。例如，如果法律是溯及既往的，那么人们不可能遵守它，因为在人们行动的时候那个将来会产生的对现在有效力的法律现在还不存在。[1] 也就是说，"被普遍服从"这暗含了对法律的要求，这个要求至少包括一些基本的形式条件。而"制定得良好的法律"则显然是对法律内容上的要求。良法需要合乎正义，需要与正宗的政体相一致并且需要是维护城邦的共同利益的。[2]

英国的法学家戴雪在其《英宪精义》中更是列举出了法治包含的三个基本元素：法律在整个国家中的地位是最高的；法律面前人人平等，也就是每个人都要服从法律；法律保障个人权利。[3] 戴雪的法治的概念同样是实质性的，从其要求法律来保证个人权利便可以看出。

就算是提出了八项著名的法治的形式条件的富勒，也同样对于法律的实质内容保持关注。他认为那些满足形式条件的法律系统更有可能同时具有公平和正义的内容，因为一项被公开的明确表述的法律更容易被公众判断其公正性，而立法者由于知道这一点因此将会对这项法律的公正性尽更多的责任，也就是使得它更公正。反过来，像是在波士顿，让被羁押的人签署一份申明免除警方因拘捕和扣留他而可能导致的任何民事责任这样的惯例是很难被公开的。[4]

当今，法治作为一种理想可以说已经获得了普遍承认。在斯坦福哲学百科全书上，法治作为一种理想与民主、人权、社会正义和经济自由并列。[5] 如果法治是一种理想，那么实质法治的观念便能够占据初步优势。因为其作为一种理想，一定要是值得追求的。例如自由作为一种理想，黑格尔便认为一切历史事件都导向自由这一目标。[6] 因此法治的概念中也需要有某种东西是值得追求的，至少需要某种东西来防止法治成为不值得追求的东西。单独对法律进行形式上的限制无法完成这种任务，因为一个邪恶的法体系也可能

---

〔1〕　See Joseph Raz, "The Rule of Law and its Virtue", in *The Authority of Law* 210, 214 (2nd edition, Oxford University Press 2009).

〔2〕　参见占茂华：《亚里士多德的法治思想及其现代价值》，载《社会科学家》2012 年第 S1 期，第 138 页。

〔3〕　参见［英］戴雪：《英宪精义》，雷宾南译，中国法制出版社 2017 年版，第 267~268 页。

〔4〕　See Lon L. Fuller, *The Morality of Law* 157-159 (Yale University Press 1963).

〔5〕　参见"The rule of Law"，载 https://plato.stanford.edu/entries/rule-of-law/#OneIdeaAmonOthe，最后访问日期：2018 年 12 月 14 日。

〔6〕　参见［澳大利亚］彼得·辛格：《黑格尔》，张卜天译，译林出版社 2015 年版，第 29 页。

满足那些形式上的要求。形式法治表面上来看是价值中立的，但其实却隐含了对任何法律的内容都给予认可的价值判断，这与法治作为一种理想的性质是不符的。所以只有对法律的内容进行限制，才能够使得法治作为一种理想是真正值得追求的。当然，到底法治中的法应该具有哪些实质的条件，则是有争议的。德沃金认为法治的概念中应该包含个人权利，这种法治概念是通过公众的个人权利的观念来进行统治的理想。[1] 艾伦所描述的法治的概念与公平、平等和正义联系在一起。[2] 还有一些哲学家认为法治还应该包含社会福利。[3] 不过他们都认同法治的观念中包含对法的内容的限制。

正是由于实质法治观念的初步优势，所以对于实质法治论者而言，只要能够防御所有对实质法治观念的攻击，便能够证明实质法治观念相对于形式法治观念来说具有理论优势。而本文便计划进行这个工作的一部分，就是回应陈景辉教授在其《法治必然承诺特定价值吗？》一文中对实质法治观念提出的两个批判。如果能够成功回应这两个批判，那么实质法治的观念便又恢复到了被陈景辉教授批判之前的初步优势状态。虽然对于实质法治的观念也可以进一步提出论证，不过基于文章篇幅的考虑，本文将集中于回应这两个批判的任务。

二、实质法治的观念使得法治不重要吗？

陈景辉教授认为，实质法治的观念会使得法治本身变得不重要。其中的一个理由是由于实质法治的观念将会使得法治的重要性被加入法治中的实质价值的重要性所吸收（吸收论），另一个理由则是由于法治将会成为实质价值的工具因此变得不重要（工具论）。[4] 接下来就让我们逐一考察这两个理由。

（一）吸收论的混淆

吸收论：如果在法治的概念中存在实质价值，那么就会发生法治和这些价值之间的混淆；同时，由于这些价值本身的重要性是没有疑问的，那么法

---

〔1〕 See Ronald Dworkin, "Political Judges and the Rule of Law", in *A Matter of Principle* 9, 11–17 (Harvard University press 1985).

〔2〕 参见［英］T. R. S. 艾伦：《法律、自由与正义——英国宪政的法律基础》，成协中、江菁译，法律出版社 2006 年版，第 27～105 页。

〔3〕 See Brian Tamanaha, *On the Rule of Law: History, Politics, Theory* 112–113 (Cambridge University Press 2004).

〔4〕 参见陈景辉：《法治必然承诺特定价值吗？》，载《清华法学》2017 年第 1 期，第 12～15 页。

治的重要性就会被这些价值吸收，法治自身独特的重要性因此就会消失。[1]
以公式（A）表示：

    A1：法治是好的。

    A2：实质法治主张法治是实质法治。

    A3：根据 A1 和 A2 得出，实质法治是好的。

    A4：去除主张 3 中的同类项，法治便与好没有关系。

    在这里，首先要考察的是，吸收论在这里主张的法治的重要性被吸收，
这里的法治指的是什么，或者说到底是什么法治的重要性被吸收了。A1 和 A2
中的法治，应该指的是原始的法治，也就是作为一种理想的法治，因为在这
里只是在列明论证的假设前提，也就是法治的概念是实质法治。而 A4 中的法
治有三种可能，首先，这里的法治可能是作为一种理想的法治，也就是没有
区分出形式法治和实质法治的原始的法治的概念。如果是这样，这个论证不
可能成立，因为从消除同类项这个步骤来看，剩下的法治应该是比实质法治
的概念更小的一个概念，无论这个剩下的法治的概念是什么，它都不可能是
最大的那个原始的法治的概念，所以也不可能对那个原始的法治的概念做出
什么结论。其次，这里的法治可能是指法治的实质条件，但是同样从消除同
类项这个步骤来看，消除的同类项是"好的"，而实质法治中能够被评价为
"好的"的内容恰恰就是法治的实质条件，所以法治的实质条件恰好就是被消
除的内容，所以这个论证也不可能对于它做出什么结论。最后，就只剩下了
符合形式条件的法治的概念，这应该是对于结论中的法治的正确理解，因为
符合形式条件的法治通常主张自己是价值中立或者价值无涉的，因此在消除
两边具有评价意义的"好的"之后，剩下的就是这个声称没有评价意义的符
合形式条件的法治的概念了。所以，吸收论中所说的重要性被吸收的法治，
就是指形式法治，也就是符合形式条件的法治的概念。

    所以，可以以更清晰的方式来构建这个推理（B）：

    B1：实质法治＝符合形式条件的法的统治＋符合实质条件的法的统治
＝好的；

    B2：符合实质条件的法的统治＝好的；

---

〔1〕　参见陈景辉：《法治必然承诺特定价值吗?》，载《清华法学》2017 年第 1 期，第 14 页。

将 B2 代入 B1，所以：

B3：符合形式条件的法的统治+好的＝好的；

B4：两边都减去好的；

B5：符合形式法治的法的统治＝0。

这个推理的逻辑核心用字母可以这样表示（C）：

C1：若：$x+y=y$；

C2：那么：$x+y-z=y-z$；

设 $z=y$；

C3：所以：$x=0$。

这个逻辑要想成立，那么两边必须减去相同的东西，或者说必须"$z=z$"。

"$z=z$"在纯粹的逻辑运算中肯定是成立的，但是当把这个逻辑运用到形式法治与实质法治的推论中却不一定成立。也就是说，实质法治的"好"和符合实质条件的法的"好"不一定是相同的。

在这里，吸收论可以走向两个方向：其一，是主张这两个好确实是不同的，但是它们非常容易引起混淆，所以实质法治这一对法治的用法的主张容易引起人们认为法治是不重要的错觉，所以为了不让人们引起混淆，最好还是对法治这个词汇采取形式法治的用法。其二，是主张这两个好确实是相同的。

如果走向第一个方向，那么吸收论对实质法治的攻击是非常弱的。首先，这种混淆不是必然的，即使由于实质法治的用法使得人们误以为法治的形式条件不重要，我们只需要澄清实质法治的概念就可以，而不是去放弃它。其次，这种混淆并不意味着实质法治的观念是不适当的或者说是劣于形式法治的，因为这仅仅是对法治的观念的认识问题，而不是法治的观念本身的问题。最后，从实质法治的角度来说，强调法治中的法需要包含某些实质的价值，这不是对法治的概念的混淆，而是对实质法治观念的强调。

因此，吸收论只能走向第二个方向。那么吸收论需要证明的是实质法治的"好"和符合实质条件的法的"好"是相同的。然而，实质法治等于符合形式条件的法的统治加上符合实质条件的法的统治，换句话说实质法治包含了法符合实质条件的含义，如果它们的"好"是相同的，那就意味着"符合形式条件"的法对于实质法治的"好"没有任何的贡献，也就是说"符合形式条件"的法不重要。也就是说，如果吸收论想要证明实质法治的观念使得法治的形式条件不重要，它必须首先证明法治的形式条件不重要。但是，如果吸收论已经证明了法治的形式条件不重要，也就不需要吸收论这个论证了。而且，如果吸收论证明了法治的形式条件不重要，那么它不是走向了形式法治，而是走向了反法治或者说非法治。所以，这一个方向对于吸收论来说是一个死胡同。

也就是说（D）：

要使得 B 成立，必须证明：

D1：实质法治的"好"＝符合实质条件的法的统治的"好"；

根据定义，实质法治＝符合形式条件的法的统治加上符合实质条件的法的统治；

将定义代入 D1，得出 D2；

D2：符合形式条件的法的统治的"好"＋符合实质条件的法的统治的"好"＝符合实质条件的法治的"好"；

两边消除符合实质条件的法的统治的"好"，得出 D3；

D3：符合形式条件的法的统治的"好"＝0；

所以，要使得 B 成立，必须证明 D3。

也就是说，要使得吸收论是成立的，首先必须证明符合形式条件的法的统治是不重要的，而吸收论论证的目的恰好是这一点，所以吸收论的结论是以自身为前提的，所以它是一个循环论证，是无效的。

反过来说，如果实质法治的"好"与符合实质条件的法的"好"是不同的，那么这就意味着在吸收论的推理中存在概念偷换，也就是它的论证过程中同一个词的意义发生了变化，那么这个推理就不成立了。具体来说，就是在 B3 的过程中，虽然两边都是减去"好的"，但是如果这里被减去的"好的"是实质法治的"好"，那么虽然右边等于 0，左边却不是"符合形式条件的法的统治"；如果两边都减去的"好的"是法符合实质条件的"好"，那么虽然左边剩下"符合形式条件的法的统治"，但是右边却不等于 0。那么，无论怎样都无法推导到 B5 这个结论。

虽然吸收论无法达到它的证明目的，但是作为一个分析，它仍然提醒了我们一些有价值的事情。那就是在法治的观念中，法律对形式条件的满足和法律对实质条件的满足是不同的东西。不能仅仅认为对法治的实质条件的满足就是法律的全部，也不能仅仅重视形式条件，而应当综合全面地看待法治的构成要素。陈景辉教授提出吸收论的背景，是针对实质法治对于形式法治的"无法防止法治被用于服务错误的目标"的批评，为了应对这个批判，就必须在法治中加入实质价值以此来防止法治在价值方向上的错误。[1] 而一旦在法治中加入实质价值，难免会让人认为从此只有实质价值才是重要的。但是在这里忘了另一种可能性，就是加入实质价值的同时仍然保留对法律的形式条件的强调。实际上同时强调形式条件和实质条件才是实质法治的本意，因为实质法治的概念是通过对于形式法治的概念进行一些添加而获得的，并没有删除法治中法需要符合形式条件的要求。

（二）工具论与相反的结果

工具论：一旦将民主、平等、人权等实质价值加入法治的概念中，那么就在法治与这些价值之间建立起了必然的联系，法治由此就被视为服务于这些价值的工具。这样，法治作为一种工具，重要性就大大降低了。[2]

将这个论证列明如下（E）：

E1：如果法治中包含实质价值；

E2：那么法治便成为了实现这些价值的工具；

E3：由于法治成了一种工具，所以法治重要性下降；

E4：因为实质法治的概念使得法治的重要性下降，所以它是不适当的。

让我们再次来澄清这个论证中法治的含义。E1 只是假设法治的观念是实质法治的观念，所以 E1 中的法治应该指的是作为一种理想的法治，也就是原始的法治观念。对于 E2 来说，如果 E2 中的法治是原始的法治观念，我们无法理解"成为实现这些价值的工具"这句话，因为原始的法治观念根据 E1 是包含实质价值的，自身无法成为自身的一部分的工具。如果 E2 中的法治指的是符合实质条件的法的统治，也会遇到同样的问题。因为说法治包含实质价值，就是说法治中的法应该符合实质条件，这些价值就是法的内容的条件，所以符合实质条件的法的统治同样包含了这些价值，所以 E2 中的法治也不能

---

[1]　参见陈景辉:《法治必然承诺特定价值吗?》,载《清华法学》2017 年第 1 期,第 12~14 页。

[2]　参见陈景辉:《法治必然承诺特定价值吗?》,载《清华法学》2017 年第 1 期,第 14~15 页。

是符合实质条件的法的统治，仍然是因为自身无法成为自身的一部分的工具。那么，E2 中的法治只能指的是符合形式条件的法的统治。由于一般来说会认为符合形式条件的法的统治是道德中立的，所以不会与那些实质价值有包含或者被包含关系。

E3 的前件"法治是一种工具"这是 E2 的重复，所以这里的法治也是指符合形式条件的法的统治，而由于 E3 是一个假言推理的结构，所以后件"法治重要性下降"中法治的含义应该与前件相等，所以 E3 的后半部分的法治也是指符合形式条件的法的统治。对于 E4 来说，E4 中的"法治的重要性下降"继承的是 E3 的结论，因此其法治的含义与 E3 后件中法治的含义相等，所以也是符合形式条件的法的统治。因此，可以将证明 E 澄清为 F：

F1：如果作为一种理想的法治中包含实质价值，也就是如果法治的概念是实质性的；

F2：那么符合形式条件的法的统治便成了实现这些价值的工具；

F3：由于符合形式条件的法的统治成了一种工具，所以符合形式条件的法的统治变得不重要；

F4：因为实质法治的观念使得符合形式条件的法的统治的重要性下降，所以实质法治的观念是不适当的。

在这个论证中最重要的是 F2 和 F3，也就是符合形式条件的法的统治成为了实现这些价值的工具。而 F2 和 F3 的前提是实质法治的观念。也就是说，实质法治的观念会使得符合形式条件的法的统治成为实现那些实质法治所蕴含的价值的工具。

让我们来回顾一下什么是实质法治的观念。实质法治，意思是说法治中的法不仅仅要满足某些形式条件而且其在内容上要满足实质性的条件，这样的法的统治才是法治，例如保障个人权利。[1] 那么，F2 和 F3 的意思似乎是，之所以法需要满足某些形式条件，是因为如果这些形式条件不满足法的内容所追求的价值就无法很好地实现，所以法满足形式条件仅仅是为了追求法的内容所追求的价值，所以仅仅是这些价值的工具。确实，如果那些形式条件不满足，法所追求的价值也无法实现。但是，在这里忘记了一件事情，也就

---

〔1〕 See Ronald Dworkin, "Political Judges and the Rule of Law", in *A Matter of Principle* 9, 11-17 (Harvard University Press 1985).

是虽然法的形式条件具有工具性作用，但是它自身仍然具有独立的价值或者说重要性。换句话说，将法治的概念中加入实质价值，这确实可能导致满足形式条件的法的统治拥有作为追求实质价值的工具的作用，但是这并不意味着满足形式条件的法的统治自身便不重要了。因为使得某个东西具有了新的工具性价值并不一定就会使得这个东西自身独立的价值消失。

例如，某人发现了一把非常精致的水果刀，他特别喜欢这把水果刀，把这把水果刀摆放起来每天欣赏。对于这个人来说，这把水果刀便具有内在的价值，而没有工具性价值。然后有一天，他偶然想要去吃水果，但是找不到合适的刀，于是他便用这把水果刀去切水果，切完后又把这把精致的水果刀摆放起来。这之后，他的这把水果刀便拥有了两个功能，一个功能是被欣赏，这是水果刀的内在价值，另一个功能是去切水果，这是水果刀的工具性价值。此人启用这把水果刀去切水果的行为，确实使得这把原本对他来说没有工具性价值的水果刀有了工具性价值，但是这并没有使得水果刀原本能够被欣赏的价值消失。从整体上来看，他启用这把水果刀去切水果的行为，不仅仅没有降低这把水果刀的价值，反而提高了这把水果刀的价值，因为现在这把水果刀不仅仅能够用来欣赏，而且还能够用来切水果。

回到法治上来，也就是说，当我们把实质条件加入到法治的概念中去后，满足形式条件的法的统治具有了一个新的功能，也就是促进这些实质价值的实现。但是，这并不妨碍满足形式条件的法的统治自身原本就拥有的内在价值。而且，由于满足形式条件的法的统治具有了新的工具性价值，而原本其自身的内在价值并没有受到影响，所以实际上把实质条件加入法治的概念中去后，满足形式条件的法的统治的重要性不仅没有降低，而且提高了，因为它相比之前具有了工具性作用。

当然，这里存在另一种进路。也就是去主张：由于符合形式条件的法的统治成为实质价值的工具，所以其自身独立的价值消失了或被取代了。但是，这个主张同样无法成立。就算符合形式条件的法的统治有助于实现实质价值，这并不意味着对于实现这些实质价值没有帮助的符合形式条件的法的统治就是不重要的了。至少如果法律是清晰的和稳定的，[1] 那么人们就能够比较好地预测自己行动的法律后果，以此来安排自己的生活。而且，即使遇到一些

〔1〕　See Joseph Raz, "The Rule of Law and its Virtue", in *The Authority of Law* 210, 214-216 (2nd edition, Oxford University Press 2009).

极端情况使得我们必须去追求这些实质价值而不顾法律的规定时，这并不意味着符合形式条件的法的统治自身的价值的消失，只不过是有更重要的价值值得我们去追求罢了，在这种情况下，我们是在法治与其他价值之间进行选择，而不是在法治的形式条件和实质条件之间进行选择。

所以，F3 是不成立的。符合形式条件的法的统治并不会仅仅因为其具有实现价值的工具的作用而变得不重要。而由于 F3 是不成立的，而 F4 又是以 F3 为前提的，所以整个 F 论证无法成立，因此工具论对实质法治的观念的反对是无法达到其目的的。

如果发现一个事物具有工具性价值，不能轻易地断言这个事物是不重要的，因为这或许漏掉了这个事物本身就具有的内在的固有的价值。如果在法治的概念中加入一些实质的价值，那么满足形式条件的法的统治确实具有促进这些价值实现的功能，但是这并不意味着法治的形式条件就不重要了，它仍然具有形式法治的观念中法治的形式条件所具有的重要性，只不过同时它也具有了工具性的重要性。

三、实质法治观念的两难困境？

陈景辉教授试图指出实质法治观念所面临的两难困境，以此来主张实质法治的观念蕴含了法治的反面，具有无法避免的内在矛盾。[1]

两难困境：当法治的实质条件与形式条件发生冲突时，如果坚持法治的实质条件，那么就走向了法治的反面，而如果坚持法治的形式条件，那么就与形式法治的主张没有任何区别了。例如，当国家安全遭遇严重挑战时，政府采取非法律的秘密手段全面监听民众的通信，或者秘密监禁危险分子。[2] 用证明（G）表示：

> G1：法治的实质条件与形式条件有可能发生冲突；
> G2：当冲突的时候必须在法治的实质条件和形式条件中做选择；
> G3：如果选择法治的实质条件，那么走向了法治的反面，因为这就意味着放弃了法治的形式条件；
> G4：如果选择法治的形式条件，那么便相当于形式法治的主张。

在这里法治的观念并没有什么疑问。在这里需要阐明的是什么叫作法治

---

〔1〕 参见陈景辉：《法治必然承诺特定价值吗?》，载《清华法学》2017 年第 1 期，第 17~21 页。

〔2〕 参见陈景辉：《法治必然承诺特定价值吗?》，载《清华法学》2017 年第 1 期，第 17~21 页。

的形式条件与实质条件的冲突。从陈景辉教授所举的国家安全受到严重威胁的例子来看，法治的形式条件与实质条件的冲突是这样一种情景：某些非常重要的价值受到了威胁，而这种威胁却无法通过法律的手段来得到很好的解决。这时候只有两种选择，一种是通过法律之外的手段来解决威胁，也就是反法治的主张，另一种是遵守法律，任凭这些重要的价值受到损害。也就是说，选择守法，或者选择维护其他重要的价值。

既然这种冲突并不是在法治的实质条件和形式条件之间的冲突，而是在守法和其他价值之间发生的冲突。那么，（G）的真实形态是（H）：

> H1：守法与某些价值可能发生冲突；
> H2：当冲突发生时必须在守法和某些其他价值之间做选择；
> H3：如果选择维护这些价值，那就至少在某些情况下放弃了法治；
> H4：如果选择守法，那么就在某些情况下放弃了这些价值。

这确实是一个棘手的选择。当然，如果按照德沃金的说法，这个选择也是虚假的，因为基于价值整体主义，并不存在需要作出选择的真正的价值冲突。[1] 不过，本文的目的并不是要去进行这个选择或者探讨德沃金的理论，而是考察这个论证在否定实质法治的观念上的效果。实质法治的观念与这个选择有关系吗？实质法治的观念确实意味着，进行统治的法律在内容上和形式上都要受到限制，但是这既不意味着限制法律的内容的那些价值是值得以违反法律为代价来追求的，也不意味着限制法律的内容的那些价值是不值得以违反法律为代价来追求的。某一个国家的法符不符合实质法治的观念所要求的形式和实质状况是一回事，遵守该国的法的价值与该国的国家安全的价值哪个更重要是另一回事。

换句话说，当选择维护这些价值的时候，无论是形式法治的观念，还是实质法治的观念都被放弃了。而当选择守法的时候，形式法治的观念和实质法治的观念都得到了维护。所以这个选择，并不是在形式法治和实质法治这两种立场的法治观念之间的选择，而是在守法这个价值与其他价值之间的选择。（G）这个论证，虽然在语言上提到了法治的实质条件和形式条件，但是实际上却与实质法治和形式法治之间的争论没有任何的关系。虽然陈景辉教

---

[1] 参见［美］罗纳德·德沃金：《刺猬的正义》，周望、徐宗立译，中国政法大学出版社2016年版，第132~137页。

授想要达到的目的是证明实质法治的内在矛盾，但其实这个论证表达的却是法治与其他价值的价值冲突。

那么，是否存在某个情景，在这个情景中法治的实质条件与形式条件发生真正的冲突呢？或者说，对法律的内容的实质限制和对法律的形式限制之间会不会产生矛盾呢？答案是否定的。如果想要与对法律的内容的实质限制发生冲突，那么与之冲突的必须也是对法律内容上的要求才行，因为只有同一性质的东西才能够发生冲突。具体来说，假设某个国家的法体系追求的核心价值是公正，如果想要与这个法体系的内容发生冲突，发生冲突的必须是另外一个对于法律内容的限制，也就是另一个价值，例如自由。某人无法主张公正这个价值与作为法律的形式限制的公开性冲突了，因为正义的法律可以是公开的也可以是不公开的，而不正义的法律也可以既是公开的也是不公开的。这对于形式限制也是如此。所以，对法律的内容的实质限制只会与另一个对法律内容的实质限制相冲突，而对法律的形式限制只会与另一个对法律的形式限制冲突。这也与实质与形式的区分有关，是实质的就不是形式的，是形式的就不是实质的。所以实质的限制只会与实质的限制冲突或一致，形式的限制只会与形式的限制冲突或一致。换句话说，与某个法律的内容的实质限制相冲突的对法律的要求，它一定同样是对法律的内容的要求，而与某个法律的形式限制相冲突的法律的要求，它一定同样是对法律的形式的要求。因此，法治的实质条件和形式条件根本就不会发生真正的冲突，因此实质法治的观念中并不存在内在矛盾，至少不存在陈景辉教授所主张的内在矛盾。

对法治的概念的讨论能够让我们更清晰地了解法治的样态，但是还有很多问题是法治的概念讨论所无法解决的问题，例如法治与其他价值之间的冲突，虽然这同样是一个非常重要的问题，不过却不属于法治的概念问题。

结　论

法治作为一种理想的性质，很容易让我们产生对法律内容上的要求，因此实质法治的观念相对于形式法治来说具有初步的理论优势。那么对于实质法治的支持者来说，只要能够回应对实质法治观念的批判，便有适当的理由来保持自己的立场。而本文便试图回应陈景辉教授这一位形式法治论者对实质法治观念的两个批判。陈景辉教授的第一个批判分为两个部分，第一部分主张如果法治中包含实质价值，那么法治的重要性将被这些实质价值所吸收使得自身变得不重要。但是，这个论证的隐藏前提却是法治的形式条件不重要，这一方面使得这个论证具有循环论证的特征，另一方面也由于反对形式法治和实质法治的共同前提因此陷入错误。第一个批判的第二部分主张如果法治中包含实质价值，那么法治就会成为实现这些实质价值的工具因此变得不重要。但是，成为实质价值的工具并不意味着法治自身的价值的消失，而是么使得法治不仅仅具有自身的价值，还具有实现这些实质价值的工具性价值，这不仅没有降低法治的重要性，反而增加了法治的重要性，因此这个部分同样也无法达到它的论证目的。陈景辉教授的第二个批判试图向我们展示实质法治的两难困境。也就是实质法治所追求的那些价值有可能与法治的形式条件发生冲突。但是，与法治的形式条件发生冲突也就意味着与法治这个理想本身的冲突，因此这个冲突不是法治的形式条件与实质条件的冲突，而是法治这个价值与其他价值之间的冲突。因此这个冲突与实质法治与形式法治之间的观念的对立没有任何的关系，于是这个批判也无法避免失败的结果。所以，陈景辉教授对于实质法治观念的两个批判都无法达到其自身的证明目的

论民国时期监察机构与监察权的变迁

曹胜军*

　　摘　要：孙中山的监督思想指引了民国监察制度的发展与走向，国民政府首先按照孙中山监察思想构建独立监察机关，这一时期监察院独立行使监察权。民国时期，监察机构糅合了我国传统的监察权成分，在当时时代背景下形成了内外兼具的复合式。自北洋军阀政府直到南京国民政府，包括弹劾、审计权、质问权、纠正权、惩戒权等在内的监察权发展变化，或者由弱渐强，或者范围由窄至宽，或者程序逐渐严格。南京国民政府时期建立了监察法律体系，保证了监察权的稳定实施，加快了监察制度近代化发展步伐。
　　关键词：民国　监察机构　监察权演变

　　中国监察制度历史悠久，战国秦汉时期已有记载，睡虎地秦简之《语书》载："举劾不从令者，致以律"[1]。经过两千年的发展，该制度已经相当完备，是中国古代政治制度的重要组成部分，形成了具有中国特色

---

　　* 曹胜军，中国政法大学政治与公共管理学院 2015 级纪检监察学博士研究生（100088）。
　　〔1〕 睡虎地秦墓竹简整理小组编：《睡虎地秦墓竹简》，文物出版社 1990 年，第 13 页。

的监察体制。中国监察制度发展史大致分为古代监察制度、近代监察制度和现代监察制度三个历史阶段。作为从古代中国向现代国家的转型期，民国时期是古代监察制度向现代监察制度的过渡期，起到承前启后的作用。监察机构和监察权是民国时期监察制度的重要组成部分，学界对此已经展开研究：有学者对秦汉、魏晋南北朝、唐宋元、明清等不同时期的监察法与监察机构体系做了细致的阐述；有学者对民初平政院行使行政监察职能的制度分为三个方面进行探研；有学者对训政时期、"五五宪草"至"政协宪草"时期等不同阶段的监察院制度，以及监察院监察职权的行使及其实效有所讨论；有学者对孙中山权力监督思想、民国监督制度渊源，以及北洋时期、南京国民政府时期的监察制度进行了分析；有学者对民国时期的监察思想、监察制度在不同时期历史变化，以及民国监察制度的特点展开评述。[1] 本文在学界已有研究基础上，分别以监察机构和监察权的变迁为线索，梳理二者同步发展的演变过程以及其重要的历史意义。

一、孙中山的监察思想及实践

孙中山的监察思想主要分为两个时期，以辛亥革命为界，一是监察思想的萌芽与形成时期，二是监察思想的完善与发展时期。早在 1904 年，孙中山的"五权宪法"的思想已经初步成型。1906 年在公开场合对五权分立进行了完整的阐述。

孙中山的监察思想理论基础为社会进化论、全民政治论、权能区分论以及"五权宪法"理论。以民权主义中的天赋人权、主权在民、天下为公，自由、平等以及五权分立为监督指导原则。具体而言，孙中山的监察思想蕴含在"五权宪法"思想之中，他曾经指出："希望在中国实行的共和政治，是除立法，司法，行政三权外，还有考选权和纠察权的五权分立的共和政府"，[2] 其中心内容是要求监察机构的独立性与权威性，即一方面监察权由独立的监察机构行使，独立于立法机关之外，另一方面监察权可以对最高统治者行使。孙中山的"五权宪法"将中国古代监察制度放置于宪政的体系当中，主张民

---

〔1〕　参见张晋藩：《中国古代的治国之要——监察机构体系与监察法》，载《中共中央党校学报》2018 年第 5 期。李唯一：《民初平政院行使行政监察职能的制度尝试论》，载《郑州大学学报（哲学社会科学版）》2006 年第 3 期。聂鑫：《中西之间的民国监察院》，载《清华法学》2009 年第 5 期。何增光：《民国监督制度研究》，浙江大学 2004 年博士学位论文。余信红：《民国时期的监察制度评析》，载《华北水利水电学院学报（社科版）》2002 年第 2 期。

〔2〕　《孙中山全集》，中华书局 1981 年版，第 319 页。

主的政体和监察权独立，使得监察权成为"五权宪法"中一个重要组成部分，要求监察机构切实地起到监督作用。

监察制度的实施有赖于监察机构的运行，孙中山提出以五院制为中央政府，一为行政院，二为立法院，三为司法院，四为考试院，五为监察院，说明了监察机构在其监察思想中的重要地位。其中对于监察院的设想融合了西方监察权与传统监察权的思想与实践。1911 年（清宣统三年），孙中山领导的辛亥革命推翻了清王朝，建立了中华民国。实质上，结束了统治中国数千年的君主专制制度，建立起共和政体。辛亥革命即以孙中山的"三民主义"为指导思想，"五权分立"的行政架构为基础，推翻清王朝后，孙中山的"五权分立"及监察独立思想并未实现，但孙中山将西方权力监督制度，尤其是三权分立思想的合理成分与中国传统监督思想、制度相结合，对于南京临时政府时期、广州武汉国民政府时期和南京国民政府时期的监察制度，发挥了本身具有的作用。自 1912 年 1 月 1 日至 4 月 1 日，孙中山正式向参议院提出辞去临时大总统职务，参议院议决临时政府迁至北京，仅存在数月的南京临时政府宣告结束。中华民国南京临时政府制订《中华民国临时约法》和政府的机构组建中并未采纳孙中山的"五权宪法"主张，监察权未见独立。民国初年政体动荡，孙中山的监察独立的思想，在湖北军政府、南京临时政府，袁世凯建立的北洋政府政治体制中未能获得有效实践。直到 1927 年南京国民政府成立以后，孙中山的"五权宪法"思想受到重视，由理论变为现实，中央政府真正意义上确立监察院体制。孙中山的监督思想对民国时期监察制度的形成、发展发挥了重要的作用，指引了民国监察制度的发展与走向，对中华民国的监察制度具有重要的意义。

二、监察机构的演变

中国古代的监察机构历来受到最高统治者的青睐，成为其监察官吏、铲除异己的重要手段，在国家机构中地位、作用十分特殊，独具特点。

（一）民国初期监察机构

1912 年成立的南京临时政府及其后的北洋政府实行以议会兼掌监察制。根据《中华民国临时约法》，参议院持有的监察权力涉及各层行政官员及其行政机关，但参议院的主要任务在于立法，削弱了对其他事务管理的空间，在具体操作中监察权权力的行使对象主要局限于高层的行政机关及其官员。即民国初年（1912 年），监察权的行使机关主要是参议院，至袁世凯北洋政府时期设立的平政院与肃政厅享有一定监察职能，立法院的监察职能减弱。具体而言，议会兼理监察，主要对各级行政长官进行监察，在行政系统之中设专门的监察机构。袁世凯继任大总统之后，稳定政局是首要工作，为了维护当局统治，保证国家政权机器正常运转，他前后建立起相应的监察系统。

1914 年 3 月 31 日，根据《中华民国临时约法》第 49 条的规定，北洋政府颁布《平政院编制令》，设置了平政院并规定："平政院直隶于大总统，察理行政官吏之违法不正行为"，具有监察众官的作用，即由平政院掌管行政诉讼方面事情。换言之，北洋时期行政审判权从司法权中剥离出来，专门赋予平政院。平政院作为常设机构负责行政诉讼，直接隶属大总统，设置院长一人，全面负责指挥、监督、协调全院的工作、事务。平政院的审理权主要由平政院每五名评事组成一审判庭行使，共计三个审判庭。值得一说的是，袁世凯在解散国会后，为弥补监察权某些方面的缺失而建立肃政厅，设都肃政史一人、肃政史十六人。肃政厅为平政院所设机构，但自身具有较强的独立性，直接隶属大总统。主要职责是纠弹权，对违法、渎职的官吏可以独立提起诉讼，并监督执行平政院裁判文书等，但无惩戒权。肃政厅独立行使职权，是一个兼具监察、检察性质的机关。除了肃政厅，根据《文官惩戒委员会编制令》，平政院还设置了平政院惩戒委员会，设会长一人，委员八人，作为平政院内部的监察机构，对平政院评事及肃政史进行惩戒处分，以及负责对平政院内部官员进行监督。因平政院是监察部门，担负维护统治和监督百官的职责，因此选用平政院院长、评事、都肃政史、肃政史等的严肃性不言而喻。如平政院评事、肃政史都是平政院的院长、各部的部长以及高等咨询机关密荐年满三十岁者，重视程度可见一斑。[1] 鉴于文官高等惩戒委员会的特殊职能，其组成人员的选拔比较严格，委员长主要由大总统从大理院长、平政院长中遴选，一般任期三年。平政院及其组成，自 1914 年建立一直是民国前期的重要监察机构，在民国前期政治体系中占重要位置。

善后大借款之后，四国银行团要求设置审计机关监督借款，北洋政府为保护国家财政权力加紧筹设中央审计机关。1912 年 9 月，由临时参议院批准，北洋政府于大总统下设立审计院。但考虑到当时处境，袁世凯决定在成立审计院之前，首先设立审计处以为过渡，为临时审计机关。袁世凯颁布《审计暂行章程》，设立审计处总办一人，办事员二十五人，审计处隶属国务院，设置五股，每股设主任一人，由总办在办事员中选择，并呈请国务院总理任命。

---

〔1〕 参见彭勃主编:《中华监察大典·法律卷》，中国政法大学出版社 1994 年版，第 824 页。

为了尽早设置审计院，1914 年 3 月，约法会议召开主要讨论建立审计院的各项工作。随后袁世凯公布《审计院编制法》，成立审计院，规定"审计院设院长一人，由大总统特别任命，全面负责全院事务，设副院长一人协助院长工作，另外设有审计官十五人，协审官二十七人"。审计院负责全国财政监督，依法审定国家每年出入的决算，审计权的行使以送请审计方式为主，有权通知出纳官执行处分，关系到各官署长官违背法令需惩处时，需要呈请大总统核准。

民国初年监察机构设置单一，主要采取议会监察制。到北洋政府时期，糅合了我国传统的监察权成分，形成了内外兼具的复合式的监察机构。参议院、平政院及其肃政厅、文官高等惩戒委员会、审计院等机构依法行使监察权。这对近代中国监察制度建设以及国家政治制度的发展影响深远。作为民国初年的行政监察机构，北洋政府时设立的平政院和审计院，隶属大总统，它们"独立"行使监察权。然而，应该看到由于隶属大总统，上述监察机构未发挥最大效能。

（二）民国后期监察机构

民国后期的监察机构演变分为广州武汉国民政府时期和南京国民政府时期。国民政府的初创阶段为广州武汉国民政府时期，虽然存续时间短，但正是在这一时期，国民政府按照孙中山五权宪法思想建立政权，即将孙中山的五权宪法思想首次运用到政治实践之中，对民国时期的监察权机构的运行、改革起到重要的作用。具体而言，国民政府首次依据孙中山监察思想，制定了相关的监察法规，在此基础上设立了第一个按照孙中山监察思想构建的独立监察机关，职权为监督国民政府各机关官吏，考核税收及各种用途，如果查到徇私舞弊、亏空、渎职等，随时到惩吏院起诉要求惩办。

广州武汉国民政府的监察机关由监察院与惩吏院共同组成。国民政府公布《监察院组织法》《惩吏院组织法》等监察法规，为监察机关的建设提供了制度支持，首要就是划分了监察机构的内部组织结构、职权范围，为监察机关行使监察权提供了法律依据。伴随《监察院组织法》的多次修改，其职权伴随修改的次数有所扩大，它不仅具有民国初年（1912 年）平政院纠弹权、行政诉讼权，而且具有法院的一些职能。国民政府《监察院组织法》对监察院职权规定："直接变更权、逮捕权、行政诉讼受理权、侦查权等。监察院设置监察委员五人执行院务，委员五人选一人为主席，所有全院事务均由院务会议决定。"惩吏院的职能较为明确，主要针对那些违背文官誓辞、怠慢职务的文官、司法官或其他公务人员。具体的惩戒的方式不同，根据事情的严重程度及产生的后果，分为撤职、降等、减俸、停职、记过、申诫。需要注意的是，惩吏院改为审政院仅仅数月，国民政府即下令裁撤，将其所有权力并入审政院，后又撤销了审政院，由监察院统握监察权，至此监察院的权力得到了扩大。另外，广州武汉国民政府监察院既接受国民党中央政治委员会管理，又接受国民政府的管理，为双重领导制度。

南京国民政府时期，监察制度的发展又可以分为两个时期：训政时期和宪政时期。作为孙中山监察思想的具体实践，监察院是具中国特色的国家机关。伴随监察院的完善，相关立法日趋完善，先后公布了《监察院组织法》《监察委员保障法》《国民政府组织法》《审计部组织法》等。根据宪法性文件专章规定，五权体制建立，推行五院制，其中监察院的成立标志着民国监察权大部分开始集中于此机构。监察院是南京国民政府中央的五院之一，它独立行使监察权。当然，监察院具体的组织机构与职权划分在南京国民政府的不同时期有所区别。在训政期间，1928 年南京国民政府颁布《修正国民政府组织法》[1]和据此颁布修订的《监察院组织法》，规定"监察院设院长一人、副院长一人，院长因故不能执行职务时，由副院长代理职权，监察院设委员十九至二十九人，由监察院长提请国民政府任命；监察委员组织监察会议，须以监察院院长为会议主席"。监察院职权为弹劾与审计两项，审计事项由监察院下属审计部掌握。监察院修订组织法，新增关于设立监察使署的规定使得监察体系迅速向基层深入，形成涉及范围较广的监察体系。监察组织在形式上呈现民主化的趋向，审计的职责受到重视。监察院是国民政府的监察机关，在此之外，中央监察委员会值得重视，作为国民党中央的监察机关，按《训政纲领》的规定，国民党的中央监察机关在事实上成了全国最高监察机构。监察院与中央监察委员会由此产生关系，监察院接受中央监察委员会的监督，如果监察院欲弹劾者为国民政府委员，必须将该弹劾案移付中央监察委员会予以惩戒。

抗战期间的两次宪政运动对于监察院未特别关注，一直到《政协协议》，监察院状态发生重大变化，其在组织结构、职权上基本已经被参议院化，但是同时行使监察权。《政协宪草》规定监察院为国家最高监察机关，行使同意

---

[1] 夏新华等整理:《近代中国宪政历程：史料荟萃》，中国政法大学出版社 2004 年版，第 788 页。

权、弹劾权及监察权，规定监察院职权弹劾并不包括于监察之中。"监察院设院长、副院长各一人，由监察委员互选而得。监察委员由地方选举产生，监察委员对于司法院院长、副院长、大法官及考试院院长、副院长、委员的任命行使同意权。监察院院长、副院长由监察委员互选而得"，至此，监察院不再是一个单纯的监察机构，基本上已经被国会化了。有学者认为在《政协宪草》中，监察院仍保留了《五五宪草》赋予其的惩戒（审理）权。[1]

1946 年"制宪国大"关于监察院有两大争议焦点，国民党为了顺利通过，经过"制宪国大综合审查委员会"的修正，监察院虽然保留了同意权，但惩戒权则交由司法院掌管。根据 1946 年《中华民国宪法》规定："监察院为国家最高监察机关，行使同意、弹劾、纠举及审计权。监察院设监察委员，由各省议会、蒙古西藏地方议会、及华侨团体选举出来"，从监察院委员的选举以及其行使同意权来看，监察院似乎更类似参议院的机构。

三、监察权的变迁

民国自 1912 年至 1949 年，在近四十年的发展过程中，监察权几经变革，权能范围发生了明显的变化。伴随着不同政权时期的不同组织法的颁布以及监察机构的变迁，监察机关的权力也发生着演变。民国时期的主要监察权力包括弹劾权、查办权、监督权、审计权、质问权、惩戒权、司法权、人事权。民国时期，不同政府的监察权所指有所不同。以下讨论分为南京临时政府、北洋政府时期和国民政府时期，后者又分为广州武汉国民政府时期和南京国民政府时期。

（一）南京临时政府、北洋政府时期的监察权

中华民国初期国家最高权力机关是参议院，即由参议院代行国会职权。南京临时政府、北洋政府时期所指的弹劾权在《中华民国临时约法》中有所规定，弹劾权的使用对象只限于高层，即叛逆的大总统和失职或违法的国务员。关于南京临时政府及北洋政府时期的监督权，北洋政府时期参议院对总统作出的提议可以行使同意权，总统对行政活动的提议如果未经过参议院同意不具备效力。同意权是对大总统权力起到制约与监督作用，若没有参议院的同意，总统便政令难行，而总统对参议院的提议行使的否定权有限制。这实际上是参议院对总统权力的限制，但是在南京临时政府时期参议院的同意权有所减弱。民国时期监督权的发展模式可谓对上逐渐萎缩对下逐渐扩大的

---

〔1〕 参见聂鑫：《中西之间的民国监察院》，载《清华法学》2009 年第 5 期，第 144 页。

过程。

前面谈到,北洋政府时期,为了应对四国银行团提出危害中国财政的要求设立审计院掌控审计权,审计院全面负责全国财政状况的调查与监督,北洋政府逐渐使审计院职权法律化、制度化,依法审定国家每年的预算决算并向大总统呈报审计成效。关于南京临时政府及北洋政府时期所规定的质问权,《中华民国临时约法》第 19 条规定参议院可以向国务员提出质问,并提出其出席答复的要求。但同时应该看到,《中华民国临时约法》所谓的质问权,因为无必要的制度支持,对政府机关和国务员强制效力有限。

北洋政府时期,颁布《文官惩戒委员会编制令》规范官吏的惩戒范围及处分种类。官吏如果有违背职守义务、有损官吏身份的行为要对其进行惩戒。惩戒处分可以有褫职、降职、减俸等方式,对于每种惩戒方式规定了具体细节,如处分的时间、减俸的时间划分。北洋政府时期,根据《行政诉讼法》规定平政院享有司法权,具有行政审判权,不仅受理对行政机关各种违法的诉讼,而且受理民众对官署提出的行政诉讼。诉讼受理采用直接诉讼与诉愿前置相结合的方式。这一时期的查办权指参议院可以咨请临时政府查办官吏纳贿等事件的权力。

(二)国民政府时期的监察权

相比民国初期,南京国民政府时期的监察立法独具优势,监察体制在形式上逐渐扩大和成熟。[1] 广州武汉国民政府时期,监察院的弹劾权范围明显扩大,主要是考察官吏职称与渎职、搜集官吏舞弊、违令及浪费公家财产等案件相关证据,为到惩吏院起诉做准备,需考察、报告各机构所做的违法事件。一直到第三次修订监察院组织法,惩吏院和审政院裁撤之后,权力合并,监察院才享有广泛的对官吏的弹劾职能。南京国民政府时期,监察院已经全面享有弹劾权,可以对官吏违法、失职行为进行弹劾。为适应战时特殊环境,弹劾权的行使流程一度简化。至"行宪"之后,弹劾的对象范围有所扩大,监察院不仅可以对中央及地方公务人员失职或违法行为进行弹劾,甚至对总统也可以行使弹劾权。关于纠举权,有学者认为属于一项"对人权"。[2]

广州武汉国民政府时期,对监督权没有具体的规定。南京国民政府时期,《非常时期监察权行使暂行办法》规定:"各机关或公务员对于非常时期内应

---

〔1〕 参见张晋藩主编:《中国近代监察制度与法制研究》,中国法制出版社 2017 年版,第 194 页。

〔2〕 参见张晋藩主编:《中国近代监察制度与法制研究》,中国法制出版社 2017 年版,第 157 页。

办事项奉行不力或失当者，监察委员得以书面提出建议或意见，呈经监察院院长审核后，应即为适当计划与处置"。监察院具有了建议监督权，既可以督促行政机关，又可建议撤换其失职人员。建议权涉及对象主要是基层政府及公务人员，这里需要注意的是涉及抗战事宜都可实施。"行宪"之后建议监督权有所扩大，《中华民国宪法》规定监察院经各该委员会的审查及决议提出纠正案，移送行政院及相关部门，督促其进行改善；对于中央及地方公务人员，认为有失职或违法行为，提出纠举案或弹劾案。纠正权行使对象仅限于行政院和中央与地方公务人员，而不包括其他各院和地方机关。纠正案依法由监察院提出，但纠正案必须经过监察院有关委员会的审查、决议；监察委员或监察院在进行调查时，如果发现行政机关措施不当，应报有关委员会处理；委员会审查纠正案时，必须经出席委员过半数通过方能有效，可见程序之严格。

广州武汉国民政府时期，监察院享有的审计权主要是审查各机关簿记方法是否符合规范，职员薪律情况是否符合律给表，政府及其所管理的铁路、航政所用的材料、田赋税契、盐务、海关与其他税项以及银币铸造与中外纸币发行情况。南京国民政府初期，审计机构是独立的，审计院并入监察院后，审计权实际成了一种监察权。监察院的审计职权主要是审计和稽察两方面。审计，就是对政府所属各级机构的预算、决算、收支命令、会计报告等进行审查、核计，所有的支付均须事先经审计机关核准，否则国库不得支付。稽察，就是在财政方面对政府所属各级机构及其官吏的不法、失职职守的行为进行查处。需要注意的是，国民党党部的经费不受国家监察机构的审计监督。

广州武汉国民政府时期前期并未规定监察院的质问权，直到《修正国民政府监察院组织法》规定"监察院行使监察权时，可以调阅各机构的档案，遇有质疑，该机构主管人员须负责为对其产生的质疑进行答辩"。这是首次立法规定监察院的质问权，在接下来的法律制定中加入了处罚的规定。南京国民政府时期，质问权已经成为监察机关行使监察权力的首要职权。根据《监察院组织法》和《监察使巡回监察规程》规定，可知监察院的质问权通过立法规定的方式蔓延至地方。《监察院调查规则》还规定了监察委员调查时应遵循的各项规则。

广州武汉国民政府时期，惩吏院享有惩戒权，主要对官吏进行审理和惩治，但不涉及对海陆军军官及官吏刑事犯罪案件的惩戒。至《监察院组织法》第三次修订后，随着惩吏院权力并入监察院。民国政府均严格地继承了的监察、惩戒相分离传统，如此虽然对监察机关权力产生限制，但是给了应当被惩戒的文官可乘之机。

广州武汉国民政府时期之后，依据五权宪法思想建立的监察院、惩吏院，均无行政审判权，行政审判权重新被归入司法院的权力范围之中。但在监察院享有其他的司法权，为侦查权、逮捕权和控诉权，侦查权是监察院对受理的人民控告官吏犯罪的案件进行侦查，逮捕权是监察院对于犯罪官吏发逮捕状，控诉权针对有犯罪行为的各级官吏。

在南京临时政府、北洋政府时期，人事的任命权力属参政院。到了国民政府时期，监察院享有的选拔训练官吏权力及同意权，对于低级官吏的选拔、训练有利于其对下级机关及公务员的控制和管理，而同意权无法与总统权力对抗，而且监察院有了人事权后，更不利于其行使弹劾权等本职权力。调查权是监察院行使纠举、弹劾等权力的前提，它规定于《监察院组织法》第3条："监察院为行使职权，向各官署及其他公共机关查询或者调查档案册籍"，相关部门要给予配合与支持。

综上所述，通过以上梳理可见监察权在不同的时期、不同政体所经历的演进过程。有学者认为：南京国民政府依照孙中山五权宪法思想而建构的政府法律监督体制，较之于北京政府仿效西方三权分立建构政府法律监督体制，有着更多的创新性，也是推进现代性的一种体现。[1] 弹劾权是监察机关最具威慑和影响的权力，控诉并要求予以惩处的权力，其形式不受任何机关和个人的干涉，主要对违法失职的中央或地方公务人员罢免、惩戒或惩罚的机关。前面已有所涉及，民国自北洋军阀政府直到南京国民政府，监察院弹劾权之权力由弱渐强，范围由窄至宽。监察权的另一重大职能为监督权，南京国民政府时期，监察院只能针对办事不利的机构和公务人员，而且在时间上有所限制，请监察院院长审核后，给出处置意见。当时监察院的监督权只能是建议、劝诫，从法律层面来讲无拘束力。回头看民国前期，其实民国后期的监察机构监督权之效力十分有限。审计权属于监察院较稳定的一项权能，审计的主要职权是监督预算执行、核定收支命令、审核财务收支决算、稽查财务不法行为、核定财务责任及其他法定职权。南京国民政府时期审计权由监察院行使，审计部及审计人员依法独立行使，不受干涉。质问权是监察机关行

〔1〕 赵昕:《民国时期政府法律监督体制现代性探索》，西南政法大学 2016 年博士学位论文，第71 页。

使监察权力的首要职权，是监察权得以实施的重要保障。无论弹劾权、审计权等之行使都必须基于调查研究，质问权也是其监察权行使的必要程序，重要性不言而喻。民国时期的质问权对被调查机构的强制力均不是很足，国民政府对调查质询权适用范围从中央到地方进行了很大的扩展，主要体现在监察权对下的调查范围有了扩大，增大了对地方的监察与控制。

四、小结

张晋藩先生指出：中国古代的监察机构经过漫长的发展过程，不仅日趋于完备，而且形成了具有内在联系和相互关系的体系，使内外相维，互相补充，既独立运作，又有特定的规范和程序可循，成为国家机构中地位特殊、作用特殊的国家机构。[1] 至民国时期，监察机构经历了不断发展的过程，监察权力与监察机构同步演变，伴随社会的转型与近代法制的介入，监察制度逐渐开始近代化。南京临时政府时期监察制度虽然未实现孙中山监察思想，但是对监察权的运行起到了重要作用。北洋政府设置了平政院与审计院，南京国民政府通过了《中华民国监察院组织法》，一步一步推动监察院的发展。南京临时政府时期的议会监察制度是一次重要的改革，北洋政府对监察制度进行了调整，平政院既是西方思想介入的结果，又受到古代监察制度的影响。南京国民政府时期建立了监察法律体系，保证了监察权的稳定实施，加快了监察制度近代化发展步伐。民国是传统监察制度向近代化转型期，是中国监察制度发展史的重要一环。

---

〔1〕 张晋藩:《中国古代的治国之要——监察机构体系与监察法》，载《中共中央党校学报》2018 年第 5 期，第 108 页。

故意杀人罪死刑裁量机制研究

——以 222 起死刑改判案件为例

徐隽颖 *

摘　要：死刑量刑一直是理论界与实务界备受关注的一大问题，在故意杀人罪中涉及死刑的判决结果的不稳定性尤为突出，实践中存在量刑情节提取不完整、考量标准不统一、量刑逻辑不规范等问题，导致此类案件的改判率极高。通过对故意杀人案二审、再审、提审、复核改判案例的横向与纵向分析，使用归纳法提取影响量刑结果的关键情节，并对其进行理论分类重构以实现量刑情节的规范化。而后通过分析各量刑情节对改判结果的影响，结合以并和主义刑罚目的为基础的"责任刑-预防刑"理论量刑模型，使用演绎法对故意杀人案死刑裁量机制进行构建，由此实现司法实践量刑思路、法规范指导下的"罪行极其严重-可不立即执行"裁量机制和"责任刑-预防刑"理论量刑模型三者的有效对接，完善故意杀人罪死刑刑罚裁量机制的逻辑性，完成科学的量刑方法重构。

关键词：故意杀人罪　量刑情节　死刑裁量机制

＊　徐隽颖，中国政法大学刑事司法学院 2017 级刑法学专业博士研究生（100088）。

我国目前尚未完全废除死刑[1]，但坚持"少杀、慎杀"的死刑适用原则。在此背景下，死刑案件需要面对死刑立即执行与死刑缓期2年执行（以下简称"死缓"）的抉择，为了缓解生刑过轻、死刑过重的状况，又增设了死刑缓期2年执行的同时限制减刑（以下简称"死缓限制减刑"）。最高人民法院2010年《关于贯彻宽严相济刑事政策的若干意见》（以下简称《意见》）第29条即规定：要准确理解和严格执行"保留死刑，严格控制和慎重适用死刑"的政策。对于罪行极其严重的犯罪分子，论罪应当判处死刑的，要坚决依法判处死刑。要依法严格控制死刑的适用，统一死刑案件的裁判标准，确保死刑只适用于极少数罪行极其严重的犯罪分子。拟判处死刑的具体案件定罪或者量刑的证据必须确实、充分，得出唯一结论。对于罪行极其严重，但只要是依法可不立即执行的，就不应当判处死刑立即执行。

对于死刑案件的裁量，目前司法实践中存在两种量刑逻辑：一类遵循刑法规范思路，按顺序分别对"罪行极其严重"与"必须立即执行"做出"是"与"否"的评价，进而得出裁判结果；另一类采用"估堆式"[2]量刑方法，在简单罗列各量刑情节后，甚至不提取具体量刑情节，直接得出裁量结论。

上述刑罚裁量逻辑在实践中呈现出一定程度的任意性，导致本来就极具争议的死刑判决更加缺少稳定性，尤其在对法益侵犯程度最为严重的故意杀人案件中，死刑立即执行与否、限制减刑适用与否面临诸多争议，是当下必须面对和解决的问题。故意杀人罪可以说是"死刑保留论的最后堡垒"[3]，必将是最后废除的死刑罪名，从故意杀人罪入手，研究其中各种情节对判决结果的影响以及判决的量刑逻辑，对于合理使用死刑与推动死刑废除的进程也具有重要意义。

---

〔1〕 "死刑"一词在适用中存在广义与狭义的区分：广义上的"死刑"包括死刑立即执行、死刑缓期2年执行以及判处死刑缓期2年执行的同时限制减刑；狭义上的"死刑"即为死刑立即执行。"死缓"一词在适用中也存在广义与狭义的区分：广义上的"死缓"包括死刑缓期2年与死缓限制减刑；狭义上的"死缓"仅指死刑缓期2年。本文中"死刑""死缓"用法均采广义立场。

〔2〕 法官在认定犯罪事实后，在法定量刑幅度内，根据各犯罪情节，根据其专业经验等估算出具体刑量的一种量刑方式。

〔3〕 付立庆：《死刑保留论的最后堡垒——由一个广受关注的死刑个案展开》，载陈兴良、胡云腾主编：《中国刑法学年会文集（2004年度）·第一卷：死刑问题研究》，中国人民公安大学出版社2004年版，第809页。

一、故意杀人罪死刑案件改判现状

在对故意杀人罪死刑案件进行研究时，发现存在死刑判决争议的案件常常出现一审被判处死刑立即执行，因上诉而引发二审改判或在复核阶段不被核准并发回重审后改判的情形。从死刑案件的诉讼程序与个案改判逻辑来看，在二审阶段、高级人民法院复核、最高人民法院复核程序中都有可能出现改判的情形，如图1[1]所示。因此首先做出一个假设：故意杀人案一审若被判处死刑立即执行，在复核或因上诉、抗诉而进入二审程序而引发改判的情形显著存在。若这一假设成立，那么便可以从这类案件入手，进行个案横向对比，探索造成同案改判的原因，减少异案异判研究中过多变量的影响；同时也可以提取影响最终判决结果的关键情节，对故意杀人罪死刑类案件进行纵向对比，分析各关键情节与最终结果之间的相关性，对刑罚裁量逻辑做出更进一步的归纳和演绎。

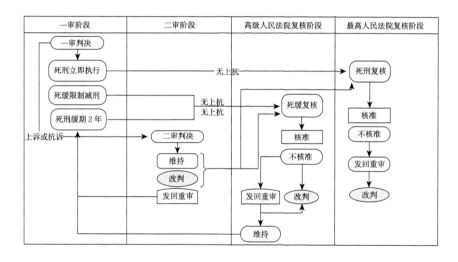

图1　各诉讼阶段死刑案件改判流程图

以北大法宝为数据库来源，在司法案例专栏中使用高级搜索功能，将罪

---

[1]　需要说明的是，最高人民法院死刑复核中不核准并发回重审的案件，也可能维持原判死刑立即执行，但是从目前司法实践情况来看，最高人民法院发回重审的案件，重审法院通常会根据最高人民法院不予核准的裁定意见进行判决，即改判。

名限定为"故意杀人罪"，审理程序[1]包括"二审""死刑复核""再审"，刑罚设定为"死刑"[2]，时间限定为2015年1月1日至今[3]，通过检索共获得经过上诉、抗诉、死刑复核或再审程序的案件222起，案件来自最高人民法院、全国19个省高级人民法院与4个自治区高级人民法院，涵盖全国大部分地区，样本分布广泛、均匀。

（一）改判情况与改判原因的对比分析

一审阶段有163起案件被判处死刑立即执行，12起被判处死缓限制减刑，47起被判处死缓，然而最终实际执行死刑的案件仅有40起，死刑立即执行的改判率为75%；一审判决与最终判决结果不一致的案件共134起，案件整体改判率为60%。一审判决情况与最终判决结果对比如图2所示。

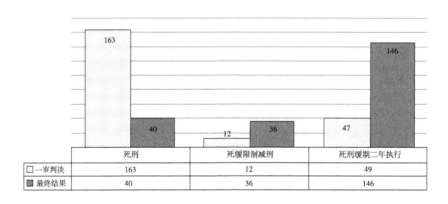

	死刑	死缓限制减刑	死刑缓期二年执行
□一审判决	163	12	49
■最终结果	40	36	146

图2　一审判决情况与最终判决结果对比图

（二）审理次数与改判原因的对比分析

改判的134起案件历经的审理次数包括两次、三次、四次、六次，96起案件系经过两次审理后改判，即一审判决后，被告人上诉或检察院抗诉，二审因此改判，占比达72%，其中93起为被告人上诉后减轻刑罚，3起为检察

〔1〕　对于一审判决后没有上诉、抗诉，直接进入复核程序，且没有被发回重审或改判的案件，不在本次对比性数据收集的范围内。

〔2〕　数据库采广义"死刑"的概念，检索所得的案例判决结果包括死刑立即执行、死刑缓期2年执行与死缓限制减刑。

〔3〕　截止时间为2019年8月31日。

院抗诉后加重刑罚。另有 4 起案件经过三次审理后改判，31 起案件经过四次审理后改判，3 起案件经过六次审理后改判，改判结果均为减轻刑罚。审理次数与改判结果之间的关系如图 3 所示。

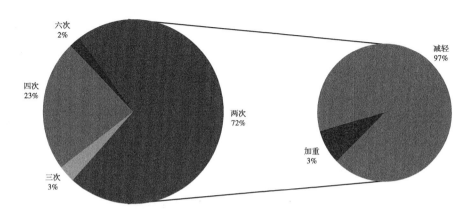

图 3　审理次数

　　经过两次审理的案件，即一审后上诉，二审直接改判的案件数占整体改判案件的比例最大，接近四分之三。通过对具体个案的改判理由对比，发现存在两类原因：一是两审中并未出现新的案件事实或量刑情节，但由于对量刑情节的提取与考量标准不同，导致了判决结果的不同，此类案件有 54 起，占比 56%；二是二审中因出现了被告人或其家属积极赔偿、获得被害人家属谅解情节，从而作为强理由引发了对整体量刑情节的重新考量，此类情形的案件有 33 起，占比 34%；而由于二审出现了被告人或其家属积极赔偿、获得被害人家属谅解情节而直接导致改判的案件有 4 起，占比 4%。经过三次审理的 4 起案件中，有 3 起的改判原因在于对量刑情节的提取与考量标准不同，1 起系因提审期间被告人家属积极赔偿而作为强理由引发了对整体量刑情节的重新考量。经过四次审理的 31 起案件中，20 起的改判原因在于对量刑情节的提取与考量标准不同，占比 65%；8 起因出现了被告人或其家属积极赔偿、获得被害人家属谅解情节，从而作为强理由引发了对整体量刑情节的重新考量，占比 26%。经过六次审理的 3 起案件，改判理由均为对情节进行重新考量后得出减轻刑罚的裁判结果。审理次数与改判原因之间的关系如图 4 所示。

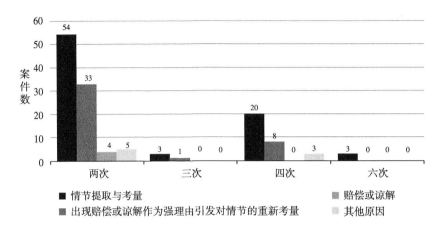

图 4　案件审理次数与改判理由之间关系对比图

（三）故意杀人罪死刑判决目前存在的理论问题归纳

1. 量刑情节的提取与考量标准不一

以上数据从宏观上显示出各级人民法院对情节的提取、考量标准不一，是目前我国故意杀人罪死刑案件判决不稳定的主要症结所在，由此导致各审判阶段出现众多"同案不同判"的情况。

使用刀砍、刀刺、钝器击打、窒息等暴力手段至一人以上死亡是故意杀人罪进入死刑范畴内的基础，也是对"罪行极其严重"进行判断的前提性条件。在此基础上通过对个案改判情况的横向对比，发现上述问题的具体表现如下：首先，法院对案件情节的提取情况不一，尤其是对酌定量刑情节的认定缺少规范性，导致很多量刑情节得不到应有的重视，例如王连进故意杀人案[1]中，一审判决没有提取法定和酌定量刑情节，直接以"被告人主观恶性大，犯罪手段残忍，后果严重"为由判处死刑立即执行，二审在考虑民间矛盾与坦白情节后，改判为死缓限制减刑。其次，法院对同一案件情节考量之后得出的结论不同，例如在庞波故意杀人案[2]中，两审法院提取的情节一致，均认定有被害人过错与被告人自首，但一审的判决结论为"不足以从轻处罚"，判处死刑立即执行，而二审的改判结论为"可不立即执行"；以及在

---

〔1〕　福建省高级人民法院（2016）闽刑终 432 号。

〔2〕　黑龙江省高级人民法院（2016）黑刑终 166 号。

莫新宝故意杀人案[1]中，两审均认定了自首、激情犯罪情节，但一审判决的结论为"不足以从轻处罚"，二审判决"予以从轻处罚"。上述两个突出问题，导致同一起案件在不同的法院审理阶段中，即便客观情节保持稳定，改判率仍在60%左右，判决结果的不稳定性极高。

2. 刑罚裁量逻辑缺失与冲突

在涉及故意杀人死刑判决的案件中，法律的逻辑性仅在法规范层面体现得较为明确，但在司法实践中，从犯罪情节的提取到判决结果的论证过程往往简单却不清晰，甚至存在量刑逻辑缺失的情况。例如在宋永国故意杀人案[2]中，一审法院以被告人"作案手段凶残，犯罪情节恶劣，后果特别严重，应予严惩"为由判处其死刑立即执行，但这一刑罚裁量过程仅包含了对"罪行极其严重"的判断，但并没有对"是否立即执行"进行判断，本案经过四次审判之后，在重新提取了坦白、事出有因、积极赔偿情节后，实质上增加了对"是否必须立即执行"的裁量过程，最终改判为死缓限制减刑。

在故意杀人罪死刑案件中，死缓限制减刑存在两种量刑逻辑：一类为自上而下[3]式"减法机制"量刑逻辑，通过对情节的整体考量，直接得出死缓限制减刑的判决结论；另一类为"上→下→上"式"往复机制"，在判断不是"必须立即执行"时采用减法机制先推导至广义死缓的范围，而后又再次启动"加法机制"上行回到手段极其残忍、人身危险性极大等判断标准中，最后得出应当适用死缓限制减刑的结论。"减法机制"量刑逻辑的盖然性与两类量刑逻辑本身冲突使得判决结果不易稳定。例如在刘某某故意杀人案[4]中，两审均采用第一种量刑逻辑，在其他情节未发生改变的情况下，未经具体对比性论证，只是以抽象的"罪刑相适应原则"为理由，由死缓限制减刑改判为死缓。在因检察院抗诉而引发加重刑罚的3起案件中，一审判决均为死刑缓期2年，但抗诉后均改判为死缓限制减刑，适用的就是第二类"往复机制"量刑逻辑，在使用"减法机制"量刑逻辑判断"可不立即执行"之后，再次使用"加法机制"，考虑到行为人的人身危险性、社会危害性以及被害人家属是否谅解等因素，得出应当在判处死刑缓期2年的同时对其限制减

〔1〕 广东省高级人民法院（2016）粤刑终709号。
〔2〕 陕西省高级人民法院（2017）陕刑终62号。
〔3〕 此处的"自上而下"系指根据判决结果的严厉程度，自上而下表现为死刑立即执行、死缓限制减刑、死刑缓期2年。
〔4〕 宁夏回族自治区高级人民法院（2017）宁刑终45号。

刑的改判结果。

这两项问题反映出故意杀人案死刑裁量机制缺少足够的理论体系支撑，"罪行极其严重"与"可不立即执行"的判断没有相应的理论框架与指导方法，导致裁量过程与判决结果难以稳定。

二、故意杀人罪死刑案件中影响改判结果的量刑情节提取

在解决因量刑情节适用引起的量刑失衡问题上，大陆法系国家和地区立足于成文法的立法和司法实际，侧重于从实体法规定以及量刑程序层面促进量刑正义的实现，如通过明确法官在量刑时所应遵从的量刑标准、应注意的量刑事由及应考虑的刑事政策等途径，实现量刑公正的目标。[1] 例如《德国刑法典》第 46 条第 2 款规定："法院裁量时，应衡量有利与不利行为人之情状。尤其注意下列事项：行为人之动机与目的，行为所表露之意念与在犯行中所耗用之意志，义务违反程度，实行之种类与可归咎之行为影响，行为人之过往生活，行为人人格与经济关系以及犯后表现、特别是努力损害弥补以及行为人为达与被害人调和之努力。"[2]《阿尔巴尼亚刑法典》第 49 条规定："即使不存在本法典第 48 条[3]所指的情节，法院也可以有正当根据地将其他情节视为减轻处罚情节"[4]。《意大利刑法典》第 62 条之二第 1 款规定："除第 62 条规定的情节外，法官还可以考虑其他一些情节，只要他认为这样的情节可以成为减轻刑罚的合理根据。为适用本节的目的，这样的情节在任何情况下均作为单一情节加以考虑，也可以与上述第 62 条列举的一项或数项情节一并考虑。"[5] "经验的定量研究和思辨的定性研究应有机地结合在一起，其中思辨定性是经验定量的基础，经验定量是思辨定性的深化和精确化"[6]，借鉴大陆法系国家和地区量刑情节规范标准，依据《意见》等规范性文件，结合对司法实践中影响判决结果的量刑情节的实际分析，确定故意杀人死刑

---

〔1〕 许美：《酌定量刑情节规范适用研究》，黑龙江人民出版社 2016 年版，第 35 页。

〔2〕 "台湾法务部"审订：《德国刑法典》，元照出版有限公司 2017 年版，第 33 页。

〔3〕 《阿尔巴尼亚共和国刑法典》第 48 条规定了具体的减轻情节，包括："①基于值得肯定的道德价值观念或者社会价值观念之动机而实施犯罪行为的。②在因为被害人或者其他人的挑衅或者不正当行为所导致的激情的作用下实施犯罪的。③在上级的不正当的行为或者指令的影响下实施犯罪的；行为人实施了表征其深度悔悟的行为的。④行为人已经赔偿犯罪行为所造成的损失，或者主动地协助消除或者减轻犯罪行为的后果的。⑤实施犯罪行为的人和被害人之间的关系已经恢复正常的。"

〔4〕 《阿尔巴尼亚共和国刑法典》，陈志军译，中国人民公安大学出版社 2011 年版，第 19 页。

〔5〕 《最新意大利刑法典》，黄风译注，法律出版社 2007 年版，第 29 页。

〔6〕 周路主编：《当代实证犯罪学新编——犯罪规律研究》，人民法院出版社 2004 年版，第 39 页。

判决中，应当提取和考量的量刑情节内容，是我国实现量刑情节规范化适用的第一步。

在改判的 134 起案件中，131 起案件为减轻刑罚[1]，3 起案件因检察院抗诉而加重刑罚。[2] 减轻刑罚的案件中，由死刑立即执行改判为死缓限制减刑的有 29 起，由死刑立即执行改判为死刑缓期 2 年的有 94 起；由死缓限制减刑改判为死刑缓期二年的有 8 起。加重刑罚的 3 起案件均为死刑缓期 2 年改判为死缓限制减刑，案件改判数量如图 5 所示。

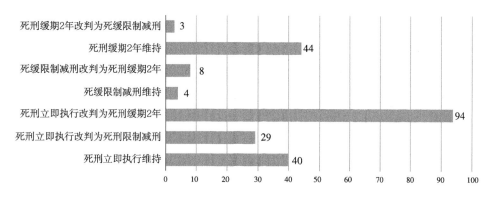

图 5　案件改判情况数量图

从案件改判理由来看，涉及的法定量刑情节包括从重处罚的"累犯"情节与从宽处罚的"自首""坦白"情节，酌定量刑情节主要为民间矛盾、感情纠纷、家庭纠纷、被害人过错等"事出有因"情节、"被告人认罪悔罪"情节、"被告人及其家属积极赔偿"情节、"取得被害人家属谅解"情节等。

加重刑罚的案件主要改判理由为行为人"犯罪情节特别恶劣，犯罪结果特别严重，人身危险性与社会危害性极大"，其中 2 起案件特别强调了被害人家属拒绝谅解，对其判处死缓限制减刑，这一判决理由与最高人民法院发布

---

〔1〕　包括由原判死刑立即执行变更为死刑缓期 2 年，由原判死刑立即执行变更为死缓限制减刑，由原判死缓限制减刑变更为死刑缓期 2 年。

〔2〕　需要说明的是，此处的"减轻刑罚""加重刑罚"是在死刑制度内根据判决结果得出的"减轻"与"加重"刑罚的程度对比，与量刑制度中的"从轻处罚""减轻处罚""从重处罚"等概念不尽相同。

的 4 号指导案例"王志才故意杀人案"[1]有相同的量刑逻辑，将在下文中详细阐明。

（一）法定量刑情节与改判结果之间的横、纵向对比

1. 法定从重处罚情节对判决结果的影响

《中华人民共和国刑法》（以下简称《刑法》）第 50 条第 2 款规定，"对被判处死刑缓期执行的累犯以及因故意杀人、强奸、抢劫、绑架、放火、爆炸、投放危险物质或者有组织的暴力性犯罪被判处死刑缓期执行的犯罪分子，人民法院根据犯罪情节等情况可以同时决定对其限制减刑"，以及第 65 条规定"累犯应当从重处罚"。在收集的案例库中，具备"累犯"情节的案件有 12 起，均为使用刀刺、窒息、击打的暴力方式致一人死亡，暴力程度和犯罪结果相当性较强，但判决理由对"累犯"的考量逻辑却存在三种思路，导向了不同的判决结论：第一，考虑到"累犯"应当从重处罚，对其判处死刑缓期 2 年已在罪刑相当的范围内，如刘某某故意杀人案[2]一审时被判处死缓限制减刑，二审以"未能体现罪刑相适应原则"为由撤销限制减刑，即将累犯与其他量刑情节放在一起综合评价后直接得出结论。第二，考虑到"累犯"应当从重处罚，同等条件下本应对其判处重罚，但鉴于行为人还具备其他从宽处罚的情节，因此不必判处死刑立即执行，如倪某故意杀人案[3]，此类思路赋予了"累犯"情节独立地位，反映出"先加后减"的判决逻辑。第三，行为人之行为符合"罪行极其严重"，应被判处死刑，在对从宽处罚情节进行考量后认为不是"必须立即执行"，可以判处死缓，如张建文故意杀人案[4]，但考虑到累犯情节而判为死缓限制减刑，采用了"先减后加"的判决逻辑。

因此，从判决情况来看，由于判决逻辑的不一致，"累犯"作为从重处罚情节对判决结果所发挥的作用非常有限，尚未形成具有普遍意义的判决规律。

---

[1] 山东省高级人民法院（2010）鲁刑四终字第 2-1 号。

[2] 宁夏回族自治区高级人民法院（2017）宁刑终 45 号。

[3] 江西省高级人民法院（2016）赣刑终 286 号。值得注意的是，本案一审、二审所提取的量刑情节没有任何变化，一审法院虽然认定了民间矛盾、自首等从宽处罚情节，但不予从轻处罚，判处死刑立即执行；二审基于同样的量刑情节，认为依法可以从轻处罚，改判为死刑缓期 2 年。在这两次判决过程中，虽然认定了累犯情节，但实际上并没有发挥该情节的真实作用，案件整体上只考虑了从宽处罚情节，没有赋予"累犯"情节实质的独立地位和特殊考量。

[4] 黑龙江省高级人民法院（2017）黑刑终 87 号。

2. 法定从宽处罚情节对判决结果的影响

《刑法》第 67 条规定，具备自首、坦白情节的，可以从轻或减轻处罚[1]，这一规定虽属法定量刑情节，但因其属于"可以型"量刑规则，并不会因为具备此类情节就一定引发减轻处罚的后果，实际上只起到了酌定适用的作用。

有学者通过实证研究证实，自首与坦白对是否判处死刑立即执行均有显著影响，Logistic 回归分析数据如表 1 所示。P 值均小于 0.05，对是否判处死刑立即执行皆有显著影响，偏回归系数为负，Exp（B）值小于 1，均表明会减少判处死刑立即执行的机会。[2]

表 1   是否判处死刑立即执行的 Logistic 回归分析结果[3]

量刑情节	P 值	Exp（B）	偏回归系数	标准化回归系数
自 首	0.000	0.206	-1.578	-0.641
坦 白	0.000	0.211	-1.558	-0.542

笔者在 2017 年进行的一项以情节为自变量、以判决结果为因变量的实证研究[4]中发现，具备自首或坦白[5]情节的案件，被判处死缓的案件占比分别为 86.1% 与 83.1%，被判处死缓限制减刑的案件占比分别为 11.4% 与 12.7%，被判处死刑立即执行的案件分别为 2.6% 与 3.4%，这一研究结果也显示出自首与坦白情节对死刑立即执行的限制均有重要影响。

本研究依托的案例库中认定的"自首坦白"情节与改判情况的交叉表如

---

〔1〕   此外，具备自首情节且犯罪情节较轻的犯罪分子，可以免除处罚。但因涉及故意杀人罪死刑案件的犯罪不会达到"犯罪较轻"的程度，因而在此不提"免除处罚"之规定。

〔2〕   参见王越：《故意杀人罪死刑裁量机制的实证研究》，载《法学研究》2017 年第 5 期，第 157~158 页。

〔3〕   数据来源：王越：《故意杀人罪死刑裁量机制的实证研究》，载《法学研究》2017 年第 5 期，第 157 页。

〔4〕   参见徐隽颖：《酌定适用型量刑情节在死刑案件中的司法考量——基于故意杀人罪的实证研究》，中国政法大学 2017 年硕士学位论文，第 7 页。

〔5〕   需要说明的是，因"坦白"是一种法定量刑情节，其认定应具有比"如实供述"更为严谨的要求，但鉴于多数判决中对"如实供述"与"坦白"未作实质区分，因此在统计时根据情况，将表述为"如实供述罪行"的归入"坦白"情节，以此为基础进行归纳分析。

表 2 所示。

表 2　自首坦白 ＊ 改判情况 交叉表

		改判情况			总　计
		死刑立即执行改判为死缓限制减刑	死刑立即执行改判为死刑缓期 2 年	死缓限制减刑改判为死刑缓期 2 年	
自首坦白	0	12	39	2	53
	1	17	55	6	78
总　计		29	94	8	131

在本案例库内对自首与坦白这两项情节进行横向对比，发现虽然坦白的影响力稍逊于自首，但对判决所起到的影响程度相差不大，这两项法定从轻量刑情节在故意杀人死刑案件中都以"可以"的形式酌定适用，对被告人人身危险性与特殊预防必要性判断所起的作用几乎相当，因此仅从情节提取的角度出发，可以将二者归入同一类量刑情节。在考察仅具有"自首坦白"情节与判决结果的关系时，得到的 12 起案件中有 11 起最后判决结果均为死刑缓期 2 年，另有 1 起被判为死缓限制减刑。作为法定量刑情节，各级法院在审理时均能科学提取，影响改判结果的关键因素在于对该情节的考量程度，多起案件中出现一审、二审均认定自首或坦白情节，一审认为"不足以从轻处罚"，二审认为"可以从轻处罚"，因此，这一情节在认定与提取时问题不大，但在考量时需要更加慎重。

（二）酌定量刑情节与改判结果之间的横、纵向对比

1. "事出有因"情节的提取与适用

在刑罚减轻的改判案件中，对"事出有因"情节的认定已经成为司法实践中高居首位的量刑情节，应当在事实认定阶段得到重视。最高人民法院《全国法院维护农村稳定刑事审判工作座谈会纪要》指出：对故意杀人罪是否判处死刑，不仅要看是否造成了被害人死亡结果，还要综合考虑案件的全部情况。对于因婚姻家庭、邻里纠纷等民间矛盾激化引发的故意杀人犯罪，适用死刑一定要十分慎重，应当与发生在社会上的严重危害社会治安的其他故意杀人犯罪案件有所区别。对于被害人一方有明显过错或对矛盾激化负有直

接责任，或者被告人有法定从轻处罚情节的，一般不应判处死刑立即执行。[1] 最高人民法院《关于为构建社会主义和谐社会提供司法保障的若干意见》指出：对于因婚姻家庭、邻里纠纷等民间矛盾激化引发的案件，因被害方的过错行为引发的案件，案发后真诚悔罪并积极赔偿被害人损失的案件，应慎用死刑立即执行。[2] 以及最高人民法院《意见》指出：对于因恋爱、婚姻、家庭、邻里纠纷等民间矛盾激化引发的犯罪，因劳动纠纷、管理失当等原因引发、犯罪动机不属恶劣的犯罪，因被害方过错或者基于义愤引发的或者具有防卫因素的突发性犯罪，应酌情从宽处罚。[3]

本研究所依据的案例库中所认定的"事出有因"情节与改判情况的交叉表如表3所示。

表3　事出有因 ＊ 改判情况 交叉表

		改判情况			总　　计
		死刑立即执行改判为死缓限制减刑	死刑立即执行改判为死刑缓期2年	死缓限制减刑改判为死刑缓期2年	
事出有因	0	9	31	3	43
	1	20	63	5	88
总　　计		29	94	8	131

"事出有因"情节出现频率最高，且有刑事政策意义上的官方背书，通过数据库内筛选分析发现，只具备"事出有因"情节的案件为15起，其中9起为减轻刑罚的改判案件，4起维持死刑缓期2年执行，2件加重刑罚的案件加重理由在于手段极其残忍、后果极其严重，与"事出有因"情节之间的关系不大，从个案的角度表明"事出有因"情节在故意杀人罪死刑案件中起到了较大的限制死刑立即执行的作用。

---

〔1〕　最高人民法院《全国法院维护农村稳定刑事审判工作座谈会纪要》，1999年10月27日实施。
〔2〕　最高人民法院《关于为构建社会主义和谐社会提供司法保障的若干意见》，2007年1月15日实施。
〔3〕　最高人民法院《关于贯彻宽严相济刑事政策的若干意见》，2010年2月8日实施。

2. "认罪悔罪" 情节的提取与适用

表4　认罪悔罪 ＊ 改判情况 交叉表

		改判情况			总　计
		死刑立即执行改判为死缓限制减刑	死刑立即执行改判为死刑缓期 2 年	死缓限制减刑改判为死刑缓期 2 年	
认罪悔罪	0	17	47	4	68
	1	12	47	4	63
总　计		29	94	8	131

　　"认罪悔罪" 作为一项表征被告人事后态度与再犯可能性的量刑情节，在故意杀人罪死刑案件的情节认定中也时常出现，本研究所依据的案例库中所认定的 "事出有因" 情节与改判情况的交叉表如表4所示，表明这一情节在改判案件中存在且被提取的频率较高，但对判决结果的直接影响力并不显著。而在本文的数据库中考察仅具备 "认罪悔罪" 情节时，得到 2 起案件，其中"程永兴故意杀人案"[1]二审维持死刑缓期 2 年，"许某故意杀人案"[2]由死刑立即执行改判为死缓限制减刑，改判理由为 "到案后能够认罪，对其判处死刑，可不立即执行"。另外，从案例库中判决认定的部分考察，多起案件呈现出 "赔偿" 情节与 "认罪悔罪" 情节相关联的特征，如 "钟文跃故意杀人案"[3]二审认定 "钟文跃归案后认罪态度较好，并积极赔偿被害人亲属部分经济损失，有悔罪表现"，对其由死刑立即执行改判为死缓，在此，"赔偿" 情节一定程度上能够反映出被告人的悔罪态度。

　　3. "赔偿" 与 "谅解" 情节的提取与适用

　　《意见》第 23 条规定：被告人案发后对被害人积极进行赔偿，并认罪、悔罪的，依法可以作为酌定量刑情节予以考虑。因婚姻家庭等民间纠纷激化引发的犯罪，被害人及其家属对被告人表示谅解的，应当作为酌定量刑情节

---

〔1〕　广东省高级人民法院（2017）粤刑终 1430 号。

〔2〕　重庆市高级人民法院（2015）渝高法刑终字第 00109 号。

〔3〕　湖南省高级人民法院（2016）湘刑终 147 号。与此类似的还有 "袁玉明故意杀人案"，江西省高级人民法院（2015）赣刑一终字第 20 号。

予以考虑。

本研究所依据的案例库中所认定的"赔偿"与"谅解"情节与改判情况的交叉表如表 5 所示。

表 5   "赔偿"与"谅解"情节与改判情况的交叉表

赔偿 ＊ 改判情况					
		改判情况			总　计
		死刑立即执行改判为死缓限制减刑	死刑立即执行改判为死刑缓期 2 年	死缓限制减刑改判为死刑缓期 2 年	
赔　偿	0	20	49	3	72
	1	9	45	5	59
总　计		29	94	8	131

谅解 ＊ 改判情况					
		改判情况			总　计
		死刑立即执行改判为死缓限制减刑	死刑立即执行改判为死刑缓期 2 年	死缓限制减刑改判为死刑缓期 2 年	
谅　解	0	21	58	5	84
	1	8	36	3	47
总　计		29	94	8	131

从个案中可以看出，在两审或多次审理中其他情节认定完全相同的情况下，一审被判处死刑立即执行，二审、再审或复核中新出现的"赔偿"或"谅解"情节，成为改判的直接原因或引起改判的强效理由。最高人民检察院课题组研究发现，"从最高人民检察院所办理的死刑复核法律监督案件来看，不核准死刑的案件中近三分之一的案件与民事赔偿有关……具有民事赔偿情节的死刑案件，绝大部分没有适用死刑立即执行或者由死刑立即执行改

判。"[1] 被告人及其家属积极赔偿的行为 "不仅从某种程度上反映了被告人的悔罪态度，也在客观上为被害方解决了实际困难……被告人犯罪后的积极赔偿之举实乃其主观真诚悔罪态度之外化，是其人身危险性降低的具体表征"[2]。上述数据与本文实证研究中所观察到的情况一致，赔偿在二审、复核中所起作用与其他情节显著不同，由赔偿情节所引发的被害人家属谅解与被告人认罪悔罪态度良好这两项情节的认定，对于减轻刑罚的改判结果也发挥着重要作用。

从整体上看，取得被害人家属谅解这一情节在改判案件中出现的频率最低，但从个案来看，被害人家属谅解对案件改判的影响很大。究其原因在于，故意杀人罪死刑案件中，死亡结果是常态，被害人家属谅解本就不具备较高的期待可能性，因此即便出现的数量较少，也具有合理性。而且对个案的考察显示，不存在只具备 "谅解" 情节而被改判的案件，即便提取了 "谅解"情节，也需要结合其他情节重新考量之后做出改判与否的决定。因此，"谅解"情节的出现和认定需要被告人通过主动、真诚的行为，表明对犯罪的悔意、对被害人方的补偿以及对自身人身危险性程度降低的证明，得到被害人家属的认可，而后才能够成为司法机关对其人身危险性与特殊预防必要性判断的依据。

同时需要注意的是，"谅解" 情节通常与 "认罪悔罪" 和 "赔偿" 情节相关联，正如有学者提出，"在刑事和解的构成要素中，'金钱赔偿'这样的硬指标还必须与'真诚悔罪'及'被害人谅解'这样的软指标结合，综合考虑，缺一不可。"[3] 例如在 "郭沛河故意杀人案"[4] 中，"虽郭沛河表示愿意积极赔偿，但被害人亲属态度坚决，明确表示不接受任何赔偿，对郭沛河不予谅解，不能仅因郭沛河有赔偿意愿对其从轻处罚"，显示出当 "赔偿" 与"谅解"存在冲突时，并不能因为有 "赔偿" 情节即考虑从轻处罚，相较而言，被害人方是否谅解在司法实践中表现出更重的考量价值。

---

〔1〕　参见最高人民检察院公诉二厅课题组：《民事赔偿情节对死刑适用的影响》，载《国家检察官学院学报》2018 年第 1 期，第 96~97 页。

〔2〕　参见阴建峰：《故意杀人罪死刑司法控制论纲》，载《政治与法律》2008 年第 11 期，第 18 页。

〔3〕　陈洪杰：《死刑和解的 "义利之辨"》，载《苏州大学学报（法学版）》2014 年第 1 期，第 114 页。

〔4〕　山东省高级人民法院（2015）鲁刑四终字第 70 号。

三、故意杀人罪死刑案件刑罚裁量机制的理论与实践冲突

（一）法规范意义上的"罪行极其严重–可不立即执行"量刑方法与实践
冲突

《刑法》第 48 条第 1 款[1]与第 50 条第 2 款[2]规定了死刑、死缓、死缓
限制减刑的适用条件，由此可以提取出死刑判决规范领域的量刑逻辑："罪行
极其严重"的才可以适用死刑；"如果不是必须立即执行的"，则可以判处死
刑缓期 2 年执行；在判处死缓的基础上，可以根据犯罪情节同时决定对其限
制减刑，如图 6 所示。

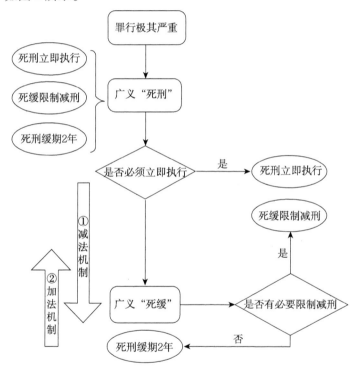

图 6　死刑裁量流程图

---

〔1〕　《刑法》第 48 条规定，死刑只适用于罪行极其严重的犯罪分子。对于应当判处死刑的犯罪分
子，如果不是必须立即执行的，可以判处死刑同时宣告缓期 2 年执行。

〔2〕　《刑法》第 50 条规定，对被判处死刑缓期执行的累犯以及因故意杀人、强奸、抢劫、绑架、
放火、爆炸、投放危险物质或者有组织的暴力性犯罪被判处死刑缓期执行的犯罪分子，人民法院根据
犯罪情节等情况可以同时决定对其限制减刑。

司法实践中普遍的量刑方法为"低开高走，总量控制"[1] 的加法量刑机制，而法规范层面的死刑量刑方法是一种"减法－加法"并用机制，在判断是否判处死刑立即执行时，使用减法机制，在死刑缓期两年执行的同时是否限制减刑时，使用的又是加法机制。看似判断的是三个节点——是否"罪行极其严重"、是否"必须立即执行"与是否"有必要限制减刑"，但在实际衡量过程中，各情节可能存在多次适用以及考量程度不一的情况。通常对"罪行极其严重"的判断过程通常较为简洁，从手段残忍、情节恶劣、结果严重几个方面得出"罪行极其严重"的结论。而在对"是否必须立即执行"的判断上，各量刑情节的提取与考量规范性不足、刑罚裁量逻辑不清导致裁判结果呈现多样化态势，使得最终裁决具有不稳定性，形成判决理由模糊、判决结果说服力不足、判决争议较大的局面，乃至呈现出高概率的改判情况。在判断是否"有必要限制减刑"时，实践中援引的理由实际上是再次考虑了行为人的"罪行严重"程度，整个量刑过程一直处于情节与判断内容的往返之中，最终通过"综合考量"，得出了一个极大概率会"同案不同判"的结果，最终判决往往建立在政策而非证据之上，多名最高法院法官在接受媒体采访时就曾表示"死刑复核阶段主要会考虑两个问题：一是证据，二是政策，其中，政策较难把握"[2]，甚至出现如王良忠故意杀人案[3]，经过四次审理后，二审改判理由没有提取任何量刑情节，直接以"最高人民法院刑事裁定"作为改判依据的情形。实际上早有学者提出，"缺乏教义学上的界定而仅依靠政策性的把握，必然使我国刑法所设的两条生死分界线都脆弱得不堪一击"[4]。在重视刑事政策的同时，从刑罚理论中探索死刑裁量机制的合理化、规范化路径，是解决故意杀人案死刑判决稳定性问题的必由之路。

（二）刑罚理论上的"责任刑－预防刑"量刑方法的提倡与实践冲突

刑罚目的包括报应与预防，以报应为目的的报应刑论（或曰责任刑论）

---

〔1〕 "第一步，根据基本犯罪构成事实在相应的法定刑幅度内确定量刑起点；第二步，根据其他影响犯罪构成的犯罪数额、犯罪次数、犯罪后果等犯罪事实，在量刑起点的基础上增加刑罚量确定基准刑；第三步，根据量刑情节调节基准刑，并综合考虑全案情况，依法确定宣告刑。"参见冉巨火：《经验而非逻辑：责任主义量刑原则如何实现》，载《政治与法律》2015 年第 6 期，第 127 页。

〔2〕 欧阳玉静：《死刑缓期执行和死刑立即执行的量刑依据——以故意杀人罪为例的实证分析》，载《刑事法评论》2007 年第 2 期，第 181 页。

〔3〕 浙江省最高人民法院（2016）浙刑终 418 号。

〔4〕 赵兴洪：《确立先例标准促进死缓适用之规范化》，载《法学》2009 年第 11 期，第 79 页。转引自劳东燕：《死刑适用标准的体系化构造》，载《法学研究》2015 年第 1 期，第 175 页。

与以预防为目的的预防刑论（或曰目的刑论）是刑罚领域的两块奠基石，其中预防又可分为一般预防与特殊预防。目前各国采用的都是并和主义立场，即在刑罚裁量时兼顾报应与预防目的，我国也不例外。如张明楷教授对《刑法》第 5 条"刑罚的轻重，应当与犯罪分子所犯罪行和承担的刑事责任相适应"进行解读时提出，"该条的真实含义是，刑罚一方面要与罪行本身的轻重程度相适应，另一方面要与犯罪前后所表现出来的犯罪人的再犯罪可能性相适应。前一相适应是报应刑的要求，后一相适应是预防刑的要求。"〔1〕 刑罚裁量机制的理论建构不离目的，量刑包括两大基准——行为责任与预防犯罪，因而在此基础上形成了"责任刑－预防刑"理论量刑模型。有学者提出"我国学界和司法实务界普遍关注的是法定情节和酌定情节的划分，事实上，从影响量刑的功能角度来说，根据是影响责任刑的事由还是影响预防刑的事由，加上基于其他刑罚根据，将量刑情节区分为影响责任刑的情节、影响预防刑的情节以及其他情节，对于公正地量刑、更大程度地实现量刑结果的稳定性才是最有价值的"〔2〕。在量刑理论上，量刑情节应该从与行为人的"责任"判断，或者从与针对行为人进行"预防"的必要性判断相关联的因素中加以选择。〔3〕 法定情节可能是影响预防刑的情节，酌定情节也可能是影响责任刑的情节。因此，根据刑罚的正当化依据，以情节与责任刑、预防刑的关系为标准，将量刑情节分为影响责任刑的情节（责任刑情节）与影响预防刑的情节（预防刑情节）具有特别重要的意义。

该理论量刑方法与实践的冲突在于，实践中既没有形成"责任刑"与"预防刑"的概念，在刑罚裁量时也缺少对刑罚正当化依据与目的刑理论的深入思考，缺乏对刑罚目的中的报应与预防功能（尤其是特殊预防）的考察。这一量刑模型的合理性与适用性需要进一步的论证，以证明其能为实践提供有效的量刑逻辑指导和规范化运作。

（三）三方融合与冲突：实践量刑逻辑、法规范量刑方法与刑罚理论量刑模型

从司法实践回归到量刑方法的理论架构上，目前实践中故意杀人案死刑

---

〔1〕 张明楷：《责任刑与预防刑》，北京大学出版社 2015 年版，第 78 页。

〔2〕 王瑞君：《如何规范地识别量刑情节——以实务中量刑情节的泛化和功利化为背景》，载《政治与法律》2014 年第 9 期，第 99 页。

〔3〕 ［日］城下裕二：《量刑理论的现代课题》（增补版），黎其武、赵姗姗译，法律出版社 2016 年版，第 73 页。

量刑逻辑与规范层面上的"罪行极其严重-必须立即执行"量刑机制、理论层面的"责任刑-预防刑"[1] 量刑方法均不完全一致。从形式上看，"罪行极其严重-必须立即执行"是分割式的减法机制，"责任刑-预防刑"量刑方法为自上而下的阶层式量刑思路，本质上采用的也是减法机制，二者看似一一对应，实际上却不然，影响"罪行极其严重"的情节既作用于责任刑，也作用于预防刑；影响"必须立即执行"的因素既包括影响责任刑的因素，也包括影响预防刑的因素。然而司法实践中的判决理由并未完全遵循上述两种量刑方法和逻辑，较为典型的由死刑立即执行改判为死缓或死缓限制减刑判决理由常常出现两种表述："被告人罪行极其严重，情节特别恶劣，应依法严惩，但由于存在某情节，对其判处死刑，可不立即执行（或同时限制减刑）"；对比之下，一审得出死刑立即执行结论的同一案件可能具有同样的量刑情节，只是判决理由表述为"被告人罪行极其严重，情节特别恶劣，应依法严惩，虽然存在某某情节，但不予从轻"，这种对比直观地反映出死刑立即执行与死缓"同案不同判"的原因在于对是否"必须立即执行"的判断上，进一步发现这一标准认定不清的根本原因在于缺乏对刑罚的报应与预防功能的定位，尤其是通过判断被告人的人身危险性程度，进而论证特殊预防必要性大小。

在责任刑与预防刑分类的意义上，"事出有因"情节主要表征的是被告人的责任程度，在责任刑的判断中起到了较大的作用。原因在于"当法益侵害结果应当部分归责于被害人时，或者法益侵害结果由被告人与被害人共同引起时，因为被害人对结果的发生起到了作用，或者说结果的发生不是完全由被告人的行为所引起，故被告人所犯之罪的不法程度降低，成为减轻责任刑的情节"[2]。而自首、坦白、认罪悔罪、赔偿、获得谅解作为事后情节，主要表征的是被告人在实施犯罪行为之后以实际行动表明其人身危害性的降低，

---

〔1〕　以张明楷教授为代表的学者，提出"量刑有三个最重要的步骤：第一是法定刑的选择，即确定罪名后根据案件的不法与责任事实确定法定刑。第二是责任刑的裁量，即根据影响责任刑的情节，确定责任刑（点）。要确定责任刑的点，就必须明确哪些情节影响责任刑。第三是预防刑的裁量，即在责任刑的点之下根据预防必要性的大小确定预防刑，进而确定宣告刑。不管预防必要性有多大，都只能在责任刑的点之下从重处罚"。参见张明楷：《责任刑与预防刑》，北京大学出版社 2015 年版，第 3 页。

〔2〕　张明楷：《论影响责任刑的情节》，载《清华法学》2015 年第 2 期，第 10 页。张明楷：《责任刑与预防刑》，北京大学出版社 2015 年版，第 282 页。

体现的是犯罪人特殊预防必要性大小。因此，通过对案例库中改判案件的横向对比以及对所有案件中量刑情节的纵向提取，将判决理由中提取与考量的量刑情节进行重新分类，其中影响责任刑的量刑情节包括：犯罪手段是否残忍，犯罪情节是否恶劣，犯罪后果是否严重，以及民间矛盾、家庭纠纷、感情纠纷、被害人过错等"事出有因"情节；影响预防刑的量刑情节包括：自首、坦白、累犯等法定量刑情节，以及认罪悔罪、积极赔偿被害人家属损失、获得被害人家属谅解等具有相关性的酌定量刑情节。

四、基于司法实践、法律规范与刑罚理论整合的死刑裁量机制重构

（一）最高院指导案例中量刑情节与判决结果之间的逻辑关系归纳

最高人民法院发布的指导案例 4 号"王志才故意杀人案"〔1〕与指导案例 12 号"李飞故意杀人案"〔2〕对故意杀人案件死刑判决具有指导和借鉴意义。

在李飞故意杀人案中，按判决逻辑提取如下情节：首先认定其"罪行极其严重，论罪应当判处死刑"；其次在此基础上判断是否"应当立即执行"时提取了民间矛盾、被告人母亲协助抓捕、被告人顺从归案、如实供述、认罪态度好、赔偿被害方经济损失等从轻情节，以此决定对其"可不判处死刑立即执行"；最后由于其手段残忍、系累犯且被害人亲属不予谅解，决定对其限制减刑。

在王志才故意杀人案中，按判决逻辑提取如下情节：首先认定其"罪行极其严重，论罪应当判处死刑"；其次在此基础上判断是否"应当立即执行"时提取了婚恋矛盾、坦白悔罪、积极赔偿被害方经济损失、平时表现较好等从轻情节，以此决定对其"可不判处死刑立即执行"；最后因其手段特别残忍，被害人亲属不予谅解，要求依法从严惩处，为有效化解社会矛盾而决定对其限制减刑。

上述两则指导案例虽然案情不同，但有一致的情节类型与量刑逻辑。首先，判断行为人之行为是否达到了"罪行极其严重，论罪应当判处死刑"的程度；其次，在此基础上提取具体的量刑情节，判断是否"可不判处死刑立即执行"；最后，根据其手段是否残忍、人身危险性大小及被害人家属是否谅解等情节，决定对其限制减刑。

此种量刑逻辑从形式上看是对"罪行极其严重-可不立即执行"分割式量

---

〔1〕 山东省高级人民法院（2010）鲁刑四终字第 2-1 号。

〔2〕 黑龙江省高级人民法院（2011）黑刑三终字第 63 号。

刑机制的适用，而实际上也可以看出其中对"责任刑－预防刑"量刑方法的理论回归，虽然不是一一对应，但具备相似程度较高的思维模式。第一步，认定"罪行极其严重"，论罪应当判处死刑，是在责任刑阶层进行的初步判断；第二步，考量各种量刑情节，是在责任刑与预防刑两个阶层进行的判断，但这种量刑方法并未分别对责任刑与预防刑进行情节归属分类，因此从形式上看只是众多量刑情节的简单堆砌，缺少清晰的逻辑与说理过程，在这一步骤中完成对"可不立即执行"的判断；第三步，在第二步的基础上，基于特殊预防必要性的考量，在预防刑阶层进行二次衡量，作出是否"限制减刑"的最终决断。上述量刑逻辑说明法官在进行刑罚裁量时有模式化的量刑思路，若能对其进一步规范，量刑的规律和方法必定更加清晰。

（二）故意杀人罪死刑裁量机制的规范化重构

研究方法以归纳法与演绎法最为常见，而在讨论定罪量刑问题时大多采用的都是演绎法，"演绎法的推理方向是从一般到个别，而一般性质存在于个别事物中，所以演绎法成为一种必然性的推理方法，即只要大、小前提真实，演绎推理的结论更可靠。"[1] 但当演绎法的大小前提均存在一定程度的模糊性时，我国的司法实践通常采用的"估堆法"缺少说理性，弱化了诸多情节对量刑的影响，存在"同案不同判"与判决逻辑模糊的问题。直接将"罪行极其严重－可不立即执行"的规范量刑方法带入"责任刑－预防刑"教义学范畴内进行评价，理论上有两个可能的路径：第一个路径为，首先判断行为是否符合"罪行极其严重"的法定刑要求，依据责任主义原则没有达到"必须立即执行"的程度，即责任刑的上限低于死刑立即执行，但又没有下降到无期徒刑的程度，于是责任刑就落在死刑缓期 2 年领域内，此时死刑缓期 2 年是"绝对确定的责任刑"；在此基础上，根据影响预防刑的量刑情节判断被告人人身危险性与再犯可能性，直接决定限制减刑的适用与否。但需要注意的是，这个路径存在一个问题，即责任刑确定的是量刑的上限，预防刑应当在责任刑之下判定，若将死缓限制减刑与死刑缓期 2 年视为两种刑罚类型，则前者重于后者，若先确认了责任刑为死刑缓期 2 年，那么死缓限制减刑再无适用可能性，因此在这种情况下可将死缓限制减刑视为死刑缓期 2 年的一种执行方式，既符合责任主义原则，也能够较好地对应"责任刑－预防刑"量刑

---

〔1〕 张明楷：《"少演绎、多归纳"之提倡》，载梁根林主编：《刑法方法论》，北京大学出版社 2006 年版，第 110 页。

逻辑。第二个路径为，首先判断行为符合"罪行极其严重"的法定刑标准，依据责任主义原则，其责任刑的上限可以达到判处死刑立即执行的程度；继而根据是否"必须立即执行"决定其预防刑，若"不是必须立即执行"，则说明其预防刑应在死刑立即执行以下确定，与此同时借助预防刑情节判断行为人的人身危险性，直接作出死缓限制减刑或死刑缓期 2 年的判决，以解决司法实践中死缓限制减刑判决先后顺序颠倒的问题[1]。但这种代入方法是机械的，缺少对规范评价指标与理论量刑阶层的实质性考察。

因此，在"责任刑-预防刑"的体系内整合"罪行极其严重-不是必须立即执行"的必要性更加突出，要实现这一目标，逻辑上存在三种思路：

第一，若将"不是必须立即执行"完全归属于责任刑阶层，依据影响责任刑的情节认定"不是必须立即执行"之后，责任刑可能直接落在广义"死缓"的领域内，在此基础上裁量预防刑时需考虑的情形有二：其一，因责任刑已确定为死缓，对预防刑的判断只能在死缓、无期徒刑、有期徒刑中进行选择，若案件含有被告人认罪、悔罪并积极赔偿被害人家属损失，并取得被害人家属谅解的情节，则可能会出现宣告刑为有期徒刑 15 年的后果。其二，在"责任刑-预防刑"体系内，若责任刑已确定为死刑缓期 2 年执行，则死缓限制减刑将直接丧失适用可能性，并不利于我国的死刑适用与死刑改革整体进程。

第二，若将"不是必须立即执行"完全归属于预防刑阶层，则在责任刑阶层无法完成对所有影响责任刑的情节的评价。即"罪行极其严重"为责任刑的判断标准，"不是必须立即执行"为预防刑的判断标准，"罪行极其严重"的认定即代表责任刑阶层的判断终了。但在司法实践中，通常是在认可了"罪行极其严重"之后再判断"事出有因"等影响责任刑的情节成立与否，此时对"事出有因"情节的裁量就出现了悖论——若责任刑阶层判断已终了，则此等情节不属于影响责任刑的情节；若这类情节属于影响责任刑的情节，则同样影响"罪行极其严重"的成立，若"罪行极其严重"不能成立，则案件不应该判处死刑。因此，将"罪行极其严重-不是必须立即执行"之间的关系直接对应于"责任刑-预防刑"体系是不合理的。

---

〔1〕 如黎宏教授曾指出，死缓限制减刑的适用存在先后顺序颠倒的不足。参见黎宏：《死缓限制减刑及其适用——以最高人民法院发布的两个指导案例为切入点》，载《法学研究》2013 年第 5 期，第 105 页。黎宏：《刑法总论问题思考》（第 2 版），中国人民大学出版社 2016 年版，第 488 页。

第三，上述两种路径均不足以完成"责任刑-预防刑"体系性评价时，第三种路径的优越性便得以显现："不是必须立即执行"并不是完全在预防刑阶层进行判断的因素，亦即"罪行极其严重-不是必须立即执行"与"责任刑-预防刑"并非完全对应的评价标准，应当从更宏观的角度出发，与影响责任刑与预防刑的情节相结合，在责任刑与预防刑两个阶层分别对"不是必须立即执行"进行判断。从刑罚的正当化根据来说，"不是必须立即执行"既包含了影响责任刑的情节，如刑事责任能力问题、"事出有因"情节等表明被告人犯罪行为责任程度的情节，也包含了影响预防刑的情节，如自首坦白、认罪悔罪、积极赔偿、取得谅解等表明被告人人身危险性与特殊预防必要性的情节，因此"不是必须立即执行"应当是在责任刑与预防刑两个阶层均需要进行判断的内容。同时将上述零散、独立的酌定适用型情节相互联系，能够提升对行为人责任程度与人身危险性和再犯可能性进行评估的规范程度。

具体而言，故意杀人罪死刑案件中可采如下的量刑逻辑（如图 7 所示）：首先，在责任刑阶层确认"罪行极其严重"的成立，案件具有判处广义"死刑"的必要条件。若手段极其残忍、情节极其恶劣、后果极其严重，则其他影响责任刑的酌定适用型量刑情节不足以起到降低责任刑的程度，责任刑的顶点仍为广义死刑，而上述手段、情节也表现出被告人具有较高的人身危险性，即同时影响对预防刑的判断，使得在预防刑阶层判断行为人的特殊预防必要性几乎失去意义，除非能够从实质上证明被告人人身危险程度降低，否则很难将宣告刑从死刑立即执行下降到死缓的程度，即便下降也只能接近于死缓限制减刑。其次，根据是否具备"事出有因"等影响责任刑的情节对是否"必须立即执行"进行初步判断，若上述情节对责任刑的影响程度较大，能够降低责任刑，则至少排除死刑立即执行的适用，责任刑应确定为广义死缓。最后，在前一阶段确定的责任刑基础上，根据影响预防刑的情节对预防刑进行判断，若被告人有自首或坦白情节、认罪悔罪、积极赔偿被害人家属损失、取得被害人家属谅解，则一般情况下可判处死缓；若被告人虽有认罪、悔罪、积极赔偿被害人家属的行为，但并未取得被害人家属谅解，或具有累犯、暴力性违法犯罪前科等表明人身危险性较高的情节，则可判处死缓限制减刑，此判决逻辑与结果与最高院发布的审判指导案例也较为一致，能够实现理论与实践量刑方法的有效结合。

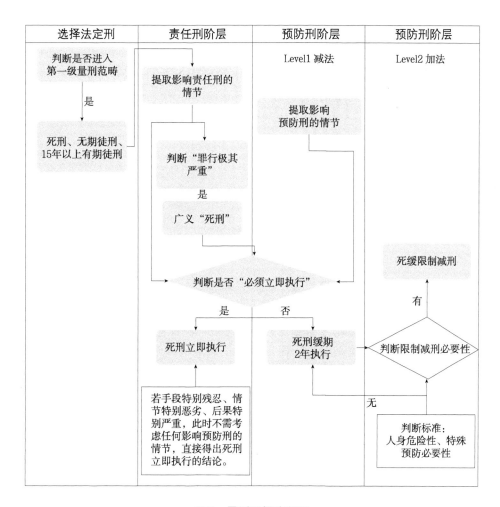

图 7 量刑逻辑流程图

我国正当防卫研究的网络知识结构
与核心脉络

韩　骁*

摘　要：司法实务部门对涉及正当防卫案件的某些不当处理，造成了公民社会的法规范意识割裂，理论界为此开始寻觅良方。为下一阶段能够更有效地开展研究，有必要对我国正当防卫领域的知识结构与脉络进行科学化梳理。欲最大程度地避免主观筛选造成的偏向性，运用文献题录信息工具 SATI 以及社会网络分析软件 UCI-NET，筛选出我国正当防卫知识结构中的四个重要命题，并运用文献计量软件 CiteSpace 说明正当化根据（原理）作为核心脉络贯穿了整个正当防卫知识域。

关键词：正当防卫　主题关键词　网络知识图谱正当化根据

我国正当防卫制度虽然早在 1979 年就以法典化形式确立，但直至新《刑法》[1]修订后才真正成为学界热点聚讼，尤以近期司法实务现状被学界诟病为甚。[2] 为廓

---

* 韩骁，四川大学法学院刑法学专业 2017 级博士研究生（610225）。
〔1〕 本文新《刑法》均指 1997 年修订的《中华人民共和国刑法》。
〔2〕 最新一轮聚讼由"于欢案"引发，因"昆山反杀案""陕西反杀案"等热点社会问题得到持续关注。

清现有研究视域，有必要对已有研究成果进行体系化梳理，以期为将来该知识域的深化研究提供有益参考。现阶段我国鲜有关于正当防卫研究全貌的综述性文献，更缺乏运用文献计量方法的研究，本文目的即在于此。可视化网络知识图谱在一般文献计量研究的基础上——即有效避免文献整理过程中存在主观偏见，客观真实地反映学界关注的热点内容——能够进一步厘清各主题关键词之间的关系，从而展示该领域最重要的知识命题，而时间维度能够显示其中暗含的研究脉络，以提供前瞻性分析。

一、研究设计

（一）研究方法

本文以我国正当防卫领域的主题关键词为研究对象，针对国内"正当防卫"研究的整体轮廓与发展趋势进行文献计量研究。[1] 具体研究步骤为：首先，运用文献题录统计分析工具 SATI 进行高频词统计并生成共现矩阵；其次，运用社会网络分析软件 UCINET 计算出共词矩阵中各关键词的中心度指数以表示关键节点，再分别生成 Ego 网络图辨析节点之间的连通关系，[2] 以展现该知识域的重要命题；最后，运用文献计量 CiteSpace 软件对整个知识域历史跨度进行辨析，发现当中蕴含的、联结过去与将来研究的核心脉络。

（二）数据来源与处理

本研究数据来源《中国学术期刊网》（CNKI），以"CSSCI"为期刊目录，时间范围选取：1997—2019 年，[3] 检索主题："正当防卫"，得到文献共计 315 篇。通过 SATI3.0 软件对上述文献中的关键词进行统计，最终得到频次≥1 的关键词 833 个。频次≥3 的关键词 87 个，再进行规范化处理后[4]最

---

〔1〕 文献计量学包括共词分析和共引分析，前者通过对能够表达学科研究主题或方向的且共同出现在同一篇文献中的专业术语的分析，展现学科的研究结构、主题间的关系。参见张勤、马费成：《国外知识管理研究范式——以共词分析为方法》，载《管理科学学报》2007 年第 6 期，第 65～74。

〔2〕 通过节点和节点间连线将诸多要素按照事物内在规律和属性联系在一起构成了复杂的关系网。社会网络分析法是一种综合了图论、数学模型等手段对行动者与行动者、行动者与其所处的社会网络以及网络之间的关系进行研究的方法。在研究领域中，各研究者所关注的主题即关键词构成的整个研究领域社会网络的节点，关键词共现则代表各主题间的相互关系，形成了社会网络的连线。对高频关键词共现进行社会网络分析，能使样本文献背后隐性的、潜在的知识显示出来，以更好地了解各主题间的深层结构。

〔3〕 检索截止时间为 2019 年 2 月 27 日。

〔4〕 相似关键词合并的有：过剩防卫、特殊防卫、无限防卫、我国刑法、防卫、刑法规定、防卫挑拨。

终选取 80 个高频关键词（表 1）作为本文的研究对象。可以说，表 1 中的主题关键词几乎涵盖了我国正当防卫研究领域的所有重要内容。

表 1　国内正当防卫研究高频关键词汇总表（1997—2019 年 2 月）

序号	关键词	频次	序号	关键词	频次	序号	关键词	频次
K01	正当防卫	122	K28	构成要件	6	K55	责任	3
K02	防卫过当	58	K29	违法性	6	K56	刑法教义学	3
K03	自卫	30	K30	防卫权	6	K57	自救行为	3
K04	刑法	23	K31	挑拨防卫	6	K58	警察	3
K05	无限防卫权	20	K32	故意伤害罪	5	K59	违法	3
K06	不法侵害人	14	K33	防御性紧急避险	5	K60	受虐杀夫	3
K07	犯罪构成	13	K34	违法阻却事由	5	K61	第三者	3
K08	紧急避险	12	K35	人身安全	5	K62	有责性	3
K09	防卫行为	11	K36	证明责任	5	K63	防卫意识	3
K10	必要限度	10	K37	假想防卫过当	4	K64	于欢案	3
K11	特殊防卫权	8	K38	不法	4	K65	人权	3
K12	暴力犯罪	8	K39	被害人过错	4	K66	罪名	3
K13	不法侵害	8	K40	私力救济	4	K67	概念	3
K14	犯罪论体系	8	K41	社会危害性	4	K68	假想防卫	3
K15	刑法典	8	K42	犯罪论	4	K69	立法者	3
K16	偶然防卫	8	K43	民事责任	4	K70	受虐妇女综合征	3
K17	结果无价值	8	K44	自助行为	4	K71	刑法理论	3
K18	防卫意思	7	K45	警察防卫权	4	K72	关系	3
K19	公私防卫	7	K46	正当化根据	4	K73	故意	3
K20	防卫限度	7	K47	利益衡量	4	K74	刑事立法	3
K21	不法侵害行为	7	K48	正当化事由	4	K75	攻击性紧急避险	3

序号	关键词	频次	序号	关键词	频次	序号	关键词	频次
K22	刑事责任	7	K49	行为无价值	4	K76	创伤	3
K23	见义勇为	7	K50	功利主义	4	K77	行凶	3
K24	期待可能性	7	K51	无过当防卫	4	K78	刑法学	3
K25	防卫人	6	K52	法益衡量	4	K79	死刑	3
K26	正当防卫制度	6	K53	正当行为	4	K80	限度条件	3
K27	新刑法	6	K54	暴力	3			

通过 SATI 软件，利用 80 个高频关键词生成 80 × 80 的标准化共现矩阵（部分数据如表 2 所示），作为下文所有软件的原始导入数据。[1]

表 2　共现相关矩阵值（部分）

变量	正当防卫	防卫过当	自卫	刑法	无限防卫权	不法侵害人	犯罪构成
正当防卫	1	0.1436	0.0984	0.0309	0.0328	0.0375	0.0101
防卫过当	0.1436	1	0.0494	0.0306	0.0117	0.0238	0.0016
自卫	0.0984	0.0494	1	0.0784	0.0093	0.1693	0.0028
刑法	0.0309	0.0306	0.0784	1	0.0331	0.1513	0.0045
无限防卫权	0.0328	0.0117	0.0093	0.0331	1	0.2188	0
不法侵害人	0.0375	0.0238	0.1693	0.1513	0.2188	1	0
犯罪构成	0.0101	0.0016	0.0028	0.0045	0	0	1
紧急避险	0.0553	0	0	0	0	0	0

---

〔1〕　通过文献统计工具分析各个关键词之间的共现次数，并形成高频关键词共现矩阵。为消除多值共现矩阵中频次悬殊对统计结果造成的影响，采用 Equivalence ［A、B 两词的 Equivalence（A、B 两次共现次数的平方）/（A 次出现的频次×B 词出现的频次）］。表格中数值表示两个关键词之间的亲疏关系，值越大说明距离越近，相似程度越高，反之越差。

二、基于 Ego 网络关系的正当防卫重要命题评析

运用 UCINET6.0 导入 80×80 的共词矩阵数值进行知识网络分析，以网络中心度展现各知识节点的重要性及相互间的关系，[1] 经过各项中心度指数的测算获得综合排名前 6 的重要节点（表 3）。[2] 具体而言，"防卫过当"的各项中心度指数均位列第一，表明该主题关键词在我国正当防卫研究整体框架内连接知识点最多，同时处于该知识域的绝对中心位置，并控制着其他主题关键词之间的构建及发展。概言之，我国正当防卫研究最核心的主题关键词是"防卫过当"。

此外，本文还将对各项数值突显的关键词进行详细梳理。其中"无限防卫权"距离知识域核心较近，而"犯罪构成"在该领域具备较高的控制能力。相反，"不法侵害人"虽然连接知识点较多，但极低的中间中心度说明其并未能对其他关键词产生实质性影响，因此笔者选取了中间中心度靠前的"必要限度"与"不法侵害"。

表 3　中心度指数（部分）

变 量	点度中心度		中间中心度	接近中心度
	内向中心度	外向中心度		
防卫过当	3.144	3.144	451.787	22.701
无限防卫权	1.445	1.445	46.699	21.180
不法侵害人	2.089	2.089	28.446	21.123
犯罪构成	0.491	0.491	110.012	20.789
必要限度	1.489	1.489	55.664	21.067
不法侵害	0.422	0.422	53.015	20.844

---

〔1〕　网络中心度具体包括度数中心度、接近中心度与中间中心度。分别用以测量与节点直接相连的其他点的个数、距离、交往控制能力。参见苏屹、韩敏睿、雷家骕：《基于社会网络分析的区域创新关联网络研究》，载《科研管理》2018 年第 12 期，第 78～85 页。具体到本文的研究内容，分别显示出主题关键词之间的交互情况、对其他关键词的影响力与被影响情况、所处知识域体系的位置。

〔2〕　"正当防卫"作为研究主题，其数值不具有实际意义，因此在计量分析中剔除。

为进一步展现上述重要节点与其他节点之间的关系，本文分别绘制主题关键词 Ego 网络图（图 1）进行辨析：①"防卫过当"紧邻正当防卫并形成双核辐射周边其他关键词，厘清二者的关系是该领域研究的重要内容之一；②"无限防卫权"与"必要限度"在对方的图谱中节点较小，说明距离较远，但两者串联的关键词又大致相同，证明虽然被作为不同的概念但在该知识域中功能却类似，有必要进行比较研究；③"犯罪构成"周边的关键词与其他重要节点有很大差别，说明这是另一个维度的研究范畴；④以"不法侵害"为界限分割知识结构，一侧是主观要件，另一侧则是客观要件。据此，下文将围绕我国正当防卫研究的 4 个重要命题展开：防卫过当与正当防卫的关系；无限防卫权与防卫限度的关系；防卫限度的规范内涵；正当防卫的体系位置。

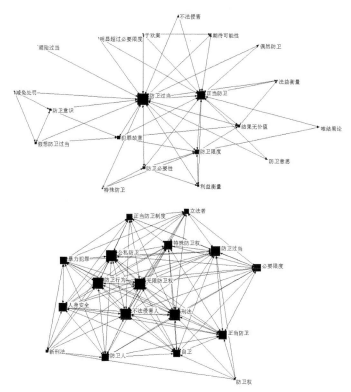

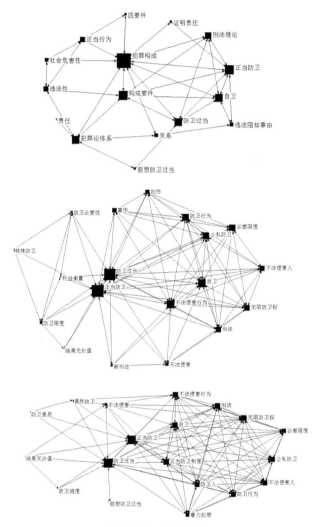

图 1 Ego 网络图

（一）防卫过当与正当防卫的关系问题

其核心在于防卫过当是否以具备防卫性质为前提。伊始，我国有学者认为正当防卫与防卫过当是两个性质不同的概念，《刑法》第 20 条第 2 款中

"正当防卫"的表述应改为"防卫行为"。[1] 但随后有学者指出，前两款中提到行为在防卫性质上是相同的，仅在限度上存在不同。[2] 目前通说及司法实务采用了这种观点，且认为防卫性质的确定依赖于对"不法侵害"与"防卫意识"的客观判断，但这一立论受到了假想防卫与偶然防卫等特殊问题的挑战。对于前者而言，1997 年《刑法》的修订并未如部分学者预期的那样增加了预防性正当防卫条款，[3] 虽然降低了道德风险但同时限缩了防卫权的行使，例如某些受虐妇女暴力反抗的情形就失去了探讨正当防卫的余地。[4] 因为危险的现实性[5]已经是"正在进行"文义所能抵达的最远距离，所以不存在客观意义上的不法侵害（如假想防卫），便不可能符合我国正当防卫的规定。但学界将假想防卫过当按防卫过当处理的构想[6]使通说产生两种修正路径：要么以承认防卫过当不再以具备防卫性质为前提；要么防卫性质不再以存在客观不法侵害为必需。同时，为解决防卫过当的罪过混乱问题，[7] 传统的"防卫意识"理论也历经了一系列"瘦身"。先是将纯粹的、充满道德意味的防卫动机从防卫目的中分离，[8] 使得占次要地位的愤恨、报复等情绪能够与防卫目的兼容。尔后为容纳防卫过当中直接故意的罪过形式，有学者建议弱化防卫目的在防卫意识中的地位，防卫意识仅以行为人对自己的行为是与正在进行的不法侵害相对抗的事实有所认识为其必备内容。[9] 随着（二

---

〔1〕 参见杨柳：《对我国正当防卫制度的几点思考》，载《社会科学家》2005 年第 S1 期，第 123~124 页。

〔2〕 参见陈兴良：《刑法教义学的逻辑方法：形式逻辑与实体逻辑》，载《政法论坛》2017 年第 5 期，第 117~124 页。

〔3〕 参见赵秉志等：《中国刑法修改若干问题研究》，载《法学研究》1996 年第 5 期，第 3~25 页。

〔4〕 参见陈璇：《家庭暴力反抗案件中防御性紧急避险的适用——兼对正当防卫扩张论的否定》，载《政治与法律》2015 年第 9 期，第 13~26 页。

〔5〕 参见张明楷：《防卫过当：判断标准与过当类型》，载《法学》2019 年第 1 期，第 3~21 页。

〔6〕 参见黎宏：《论假想防卫过当》，载《中国法学》2014 年第 2 期，第 257~274 页；赵金伟：《防卫过当减免处罚根据及适用研究》，载《青海社会科学》2017 年第 3 期，第 130~140 页。

〔7〕 参见陈兴良：《刑法适用总论》（上卷），法律出版社 1999 年版，第 310 页。

〔8〕 参见赵秉志、刘志伟：《正当防卫理论若干争议问题研究》，载《法律科学》2001 年第 2 期。

〔9〕 参见陈璇：《论防卫过当与犯罪故意的兼容——兼从比较法的角度重构正当防卫的主观要件》，载《法学》2011 年第 1 期，第 117~126 页。

元）行为无价值与结果无价值之争波及正当防卫研究，[1] 主张偶然防卫的学者显然在去防卫意识化道路上走得更远。[2] 笔者认为，不同于下文有关防卫限度的学说聚讼，防卫性质的认定将直接影响我国司法裁判的走向。不法侵害的客观性是由立法所决定，运用法解释发挥出罪功能仍难免有违罪刑法定原则之嫌，刑事立法上的改变方为长久之计。而防卫意识的取舍不仅仅是犯罪论体系自洽性的证立或证伪，还涉及所选正当性根据与国民的规范意识甚至是正义观，更需慎重。

（二）防卫过当与无限防卫权（特殊防卫权）

该问题的实质其实是，《刑法》第20条第2款是否为我国正当防卫限度的唯一标准，其中涉及第20条第2款与第3款的关系问题。新《刑法》的修订尤其是第20条第3款的规定在当时引起学界广泛探讨，仅称谓上就有无限防卫权[3]、无过当防卫权[4]、特殊（别）防卫权[5]之分。实际上在修法之前，已经有学者对增设无限防卫权有过立法建议，[6] 但被其他学者以极易破坏法治为由而反对。[7] 因而第20条第3款在修法伊始便受了多数学者责难：被指可能会出现滥用防卫权的状况；[8] 需要通过严格其规范含义以限制该权

〔1〕 参见周光权：《违法性判断的基准与行为无价值论——兼论当代中国刑法学的立场问题》，载《中国社会科学》2008年第4期，第123~136页；参见张明楷：《行为无价值论的疑问——兼与周光权教授商榷》，载《中国社会科学》2009年第1期，第99~115页。

〔2〕 参见张明楷：《结果无价值论的法益观 与周光权教授商榷》，载《中外法学》2012年第1期，第24~43页。

〔3〕 参见高洪宾：《论无限防卫》，载《政治与法律》1998年第4期，第38~41页。

〔4〕 参见陈兴良：《论无过当之防卫》，载《法学》1998年第6期，第32~35页。

〔5〕 参见段立文：《对我国传统正当防卫观的反思——兼谈新刑法对正当防卫制度的修改完善》，载《法律科学》1998年第1期，第29~37页。

〔6〕 参见陈康伯：《关于完善正当防卫的建议》，载高铭暄主编：《刑法修改建议文集》，中国人民大学出版社1997年版，第269页。

〔7〕 参见赵秉志等：《中国刑法修改若干问题研究》，载《法学研究》1996年第5期，第3~25页。

〔8〕 参见卢勤忠：《无限防卫权与刑事立法思想的误区》，载《法学评论》1998年第4期，第79~83页；参见钱金策：《简论正当防卫的几个问题》，载《山东法学》1998年第4期，第30~32页；参见田宏杰：《防卫权限度的理性思考》，载《法学家》1998年第4期，第47~57页。参见赵秉志、肖中华：《正当防卫立法的进展与缺憾——建国以来法学界重大事件研究（十九）》，载《法学》1998年第12期，第3~7页。

利的使用,[1] 例如明确暴力程度[2]等。随着研究的深入,相对于第 20 条第 3 款不受前两款限制的观点,[3] 更多学者开始提出第 3 款规定仍然需要受到[4]或至少部分受到[5]前两款规定的制约。至此,不论如何具体看待正当防卫内部条款之间的关系,特殊防卫在该领域出现的比重逐渐多于无限防卫权。[6]

该命题的后续研究起初被分为并列说与包容说,[7] 目前则更多被以拟制说与注意说区分。对于前者而言,虽然反对解释对法律拟制说的支撑[8]不再具有说服力,但有学者主张受刑法教义学形式逻辑的限制,第 3 款仍应作为法律拟制理解,[9] 即一般防卫限度的例外。[10] 还有学者认为法律拟制的根据在于第 3 款相较于第 2 款而言并不特别考虑利益均衡原理。[11] 对立观点(注意规定说)则否定了"重大损害结果"的规定即意味着对利益均衡原理的考量,进而指出条款 3 是旨在避免司法实务中唯结果倾向而对行为限度作

---

〔1〕 参见姜伟:《新刑法确立的正当防卫制度》,载《法学家》1997 年第 3 期,第 23~25 页;参见黄明儒、吕宗慧:《论我国新刑法中的无限防卫权》,载《法商研究》1998 年第 1 期,第 27~32 页;参见梁华仁、刘为波:《评新刑法对正当防卫制度的修改》,载《政法论坛》1998 年第 1 期,第 26~31 页。

〔2〕 参见陈兴良:《论无过当之防卫》,载《法学》1998 年第 6 期,第 32~35 页。

〔3〕 参见王作富、阮方民:《关于新刑法中特别防卫权规定的研究》,载《中国法学》1998 年第 5 期,第 88~96 页。

〔4〕 参见刘艳红、程红:《"无限防卫权"的提法不妥当——兼谈新〈刑法〉第 20 条第 3 款的立法本意》,载《法商研究》1999 年第 4 期,第 65~70 页。

〔5〕 参见游伟:《防卫权、正当性及其限度——对正当防卫问题的研究》,载《政治与法律》1999 年第 1 期,第 14~19 页。

〔6〕 参见赵秉志、田宏杰:《特殊防卫权问题研究》,载《法制与社会发展》1999 年第 6 期,第 36~44 页;武小凤:《我国刑法中不存在无限防卫权》,载《兰州大学学报》2001 年第 4 期,第 112~117 页。

〔7〕 参见郭泽强、蒋娜:《刑法第 20 条第 3 款与第 1 款关系研究——兼论第 20 条第 3 款条款的意义》,载《法学家》2002 年第 6 期,第 66~74 页。

〔8〕 反对解释认为除第 3 款情形外造成重伤死亡即构成过当,因而第 3 款属于拟制条款。参见陈兴良:《正当防卫论》,中国人民大学出版社 2006 年版,第 259 页。

〔9〕 参见陈兴良:《刑法教义学的逻辑方法:形式逻辑与实体逻辑》,载《政法论坛》2017 年第 5 期,第 117~124 页。

〔10〕 参见陈兴良:《正当防卫如何才能避免沦为僵尸条款——以于欢案故意伤害案一审判决为例的刑法教义学分析》,载《法学家》2017 年第 5 期,第 89~104 页。

〔11〕 参见周光权:《论持续侵害与正当防卫的关系》,载《法学》2017 年第 4 期,第 3~11 页。

出的优先审查，[1] 更为激进的观点认为即使符合第 3 款规定的防卫行为仍然需要接受暴力程度等条件限度的检验。[2] 总体而言，注意说当前逐渐显露优势，以致原先持拟制说观点的部分学者进行了反思，认为正当防卫正当性根据的同一性决定了第 3 款仅为提示性规定。[3]

笔者认为，虽然我国正当防卫司法现状距离"凌厉"[4]仍有较大距离，但绝对"无限制"的防卫权从长远看并不符合法治国要求，仍有矫枉过正之嫌。从立法逻辑的周延和缜密性讲，确定唯一的防卫限度亦有利于实现程序性正义。

（三）防卫限度的规范内涵

假设第 20 条第 2 款是防卫限度的唯一标准后，接下来需要探讨的问题便是该款的规范含义和内部关系。值得一提的是，解决这一命题似乎应当先确定要件内涵再研究二者关系，但欲厘清国内目前的研究状况需要在逻辑上反向阐释。原因在于解释"必要限度"的传统学说受到了双重条件说的质疑——必需说、基本相适应说与折衷说实际是针对整体防卫限度（包含结果）而非"必要限度"（行为限度）作出的解释[5]——所以有必要先在单一条件说与双重条件说中做出抉择。

早在 20 世纪末，我国就有学者提出应当分别考察行为过当与结果过当，[6] 随后该论点被指对要件进行简单堆砌，[7] 实际上并不存在行为明显超过必要限度但尚未造成重大损害或者完全与之相反的防卫过当情况。[8] 不

〔1〕 参见陈璇：《正当防卫、维稳优先与结果导向——以"于欢案故意伤害案"为契机展开的法理思考》，载《法律科学》2018 年第 3 期，第 75~90 页。

〔2〕 参见彭文华：《无限防卫权的适用——以对"暴力"的教义学解读为切入》，载《政治与法律》2015 年第 9 期，第 2~12 页。

〔3〕 参见张明楷：《防卫过当：判断标准与过当类型》，载《法学》2019 年第 1 期，第 3~21 页。

〔4〕 参见［德］约翰内斯·卡斯帕：《德国正当防卫权的"法维护"原则》，陈璇译，载《人民检察》2016 年第 10 期。

〔5〕 参见邹兵建：《正当防卫中"明显超过必要限度"的法教义学研究》，载《法学》2018 年第 11 期，第 139~153 页。

〔6〕 参见卢云华：《试论正当防卫过当》，载《中国社会科学》1984 年第 2 期，第 199-210 页。

〔7〕 参见姜伟：《行为过当与结果过当关系质疑》，载《中国社会科学》1984 年第 5 期，第 54~55 页。

〔8〕 参见游伟：《防卫权、正当性及其限度——对正当防卫问题的研究》，载《政治与法律》1999 年第 1 期，第 15~20 页。

过晚近越来越多的学者开始支持双重条件说，[1] 视二者为独立条件即需要分别满足，[2] 更进一步的观点则认为两种条件还存在某种阶层关系。具言之，只有在肯定防卫必要性的场合，才有在逻辑上进一步重视损害结果的必要；[3] 或提出行为适当可自动延伸至防卫引起的结果。[4] 但将行为与结果分割判断的观点被指存在逻辑上的混乱与缺陷。[5] 对此，有学者认为单一条件说与双重条件说的分歧其实是基于认定过程而产生的。[6]

笔者以为，只有第 2 款的规范内涵能够为防卫限度的客观标准填充实质内容，具体的认定途径则会因判断者对认定标准的法解释不同而存在差异，这也是学说争讼激烈但理论上得出的结论并无太大差异的缘由。但是，所采方式的不同会对司法裁判逻辑产生潜移默化的影响。[7] 基于此，如果限缩防卫过当仍然是未来一段时期刑事政策的需求，那么将损害结果分割后置的出罪思路不失为克服"唯结果论"弊端的有效方案。

既然上述两种学说更多的是在认定方法上进行博弈，那么传统观点对于"必要限度"的三种解释就可以在规范内含的语境下探讨：基本相适应说认为防卫行为（尤指防卫造成的损害）必须与不法侵害大体相适应；[8] 必需说认为应当从防卫的实际需要出发进行全面衡量，将有效地制止不法侵害的客观实际需要作为防卫的必要限度；[9] 折衷说则认为必要限度原则应当以制止不

---

〔1〕 新近有学者主张侧重"明显超过必要限度"的双重条件说，从逻辑基础、法理依据和司法效果角度对单一条件说进行了批判。参见邹兵建：《正当防卫中"明显超过必要限度"的法教义学研究》，载《法学》2018 年第 11 期，第 139~153 页。

〔2〕 参见高铭暄、马克昌：《刑法学》（上册），中国法制出版社 1999 年版，第 241 页。

〔3〕 参见周光权：《正当防卫的司法异化与纠偏思路》，载《法学评论》2017 年第 5 期，第 6~22 页。

〔4〕 参见陈璇：《正当防卫、维稳优先与结果导向——以"于欢案故意伤害案"为契机展开的法理思考》，载《法律科学》2018 年第 3 期，第 77~92 页。

〔5〕 参见张明楷：《防卫过当：判断标准与过当类型》，载《法学》2019 年第 1 期，第 3~21 页。

〔6〕 参见冯军：《防卫过当：性质、成立要件与考察方法》，载《社会科学文摘》2019 年第 3 期，第 22~36 页。

〔7〕 类似的状况还出现在晚近四要件与三阶层的聚讼当中，参见陈兴良：《犯罪构成论：从四要件到三阶层一个学术史的考察》，载《中外法学》2010 年第 1 期，第 49~69 页。

〔8〕 参见杨春洗等：《刑法总论》，北京大学出版社 1981 年版，第 174 页。

〔9〕 参见陈建国：《从调戏妇女的流氓被防卫人刺伤谈起》，载《光明日报》1983 年 5 月 21 日，第 3 版；参见劳东燕：《结果无价值逻辑的实务透视：以防卫过当为视角的展开》，载《政治与法律》2015 年第 1 期，第 13~24 页；陈璇：《侵害人视角下的正当防卫论》，载《法学研究》2015 年第 3 期，第 120~138 页。

法侵害所必需的强度为标准，同时要求防卫行为与不法侵害行为在手段、强度、后果等方面不存在悬殊的差异。[1] 由于折衷说的左右摇摆未能展现具有实际价值的"辩证"思维，[2] 所以另外两种鲜明对立的学说更加值得研析。

需要说明的是，目前学界对将"重大损害"定义为重伤及以上结果达成了共识。[3] 争讼点"必要限度"：是否单独设立行为的必要限度，还是以结果为标准判断即可。《刑法》的修订[4] 在一定程度上为突破基本相适应说提供了契机，[5] 必需说因与双重条件说的内核相符而逐渐被我国越来越多的学者所提倡。[6] 新近的代表观点有：应然的必要限度说，以一般人能够很容易预见到事实为判断资料对选取的防卫行为是否必需作出判断（采取替代措施的难易程度）；[7] 最低强度的有效防卫行为说，对必需说进行了缩限，当防卫人有多个可供选择的有效防卫时，仅能选择最低强度的一种；[8] 不必要的多余行为说（绝对优势说），当不法侵害人已经处于绝对劣势，防卫人总是能够安全有效地击退不法侵害人的再度攻击时，却选择继续对不法侵害人施以多余、不必要的损害行为。[9]

---

〔1〕 参见王政勋：《正当行为论》，法律出版社 2000 年版，第 186 页；田宏杰：《刑法中的正当化行为》，中国检察出版社 2004 年版，第 242 页。

〔2〕 参见周详：《防卫必要限度：学说之争与逻辑辨正》，载《中外法学》2018 年第 6 期，第 1570~1588 页。

〔3〕 参见张明楷：《故意伤害罪司法现状的刑法学分析》，载《清华法学》2013 年第 1 期，第 6~27 页；彭文华：《论正当防卫限度的重大损害标准》，载《江汉论坛》2015 年第 7 期，第 134~144 页；尹子文：《防卫过当的实务认定与反思——基于 722 份刑事判决的分析》，载《现代法学》2018 年第 1 期，第 178~193 页。

〔4〕 新修订的《刑法》旨在鼓励公民行使防卫权、限缩防卫过当已经成为学界共识。参见王汉斌：《关于〈中华人民共和国刑法（修正草案）〉的说明》，1997 年 3 月 6 日第八届全国人民代表大会第五次会议。

〔5〕 参见黄祥青：《刑事疑案分析两则》，载《政治与法律》1999 年第 5 期。

〔6〕 参见劳东燕：《防卫过当的认定与结果 无价值论的不足》，载《中外法学》2015 年第 5 期，第 1324~1348 页；张宝：《防卫限度司法认定的困境与出路》，载《法学杂志》2016 年第 10 期，第 95~101 页；尹子文：《防卫过当的实务认定与反思——基于 722 份刑事判决的分析》，载《现代法学》2018 年第 1 期，第 178~193 页。

〔7〕 参见吴允锋：《正当防卫限度的判断规则》，载《政治与法律》2018 年第 6 期，第 82~93 页。

〔8〕 但该学说同时又以"明显超过"对防卫行为的危险性提升了一个档次。参见邹兵建：《正当防卫中"明显超过必要限度"的法教义学研究》，载《法学》2018 年第 11 期，第 139~153 页。笔者认为将"明显超过必要限度"作为整体直接设定最高防卫限度可能更加合理。

〔9〕 参见冯军：《防卫过当：性质、成立要件与考察方法》，载《社会科学文摘》2019 年第 3 期，第 22~36 页。

与此相对，仍然有部分学者坚持结果与行为的一体化解释：为确保判断标准的客观可操作性，将造成重大损害作为防卫限度的认定根据，[1] 将必要限度解释为结果的相当性判断，即不法侵害人可能造成的侵害结果同防卫人造成的实际损害是否大体相当；[2] 将不法侵害造成的损害进行动态综合判断，不需要单独对手段设置相当性限制。[3] 虽然有学者一开始便将实务中"唯结果"的现象归于结果无价值论，[4] 但这一批判现在看来似乎仍然存疑，[5] 以致该学者也将关注点从法教义学转向了司法功能。[6] 笔者认为，防卫限度的两种解释孰优孰劣在细枝末节处已难分伯仲，在相近的法规范意识驱使下，所得结论亦相差无几。短期内或许能够以是否有益于引导符合刑事政策趋势的司法裁判为由进行选择，但该命题未来的研究重点仍应集中于行为、结果无价值的哲学源流，以保持学说内核的一惯性与自洽性。

（四）正当防卫与我国犯罪构成理论的纠葛

除正当防卫的规范性内容外，还需要从宏观层面对其予以定位，而该问题恰好是我国四要件与三阶层争讼的爆发点之一。新《刑法》一经修订，就有学者提出"形似犯罪，实质无罪"[7] 的传统定位已无法突显正当防卫的正义性，[8] 并有学者认为这是引入大陆法系违法阻却事由概念的契机。[9] 对于我国犯罪构成体系的重构，不论是支持[10] 还是反对[11]，不论是主张颠覆

---

〔1〕 参见彭文华：《论正当防卫限度的重大损害标准》，载《汉江论坛》2015 年第 7 期，第 134~144 页。

〔2〕 参见赵金伟：《防卫行为相当性的重新解构》，载《甘肃政法学院学报》2018 年第 1 期，第 82~98 页。

〔3〕 参见张明楷：《防卫过当：判断标准与过当类型》，载《法学》2019 年第 1 期，第 3~21 页。

〔4〕 参见劳东燕：《防卫过当的认定与结果 无价值论的不足》，载《中外法学》2015 年第 5 期，第 1324~1348 页。

〔5〕 参见陈璇：《正当防卫、维稳优先与结果导向——以"于欢案故意伤害案"为契机展开的法理思考》，载《法律科学》2018 年第 3 期，第 77~92 页。

〔6〕 参见劳东燕：《正当防卫的异化与刑法系统的功能》，载《法学家》2018 年第 5 期，第 76~90 页。

〔7〕 参见法学教材编辑部、《刑法学》编写组：《刑法学》，法律出版社 1982 年版，第 162 页。

〔8〕 参见段立文：《对我国传统正当防卫观的反思——兼谈新刑法对正当防卫制度的修改完善》，载《法律科学》1998 年第 1 期，第 29~37 页。

〔9〕 参见鲁兰：《论新刑法中正当防卫的界限》，载《中外法学》1998 年第 6 期，第 123~125 页。

〔10〕 参见陈兴良：《四要件犯罪构成的结构性缺失及其颠覆——从正当行为切入的学术史考察》，载《现代法学》2009 年第 6 期，第 57~75 页。

〔11〕 参见刘艳红：《我国与大陆法系犯罪论体系之比较研究》，载《中外法学》2004 年第 5 期，第 533~555 页；黎宏：《我国犯罪构成体系不必重构》，载《法学研究》2006 年第 1 期，第 32~51 页。

性重构（移植）[1]还是结构性调整[2]，当前已就正当防卫是针对（客观）违法性的实质（价值）审查形成广泛共识。但随着责任要素在犯罪论体系内的流变，[3] 也产生了一些新的可能，例如将防卫过当按阻却责任事由处理的学说。[4]

　　总体而言，不论是否对我国犯罪构成体系进行重构，都有必要辨析阶层犯罪论体系既有成果，从而改变正当防卫孤岛式的研究状况。正当防卫的体系化研究具有两点优势：有助于学者就正当防卫的特殊命题展开对话，如行为、结果无价值[5]或假想防卫[6]；如果已经明确正当防卫所处犯罪论体系的位置，就需要令正当化原理与规范含义与之相契合。

三、基于时间线的正当防卫研究核心脉络

　　欲解决法教义学方法产生的分歧，有必要对权威性根据端本清源，因而关于法哲学、正当化根据的研究理应受到重视。上文对重要命题的梳理，旨在廓清我国正当防卫研究领域的知识结构，接下来需要加入时间维度，以历时性方法证成笔者提出的这一假设（正当化根据是否为该知识域的核心脉络）。将 80 × 80 的共词矩阵数值导入软件 CiteSpace 5.0，以 1 年作为时间切片，选取节点类型（Node Type）为关键词（Key Word），对题录数据中的 DE 字段进行可视化分析，利用寻径 Pathfinder 运算结合时间线绘制我国正当防卫研究的时间线视域图（图 2）。

─────────────

〔1〕 参见陈兴良：《违法性的中国语境》，载《清华法学》2015 年第 4 期，第 5~21 页；车浩：《体系化与功能主义：当代阶层犯罪理论的两个实践优势》，载《清华法学》2017 年第 5 期，第 40~67 页；周光权：《阶层犯罪论及其实践展开》，载《清华法学》2017 年第 5 期，第 84~104 页。

〔2〕 参见张明楷：《犯罪论体系的思考》，载《政法论坛》2003 年第 6 期，第 25~37 页；周光权：《违法新判断的独立性 兼及我国犯罪构成理论的改造》，载《中外法学》2007 年第 6 期，第 701~711 页；张明楷：《以违法与责任为支柱构建犯罪论体系》，载《现代法学》2009 年第 6 期，第 41~56 页；许发民：《二层次四要件犯罪构成——兼议正当化行为的体系地位》，载《法律科学》2007 年第 4 期，第 120~131 页；唐稷尧：《三阶层犯罪论体系与犯罪构成体系：实证考察下的廓清、反思与借鉴》，载《法律科学》2011 年第 6 期，第 68~81 页；彭文华：《犯罪构成论体系的逻辑构造》，载《法制与社会发展》2014 年第 4 期，第 121~143 页。

〔3〕 参见喻海松：《德国犯罪构造体系的百年演变与启示》，载《中外法学》2012 年第 3 期，第 626~640 页。

〔4〕 参见张小虎：《论期待可能性的阻却事由及其在我国刑法中的表现》，载《比较法研究》2014 年第 1 期，第 65~75 页。

〔5〕 参见陈璇：《结果无价值论与二元论之争的共识、误区与发展方向》，载《中外法学》2016 年第 3 期，第 766~800 页。

〔6〕 参见蔡桂生：《论故意在犯罪论体系中的双层定位——兼论消极的构成要件要素》，载《环球法律评论》2013 年第 6 期，第 66~82 页。

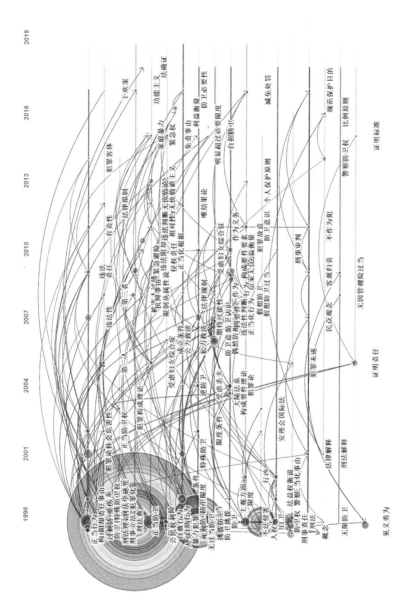

图 2　我国正当防卫研究时间视域图

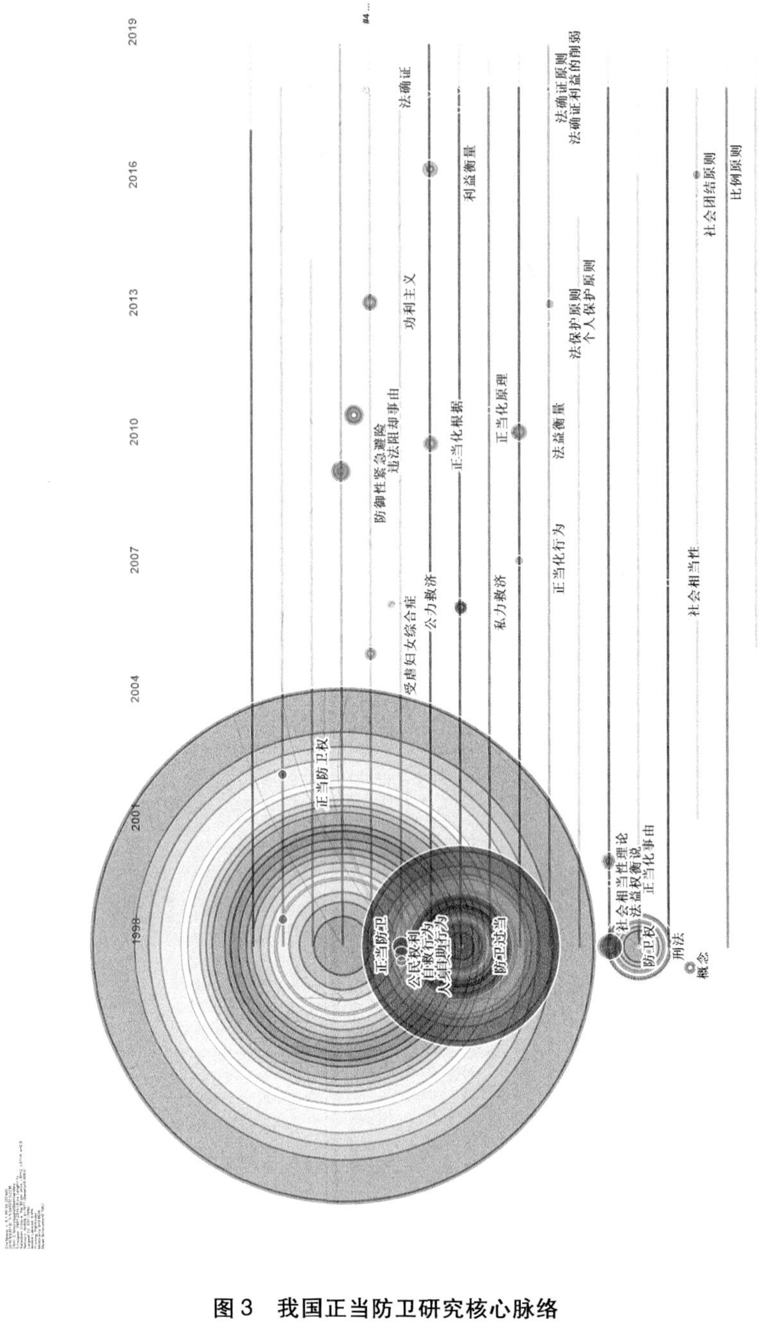

图 3 我国正当防卫研究核心脉络

为排除干扰，将与正当化根据无关的主题进行修剪得到图 3。[1] 可以看出，《刑法》修订后我国对正当防卫的研究大致形成了三个核心：在正当防卫研究的初期（防卫过当研究的中期），有关防卫的本质产生过学术争鸣（公民权利等），后期在该研究线路上依次形成了正当化根据、利益衡量、权利行使等主题；新近，由正当防卫研究的核心（最初期）引出了法确证原则、个人保全的相关内容；与正当防卫、防卫过当相对独立的另一条研究线路（防卫权）上形成了法益衡量说、正当化原理的内容，最后亦汇于利益衡量。综上所述，有关正当化根据的研究纵贯整个知识域，是我国学界孜孜以求的核心问题之一。

详言之，我国有学者就理论界与实务界关于正当防卫正当化根据的通说——法益衡量说——进行了批判，[2] 以功利主义方法论为根据的学说开始受到动摇。优越性利益说试图通过对个人利益进行加持或对不法侵害方利益进行削减以保证防卫人的绝对优势地位，其中前者以制度性利益（法确证原则）[3]、后者以被保护性的减少[4]为有力学说。关于法确证原则（德国二元论），批评观点认为：首先，法确证的利益是否存在不无疑问，恐怕是将事实经验层面的威吓效果理解成了规范层面的一般预防。[5] 其次，即使存在法确证利益，也仅为个人利益保护的附随效果。[6] 最后，二元论内部对于侵害方利益缩减的反对，纵然仍有少数学者坚持构建"有责不法侵害"说，[7] 但自

---

〔1〕 在时间视域图当中，关键词节点被置于横轴为时间的二维坐标中，根据首次被引用的时间，节点被设置在不同的时区中，年轮由内到外代表初次被引时间由早到晚。

〔2〕 参见劳东燕：《结果无价值论逻辑的实务透视：以防卫过当为视角的展开》，载《政治与法律》2015 年第 1 期，第 13~24 页；参见劳东燕：《防卫过当的认定与结果 无价值论的不足》，载《中外法学》2015 年第 5 期，第 1324~1348 页。

〔3〕 尽管该学者就法益与利益进行了区分，但二者背后的功利主义原理仍然相同。参见劳东燕：《法益衡量原理的教义学检讨》，载《中外法学》2016 年第 2 期，第 355~386 页。

〔4〕 参见陈璇：《侵害人视角下的正当防卫论》，载《法学研究》2015 年第 3 期，第 120~138 页。

〔5〕 参见邹兵建：《正当防卫中"明显超过必要限度"的法教义学研究》，载《法学》2018 年第 11 期，第 139~153 页。

〔6〕 参见张明楷：《正当防卫的原理及其运用——对二元论的批判性考察》，载《环球法律评论》2018 年第 2 期，第 51~76 页。

〔7〕 参见冯军：《防卫过当：性质、成立要件与考察方法》，载《社会科学文摘》2019 年第 3 期，第 22~36 页。

我答责的确难以与目前"不法侵害"的通说相符。[1] 本文认为，先不论实质性根据方面削减道德权利（Moral Discounts）的做法是否能被信服，[2] 但基于利益衡量方法的学说，总归会出现某一点，使侵害方与防卫方的利益权重不再清晰，从而产生与正当防卫制度设计初衷相悖的结论（例如损害无退避义务）。此外，裁判重心也会被引向利益结果论（Weighted-interest Consequentialism），关注点往往从侵害行为转变成防卫方造成的损害结果，[3] 导致唯结果论的判断标准。

除功利主义防卫根据外，我国学界新近还有几种具有较强影响力的学说。有学者结合《中华人民共和国宪法》第 33 条、第 51 条的规定阐释了侵害方法益在比例原则的范围内被悬置的理论。[4] 但笔者认为宪法只是规定了权利义务的来源，在法治国背景下，本应由国家法定机关执行的强制力，是出于什么理由允许防卫人行使恐怕仍需其他理论说明。况且，当宪法没有以实在法形式存在时，亦难以否认防卫权本身。有关防卫权启动的根据，国外传统学说将其归为"自然状态"。具体解释路径是，承认自然状态下的人[5] 在签订社会契约后，仍保留了在国家专有权无法保护自己免遭侵害时行使反抗的基本自由权。[6] 当不法侵害发生时，法治国状态中会存在一个暂时性的回归自然状态的间隙，[7] 即违法公民选择侵害他人权利时，会退回至战争状态，[8] 必须忍受他人的武力反击。[9] 但有学者指出，既然是战争状态，不

---

〔1〕 参见王钢：《正当防卫的正当性根据及其限度》，载《中外法学》2018 年第 6 期，第 1589 ~ 1613 页。

〔2〕 See Phillip Montague, *Punishment as Societal Self-Defense*, PA：Rowman and Littlefield, 1995, p. 45-46.

〔3〕 See Peter Vallentyne, "Enforcement Rights against Non-Culpable Non-Just Intrusion", *Ratio*, 24 (2011), 422, 438.

〔4〕 参见魏超：《法确证利益说之否定与法益悬置说之提倡——正当防卫正当化依据的重新划定》，载《比较法研究》2018 年第 3 期，第 187 ~ 200 页。

〔5〕 See J. Locke, *Second Treatise of Government：An Essay Concerning the True Original, Extent and End of Civil Government.* New York：John Wiley & Sons, 2014, pp. 2-3, 26-40.

〔6〕 See S. H. Kadish, "Respect for Life and Regard for Rights in the Criminal Law", *California Law Review*, 64 (1976), 871-901.

〔7〕 Vgl. NK Kindhäuster, 4. Aufl., 2013, § 32 Rn. 7 ff.

〔8〕 参见 [英] 洛克：《政府论》，刘晓根编译，北京出版社 2007 年版，第 66 页。

〔9〕 Vgl. Hobbes, Leviathan, 2007, S. 118 ff., 187 ff.

再具有限度要求是逻辑使然，并以"无知之幕"为根据提出了整体性二元论。[1] 对此笔者以为，"无知之幕"的设计理念在于用纯粹程序正义调和就实质正义所产生的分歧，[2] 既然决定正义原则的人无法掌握全部信息，那么相对"温和"决定才是理性的，其中恰好蕴含一种均衡各方利益的思想，与该论者支持的必需说（相对凌厉的正当防卫制度）并不符合。

综上，我国在深化正当防卫的正当化根据时需要注意以下几点：①仍应从个体的角度理解防卫权正当化根据（至少是以其为基础）。随着法治的完善，正当防卫的启动条件[3]就已经决定了保护个人权利才是整个制度的根本目的所在，当然这并不排斥其他附随效果（威慑理论）。②由于我国《刑法》第20条中出现的公共利益规定，需要探寻相关理论，以完成对个人保护原则的修正。社会团结理论是当前被推崇的学说，但应以自由主义还是共和主义视角对其进行诠释仍有待进一步探究。③还应当能够合理解决战争状态下无限度防卫问题，同时为不需要均衡性、无退避义务以及社会伦理限制提供相关依据。④能为我国防卫性质与防卫限度提供逻辑自洽的法规范解释，并防止引发背德性（与国民规范意识相抵的）结论。

四、结语

从我国正当防卫研究的重要命题与核心脉络可以看出，在经历了从最初的分散式研究到目前的系统化构建后，研究已经由对条款的单纯解读，转变为法教义学研究与规范性解释并行。目前我国学界的部分聚讼并不会在结论上产生质的差别（罪与非罪），大抵是受到研究者实质正义观的限制。直接就规范内含或内部逻辑争讼恐有孤芳自赏之嫌，因此有必要对所采法教义学方法的源头进行辨正。明确正当防卫正当化根据的意义即在于此，其作为一般化原理，能够为下位命题的证立或证伪提供权威性公理，[4] 为具体条款的解读提供一种周延且封闭的逻辑思维，以实现对防卫性质与防卫限度解释的内部贯通。

---

〔1〕 参见王钢：《正当防卫的正当性根据及其限度》，载《中外法学》2018年第6期，第1589~1613页。

〔2〕 参见［美］约翰·罗尔斯：《正义论》（修订版），何怀宏等译，中国社会科学出版社2009年版，第126~149页。虽然表述方式不同，但该核心理念实际与康德式哲学、社会契约论与分权思想等理论相似。

〔3〕 仅在公权力无法及时救济，且欲保护的法益不可（难以）事后恢复时允许行使该权利，即紧急权。

〔4〕 参见雷磊：《法教义学观念的源流》，载《法学评论》2019年第2期，第42~52页。

诉讼论丛

关于完善刑事法庭调查规则的若干思考

任　勇*

摘　要：刑事法庭调查负有查明事实、认定证据、保护诉权等重要功能，是刑事司法改革的重要内容。健全完善刑事法庭调查规则，应当充分考虑以审判为中心的刑事诉讼制度改革和认罪认罚从宽制度改革背景，将法庭调查作为一项整体制度来研究，从完善立法司法规范，优化繁简程序衔接，推进证人、侦查人员出庭作证，强化控辩对抗，深化量刑程序改革等方面，着力破解机制阻断，实现法庭调查程序的贯通性，更好发挥庭审在提升案件质效、保障公正司法中的重要作用。

关键词：法庭调查　以审判为中心　认罪认罚从宽　出庭作证　法庭辩论

刑事法庭调查是实现庭审实质化的决定性环节，也是强化人权司法保障的重要领域。2012 年以来，伴随着《中华人民共和国刑事诉讼法》（以下简称"刑诉法"）修改实施和全面深化司法体制改革，刑事法庭调查制度改革在取得突破性进展的同时，也存在亟待完善之处。本文

---

　　*　任勇，中国政法大学刑事司法学院 2017 级刑事诉讼法学专业博士研究生（100088）。

拟从讨论五个方面的关系入手，对当前刑事法庭调查制度中存在的问题进行梳理分析，并谈一些认识和思考。

一、统与分——推动法庭调查制度由分散走向一体化

经过近 20 年的四轮司法改革，我国刑事法庭调查制度体系日益完备，但由于缺乏统一的顶层设计，目前仍处于载体多元、程序分散、边界不清的状态，应作为未来改革的重点。

（一）统一法庭调查的规范

从大陆法系国家刑事诉讼法的立法模式上看，法庭调查程序附随在不同审判程序的章节之中，并不作为独立体系，我国刑诉法也是如此。近年来，围绕 2012 年刑诉法实施和以审判为中心的刑事诉讼制度改革，涉及刑事法庭调查程序的法律、司法解释和规范性文件频频出台，据粗略统计有十余部之多，这导致法庭调查制度政出多门、过度分散，且有的条文内容重复或似是而非，有的自说自话甚至相互冲突，既不利于改革推进，也不便于各司法机关贯彻实施。2018 年 1 月 1 日起，最高人民法院出台的《人民法院办理刑事案件庭前会议规程（试行）》（以下简称《庭前会议规程》）、《人民法院办理刑事案件排除非法证据规程（试行）》（以下简称《非法证据排除规程》）、《人民法院办理刑事案件第一审普通程序法庭调查规程（试行）》（以下简称《法庭调查规程》）即"三项规程"在全国法院试行。其中，《法庭调查规程》是目前唯一一部专门规范法庭调查程序的文件，被认为是"以审判为中心的刑事诉讼制度改革以及庭审实质化改革进程中的重要一步"，[1] 但其并未能根本改变法庭调查制度碎片化的格局。因此，制定统一的法庭调查规范非常必要。笔者认为，应在完善《法庭调查规程》基础上，将其整体纳入刑诉法司法解释，或推动由"两高三部"联合出台涵盖普通程序、简易程序、速裁程序等的统一法庭调查规程，为进一步实现庭审实质化提供更有力的程序保障。

（二）明确法庭调查的内容

一般认为，法庭调查仅限于对案件事实和证据的审查，且必须在法庭调查阶段中完成。这是由我国传统上诉讼程序过于单一而决定的。但随着刑事诉讼程序的丰富，将法庭调查局限于在特定阶段对案件事实和证据的审查已

---

〔1〕 李敏：《"三项规程"背景下的庭审实质化——"庭审实质化模拟审判暨高峰论坛"综述》，载《人民法院报》2018 年 5 月 16 日，第 6 版。

经明显狭窄。例如，对认罪认罚的自愿性、认罪认罚具结书内容的真实性合法性的审查，对量刑建议的审查，在庭审过程中的证据收集合法性审查，都涉及对事实和证据的审查，因此都具有法庭调查的性质，但又未完全纳入法庭调查阶段之中，导致庭审过程被多个审查、调查环节所切割，这与确保庭审连续性的改革初衷是不相符的。笔者认为，应充分考虑 20 年来我国刑事诉讼的发展，对法庭调查内容及相关司法审查的性质做广义理解，将性质相近的审查程序统一纳入法庭调查阶段之中，实现犯罪事实与证据的一体化审查，避免相同事实、证据在不同审查环节被重复提及。关于该问题在后文中还将作进一步阐释。同时，由于我国区域差异的复杂性，"一刀切"的制度往往容易在实施中变形走样。因此，在做好"统"的同时，也应适当的"分"，允许各省（区、市）司法机关在确有必要的情况下，共同制定符合本辖区实际的实施细则，报最高司法机关批准后实行。

（三）厘清法庭调查的边界

法庭调查边界不明晰的问题，主要体现在庭前会议与法庭调查的制度衔接上。一方面，在庭前会议中组织展示证据、整理事实和证据争点、开展证据收集的合法性调查等事项，如果不严格加以限定，极易演变为举证质证，导致法庭调查的分裂甚至被架空。另一方面，按照《庭前会议规程》规定，庭前会议只能由承办法官、其他合议庭成员主持，或根据案件情况由承办法官指导法官助理主持，这与国外多由预审法官主持的模式相比，存在"未审先定"的潜在风险。特别是其第 22 条规定，人民法院在庭前会议中听取控辩双方对案件事实证据的意见后，对于明显事实不清、证据不足的案件，可以建议人民检察院补充材料或者撤回起诉。什么属于"明显事实不清、证据不足"弹性空间较大，如再由法官助理主持认定，恐有违司法责任制的精神。笔者认为，按照庭审实质化要求，对案件事实和证据的调查只能统一于法庭上进行。庭前会议的主要功能是解决可能导致庭审中断的程序性申请和异议，因此应采取最大限缩原则，凡与程序性无关或关系不大，以及现有规定未明确的事项，一律不应在庭前会议中进行；对证据的展示、双方争议焦点的归纳应仅限于对证据资格的审查，而不能涉及证据的证明力，防止使法庭调查延伸至庭前会议中。值得注意的是，对于庭前会议中证据合法性的审查，最高人民法院《非法证据排除规程》和最高人民检察院《人民检察院公诉人出庭举证质证工作指引》（以下简称《举证质检指引》）规定并不完全一致，两者均规定检察机关可以"通过出示有关证据材料等方式，有针对性地对证据收集的合法性作出说明"，但是前者多出一项规定，即"人民法院可以对有关材料进行核实，经控辩双方申请，可以有针对性地播放讯问录音录像"，这是一个重要突破。笔者认为，从有利于发挥庭前会议功能、尽早排除非法证据的立场出发，这一规定无疑是具有积极意义的。但是播放之后，是否可围绕录音录像作进一步说明甚至进行质证和辩论，应持保守态度为宜。

二、繁与简——实现以审判为中心与认罪认罚从宽改革背景下的法庭调查重塑

党的十八届四中全会提出刑事司法领域两项重大改革任务，即"推进以审判为中心的诉讼制度改革"和"完善刑事诉讼中认罪认罚从宽制度"，形成了相对独立又互有交叉的制度体系。2018 年刑诉法修改正式确立了认罪认罚从宽制度，但是相关配套制度还在继续探索完善之中。概言之，就诉讼过程来讲，以审判为中心的诉讼制度改革走向"繁"，认罪认罚从宽制度改革走向"简"。因此，有观点认为两项改革朝着相反的价值取向前行，相互抵消了改革成果。笔者认为，繁与简只是两项改革推行过程中带来的程序意义上结果，而并非两项改革所追求的核心价值，因此不能将两项改革放在繁与简的维度上去比较。但是在两项改革推进过程中，法庭调查程序的繁简关系没有得到足够重视，在普通程序、简易程序和速裁程序中不同的功能定位有待明确。因此，应对法庭调查规则进行重塑，使其成为一条鲜明主线贯穿于两项改革之中。

（一）明确以审判为中心与认罪认罚从宽关系的实质

这两项改革是当前完善我国刑事诉讼体系的重中之重，明确二者之间的关系，有助于树立正确的改革理念，为具体制度设计提供正确价值引领。从概念上讲，以审判为中心属于刑事司法理念的范畴，而认罪认罚从宽属于刑事政策的范畴。从以审判为中心的改革来看，党的十八届四中全会对推进以审判为中心诉讼制度改革的定位可以概括为"全面贯彻证据裁判原则，确保侦查、审查起诉的案件事实证据经得起法律的检验，保证庭审在查明事实、认定证据、保护诉权、公正裁判中发挥决定性作用"。其目的是促使办案人员树立办案必须经得起法律检验的理念，确保侦查、审查起诉的案件事实证据经得起法律检验，通过法庭审判的程序公正实现案件裁判的实体公正，有效防范冤假错案产生。由此可以得出两个结论：第一，以审判为中心并非刻意就"繁"，其价值要求是在诉讼全过程实行以司法审判标准为中心，即"从刑事诉讼的源头开始，就应当统一按照能经得起控辩双方质证辩论、经得起审判特别是庭审标准的检验"。[1] 第二，以审判为中心并非不得从"简"，相反将"简"作为制度的一部分。《关于推进以审判为中心的刑事诉讼制度改革的意见》第 21 条规定，推进案件繁简分流，优化司法资源配置，完善刑事案件速裁程序和认罪认罚从宽制度。这就说明，两项改革在制度层面是包含与被包含的关系。从认罪认罚从宽改革来看，其目的是进一步落实宽严相济的刑事政策，完善刑事诉讼程序，合理配置司法资源，确保无罪的人不受刑事追究，有罪的人受到公正惩罚。由此也可以得出两个结论：第一，认罪认罚从宽是宽严相济刑事政策的重要体现，更偏向于政策而非理念。第二，认罪认罚从宽倡导"简"，但主旨在于合理配置司法资源、实现质量与效率的统一，而非削弱庭审实质化。"程序从简"的正当性基础在于有罪供述降低了案件证明难度，通过相对简化的程序即可达到法定证明标准。[2] 但不能以"程序从简"推导出简易程序、速裁程序是"去以审判为中心"的结论。充分的法庭调查固然是庭审实质化的重要标志，但以审判为中心更为强调发挥法庭在定罪量刑上的决定性作用，而不能因简易程序、速裁程序造成对审判权的削弱甚至分割。综上所述，研究以审判为中心与认罪认罚从宽二者之间的关系，必须要回答：如何在认罪认罚实体从宽、程序从简情况下仍然能够确保以审判为中心，仍然能够保证"案件事实清楚、证据确实充分"的证明标准不降低，仍然能够保证庭审在查明事实、认定证据、保护诉权、公正裁判中发挥决定性作用。

（二）明确简易程序法庭调查的简化程度

以《法庭调查规程》出台为标志，一审普通程序的法庭调查已经迈入体系化轨道，于是重塑法庭调查程序重在简易程序。有观点认为，简化的法庭调查造成"控辩对抗降低，弱化了庭审认定事实、采纳证据等方面的功能，降低了发现错案的可能性"。"认罪认罚案件中，法官往往通过庭前阅卷，对案件事实事先形成内心确信，使得庭审功能进一步虚化。"[3] 这种担忧不无道理。2012 年至 2018 年，一审刑事案件普通程序适用率由 54% 下降到 45%，而简易程序适用率则由 46% 上升至 55%。刑诉法仅规定适用简易程序审理案

---

〔1〕　沈德咏：《论以审判为中心的诉讼制度改革》，载《中国法学》2015 年第 3 期，第 7 页。

〔2〕　卞建林、谢澍：《职权主义诉讼模式中的认罪认罚从宽——以中德刑事司法理论与实践为线索》，载《比较法研究》2018 年第 3 期，第 128 页。

〔3〕　李国宝：《认罪认罚自愿性保障制度研究——以聂树斌案等 5 个冤错案件为视角》，载《中国检察官》2017 年第 22 期，第 8 页。

件，不受普通程序关于法庭调查、法庭辩论等程序的限制。刑诉法司法解释第 295 条进一步细化了庭审简化的内容。但是，与日益攀升的简易程序案件数量相比，目前的规定已显得过于简陋。例如，对于简易程序证人出庭作证的，询问规则是否可以简化、简化到什么程度？对于需要进行调查核实的证据，举证质证是否可以简化、简化到什么程度？对于控辩双方对定罪量刑有关事实、证据没有异议的，法庭审理可以直接围绕罪名确定和量刑问题进行，那么是否可以在简易程序庭审调查中引入量刑调查，等等，都需要进一步精细化。其中，对于庭审调查与量刑调查关系问题，为照顾本文逻辑结构，笔者将在第四部分中作专门论述。

（三）明确速裁程序中司法审查的性质

按照 2018 年修改的刑诉法，适用速裁程序审理的认罪认罚案件不进行法庭调查，但是需对认罪认罚的自愿性、认罪认罚具结书内容的真实性合法性和量刑建议进行审查。从目前程序上讲，这不属于法庭调查，仅作为开庭程序中的一项，审查结果将决定启动何种审判程序，当然被告人亦有选择权。但是，认罪认罚自愿性审查正处于改革探索阶段，其性质仍待明确。有试点法院认为，目前以被告人"无异议"作为检验自愿性的标准过低，难以达到"确实充分"的要求，主张针对重罪、轻罪、微罪案件构建多层次审查机制，既审查明知性、自愿性，又审查事实基础。[1] 同时，2018 年修改的刑诉法规定，人民法院经审理认为量刑建议明显不当的，应当依法作出判决。那么如何认定量刑不当，也需通过实质性审查才能实现。"基于大陆法系国家实质真实的传统和要求，对被告人认罪的案件还是需要对指控事实进行必要的审查并由控方进行简化证明。"[2] 如改革朝此方向发展，那么认罪认罚的自愿性、认罪认罚具结书内容的真实性合法性和量刑建议都不可避免涉及事实和证据审查。正如前文所述，为顺应改革趋势，同时也为避免庭审过程被过多分支程序所切分，应将上述司法审查纳入法庭调查，统一解决事实和证据问题。例如在法庭调查中设置认罪认罚答辩环节，由法庭主导认罪答辩过程，包括告知被告人享有的各种诉讼权利，确认被告人的认罪是否系自愿，确认被告

---

〔1〕 卢君、谭中平：《论审判环节被告人认罪认罚"自愿性"审查机制的构建》，载《法律适用》2017 年第 5 期，第 104 页。

〔2〕 闵春雷：《认罪认罚从宽制度中的程序简化》，载《苏州大学学报（哲学社会科学版）》2017 年第 2 期，第 56 页。

人对审理程序和量刑建议是否清楚和明知，确认和审查证明犯罪事实的主要证据，听取和审查有关社会调查报告和被告人的量刑证据，听取公诉人、辩护律师、被告人和被害人的主张和意见等，以保证速裁程序符合正当程序的最低限度要求。[1]

（四）明确不同程序间的转换机制

根据 2018 年修改的刑诉法，目前已经形成普通程序、简易程序、速裁程序并立的格局，三种程序中的法庭调查程序要求各不相同、各有侧重，如果没有一套科学的转换机制，则极易造成庭审阻断。目前，我国刑事诉讼程序转换具有不可逆性，即从法定审判程序上讲只能由简向繁，而不能由繁向简。但是在刑诉法修改和诉讼制度改革之后，需要重新理顺其转换衔接机制。刑事诉讼法提供三种诉讼程序以实现"繁简分流"目标，却只有两个由简入繁的单向转化通道，包括由简易程序转为普通程序和由速裁程度转为普通程序。三程序之间的繁简更多体现在证明标准、程序简化上，繁简之间的转化通道没有层级梯度变化，简易程序在其中地位尴尬。基于对提高刑事审判质效这一目标追求，在不违背刑事诉讼程序转换不可逆性的前提下，是否可以考虑增加速裁程序转为简易程序的转化通道。从司法实践看，一些当事人在明确认罪认罚中诉讼权利内容和案件证据后，出于对检察机关量刑建议的不满，提出"认事实不认罪""认罪不认罚"，当地法院均将此类案件转为普通程序。笔者认为，对此类情况，即被告人在速裁程序中认罪但是对认罚反悔的，因被告人对犯罪事实并无异议，可先转为简易程序审理，如一概转为普通程序，就要面临重新安排庭审，适用普通程序公告时间，依法组织三人合议庭，并且还在法庭调查阶段对双方无争议的事实重新出示证据进行调查核实等问题，在被告人已经对犯罪事实无异议的情况下，这无疑是对审判资源的浪费，极易削弱轻罪速裁的改革效果。

三、查与证——突破长期制约庭审实质化的重要症结

法庭调查的过程是一个既需要"查"、又需要"证"的过程，通过讯问发问、出庭作证、举证质证等程序，实现查与证的交互作用，最终使法官形成内心确信。在查与证方面，发问程序过于简化和证人、侦查人员出庭作证率低这两个相互独立又彼此关联的问题，在理论与实务领域都未得到很好解

---

〔1〕 李本森：《我国刑事案件速裁程序研究——与美、德刑事案件快速审理程序之比较》，载《环球法律评论》2015 年第 2 期，第 123 页。

决，成为长期以来制约庭审实质化的瓶颈问题。虽然《法庭调查规程》在破解上述两个问题方面作出积极努力，但若想从根本上加以解决，关键要从法庭内外两个方面入手，继续推出相配套的举措。

（一）以完善询问规则为着力点，进一步强化"查"的功能

法庭询问是考验庭审实质化程度的重要标尺。如果说物证、书证、视听资料等证据可以通过庭前会议等方式使控辩审三方做到心中有数的话，那么对证人、侦查人员等当庭询问则处于难以预知、不可掌控状态。因此，建立科学的询问规则，是完善法庭调查制度的重中之重。《法庭调查规程》在发问顺序、控辩双方对证人的多轮发问、被告人向证人发问、证人法庭对质等规则方面作出较大幅度创新，但仍然没有触及交叉询问制度，并继续重申不得采用诱导方式发问、不得误导证人等原则。交叉询问是否有助于解决我国庭审虚化问题，一直颇具争议。有学者认为，我国的询问规则不加区别地一律禁止诱导式发问，违背了质证的发问原理，埋没了交叉询问制度的精髓，使质证难以有效发挥其发现、揭露虚假不实作证的特殊作用。[1] 但亦有学者认为，交叉询问无力解决诉讼权力构造问题，也不可能在根本上促成中国庭审的实质化。与其花时间引入华而不实且与现有制度格格不入的交叉询问制度，不如正视时下的诉讼权力结构问题，彻底改变侦、控、辩、审各方在刑事诉讼中的不合理定位及权力设定。这才是解决庭审虚化、促进审判中心的根本之道。[2] 不难发现，这两种观点看似冲突，实则处于不同维度，一方主张程序优化，一方倡导体制变革，不仅不是非此即彼的关系，而且无论哪一观点得以实现，都将为对方的实现创造有利条件。建立更有利于发现真相、揭露假象的发问制度无疑是未来的方向，但引入英美法意义上的交叉询问制度不具备现实基础，也并非实现庭审实质化的万能钥匙。笔者认为，由于"三项规程"试行时间尚短，新询问规则的实际效果还有待检验。同时，还应从三个方面促进询问规则完善：一是解决"问"的技术飞跃。充分运用好《法庭调查规程》关于多轮发问等制度创新点，使控辩审各方的询问技术更加完备，强化发问的精准度，减少低级问题，为下一步改革积累经验。二是解决证人、

---

〔1〕 顾永忠：《庭审实质化与交叉询问制度——以〈人民法院办理刑事案件第一审普通程序法庭调查规程（试行）〉为视角》，载《法律适用》2018年第1期，第17页。

〔2〕 施鹏鹏：《庭审实质化改革的核心争议及后续完善——以"三项规程"及其适用报告为主要分析对象》，载《法律适用》2018年第1期，第24页。

侦查人员等出庭作证率低的问题。试想即便我们现在建立了交叉询问制度，却依然面临无人可问的困局，这也正是前文提到的两个问题极具关联性的体现。三是发挥制度杠杆作用。通过严格落实非法证据排除，严格遵循认证规则，敢于向说不清、道不明、查不实的证言说"不"，以此倒逼发问规则的完善。

（二）以完善出庭作证制度为突破口，进一步强化"证"的功能

证人、侦查人员出庭作证率低的问题一直被视为影响庭审实质化进程的重要障碍。在推行以审判为中心的刑事诉讼改革过程中，最高人民法院、最高人民检察院一直将提高证人、侦查人员出庭作证率作为重要目标，成效也十分显著。据媒体报道，一些法院证人、侦查人员等出庭率大幅上升，释放了改革的示范效应。如 2017 年北京市一中院在审理 158 件包括故意杀人、伤害致死及重大毒品类一审刑事案件中，警察证人、鉴定人出庭作证次数占全部证人、鉴定人的 62.9%，警察出庭已成为刑事审判工作的常态。上海全市法院审理的刑事案件证人、侦查人员等出庭作证人数同比上升 253.3%。但仍有不少省份的城市，全年也没有一两件侦查人员出庭的案件。笔者认为，在继续完善证人、侦查人员人身保护、经费保障、强制到庭等制度的同时，应积极从法庭内外寻求标本兼治的举措。一是建立无正当理由拒不出庭证人名单制度。近年来，最高人民法院、国家税务总局、国家市场监督管理总局等相继建立失信被执行人、税收违法企业、严重违法失信企业"黑名单"制度，联合多个单位构建信用惩戒网络，对相关人员的高消费、出行、任职等进行限制，形成有效震慑。作证是公民应尽的义务，无正当理由拒不出庭，是损害国家法治和社会诚信的行为。应仿效前述做法，将此类人员纳入专门名单，向社会公布并对其权利进行合理限缩，既督促其自觉履行作证义务，又能够对其他公民以教育和警示。二是建立侦查人员出庭作证容错机制。侦查人员无论作为普通证人出庭，还是作为证明取证合法性的证人出庭，如果作证中有什么失误，都有可能受到公安机关办案责任制、执法过错责任追究制等追责，这对那些仅作为目击者出庭或取证本身没有问题、但是因在法庭应对不善导致证据未被采信的警察来讲，可能存在问责过重的情形。2012 年刑诉法修改之后，针对侦查人员出庭作证的新规，公安系统开展了大规模的培训，但是客观上讲整体水平提升不是短期内就能实现的。我们既然要鼓励警察出庭，就应当实事求是、提供宽松的环境，正确区分违法取证与因作证能力不足导致证据未被采信的情形，对后者要建立容错机制，不应一律追究执法过

错责任。三是发挥司法公开的监督倒逼机制。对侦查人员无正当理由拒不到庭的，应在裁判文书中予以记载，纳入司法公开范围，由此造成冤假错案的应依法追责。四是推动将证人、侦查人员出庭作证纳入法治政府、法治社会建设。如 2015 年温州市委将以审判为中心和证人出庭改革纳入市委的《关于全面深化法治温州建设的意见》，将侦查人员出庭作证情况纳入法治政府考核项目，对无正当理由拒不到庭作证的侦查人员及其所在部门进行考核监督。正是因为发挥党委领导的政治和体制优势，才使得温州成为全国推进以审判为中心改革的先行者，这些经验极具复制推广价值。

四、控与辩——将辩论重心从法庭辩论引向法庭调查

法庭调查与法庭辩论截然分开，是大陆法系职权主义法庭调查模式的重要特点之一。我国刑事案件普通程序庭审一直将法庭调查、法庭辩论作为前后两个独立的阶段，然而有时过于强调区分法庭调查和法庭辩论的阶段性，使庭审的辩论在两个阶段都难以充分开展，特别是对调查询问和证据质证方面的辩论重视不够，不利于庭审实质化。笔者认为，应当通过以下三个递进步骤，对法庭调查与法庭辩论进行重新定位。

（一）取消独立的"法庭辩论"阶段

我国刑诉法并未明确划分法庭调查与法庭辩论阶段，作出这一划分的是刑诉法司法解释。1998 年刑诉法司法解释第 160 条、第 167 条即体现了明显的划分阶段特征。2012 年刑诉法司法解释则明确规定了宣布开庭、法庭调查、法庭辩论、最后陈述、评议案件、宣告判决等庭审阶段。法庭调查是一个上位概念，本不应与法庭辩论相并列。2012 年刑诉法第 213 条规定，"适用简易程序审理案件，不受本章第一节关于送达期限、讯问被告人、询问证人、鉴定人、出示证据、法庭辩论程序规定的限制。"该条将法庭辩论与讯问被告人、询问证人、鉴定人、出示证据相并列，而非与"法庭调查"相提并论。据此理解，将法庭辩论视为与其他几项共属法庭调查范畴，似乎更符合立法原意。实质上，2012 年刑诉法第 193 条扩大了辩论的范围，明确在法庭审理过程中均可以进行辩论。刑诉法司法解释第 218 条更加明确规定，"举证方当庭出示证据后，由对方进行辨认并发表意见。控辩双方可以相互质问、辩论。"这就容易造成概念混淆："法庭辩论"究竟是一种诉讼行为还是一个诉讼阶段？在"法庭辩论"阶段之外又被允许进行"辩论"，从立法语言上来讲缺乏严谨性。因此，如继续固守法庭调查与法庭辩论的阶段化，不仅造成概念上的冲突，也不符合当前实际做法。笔者认为，要处理好控与辩的关系，

首先应突破阶段上的限制，不再设独立的"法庭辩论"阶段，将法庭辩论行为贯穿于整个法庭调查过程中，这实质上更有利于保障公诉权和辩护权的有效行使。

（二）将法庭辩论分为"质证辩论"和"综合辩论"两种类型

取消法庭辩论阶段之后，需对不同环节的辩论行为进行重新定位。如前所述，之所以建议取消法庭辩论阶段，不仅因其造成概念混淆，更为严重的是限制了质证环节的辩论。从控方来讲，有的公诉人员认为"辩论仅存在于法庭辩论环节，进而表现为在法庭调查环节，无论辩方的质证力度强弱与否，都不理不睬或处理不充分"[1]。《举证质证指引》仍对质证阶段的辩论持克制态度，要求公诉人区分质证与辩论之间的界限，在质证阶段重点针对证据本身的真实性、关联性、合法性进行辩驳。从辩方来讲，律师往往在开庭前就已经形成了完整的辩护词，在法庭调查阶段只做表面化的询问和质证，把主要精力放在法庭辩论阶段宣读事先准备好的辩护词。[2] 如此一来，控与辩正面交锋不够甚至各说各话，对抗性大大减弱，难以实现"案件事实查明在法庭"。因此，要确保"庭审以证据为中心"，必须充分保障质证辩论，让"唇枪舌剑"成为法庭常态，故有必要将辩论分为"质证辩论"和"综合辩论"两种类型，在功能上相互补充，共同完成法庭辩论使命。

（三）将法庭辩论的重心由"综合辩论"引向"质证辩论"

如前所述，之所以建议明确区分质证辩论和综合辩论，是因为目前法庭辩论阶段作为辩论重心和兜底程序，吸纳了很多本应在质证辩论中解决的问题，导致质证过程虚化。因此，必须坚持实事求是、依证设辩的原则，实现辩论重心前移，该通过质证辩论解决的问题要解决彻底，不要刻意保留到综合辩论进行。具体来讲，关于质证辩论，重在围绕证据本身的真实性、关联性、合法性，针对证据能力有无以及证明力大小进行，遵循一证一质一辩原则，在每一个证据出示之后都应进行充分辩论。对此，《法庭调查规程》规定可以进行多轮质证，《举证质证指引》规定公诉人可以根据需要将举证质证、讯问询问结合起来，在质证阶段对辩护方观点予以适当辩驳，都体现了强化质证辩论的意图。同时，对那些案情复杂，被告人与犯罪事实较多，证据种

---

〔1〕　王怡：《法庭调查也要开展相应辩论》，载《检察日报》2016年6月29日，第3版。

〔2〕　田文昌、陈瑞华：《刑事辩护的中国经验——田文昌、陈瑞华对话录》（增订本），北京大学出版社2013年版，第217页。

类、数量、形式繁多的案件，可以允许对部分关联性强的证据进行小型的综合辩论。关于综合辩论，重在解决法律适用问题，通过总结陈词发表对全案的辩护意见，并就全案事实、证据、适用法律等问题进行法庭辩论。值得强调的是，法官应注重发挥引导作用，在主持庭审过程中，应树立"鼓励质证辩论吸纳综合辩论、弱化综合辩论吸纳质证辩论"的导向，正确甄别"发问方式不当"和"内容与本案无关"的情形，不宜一味作扩大化的认定，以充分保障控辩对抗，保护辩论的积极性。

五、罪与刑——进一步规范庭审量刑程序规则

我国沿袭大陆法系国家定罪与量刑合一的模式，在法庭调查中不区分定罪调查与量刑调查，而是一并进行。长期司法实践中反映出，该模式极易忽视对量刑证据的质证，导致"重定罪、轻量刑"，难以保证量刑的准确性。特别是在辩护人欲作无罪辩护的情况下，因顾忌法庭可能依然作出有罪判决，而不得不同时提出量刑意见，形成自相矛盾的局面。因此，十多年前理论界与实务界即对建立相对独立的量刑程序进行了深入探讨，由此推动了量刑独立化改革的进程，但目前仍未定型。

（一）进一步推动定罪调查与量刑调查相对分离

目前，我国定罪量刑程序的基本格局是有限的相对分离，即在法庭调查阶段，仍不作定罪调查与量刑调查的明确区分，同时以被告人认罪或不认罪为分水岭，对被告人不认罪或认罪后又反悔的案件，法庭对与定罪和量刑有关的事实、证据进行全面调查；对被告人当庭认罪的案件，重点围绕量刑事实和其他有争议的问题进行调查。从 2010 年《关于规范量刑程序若干问题的意见（试行）》到 2017 年《法庭调查规程》的出台，量刑调查越来越独立于定罪调查，这一改革导向是清晰的。但笔者认为，未来改革仍难以照搬英美法定罪与量刑彻底分离的模式。一是由于该模式亦存在自身缺陷，除因定罪调查之后再要经历一轮量刑调查、造成诉讼过程拖延和诉讼成本增加外，当前我国证人、侦查人员等出庭率低是重要制约因素，即便彻底分离恐怕也难以实现预想的效果。二是犯罪调查与量刑调查是否可以彻底分离，不仅取决于一国的刑诉法，还取决于其刑法关于犯罪构成和刑罚运用的规定。根据我国刑法，多数情况下案件事实既包括定罪事实也包括量刑事实，硬性分离调查，显然不利于完整还原案情。笔者认为，继续完善定罪调查与量刑调查相对分离模式是符合实际的，但是对于无罪辩护和重罪改轻罪辩护的案件，应最大限度确保定罪调查与量刑调查分开进行。只有罪与非罪、此罪与彼罪明确之后，量刑才具有正当性基础。

（二）充分保障"参加量刑事实、证据调查不影响无罪辩护"

为在现有制度下解决无罪辩护与量刑辩护相矛盾的问题，《法庭调查规程》作出重要突破，即规定，被告人当庭不认罪或者辩护人作无罪辩护的，法庭对定罪事实进行调查后，可以对与量刑有关的事实、证据进行调查。被告人及其辩护人可以当庭发表质证意见，出示证明被告人罪轻或者无罪的证据。必要时审判长可以告知被告人及其辩护人，参加量刑事实、证据的调查，不影响无罪辩护。但笔者在调查中了解到，不少律师认为在实践中的落实效果有待进一步检验，多数刑事案件庭审时间短暂，既要解决定罪问题又要解决量刑问题，颇感仓促，同时也极易削弱无罪推定的效力。笔者认为，虽然这一规定对于完善量刑规则具有重要意义，但若想达到预期效果，还需健全保障机制。首先，程序上要更加明确，应当改"必要时告知"为全面告知。何种情形属于"必要时"，缺乏实践标准，故建议对于欲作无罪辩护的案件，审判长应一律履行告知义务。这种告知的意义，不仅在于向被告人、辩护人申明法庭的态度，减轻其心理负担，还在于向公诉人特别是其他诉讼参与人、旁听人员进行宣示，使他们理解既作无罪辩护又参与量刑调查于规有据，促进形成良好的庭审氛围。其次，法官应克服"假设有罪"对裁判的影响。定罪调查与量刑调查不作绝对分离的最大负面效果，在于被告人、辩护人一旦参与量刑调查即意味着接受有罪的"假设"，必然对法官形成内心确信造成极大影响。这就要求法官增强坚持无罪推定、疑罪从无理念的定力，提升证据审查能力，避免主观性对证明标准形成冲击，确保公正裁判。

（三）强化证据裁判原则在量刑中的落实

对量刑证据特别是与定罪无关的量刑证据调查不足，是长期以来影响量刑科学化的重要因素。为此，《法庭调查规程》第42条对酌定量刑情节的审查作出规定，《举证质证指引》第20条也规定举证顺序一般应先出示定罪证据、后出示量刑证据，从而更有利于确保各类量刑证据得到充分调查。可以预见，随着多层次刑事诉讼程序体系的构建和定罪调查的日益完善，未来庭审制度改革的重心将向量刑精准化与个别化转移。笔者认为，应从以下方面强化对量刑证据的调查：一是建立独立的量刑证据体系。在借鉴英美量刑前报告和我国少年审判中社会调查报告等做法，建立统一模板，明确将被告人品行情况、受教育情况、家庭状况、赔偿情况、退赃情况、与被害人达成谅解情况、当地社区纠正的情况、被害人受害情况等作为必选项，便于程序统一。二是建立司法机关共享的特殊群体信息大数据库。犯罪嫌疑人一旦被提起公诉，司法机关即可通过数据库自动生成其个人信息清单，律师可依申请获取，法庭也可以当庭提取打印，提升量刑证据收集的智能化水平。三是深化量刑调查公开。裁判文书和量刑建议都应当加大对量刑证据调查过程的阐述和说理性。对公诉人在起诉书中提出量刑建议的，应在裁判文书中全文引用；对单独提出量刑建议的，应随裁判文书一并在中国裁判文书网公开，以接受社会监督确保量刑公正。

结 语

本文讨论的问题分布在法庭调查程序各个层面，既有立法层面，也有司法改革、司法实践层面；既有理念、原则等问题，也有制度、措施等问题，并通过五组关系统一在完善法庭调查制度的宏观视野之下。概括起来讲，在统与分的关系上，应解决当前"分"有余而"统"不足的问题，主张形成系统的法庭调查制度体系；在繁与简的关系上，强调程序上的繁简不代表理念上的差异，无论普通程序、简易程序还是速裁程序，都不能动摇以审判为中心和庭审的决定作用；在查与证的关系上，提出为防止法庭调查程序空转，必须进一步解决影响调查与质证的瓶颈问题；在控与辩的关系上，认为应当重新审视法庭辩论的地位，引导控辩对抗前移至质证环节，确保举证质证成为实现庭审实质化的重心；在罪与刑的关系上，讨论了犯罪调查与量刑调查相对分离的改革成效，对进一步完善独立量刑程序提出初步设想。以期在新一轮立法修改和司法改革推进之际，通过此文推动法庭调查程序重塑，更好促进人权司法保障。

职务犯罪案件退回补充调查制度研究

——以程序倒流为视角

郑礼周[*]

摘　要:《中华人民共和国刑事诉讼法》新增了退回补充调查制度以完善检察机关与监察机关的衔接机制,但过于原则粗疏。与退回补充侦查制度相似的是,退回补充调查制度也是检察机关在审查起诉阶段将不合格案件退回原办案机关继续查清事实、完善取证的制度,是检察机关行使控诉职能和法律监督职能的重要体现。然由于监察程序和刑事诉讼程序的二元并立,两项制度本同而末离:检察机关将案件退回补充侦查是有限的程序倒流,侦查机关仅能在有限的法定情形撤销案件;退回补充调查属于刑事诉讼程序,是不完全的程序倒流,监察机关无权撤销案件,只能将案件处理意见随案移送检察机关。退回补充调查的案件范围也应当包括案件事实不清、证据不足的,遗漏罪行或者同案犯的以及排除非法证据后需要重新收集的三大类;对被追诉人采取的刑事强制措施不宜转变为留置措施;不宜剥夺或者限制被追诉人获得律师帮助的权利。

关键词:程序倒流　退回补充调查　退回补充侦查

* 郑礼周,中国政法大学刑事司法学院诉讼法学专业 2017 级硕士研究生(100088)。

一、背景与问题

2018 年 10 月 26 日，第十三届全国人民代表大会常务委员会第六次会议通过了《关于修改〈中华人民共和国刑事诉讼法〉的决定》。其中，本次刑事诉讼法修改的一项重要内容，便是对其与监察法不一致的内容进行修改，进一步完善监察机关与刑事司法机关的工作衔接机制。

监察机关与检察机关的衔接，主要表现在案件交接、补充调查以及审查起诉问题三个方面。[1]《中华人民共和国刑事诉讼法》（以下简称《刑事诉讼法》）第 170 条规定："人民检察院对于监察机关移送起诉的案件，依照本法和监察法的有关规定进行审查。人民检察院经审查，认为需要补充核实的，应当退回监察机关补充调查，必要时可以自行补充侦查。"从内容上看，退回补充调查与退回补充侦查[2]相类似，都是检察机关在审查起诉阶段，基于法定事由将不符合起诉条件的案件退回办案机关，由其进一步查清事实、完善取证，再将补充侦（调）查结果随案移送检察机关，形式上都会形成"程序倒流"。

然退回补充调查的现有规定过于原则，且也无法直接适用《刑事诉讼法》关于退回补充侦查制度的相关规定，退回补充调查程序的构建需要明确检察机关在审查起诉阶段启动程序倒流的内在逻辑。同时，作为连接监察调查程序与刑事诉讼程序的"纽带"，在目前监察调查程序与刑事诉讼程序二元并立（以下简称"程序二元"）的背景下，退回补充调查的权力性质、适用程序问题等需要加以明确，进而才能进一步解决案件处理权的归属、强制措施的转换和被追诉人的律师帮助权等问题。

上述的若干问题的讨论，笔者认为应主要基于两个重要方面：一是检察机关与监察机关在退回补充调查程序中各自的权力边界是什么？退回补充调查所形成的程序倒流是否有限？该问题的核心是程序倒流问题。二是职务犯罪案件的监察调查程序与刑事审查起诉程序的衔接产生的调查权属性和刑事立案等问题，对退回补充调查有哪些影响？该问题的核心是法法衔接问题。笔者拟从上述两大主要问题出发，基于审查起诉阶段退回补充侦查制度与退

---

〔1〕 参见杨宇冠、高童非：《论监察机关与审判机关、检察机关、执法部门的互相配合和制约》，载《新疆社会科学》2018 年第 3 期，第 112-114 页。

〔2〕 本文主要讨论审查起诉阶段的退回补充侦查制度与退回补充调查制度二者的联系与区别。如无特别说明，本文所涉"退回补充侦查"仅指审查起诉阶段检察机关将案件退回公安机关补充侦查。

回补充调查制度的相似性，研究退回补充侦查制度的内在逻辑，并梳理当前"程序二元"背景下退回补充调查制度面临的新问题，以明确审查起诉阶段退回补充调查引起程序倒流的一般性与特殊性，进而提出退回补充调查程序完善的基本路径。

二、程序倒流视野下退回补充侦查的内在逻辑

程序倒流，是指公权力机关基于法定事由"将案件倒回到前一个诉讼阶段并进行相应的诉讼行为"[1]。鉴于退回补充调查制度与退回补充侦查制度在诉讼阶段和执行方式、目的上具有相似性。笔者拟通过梳理审查起诉阶段程序倒流的基本逻辑，进而探讨退回补充调查中应有的监检权力边界，保持刑事诉讼法体系解释的统一。对于退回补充侦查阶段所涉的侦检权力边界，可以从两个方面加以把握：

（一）退回补充侦查权从属于检察机关的公诉权

我国《刑事诉讼法》第 175 条第 2 款规定："人民检察院审查案件，对于需要补充侦查的，可以退回公安机关补充侦查，也可以自行侦查。"退回补充侦查，是指检察机关基于法定事由，将尚未查清的案件退回原侦查机关补充取证的制度。退回补充侦查权自是侦查权无疑，但在我国，侦查权却并非为侦查机关所垄断的国家公权力。我国虽未采用警检一体化模式，但检察机关仍可在一定范围内展开侦查，公诉权中包含侦查权的内容，二者并非完全割裂而独立存在。

相较于侦查阶段的侦查活动，"补充侦查是对已经侦查过的犯罪事实和证据所作的补充，不是重新全面地开展"。[2] 在退回补充侦查活动中，尽管执行主体仍为侦查机关（一般为公安机关），但决定退回补充侦查启动与否以及补充侦查的具体内容的权力主体却是检察机关。检察机关掌握着案件处理权（或曰案件终结权），一般不允许侦查机关做撤案处理。从权力主体的角度，检察机关应为退回补充侦查的权力主体，侦查机关更类似于侦查活动的执行主体或曰职责配合主体。

作为控诉机关与法律监督机关，检察机关审查案件时既要考虑案件是否

---

〔1〕 汪海燕：《论刑事程序倒流》，载《法学研究》2008 年第 5 期，第 129 页。
〔2〕 李忠诚：《侦查中重新计算羁押期限问题研究》，载《中国刑事法杂志》2001 年第 1 期，第 100 页。

达到起诉条件，同时也需要监督侦查活动的合法性。[1] 一方面，对于检察机关而言，退回补充侦查制度有助于其保证案件质量，确保起诉的全面、准确、避免刑事滥诉，是检察机关控诉职能的体现。另一方面，对于侦查机关而言，检察机关将不合格案件退回侦查机关是其对侦查活动的监督与制约。目前，检察机关适用退回补充侦查程序的主要有三类案件：一是案件事实不清、证据不足的，二是遗漏罪行、遗漏同案犯罪嫌疑人的，三是排除非法证据后需要重新调查取证的。[2] 前两种情形主要是对案件侦查质量的监督，后一种情形是对侦查活动合法性的监督。

无论是侦查目的、侦查范围，抑或是权力主体、权力性质，退回补充侦查都明显有别于侦查阶段的一般侦查。退回补充侦查不仅发挥着查明案情、追诉犯罪的侦查职能，还承载着严格把关刑事追诉、监督侦查行为的法律监督职能。应当认为，退回补充侦查权是检察机关控诉职能与法律监督职能在审查起诉阶段的折射，是"从属于检察机关公诉权的重要补充性权力"[3]。

（二）审查起诉阶段的退回补充侦查是有限的程序倒流

在刑事诉讼活动中，如果已终结的诉讼活动未能符合法律规定，或者存在其他原因，为弥补、规避原诉讼活动的不足或者错误，公权力机关可能会将原本的顺向程序倒流回上一诉讼阶段重新展开诉讼活动。除案件会因程序倒流而被退回，案件处理权一般也随着诉讼阶段的倒流而转至原公权力机关。案件处理权的大小，在一定程度上反映了程序倒流的程度。刑事诉讼活动进入到不同诉讼阶段，便由不同的公权力机关掌握案件处理权，不受其他机关的干涉，这既是司法机关独立行使职权的要求，也是各机关分工负责、互相配合、互相制约的基础。

我国刑事诉讼中的程序倒流，主要包括退回补充侦查、撤回起诉和撤销原判、发回重审三种情形。[4] 但无论何种情形，掌握案件处理权的公权力机关（现机关）才有权（至少是形式上地）决定案件程序倒流，原机关无权决定；而一旦案件处理权发生移转，原机关则有权依法独立开展相应诉讼活动乃至决定案件终结，现机关不得干涉。如在撤销原判、发回重审的案件中，

---

〔1〕 参见汪海燕：《论刑事程序倒流》，载《法学研究》2008 年第 5 期，第 135 页。

〔2〕 参见《人民检察院刑事诉讼规则》（以下简称《高检规则》）第 341 条和第 342 条。

〔3〕 罗欣等：《检察机关补充侦查权的运行与完善》，载《人民检察》2018 年第 21 期，第 41 页。

〔4〕 参见陈瑞华：《论侦查中心主义》，载《政法论坛》2017 年第 2 期，第 12 页。

案件处理权的归属对把握二审法院与原审法院二者关系的作用显得尤为明显。再如撤回起诉的案件中，即便是检察机关申请撤回起诉，形式上也需要经法院审查准许后方能撤回起诉；而一旦法院准许撤回起诉，案件将倒流回审查起诉阶段，由检察机关作出的不起诉决定，法院无权干涉。[1]

回到退回补充侦查的问题。我国刑事诉讼程序中的退回补充侦查存在于审查起诉阶段以及审判阶段。审判阶段的退回补充侦查虽然通常只会造成法庭延期审理，[2] 但检察机关事实上掌握着该类案件的决定权：只要检察机关提起补充侦查的建议，法院必然准许；[3] 当检察机关决定撤诉时，可申请法院予以准许；检察机关甚至可以直接保持"沉默"，在补充侦查期限届满后不移送案件且不说明理由，法院便只能按照撤诉处理，再由检察机关做不起诉决定。[4] 由此，审判阶段的退回补充侦查也应当属于程序倒流。

对审查起诉阶段的退回补充侦查，侦查机关是否具备案件处理权（即是否有权撤销案件），我国《刑事诉讼法》并未予以明确，有待进一步讨论。以公安机关为例，在退回补充侦查中，公安机关是以执行主体的身份开展侦查活动的。基于这一视角，公安机关应将案件查明、证据补充收集的情况在补充侦查结束后随案移送检察机关，而无权撤销案件。但司法实践中，对检察机关退回补充侦查的案件，公安机关如果发现原认定的犯罪事实有重大变化，不应当追究刑事责任的，应当重新提出处理意见，并将处理结果通知检察机关。[5] 换言之，只有经补充侦查后，发现犯罪嫌疑人没有犯罪事实或者依法不予追究刑事责任时，公安机关才有权撤销案件。其他案件，经证据收集后无论是否能够达到提起公诉之标准，都应当移送检察机关，由其决定是否予以起诉。[6]

---

〔1〕 参见《高检规则》第 421 条、第 424 条和《最高人民法院关于适用〈中华人民共和国刑事诉讼法〉的解释》（以下简称《高法解释》）第 242 条。

〔2〕 有学者据此认为审判阶段的退回补充侦查并未形成程序倒流。参见汪海燕：《论刑事程序倒流》，载《法学研究》2008 年第 5 期，第 135 页。

〔3〕 事实上，这一做法值得商榷。《刑事诉讼法》规定法院对检察机关提出补充侦查建议的情形下"可以"而非"应当"延期审理；但《高法解释》却规定法院对检察机关退回补充侦查建议"应当"同意，延期审理成为必然，合议庭的自由裁量权被削减。具体参见《刑事诉讼法》第 204 条和《高法解释》第 223 条。

〔4〕 参见《高法解释》第 223 条。

〔5〕 参见《公安机关办理刑事案件程序规定》第 285 条第 3 项。

〔6〕 参见盛宏文：《公安机关补充侦查后能否撤案》，载《检察日报》2013 年 4 月 10 日，第 3 版。

允许侦查机关在退回补充侦查阶段直接撤销有限的案件，似是对退回补充侦查权检察属性的背反。然将上述规定置于刑事诉讼法体系中，公安机关掌握案件处理权的根本原因并非侦查权的行使，而是对被追诉人诉讼权利的保障。当案件出现不予追究刑事责任的情形时，无论案件处于任何阶段，都应当停止对被追诉人的追诉活动，退回补充侦查阶段也不例外。[1] 由公安机关直接撤销案件有助于犯罪嫌疑人直接从国家公权力的追诉中解脱出来，是对犯罪嫌疑人人权的尊重与保障。另外，针对过去司法实践中检察机关将没有犯罪事实或者犯罪嫌疑人另有其人的案件退回公安机关作撤案处理的做法，[2] 《刑事诉讼法》在 2012 年修改时，规定检察机关对上述情形应直接作出不起诉决定，而不能退回侦查机关处理（即撤销案件），某种程度上避免了过多的非常态化的程序倒流，削减了侦查机关在退回补充侦查阶段的案件处理权。

退回补充侦查阶段侦查机关案件处理权的局限性，反应出审查起诉阶段的退回补充侦查事实上是有限的程序回流。一般情况下，侦查机关无权撤销退回补充侦查的案件，仅能对依法不予追究刑事责任的案件有限地行使案件处理权。

三、法法衔接视野下退回补充调查面临的新问题

从刑事诉讼法体系一致性的角度看，退回补充调查活动与退回补充侦查活动作为检察机关在审查起诉阶段有效履行控诉职责与法律监督职责、确保起诉的全面与准确的手段，其运行机制理应遵循相同的制度运行逻辑。然监察刑事调查程序适用的是《中华人民共和国监察法》（以下简称《监察法》）而非《刑事诉讼法》，监察调查程序与刑事诉讼程序之间也需要经过严格的法定程序方能衔接转换。法法衔接为退回补充调查制度在理解与适用上带来新的问题。具体而言，一方面，退回补充调查权从属于公诉权抑或是监察权，退回补充侦查的诉讼原理是否适用退回补充调查？另一方面，职务犯罪案件的刑事立案是在监察立案阶段还是审查起诉阶段，监察机关是否也具有一定的案件处理权？只有厘清上述《监察法》与《刑事诉讼法》衔接所产生的新

---

〔1〕 《刑事诉讼法》第 16 条：有下列情形之一的，不追究刑事责任，已经追究的，应当撤销案件，或者不起诉，或者终止审理，或者宣告无罪：①情节显著轻微、危害不大，不认为是犯罪的；②犯罪已过追诉时效期限的；③经特赦令免除刑罚的；④依照刑法告诉才处理的犯罪，没有告诉或者撤回告诉的；⑤犯罪嫌疑人、被告人死亡的；⑥其他法律规定免予追究刑事责任的。

〔2〕 参见 1999 年《人民检察院刑事诉讼规则》（现已失效）第 262 条和第 263 条。

问题，退回补充调查制度才能进一步完善。

（一）职务犯罪案件退回补充调查权的性质

国家监察体制改革改变了以往的案件办理模式，监察机关调查案件的"调查—审查起诉—审判"模式与侦查机关侦查案件的"侦查—审查起诉—审判"模式相互独立，并行不悖。[1] 作为连接调查程序与审查起诉程序的"纽带"，退回补充调查权属于监察机关的调查权抑或是检察机关的侦查权，是研究法法衔接视野下的退回补充调查制度需要解决的前提性问题。对于退回补充调查权是否是侦查权，笔者认为，应从权力主体与权力功能两个方面加以把握：

就权力主体而言，基于当前监察调查程序与刑事诉讼程序二元并立的立法与司法实践，调查权是监察机关的专属职权，其他机关无权行使。而退回补充调查，是由检察机关审查监察机关移送案件的事实、证据材料是否达到了起诉标准，决定是否有必要开展的补充性诉讼活动，监察机关无权自行启动。检察机关属于司法机关，因此由其启动的退回补充调查权只能是侦查权（司法权）而不可能是调查权（监察权）。

就权力功能而言，在退回补充调查阶段，监察机关仅就移送案件事实不清、证据不足的部分有针对性地展开补充取证活动，服务于检察机关的审查起诉乃至法院的刑事审判，这与监察机关在调查阶段全方位地调查以实现对被调查对象的全面监督以及给予相应处置是截然不同的。此外，检察机关将不合格案件退回监察机关，客观上形成了检察机关对监察机关办理职务犯罪案件予以监督和制约、实现监察机关与检察机关互相配合、互相制约的重要机制，能够有效地保障事实认定与法律适用的准确与全面、避免滥诉。[2] 退回补充调查权的法律监督功能是其从属于公诉权的重要体现。应当认为，退回补充调查权是从属于检察机关公诉权的侦查权，对监察机关移送的职务犯罪案件起过滤与监督的重要作用。

然而，"程序二元"过于强调监察程序独立于刑事诉讼程序，不受《刑事诉讼法》规制，也直接导致监察机关在形式上无权行使侦查权（司法权）。在

---

〔1〕 双轨并行模式，参见苗生明、张翠松：《职务犯罪案件监检衔接问题研究》，载《国家检察官学院学报》2019年第3期，第85页。

〔2〕 参见徐汉明、张乐：《监察委员会职务犯罪调查与刑事诉讼衔接之探讨——兼论法律监督权的性质》，载《法学杂志》2018年第6期，第14页。

明确退回补充调查权的司法权属性后，监察机关是否有权执行退回补充侦查权的问题也需要进一步解决。这一问题派生于调查权的权力性质问题（即职务犯罪的调查权是否为侦查权），尽管目前理论界对此尚存在"肯定说"和"否定说"的争议，然笔者认为，二者对监察机关能够执行退回补充调查权的定性却无影响。

立足于"肯定说"，监察机关对职务犯罪案件的调查权相当于侦查权。从监察刑事调查的权力渊源（检察机关的职务犯罪调查权）、权力功能（求刑权）、权力内容（收集证据、查明案情）等方面检视之，[1] 监察调查是"以调查之名，行侦查之实"[2]。监察机关对职务犯罪开展的调查活动本质是侦查行为，应当受到《刑事诉讼法》和《监察法》的约束。退回补充侦查活动中，监察机关作为侦查权的行使主体并无不妥。

立足于"否定说"，监察调查行为区别于刑事侦查行为，监察权与司法权有着明显的界限。[3]"否定说"也是目前我国立法改革与司法实务的主流观点。在案件调查阶段，监察机关开展的调查同时涵盖了党内纪律调查、职务调查与刑事调查的内容，一次调查活动可能需要同时对被调查人的行为是否违反党内纪律、政纪以及是否涉嫌职务犯罪的事实作一并认定。[4] 监察调查权混合了行政调查权与刑事侦查权却又相对独立，单一的行政调查权或者刑事侦查权事实上并不能完全涵盖调查权的权力内容，简单地将调查权与侦查权直接等同看待确有失偏颇。但从另一个角度出发，"否定说"事实上也没有否认监察调查权包含刑事侦查属性的事实，只是认为监察调查权的权力内容大于刑事侦查权。如果当调查内容不再具有"混合性"，即监察调查仅包含刑事调查时，其实质或可被视为刑事侦查。

事实上，监察机关基于监督、调查、处置三大职能开展的监察活动是浑然一体而非独立存在的。[5] 监察机关针对不同内容展开的调查，其调查结果将经由纪律处置、行政处置、刑事处置等不同处置程序，已然将调查内容的

---

〔1〕 参见汪海燕：《监察制度与〈刑事诉讼法〉的衔接》，载《政法论坛》2017 年第 6 期，第 85 页。

〔2〕 参见卞建林：《监察机关办案程序初探》，载《法律科学》2017 年第 6 期，第 52 页。

〔3〕 参见马怀德：《〈国家监察法〉的立法思路与立法重点》，载《环球法律评论》2017 年第 2 期，第 16 页。

〔4〕 参见陈瑞华：《论国家监察权的性质》，载《比较法研究》2019 年第 1 期，第 5 页。

〔5〕 参见朱孝清：《修改后刑诉法与监察法的衔接》，载《法治研究》2019 年第 1 期，第 14 页。

"混合性"有效地"分离"成不同的处置结果。申言之，对被调查人涉嫌职务犯罪调查认定事实的处置结果是移送检察机关审查起诉，移送的案件（或曰刑事处置的结果）只包含刑事调查的内容。在退回补充调查阶段，监察机关行使调查权只针对案件中所收集证据存在的不足，其展开的补充调查事实上只仅是有限的刑事调查而不包含其他调查内容。监察机关执行的补充调查活动的权力源于《刑事诉讼法》与《监察法》的授权，当监察机关的调查不再具"混合性"而仅为单纯的刑事调查行为（刑事侦查属性）时，应当被视为在程序上受《监察法》规制的"名不副实"的刑事侦查活动。

（二）职务犯罪案件的刑事立案问题

在明确了退回补充调查权的侦查权属性后，退回补充调查适用刑事诉讼程序似是不言而喻的。然由于当前职务犯罪案件的刑事立案程序的模糊，导致退回补充调查制度在公权力机关对案件的处理权上产生了需要讨论的新问题。具体而言，职务犯罪案件的刑事立案在哪个阶段？退回补充调查是否也处于刑事诉讼程序？刑事立案程序对退回补充调查有怎样的影响？

刑事立案程序是刑事诉讼程序的逻辑起点。由于监察立案并不区分严重职务违法与职务犯罪，而《刑事诉讼法》对职务犯罪案件的立案程序并没有另作规定，理论界与实务界对监察机关办理的职务犯罪案件刑事立案程序观点不一，主要包括"刑事立案说""案件受理说""强制措施说"和"提起公诉说"。

"刑事立案说"认可针对职务犯罪开启的刑事调查具有启动刑事追诉效果的观点，[1]并提倡在监察调查阶段建立"监察立案与刑事立案的二元制及可合并制度"，以实现监察、纪检、司法的协调。[2]"案件受理说"则认为检察机关办理案件受理手续后，案件即进入刑事诉讼程序。[3]"强制措施说"则将检察机关在对被追诉人先行拘留后作出采取（或者不采取）强制措施的决定视为刑事诉讼程序的起点。[4]"提起公诉说"则认为审查起诉的结果决定

〔1〕 参见王沿琰、黄维智：《监察办案与审查起诉程序衔接问题研究》，载《西南民族大学学报（人文社科版）》2018 年第 11 期，第 81 页。

〔2〕 参见龙宗智：《监察与司法协调衔接的法规范分析》，载《政治与法律》2018 年第 1 期，第 7 页。

〔3〕 参见陈国庆：《刑事诉讼法修改与刑事检察工作的新发展》，载《国家检察官学院学报》2019 年第 1 期，第 22 页。

〔4〕 参见秦前红主编：《监察法学教程》，法律出版社 2019 年版，第 348~349 页。

了案件能否顺利进入刑事诉讼程序。[1]

对于刑事诉讼活动而言，被立案受理的案件是公权力机关进行刑事诉讼活动的对象，刑事立案为刑事诉讼活动提供了合法性。[2] 对被追诉人而言，刑事立案程序是其刑事诉讼主体地位的确认程序，也是其被国家公权力展开刑事追诉的起点。从刑事立案程序的上述两项功能来看，若采用"强制措施说"或"提起公诉说"，被追诉者尚未经立案成为犯罪嫌疑人，检察机关所采取的先行拘留措施乃至提起公诉前的诉讼行为将不具备正当性。此外，《刑事诉讼法》第 170 条第 2 款规定："对于监察机关移送起诉的已采取留置措施的案件，人民检察院应当对犯罪嫌疑人先行拘留，留置措施自动解除。"已被留置的被调查人在被移送起诉、先行拘留时，其身份已从被调查人转化为犯罪嫌疑人而具有刑事诉讼主体的地位，刑事立案程序至少应当在先行拘留前进行，"强制措施说"与"提起公诉说"无法自圆其说。

如采用"刑事立案说"，由于针对职务犯罪的监察立案具有刑事立案效果，退回补充调查阶段毫无疑问处于刑事诉讼程序中。退回补充调查当然地属于有限的程序倒流，与侦查机关一样，监察机关具备有限类型的案件处理权。然立足于当前的立法实践，立法者有意将监察程序与刑事诉讼程序相独立，强调监察立案具有刑事立案作用恐难以对司法实践起指导作用。也正因如此，笔者将主要基于"案件受理说"对退回补充调查制度所面临的问题展开讨论。

"案件受理说"认为对监察机关移送的职务犯罪案件，检察机关无需另行办理刑事立案手续，[3] 案件一经受理即进入刑事诉讼程序中。刑事诉讼程序与监察调查程序相互独立，并以"调查—审查起诉—审判"的模式高效、有序地推进国家反腐败工作。[4] "案件受理说"是目前最贴近司法实务的观点。

尽管"案件受理说"认为无需另行立案，但基于"没有立案程序便不能

---

〔1〕 参见林艺芳：《论法治视野下监察委员会腐败犯罪调查权》，载《国家行政学院学报》2018 年第 5 期，第 96 页。

〔2〕 参见陈卫东：《职务犯罪监察调查程序若干问题研究》，载《政治与法律》2018 年第 1 期，第 22 页。

〔3〕 参见中共中央纪律检查委员会、中华人民共和国国家监察委员会法规室编：《〈中华人民共和国监察法〉释义》，中国方正出版社 2018 年版，第 207 页。

〔4〕 参见苗生明、张翠松：《职务犯罪案件监检衔接问题研究》，载《国家检察官学院学报》2019 年第 3 期，第 85 页。

开始刑事诉讼程序"[1]的基本原则，应当将检察机关的对职务犯罪案件的受理程序作为其进入刑事诉讼程序的逻辑起点为宜。然案件受理程序在界分监察程序与刑事诉讼程序的同时，也为检察机关行使退回补充调查权设置了程序适用与案件处理权两道障碍。

第一道障碍是程序适用问题。具体而言，职务犯罪案件能否由刑事诉讼程序（司法程序）倒流回刑事调查程序（监察程序）？其倒流机制是怎样的？有观点认为，退回补充调查程序会使得案件退回监察机关，进而脱离司法程序。[2]但笔者认为，对退回补充调查制度的理解与适用必须尊重刑事诉讼法体系解释的一致性。尽管是由监察机关进行补充调查工作，但此时的调查权来源于司法权（公诉权）而非监察权，其进行的调查工作是单纯的刑事调查，其目的是服务于案件的起诉而非对案件事实进行认定，调查的范围也仅限于检察机关要求进一步查清的案件事实或需要进一步收集的证据，更不论调查阶段包含的党内纪律调查、行政违法调查。从权力来源、权力内容、目的范围等方面审视之，不宜也不应将退回补充调查制度视为案件完全脱离刑事诉讼程序并重新回到监察调查程序，而应当认为是有限地回流到监察程序。

第二道障碍是案件处理权问题。对退回补充侦查的案件，除非具有不予追究刑事责任的法定情形，侦查机关不得撤销案件而必须将案件移送检察机关处理。然如基于"案件受理说"讨论监察机关在退回补充调查阶段的案件处理权，上述问题本质上转换为监察机关是否有权撤销刑事立案的问题。笔者认为，在坚持"程序二元"的背景下，不宜赋予监察机关撤销刑事立案的权力。侦查机关在退回补充侦查阶段所拥有的有限的案件处理权，是基于刑事诉讼法体系内部对人权保障基本原则的贯彻而设置的例外情形。尽管监察机关在退回补充调查阶段的调查权来源于公诉权（司法权），但由于目前监察程序不受《刑事诉讼法》的规制，对于侦查机关的有限授权（案件处理权）对监察机关也不适用。即便监察发现被追诉人没有犯罪事实或者有不受刑事追究的情形，也应将相关处理意见随案件移送检察机关处理。如允许监察机关撤销检察机关受理立案的刑事案件，会突破现有"程序二元"的法律规定

---

〔1〕　程雷：《刑事诉讼法与监察法的衔接难题与破解之道》，载《中国法学》2019年第2期，第171页。

〔2〕　参见秦前红、石泽华：《论监察权的独立行使以及外部衔接》，载《法治现代化研究》2017年第6期，第57页。

与司法实践，审查起诉阶段的立案程序排除了监察机关受《刑事诉讼法》规制的可能。从这一角度来看，尽管退回补充调查会使得案件退回监察机关，期间也由监察机关独立行使调查职责而检察机关无权干涉，但监察机关并不掌握案件的处理权，退回补充调查并未完全退回监察程序，属于不完全的程序倒流。

四、退回补充调查程序完善的基本路径

作为监察体制与刑事诉讼制度衔接的重要"纽带"，退回补充调查程序的完善需要同时解决程序倒流与法法衔接所产生的问题。从权力来源与权力属性看，退回补充调查权应是从属于公诉权（司法权）的侦查权，而非从属于监察权的调查权。同时，由于监察程序与刑事诉讼程序的相互独立，监察机关无权撤销由检察机关受理立案的刑事案件，不掌握退回补充调查案件的处理权。退回补充调查并未完全退回监察程序，是不完全的程序倒流。对退回补充调查程序的完善，除上述案件处理权与刑事立案程序需要明确外，还包括退回补充调查适用的案件范围、强制措施与留置措施的转换问题和被追诉人的律师帮助权等问题需要解决。

（一）退回补充调查的案件范围

对退回补充调查的案件范围，我国现行法律没有明确规定。一般认为，检察机关经审查后认为案件事实不清、证据不足的，应当退回补充调查。[1] 笔者认为，退回补充调查的案件范围还应包括审查起诉时发现有遗漏罪行或者同案犯的以及排除非法证据后需要重新收集两种情形。

需要注意的是，针对"遗漏罪行""遗漏同案犯"问题的退回补充调查，必须是基于本罪而非新罪展开的，不应将其等同于"另有重要罪行"。[2] "遗漏罪行"应当严格限制为与被移送审查起诉的犯罪有关，已收集一定的证据材料，但未被监察机关认定为犯罪的事实；"遗漏同案犯"则是案件事实、证据材料均有收集，但未被刑事调查、移送审查起诉的人或者逃匿的人。对于审查起诉阶段可能发现的"另有重要罪行"，检察机关应当将材料、线索移送

〔1〕 参见中共中央纪律检查委员会、中华人民共和国国家监察委员会法规室编：《〈中华人民共和国监察法〉释义》，方正出版社 2018 年版，第 214 页；陈国庆：《刑事诉讼法修改与刑事检察工作的新发展》，载《国家检察官学院学报》2019 年第 1 期，第 24 页。

〔2〕 参见李忠诚：《侦查中重新计算羁押期限问题研究》，载《中国刑事法杂志》2001 年第 1 期，第 97~98 页。

监察机关，由其进行监察立案调查。[1]

（二）留置措施与刑事强制措施的转换问题

作为监察体制改革中为取代"两规"措施而创设的人身强制措施，留置措施在退回补充调查阶段是否适用的问题引发了诸多讨论。有学者认为，退回补充调查时案件与犯罪嫌疑人都应当退回监察机关，由其自行决定是否采取留置措施，然论者自己也承认该做法却并不符合实践经验。[2] 有学者认为，逮捕较之留置有递进关系，[3] 应当坚持"案退、人不退"的原则。[4] 也有学者对犯罪嫌疑人是否被逮捕的情形加以区分对待：对于已经逮捕的则不需重新办理留置手续；对取保候审的则需要采取留置措施。[5] 还有学者从补充调查的类别加以区分：一般情况下由监察机关决定是否采用留置措施；对于监察机关决定不采用或无法采用留置措施的，可以转化为检察机关自行补充侦查，由监察机关加以配合。[6]

笔者赞成"案退、人不退"原则，主要基于两点原因：第一，诚如某些观点所认为，"案件调查结束并进入审查起诉程序后，留置措施已完成使命……刑事诉讼程序需对被调查人采取什么措施，是刑事诉讼程序的事"[7]。退回补充调查阶段属于刑事诉讼程序，退回补充调查权源于公诉权（司法权）而非监察权，被追诉人的身份是犯罪嫌疑人而非被调查人，被采取的只能是刑事强制措施而不可能是监察留置措施。监察机关进行补充调查需要讯问犯罪嫌疑人时，可以请求检察机关配合、提供支持。第二，退回补充调查是不

〔1〕 在审查起诉阶段，还可能出现检察机关发现被告人"另有重要罪行"，但却不属于监察机关案件管辖范围的情形。笔者认为，可以参照《监察法》第34条第2款规定进行处理：被调查人既涉嫌严重职务违法或者职务犯罪，又涉嫌其他违法犯罪的，一般应当由监察机关为主调查，其他机关予以协助。

〔2〕 参见王沿琰、黄维智：《监察办案与审查起诉程序衔接问题研究》，载《西南民族大学学报（人文社科版）》2018年第11期，第83页。

〔3〕 参见龙宗智：《监察与司法协调衔接的法规范分析》，载《政治与法律》2018年第1期，第13页。

〔4〕 参见卞建林：《配合与制约：监察调查与刑事诉讼的衔接》，载《法商研究》2019年第1期，第20页。

〔5〕 参见潘金贵、王志坚：《以审判为中心背景下监察调查与刑事司法的衔接机制研究——兼评〈刑事诉讼法（修正草案）〉相关条文》，载《社会科学研究》2018年第6期，第92页。

〔6〕 参见程雷：《刑事诉讼法与监察法的衔接难题与破解之道》，载《中国法学》2019年第2期，第178~179页。

〔7〕 朱孝清：《修改后刑诉法与监察法的衔接》，载《法治研究》2019年第1期，第16页。

完全的程序倒流，案件仍处于刑事诉讼程序中，并非重新回到监察调查程序。撤销原有的刑事强制措施转为留置措施，待退回补充调查结束后又重新转为刑事强制措施，如此反复不仅会消耗大量的司法资源，还会使得被追诉人（尤其是对于被采取取保候审或监视居住措施甚至没有采取强制措施的被追诉人）始终处于不安的状态中，有违人权保障的基本原则。

因此，在退回补充调查阶段，一般应沿用对被追诉人采取的刑事强制措施而不应直接转为留置措施；如被追诉人被逮捕羁押在看守所，监察机关需要讯问犯罪嫌疑人的，检察机关应当予以配合；[1] 如果监察机关认为对被追诉人采取的非逮捕的强制措施（或者未采取强制措施）不足以控制其社会危害性，可以检察机关向提出变更逮捕措施或者其他强制措施的建议，由检察机关审查具体情形加以决定。

（三）退回补充调查阶段的律师帮助问题

保障被追诉人的辩护权，尤其是获得律师帮助的权利，是现代法治国家开展刑事诉讼活动的基本要求。出于对职务犯罪的特殊性的考量，《监察法》并未规定律师介入监察程序提供法律帮助，实务中也是直接排除了律师介入案件调查的可能。我国《刑事诉讼法》规定，犯罪嫌疑人在第一次被讯问或者采取强制措施后有权委托辩护律师。符合法律援助条件的被追诉人，可以申请法律援助。对没有辩护人的被追诉人应当由值班律师为其提供法律帮助。[2] 由于职务犯罪案件的监察调查与留置措施的严厉程度不亚于一般犯罪案件的刑事侦查与逮捕措施，当案件被移送审查起诉后，犯罪嫌疑人即应当享有委托辩护律师、申请法律援助或者申请值班律师为其提供法律帮助的权利，办案机关应当告知其所享有的权利。在退回补充调查阶段，不宜以案件进入补充调查程序而再排斥犯罪嫌疑人获得律师帮助的权利，这也是刑事诉讼制度保障人权的内在要求。

---

[1] 退回补充调查阶段对犯罪嫌疑人沿用强制措施的做法在实务中亦有据可循，参见《国家监察委员会与最高人民检察院办理职务犯罪案件工作衔接办法》第 38 条。

[2] 参见《刑事诉讼法》第 34~36 条。

认罪认罚从宽制度中的不当交易

——以 H 省 D 市两年运行状况为研究样本

王玮玮*

摘　要：认罪认罚从宽试点以来，多元的思想碰撞和多样的运行样态给制度带来生机的同时，也引发了一些问题。在对 D 市为期两年的调研中发现，制度在运行中出现了突破事实基础的合意。探究其原因，既有效率优位的功利主义作祟，又有量刑建议裁量权过大、值班律师作用受限、反悔权虚设、司法审查功能弱化等制度配套的不足。未来，该制度应进一步理顺公正与效率的关系，限缩检察机关的自由裁量权，强化对值班律师的权利保障，明确特定情况下认罪供述的撤回机制，遏制实务中出现的不当交易。

关键词：认罪认罚　诉讼合意　事实基础　交易

一、问题发现

无论是官方权威解读还是学界成说，认罪认罚从宽制度不包含犯罪事实的交易。然而在对 D 市为期两年的调研中发现，突破事实基础的合意已成为制度运行中不容

---

*　王玮玮，中国政法大学刑事司法学院 2018 级博士研究生（100088）。

忽视的问题。以两起典型案件为例：

案例一，王某盗窃案（速裁案件）：2017 年 9 月，公安机关指控王某涉嫌 13 起入室盗窃。证据材料包括：侦查阶段王某笼统的有罪供述（承认入室盗窃，但不记得地点和次数），13 名被害人陈述（家中被盗但不知何人所为），以及反映部分盗窃过程的监控视频（影像模糊且无声像鉴定）。审查起诉阶段，王某翻供，并辩称侦查人员存在诱供。后承办检察官同王某达成协议，以删减 6 起指控事实为条件，换取王某对剩余 7 起事实认罪认罚。案件得以速裁程序了结。

案例二，李某生产、销售不符合安全标准的食品案（速裁案件）：2018 年 5 月，公安机关指控李某在加工的熟牛肉中加入过量的亚硝酸盐。李某认罪认罚。然而审判中，辩护律师突然补交了本案鉴定机构不具备鉴定资质的证据，案件被迫陷入停滞。最后，在长达 4 个月的协商后，李某以单处罚金为条件，同意继续认罪认罚。

调研中，上述案件并非个例。一定程度而言，D 市的认罪认罚从宽制度在运行中偏离了轨道。究其原因，一方面在于司法系统内部的考核压力和办案人员的理解存在一定偏差，另一方面也源自学界理论研究不足以及配套措施的粗疏。基于此，本文在剖析 D 市认罪认罚从宽制度运行状况及问题成因的基础上，尝试对制度进一步的发展和完善提出反思和建议。

二、应然与实然

（一）规范化路径：刑事政策的制度化体现

认罪认罚从宽并非全新的制度创制。最高人民法院院长周强在说明认罪认罚从宽试点工作时提到，"试点工作是落实宽严相济刑事政策，加强人权司法保障的需要。"学界也持肯定观点，认为其是"宽严相济"刑事政策的制度化体现，[1] 是对自首、坦白、刑事和解等制度内容的承继和发展。

我国有着悠久的政策治国传统。首次在党的政策中表述"坦白从宽，抗拒从严"的，是毛泽东同志于 1952 年 3 月 15 日对"五反"运动中如何处理工商户的重要指示。此后，董必武同志在《关于肃清一切反革命分子问题的报告》中将"镇压与宽大相结合"这一刑事政策解释为"坦白从宽，抗拒从

---

〔1〕 谭世贵：《完善认罪认罚从宽制度的思考》，载《中国社会科学报》2016 年 7 月 6 日，第 5 版。

严，立功折罪，立大功受奖"。[1] 自此，"坦白从宽，抗拒从严"成为家喻户晓的刑事司法政策，并在长期司法实践中发挥着重要的作用。1979 年《中华人民共和国刑法》制定时引入了关于自首的规定，这是第一次以国家基本法的形式对"坦白从宽"刑事政策予以制度化。随后，最高人民法院和最高人民检察院分别于 2007 年、2010 年出台了贯彻宽严相济刑事司法政策的若干意见，强化犯罪嫌疑人、被告人认罪、悔罪情况下从轻处罚的制度落实。2011年《中华人民共和国刑法修正案（八）》公布施行，在自首下增设了关于坦白的规定，体现了刑事政策在实体法中的进一步发展。2012 年，《中华人民共和国刑事诉讼法》增加了简易程序、当事人和解程序等，以特殊化的程序设计，体现对"宽严相济"刑事政策的贯彻。2014 年 6 月，全国人大常委会授权最高人民法院和最高人民检察院在部分地区开展刑事案件速裁程序试点工作，系统开启了国家对"坦白从宽"刑事政策制度化落实的探索和实验。2016 年 9 月，全国人大常委会进一步授权开展认罪认罚从宽试点工作，深入探索量刑协商和非对抗式刑事案件办理模式。2018 年 10 月，基于试点的显著成效，认罪认罚从宽被纳入刑事诉讼法当中。自此，系统的认罪认罚从宽制度在法律层面上予以确立。

制度背景决定了认罪认罚从宽制度的规范化路径。作为"宽严相济"刑事政策的制度化体现，认罪认罚从宽制度有着相同的哲学基础，同样遵循一切从客观实际出发的辩证唯物论和认识论。在"宽严相济"的刑事政策中，实事求是是分析判断"严"与"宽"的基本前提，是司法实践认识、分析和运用政策的重要依据。与之一脉相承，认罪认罚从宽也必须遵循实事求是的方法论。尽管随着多元诉讼价值理论的发展，新的制度融入了对诉讼经济、矛盾化解等功能的追求，但本质上并未突破现有的刑事司法体例，仍然秉承追求"客观真实"的刑事司法的理念。因此，在适用前提下，认罪认罚从宽制度必须坚持以事实为根据，以法律为准绳，贯彻证据裁判原则。在合意内容上，控辩协商以司法机关严格依法办案为前提，认罪、认罚以及从宽都要求有事实、证据和法律的支撑。在证明标准上，制度应区分犯罪事实和量刑事实。在犯罪事实的证明上，证明标准应坚持事实清楚、证据确实充分，这即是无罪推定和实质真实原则的基本要求，也是避免冤假错案的现实需要。而在量刑事实的证明上，由于检察机关享有一定的自由裁量权，可就具体量

刑同被追诉人进行协商，因此，可适当降低证明标准。

（二）试点的异化：突破事实基础的交易

法律法规为认罪认罚从宽制度的运行划定了轨道，然而司法实务却出现了偏离，甚至有所异化。在全国试点地区中，D 市试点工作成绩斐然，得到了H 省以及最高检的充分肯定，引多省、市检察机关观摩、学习。故文章以 D 市的制度运行情况为研究对象，以更准确和前瞻性地把握试点中出现的问题。

1. D 市官方数据统计

表 1　2017 年 D 市试点运行情况

	案件数	人　数
D 市审结刑事案件数据统计		
总审结	822	1094
起　诉	755	1027
不起诉	67	67
适用认罪认罚从宽制度审结的案件数据统计		
审　结	657	921
起　诉	617	881
相对不起诉	40	40

表 1 显示，2017 年 D 市认罪认罚从宽制度的适用比例达 79.93%（案件数比）和 84.19%（人数比）。

表 2　2018 年 D 市试点运行情况

	案件数	人　数
D 市审结刑事案件数据统计		
总审结	632	854
起　诉	562	776
不起诉	70	78

续表

	案件数	人　数
适用认罪认罚从宽制度审结的案件数据统计		
审结	563	672
起诉	514	623
相对不起诉	49	49

表 2 显示，2018 年 D 市认罪认罚从宽制度的适用比例达 89.08%（案件数比）和 78.69%（人数比）。

根据上述公布的数据，两年来，D 市认罪认罚从宽制度平均适用率高达 83.91%，在全国名列前茅。其中，2018 年案件适用率同比增长 9.15%，相对不起诉率同比增长 2.60%，案件分流功能充分体现。

2. 深层次运行数据统计

报喜不报忧是官方数据统计的弊病，数据的背后，可能掩藏着导致制度异化的隐忧。

（1）侦查阶段，取保候审期限超过 6 个月的案件数据统计。长期的实务经验总结，让 D 市检察机关将侦查阶段犯罪嫌疑人取保候审超过 6 个月的案件标记为"问题"案件。[1] 对进入审查起诉阶段"问题"案件的统计，能够在一定程度上反映制度适用前提的遵守情况。

表3　"问题"型案件的处理情况

处理情况 年份（年）	受　理	起　诉	存疑不起诉	退回公安机关 作撤案处理
2015	23	11	9	3
2016	20	13	6	1

---

〔1〕　D 市的判定依据为：实务中对犯罪嫌疑人采取取保候审的案件基本分两种：一是罪行轻微，案情简单；二是证据不扎实，定罪可能存疑。对于前一种案件，由于绩效考核的压力，公安机关的侦结期限多数不超过 4 个月。考虑到可能出现案件堆积影响侦结期限的情况，D 市检察机关基于稳妥，将期限往后顺延 2 个月，定为 6 个月。

续表

处理情况 年份（年）	受　理	起　诉	存疑不起诉	退回公安机关 作撤案处理
2017	53	45	6	2
2018	9	8	1	0

表 3 显示，2017 年试点工作开展后，D 市进入审查起诉阶段的"问题"案件同比激增 165%，起诉率同比增加 19.9%，存疑不起诉率同比减少 18.68%，侦查阶段积压的大量"问题"案件得到"妥善"处理。经过一年的"消化"后，2018 年"问题"案件进入审查起诉阶段的数量同比锐减 83%，但起诉率同比增加 3.98%。数据显示，D 市司法机关长期难以解决的"问题"型案件，随着认罪认罚从宽制度的推广应用，被迅速"消化"解决。

（2）退回补充侦查后，适用认罪认罚从宽制度的案件统计。

表 4　认罪认罚类案件的退回补充侦查情况

年份（年）	总审结（件）	一次退回补充侦查（件）	二次退回补充侦查（件）
2017	657	35	8
2018	563	45	11

表 4 表明，检察机关越来越倾向于创造条件来适用认罪认罚从宽制度。

上述两组数据反映出 D 市认罪认罚从宽制度运行中出现的两个问题：一是司法实践在一定程度上突破了制度适用的前提，存在事实存疑、证据不足的案件经由认罪认罚程序被消化处理的情况。二是对较不符合制度适用条件的案件，检察机关成为促使其转化适用的推动者。表 4 中，案件退回补充侦查的理由均为"事实不清、证据不足"，承办案件的检察官并没有因为案件不符合条件就放弃适用认罪认罚程序。99 起补充侦查案件中，经两次退回补充侦查后仍适用认罪认罚程序的占比 19.2%，足见检察机关对制度适用的积极追求。上述问题，直接导致 D 市在司法实践中出现了突破事实基础的隐蔽性交易。

3. D 市交易类型统计

调研深入跟踪了 2017 年、2018 年 "问题" 型案件的办理过程，统计并归纳了实践中的交易类型。

一是通过许以轻量刑而进行的法律事实交易。这类交易的出现主要囿于中国印证证明模式的弊病。实务中，如果证据链条不够完备，即便法官内心确信被追诉人实施了犯罪，也无法做出有罪认定。这种情况多出现在 "一对一" 证据的案件中。[1] 在 D 市，面对上述情况时，司法人员往往会借助认罪认罚从宽制度，通过许以轻缓的刑罚换取被追诉人认罪。以姜某、于某盗窃案为例：2017 年 10 月，公安机关指控姜某、于某涉嫌盗窃罪，二人拒不认罪。审查后，承办检察官基于行动轨迹及被害人陈述确信二人实施了盗窃，但证据不足，诉讼难以为继。为顺利追诉二人，承办检察官最终以缓刑建议换取于某有罪供述，并凭借于某的供述顺利对二人定罪。

二是通过部分起诉而进行的客观事实交易。在这类交易中，检察机关通过只起诉部分事实来换取被追诉人相应的有罪供述。前引案例一中的王某盗窃案便是典型。如果说法律事实交易是事实基础上的证据创制，客观事实交易就是人为的事实捏造，极易造成冤错案件。

三是不具备定罪基础的单纯认罪交易。此类交易集中于审判阶段，属于典型的错案。前引案例二是调研中发现的典型案例。在 D 市，案件一旦移送审判便几乎没有回转的余地，内部考核指标迫使公、检机关须获得有罪判决。当审判阶段发现案件不具备定罪基础时，公、检两机关可能会同被告人达成认罪协议，从而使法院作出有罪认定。多数情况下，法院会迫于压力，以速裁程序快速结案。同时，按照 H 省高院的案件审核惯例，对速裁案件的审核限于被告人认罪认罚的自愿性，因此，尽管是错案却也极少会被发现。

三、问题成因探析

D 市制度运行过程中，上述交易的出现既归因于配套保障的不完善，也源于检察机关过大的裁量权；既有立法规定粗疏的硬性不足，也有功利主义导向的软性干预。归纳本质，被胁迫或引诱是问题出现的根源，而这源自多方面原因。

---

〔1〕 所谓 "一对一" 证据，即对案件事实具有实质性指向的直接证据只有两个，且证明的内容相互对立和矛盾。

（一）错乱倒置的制度适用理念

按照制度设计，认罪认罚从宽制度的适用应遵循如下逻辑主线：基本事实清楚，有足够证据支撑—被追诉人承认指控的犯罪事实—控辩双方就量刑和程序适用达成合意—案件移送审判。然而实务中还存在这样一条司法路径：事实不清、证据不足—控辩双方就事实和量刑达成协议—被追诉人在此基础上认罪—案件移送审判。在统计 D 市 2017 年、2018 年退回补充侦查后，适用认罪认罚从宽程序的案件时发现，34 起案件的起诉书变更了侦查机关最初指控的事实，占上述 99 起退补案件的 34.3%。可以说，先达成合意，再据此审定事实已成为 D 市认罪认罚从宽程序适用中默许的司法路径。

（二）口供中心的案件证明体系

我国刑事诉讼和司法理念经历着从"口供为王"到"重调查研究，轻口供"的艰难转变，尽管已付出巨大努力，但实务仍未达到理想的预期。认罪认罚从宽制度的试行，一定程度上又强化了口供的中心地位。在 D 市试点中，获取认罪口供成为侦查人员最迫切甚至唯一的目标。以郭某扒窃案为例，卷宗中郭某的供述可明显分为三个阶段：一是 6 月 5 日拘留当日的供述，内容为在某市场扒窃手机一部（未被追回）；二是 6 月 11 日的供述，内容为扒窃三部手机（本案中，截至 6 月 8 日共有三名被害人报案称手机在某市场被盗，手机均未被追回）；三是 8 月 20 日案件被检察机关审查起诉后被退回补充侦查时的供述，内容为，扒窃的三部手机型号分别为 oppo r9、华为 mate8 及苹果 6plus（与三名被害人被盗手机同款）。上述并非个例，而且对口供的追求已逐渐从侦查机关扩展到检察甚至审判机关。

上述案例还释放出一个危险的信号——证据材料的"逆向"使用，即由拟定犯罪事实到证据材料创设的逆向司法逻辑，而这正是现实中冤假错案产生的根源之一。试点中，功利主义下对口供的追求，加之证据材料的"逆向"使用，导致以获取口供为目的的胁迫、诱供和不当交易时有发生。

（三）过于宽泛的检察裁量权

为确保制度落实，D 市制定了量刑指导规范，规定认罪认罚类案件最高可减少基准刑的 50%。这一方面极大地激励了被追诉者认罪认罚，确保制度广泛适用；另一方面却也不当地赋予了检察机关过大的自由裁量权。以 2017 年两起诈骗案件的比较为例：被告人张某诈骗数额 15 万，自侦查阶段认罪认罚，赔偿被害人损失，检察机关建议对其判处有期徒刑 3 年，缓刑 3 年；同时期，被告人李某诈骗数额 17 万，未认罪认罚，检察机关建议对其判处有期徒刑 5 至 6 年，法院最终判处其有期徒刑 5 年零 6 个月。

从非监禁刑到 5 年零 6 个月的监禁刑，巨大的量刑幅度和裁量权限，赋予了检察机关在其中填充各种量刑因素的可能，也构成了同被追诉人开展交易的基础。以统计的盗窃案件为例，仅因检察官的主观好恶最高便可造成 6 个月的量刑差。过宽的从轻幅度和操作细则的缺乏，在降低制度可预期性的同时，也给被追诉人造成了心理胁迫，迫使其接受检察机关的建议。

（四）"见证人"化的值班律师

被追诉人自愿和明智是诉讼合意的前提和基础，这不仅是域外的共识，也是我国制度设计的重点。然而，自愿和明智以知情为前提，恰恰在这一点上，制度对被追诉者的保障不足。实践中，检察机关处于明显的信息优势地位，牢牢掌握着协商的主动权。相比之下，被追诉者几乎不清楚认罪认罚会对案件造成多大影响，能给自己带来多少的收益。信息不对称给被追诉者带来了心理强制，突破事实基础、被迫认罪认罚也就变为了可能。

为解决这一问题而配套规定的值班律师制度，在实践中并未发挥预期的作用。首先，岗位援助的制度定位，导致实践中被追诉者被迫面对不同的值班律师，获得的也大多是断代式的法律援助和碎片化的案件信息，无助于其全面了解案情并做出明智选择。其次，对值班律师的权利保障不足。律师对案情的了解有赖于两项重要的权利：会见权和阅卷权。然而对值班律师而言，这两项权利均不具备。在 D 市，值班律师的作用止于签字见证，更甚者，部分检察人员甚至在讯问结束后才通知值班律师到场。

（五）形同虚设的反悔权

反悔权得不到保障是 D 市不当交易出现的主要原因之一。调研发现，被追诉人不敢或不能反悔的问题较为突出，反悔权形同虚设。

1. 报复性量刑缺乏规制

美国在辩诉交易中较早注意到了报复性起诉（Vindictive Prosecution）问题，即刑事追诉者为了报复被追诉者的某一合法诉求或行为，而恶意地对被追诉者的行为加重起诉，如 20 世纪 80 年代的"博登基尔舍诉海耶斯"一案。[1] 其产生的根源在于美国检察官几乎不受限制的起诉裁量权。D 市在试点过程中也逐渐出现类似的问题，但不同于辩诉交易，由于检察机关不具有事实和罪名的裁量权，因此准确而言应为报复性量刑。D 市的报复性量刑突

---

[1]　*Bordenkircher v. Hayes*, 434 U. S. 357（1978）.

出表现在审判阶段。以赵某等人盗窃案为例：赵某、王某等十人因涉嫌盗窃罪被移送审查起诉。由于认罪认罚，检察机关建议对十人从轻处罚。然而开庭审理时，赵某的辩护律师突然提出职务侵占的辩解，认为指控罪名不当。当庭，检察机关以赵某不符合认罪认罚条件为由要求法庭变更程序，并对其从重处罚。法庭予以采纳。

上述，尽管检察机关的做法有报复意味，却不能指责其行为具有违法性。依照制度设计，认罪认罚者，可从轻处罚，反之，则不享有从轻的优待。基于此，对于认罪认罚后又反悔的被追诉者，检察机关要撤回量刑建议移交法院裁判。在 D 市实务中，对于这种情况，检察机关往往会提出明显重于先前协议的量刑建议。因此，尽管赵某最终被处以更重的刑罚，但却是基于不再享有从宽优惠的合理理由。可以说，兼具合法表象的报复性量刑有可能迫使被追诉者接受检察机关的提议。

2. 认罪答辩无法撤回

对于反悔后，被追诉人基于认罪认罚从宽所作出的有罪供述能否作为证据使用的问题，D 市司法机关秉承"不浪费"的原则，简单适用了刑诉法解释中关于翻供的相关规定，即能够与其他证据相印证的就可以采用。这一做法导致被追诉人不敢轻易行使反悔权，一些不自愿者被迫一认到底。

四、制度完善路径

我国的认罪认罚从宽制度刚刚起步，立法的留白为制度的进一步发展留了空间，但同时也导致了突破事实基础的合意这一背离立法初衷的问题。通过对相关问题的梳理和背后成因的探究，被追诉者自愿和明智性保障不足是问题产生的根本。对此，既需要在思想层面对业已偏离轨道的司法理念进行纠偏，也有必要从制度层面对配套措施予以完善。

（一）对错误司法理念的纠偏

1. 对效率优位理念的纠偏

现行的刑事诉讼中，公正和效率似乎总是处于零和博弈的对立面，追求一方则必然会损害另一方。立法者也注意到了这一点，因此全国人大常委会在本轮修法中，通过在适用前提中肯定实质真实优位和证据裁判原则，在程序性规范中限缩诉讼期限和精简流程，以期能够尽可能地兼顾公平和效率。

司法不同于行政，行政以高效为体制改革的目标，司法却以公正作为恪守的生命线。基于动态平衡诉讼观，在价值衡量取舍上，一定条件下公正会让位于效率，但绝不能因此就偏离了司法的本质，将追求效率作为诉讼制度的首要目标。认罪认罚从宽制度改革中，若一味强调效率优位，就会对我国刑事诉讼基于职权主义传统而具有的案件质量保障和错误裁判控制功能产生严重的影响。[1] 应当意识到，尽管制度构建是为了应对诉累，优化司法资源配置，但对被追诉者正当权利的保障同样必不可少，对实质真实发现的必备性程序不容忽视。基于此，制度在未来的进一步探索和完善中，应当秉持公正优位、提高效率的原则，确保改革不矫枉过正。

2. 对制度本质与价值错位的纠偏

法律制度的本质和价值并不完全等同。前者是基于法教义学研究方法去探求制度背后的法理，后者则着眼于制度带来的附随效应。若将两者颠倒，就会出现曲解甚至误用法律的现象。认罪认罚从宽制度的本质是一种案件繁简分流机制。制度的价值包括诉讼效率的提高、社会矛盾的化解、口供证据的获取，等等。然而实务中，制度的价值被曲解为制度的本质和目标追求，以至于出现了司法机关弱化诉讼分流前提，为追求价值主动创设条件的情形。随之而来的，便是胁迫、引诱认罪认罚，强制和解，限制反悔权行使等乱象，案件分流机制被异化为新的治罪模式。

因此，必须明晰认罪认罚从宽的制度定位，明确案件基本事实清楚，有足够证据支撑的制度适用前提，厘清公正和效率之间制度本质和价值的关系，框定制度进一步发展和完善的正确道路，避免司法实务为了追求经济和效率，将不具备适用前提的案件引入认罪认罚程序。

3. 对实务流程和从宽依据的再理顺

"认罪认罚从宽"的立法用语，体现了一种内容上的顺承和逻辑上的先后。即在事实基础和证据支撑的前提下，被追诉者自愿认罪；接受量刑处罚；被给予从宽优待。然如前文所述，实务中价值追求和适用前提互为倒置。面对案件，效率等价值追求成了制度适用的前提，逻辑顺序异化：基于对诉讼效率和口供的追求，司法机关许诺从宽；双方就事实和量刑达成协议；被追诉者提供有罪供述；案件适用认罪认罚从宽制度。与之相对应，从宽的依据从犯罪行为的社会危害性和行为人的人身危险性，异化为被追诉者对事实认定和诉讼效率的贡献。

逻辑适用的混乱必须予以纠正。对此，应当树立制度适用的底线思维，

---

[1] 左卫民：《认罪认罚何以从宽：误区与正解——反思效率优先的改革主张》，载《法学研究》2017年第3期，第162页。

把对价值的追求置于对前提的审核之后，明确事实认定对量刑的基础作用，将从宽的依据建立在对被追诉者悔罪态度的评判和对被破坏社会关系的恢复上，确保制度在实务运行中不背离立法初衷。

（二）对值班律师案件筛查功能的补强

检察官对认罪认罚从宽程序的主导，以及较大的自由裁量权，不可避免地会带来被追诉人被迫认罪认罚、诉讼合意突破事实基础等问题。为避免制度运行偏离轨道，立法配套建立了值班律师制度，最大程度地保障认罪认罚的自愿和明智性。

按照制度设计，值班律师的功能主要体现在两个方面：一是基础性的法律援助。即为被追诉者提供法律建议，保障基本权利，使其共享社会发展所带来的法治红利。二是协助进行案件筛查。即通过对案情的审查，对被追诉者自愿和明智性的保障，协助司法机关筛查不符合认罪认罚适用条件的案件，确保制度的正确运行。这其中，基础性法律服务同国家法治和经济发展水平息息相关，提升需要长时间的积累。因此，对于值班律师制度的完善应集中在对案件筛查功能的强化上。

第一，补强岗位援助成效，以值班笔录形式确保工作衔接。关于值班律师的工作方式一直有"驻点"和"随案"两种模式之争。"随案式"论者认为，值班律师的最大问题在于工作的不衔接，断代式的法律帮助难以发挥实效，并提出应当为认罪认罚的案件固定一名值班律师，确保援助的连续性。"驻点式"论者则认为，给每一个认罪认罚类案件配备专门的值班律师过于理想化，不符合我国律师资源紧缺的现状。笔者建议，可以在"驻点"模式的基础上，建立值班笔录制度。要求值班律师在提供法律帮助时，如实记录谈话内容、被追诉人诉求、相关案情、律师意见建议等，并装订成册，供后续值班律师翻阅，确保工作的连续性。同时，还应当探索完善值班笔录移送制度，强化值班工作对司法机关案件审核的协助作用。

第二，完善值班律师的提意权。根据刑事诉讼法的规定，值班律师可以对案件事实、法律适用、量刑建议、程序选择等内容可以提出意见。但由于缺乏反馈机制，这种提意权广受学界和实务律师的诟病。因此，有必要进一步完善值班律师的提议权。一是增加值班律师对调查取证的提意权，明确值班律师有权提请检察机关或法院调取或核实相关证据；二是建立反馈机制，对于值班律师提出意见的，司法机关应在规定限期内书面回复，确保权利行使能有实效。

（三）细化和规范量刑从宽标准

对检察机关裁量权的限缩，是增强制度可预期性，避免合意突破案件事实基础的关键举措。这一方面需要科学的标准设计，细化认罪认罚中的各种量刑情节及幅度，另一方面也可以借助大数据和人工智能技术，辅助和规范量刑，确保司法统一。

1. 层级化的量刑从宽设计

明晰的从轻标准和幅度是被追诉者自愿和明智的有力保障。域外多数国家都就认罪时间、认罪内容等对量刑的影响作出了明确的规定。譬如英国《认罪量刑指南》中所体现的逐级折扣制度，以认罪的阶段划定了量刑的折扣力度，有效激励了被追诉人认罪。

着眼于认罪认罚从宽制度，作为一种新型的量刑情节，其与传统的自首、坦白等制度有内容上的交叉，又具有独特的量刑裁量情节。依据刑事诉讼法的规定，认罪认罚包含极丰富的量刑情节。从诉讼进程来看，可分为侦查、审查起诉以及审判三个阶段的认罪认罚；从到案方式来看，可分为自首型认罪认罚及坦白型认罪认罚；从合意内容来看，可分为和解型、未和解型以及非和解（无被害人）型认罪认罚。基于此，可探索以不同诉讼阶段为框架的层级化从宽幅度，填充以自动投案、赔偿被害人损失、刑事和解等其他量刑情节，科学计算被追诉人从宽幅度。具体设计为：①自侦查阶段自愿认罪认罚的犯罪嫌疑人，从宽幅度最高可达 50%。这既是基于最高人民法院量刑指导意见中关于自首可减少基准刑 40% 的规定，也是对认罪认罚从宽作为一种更严苛的量刑情节的考量。②审查起诉阶段，犯罪嫌疑人自愿认罪认罚的，最高从宽幅度可达 30%。③案件移送审判后被告人自愿认罪认罚的，最高从宽幅度为 10%。④在"五三一"的层级化框架中，司法人员根据案件具体情节，合理调整对被追诉者的量刑。

2. 发展智能辅助决策系统

幅度型的量刑指导范式必然会赋予司法者一定的自由裁量权。尤其是当多个量刑情节共存时，这种自由裁量权就会被叠加放大，进而造成司法的不统一甚至是腐败。然而随着信息科技的发展，尤其是人工智能技术在司法领域的应用，上述问题的解决出现了新的有效路径。2017 年，最高人民法院、最高人民检察院相继发文，强调要加快大数据和人工智能在司法领域的运用。基于此，全国多省市开始了人工智能辅助司法办案的探索。2017 年 7 月，上海代号"206 工程"的刑事案件智能辅助办案系统正式投入应用，并在之后一年多的实践运转中不断更迭升级。依据上海的有益探索，尽管基于自然语义分析之上的法律定性仍困难重重，但定性之后的量刑裁量辅助已不再是技术难题。因此，可以在司法机关现有的"全国统一业务管理平台"上，增设量刑智能辅助决策功能，用系统精细的算法规制司法人员不当的自由裁量，统一司法裁判。

（四）保障被追诉人反悔权

反悔权是认罪认罚自愿性的重要保障。实务中，诉讼合意罔顾事实的根结之一，便在于被迫认罪认罚后被追诉人不敢或不能反悔。基于此，必须强化对被追诉人反悔权的保障。

1. 建立报复性量刑抗辩机制

美国联邦最高法院在遏制检察官报复性起诉方面进行了诸多有益尝试，报复性起诉抗辩（Vindictive Prosecution Claims）便是其中之一[1]。在"布莱克莱齐诉佩里"一案中，联邦最高法院认为，地方检察官因被告人上诉而提出更重指控的做法违反了正当程序条款，相关指控应予撤销。[2] 上述探索对中国认罪认罚从宽制度中规制检察官行为，避免其基于报复而擅用裁量权提供了有益借鉴，即探索建立被追诉人报复性量刑抗辩机制。但是，如何判断检察官具有报复性故意是一个司法难题。D 市对此进行了大量尝试，规定了"恶意推定原则"，明确由被追诉人提供线索，检察官对自身不具有报复故意进行证明，以此降低对"报复性恶意"的证明难度。然而，在立法明确赋予了量刑裁量权的背景下，检察官极易为自己开脱，"恶意推定"形同虚设。对此，必须结合量刑规范化建设，借助量刑智能辅助系统。对检察官所提量刑超出智能辅助系统建议量刑区间的，需明确理由。当事人及值班律师、辩护律师可就该理由提出抗辩，法院可进行审核。若检察官所列理由不充分，则应当推定其具有报复性恶意，被追诉人可随时撤回认罪认罚具结书，并要求法院以普通程序审理。

2. 规定反悔后认罪答辩可以撤回的情形

被追诉人反悔后，"认罪证据"的适用问题直接影响到反悔权的有效行使。域外普遍规定了反悔后认罪证据不得作为定案证据使用的情形。如美国

---

〔1〕 赵旭光：《"认罪认罚从宽"应警惕报复性起诉——美国辩诉交易中的报复性起诉对我国的借鉴》，载《法律科学》2018 年第 2 期，第 175 页。

〔2〕 *Blackledge v. Perry*, 417 U.S. 21（1974）.

的对指控性质和答辩后果的不明知，对权利放弃的不自愿等；德国的法官未给予"合格的"劝导等。我国认罪认罚从宽制度也有必要确立被追诉人反悔后"认罪证据"的撤回情形，这即是反悔权的应有之义，也是保障被追诉人认罪自愿性的重要手段。而在证据的撤回范围上，基于对诉讼效率和被追诉人权利保障的综合考量，应限于被追诉人的认罪供述。

"人财并重"程序保障观：
困境、破解与出路

——基于刑事涉案财物处置的反思

韩　笑[*]

　　摘　要：规范处理涉案财物的司法程序是十八届三中全会以来强调的改革重点，这表明我国刑事司法开始加强对财产权的重视和保护。理论界普遍将涉案财物处置随意、欠缺正当性归因于刑事诉讼"重人身轻财产"的传统司法观念，坚持"人财并重"的理念转变是有效的解决路径。但"人财并重"观本身存在"权利能否平等保护"的质疑，容易与实体法层面的权利位阶理论产生混淆，刑事诉讼中的"人"和"物"也确实呈现不同的程序对待方式。由此可能出现前提性假设无法得到合理论证而实际难以推行的困窘。破解这一困境可以通过承认涉案财物与被追诉人的权利系属关系展开，因物之附属地位而自然适用刑事诉讼法的各项基本原则，同时完善刑事涉案财物的认定机制，探索在刑民交叉案件中适用"刑民并行"的司法处理路径来解决刑事涉案财物的民事权属争议。

　　关键词：刑事诉讼　涉案财物处置　重人轻财　人财并重　刑民并行

---

　　* 韩笑，中国政法大学刑事司法学院 2018 级刑事诉讼法学专业博士研究生（100088）。

一、问题的提出

时下我国正历史性地开展刑事司法制度改革，在涉案财物问题上，十八届三中、四中全会均明确提出要"规范处理涉案财物的司法程序"，这一政策指向提醒我们反思刑事案件中处置涉案财物的实践乱象，也为检视与改进我国涉案财物处置司法程序提供契机。实践揭示出司法机关处置涉案财物存在较大随意性的现象，诸如曾成杰集资诈骗、湖南梁材行贿等案件中法院未判先罚被追诉人资产，办案机关无限制扩大涉案财物范围、暴力扣押处置等问题引发关注。2015年1月24日，中共中央办公厅、国务院办公厅发布《关于进一步规范刑事涉案财物处置工作的意见》（以下简称《意见》），针对我国刑事司法实践中在涉案财物处置方面出现的随意处置、违法处置、贪敛款物等现象，提出要加强对涉案财物处置程序、制度和机制等方面的规范化程度。公安部、最高人民检察院、最高人民法院随之陆续出台司法解释细化刑事诉讼涉案财物处置的规定。2016年11月，中共中央、国务院出台《关于完善产权保护制度依法保护产权的意见》，强调必须依法有效保护各种所有制经济组织和公民财产权，要求完善涉案财物保管、鉴定等制度，充分尊重和保护公民的合法权益。2017年12月，最高人民检察院、公安部发布的《关于公安机关办理经济犯罪案件的若干规定》也提出要严格规范处置涉案财物，严禁公安机关在诉讼程序终结之前处置涉案财物，不得超权限、超数额、超范围、超时限查封、扣押、冻结涉案财物。可见，政策与立法层面正逐步完成对涉案财物处置程序的引导和规范，同时将刑事诉讼中的财产权保护问题推向理论热潮。

反观我国刑事诉讼程序对与案件有关财物处置混乱的现象，确实与我国刑事司法长久以来倚重公民人身权保护、忽视财产权保护的传统观念有关，学界也主要将财物处置乱象归责于"重人身轻财产"的传统司法观念，认为现阶段的刑事诉讼理念应当从重视保护人身权转向人身权与财产权并重保护。[1] 呼吁转变司法观念，优化涉案财物处置程序，防止办案机关在制度漏洞下为获取经济利益而不当处置涉案财物。然而现实却是，理论界对刑事诉讼传统司法观念的讨伐并未给涉案财物处置的规范化带来明显的改观，平等

---

[1] 参见熊秋红：《刑事诉讼涉案财物处置程序检视》，载《人民检察》2015年第13期；温小洁：《我国刑事涉案财物处理之完善——以公民财产权保障为视角》，载《法律适用》2017年第13期；朱艳萍：《刑事涉案财产裁判程序的缺失与司法规制》，载《人民司法（应用）》2018年第10期等。

对待人身权与财产权的理念推行进展缓慢。

"人财并重"程序保障观的逻辑思路是：在刑事诉讼程序中，司法机关及其人员对待涉案财物的随意态度主要是由重人身权保护、轻财产权保护的传统司法观念造成的，要实现涉案财物处置活动及程序的规范化，应当首先从观念上进行转变，给予财产权、人身权同等程度的保障。但这一逻辑却容易产生权利能否实现同等保护的疑问。该前提是否成立，更确切地说是否为人们所普遍接受，影响到制度的完善与实践的推行。因此，本文旨在破解"人财并重"程序保障观推行的现实困境，主张"人财并重"不是可以直接采纳的有效的冲突解决路径，但可以通过构建刑事诉讼中"人"和"物"之间关系的方式化解这一矛盾，为此探索出一条新的逻辑路径来规范处理涉案财物的司法程序。

二、"人财并重"程序保障观运行的现实困境

刑事诉讼涉案财物处置程序的正当性基础根基于财产权保障的价值理念，规范刑事涉案财物的处理是人权保障的基本要求。但刑事诉讼中对涉案财物处置的程序规范并非从一开始就受到立法的关注和重视，而是在市场经济转型期大量经济类型犯罪的滋生的情况下，迫使刑事诉讼法律规范从保护人身权的单一视野转向对公民财产权的关注。

（一）主张"重人轻财"观向"人财并重"观转变

"天赋人权"学说认为财产权是上天赋予个人的自然权利，是为了个人生存而存在的保障财产所有者的福利和独自利益。统治权则是为了保障个人的权利和财产，保护其免受他人的暴力或侵犯而设的。[1] 西方国家尊崇"私有财产神圣不可侵犯"，将财产权保障理念作为西方现代法律制度的基本价值导向和理论根基之一，以宪法与国际公约的方式予以保障。[2]

在我国，公民财产权在宪法中经历了一个较为曲折的历史发展过程，呈现一种从无到有、从有限到完整、从弱到强的趋势，公民财产权保障最终成

---

〔1〕 参见［英］约翰·洛克：《政府论》（一），杨思派译，九州出版社 2007 年版，第 173 页。
〔2〕 如《世界人权宣言》第 17 条明确规定：人人得有单独的财产所有权以及同他人合有的所有权。任何人的财产不得任意剥夺。《欧洲人权公约第一议定书》第 1 条规定：除非为公共利益，并按照法律及国际法普遍准则所规定的条件，任何人的财产不得被剥夺。美国宪法第 14 条修正案规定："未经正当法律程序，不得剥夺任何人的生命、自由或财产"，等等。

为我国宪法文本中的基本权利。[1] 在实体刑法中，起初财产刑被看作是少数人的特权，认为罚金刑"就不是一种惩罚，而是对法律享受特权和豁免权的代价"，人们的固有习惯延续对生命刑、自由刑的重视，而淡漠财产刑。[2] 作为"宪法测震仪"的刑事诉讼法，遵循宪法与公民财产权保障的关系脉络，完成了对公民人身权的单一保护到逐渐关注犯罪嫌疑人、被告人合法的财产权的转变。具体表征是：1979 年《中华人民共和国刑事诉讼法》（以下简称《刑事诉讼法》）整体呈现人身权保护的立法倾向，无论是刑事诉讼法的司法任务还是权力机关对物实施的强制措施手段都具有明显的消极态度；1996 年第一次修改《刑事诉讼法》，增加了对公民财产权利的保护并详细规定移送、返还权力机关查扣财物等具体程序；2012 年第二次修改《刑事诉讼法》，促使涉案财物处置"正当程序化"以应对和满足实践需要；在国家监察体制改革的背景下，2018 年第三次修改的《刑事诉讼法》主要从两法衔接角度对涉案财产的处置进行完善，并确立缺席审判程序，以配合国家反腐败和国际追逃追赃工作的需要。[3]

从历史演变的角度来看，刑事法律起初以"人"为诉讼客体，裁判官通常以暴戾方式审查裁决，而后随着现代人权法治观念的提升，赋予了遭受刑事责难之人的诉讼主体地位，裁决方式也更为文明，应当说重视人身权保护具有历史必然性，是刑事诉讼程序建构初期的典型表现。虽然我国宪法对公民私人财产权的重视程度逐渐加强，但实体刑法和刑事诉讼法作为"责难于人"的法律，依然呈现一种以公民人身权、自由权保护为主，公民私有财产权保护为辅的立法格局。在此背景下，比较容易得出这样一种结论，即刑事涉案财物处置混乱的实践现状缘于"重人身权保护、轻财产权保护"的传统司法观念，从"重人轻财"观转变为"人财并重"观是其有效的解决路径和逻辑出路。也就是说，财产权利与人身权利、自由权利是人的道德权利的共

---

〔1〕 参见朱拥政：《刑事诉讼中的财产权保障》，中国人民公安大学出版社 2009 年版，第 22～27 页。

〔2〕 参见马登民、徐安住：《财产刑研究》，中国检察出版社 2004 年版，第 158～164 页。

〔3〕《监察法》第 46 条规定：监察机关经调查，对违法取得的财物，依法予以没收、追缴或者责令退赔；对涉嫌犯罪取得的财物，应当随案移送人民检察院。《刑事诉讼法》第 177 条规定：人民检察院决定不起诉的案件，应当同时对侦查中查封、扣押、冻结的财物解除查封、扣押、冻结。对被不起诉人需要给予行政处罚、处分或者需要没收其违法所得的，人民检察院应当提出检察意见，移送有关主管机关处理。

同组成部分，应当将财产权视为人的基本权利，在刑事诉讼中对公民财产权予以同人身权、自由权同等重要的平等保护。

（二）刑事涉案财物处理制度较难适配"人财并重"观

按照上述逻辑，在苛责"重人轻财"观念的同时，应当及时调整相应的司法制度与程序，努力与"人财并重"观相适配。我国刑事司法与诉讼制度也的确朝着这一方向努力。例如，上述两办出台的《意见》作为政策性文件在司法改革的过渡期，指导立法与司法机关有针对性地完成对相关制度规范的完善。最高人民检察院、公安部、最高人民法院为贯彻落实进一步规范刑事诉讼涉案财物处置的改革要求，相继规定加强对涉案财物的管理，分别从具体程序（如查封、扣押、冻结措施适用、审前返还与先行处置）、工作机制（如执行、境外追逃追赃、权利救济与责任追究）、制度安排（如保管、上缴中央国库与集中管理信息平台）等方面对刑事诉讼涉案财物处置进行规范和调整。不仅如此，国家机关与职权部门也在这一方面作出了努力。2016 年 8 月 4 日，中国银监会、公安部印发的《电信网络新型违法犯罪案件冻结资金返还若干规定》，中国人民银行于同年 9 月 30 日发布的《关于加强支付结算管理防范电信网络新型违法犯罪有关事项的通知》，最高人民法院、最高人民检察院、公安部于 2016 年 12 月 19 日发布的《关于办理电信网络诈骗等刑事案件适用法律若干问题的意见》都是为了配合经济类犯罪的涉案财产处置问题对公民合法财产权进行保护的有益尝试。[1]

虽然，当前我国刑事诉讼法与相关规定较此前对涉案财物的处置、管理规范更贴近"重视财产权保护"的司法观念，但距离"人财并重"观仍然有很大的差距，刑事诉讼制度与程序整体上依然呈现以人身权保护为主的特征。新形势下，财产类犯罪案件的增多，使得刑事诉讼立法规范逐渐填补了在财产权保护方面的空白，但更多的是在宏观政策引导下的部门行为规范与操作守则，并未形成较为系统的、动态的刑事涉案财物处置体系。与此同时，公安司法机关和人员为了发现案件真实，倾向于将查获的所有财物都敛为对案

---

〔1〕 除此之外，还有中国人民银行、工业和信息化部、公安部、国家工商行政管理总局《关于建立电信网络新型违法犯罪涉案账户紧急止付和快速冻结机制的通知》（2016 年 3 月 18 日发布）、中国银监会办公厅、最高人民检察院办公厅《关于印发银行业金融机构与检察机关开展涉案账户资金网络查控技术规范的通知》（2016 年 3 月 13 日发布）、中国银监会办公厅、国家安全部办公厅《关于印发银行业金融机构与国家安全机关开展涉案账户资金网络查控技术规范的通知》（2016 年 1 月 21 日发布）等。

件侦破的有用证据，不惜扩大涉案财物范围或作出其他超越职权的行为。在这种司法观念和操作习惯下，无法给予被追诉人的财产权必要的尊重和保护，在制度体系未完善的前提下更加难以实现对人身权和财产权的并重保护。[1] 因此，就我国长期以来重刑事责任追究、重刑罚措施运用，轻犯罪收益剥夺、轻涉案财物追缴与没收的特质[2]，在现有制度条件下，从以"人身权为中心"的保护观念直接跳跃到"人身权与财产权并重"的保护方向不具有现实可行性。在"人财并重"观的基础上构建相应的制度程序，并革新实务人员的观念与行为习惯在短期内也不太容易实现。人身权与财产权在刑事诉讼程序中实现平等保护更多是一种理想的状态。

三、"人财并重"程序保障观运行的理论破解

关于涉案财物处置混乱如何归因的问题，强势倚靠改变传统司法观念、进而优化完善制度程序的方式是一个长期且漫长的过程。"人财并重"程序保障观实现的前提首先需要回应"权利能否平等保护"的质疑，为人身权和财产权可以平等保护这一前提性假设提供合理解释。这一解释需要从实体法与程序法两个方面来论证，即人身权与财产权具有实体上的高低位阶差异，"人财并重"是指刑事诉讼法面向"人"和"物"的一种程序对待方式。

（一）人身权与财产权本身存在高低位阶的实体性差异

如果权利不能平等保护，那么依靠"人财并重"观来规范涉案财物处置程序的逻辑假设，便犯了前提性错误的思维谬误。

权利的平等保护，在刑事诉讼法视阈下被一般理解为职权机关对不同权利主体的平等尊重和关切，但在涉案财物处置问题上，争论焦点不仅涉及单一主体之不同权利类型能否得到平等保护，甚至可能关系到多个权利主体之间跨权利类型的比重权衡（如被害人的财产权与被追诉人之人身权的比较）。在回答权利能否平等保护问题之前，需要首先厘清两个概念：权利主体和权利类型。

1. 权利主体与权利类型

权利主体，不难理解是指具有权利资格的主体。具有权利主体资格的各

---

〔1〕 参见熊秋红：《刑事诉讼涉案财物处置程序检视》，载《人民检察》2015 年第 13 期；温小洁：《我国刑事涉案财物处理之完善——以公民财产权保障为视角》，载《法律适用》2017 年第 13 期；王秋玲：《刑事搜查扣押中的被追诉人财产权保障与非法证据排除》，载《法学杂志》2019 年第 4 期等。

〔2〕 吴光升：《刑事涉案财物处理程序研究》，法律出版社 2018 年版，第 2~3 页。

主体平等地享有或承担相同的权利或者义务，是对宪法规定的"法律面前人人平等"比较确定且规范的理解；不同的是，权利类型内含不同的权利内容和价值，某种程度上存在高低权利位阶，尤其当发生权利冲突时，需要位阶较低的权利作出一定的取舍和让步。当然，"人们不可能凭据哲学方法对那些应当得到法律承认和保护的利益作出一种普遍有效的权威性的位序安排"，但"这并不意味着法理学必须将所有利益都视为必定是位于同一水平上的"。[1]权利体系的位阶虽不固定，但普遍承认的是，生命的利益是权利主体具备主体资格并获得其他所有利益的基础性前提，财物作为其能够控制并处分的权利，离不开权利主体人身权的完整性。从这一角度来说，人身权高于财产权。

2. 不同权利类型存在高低位阶

理论界与法律实务界已经广泛认可并接受"权利位阶论"，认为权利种类之间的不平等是最实质性的法学问题。[2]在具体实践中，美国宪法采用"双重基准理论"表达类似主张，用"严格审查"和"合理性审查"审查不同权利内容的法律。[3]我国在证明问题上，分别以"高度盖然性"和"排除合理怀疑"来确定民事诉讼与刑事诉讼的证明标准隐含这一理论，体现了生命自由权相比公民其他合法权益而言更需谨慎的观念。紧急状况下"二权取其轻"的权利衡量亦可通过逆向推理印证这一观点。可见，不同权利种类存在高低位阶已被立法、司法等各个领域普遍承认。同时，不仅实体法层面如此，在刑事程序法领域也采用不同的方式对待"人身权"和"财产权"。

（二）刑事诉讼中的"人"和"物"呈现不同的程序对待方式

在刑事诉讼视域下，普遍承认的是："人"作为刑事诉讼的主体[4]，包括犯罪嫌疑人、被告人、公诉人、辩护人等，在刑事诉讼中承担控诉、辩护、

---

〔1〕　参见［美］E. 博登海默：《法理学：法律哲学与法律方法》，邓正来译，中国政法大学出版社 1999 年版，第 400 页。

〔2〕　比较典型的观点如下：林来梵教授认为权利类型平等保护的主张无论在法学理论还是实定法运作中都是一种独特的臆想［参见林来梵、张卓明：《论权利冲突中的权利位阶——规范法学视角下的透析》，载《浙江大学学报（人文社会科学版）》2003 年第 6 期］；张平华教授认为权利位阶是法律世界的客观现象（参见张平华：《权利位阶论——关于权利冲突化解机制的初步探讨》，载《法律科学》2007 年第 6 期）；李友根教授认为不同权利之间具有位阶关系是明确且现实存在的（参见李友根：《权利冲突的解决模式初论》，载《公法研究》2004 年第 0 期）。

〔3〕　参见梁迎修：《权利冲突的司法化解》，载《法学研究》2014 年第 2 期，第 68 页。

〔4〕　区别于刑事诉讼法律关系主体，刑事诉讼法律关系主体包括诉讼主体和非诉讼主体。刑事诉讼主体必然是刑事诉讼法律关系主体，但并非所有的刑事诉讼法律关系主体都是刑事诉讼主体。

审判、监督等诉讼职能，当然享有法律规定的一系列权利和义务。而"物"在刑事诉讼中的角色不具有主体特征，更多以客体或者人之附属物而存在。具体来说，"人"和"物"在刑事诉讼中呈现的程序对待方式主要表现为以下几个方面：

一是程序角色的不同决定了权利关照程度不同。"物"在刑事诉讼中最不具争议的价值是"为证明案件事实发生的材料"，主要以"证据"的角色呈现。因其享有证据之证明属性，"物"在诉讼发展过程中被采取冻结、扣押、查封等强制措施具有法律正当性，以强制处分的对象形式存在。[1] 作为一部责难于"人"的法律，人被赋予更多程序性角色的同时也负担着更多危险。再加上人身权具有遭受侵犯便不可回复原状的特性，相较于"财产权"理应享有更多的理论关照和制度保障。不仅如此，受我国传统文化观念的消极影响，以及人权学说的不发达，我们始终未能完全从一种公理性的或"天赋"人权的高度来看待刑事诉讼中的财产权保障问题。[2]

二是"人"和"物"具有诉讼的独立性差异。所谓诉讼的独立性差异是以诉讼标的为基准的讨论，包括"对人之诉"和"对物之诉"。传统的对人之诉，由检察机关提出追究被告人刑事责任的诉讼请求；以物为独立标的，则意味着对被告人违法所得及其他涉案财物予以没收可以作为一项单独的诉讼请求接受法院裁判。就目前我国的刑事诉讼程序来看，现有的涉案财物处置程序依附于定罪量刑的程序，被害人或者其他利害关系人不具有完全有效地参与涉案财物处置决定的过程。[3] 以案外人为例，两办《意见》第 12 条明确指出当事人不服司法机关对涉案财物的处理决定可以通过提出上诉的救济途径表达不满情绪，被害人或者其他利害关系人还可以通过请求抗诉的方式表达异议，但案外第三人不具备刑事诉讼法中规定的"当事人"或者"诉

---

〔1〕 但根据物所归属的人之诉讼地位而享有不同程度的关照，如因被告乃国家刑罚权行使之对象，对其或其物采取强制处分有忍受义务；而对被告以外的第三人则应控制在严格的要件内，并且目的也应以发现与本案有关的应扣押之物为限。参见林钰雄：《刑事诉讼法》（上册 总论编），中国人民大学出版社 2005 年版，第 231 页。

〔2〕 参见万毅：《财产权与刑事诉讼》，四川大学 2005 年博士学位论文，第 8 页。

〔3〕 参见方柏兴：《论刑事诉讼中的"对物之诉"——一种以涉案财物处置为中心的裁判理论》，载《华东政法大学学报》2017 年第 5 期，第 127 页。

讼参与人"的诉讼主体资格。[1] 因此，对涉案财物的处理仅依附于以"犯罪事实或行为"为主体的本源诉讼，其附属地位较难受到完全的正当法律程序约束。

于是，在涉案财物追缴程序问题上，有学者主张构建刑事"对物之诉"，在嫌疑人、被告人逃匿或者死亡的违法所得没收特别程序基础上对涉案财物追缴程序进行诉讼化改造，由检察机关代表国家就涉案财物的追缴提起诉讼。[2] 这一尝试将涉案财物看作独立的诉讼标的，赋予"物"独立的诉讼地位，与"人"不只是附属关系，不再依附于定罪量刑即可单独享有正当程序带来的诉讼保护与秩序。当然，未来刑事司法改革探索创立"对物之诉"，对涉案财物主张合法权益的被告人、被害人，或者第三人无疑是一项有益的创举。但更为保守的是，就目前我国刑事诉讼格局整体不变的情况下，有必要为涉案财物处置提出现实可行的、能够快速有效实现的逻辑出路与完善路径。

（三）"人财并重"并非可以直接采纳的冲突解决路径

至此，可以得出的结论是：不同权利种类之间具有位阶差异是客观存在的，同时在程序法领域"人"和"物"因其诉讼角色和独立性的差异也呈现出不同的对待方式。将涉案财物处置混乱归因于立法、司法对待人身权和财产权的态度上，仅是历史性的一个方面，并非是打开问题症结的主要路径。具体来说，"重人轻财"的刑事司法观念具有历史性，是传统刑事诉讼处理单一人身侵害类犯罪案件的必然产物，而非造成刑事涉案财物处置混乱的直接原因。其直接原因是，在经济类犯罪案件多发的现实冲击下，由于司法制度未能及时调整、诉讼程序不够完善加剧的。因此，简单地将刑事涉案财物处置程序的不规范归罪于传统"重人轻财"的司法观念，而不为历史转型期预留适当的规则调整与制度完善的合理过渡时间，略显严苛。

在理解"重人轻财"观存在合理性之后，需要论证"人财并重"观是否为破解实践难题的有效路径。笔者赞同"权利可以予以同等保护"本身即是伪命题这一观点，直接采纳"人财并重"程序保障观有可能造成不被接受且

---

[1] 对此，相关司法解释和规范性文件针对利害关系人的诉讼权利、案外第三人的权利救济机制，以及案外第三人在执行过程中对执行标的物的异议处理问题也作出规定，如《公安机关涉案财物管理若干规定》第 21 条第 3 款、第 30 条；《人民检察院刑事诉讼涉案财物管理规定》第 32 条；最高人民法院《关于刑事裁判涉财产部分执行的若干规定》第 11、14、15 条。但这些规定大多都是相对概括性的表述，缺少具体的程序规则。

[2] 参见陈瑞华：《刑事对物之诉的初步研究》，载《中国法学》2019 年第 1 期，第 204~223 页。

难以顺利推行的后果。类似于权利冲突的解决，即应当通过重新界定权利之间关系，而不是一味地主张权利平等，或言平等保护不同类型的权利来解决权利冲突。[1] 因此，笔者认为"人财并重"程序保障观不是可以直接采用的解决刑事涉案财物处置混乱的有效路径，而是需要搭建一个权利关系平台，即通过界定人身权与财产权之间具有权利附属关系而相应适用刑事诉讼基本原则的方式来处理这一冲突。

四、"人财并重"程序保障观运行的逻辑出路

解决刑事涉案财物处置程序中忽视财产权保障的矛盾，可以通过承认"物"之于"人"具有附属关系，因"物"的系属地位而跟随"人"的主体角色适用刑事诉讼程序的基本原则与规则。同时需要在《中华人民共和国刑法》（以下简称《刑法》）第 64 条关于涉案财物的种类范围基础上优化涉案财物认定与处理机制。并且探索尝试新的处置办法，如在刑民交叉情况下采行"刑民并行"的程序处理路径解决涉案财物的民事权属争议。

（一）因附属关系而适用刑事诉讼的基本原则

普遍承认的是，物同人之间存在权属关系。耶林认为"财产是一个双面的雅努斯头，对一些人只展现这一面，而对另一些人仅显现那一面"，"张扬在物中的人格，主张个人的权利和名誉""财产只是我的人格在物上外展的末梢。"[2]财产是为主体所占有、支配的客体物本身，因人们的主观意识对物认识、控制和利用，赋予了物一定的权能。[3] 也就是说，物作为客观存在之客体，不具有意识形态下的善恶之分，具体情形下财物的正当性取决于个人使用的正当性。

在程序法层面，尤其是刑事诉讼法，其目的在于以平和的方式追究并惩罚犯罪，这就需要在合理解释不同权利类型无法予以同等对待的基础上，使得人身权和财产权享受程序上相同（或者相近）的尊重和关怀。具体应用到刑事诉讼涉案财物处置程序中，可以理解为：将涉案财物（财产权）视为被追诉人（人身权）之附属，伴随权利主体自然适用刑事诉讼法确定的各项基本原则，如无罪推定原则、不得强迫自证其罪原则等，应在正当法律程序原

---

〔1〕 参见王克金：《权利位阶、权利平等抑或权利边界——以权利冲突的解决为视角》，载《长白学刊》2010 年第 4 期，第 86 页。

〔2〕 参见［德］耶林：《为权利而斗争》，郑永流译，商务印书馆 2016 年版，第 3、11、25 页。

〔3〕 参见万毅：《财产权与刑事诉讼》，四川大学 2005 年博士学位论文，第 1 页。

则、司法审查原则与比例原则的限制下处理涉案财物。[1]

1. 无罪推定原则与不得强迫自证其罪原则

在法院作出最终裁决之前，犯罪嫌疑人、被告人被推定为无罪，其事实占有之物亦应当被承认为合法的事实占领状态，犯罪嫌疑人、被告人无须证明其占有之物的合法性与正当性。因为被追诉之人与其所管理之物只是作为涉案嫌疑人与涉案财物，进入刑事诉讼程序接受调查与审理而已，只意味着权利的中断，并未实质发生权利的终止和转移。

2. 正当法律程序原则

正当法律程序原则渊源于英国 1215 年的《自由大宪章》，其经典表述为：自由人若被逮捕、监禁或者没收财产，必须经过与其享有同等地位的裁判官根据当地的法律依法判决。这一原则要求对公民生命、自由、财产等重要权利的剥夺或者限制必须通过一定的程序才能决定。正当法律程序原则要求权力机关对被追诉人所占有财物实施查封、扣押、冻结必须通过法定且正当的程序进行，赋予财产权利遭受限制或受到影响的当事人及时获知、充分表达并且能在律师帮助下陈述、辩解的权利，权力机关对当事人所述异议应当及时回应，当事人对其回应不满还可以再一次申请救济。

3. 司法审查原则

司法审查原则是西方国家分权制衡观念下产生的司法权控制理念，既满足了中立裁判者主持国家与个人纠纷的公正观念和程序正义理念，也符合社会公众对司法权权威的期待与信赖。通过司法审查实现权力对权力的制约，在刑事诉讼中体现为一些具有裁判性质的处分权应当由法院来行使。司法审查原则以令状为表现特征，在当前我国实行"以审判为中心"的诉讼制度改革背景下，对涉案财物采取强制措施或者处理应当趋于并最终实现诉讼化。

4. 比例原则

比例原则起初是为了保持公权力对个人私权干扰的谦抑性，规定在英国《自由大宪章》中，即根据自由人犯重罪或者轻罪的程度大小科刑，与当代罪刑法定原则相类似。我国台湾地区将比例原则作为国家干预人民基本权利时必备之基本准则，要求政府干预的手段必须与所欲达成的特定目的相一致，不得超乎法律设定的特定范围。凡逾越法律界限超越职权对公民私权造成侵

---

〔1〕 参见朱拥政：《刑事诉讼中的财产权保障》，中国人民公安大学出版社 2009 年版，第 48～103 页。

犯的行为都有可能遭致诉讼上的不利后果，公民有权就权力机关违背比例原则的行为寻求中立机关或者上一级机关的救济。如国家机关为推进诉讼进程和实施必要侦查时对公民人身或者财产采取一定程度的带有强制性的限制手段时，必须满足手段与目的的相当性关系，控制手段的强度和力度，切不可超出达成目的所必需的范围。[1]

（二）完善刑事涉案财物的认定与处理机制

规范刑事涉案财物的管理与处置，使其能够经受得起财产权保障和正当程序双重检验的前提是，尽可能明确涉案财物的范围，同时优化相应的认定机制。

刑事诉讼中对物采取强制措施的客体包括作为证据之物和得没收之物。得以没收之物规定在《刑法》的第64条，即"犯罪分子违法所得的一切财物、被害人的合法财产、违禁品和供犯罪所用的本人财物属于涉案财物"。实体法上的立法表述较为概括，使得各部门对涉案财物范围的认识不一，规定也不完全相同。[2]但一般来说，刑事涉案财物应当具有以下特质：一是与案件具有关联性，即因犯罪嫌疑人、被告人的行为而与系属案件发生联系（但不要求关联大小达到某一必要程度）；二是具有特定的形式外观，表现为违禁品、违法所得和供犯罪所用之物及其他与案件有关的财物[3]，孳息亦包含在内；三是涉案财物处置具有法定性，包括认定、决定与处置主体的法定和程序的法定，即除公安机关、检察机关与人民法院依照法律规定的程序处置涉

---

〔1〕 强制处分的适用必须以比例原则和法律保留原则为基准，是刑事诉讼法中所有干预人民基本权利之国家行为（当然包括刑事诉讼上的强制处分）所必须遵循的指导原则。参见林钰雄：《刑事诉讼法》（上册 总论编），中国人民大学出版社2005年版，第233页。

〔2〕 如《人民检察院刑事诉讼涉案财物管理规定》将涉案财物解释为：人民检察院在刑事诉讼过程中查封、扣押、冻结的与案件有关的财物及其孳息以及从其他办案机关接收的财物及其孳息，包括犯罪嫌疑人的违法所得及其孳息、供犯罪所用的财物、非法持有的违禁品以及其他与案件有关的财物及其孳息；《公安机关涉案财物管理若干规定》则规定：涉案财物，是指公安机关在办理刑事案件和行政案件过程中，依法采取查封、扣押、冻结、扣留、调取、先行登记保存、抽样取证、追缴、收缴等措施提取或者固定，以及从其他单位和个人接收的与案件有关的物品、文件和款项。

〔3〕 关于是否应当将《刑法》第64条规定的三种特定类型的涉案财物作扩大解释，学界存在争议。虽然《人民检察院刑事诉讼涉案财物管理规定》《公安机关涉案财物管理若干规定》将"其他与案件有关的物品及其孳息"和"其他可以证明违法犯罪行为发生、违法犯罪行为情节轻重的物品和文件"作为涉案财物的兜底规定，但有学者认为这将有可能导致实践部门借此肆意扩大涉案财物范围，有侵害公民财产权利之虞。参见孙国祥：《刑事诉讼涉案财物处理若干问题研究》，载《人民检察》2015年第9期。

案财物以外，其他任何单位或者个人无权干涉和处置涉案财物。

由于现代社会经济形态逐渐呈现多样性，经济类型的犯罪也愈发多变。即便继续丰富规范法层面对涉案财物范围的规定，也不可能完全覆盖涉案财物的种类。因此，在尽量实现涉案财物范围明确的实体法基础上，更符合实际的做法是，完善对涉案财物的认定与处理机制。

1. 处理刑事涉案财物应当在法律框架内运行

刑法是"责难于人"的法律，罪刑法定原则要求对刑法做严格解释；刑事诉讼法是讲求以公正的审判判处犯罪、施以刑罚的过程，因而可以目的或观念作实质解释。在涉案财物问题上，必须严格限定刑法规定的四种涉案财物种类，而在程序运作方面，则需作有利于被追诉人财产权益的解释和适用，并且作为一部授权性质的法律，刑事诉讼法应以"法无明文规定即禁止"为原则底线严格约束职权机关的行为。在司法实践中，职权机关无限制扩大涉案财物范围，严重损害了犯罪嫌疑人、被告人乃至其他利害关系人的财产权利，需要通过制度进行规制并惩罚权力机关及其人员滥用职权的行为。如侦查机关经调查后发现其所查封、扣押、冻结的财物中存在供犯罪所用的个人财物、违法所得及其孳息或其他与案件有关应予追缴、没收的物品，应当如实登记并妥善保管。严格遵循法院是唯一有权对涉案财物作出处置决定的机关这一原则，人民法院应当根据公诉机关提出的对涉案财物追缴、没收或者作出其他处理的处置建议，并于庭前通知利害关系人或予以公告，在控辩审三角诉讼结构完整的庭审程序上完成调查、质证、认证等活动，在判决中一并处理涉案财物。设置案外人参诉和执行异议救济程序，针对职权机关违法或错误处置涉案财物的行为提出异议并获得救济和及时保障。

2. 遵循无罪推定原则给予涉案财物应有的程序保护

从民事权属关系上看，被追诉人在进入刑事诉讼程序之前，与涉案财物呈现管领、占有的事实状态，除违禁品[1]具有直观的违法外形，属于不法占有、恶意占有外，无论是违法所得、被害人合法财产还是供犯罪所用财物都无法从外观上准确判断其合法性。民法中，占有是以"推定"的方式规定对外形符合占有的事实状态，占有人即有权处分的一项制度，其目的在于确保

---

〔1〕 违禁品，一般是指国家规定禁止生产、购买、运输和持有的枪支弹药、管制刀具、爆炸物品、剧毒化学品、窃听窃照专用器材、迷药、毒品、固体等。规定在《民用航空法》《海商法》《铁路法》《渔业法》《文物保护法》《野生动物保护法》《野生动物保护条例》等规定中。

交易安全。由此不难理解，在无罪推定原则的基础上，犯罪嫌疑人、被告人未经法庭最终裁判前，与其具有占有关系的除违禁品外的"涉案财物"并不因此发生民事法上的权利移转，仅因办案机关搜查、扣押等强制性措施发生权利中断而已，涉案财物的违法性判断基于被追诉人行为的法律事实审查，在诉讼进程中应当遵循"无罪推定原则"推定涉案财物的权利关系附属于被追诉人且因占有的事实状态被法律保护。即便在必要时采取财产保全措施，也应当严格限定范围，避免突破法律及司法解释规定的涉案财物范围，出现"一揽子扣押冻结"的现象。[1]

3. 法院是唯一有权对涉案财物作出最终裁决的机关

法院在判决中一并处理涉案财物是 2012 年《刑事诉讼法》对涉案财物处理问题修改的一大亮点，明确赋予法院是唯一有权对涉案财物作出处置决定的机关，规避了在刑事诉讼的各个阶段都可以发生涉案财物最终处理的乱象，也利于防止被指控人被宣告无罪后先前被处分的财物难以追回，落实追缴、责令退赔和没收等责任，避免职责不明、相互推诿的现象。[2] 具体来说，侦查机关经调查后发现所查封、扣押、冻结的财物中存在供犯罪所用的个人物品、违法所得及其孳息或其他与案件有关应予追缴、没收的物品或者财产，应当如实登记并妥善保管。在侦查终结移送审查起诉时，将处理意见、涉案财物清单与作为证据使用的物品随案移送。根据公诉机关提出的对涉案财物追缴、没收或者作出其他处理的处置建议，人民法院应当于庭前通知与涉案财物有关的利害关系人或予以公告。经法院审查后确定案件事实清楚、证据确凿时即可裁定没收；事实清楚，提出的证据不能证明涉案财物系违法所得或为供犯罪使用工具的，裁定不予没收，并及时解除措施、退还；事实清楚，提出的证据证明涉案财物为合法财物或与案件无关，应按涉案财物的权属关系及时退还；基础犯罪事实不成立，被告人无罪的，仅需查明涉案财物是否为违禁品，及时移送相关部门处理。需要强调的是，在刑事裁判主文中应当写明对涉案财物的认定和处理决定，不得遗漏或者概括表述对涉案财物的处置，否则被告人有权以裁判文书存在表述模糊、依据不详等瑕疵而要求补正。

---

〔1〕 参见向燕：《论刑事没收及其保全的对象范围》，载《中国刑事法杂志》2013 年第 3 期，第 78 页。

〔2〕 参见杨胜荣：《刑事诉讼中涉案财物的认定与处理》，载《湘潭大学学报（哲学社会科学版）》2015 年第 3 期，第 68 页。

（三）探索"刑民并行"解决刑事涉案财物民事权属争议

如果说刑事诉讼涉案财物处置问题是，在同一程序中，对于同一权利主体（被追诉人）的不同权利类型（人身权和财产权）的程序态度与对待方式；那么，涉案财物的刑民交叉问题则是在不同程序（刑事审判程序和民事审判程序）中，对不同权利主体（被追诉人和主张财物所有权之人）的不同权利类型的衡量和比较。

1. "先刑后民"的司法处理方式已无法满足现实需要

在讨论如何处理刑民交叉案件问题之前，首先需要厘清"刑"和"民"代表的不同涵义，"刑"围绕被追诉人定罪量刑的刑事裁判程序，以人身权为程序保护中心；"民"则围绕涉案财物的民事权属关系争议进行的民事审判程序，以财产权为审理焦点。传统处理刑民交叉案件的司法准则是"先刑后民"，即以被追诉人定罪为基础，根据二者之间法律事实上的相互依存关系，在解决被追诉人的行为定性之后再行处理其所属的关联财产。从权利位阶角度上看，"先刑后民"严格遵循了人身权和财产权在实体法意义上的位阶差异，但机械适用将可能导致事实清楚、不存在民事权属争议的公民私有财产权在较长时间内无法得到恢复和实现的消极影响。对僵化适用"先刑后民"方式处理刑民交叉案件的典型诟病是：剥夺了当事人对程序适用的主动权和选择权，公权压制私权不利于私权的及时救济与保护，还有可能存在假借刑事程序恶意规避巨额民事赔偿的嫌疑。[1] 当前形势下，大量侵犯财产类犯罪案件，尤其是经济类犯罪案件大幅增长，此类案件涉及财产数额之大与损害范围之广，使得"先刑后民"传统司法处理方式既难以平衡好刑民交叉的复杂性与当事人对程序适用的主动性，亦不能满足私权主张及时救济并修复的需要。

2. "刑民并行"是处理刑民交叉案件中涉案财物的有益尝试

将涉案财物及时扣押并合法处理，符合现代没收法律规则为了实现禁止从不法行为中获利、剥夺犯罪组织敛财能力及补偿受害者的刑事司法目标。[2] 而通过民事诉讼程序处置受刑事指控被告人的财产，也是一种天然的

---

〔1〕 参见万毅：《"先刑后民"原则的实践困境及其理论破解》，载《上海交通大学学报（哲学社会科学版）》2007 年第 2 期；陈兴良等：《关于"先刑后民"司法原则的反思》，载《北京市政法管理干部学院学报》2004 年第 2 期。

〔2〕 See Simon N. M Young, *Civil Forfeiture of Criminal Property： Legal Measures for Targeting the Proceeds of Crime* 1 （Cheltenham, UK； Northampton, MA： Edward Elgar 2009）.

补救措施。[1] 毕竟民事审判的关注重点不在惩罚，而是补偿因过错行为遭致的损害。尤其在当前资金高速流转的经济社会下，财物的静滞即面临贬值的风险。对于权属关系清楚的财物所有人来说，其合法的财产权若要让步于被追诉人的刑事审判而延迟获得受损权利的修复，则有可能引发更加严重的损失。因此，可以考虑以"刑民并行"的方式处理刑事涉案财物的民事权属争议。[2]

这一路径可以法律关系或法律事实作为判断标准。[3] 以是否具有"同一法律事实"为例，具有不同法律事实且仅是程序上的民刑交叉，可以选择以民事审判与刑事审判同时进行的方式处理；存在相同的法律事实，同时仅是程序上的交叉，则可以待刑事审判完结明确涉案财物性质与归属后再行民事审判活动；具有同一法律事实的另一种情况是存在实体上的交叉，无法准确判断案件性质是刑事还是民事的时候，可以通过法院司法审查的方式对当事人的民事程序启动申请进行判断。这种处理刑民交叉案件的解决方式，不仅可以使得私主体的自由财产权得到及时修复与救济，同时也尊重了当事人在私权救济方面对程序的主动权和选择权。在以法院司法审查的方式决定当事人的程序启动申请，是建构我国刑事司法审查机制在对物之诉问题上的突破口，从对涉案财物权属异议的审查逐渐推行到对物采取强制性措施的审查，是在"以审判为中心"的诉讼制度改革要求下实现审判权在处置涉案财物方面对侦查权的有效规制，也是规范处理涉案财物司法程序的有效路径。

结　语

刑事诉讼法对公民财产权保护的关注和重视丰富了我国人权保障理念在程序法层面的多元化，规范处理涉案财物的司法程序作为改革重点，引导刑事诉讼法及相关法律针对处置涉案财物的程序制约和财产权保障作出调整和

---

[1] See Longest CE., "*Parallel Civil and Criminal Proceedings*", *Am. Crim. L. Rev.* 24, 855（1986）.

[2] 司法实践中已有尝试，如 2015 年 6 月 23 日，最高人民法院《关于审理民间借贷案件适用法律若干问题的规定》细化非法集资刑事案件的适用法律问题，规定遵循"先刑后民"原则的同时亦采取"非同一事实"标准对关联性案件采取"刑民并行"的处理原则。参见郭华：《非法集资的认定逻辑与处置策略》，经济科学出版社 2016 年版，第 190 页。

[3] 将法律关系作为刑民交叉案件分类切入点的观点以杨兴培教授《刑民交叉案件的类型分析和破解方法》（载《东方法学》2014 年第 4 期）为代表；主张以法律事实为判断标准的可以参见李全锁、杜博：《刑民交叉案件法律规制路径之反思与重构——以涉嫌刑事犯罪的民间借贷案件为例》，载《法律适用》2013 年第 7 期；于改之：《刑民交错案件的类型判断与程序创新》，载《政法论坛》2016 年第 3 期等。

完善，是中国现代法治的进步。在理性看待传统刑事诉讼法具有以人身权为立法导向和偏重人身权保护特征是历史之必然的基础上，应当周延诠释"重人轻财"的司法观念，接受权利本就存在高低位阶的实质前提，承认刑事诉讼程序中也确实呈现"人"与"物"的不同对待方式。而后再充分理解直接采纳权利平等观不具有现实可行性，但可以通过搭建人与物之间权利关系的方式来完成。

规范涉案财物处置程序是法治程序在"物"上的司法形塑要求，即"必须至少在程序上合乎诉讼规则"[1]，以构建完善诉讼规则的方式保护财产权免受任何不正当或者过度的侵犯。平等权利主体之间享有相同的权利和义务，不同权利类型宜应受到相同或相近的程序关照和保护，是刑事诉讼法作为程序法发挥人权保障功能的应有之义，也是刑事诉讼法满足刑法惩罚犯罪工具性价值外的独立价值体现。这就意味着刑事诉讼目的和价值正逐渐从传统对人保护的一元视角延伸至对物关切（今后可能再延伸至其他合法权益）的多元视角，从惩罚犯罪的孤立价值扩展至人权保障的双重程序功效，彰显出我国刑事诉讼在现代法治浪潮中正趋于成熟。

---

〔1〕 参见林钰雄：《刑事诉讼法》（上册 总论编），中国人民大学出版社 2005 年版，第 8~9 页。

民事诉讼当事人询问：制度价值、比较考察与规则构建[*]

吐热尼萨·萨丁^{**}

摘　要：当事人询问制度有利于最大限度地发现真实，提高裁判结果可接受程度，并保障当事人程序主体性地位。尽管我国《民事诉讼法》将当事人陈述作为一种证据种类，但因未区分证据意义上的当事人陈述与作为诉讼资料意义上的当事人陈述，亦未设置当事人询问相关规则及配套制度，导致其在司法实践中适用比较混乱，证据功能也明显弱化。考察德国与日本对当事人调查询问相关规定的基础上重构当事人询问制度需区分证据意义上当事人陈述与诉讼资料意义上的当事人陈述，限定当事人范围，采取依当事人申请与依法官职两种启动方式，确定其在证据方法上的补充性；并强化当事人出庭义务与真实陈述义务，赋予当事人责问权，作为相对配套制度。

关键词：当事人询问　适用规则构建　证据功能

---

　　*　本文系国家社会科学基金项目"转型时期民事诉讼架构下的司法公开研究"（项目编号：14BFX060）的阶段性研究成果。

　　**　吐热尼萨·萨丁，中国政法大学民商经济法学院诉讼法学 2014 级博士研究生（100088）。

引 言

较于其他诉讼参与人，诉讼当事人是最了解案件事实的。可以说当事人陈述[1]是法官获得心证并发现真实的取之不尽、用之不竭的第一手证据资料。然而，在我国司法实践中，对当事人的不信任使得法院很少会采纳当事人陈述作为定案根据。有学者认为，当事人不仅是最了解案件事实，也是案件直接利害关系人，当事人只会陈述与自己有利的事实，因此不能将其作为重要证据使用。[2]有学者认为，法官对当事人的询问会更进一步的强化法官职权，[3]这导致在我国民事诉讼中法官对当事人询问的研究比较缺乏。[4]从立法角度来看，虽然在《中华人民共和国民事诉讼法》（以下简称《民事诉讼法》）中有一定数量的提到"当事人询问"字眼的立法规定，但其多数并不是真正意义上的法官对当事人的询问。[5]司法解释中对当事人询问的规定仅止步于简单表述层面，其具体适用规则，如在证据法上的地位、启动方

---

〔1〕 司法实践中，并非当事人陈述，而是当事人询问是作为证据资料使用的。

〔2〕 如张卫平：《民事诉讼法修改与民事证据制度的完善》，载《苏州大学学报（哲学社会科学版）》2012年第3期，第36页；黄宣：《解构与续造：当事人的陈述制度化构建》，载《河北法学》2015年第8期，第156页。

〔3〕 如"在我国，民事诉讼改革首先面对的问题是如何加快法院职权的淡出而切实以举证责任引导当事人主动性的发挥，而不是解决举证责任适用过于僵硬的问题，此时就讨论如何引入并扩大当事人询问制度似乎还是为时过早的"，参见陈文曲：《当事人陈述证据价值之思考——以〈最高人民法院关于民事诉讼证据的若干规定〉为视角》，载《中南大学学报（社会科学版）》2007年第4期，第412页。

〔4〕 目前，从询问权的角度研究当事人询问的文献有篇，朱福勇：《民事法官询问权探析》，载《法学杂志》2009年第2期，第102~104页；史飚：《民事询问权研究》，载《政法论坛》2016年第2期，第146~152页。孙邦清、史飚：《民事诉讼询问权研究》，中国政法大学出版社2016年版，第1~198页。朱福勇：《论民事法官询问范式及程序约束》，载《法学评论》2018年第6期，第91~102页；廖丹：《程序保障视角下当事人询问权研究》，载《黑龙江省政法管理干部学院学报》2018年第3期，第104~107页。从当事人询问本身的角度进行研究的文献有，毕玉谦：《试论民事诉讼上的主询问规则》，载《法律适用》1999年第12期，第5~8页；毕玉谦：《关于民事诉论中反询问规则之设置》，载《法律适用》2000年第4期，第3~6页；占善刚：《当事人讯问之比较研究》，载《法学评论》2008年第6期，第61~69页；黄磊：《询问当事人在虚假民事诉讼中的适用》，载《天津法学》2017年第4期，第12~17页；刘浅哲：《当事人询问制度之完善》，载《湖南警察学院学报》2018年第5期，第94~100页。

〔5〕 如《民事诉讼法》第137条第2款、第141条第2款、第189条第1款中提到的询问当事人并非是法官为了获得心证、发现真实为目的进行的对当事人的询问，而相应的是查问、征询意见等。

式、询问方式及当事人相关义务等，仍处于立法上的空白。[1] 如何充分利用当事人询问制度价值使司法审判尽可能满足转型时期最大限度的裁判公正与公开的要求，是理论研究的热点及重点。从比较法的角度来看，大陆法系国家中德国与日本对当事人询问制度的规定比较全面，基于法律文化的相似性，以德国与日本对当事人调查询问相关规定为蓝本，探讨如何完善我国民事诉讼当事人调查询问制度。

一、当事人询问及其制度价值

（一）当事人询问的含义辨析

何谓当事人询问？此术语在不同的语境和法律文化背景之下有不同的称谓与含义。从比较法的角度来看，欧陆两大法系中当事人询问在性质上是有差异的。以诉讼竞技为理论基础，在陪审制影响之下的英美法系中，当事人被视为证人且由双方律师进行交叉询问，而法官只是一个裁判者，静观双方的竞技，不允许法官对当事人进行真正意义上的询问，[2] 因此在英美法系教科书及立法中始终都无法寻觅到当事人询问这一术语。当事人询问主要规定在大陆法系国家民事诉讼中，这是因为法官对当事人的询问是以纠问式为基础的职权主义的产物。在大陆法系国家及地区中，当事人区别于证人，法官就案件事实在通过其他证据无法获得心证时，被允许依职权对当事人进行询问，依据当事人的陈述获得心证、发现事实。[3] 其类似于刑事诉讼中将犯罪嫌疑人的口供作为一种证据方法。追寻法官对当事人询问的渊源，发现它无论在西方还是在我国都是一种古老的证据方法。然而，在西方它是与宣誓结合一起用，这与西方法律与宗教特殊关系有关。[4] 即便均是在大陆法系国家，当事人询问在称谓上也存在甚小的差异，如在德国及我国台湾地区被称为当事人讯问，在日本被称为当事人寻问，根据学者研究，在我国被称为当

---

〔1〕 如 2015 年 2 月 4 日起实施的最高人民法院《关于适用〈中华人民共和国民事诉讼法〉的解释》第 110 条第 1 款规定：人民法院认为有必要的，可以要求当事人本人到庭，就案件事实接受询问。在询问当事人之前，可以要求其签署保证书。

〔2〕 孙邦清、史飚：《民事诉讼询问权研究》，中国政法大学出版社 2016 年，第 75~76 页。

〔3〕 孙邦清、史飚：《民事诉讼询问权研究》，中国政法大学出版社 2016 年，第 78~79 页。

〔4〕 实际上，在英美法律题材的影视作品中都能看得到证人出庭作证前把手放在圣经上进行宣誓其将要陈述的事实是真实的。很显然，这跟西方法律与宗教之间的特殊关系有关。相关文献可参见〔美〕伯尔曼：《法律与宗教》，梁治平译，商务印书馆 2012 年版。

事人陈述。[1]

从当事人陈述的相关理论来看，当事人陈述分为对自己有利的当事人陈述与对自己不利的当事人陈述、主动陈述与被动陈述、真实陈述与虚假陈述、书面陈述与口头陈述等。对自己不利的陈述被称之为自认，从当事人陈述中剥离出去的单独的证据种类。主动陈述是指当事人就案件事实向法庭进行的主动陈述，其应该包括当事人的主张与辩解以及对案件事实进行的对自己有利与不利的陈述。被动陈述是指当事人在接受法官及对方当事人询问时所做出的陈述，其也应该包括对自己有利及不利的陈述。从这个意义上来讲，法官对当事人进行询问时当事人所做出的陈述是属于当事人的被动陈述。不同学者对当事人询问涵义不同理解，如有人认为，"当事人询问是指法官凭借书证、物证、证人证言等各种证据形式，还不能充分得到心证时，可以命令当事人进行宣誓后再加以询问，从而将其陈述作为证据适用的制度"。[2] 有人认为，"当事人询问，以当事人本人作为证据方法，以其陈述作为证据资源"。[3]

笔者认为，当事人询问含义应该有广义与狭义之分。在前述两种定义中，前者可谓是狭义上的定义，后者是广义上的，是从更加宏观的角度进行的定义，应该将这两种定义结合作为当事人询问更加准确的定义。具体来说，当事人询问应该是，指法官根据当事人所提供的物证、书证、证人证言等证据，仍无法获得充分心证时，依职权或根据当事人的申请命令当事人到庭进行宣誓之后对其进行询问，并将其陈述内容作为证据资源作为裁判依据的制度。

（二）当事人询问的制度价值

任何一项制度都有其一定的价值，其价值决定该项制度是否值得被推行。当事人询问制度所具有的制度价值值得其在我国民事诉讼中得以完善以及被推行。

---

[1]　参见占善刚：《证据协力义务之比较法研究》，中国社会科学出版社 2009 年版，第 221 页；詹爱萍：《当事人询问在行为保全程序中之构建》，载《广西政法管理干部学院学报》2014 年第 3 期，第 94~95 页等。笔者认为，将我国民诉法中的"当事人陈述"视为"当事人询问"是对立法的解读。从比较法的角度来看，只有在我国将当事人陈述列入单独的证据种类，这是比较罕见的。

[2]　包冰锋：《大陆法系的当事人询问制度及其启示》，载《南通大学学报（社会科学版）》2012 年第 2 期，第 56 页。

[3]　詹爱萍：《当事人询问在行为保全程序中之构建》，载《广西政法管理干部学院学报》2014 年第 3 期，第 94 页。

1. 最大限度发现真实

审判中法官最大限度的发现真实是实现公正的重要前提。为此，当事人需要向法官提供证明其主张为真实的各类证据，包括书证、物证、鉴定意见等。然而，这些皆为"哑巴证据"，作为案件事实的亲临者，当事人的陈述是法官了解案件真相的第一手资料。法官心证获得程度直接影响其发现真实的范围。法官通过当事人提供的证据获得心证，若法官根据当事人提供的证据仍然无法获得足够心证时，需要通过询问当事人与案件事实有关的重要事项来更深入地了解案件事实，以获得心证。法官询问当事人时，法官与当事人之间会形成一种比较直观的互动，也即在诉讼主体之间以查明案件事实为目的而产生的一种对话模式。这种对话模式所展现的法官与当事人面对面的互动将会明确和梳理原本含糊、矛盾的事实。这有利于法官通过作为案件事实亲临者的当事人的陈述，根据职业经验对当事人所陈述事实内容真伪鉴别后最大限度的接近事实，最大限度的发现真实。

2. 保障当事人程序主体性地位

在民事诉讼中，当事人程序主体性地位是民事诉讼的本质要求，其决定了民事诉讼程序保障的必要性，它的确立是确保当事人的各项诉讼权利，更有利于案件事实的查明和公正解决。[1] 当事人程序主体性地位，是指在诉讼中当事人居于主体地位而不是客体地位。传统民事诉讼中当事人的程序主体性地位容易被忽视，也即当事人在诉讼中被当作客体。法官的审判权不受当事人诉权的约束，相反，当事人的诉权受法官审判权的控制。诉讼被认为是当事人之间的竞技。然而，大陆法系国家率先更新诉讼观，认为诉讼不再是当事人之间的竞技，而应该是诉讼主体间的一种协动，诉讼主体之间的交往活动不再是单向的，而是双向的。民事诉讼庭审中法官与当事人及其他诉讼参与人之间应该有序展开对话与沟通为特征的交往模式。因此，为了最大限度地发现真实，迅速推进诉讼进程，设置了法官询问当事人制度。法官询问当事人过程中，通过法官与当事人以"问"与"答"形式进行对话与沟通，[2] 法官在鉴别当事人陈述内容真伪后采纳其陈述内容作为定案依据。这在一定程度上体现了法官对当事人的信赖及尊重。根据当事人程序主体性地

---

〔1〕 索站超：《论民事诉讼当事人之主体性》，载《黑龙江省政法管理干部学院学报》2007 年第 1 期，第 105~106。

〔2〕 朱福勇：《论民事法官询问范式及程序约束》，载《法学评论》2018 年第 6 期，第 96 页。

位原则，它以对当事人的尊重与提供当事人权利保障为其主要内容。此处所提到的"尊重"是诉讼主体之间的一种相互关系。这种相互关系体现在法官与当事人不超出各自的权限范围。[1] 尽管法官依职权询问当事人似乎显得法官审判权在压制当事人诉权，当事人程序主体性地位仍然未得到保障，但这种询问是主体间就关于待证事实的平等对话与沟通，并不是法官高于当事人的那种"独白式"的询问，是充分尊重了当事人主体性地位。因此，在现代民事诉讼法官与当事人对话与沟通为基础的交往模式中，当事人询问制度有利于保障当事人程序主体性地位。

　　3. 提高当事人接受裁判程度

　　目前，以最大限度保障司法公开、公正为其主旨的司法改革推进中，司法机关推出了一些措施，如裁判文书公开、听审直播等。这些措施在一定程度上将司法审判的过程通过现代科技技术呈现在公众面前，有利于公众监督裁判过程，也在一定程度上提高了公众接受裁判程度。然而，这些措施属于形式意义上、静态的公开，法官心证公开才是实质意义上、动态的公开。所谓心证公开是指法官将其在诉讼审理中所形成的心证，在法庭上或程序进行中，向当事人或利害关系人开示，使其有所知悉、认识或理解。[2] 提高当事人裁判接受程度是其制度价值之一。在法官与当事人以"问"与"答"形式的当事人询问对话中，法官可以向当事人公开其心证，当事人可以真实的陈述案件事实，以此法官与当事人之间实现有利的互动。法官与当事人、其他诉讼参与人在庭审中，以"问""答"式的对话超越了法官"独白式"询问的单向进路，使诉讼走向诉讼主体间以对话、沟通为基础的协同形诉讼模式。[3] 根据哈贝马斯的交往行为理论，对话是人与人之间交往的基本方式。[4] 在民事诉讼领域，对话是在当事人与法官之间以传递案件信息为基本内容的方式。这种当事人与法官之间揭露案件事实并以此形成解纷效果的对话与沟通关系主要通过这两个主体间相互阐明的方式来形成。从当事人的角

---

〔1〕　唐力：《民事诉讼构造研究——以当事人与法院的作用分担为中心》，西南政法大学 2003 年博士学位论文，第 42 页。

〔2〕　邱联恭：《心证公开论——著重於阐述心证公开之目的与方法》，载《民事诉讼研讨系列（七）》，民事诉讼法研究基金会 1998 年版，第 196 页。

〔3〕　参见朱福勇：《论民事法官询问范式及程序约束》，载《法学评论》2018 年第 6 期，第 97 页。

〔4〕　参见唐力：《对话与沟通：民事诉讼构造之法理分析》，载《法学研究》2005 年第 1 期，第 43 页。

度来看，当事人为了获得法官支持其诉讼请求，会尽力的提出证据以此证明其主张真实性并尽可能真实的陈述、阐明自己的观点。从法官角度来看，法官为了使当事人接受其作出的裁判结果而在诉讼过程中会对案件事实及有关法律问题向当事人作出释明。[1] 这有利于提高在诉讼主体间对话与沟通基础上作出的裁判被当事人接受程度。在当事人询问制度中，笔者赞同有学者所提出的对话逻辑是法官询问的内在依据的观点，[2] 也即，在诉讼领域的"理想交谈情境"中，相对于法官"独白式"的询问，法官询问对话不仅使当事人能够感受到平等的对待和尊重，还有利于平衡法律事实与客观事实，形成客观、合理的、能被当事人接受的裁判事实。

二、我国事人询问制度现状与司法适用

（一）我国民事诉讼中就当事人询问的制度设计

1. 法律规定与司法解释较为单薄

我国现行《民事诉讼法》中对当事人询问仅有一条法条规定。[3] 但这条规定的是当事人对其他诉讼参加人的发问，也不是本文中所关注的真正意义上的法官对当事人的调查询问。

在 2015 年最高人民法院《关于适用〈中华人民共和国民事诉讼法〉的解释》第 110 条第 1 款中新增加了当事人询问的规定。然而，在最高人民法院《关于适用〈中华人民共和国民事诉讼法〉的解释》中仅提到当事人在人民法院认为有必要时到庭就案件事实接受询问。这条中当事人到庭接受询问的前提是法院认为"有必要"。但对"有必要"没有做出具体的解释。此外，当事人到庭接受询问的强制性不强，法条中用的是"可以"。这就导致就算法院认为有必要当事人到庭就案件事实接受询问时，当事人还是有选择的余地，也即可以到庭也可以不到庭。若不到庭也没有从立法层面对当事人采取任何的强制措施。

总之，我国民事诉讼法及其司法解释未设置对当事人询问的启动方式、询问方式、在证据法中的定位以及配套制度等具体适用规则。

---

〔1〕 参见唐力：《对话与沟通：民事诉讼构造之法理分析》，载《法学研究》2005 年第 1 期，第 43～44 页。

〔2〕 朱福勇：《论民事法官询问范式及程序约束》，载《法学评论》2018 年第 6 期，第 95 页

〔3〕 《民事诉讼法》第 139 条第 2 款：当事人经法庭许可，可以向证人、鉴定人、勘验人发问。

2. 未区分证据意义上当事人陈述与作为诉讼资料的当事人陈述

在我国基于几千年来中央集权、司法专横的历史背景以及官本思维的观念下，伴随着我国古代"断讼"的产生，法官询问当事人一直被作为裁判者获取案件真相的重要方式，是与察言观色结合一起用的。[1] 根据学者研究，在我国它被称为当事人陈述。[2] 自我国 1982 年《民事诉讼法》颁布起，就将当事人陈述规定为一种证据种类。但至今我国《民事诉讼法》仍然未对当事人陈述的启动、方式、程序等做出系统的规定。因此在实践中也未重视当事人陈述的证据价值，即便有被动的当事人陈述的场合也未形成规范的做法。当事人的陈述呈现在当事人向法庭提交诉讼资料的陈述中、与对方进行的口头辩论等场合。由此也未在立法上区分证据意义上的当事人陈述与非证据意义上的当事人陈述。

3. 缺乏配套制度影响预期作用发挥

当事人询问只有在当事人出庭并根据法官询问做出真实的陈述才能算完成，也即当事人询问的实现当事人出庭与当事人真实陈述作为前提。然而，我国立法中对当事人出庭以及当事人应该作出真实陈述持容忍态度。这不利于发挥当事人询问的作用。

（1）未规定当事人出庭义务。2015 年 2 月 4 日起实施的最高人民法院《关于适用〈中华人民共和国民事诉讼法〉的解释》第 110 条第 1 款规定"人民法院认为有必要的，可以要求当事人本人到庭，就案件事实接受询问"。从此规定可知，我国对作为证据方法的当事人到庭接受询问的用词是"可以要求"，也即当事人到庭接受询问不是强制性的。该条第 3 款规定，"负有举证责任的当事人拒绝到庭、拒绝接受询问的……待证事实又欠缺其他证据的，人民法院对其主张的事实不予认定"的规定中有两个限制，即只有"负有举证责任的当事人"在"待证事实又欠缺其他证据"时对才承担不出庭的不利后果。对不负举证责任的当事人不出庭的不利后果未作出规定。这不利于法官对事实形成正确认识，也即不利于法官获得心证。此外，虽然我国亦有当事人不出庭不利后果之规定，如原告不出庭时按撤诉处理以及对被告不出庭

---

[1] 孙邦清、史飚：《民事诉讼询问权研究》，中国政法大学出版社 2016 年，第 1 页。

[2] 参见占善刚：《证据协力义务之比较法研究》，中国社会科学出版社 2009 年版，第 221 页；詹爱萍：《当事人询问在行为保全程序中之构建》，载《广西政法管理干部学院学报》2014 年第 3 期，第 94~95 页等。笔者认为，将我国民诉法中的"当事人陈述"视为"当事人询问"是对立法的解读。从比较法的角度来看，只有在我国将当事人陈述列入单独的证据种类，这是比较罕见的。

时缺席判决等。但无论是按撤诉处理还是缺席判决，因其没有区别作为诉讼主体的当事人与作为证据方法的当事人不出庭的不利后果，难以达到强制作为证据方法的当事人出庭接受法官询问以便法官发现真实的目的。我国《民事诉讼法》中将必须到庭的被告，经两次传票传唤，无正当理由拒不到庭的行为视为妨害民事诉讼而予以拘传。然而，拘传是强制措施，其不仅手续繁琐，还会激化当事人间的矛盾。因此，司法实践中几乎不选择采取此强制措施。这导致仅在有特殊情况的离婚案件中的当事人本人出庭，其他大部分案件由当事人委托代理人代当事人出庭应诉。此时，通过当事人询问发现真实就成为纸上谈兵了。[1]

（2）未规定当事人真实陈述义务。我国 2017 年修订的《民事诉讼法》第 75 条第 2 款规定，"当事人拒绝陈述的，不影响人民法院根据证据认定案件事实"。显然，这与我国《民事诉讼法》第 63 条将当事人陈述作为证据种类的法意相矛盾。当事人拒绝陈述抑或虚假陈述亦无法达到法官通过询问当事人来获得自由心证从而发现案件真实的目的。从当事人陈述的内涵来看，当事人陈述分为主动向法院就案件事实进行的陈述与接受法院的询问所作的被动陈述。前者是当事人行使其诉讼权利的一种方式，后者是法院展开其审判职能以查明案件事实为目的的证据调查活动，当事人所应当承担的是真实陈述的义务。有学者将当事人接受法院询问而所作陈述发挥的案件事实认定方面的功能称为作用于证据的真实义务。[2] 因此，若当事人就法院对案件事实的这种证据调查拒绝陈述或故意进行虚假陈述，应当承担由此而造成的妨碍法官证据调查的不利后果。在此意义上来讲，法官对当事人的询问体现的是证据法上的程序规范，而作为一种技术规范，证据规则通常将当事人的陈述或其在法庭上的某种特定行为或态度作为一种证据或者证明方式来加以采用。[3]

---

[1]　章武生：《我国民事案件开庭审理程序与方式之检讨与重塑》，载《中国法学》2015 年第 2 期，第 75 页。

[2]　该学者提出真实义务的两种面孔，即根据当事人真实义务规范的客体的不同，将当事人真实义务区分为作用于事实主张的真实义务与作用于证据的真实义务。真实义务是真实陈述义务的上位概念，因此，当事人真实陈述义务也有两种面孔。而该学者结合我国具体立法规定及情况提出作用于证据的真实义务应该是不妨碍法官形成正确的认识。从这个意义上来说，若当事人拒绝陈述或做虚假陈述就应该承担法官妨碍证据调查的不利后果。参见纪格非：《我国民事诉讼中当事人真实陈述义务之重构》，载《法律科学》2016 年第 1 期，第 166 页。

[3]　毕玉谦：《试论当事人的陈述作为证明方式及对现行法的修订》，载《法律适用》2006 年第 Z1 期，第 45 页。

（二）当事人询问制度在司法实践中的适用考察

1. 对"当事人询问"理解偏差导致适用混乱

以"当事人询问"为关键词，以"民事案件"为案由，审判程序为"一审"，文书类型为"判决书"，裁判时间限定为 2019 年，在"无讼案例检索平台"搜到了 70 份案例，[1] 其适用状况如下：

第一，有作为证据适用的，其在裁判文书中的表述方式为"通过庭审举证及对当事人询问，对原告所举证据认定如下"，裁判文书数量为 6 份，大约占样本案例 8.5%。

第二，有程序性事项征求当事人意见时也用"当事人询问"字眼，其在裁判文书中的表述方式为"经向双方当事人询问，双方当事人均同意将本案移送至北辰区人民法院审理"，[2] 裁判文书数量为 4 份，占样本案例 5.7%

第三，有证人、鉴定人接受法庭及双方"当事人询问"字眼的，其在裁判文书中的表述方式为"本院依职权通知鉴定人员赵立春出庭接受法庭及当事人询问"[3] 或"根据法律规定，证人应当出庭作证，接受法庭及当事人询问"，[4] 裁判文书数量为 53 份，占样本案例 75.7%。

第四，有与其他证据一起作为认定案件事实依据，但此时当事人询问类似于书证，其在裁判文书中的表述方式为"根据受案登记表、现场勘查笔录、现场图、现场照片、当事人询问材料、证人证言……认定被告俞夏夏承担事故的主要责任"，[5] 裁判文书数量为 7 份，占样本案例 10%。

从上述数据中可知，"当事人询问"在实践中适用比较混乱，在多数目标案例中"当事人询问"并非本文所指的法官为了进一步获得心证就案件事实向当事人问话，并将当事人陈述内容作为裁判基础的询问。

2. "当事人陈述"证据功能弱化

以"当事人陈述"为关键词、以"民事案件"为案由，审判程序为"一审"，文书类型为"判决书"，裁判时间限定为 2019 年，在"无讼案例检索平台"搜到了 151 075 份案例，为了提高目标案例分析的精准性，随机选取了

---

〔1〕 由于裁判文书网上每日上传的文书数量比较大，笔者在该平台搜索案例时系统总出现故障，因此选用"无讼案列检索平台"，但其文书来源于中国裁判文书网。

〔2〕 参见天津市和平区人民法院（2019）津 0101 民初 1119 号民事裁定书。

〔3〕 参见天津市和平区人民法院（2019）津 0101 民初 1119 号民事裁定书。

〔4〕 参见临沂市兰山区人民法院（2018）鲁 1302 民初 21301 号民事判决书。

〔5〕 参见临沂市兰山区人民法院（2018）鲁 1302 民初 21301 号民事判决书。

100 份案例作为样本进行分析，其适用状况如下：

第一，与其他证据一起作为认定事实依据的，在裁判文书上表述方式为"结合本案证据及当事人陈述，可以证明……"〔1〕裁判文书数量为 27 份，占样本案例 27%。

第二，单独将其作为认定案件事实依据，在裁判文书上表述方式为"经当事人陈述可以认定……"〔2〕裁判文书数量为 12 份，占样本案例 12%。

第三，将其作为当事人的事实主张，在裁判文书上表述方式为"原告在当事人陈述材料中有陈述内容……"〔3〕裁判文书数量为 28 份，占样本案例 28%。

第四，有与其他证据一起作为认定案件事实依据，但此时当事人陈述类似于书证，在裁判文书上表述方式为"以上事实，由当事人陈述、交通事故认定书、道路交通事故现场图、道路交通事故当事人陈述材料……证据证实"，〔4〕裁判文书数量为 33 份，占样本案例 33%。

从以上数据中可知，"当事人陈述"在司法实践中适用状况不理想，具体来说，当事人陈述的证明作用有所弱化，也即在样本文书中将其单独作为人的案件事实依据的比例最低，将其作为类似书证证据的比例最高。由此可推定，在司法实践中"当事人陈述"证据功能弱化。

此外，作为诉讼主张的当事人陈述与作为证据的当事人陈述界限不明。在样本案例中，将当事人陈述作为当事人事实主张的比例占样本案例 28%，将其作为证据适用的比例总和占样本案例 39%，两者所占的百分比相差不远。可知，在实践中将作为诉讼主张的当事人陈述与作为证据的当事人陈述混用的情况比较普遍。

综上，立法规定的不完善导致其在司法实践中"当事人询问"适用混乱，"当事人陈述"证据功能弱化等问题。当事人作为案件亲临者，在法官获得心证、发现事实真相上具有非常重要的作用。若能够恰当适用"当事人询问""当事人陈述"能够节省司法资源、最大限度发现真相、提高裁判可接受程度、能够满足公众对公正司法的需求。因此，有必要构建我国当事人询问制

---

〔1〕 参见湖州市吴兴区人民法院（2018）浙 0502 民初 8425 号民事判决书。

〔2〕 参见博兴县人民法院（2018）鲁 1625 民初 2476 号民事判决书。

〔3〕 参见上海市虹口区人民法院（2018）沪 0109 民初 32870 号民事判决。

〔4〕 参见上海市浦东新区人民法院（2018）沪 0115 民初 65858 号民事判决书。

度的具体适用规则及相关配套制度。

三、重构当事人询问制度适用规则与配套制度

（一）具体适用规则的构建

1. 区分证据意义上当事人陈述与非证据意义上的当事人陈述

从当事人陈述的相关理论来看，当事人陈述分为对自己有利的当事人陈述与对自己不利的当事人陈述、主动陈述与被动陈述、真实陈述与虚假陈述、书面陈述与口头陈述等。对自己不利的陈述被称之为自认，从当事人陈述中剥离出去的单独的证据种类。主动陈述，顾名思义，就是围绕案件事实当事人向法庭进行的积极陈述，对自己有利与不利的陈述都涵盖在内。主动陈述又包括当事人向法庭提交有关诉讼资料时所作的陈述与当事人在法庭上为了澄清事实与对方当事人进行辩论时所做的陈述。可知，主动陈述是当事人的一种主动的诉讼行为，可以被认为是非证据意义上的陈述。被动陈述为当事人在接受法官及对方当事人询问时所做出的陈述，也应该包括对自己有利及不利的陈述。被动陈述可以被认为是证据意义上的当事人陈述。从我国现有立法规定来看，我国《民事诉讼法》第63条及第75条中的当事人陈述是证据资料层面上的当事人询问。因为，我国民诉讼法上的当事人陈述更接近于英美法上将当事人直接作为证人的性质，而不同于大陆法系当事人询问的特别证据调查形式的立法目的。[1]

2. 当事人范围应限于有诉讼行为能力的自然人、法人法定代理人及其他组织经办人

从以上比较内容可知，对于何人能成为法官询问的对象，换句话来说当事人询问中的"当事人"包括哪些主体的问题，仅德国法中有规定。实际上，自然人作为诉讼主体在接受询问时是否以其诉讼行为能力的规定与当事人宣誓制度的历史沿革有关。德国之所以规定自然人成为当事人询问对象时必须具备诉讼行为能力是因为德国制定当事人宣誓制度，而当事人询问是对当事人宣誓制度进行改造的产物，宣誓行为具有处分权的性质，只有诉讼行为能力的人才能宣誓从而成为询问当事人之对象。[2]反观日本《民事诉讼法》对当事人询问的相关规定，有"法院可以让当事人进行宣誓"的表述，而

---

〔1〕 占善刚：《证据协力义务之比较法研究》，中国社会科学出版社2009年版，第231页。

〔2〕 [日] 高桥宏志：《重点民事诉讼法讲义》，张卫平、许可译，法律出版社2007年版，第86页。

"宣誓"要求的是宣誓者对其宣誓行为后果承担责任。缺乏诉讼行为能力的当事人也可以成为当事人询问对象，原因在于日本《民事诉讼法》中不让当事人提供诉讼资料。

在实践当中，除了自然人、法人作为当事人时，法人组织的经办人以两种身份出现，一种是因为没有被授权代理公司进行诉讼，此时他们只能以证人的身份出庭作证，这时对当事人询问转化为对证人的询问。另外一种是被授权代表公司进行诉讼，此时他们是这个案件事实的一部分，是目睹或亲自处理案件事实的，也相当于当事人本人。因此，对他们也可以解读为当事人。此外，在诉讼担当中的被担当者不是诉讼的当事人本人，他们只是权利义务的直接归属主体，例如甲以要求履行合同为由起诉乙，第三人丙在言词辩论之前概括承受了甲在合同上的权利义务，倘若丙进入诉讼成为新原告，甲就称之为诉讼担当人，丙为被担当人。因此，在诉讼担当中的被担当者丙不得成为当事人询问的对象，但可以成为证人询问的对象。

基于上述论证，就我国当事人询问对象范围的界定给予如下建议：第一，当事人询问的对象应该是具有诉讼行为能力的案件事实的亲临者；第二，当事人的范围应当包括自然人（作为自然人的当事人若无诉讼行为能力，其法定代理人可以成为当事人询问对象）、被授权的法人及其他组织经办人。

3. 采取依当事人申请与法官依职询问两种启动方式

对于我国询问当事人启动方式采用德国方式抑或日本方式的问题，笔者认为，在当事人询问制度中，法官通过询问当事人并以其陈述内容作为认定事实是一种证据调查方式。因此，当事人只有对法官询问所做出的陈述，才能作为证据方法。而且，负有举证责任的人为了胜诉尽可能的提出各种证据资料，若允许当事人本人或对方进行询问会出现无边界的询问，从而影响诉讼进程。在这个意义上来说，不管当事人申请询问本人或对方当事人，询问的主体必须只能是法官。也即"询问当事人只能是法院依职权取得的证据方法在法庭调查阶段由当事人申请或法院依职权启动当事人询问程序"。[1] 因此，建议我国当事人询问启动方式包括依申请询问及依职权询问，即法院可以依当事人申请或依职权调查询问当事人。

---

〔1〕 文华良：《当事人陈述差异化研究》，载《山西师大学报（社会科学版）》2014 年第 2 期，第 68 页。

4. 应该以"背靠背式"询问方式为主

询问当事人本应该在对方当事人在场的情况下进行，这有利于对方当事人行使发问权。然而，在实践中，案件事实包含细节性的内容，甚至涉及当事人比较敏感的事实。受询问当事人在对方当事人在场时不能尽情陈述，也即法官在法庭上对当事人的询问在对方当事人在场的情况下进行时，对此询问当事人持比较审慎且保守态度的，在对方当事人不在场的情况下是非常积极的。此时根据不同情况询问当事人的方式或环境需要进行切换。这体现在以下三种情况下：

第一，命令对方当事人退庭。德国与日本对当事人询问准用证人询问的相关规定。当受询问的当事人所要陈述的事项涉及其比较敏感事实而不便在对方当事人前陈述时可以对受讯问当事人进行个别询问，待受询问当事人陈述完毕后，法官命令对方当事人返回法庭并向其告知陈述内容的要旨以便对方当事人根据陈述内容进行发问。一方当事人虽然在对方当事人不在的情况下，尽可能单方的向法官透露一些信息，对方当事人也一样，另一方不在时极力解释情况，两方都试图对法官施加一些影响。在大陆法系国家也普遍存在背靠背进行询问情况，这也常常被大陆法系学者所诟病的。因此，法官应该谨慎对待这些单方信息。

第二，命令旁听者退庭。基于民事诉讼公开审理原则，开庭时允许旁听。涉及当事人所要陈述内容也不宜与旁人前进行，也需要让其退庭。

第三，受询问当事人为多数人时，若都系证明同一事实的，为了避免其陈述雷同，应该进行隔别询问。受询问的几个当事人陈述若不一致或有矛盾之处的，为了查明事实的必要，法官可以命令受询问的几个当事人相互对质。

此外，虽然 2015 年最高人民法院《关于适用〈中华人民共和国民事诉讼法〉的解释》第 110 条规定对当事人进行询问应当在当事人"到庭"后进行，然而，由于该司法解释也并没有明确禁止法官于庭外询问当事人。基于"法无禁止即自由"的法理，在我国司法实践中，存在法官在非正式开庭的场合询问当事人以了解案情的做法。对此有学者表示担忧并认为，此种趋势易于促使法官倾向于通过非正式开庭的方式询问当事人，并形成围绕询问当事人的成果而展开事实调查的审案思路，这不仅使我国固有的职权主义进一步强化，而且使通过多年努力构建起的证明责任制度的基本体系也将受到严重挑战。[1] 基于我国法官素质参差不齐的国情，该学者的担忧并非是无的放矢。因此，应该以明文规定法官询问权的行使应该仅限于庭审上。

5. 证据方法上应坚持当事人询问补充性

此处所提到的"补充性"有两层含义。第一层含义，是指当事人接受法官询问所做的陈述应该单独作为定案依据，还是法官根据其他证据仍然无法获得心证时才将当事人陈述内容作为定案依据。这层含义所指的补充性被称为当事人询问作为证据方法的补充性。第二层含义，是指法官审查证据的顺序，也即先询问当事人，还是先审查其他证据之后再对当事人进行询问。这层含义所指的补充性被称为法官评价证据顺序的补充性。

对在我国当事人询问作为一种调查证据方法，是否应该坚持补充性原则的问题，笔者的答案是肯定的。其原因不仅在于因当事人陈述主观性极强，还结合我国现行法的相关规定而下此结论。如我国《民事诉讼法》第 75 条规定"人民法院对当事人的陈述，应当结合本案的其他证据，审查确定能否作为事实的根据"及《最高人民法院关于民事诉讼证据的若干规定》第 76 条规定"当事人对自己的主张，只有本人陈述而不能提出其他相关证据的其主张不予支持。但对方当事人认可的除外"。根据这两条规定可知，即使摒弃当事人询问在证据方法上的补充性原则，法官通过询问当事人所获得的事实也不能单独成为定案根据。因此，刚开庭法官就对当事人进行询问显得没那么必要了。当双方提交有关证据及作出书面陈述，法官阅读书面陈述并对其进行核实后，可以根据对每个案件的不同情况准备相应的问题来进行询问。

在证据顺序上，我国 2017《民事诉讼法》关于证据规定中将当事人陈述置于证据种类之首，有学者对此排序进行解读，并批评通过此举来强调当事人陈述重要性的做法。其因在于当事人陈述主观性太强，证明力弱，其重要性最低。[2] 从批评该规定原因探究可知，此类观点暗含的意思是将当事人陈

---

〔1〕 纪格非：《我国民事诉讼中当事人真实陈述义务之重构》，载《法律科学》2016 年第 1 期，第 164 页。

〔2〕 张卫平：《民事诉讼法修改与民事证据制度的完善》，载《苏州大学学报（哲学社会科学版）》2012 年第 3 期，第 36 页。

述置于证据种类之首是趋向于摒弃其补充性原则。[1] 也有学者认为此排序并不具有此意，要根据每一类证据的相对重要性来排序是相当困难的，如在修订前"证人证言"排在第四位，修订后却排在第六位，而且修订前几修订后都在"鉴定结论"或"鉴定意见"前，没有确切的统计数据表明其排序前后性与其重要性成正比例。[2] 笔者也赞同第二种观点，排序上的前后并不能正确的显示出每一种证据种类的重要性，因为在不同类型的案件、不同情况下每一种证据种类所发挥的作用不是固定的。因此，在证据顺序上缓和其补充性的做法显得更有弹性。坚持当事人询问在证据顺序上的补充性并没有很大的意义，但也不能规定的僵硬，最好的做法是赋予法官更多的自由裁量权，也即法官根据案件事实查明的程度、获得自由心证的范围内自由决定询问当事人与询问证人的顺序。

（二）相关配套制度的跟进

1. 强化作为证据方法的当事人出庭义务

通过考察德国与日本等大陆法系国家的相关规定发现以当事人询问规定为证据调查方法的国家以强化当事人出庭义务为前提落实当事人的真实义务。如德国《民事诉讼法》第 454 第 1 款规定，"当事人在规定的讯问其日或宣誓其日不到场，法院应考虑一切情况，特别考虑当事人提出的不到场的理由，依自由裁量以判断是否可以视为拒绝作证"。而该法第 466 条对当事人决绝的后果亦规定为，"……法院应考虑全部案情，特别考虑拒绝的理由，依自由心证，判断当事人所主张的事实可否视为已得到证明"。德国不仅对作为诉讼主体不到场义务与作为证据方法的当事人到场义务加以区别规定，[3] 也将作为证据方法的当事人拒绝出庭的不利后果与证人拒绝出庭作证相区别，如受询问当事人不到场不会对其进行罚款、拘留等处罚性措施。日本对作为证据方

---

〔1〕 持相同观点的学者还有黄宣，参见黄宣：《解构与续造：当事人的陈述制度化构建》，载《河北法学》2015 年第 8 期，第 156 页。还有学者认为，我国当事人陈述兼具立法规定简陋模糊的先天性不足所导致的程序虚空，法律规范相互间存在逻辑性冲突的后天制度构建不宜于将当事人的陈述排列在证据种类的首位因为不恰当地强化其地位，实为揠苗助长，有碍真实之发现。因此，应当将当事人的陈述排列在证据种类的末位。见王晓利：《当事人的陈述证据排序论——新〈民事诉讼法〉第 63 条之审视》，载《云南社会科学》2013 年第 6 期，第 136 页。

〔2〕 李浩：《民事证据制度的再修订》，载《中外法学》2013 年第 1 期，第 200 页。

〔3〕 如德国《民事诉讼法》第 330 条规定，原告于言辞辩论其日不到场，应依申请为缺席判决，驳回原告之诉。

法的当事人不到场的后果也是区别于证人拒绝出庭作证的不利后果之规定，[1] 如日本《民事诉讼法》第 208 条规定，"拟受询问之当事人无正当理由不出庭时，法院可以认定对方当事人所主张的有关讯问事项为真实"。

为了发挥当事人陈述的证据价值及实现当事人询问的有效利用，我国可以借鉴德国与日本对当事人出庭义务的相关规定，即首先要区别作为诉讼主体的当事人出庭义务与作为证据方法的当事人出庭义务，并明文规定强制其出庭，也对不出庭不利后果进行规定，如可以规定为，"人民法院认为有必要的，命令当事人本人到庭，就案件事实接受询问"。"拟受询问之当事人无正当理由不出庭时，法院可以认定对方当事人所主张的有关讯问事项为真实"。其次，对作为证据方法的当事人不出庭不利后果与证人不出庭之不利后果区别规定，即不能课以作为证据方法的当事人罚款、拘留等强制性措施，这对当事人来说太过于苛刻。

2. 强化作用于证据的当事人真实陈述义务

德国、日本都有对当事人拒绝陈述或故意进行虚假陈述而造成妨碍法官证据调查不利后果的相关规定。如德国《民事诉讼法》第 453 条规定，当事人拒绝陈述或决绝宣誓时，准用第 446 条关于对方当事人拒绝陈述结果之规定，也即由法官依自由心证，判断当事人所主张的事实可否视为已得到证明。日本《民事诉讼法》规定当当事人无正当理由不接受询问时，有可能遭受对方当事人所主张的讯问事项被法院视为真实的不利后果；若宣誓过的当事人做虚假陈述，尽管不构成伪证罪，但要受到罚款制裁。

为了保障当事人询问制度能够发挥其预期的价值，我国也应强化当事人作用于证据的真实陈述义务。首先，对拒绝陈述遭受的不利后果予以规定，如"若接受询问当事人无正当理由拒绝接受询问或拒绝陈述，法官根据自由心证，视对方当事人所主张的事实为真实"。其次，我国因缺乏相关的基础，立法上没有规定证人及受询问当事人的宣誓义务，而规定其保证义务。因此，在我国若在保证书上签过字的接受询问的当事人故意虚假陈述的，法官根据其虚假陈述影响裁判情况，处以罚款。

3. 赋予当事人对法官不当询问的责问权

法官对当事人的询问中行使的权力称为询问权。对法官询问权的性质，

---

〔1〕 日本《民事诉讼法》第 244 条规定，在言辞辩论日期，当事人双方或一方不出庭时，法院考虑审理的现状及当事人诉讼进行的状况后，在认为相当的场合，可以作出终局判决。

大陆法系不同国家存在不同的规定及学说。在德国 1924 年首次将法官询问权规定为法官权利同时也是义务的规定保持至今。日本民事诉讼法中法官询问权性质的规定经历了从义务—权利—义务的演变。[1] 对法官询问权在我国学者间也有不同的观点，如有学者认为法官询问权应该包含两层含义，第一层含义是，"法官通过适当的晓谕、阐释、提示和告知等方式，征询当事人意见且进行法律上和事实上的阐明，旨在进一步锁定诉讼标的具体指向，引导当事人利用攻防手段接近案件真实的发现，促使纠纷在一次诉讼程序中解决"。第二层含义是，"法官通过向当事人、证人、鉴定人等诉讼参与人询问，审查判断证据，查明案件真实，以作出公正裁判"。[2] 有学者则认为上述第一层含义是法官阐明权，法官询问权应当指法官通过向当事人、证人、鉴定人进行有针对性的发问，以审查判断证据、查明案件真实，获得内心证的证据调查方法。[3] 法官对当事人询问的性质上来说，法官对当事人进行询问时行使的询问权是属于广义上的审判权。可知，法官询问权也具备法官审判权一样的相关特性。询问权是具有责任性的，它应该是法官一项义务。因此，法官对当事人进行询问是法官在查明案件真相上的职责，若法官怠于行使或行使的不当都会带来相关的责任。[4] 为此，针对法官不当询问给当事人一些补救的权利是必要的。在立法上应该赋予询问对象以一定的责问权。

结　语

在大陆法系的语境之下，当事人询问制度是有利于发挥当事人陈述的证据价值并法官获得自由心证的重要方式之一。从大陆法系国家民事诉讼法关于证据规定中都能寻觅到当事人询问单独规定的相关内容，足以见得对当事

〔1〕　张卫平：《诉讼构架与程式——民事诉讼的法理分析》，清华大学出版社 2000 年版，第 187-188 页。

〔2〕　朱福勇：《民事法官询问权探析》，载《法学杂志》2009 年第 2 期，第 102 页。

〔3〕　史飚：《民事询问权研究》，载《政法论坛》2016 年第 2 期，第 147 页。

〔4〕　孙邦清、史飚：《民事诉讼询问权研究》，中国政法大学出版社 2016 年，第 009 页。

人询问制度价值的重视。[1] 相较于大陆法系其他国家，我国对当事人询问的规定显得比较笼统，而且与其他几个条款之间存在一些矛盾之处。建议引进当事人询问制度也是为了区分证据意义上的当事人陈述与非证据意义上的当事人陈述，并发挥其功能。一项制度能够真正发挥其作用离不开相关制度的衔接与配合，我国不仅需要在严格遵守辩论主义的基础上完善当事人询问制度，还应该丰富当事人收集证据的手段，允许法官自由评价当事人虚假陈述，提升律师素质以及培养律师责任意识以及构建当事人诚信体系等都显得比较重要。

---

〔1〕 根据有关资料显示，于 1981 年日本相关民事判决书表明，实施当事人询问的案件数量逐年增加，当事人询问的结果用作事实认定资料的比例也在提升。如在 67 份判决书中，除了适用人事诉讼法的案件，询问原告或被告一方或双方的案件为 48 件，约占全体的 67.19%，询问当事人双方的案件有 24 件。仅询问原告的案件有 18 件，占 37.5%，仅询问被告的案件有 6 件，占 12.5%。仅仅实施当事人询问，没有调查证人便告终结的案件有 6 件，占 12.5%。在实施当事人询问的案件中，将询问结果在判决理由中直接用作事实认定证据的案件有 43 件，这个数量占实施当事人询问案件的 89.58%。转引自段文波：《〈民事诉讼法〉修改应当关注作为证据的当事人》，载《西南政法大学学报》2012 年第 3 期，第 115 页。

人工智能背景下的数据化刑事统一证据标准

朱赟先 *

摘　要： 在推进人工智能与法学深度融合的大背景下，构建数据化的刑事统一证据标准被提出并作为重点抓手付诸实践。所谓数据化的刑事统一证据标准是以刑事类案为分类，以人工智能等技术为工具，基于海量司法数据信息提炼形成，由公检法三机关统一适用的证据标准。究其根本，构建这一标准的客观准备已然具足，且人工智能与证据标准具有元理论上的共通性。然而，此种标准并非证明标准的完整数据化复刻，仅是将证明标准的客观因素具体化、数据化，还存在着司法数据瑕疵和算法黑箱造成的可靠性不足以及偏重客观化等问题。未来应加强对数据质量的提纯、提高算法透明度、构建证据标准与证明标准二元并行模式并健全相关配套机制，以保证其稳定、可靠发展。

关键词： 人工智能　数据化刑事统一证据标准　证明标准

2018 年《中华人民共和国刑事诉讼法》（以下简称

---

* 朱赟先，中国政法大学司法文明协同创新中心诉讼法学专业 2018 级博士研究生（100088）。

《刑事诉讼法》）第55条之规定将"事实清楚，证据确实、充分"的条件具象化，即"定罪量刑的事实都有证据证明；据以定案的证据均经法定程序查证属实；综合全案证据，对所认定事实已排除合理怀疑"。依此，达到证据确实、充分的条件既包含对证据客观方面的考量（证据的量和质），还包含主观方面的内心确信，某种程度上达成了证明标准的主客观之统一。自"排除合理怀疑"的主观证明标准入法以来，受到了理论界的一致好评，本无争议可言。但随着以大数据为基础的人工智能技术的爆炸式发展，不断侵入各传统行业场域，法学亦未能置身事外。就刑事司法而言，拥抱人工智能，打造数据化的统一证据标准的发展进路应运而生，并已在部分地区步入实践。[1] 对于人工智能形塑刑事统一证据标准问题，理论界曾出现过一些批评意见。有的观点认为，"可数据化意味着未来的努力方向是增强刑事证明标准的客观性"，[2] 是对主客观相统一的证明标准的背反。从理论角度考量，这种批评或许不无合理之处，但是，从实践的角度出发，在"运用大数据技术，形成可数据化的统一法定证明标准"的发展进路已经处于盖棺定论的现状下，[3] 目前理论界和司法实践所面临的最重要问题是如何使数据化的证明标准达到最优效度，并得到合理规制。

刑事统一证据标准的数据化问题考验着中国学者的理论创新力。表面上看，刑事证明标准的数据化是将现有的模糊且有主观因素介入的证明标准转化为能被人工智能系统读取的数据化信息。但实际上，由于能被人工智能系统识别的数据化信息必须是客观的、固定的且具体的，因此，政策制定者给理论界留下的题目是，如何将模糊且有主观因素介入的证明标准转化为客观、固定且具体的数据化信息。这并非一个轻巧易行的任务，因为现有技术尚处"弱人工智能"阶段，无法精确地模拟人类主观思维推理判断模式，更无法完成数据化证明标准中主观因素的任务。而且，我国刑事证明标准呈现出"中

---

〔1〕　上海市法院研发刑事案件智能辅助办案系统通过人工智能之优势完成智能化统一证据标准指引；贵州省法院系统通过人工智能技术对司法证据进行大数据分析提炼，逐步统一各类案件的证据标准。

〔2〕　李训虎：《刑事证明标准"中体西用"立法模式审思》，载《政法论坛》2018年第3期，第128页。

〔3〕　孙春英、蔡长春：《增强政治责任感 提高工作预见性 为党的十九大胜利召开营造安全稳定的社会环境》，载《法制日报》2017年1月14日，第1版。

体西用"的立法格局，[1] 颇具独特色彩，无法从国外的先进技术和理论中获得可以有效借鉴的资源，只能依赖中国学者自己的理解、融合和创造。目前，关于数据化刑事统一证明标准问题的主流实践方案是，通过"将法定的统一证据标准嵌入到公检法三机关的数据化形式办案系统中"，实现"公检法三机关办案人员实行统一的证据标准"的目的。[2] 但这一主流方案存在以下几个问题：①人工智能背景下的数据化刑事统一证据标准并非诉讼法意义上的刑事证明标准。②基于大数据建构的数据化的刑事统一证据标准由于数据瑕疵和速发黑箱等因素影响，并没有想象中可靠。③数据化的刑事统一证据标准存在着证明标准"客观化"复辟的倾向。

笔者认为，应当从两个方面对人工智能背景下的数据化的刑事统一证据标准问题展开理解和适用：一方面，在学理层面对数据化的证据标准之界定，及其合理性、可能性展开分析；另一方面，从司法实践领域对目前已经完成并试运行的相应系统的运行现状进行分析比对，反思不足之处。最后，本文试图在理论与实践相结合的基础上，对数据化的证据标准在人工智能背景下的发展进路进行既具有现实性又不失前瞻性的探讨。

一、政策背景与合理性解读

随着大数据、人工智能技术的突飞猛进，"人工智能+X"模式一经提出便呈现星火燎原之势，一场以人工智能技术为原动力的传统行业智能化改造运动在全世界范围内如火如荼地开展起来。为响应智能化大潮，2016 年 7 月由中共中央办公厅、国务院办公厅印发的《国家信息化发展战略纲要》中明确提出了建设智慧法院的要求，[3] 自此，人工智能与司法深度融合上升到国家发展战略的高度。国务院也于 2017 年 7 月印发《新一代人工智能发展规划》，其中"建设安全便捷的智能社会"部分，明确提出进一步加强智慧法庭建设的要求，以"促进人工智能在证据收集、案例分析、法律文件阅读与分析中的应用实现法院审判体系和审判能力智能化"，司法人工智能发展战略的顶层设计固定下来。国家政策指导司法政策，政法系统为积极响应国家人工

---

〔1〕 参见李训虎：《刑事证明标准"中体西用"立法模式审思》，载《政法论坛》2018 年第 3 期，第 132 页。

〔2〕 参见严剑漪：《揭秘"206"：法院未来的人工智能图景——上海刑事案件智能辅助办案系统 164 天研发实录》，载《人民法治》2018 年第 2 期，第 40~41 页。

〔3〕 参见《中办国办印发〈国家信息化发展战略纲要〉》，载《人民日报》2016 年 7 月 28 日，第 1 版。

智能战略，最高人民法院院长周强在全国法院第四次信息化工作会议上指出，"没有信息化就没有人民法院工作的现代化，通过信息化实现审判体系和审判能力现代化，建设智慧法院，是顺应新一轮科技革命浪潮的必然选择，是提升司法公信力的重大举措，是提升人民群众获得感的有效手段，是深化人民法院司法改革的重要支撑。"[1] 2018 年 1 月 3 日印发的《最高人民检察院关于深化智慧检务建设的意见》中明确指出：到 2020 年底，推进检察工作由信息化向智能化跃升；到 2025 年底，全面实现智慧检务。[2] 公安部也提出建设"智慧公安"，助力实现更高水平的公安工作信息化、智能化和现代化。[3] 在司法实践中，上海市和贵州省已经相继完成案件智能研判系统的初步开发，初步完成部分类型刑事案件证据标准的提炼和固定，并形成刑事证据标准智能指引之功能。

在国家政策和司法政策的路线指引和大力支持下，司法人工智能发展日新月异。表面看来，人工智能和法学似乎分属不同的学科分类，相差甚远。但实际上，二者之间有其共通的原理，正是这些共通之处构建起人工智能和法学深度融合的桥梁。笔者认为，就人工智能背景下的数据化的刑事统一证据标准问题而言，其合理性可以从以下几个方面进行解读。

（一）客观条件具足

本文所指的数据化刑事统一证据标准，是以海量刑事司法数据为基础原料，以人工智能为技术工具，通过对刑事类案数据分析、提炼和固定下来的可以被人工智能技术识别和应用的数据化且统一的刑事案件证据标准。目前而言，除国家政策大力支持外，原始司法资料数据化和人工智能技术的初步成熟，都为刑事统一证据标准的数据化提供了有力的客观条件支撑。

首先，原始司法资料数据化为刑事统一证据标准数据化提供数据原料支撑。构建数据化的统一证据标准，理论上是建立在对过往海量已决刑事案件信息数据分析的基础上的。因此，原始司法资源转化为司法数据以及司法数

---

〔1〕　罗书臻：《周强在全国法院第四次信息化工作会议上强调：加快智慧法院建设 推进审判体系和审判能力现代化》，载《人民法院报》2017 年 5 月 12 日，第 001 版。

〔2〕　参见最高人民检察院网上发布厅《最高检印发意见深化智慧检务建设》，2018 年 1 月 3 日发布，载 https://www.spp.gov.cn/spp/xwfbh/wsfbh/201801/t20180103_208087.shtml，最后访问日期：2019 年 10 月 21 日。

〔3〕　参见人民公安报评论员：《向科技兴警要战斗力》，载《人民公安报》2019 年 3 月 1 日，第 3 版。

据的质量是一切的基础和重中之重。在纸质化时代，司法资源以纸面形式落实存档，随着私人电脑的普及和信息化时代的到来，案件资源均以数据形式保存在电脑系统中，为如今的刑事统一证据标准数据化准备了初步条件。除此之外，囿于司法行为的秘密性，司法资源获取和交流途径并不畅通，这也造成了与大数据"全样本数据"标准相去甚远的尴尬局面。[1] 随着司法公开的不断深入，裁判文书等原本处于保密状态的司法数据逐步开放，为刑事统一证据标准数据化提供了易于获取且丰富的数据来源。目前来看，构建数据化刑事统一证据标准主要依赖于以下两种数据支撑：①刑事案件数据。刑事案件数据包括但不限于"与案件办理相关的文书数据、司法流程数据等，其中尤以法律文书数据为重"。[2] 法律文书作为案件办理进度的书面表达载体，固定了各类案件的相应证据规律，同时凝结了无数前人的司法经验，是形塑数据化的刑事统一证据标准的最佳数据源。②法律行为数据。法律行为数据是指刑事办案人员在案件办理过程中因其工作行为而产生的数据。对于形塑数据化刑事统一证据标准而言，主要通过对案件侦查人员侦查行为数据的分析，认定单个证据的合法性，进而提炼出共有的证据规律。

其次，人工智能等相关技术的快速发展为刑事统一证据标准的数据化提供了工具支撑。就单个刑事案件而言，需经历将纸质卷宗材料转化为机读数据，对机读数据定性、定量分析，总结出该案件的证据情况画像等步骤。就刑事类案而言，则要将每个单体案件的证据画像综合分析，基于分析结果提炼、总结出证据规律，才能最终形成数据化的刑事统一证据标准。在最初的数据采集阶段，需要依赖能高效且较精准的 OCR（Optical Character Recognition）数据转换技术完成纸质卷宗材料到机读数据的转换。在后来的数据分析阶段，需要自然语言识别处理[3]、决策树算法[4]等技术对法律文书进行分析和对司法决策进行模拟。同时还需深度学习等技术通过不断投喂和纠偏智能系统，使提炼出的证据标准尽可能精准。

---

〔1〕　参见左卫民：《迈向大数据法律研究》，载《法学研究》2018 年第 4 期，第 141 页以下。

〔2〕　王燃：《以审判为中心的诉讼制度改革：大数据司法路径》，载《暨南学报（哲学社会科学版）》2018 年第 7 期，第 62 页。

〔3〕　自然语言识别处理技术是通过机器对人类本族语言进行识别和处理的技术。参见史忠植编著：《人工智能》，机械工业出版社 2016 年版，第 248 页。

〔4〕　决策树算法以树形结构建模，用以解释和模拟一系列逻辑决策过程。参见［美］Brett Lantz：《机器学习与 R 语言》，李洪成、许金炜、李舰译，机械工业出版社 2015 年版，第 82 页以下。

（二）元理论共通

方兴未艾的人工智能技术和古老而传统的法学似乎在研究方法、学科内容甚至价值判断等各个方面均体现出相互背离的趋势。但在融合二者的不断尝试中，却出现了一些具有共通性的元理论，例如量化思维、要素思维等。这些元理论并非具象的人工智能技术本身，也不是某一具体的法律理论，而是二者在不断碰撞和磨合过程中生发出的共性特征，它们构成了人工智能和法学深度融合的桥梁。

首先，证据标准统一与量化思维的共通。我国《刑事诉讼法》将侦查、审查起诉和法庭审判三阶段的证明标准皆规定为"事实清楚，证据确实充分"。此举虽在形式上保证了证明标准的统一，但在司法实践的操作运用中却远非如此。笼统规定的证明标准大而宽泛，可操作性差，给司法人员留下了巨大的空白区间，导致实践中不同地区、甚至不同办案人员对案件证明标准的把握都各不相同。为改善这一困顿局面，在 2017 年 7 月召开的全国司法体制改革推进会上，孟建柱提出要构建"统一证据标准"，并做出了阶段性、递进性、制约性、基本性和差异性的阐释。笔者私以为，统一就意味着比较，比较就需要计量，这就意味着"统一证据标准"天然蕴含着量化的思维。且不论刑事证明标准中主观要素是否可以量化，至少大部分客观要素是完全可以抽象成数据逻辑量化操作的。大数据之父迈尔·舍恩伯格认为"大数据时代一切皆可量化"。[1] 量化思维是大数据和人工智能等智能科技的基础运行逻辑，是指将一切待分析样本转化为数据模式，用数学规律加以计量。既然传统方式无法完成实质上统一刑事证明标准的任务，不妨运用大数据、人工智能等技术，以构建数据化刑事统一证据标准的方式寻求破题之法。具体而言，构建数据化刑事统一证据标准，第一步需将刑事案件分类，分别将证据信息数据化。然后在分析这些证据数据的基础上，抽象出统一的证据标准。最后将数据化的证据标准嵌入人工智能辅助系统中，做到证据标准统一指引，进而达到同案同判的效果。

其次，证据标准统一与解构思维的共通。传统刑事证明标准难以在司法实践中真正落地，最重要的原因是过于笼统，办案人员无法依循规定按部就班地加以展开。囿于前信息时代数据资源的匮乏，加之数据挖掘和处理能力

---

〔1〕 ［英］维克托·迈尔-舍恩伯格、肯尼思·库克耶：《大数据时代：生活、工作与思维的大变革》，盛杨燕、周涛译，浙江人民出版社 2013 年版，第 97 页。

低下，立法者没有能力将海量案件证据信息碎片化处理，拆解成一个个证据要素，对于分析海量案件证据信息并归纳总结出具体细化的证据标准更是有心无力。随着大数据、人工智能技术的初步成熟，其解构思维完美弥补了之前立法者的技术短板。运用解构思维，可以将整个案件彻底解构，全案信息以一个个证据要素的形式存在，打造"最小公约数"证据模式。在此模式下，构建数据化刑事统一证据标准就转变成归纳总结、抽象提炼刑事类案证据要素匹配标准。因为证据要素的颗粒度低，相互匹配的灵活性就相对较高，加之基于海量案件证据信息的样本分析，可以有效地排除结果的随机性，提高证据标准的可靠性。与此同时，数据化刑事统一证据标准的数据基础来源于实践案例，相当于将实践经验上升到理论层面，也断不会出现实操性差的情况。

二、数据化刑事统一证据标准之实践样态

在大数据、人工智能拥抱司法改革的智能化司法时代，深化加强人工智能和法学深度融合已不仅仅止步于口号抑或政策支持，类似的人工智能审判辅助系统、智慧检务系统等已在部分省市展开探索尝试，并已经取得可喜的阶段性成果。对于建构数据化的刑事统一证据标准而言，上海市和贵州省先行一步，其研发的"206 系统"和"证据大数据分析模式"最为典型。迄今为止，上海市"206 系统"已初步具备刑事案件证据校验、把关、监督的功能，贵州省"证据大数据分析模式"也已具备证据校验、证据分析、辅助知识推送等功能。基于各地试点的实践探索情况分析，数据化的刑事统一证据标准凸显出以下样态：

第一，以具象化刑事证明标准为最终目的。传统刑事证明标准因表述含混，在司法实践中备受诟病，主流观点甚至认为其是导致冤假错案频发的重要原因之一。构建数据化的刑事统一证据标准的最初也是最终目的就是借助大数据、人工智能等新兴技术力量，将"事实清楚，证据确实、充分"的证明标准在一定程度上具象化，提高司法实践的可操作性，也是对实践主流观点的回应。由于人工智能等相关技术的桎梏，传统证明标准中主观因素方面尚无法完成数据化复刻，本文讨论的证据标准也并非完全意义上的证明标准，某种程度上可以将其看作是证明标准的客观方面或者证据规格。"如何化抽象为具体，在实质性证明标准的基础上，从具体类案中总结、提炼出具有普适性的、具象的'证据标准'，使证据标准与证明标准相互依存、各有侧重，实现形式与实质标准的有机结合，便于实际操作、把握，这是实现源头规范治理的基本思路和重要路径。"[1] 对数据化的刑事统一证据标准而言，"数据化是其本质特征，统一化是其派生特征"，[2] 具体化是其设定目的。

第二，以形成闭合证据锁链为建构理念。所谓证据锁链，一般是指每种证据在查证属实的前提下，相互衔接和协调一致，证据之间相互印证，形成环环相扣的闭合锁链。[3]"那些具有相关性的证据构成了证明体系的一环或者一个链条，证据唯有相互印证，才能与其他证据链条形成环环相扣的关系"，[4] 才能算得上达到"证据确实、充分"的证明标准。数据化的刑事统一证据标准的最终目的是将原本模糊笼统的证明标准具象化，但仍是以刑事证明标准为骨架，理应遵循证据相互印证，形成完整、闭合的证据锁链的原理。"无论案件如何变化，认定每个案件的犯罪事实都必须建立一个完整、闭合的证据链条……不同类型案件的证据链条串联起来的查证事实、具体证据，以及适时的开放结构，就构成了统一适用的证据标准。这种证据标准，不是简单的一个证据清单，而是由证据链条串联起来的一个多层次的证据体系。"[5]

第三，以法律文件支撑为固定模式。统一证据标准的创制和实际推行应用是两个层面的问题。创制工作是从实践数据中抽象提炼出规律，并将规律上升到理论的案头工作。欲要达到实际推行之目的，还必须有相应规范性法律文件的加持，否则就如空中楼阁一般，毫无根基可言。遍观目前各试点省、市的探索尝试情况，部分刑事类案的统一证据标准已初步完成，并制定出台相应试行性规范法律文件，以固定初步完成的证据标准。例如，上海市相继出台的《命案基本证据标准（试行）》《盗窃案件基本证据标准（试行）》《非法集资案件基本证据标准（试行）》和《电信网络诈骗案件基本证据标准（试行）》等，四川省检、省高法、公安厅三机关联合发布《关于办理刑事案件的证据规范（试行）》，贵州省检、省高法、公安厅三机关也联合发布

---

[1] 黄祥青：《推进以审判为中心的刑事诉讼制度改革的若干思考》，载《法律适用》2018 年第 1 期，第 34 页。

[2] 刘品新、陈丽：《数据化的统一证据标准》，载《国家检察官学院学报》第 2019 年第 2 期，第 130 页。

[3] 参见张军主编：《刑事证据规则理解与适用》，法律出版社 2010 年版，第 253~254 页。

[4] 陈瑞华：《刑事证明标准中主客观要素的关系》，载《中国法学》2014 年第 3 期，第 181 页。

[5] 黄祥青：《"206 工程"的构建要点与主要功能》，载《中国检察官》2018 年第 15 期，第 75 页。

《刑事案件基本证据要求》。

第四，以嵌入智能办案辅助系统为生效路径。建构数据化的刑事统一证据标准的目的是具象化证明标准，以提高其操作性，进而达到同案同判、司法公正的效果。换言之，数据化的刑事统一证据标准来源于实践案件数据，也归宿于刑事案件司法实践过程，将其嵌入智能办案辅助系统中，是保证其发挥作用的唯一生效路径。各省市试点的实践情况也再一次证明了这一观点。江苏法院通过将刑事类案证据知识图谱嵌入"同案不同判预警平台"，"成功预警高偏离度（三级预警）案件 120 多起，总预警案件占总案件数的 3.3%，准确率达 92%"。[1] 上海法院数据化刑事统一证据标准嵌入"上海刑事案件智能辅助办案系统"中，截至 2017 年 12 月，"提供证据指引 15 653 次，发现证据瑕疵点 405 个……提供知识索引查询 2218 次，总点击量 10 万余次"。[2]

三、对数据化刑事统一证据标准的质疑

纵观过往发布的指导性文件不难发现，政策制定者对司法拥抱大数据、人工智能等科技成果报以殷切希望，尤以对通过建构操作性强、可数据化的刑事统一证据标准达到同案同判和司法公正的效果期望最深。构建数据化的刑事统一证据标准俨然"已经成为当下及未来刑事证明标准改革的着力点"[3]。纵然数据化的刑事统一证据标准确有更新现有证明标准体系，提高司法效率，一定程度上的证据指引等功效，但作为新兴事物，一切均处于尝试阶段和无序状态，数据化的刑事统一证据标准并不完美，尚需多加斟酌完善。

（一）一点说明：证据标准≠证明标准

传统证明标准"是一个与证明责任具有密切联系的概念"，[4] "是指承担证明责任的诉讼一方对待证事实的论证所达到的真实程度"。[5] 此处的真实

---

〔1〕 王禄生、刘坤、杜向阳、梁雁圆：《江苏法院"同案不同判预警平台"调研报告》，载李林、田禾主编：《中国法院信息化发展报告 No. 2（2018）》，社会科学文献出版社 2018 年版，第 362 页。

〔2〕 杨敏：《上海刑事案件智能辅助办案系统调研报告》，载李林、田禾主编：《中国法院信息化发展报告 No. 2（2018）》，社会科学文献出版社 2018 年版，第 197 页。

〔3〕 李训虎：《刑事证明标准"中体西用"立法模式审思》，载《政法论坛》2018 年第 3 期，第 128 页。

〔4〕 陈瑞华：《刑事诉讼中的证明标准》，载《苏州大学学报（哲学社会科学版）》2013 年第 3 期，第 78 页。

〔5〕 陈瑞华：《刑事诉讼中的证明标准》，载《苏州大学学报（哲学社会科学版）》2013 年第 3 期，第 78 页。

程度内含有二：其一，是指承担证明责任的一方对案件事实"确定性"的论证；其二，是使裁判者在内心形成确信，也即案件事实"可信度"。与之相比，证据标准的提出便是为了将证明标准具象化、可操作化，其以证明标准为蓝本，但并非证明标准的完整复刻。

首先，二者内容涵摄范围不同。我国《刑事诉讼法》明确规定了"事实清楚，证据确实、充分"的证明标准，并进一步将其细化成"定罪量刑的事实都有证据证明；据以定案的证据均经法定程序查证属实；综合全案证据，对所认定事实已排除合理怀疑"三大法定条件。其中第一项是对证据"量"的要求，是对"证据确实"的回应，第二项是对证据"质"的要求，是对"证据充分"的回应，第三项则是对裁判者主观心理确信因素的考量。[1] 由此可见，证明标准既包含客观标准也包含主观因素，是主客观有机融合下对证据交织成的案件事实真实程度的认定标准，并且通过这种方式"确立了一种通过衡量裁判者的主观确信程度来判定案件事实成立的新途径"。[2] 对本文讨论的数据化的刑事统一证据标准中的证据标准这一概念而言，可以通过试点省市发布的规范性法律文件中的规定对其内涵加以分析。上海市发布的《盗窃案件基本证据规则（试行）》中规定：盗窃案件的证据标准是指在办理盗窃案件过程中应当收集哪些证据以及如何收集证据的规范，是"犯罪事实清楚，证据确实、充分"法定证明标准的具体化和规范化。对该规定文本作语义解释，证据标准的重点似乎在于证据收集种类和方法的规范，从某种程度上说，此处规定的证据标准更像是证据规格，即证明标准理论体系中的客观标准。这显然并非传统意义上的证明标准的全部内核。

综上所述，本文讨论的证据规则并非是可以与证明标准等价置换的概念。简而言之，证据标准是对证据的种类、数量、规格等客观形式的规定，而证明标准则兼有主观要素和客观标准，是在主客观统一模式下对案件事实的整体认定标准，更偏向于对证据整体效力的考量。

其次，二者侧重方向不同。就二者各自的功能指向分析，"证明标准对诉讼活动具有指导意义。其一，证明标准是衡量诉讼当事人（包括刑事诉讼中的公诉方）是否完成法律所要求的证明责任的尺度，因而可以引导负有证明

〔1〕 参见赵艳红：《人工智能在刑事证明标准判断中的运用问题探讨》，载《上海交通大学学报（哲学社会科学版）》2019年第1期，第55~56页。
〔2〕 陈瑞华：《刑事证明标准中主客观要素的关系》，载《中国法学》2014年第3期，第191页。

责任的当事人积极有效地收集证据和提供证据；其二，证明标准是衡量法官对案件事实的认定是否达到法律要求的尺度，因而可以指导法官对证据的审查与判断。"[1] 相较于证明标准而言，证据标准则显然并不完全具备此种内涵丰富且极具主观意义的功能。目前来看，数据化的刑事统一证据标准仅具备取证规范化指引、纠偏、证据分析、监督等功能。证据指引功能对侦查阶段取证规范化而言意义重大，可以在一定程度上提醒办案人员应当收集哪些证据，并规范取证行为。证据分析功能目前还仅仅停留在对单体证据的证据能力分析阶段，尚未具备对于证据的证明力和全案证据的整体分析能力。就二者的运行机制分析，证明标准对于案件事实的认定方式是基于具有"高度盖然性"的似真推理建成的，也即"如果前提真，则结论似然为真，但似真结论是可废止的，因为这种大前提从本质上是有例外的，而且例外是不能事先考虑到的，这意味着它能被新引入的前提所推翻"，[2] 是通过颗粒粗糙的"确信值"来计量真实程度。与证明标准相比，数据化的刑事统一证据标准则精确地多，其基于海量司法案件数据的分析、抽象、提炼而成，以具体化、操作性强为目的导向，用海量数据和精确数学概率支撑下的相关关系模式抵消随机性。可以说数据化的刑事统一证据标准就是建立在精确数学分析方法上的刑事证据模型。

综上所述，本文讨论的证据标准无论在功能指向还是运行机制上都无法与证明标准做到完全重叠。尤其是在运行机制上，二者有着截然不同的运行构架。证据标准以海量司法数据和精确数学概率为支撑运行，而证明标准则是基于盖然性的似真推理建成，并通过颗粒粗糙的"确信值"来计量真实程度。

（二）质疑一：数据化证据标准真的可靠吗？

如前文所述，数据化的刑事统一证据标准可以看作是建立在精确数学分析方法上的刑事证据模型。不管是司法案件数据的抽象提炼方法、构建系统基础算法还是各种基于相关关系判断的加权概率排序，无处不透露出严谨精确的自然科学逻辑气息。自然科学技术的评价标准和研究方法比照社会科学

---

[1] 何家弘、张卫平主编：《简明证据法学》（第4版），中国人民大学出版社2016年版，第271页。

[2] ［加］道格拉斯·沃尔顿：《法律论证与证据》，梁庆寅、熊明辉等译，中国政法大学出版社2010年版，第111页。

性质的法学本就有所差异，那么，自然科学认为的精确性是否可以等价于社会科学评价的可靠性呢？换言之，基于精确数学分析建立起来的数据化刑事统一证据标准是否真如预期的如此可靠呢？笔者试图从基础司法案件数据和算法黑箱效应两个方面，证伪"精确性＝可靠性"观念，进而指出数据化刑事统一证据标准的不可靠之处。

首先，基础司法数据数量、质量桎梏带来的不可靠隐患。数据化的刑事统一证据标准是建立在海量数据基础上的精确标准体系，司法数据是其中最基础也最重要的部分，其数量和质量在很大程度上决定了数据化证据标准的可靠程度。"数据中先前存在的偏差会影响决策结果，简单说，如果基础数据具有歧视性，那么基于这些数据得出的结果也具有歧视性。"[1] 但就目前而言，实践中似乎并不能提供数量庞大且优质的司法数据用以分析。一方面，司法数据在数量上远远算不得充分。作为最大的法律数据信息提供源，中国裁判文书网录入的文书数量也只有区区结案数量的一半左右。[2] 另外，由于某些类型案件本就发案量较少，数据资源更为匮乏，例如死刑案件。上海206系统的死刑案件证据标准，仅有591份案件数据可供分析。[3] 除此之外，司法案件数据一般仅限于庭审过程和裁判结果，"对包括审前程序、决策讨论、法官心证过程的公开是极为有限的"。[4] 司法案件数据信息"在很长的时间内都将呈现有限性、片段化的特征"。[5] 另一方面，司法数据在质量上差强人意。在目前中国法律领域内，法律信息存在着突出的"表象性"特征。法院为了表明司法裁判正确而制造出的制式化的说理信息可能并非法官作出法律决策时采纳的真正信息。因此，外界可获取的司法数据信息与实践操作中的实质信息存在着一定程度的割裂。除此之外，司法案件数据还存在明显的"主观性"特征，这与法律在一定程度上是一种意识形态的特殊属性有关。在

---

〔1〕 See Ric. Simmons, "Quantifying Criminal Procedure: How to Unlock the Potential of Big Data in Our Criminal Justice System", *Michigan Sate Law Review*, Issue 1, 947, 1017（2016）.

〔2〕 参见马超、于晓虹、何海波：《大数据分析：中国司法裁判文书上网公开报告》，载《中国法律评论》2016 年第 4 期，第 195～246 页。

〔3〕 严剑漪：《揭秘"206"：法院未来的人工智能图景——上海刑事案件智能辅助办案系统 164 天研发实录》，载《人民法治》2018 年第 2 期，第 40 页。

〔4〕 左卫民：《关于法律人工智能在中国运用前景的若干思考》，载《清华法学》2018 年第 2 期，第 115 页。

〔5〕 左卫民：《关于法律人工智能在中国运用前景的若干思考》，载《清华法学》2018 年第 2 期，第 115 页。

司法实践中，同一案件在不同法院，甚至在不同法官之间都会有不同的判断，这是证明标准、事实认定的主观因素和办案法官的价值判断不同决定的。

其次，算法黑箱效应带来的不可靠隐患。所谓算法黑箱是指，在输入数据和输出结果之间存在外界不可知的隐形领域，算法的决策过程具有不可解释性，即便设计者自己可能也无法预知算法决策带来的后果。数据化的刑事统一证据标准就是在大数据的基础上运用人工智能等相关技术构建起来的，而无论运用哪种技术，都绕不过算法这一基础话题。这也就意味着数据化的刑事统一证据标准从设计之初就注定无法避免算法黑箱的困扰。算法黑箱决策的不可解释性也与证据说理和司法公正要求的透明性形成了激烈的对抗。同时，数据化的刑事统一证据标准也是通过算法为工具对海量司法数据进行分析，进一步抽象提炼形成的，这在某种程度上也可算是一种决策的过程。算法黑箱带来的无解释式操作模式给决策过程创造了巨大的暗箱操作空间，无法回溯和说理的特性也必然引发对数据化证据标准可靠性的质疑。另外，算法是计算机可以识别和执行的逻辑公式，与人类的本族语自然语言相去甚远，很难为大多数人所理解并认同。除此之外，构建数据化的刑事统一证据标准的目的是要依托智能办案辅助系统完成辅助办案的任务。也就是说，在数据标准的运用过程中仍然摆脱不了算法的钳制，智能辅助系统只能给出裁判的结果，却无法对作出该裁判的决策过程做出证据说理和心证公开。上述种种皆因算法黑箱所起，为数据化刑事统一证据标准的建构和运用过程埋下了可靠性存疑的隐患。

（三）质疑二：数据化证据标准是否意味着证明标准"客观化"的复辟？

1996年《刑事诉讼法》确定了"证据确实、充分"的以客观真实为导向的正统证明标准，但长久以来，这一证明标准饱受理论界和实践工作者诟病。为了弥补客观化证明标准的不足，2012年《刑事诉讼法》引入了"排除合理怀疑"的主观元素，补全了我国刑事证明标准客观化过度的短板，形成了主客观相统一的证明标准新路径。但正如上文所述，数据化的刑事统一证明标准更像是证据规格的数据化，即证明标准理论体系中客观标准的数据化，并不能涵盖证明标准的全部内涵，至于证明标准的主观元素更是完全无法涉足，这明显与刑事诉讼法中创设主客观统一的证明标准的立法本意相违背，似乎在某种程度上预示着证明标准"客观化"卷土重来的复辟趋向。

首先，政策指导思想显露出支持证明标准"客观化"之意图。正如上文所述，国家政策已将人工智能推上神坛，提升到国家战略的高度，司法政策也紧跟步伐，意图推进人工智能和司法的深度融合，加强智慧法院的建设，通过构建数据化统一法定证明标准达到同案同判的效果正是重要的切入点之一。正如 2017 年初时任中央政法委书记的孟建柱书记在中央政法工作会议上提出的那样，"形成操作性强、可数据化的统一法定证明标准"，[1] "通过强化大数据在以审判为中心诉讼制度改革中的深度应用，把统一适用的证据标准嵌入数据化的办案程序中，减少司法任意性"。[2] 无论是操作性强、可数据化还是嵌入的智能辅助系统都昭示着证明标准客观化的导向，毕竟数据化和可以嵌入智能系统都必须证明标准顺从于精确化的机器计算法则。

其次，技术原理必然导向证明标准"客观化"不断加强之结果。大数据、人工智能等技术的优势在于"有了所有看似客观的数据，对我们的决策过程去情绪化和去特殊化，以运算法则取代审判员和评价者的主观评价，不再以追究责任的形式表明我们的决策的严肃性，而是将其表述成更'客观'的风险和风险规避"。[3] 大数据、人工智能与刑事证明标准的结合之初，就意味着证明标准必须接受以客观、精确的运行模式代替主客观结合、模糊化的传统模式的改造。简而言之，数据化的刑事统一证明标准就是精确客观化模式下的相关关系加权排列抽象结果。

四、数据化刑事统一证据标准之未来进路

数据化的刑事统一证据标准作为新兴科技和传统司法的融合产物，一切都尚属首创，必然要面对从无到有的建设过程，经历新事物建设过程中不断调试完善和认可适应的阵痛。笔者认为，对于具有政策导向属性的数据化的刑事统一证据标准建设问题，需要客观、全面地看待、分析，既要承认并发扬其优势之处，也要客观面对其不足之处，在理性分析的基础上提出建设性意见，在最大限度内将其弥补和完善。

（一）性质定位：为证据裁判服务的辅助性标准体系

基于大数据和人工智能技术抽象、提炼形成的数据化的刑事统一证据标准更多的是对证据规格的数据化，即便将其嵌入智能办案辅助系统也不可能喧宾夺主，代替办案人员完成对证据的判断和事实的认定，即数据化的刑事

---

〔1〕 陈琼珂：《智能 206，能有效防范冤假错案吗?》，载《解放日报》2017 年 7 月 10 日，第 5 版。
〔2〕 陈琼珂：《智能 206，能有效防范冤假错案吗?》，载《解放日报》2017 年 7 月 10 日，第 5 版。
〔3〕 ［英］维克托·迈尔-舍恩伯格、肯尼思·库克耶：《大数据时代：生活、工作与思维的大变革》，盛杨燕、周涛译，浙江人民出版社 2013 年版，第 225 页。

统一证据标准只是辅助性标准体系，目的是为办案人员证据裁判服务。首先，数据化的刑事统一证据标准本身并未包含"排除合理怀疑"的主观要素。该部分已在上文"证据标准≠证明标准"部分加以详述，此处不再赘述。其次，因不能模拟人类思维和主观经验，无法运用数据化的刑事统一证据标准完成事实认定。在证据判断过程中需要运用一部分形式逻辑的方式，但与之相比，非形式逻辑运用更多。除逻辑思维模式外，印象、感觉、联想甚至顿悟等非逻辑思维模式范畴内的认知方式在证据判断过程中也有许多运用，且往往起到确定性作用。非形式逻辑和非逻辑思维模式显然并非人工智能所能复刻、模拟。另外，证据判断中往往还掺杂着诸多司法伦理、人类情感和道德的价值权衡，这显然也并非人工智能之所长。

只有首先定位好数据化的刑事统一证据标准"是仆人而非主人"的性质，限定好其可以介入的领域范围，才能既保证其高效率、高智能的优势得到有效发挥，又保证经过法官经验审查后案件的正确性，使二者强强联合，真正形成合力。

（二）分类把握：证据标准与证明标准二元并行

如前文所述，证据标准与证明标准并非同一概念，二者在功能、内涵以及诉讼结构依赖等方面均存在很大差异。证明标准有其本身的优势，但因其"排除合理怀疑"的主观标准和各诉讼阶段待证事实、证明目的的差异，使得证明标准无法达到真正的统一，更无法适用于现阶段的智能系统中。与之相反，证据标准虽然存在主观标准涵盖缺如的短板，但不管从其内容还是功能来看，都决定了证据标准可以且必然走向统一的宿命。具体言之，证据标准的内容可以概括为证据规格和证据能力两部分。其中证据规格是被固定在刑事诉讼法中且相对固定的，不会因诉讼阶段流转而发生变动。证据能力则主要涉及证据的合法性和相关性。前者已在法律规范中被列明，"证据一经固定，其合法性内容即已形成"。[1] 后者虽无法律得以规范，但却可以通过人类的普遍理性得出统一的逻辑推断。因此与证明标准相比，证据标准必然走向统一，也更适合数据化后应用于智能系统。

"孤阴不长，孤阳不长"。证据标准与证明标准各有优劣，证明标准无法适应现阶段智能系统的要求，证据标准则无法涵盖证据推理与审查的全部内容，二者均无法单独挑起智慧刑事司法的大旗。因此，笔者私以为不妨创设

---

〔1〕 熊晓彪：《刑事证据标准与证明标准之异同》，载《法学研究》2019 年第 4 期，第 206 页。

证据标准与证明标准二元并行的证据规范模式。其中，证据标准偏重相对固定的客观标准，并形成数据化的刑事统一证据标准，完成对智慧刑事司法的证据指引、证据监督和证据评价；而证明标准则作为证据实质审查判断的二阶程序，由侦查人员、检察官、法官对智能裁判辅助系统得出的结论做全面把握。按照诉讼流程可以做出如下解构：首先，在侦查阶段，侦查人员可以根据智能办案辅助系统提供的证据指引收集证据并完成对证据充分性和完整性的比对。在智能办案辅助系统得出证据充分完善可以侦查终结移送起诉的评价后，仍需具体办案人员根据自身经验运用证明标准对收集的证据进行整体审查。其次，在审查起诉阶段，先由智能办案辅助系统应用数据化的统一刑事证据标准对侦查机关移送的案件证据进行分析评价，得出相应结论，之后再由检察官运用证明标准对此结果进行二次审查。由于侦查阶段和审查起诉阶段均为自向性证明，仅由侦查人员和检察官形成内心确信的证明标准对审判阶段而言并无实际意义，因此在此二阶段中数据化的刑事统一证据标准发挥主要作用。最后，在审判阶段，控辩双方提交的证据汇总于智能办案辅助系统中。系统基于数据化的统一证据标准和海量的前司法数据经验可以先于法官得出关联性最强的审判意见。法官综合全案证据依据证明标准和主观经验以智能办案辅助系统形成的审判意见为参考形成心证，作出最后的裁判。

在这种二元并行的证据规范模式下，因各诉讼阶段的后续程序中都有办案人员根据证明标准和主观经验进行二次审查，数据化刑事统一证据标准中"客观化复辟"的担忧被消弭于无形。与此同时，由于智能办案辅助系统以计算机为依托，其计算能力和客观性远超办案人员，由其先行进行证据的梳理和评价工作大大提高了司法效率，使客观化和高效度成为其特点和优势。证据标准与证明标准二元并行的模式不仅有效利用了智慧系统的效率优势，也通过证明标准的法官把握保证了证据裁判的质量，同时也因应了数据化刑事统一证据标准是为证据裁判服务的辅助性标准体系的性质定位。

（三）源头治理：加强司法数据质量

司法数据信息是数据化的刑事统一证据标准的基础和源头，只有保证源头的通畅性和清洁性，下游形成的证据标准才能更加稳定、可靠。就目前而言，我国司法实践中普遍存在着司法数据不充分、不客观、结构性差的问题，[1] 不免会对在此基础上形成的证据标准的可靠性形成一定冲击。因此，从源头着手把控并改善司法数据的质量是目前亟待解决的重中之重。

笔者认为，想要改善目前的困顿局面，可以从以下几个方面共同发力：

首先，进一步拓展数据来源和数据种类。目前，司法数据的来源主要集中在司法统计上且以案件信息数据为主，数据源匮乏且数据种类单一。在加强政法系统内部案件信息、办案行为全程留痕上传的同时，也要加强与系统外相关机构信息平台的对接（如银行的个人资金数据系统和交通运输部门的个人交通数据信息系统等），内外兼修，共同打造多元化的数据来源模式。

其次，智能系统辅助审判信息一体化成型并辅以人工抽检保证未来案件数据真实性。目前司法实践中表现出的案件数据信息形式真实与实质真实割裂的现状，形成原因多样。未来，智能办案系统辅助审判模式下，不妨将审判数据形成过程和形成理由等要素内嵌于系统内部，由办案人员甄选、组合，一体化形成裁判文书和案件信息。系统在案件数据形成后自动对各要素理由进行真实度分析，生成真实度分析报告和真实度偏离预警报告。与此同时，定期组织专门的富有经验的法官团队对新形成的案件信息进行真实度人工抽检审核。

最后，依托智能辅助系统统一文本格式。司法数据结构性差问题来源于法律文本词句语法并无统一尺度可循，给法律语言识别、理解和机器无监督深度学习带来极大障碍。这种情形可以通过智能办案辅助系统相对完善的解决。在智能系统中设定好统一尺度的文本格式，将可能涉及的法律名词和有关案件事实描述的词汇以最小碎片的模式提前设置好，办案人员在此基础上根据需要，灵活选择、匹配，进而形成法律文书。

（四）过程把控：构建"算法黑箱"程序控制机制。

"算法黑箱"效应带来的不可知性和不可解释性是对司法公开和证据说理的挑战，也是人工智能与法律融合过程中的重要矛盾节点之一。对此，德国推行的《欧盟数字基本权利宪章》提出将算法列入大数据时代个人基本权利的范畴内考虑。在实体或程序权利面临威胁时，当事人有选择接受算法决策与否的权利。如若当事人拒绝算法决策模式，则回归传统审判。如若当事人接受算法决策模式，在涉及其重要权利时，办案人员应及时、主动地履行释

---

〔1〕　参见左卫民：《关于法律人工智能在中国运用前景的若干思考》，载《清华法学》2018 年第 2 期，第 114~116 页。

明义务。如若当事人对算法决策的结果有异议，有权要求算法公开并由人工重新审核判断。[1] 这对提升我国司法算法透明度极有借鉴意义。

笔者认为，为了最大限度抵消"算法黑箱"效应带来的负面影响，不妨采取两步走的模式：

第一步，效仿德国的先进经验，在我国确立当事人面对权利威胁时接受算法决策与否的程序选择权，运用算法决策模式时办案人员的算法公开和释明义务，以及当事人对算法决策有异议时要求人工评判和算法公开的权利。当事人有处分自己权利的自由，也有捍卫自己合法权益不受侵犯的权利。赋予当事人在面对存在威胁自身权益可能性的算法决策模式时，自由选择接受与否的权利，是有法理基础的。而且，为了避免司法算法"绑架"人类权利，将异议案件的最终决策权把控在人类手中是极有意义的。

第二步，逐步树立"数据正义"观念。事实上，不管是传统法律运行模式还是引入人工智能后的算法决策模式，其最终目的都是最大限度达到司法公正的效果，二者从结果导向上具有一致性。如果跳出传统法律论证模式的藩篱，加之以功利主义法学的观点分析，似乎现今困扰算法介入司法的种种矛盾也并非真的如此重要。于是，"数据正义"这种新型观念应运而生。在"数据正义"笼罩下，办案人员不必理解算法，算法也不必具有可解释性。办案人员只需了解"①算法使用的因素；②算法结果的精确度"，[2] "只要导致该决策算法的基础算法可以访问，只要决策算法可用于广泛的偏差和准确性测试，只要没有人为地保留为机密，只要最终的决策者是人"[3] 即可。

（五）其他：健全配套制度

基于国家政策、司法政策的引领和各试点省市的实践反馈信息分析，数据化的刑事统一证据标准建构工作已初步完成、上线，在依托智能办案辅助系统试运行阶段取得了可喜的成果，但同时也暴露出一些问题。为保证数据化的刑事统一证据标准的可靠性、准确性、稳定性，除就其本身做出调试和完善外，还要建立健全外部配套设施予以支撑。

---

〔1〕　See Chapter of Digital Fundamental Rights of the European Union，Article 7，Article 8.

〔2〕　Ric. Simmons，"Quantifying Criminal Procedure：How to Unlock the Potential of Big Data in Our Criminal Justice System"，*Michigan Sate Law Review*，Issue 1，947，1017（2016）.

〔3〕　刘品新、陈丽：《数据化的统一证据标准》，载《国家检察官学院学报》第 2019 年第 2 期，第 142 页。Stephen E. Henderson，"A Few Criminal Justice Big Data Rules"，*Ohio State Journal of Criminal Law*，no.15，527，541（2017）.

第一，打通跨地域、全流程司法数据统一共享渠道。数据化的刑事统一证据标准中的"统一"二字理应是在在全国范围内的统一和在全诉讼流程中的统一，这就倒逼作为前提基础的司法数据必须做到全国范围内和全诉讼阶段的统一共享。目前看来，各省市纷纷各起炉灶，秉持各自的尺度标准审查判断证据，且在案件信息数据化上传过程中采取并不统一的非结构化格式。另外，在不同诉讼阶段，相应主管机关也都有各自的数据系统，各系统之间并非完全互认。以上种种都给数据化的刑事统一证据标准的统一性预设了障碍。基于此种境况，理应构建"司法数据系统一体化"模式，打通跨省市地域、全诉讼流程的司法数据统一共享渠道，保证数据化的刑事统一证据标准的统一性和智能系统的处理效率。

第二，开放辩方系统窗口，建立保护辩护权制度。控辩两造平等武装是等腰三角形诉讼结构和司法公正在权利层面的支撑。在诉讼进程中，控辩双方有义务和权力（权利）保证辩护权的有效行使。但就目前数据化的刑事统一证据标准和智能化办案平台的构建思想来看，似乎并未为辩方留下获取案件信息的窗口，这无疑是对辩护权有效行使的极大削弱。未来在智能办案辅助系统完善过程中，理应开放辩方进入窗口，允许辩方获取案件信息，并对不认可的证据信息提出异议，以保护其知情权，支持其辩护权。这里需要说明的是，为保证系统和诉讼流程的稳定性，可以进入系统的辩方应以辩护人为限。另外，当事人如果对相应证据信息有异议，应允许其申请聘请相应专家辅助人，为其行使辩护权提供技术支持。与之对应，控方也可申请智能系统开发方派员出庭，以专家辅助人的身份接受质询。

结　语

随着大数据、人工智能技术的深入发展，智能科技助推司法改革已经成为不可抗拒的未来发展趋势。在"推动人工智能科技创新成果同司法工作深度融合"的政策指引下，上海、贵州等各省市提出构建数据化的刑事统一证据标准嵌入智能办案辅助系统以保证同案同判的建设思路，并业已实践，且取得一定成果。但必须要明确的是，技术本身并无属性偏向，技术最大化下的司法高效也不是改革追求的全部效果。法律体系是在公平正义价值内核指引下运作的，具体的诉讼操作仅是价值内核的外化。同时，法律也不是一成不变的死水一潭，其精致之处在于法官在个案中基于对价值的坚守而迸发出的创造性思维。人类思维中对道德的坚守和价值的判断是机器永远无法具备的，蕴含着复杂价值权衡的司法审判也是智能科技无法单独胜任的。因此，数据化的刑事统一证据标准在构建之初就应遵循辅助性的原则。另外，在未来探索完善智能科技与法律融合的进程中，要注意以技术改善司法之不足（即体现技术的工具价值），也要利用法律来规范、指引技术之发展，充分利用二者的优势，在不断试错和纠偏过程中寻找智能技术和法律效能最优化的平衡点，进一步促进人工智能和法律的深度融合。

医药专利诉讼中反向支付协议的
反垄断问题探究

罗 熠*

　　摘　要：医药专利诉讼中的反向支付协议集中体现了专利法与反垄断法之间的矛盾与冲突，对于该类协议进行反垄断规制的同时，还要平衡好与保障原研药企专利权的合法利益之间的关系。通过考察美国的相关司法判例、评述和整理相关文献，以期深化我国对反向支付问题的认识。结合我国现实，认为对于反向支付协议，在我国应当适用更为严厉的反垄断审查，并且进一步主张在我国药品领域建立起激励创新的自由竞争环境。
　　关键词：医药专利诉讼　反向支付　反垄断

　　人类的发展史表明，有激励才会有进步，正是基于这一原则，专利法出现了。专利授予创新者排他性地享有其劳动成果，以换取专利技术在社会的公开。在另一个领域，反垄断法通过规制某些可能损害竞争的行为来促进创新和公平竞争。有趣的点在于，专利权的行使可以产生垄断性质的竞争，而这种后果正是反垄断法所要规制的。这种存在于专利法与反垄断法之间的紧张关系，

　　* 　罗熠，江西财经大学法律硕士（330013）。

在医药领域尤为凸显。原研药是原创性的新药，需经过广泛的研究和严格的临床试验，平均需要花费15年左右的研发时间和数亿美元的资金投入；仿制药仅复制原研药的主要分子结构。原研药企通过投入大量的资金研发出药品，在取得药品的专利权之后，期以获得垄断利润，销售高价药品来回报前期的投入。仿制药企无需投入巨大的研发成本，即将功效相同的仿制药推入市场，而低廉的仿制药使更多的消费者受益，这将引发原研药企与仿制药企有关专利的诉讼。在诉讼中，双方达成协议，由原研药企向仿制药企支付价款并约定在一定期限内仿制药不进入市场，以保持药品的高价，这种协议被称为反向支付协议。由于这一协议延迟了低价的仿制药进入市场参与竞争，从而使得原研药企继续享受专利垄断带来的超竞争利益，实际上协议双方共享了垄断利润，而消费者必须继续承受高昂的药品价格，基于上述分析，反向支付协议存在违反反垄断法的风险。

反向支付协议，又称支付延迟协议，这种协议多见于医药领域专利诉讼中，原研药企和仿制药企达成一种旨在限制竞争的和解协议，通过协议，低价的仿制药被延迟进入市场，由此可见，这可能会严重损害消费者的利益。特别是在药品领域，消费者对药品价格的敏感度很高，同时这关系到患者的生命健康，因此，一个成熟的反垄断机构应该认识到规制这些协议的重要性。在美国，联邦贸易委员会（FTC）认为反向支付协议推迟了竞争者进入市场，继而变相延长专利药品在市场的独占期，可能会违反反托拉斯法，2000年底FTC对此启动了大规模的调查，反向支付成为FTC重点关注的对象。然而，在我国当前学界对于反向支付协议的反垄断问题的研究十分有限。[1] 美国在研究反向支付问题上积累了丰富的案例经验和理论成果，通过考察美国的相关司法判例、评述和整理相关文献，以期深化我国对反向支付问题的认识，对该问题的关注，可以为我国医药领域的反垄断执法提供一些启示。在当下，我国医药卫生改革正在稳步进行，民众对药品质量的要求不断增强，同时，提供所有人都能够负担得起的医疗服务也是我们追求的目标。如何在促进药品市场公平竞争的同时，保护原研药企的合法权益以激励药品的创新，是研究药品领域反垄断规制问题的核心和难点所在。

---

〔1〕 笔者在中国知网上以"反向支付"为主题进行检索（时间截止到2019年6月18日），包括期刊、硕博论文、会议记录、报纸新闻在内的共计23篇。

一、医药领域反向支付现象出现的原因

（一）Hatch-Waxman 法案作用下反向支付的达成

反向支付协议最早出现在美国，是一定的社会原因和法律原因共同作用的产物。1984 年美国国会通过《药品价格竞争和专利期修正法》（Drug Competition and Patent Term Restoration Act，也称为 Hatch-Waxman Act，以下简称 Hatch-Waxman 法案），这直接导致了反向支付协议的大量出现。[1] 一方面，该法案简化了新药的申请审批程序，只需证明仿制药与专利药具有相同的有效成分、剂型、药效及生物等效性，即可被批准上市，仿制药无需再提供原研药上市所要提供的临床试验等数据；另一方面，Hatch-Waxman 法案给仿制药企提供了一个挑战原研药企药品专利的机制：在药品专利到期以前，仿制药企可向美国联邦食品药品署（FDA）提出生产、销售仿制药的简略新药申请（ANDA），同时提交该仿制药不侵犯专利权的证明或者原研药专利无效的证明。[2] 在申请提出之后，原研药企可在 45 天以内提出相关药品专利的侵权诉讼，此时 ANDA 审批会暂停 30 个月，直至诉讼判决结果出来或者 30 个月期满。如果原研药企不提出诉讼，仿制药通过审批后即可上市。该法案还规定，如果仿制药企成功通过审批，进入市场后的首仿药将有 180 天的独占期，在此期间 FDA 不会对其他仿制药企的申请进行审批。[3] 这极大激发了仿制药企向原研药企发出专利权挑战的热情，因为一旦挑战成功，特别是对于大量存在的弱专利，不仅仿制药可以被获准上市，首个提出申请的仿制药企还将获得 180 天的市场独占期，这将是一笔极高的收益，因此，大量仿制药企争相对专利药品提出新药申请。对于原研药企来说，面对众多仿制药企对其专利权的挑战，一旦专利侵权之诉开始，原研药企面对的风险有两个：一是 30 个月后 ANDA 重新开始，仿制药通过审批后上市；二是判决原研药企的专利无效或仿制药企不侵犯专利权，原研药企在市场上的垄断地位同样被打破。考虑到诉累的成本，以及败诉的风险，原研药企选择与仿制药企达成协议，是一种面对专利挑战的诉讼策略。

---

〔1〕 参见罗蓉蓉：《美国医药专利诉讼中"反向支付"的反垄断规制及其启示》，载《政治与法律》2012 年第 12 期；丁锦希、邵美令、孟立立：《美国知识产权反垄断诉讼中专利范围测试规则的适用及启示——基于"Schering V. S. Upsher"案实证分析》，载《知识产权》2013 年第 6 期；曹志明：《药品领域反向支付问题研究》，载《知识产权》2017 年第 9 期。

〔2〕 Hatch-Waxman Act, Pub. L. No. 98-417, 98 Stat. 1585, 21 U. S. C. § 355 (j).

〔3〕 21 U. S. C. § 355 (j) (2) (A) (vii) (IV).

（二）反向支付协议达成的深层原因分析

1. 专利制度的缺陷下原研药企寻求研发回报的需求

专利的前期开发必然意味着大量的商业成本，包括研发费、测试费、审批费乃至推广费等都需要通过市场获得，或者说通过消费者获得。[1] 然而专利的周期是有限的，尤其在医药领域，更为审慎和复杂的药品专利审查，意味着留给专利权人将药品上市并获取利润以弥补前期投入的时间更短。除此之外相较于一般产品的开发，药品的研发需要巨大的前期投入，而现有的专利制度无法考虑到药品领域的特殊性，这导致专利权人往往通过高价售卖专利药品以期在短时间内收回成本并取得研发回报。同时，由于药品涉及社会的公共利益，在专利权的行使上也会受到一定的限制，如药品的强制许可制度。正是由于上述种种因素的作用，专利权人可能无法获得应有的研发回报，因此会选择反向支付这一方式来维持药品的高价以确保自身的经济利益。

2. 强专利保护制度下仿制药企的理性选择

不同于专利权有瑕疵的弱专利产品，强专利药品受到专利权的严格保护，这种情况下，仿制药企很难通过专利侵权诉讼谋取到利益，败诉的结果是，仿制药在专利到期以前都无法进入市场参与竞争。然而反向支付协议所约定的仿制药进入市场的日期却可以早于专利的到期日，实际上，在强专利的情况下，达成反向支付协议可能是仿制药企在专利到期以前进入市场的。另外，对于仿制药企来说，反向支付协议往往约定，由原研药企向其支付大额的补偿，实际上双方共享了专利药品的垄断利润，考虑到专利诉讼中自身败诉的风险以及诉累的成本，达成和解协议不失为仿制药企在追求利益考量下的一种选择。

基于以上对反向支付协议出现原因的分析，可以看出，在美国制度设计下诱发了医药专利诉讼中的反向支付现象，实际上，反向支付协议的存在还有更深层次的经济动因和社会基础。只要市场上存在合法的仿制药流通，原研药企和仿制药企之间的利益博弈就不可避免，一个值得关注的例子是：2013 年欧盟委员会对涉及反向支付协议的 Lundbeck 案中的原研药企做出了9000 万欧元的巨额罚款。由此可见，尽管欧盟并没有 Hatch-Waxman 法案的推波助澜，但是原研药企依然有强大的动机与仿制药企达成和解，因为任何

---

〔1〕 参见［美］威廉·M. 兰德斯、理查德·A. 波斯纳：《知识产权法的经济结构》（中译本第 2 版），金海军译，北京大学出版社 2016 年版，第 294 页。

仿制药进入市场后都会带来药价的大幅下降。一直以来，我国在药品领域的创新性不强，国内 90%制药企业为仿制药企，目前还未出现反向支付协议的相关案件，但随着国内药企创新能力的增强，未来药品专利的激励机制与消费者福利之间的矛盾会更加凸显。另一方面，据 Evaluate Pharma 最近发布的一份报告指出：2018 年到 2024 年期间，即将失去专利保护的药物销售额高达 2500 亿美元。艾伯维、新基、强生及诺和诺德这四家企业受损最严重。[1] 我国是药品的消费大国，面对即将到来的"专利悬崖期"外国药企有巨大的动机利用反向支付协议来维持自己在中国市场的垄断地位。

二、美国法上反向支付协议的反垄断审查规则评述

医药领域反向支付现象是美国各界一直以来激烈争论的话题。基于反向支付协议可能产生的反竞争效果，FTC 总是强烈主张严格审查这些协议。相比之下，制药企业认为，这些协议是其最佳选择，因为这避免了昂贵且冗长的诉讼，否则这一诉讼成本最终将由消费者承受。美国在反向支付协议的反垄断司法实践中积累了大量经验，然而，直到联邦最高法院对 FTC 诉 Actavis 案作出最终裁决之前，美国不同地区的法院在审查反向支付协议时采用的方法是完全不同的。一方面，是由于对这一协议进行违法性审查本身就是一个很复杂的问题，这涉及专利法与反垄断法竞合时，适用法律时的价值选择；另一方面，美国地区法院的自主裁量权较大，每个案例都有其特殊性需要进行具体分析。美国对反向支付协议反垄断问题的司法实践可以分为两个阶段：前 Actavis 案时期，形成了包括本身违法原则、快速审查原则、专利排他测试规则、合理原则，这几种审查规则。2013 年联邦最高法院对 Actavis 案做出最终判决，指出法院进行审查时应当适用合理原则。在后 Actavis 案时期，合理规则成为对反向支付协议最主流的审查标准。有趣的是，美国最高法院将更充分地发展合理原则的任务留给了下层法庭。虽然 Actavis 案确认了这项法律原则，发挥了很好的指引作用，但却依然留下一团难以捉摸的迷雾，不确定性仍然存在于司法实践中，这主要取决于案件的客观情况，关于这个问题的歧见依然存在。

（一）前 Actavis 案时期的司法经验

在 Cardizem CD 案中，原研药企 HMR 公司与仿制药企 Andrx 公司达成协

---

〔1〕　参见《一波专利悬崖到来，波及 2500 亿美元原研品种》，载 https：//www.jianke.com/xwpd/5339789.html，最后访问时间：2019 年 6 月 1 日。

议，直到专利侵权诉讼结束 Andrx 公司不将自己的仿制药投入市场，作为回报，HMR 公司自 Andrx 公司收到新药上市批准起，向其支付每年多达 4000 万元的补偿。同时，由于首仿药企 Andrx 推迟了上市时间，由此推迟了 180 天的市场独占期，从而延迟了其他仿制药进入市场的时间。美国第六巡回法院认为，HMR 公司通过向其潜在的竞争对手付款，以延迟对方进入市场，明显表达了双方签署协议的反竞争意图[1]，最终认定该协议是横向的划分市场的协议，违反了《谢尔曼法》第 1 条。通过该案可以看出，法院在进行反垄断审查时，是从签订反向支付协议这一垄断行为本身来考虑的：既然事实上反向支付协议有限制竞争的效果，是反垄断法所规制的垄断行为，那么就无需对这一行为背后的动机进行分析，也无需再进行实质性的社会效果评价，因为这一行为本身违法。本身违法原则具有明确性和可预测性，在实践当中选择该原则可以明确行为是否合法，规则的可预见性可以很好地引导各方的行为，也可以简化司法过程中的证据管理，在案件的审理过程中法官有明确的标准可以作为判案依据，这将大大提高司法的效率。然而这一规则过于刚性，忽视了对其他社会效果的考虑，例如忽视了对原研药企合法专利权的保护。作为拥有专利权的原研药企，通过诉讼来维护自身专利权是其维护权利的合法途径，诉讼过程中达成和解本是一种有效率的解决争端的方式，如果认定这种和解协议是违法的，实际上就增加了专利权人专利权的行使成本，不利于保护专利所有者的利益，不利于对创新的激励。另外，也应该考虑反向支付协议的实际反竞争效果，如果涉及的是强专利药品，那么反向支付协议则成为仿制药在专利到期前被允许进入市场的唯一途径。

第六巡回法院指控反向支付协议属于本身违法，然而大多数地区法院将其视为专利纠纷引发的问题，地方法院提倡在进行反垄断审查时需要对相关专利的强度进行评估。第十一巡回法院在 Schering 案[2]中适用了专利排他测试的方法，法院的观点是，专利权天生具有垄断的性质，所以仅以签订反向支付协议行为本身违反反垄断法来认定协议的违法性是不恰当的。原研药企有权在专利到期以前排除作为竞争者的仿制药进入市场，反向支付协议的违法性应当以是否超出专利权的排他范围为标准来判断，例如，除非专利是通过欺诈获得，否则反向支付协议只有在约定进入市场的时间晚于专利到期日

---

〔1〕　Andrx Pharmaceuticals v. Biovail Corp, 256 F. 3d 799, 809（D. C. Cir. 2001）.

〔2〕　Valley Drug Co. v. Geneva Pharms Inc. , 344 F. 3d 1304, 1305（11th Cir. 2003）.

时才会被认定为违反反垄断法。专利权测试对涉及专利的垄断行为给予较为宽松的规制，由于专利是合法垄断，在进行审查时先从专利法的角度来分析，只要垄断是在专利授权范围以内，它们就可以免于反垄断法的规制，这体现了对专利价值的保护，有利于激励创新。然而，这种审查规则的不足在于，有价值的强专利固然值得保护，但是对于没有什么价值的弱专利则存在过度保护。考虑到 Hatch-Waxman 法案的立法目的，该政策的制定本是为了鼓励仿制药企对弱专利药品发起挑战，形成药品市场的良性竞争，保护消费者免受专利药品的不公平垄断，因此专利测试规则应该被谨慎使用。

在 K-Dur 案[1]中第三巡回法院采取了另一种不同的观点，即理性测试的快速审查规则。根据该测试规则，反向支付协议被推定违法，除非被告可以证明反向支付的目的是：①用于延迟进入以外的目的，或②提供一些有利于竞争的目的。法院还认为，仅仅证明反向支付协议本身对解决专利诉讼有所帮助不能作为反驳违法性的理由。可以看出，本身违法规则过于严苛，快速审查规则对本身违法规则进行了软化，更加具有灵活性，赋予了被告抗辩的权利，故此可以认为，快速审查规则是一种可抗辩违法推定规则。[2]然而实践当中，选择适用快速审查规则的法院极少，一方面由于审查反向支付协议的垄断性是一个错综复杂的问题，缺乏适用简易的快速审查规则的前提；另一方面违法推定规则有其不确定性，诉讼过程中包括法院在内的各方对这种规则缺少认同感，因此对该规则的适用抱有十分谨慎的态度。

（二）后 Actavis 案时期的司法经验

上述，由于对不同审查规则的选择，美国各地区的巡回法院做出了迥然不同的判决。联邦最高法院于 2013 年对 Actavis 案做出了最终判决[3]，期以解决司法实践当中的分歧。在此案中，原研药企 Solvay 公司与 Actavis 等仿制药企达成反向支付协议，FTC 将该案起诉到乔治亚地区法院，地区法院适用专利排他测试规则来审查，认定 Solvay 的排他权未超过专利许可范围，且协议约定仿制药进入市场的时间早于专利的到期日，实际上有利于竞争，因此判决驳回 FTC 的诉讼请求。之后该案上诉到第十一巡回法院，巡回法院认为

---

〔1〕　In re K-Dur Antitrust Litigation. 686 F. 3d 197–218 （3rd Cir. 2012）.

〔2〕　参见黄勇、刘燕南：《关于我国反垄断法转售价格维持协议的法律适用问题研究》，载《社会科学》2013 年第 10 期，第 83~88 页。

〔3〕　F. T. C. v. Actavis, 133 U. S. 2223, 2234 （2013）.

单纯从专利法的角度来分析，保护了知识产权的同时，可能是以损害消费者权益为代价，因而采用合理原则进行审查。法院认为，反向支付协议具有明显的反竞争性质，如果没有该协议的存在，仿制药本可以更快进入市场参与竞争，综合考虑各种因素后法院认为应当对该行为进行反垄断规制。该案上诉到联邦最高法院后，最高法院确认适用合理原则来审查，并最终支持了第十一巡回法院的判决，认定反向支付协议不能因为在专利排他权范围内而得到反垄断法的豁免。

最高法院给出了审查反向支付协议的五个方面的考虑。第一，反向支付协议可能会对竞争产生不利影响，因为支付行为延长了专利的垄断范围，但这不意味着这一协议具有天然违法性。法院指出，如果专利权人不以这种方式解决诉讼争议，他们将不得不支付数百万美元来维持诉讼。法院还指出，如果协议约定仿制药在专利到期之前进入市场，这将带来竞争，从而降低药价增进消费者福利。第二，法院认为，这些反竞争效果有时可能在合理原则下被证明是不合理的。这些有效理由可能是，当支付金额不超过所节省的诉讼费用的粗略近似值，或者当和解协议中仿制药企承诺执行其他服务，例如推广专利项目等。第三，如果专利药企利用这种支付或者通过分享垄断利润来避免自己的专利无效，或者来避免不侵犯专利权的仿制药进入市场参与竞争，反向支付协议就应该受到反垄断法的规制。第四，无法解释的反向支付通常表明专利权人对专利的效果和价值存在严重怀疑，这表明他们宁愿将利润与仿制药公司分享，而不是面对仿制药企的专利挑战。第五，反垄断审查的问题是为什么他们选择反向支付而不选择其他潜在的解决方式。如果答案是维持和分享专利产生的垄断利润的愿望，没有其他理由，那么反向支付协议可能会违反反垄断法。通过分析联邦最高法院的观点，可以看出，反向支付协议不是推定非法的，但是需要接受反垄断审查，因为该协议的实际反竞争性需要通过进一步的分析。反向支付带来反竞争效果的可能取决于支付金额的大小。支付额与付款人预期的诉讼费用相关，在缺乏令人信服的理由的情况下，选择这种和解协议的方式来解决诉讼是值得争议的。任何反竞争的存在和反竞争效果也可能因行业而异。这些复杂性导致我们得出结论，审查反向支付协议的违法性应该进行充分细致的考量，关注行为的正当性与合理性。法院还指出，对此类由专利持有人支付数百万美元给可能构成侵权违法的行为人的协议的反竞争性的判定，不仅需要结合对专利法律与政策的分析，而且还要针对反垄断法与竞争政策进行分析。[1]

三、我国存在出现反向支付现象的现实可能性

实际上，除了药品专利领域，在其他专利领域中，并不都具备出现反向支付现象的条件。通过分析，认为反向支付现象的出现需要具备以下两个方面的条件：首先，在社会环境方面要有强而有力的专利保护制度，如果没有法律对专利权的保护，就难以对仿制企业形成法律压力，正是专利保护的力量与反垄断规则出现了碰撞，才催生出反向支付协议这一产物；其次，专利产品与仿制产品的差价是巨大的，专利企业有巨大的利润空间。而在没有较大价格差的情况下，专利企业没有足够的动因与仿制企业达成反向支付协议，同时，仿制企业也没有足够的积极性去挑战专利企业的专利权。据此分析，在我国的药品专利领域是有出现反向支付协议的社会基础和经济动因的。一方面，我国创新型国家建设的进程正在稳步进行当中，创新激励的要求下，专利保护制度的不断完善是发展的趋势，这意味着我国对专利的保护将会更加全面；另一方面，药品价格的普遍偏高，附有专利权的药品价格尤为更甚，这是我国的现实情况。专利药品在我国的利润空间是巨大的，同时，由于人口众多，我国本身就是任何一个营利性企业都不可能放弃的目标市场，专利企业有足够的动力去维持自己在这一巨大市场上的垄断地位，以获得巨额垄断性利润。

在我国，虽然尚未出现涉及反向支付协议相关案例，但是，原研药企和国内仿制药企之间矛盾的加剧是显而易见的，有关药品专利侵权诉讼更是屡见不鲜。一个值得关注的例子是，我国豪森公司与美国伊莱利利公司的专利侵权诉讼，该案始于2001年，伊莱利利公司向江苏省高级人民法院提起豪森公司侵犯其发明专利权纠纷之诉，一审法院认为被诉侵权技术不属于专利保护范围，判决驳回伊莱利利公司的上诉请求。后原告上诉，最高院裁定发回重审，之后原告再次上诉至最高院，最终最高人民法院于2009年作出终审判决，驳回伊莱利利公司的上诉，维持原判。[2] 虽然我国企业最终获得胜诉，但是该案历时10年之久，实际延误了我国仿制药上市的时间，外国公司事实

---

〔1〕 Tracey Toll, "Pharmaceutical Reverse Payment Settlement Agreements and a Proposal for Clarifying the Application of Antitrust Law Rule of Reason Analysis to These Agreements", 15 *Houston Journal of Health Law & Policy* 281, 312 (2015).

〔2〕 具体案情参见最高人民法院（2009）民三终字第6号民事判决书。

上赢得了市场的独占垄断权。[1] 从这个例子可以看出，在我国，原研药企是否涉嫌滥用专利权以排除仿制药的竞争值得考量，原研药企总是希望独占市场以获得垄断利润，这将会极大损害我国消费者的利益，也不利于我国制药产业良性发展。原研药企的各种专利策略，如"新瓶装旧药""重复专利"是否应该受到反垄断法的规制？原研药企是否隐秘地与国内仿制药企达成了反向支付协议？这些问题均有待进一步的调查与分析。

四、我国反向支付协议规制规则的选择

（一）在我国合理原则不是最适宜的反垄断审查规则

当前，探索出在我国语境下，药品专利领域反向支付协议的反垄断规制规则是有必要的，在激励药品创新和提高药品质量的同时，也要切实维护广大消费者的福利，如何选择反向支付协议的反垄断审查规则是绕不开的课题，故此，可以从美国的司法实践中的得到一些启示。通过上文的介绍和分析，可以看出，美国一直试图保持专利法的创新激励机制与反垄断法促进竞争之间的微妙平衡，这对于我国在药品领域反垄断执法有一定借鉴意义。美国联邦最高法院选择以合理原则作为反向支付协议的反垄断审查规则，这对我国学术界也产生了一定影响，部分学者表示，在我国也应该效仿其适用合理原则对反向支付协议进行审查。罗蓉蓉指出："针对我国特定行业的反垄断行为，同样不能自然免受反垄断的审查，合理原则的全面分析的方法，具有灵活性，是一种最合适的方式。"[2] 陶冠东认为："反向支付协议应该进行全面的合理原则分析，这是基于专利诉讼天然的不确定性以及协议形式的多样化。"[3] 宋建宝认为："对专利诉讼反向支付和解协议进行反垄断审查时，应当适用'合理原则'，而不应当适用'推定违法原则'和'本身违法原则'，需要综合考虑反向支付是否会产生限制竞争的严重后果等。"[4] 然而，选择合理原则存在以下几种弊端：

---

〔1〕 参见苏华、韩伟：《药业反向支付协议反垄断规制的最新发展——兼评 Actavis 案及 Lundbeck 案》，载《工商行政管理》2013 年第 16 期，第 38~41 页。

〔2〕 参见罗蓉蓉：《美国医药专利诉讼中"反向支付"的反垄断规制及其启示》，载《政治与法律》2012 年第 12 期，第 141~149 页。

〔3〕 参见陶冠东：《反向支付的反垄断法适用》，载《竞争政策研究》2017 年第 3 期，第 80~89 页。

〔4〕 参见宋建宝：《专利诉讼反向支付和解协议的反垄断审查：美国的规则与实践》，载《知识产权》2014 年第 2 期，第 91~97 页。

其一，由于合理原则的极大灵活性导致极度的不确定性，在适用时应该考虑哪些因素？各因素的权重又该如何分配？这些问题会增加司法操作过程的困难性，因而在增加司法成本的同时也未必可以保证个案的公平正义。其二，合理原则可能会导致过度分析的情况出现，在存在弱专利的情况下，反向支付协议具有明显的反竞争性应该受到反垄断法的规制，但是基于"谁主张，谁举证"原则，原告很有可能因为拿不出相应的证据而败诉。通过观察可以发现，近年来的反向支付协议的形式越来越多样化，不再是直接的金钱给付，如 Tamaxifen 案中协议约定的是由原研药企授权仿制药企销售专利药物，并允许给销售的药品贴上仿制药品的标签；其他形式的协议例如：约定原研药企与仿制药企共同销售或者由原研药品向仿制药企购买原材料等普通商业协议的形式，这意味着，由原告来追踪反向支付的证据变得更加困难，在这种情况下，合理原则可能最终变成了全面合理合法原则。其三，合理原则体现了对专利权的保护，然而这种保护是以牺牲消费者利益为代价的。在当下中国，考虑到我国药价高昂的社会性问题，民众对尽快降低药品价格的呼声强烈，因此在作价值权衡的时候，不能不将保护广大消费者的切身利益放在关键地位。由于反向支付协议排除了仿制药的竞争推高了药价，在我国国情下具有相当大的当罚性，应该对该协议适用更为严格的反垄断审查，合理原则并不是一种较为严厉的审查方式。

（二）我国反垄断执法时应该对反向支付协议适用更为严厉的规制规则

在我国将反垄断执法运用于知识产权领域时，更多的是要结合国情，考虑到司法实践的可操作性以及适用法律的价值选择问题。根据《中华人民共和国反垄断法》（以下简称《反垄断法》）第 55 条规定："经营者依照有关知识产权的法律、行政法规规定行使知识产权的行为，不适用本法；但是，经营者滥用知识产权，排除、限制竞争的行为，适用本法。"这就在我国建立起了基本的反垄断法律制度的同时，确立了我国反垄断法适用于知识产权领域的基本原则。但是，如何对该条进行正确的解释和适用，尚未被具体细化，仅仅这条原则性的规定，无法在反垄断执法过程中给予明确的指引，因此我国目前在面对这个问题时的困难显得尤为突出。具体到对药品领域反向支付协议的反垄断审查，在尚没有具体的实施细则出台的情况下，对以下两个方面的问题有必要首先予以明确和把握。

1. 关于保护知识产权与执行反垄断法的关系

我国反垄断法在知识产权领域实施首先应当明确保护知识产权与执行反

垄断法的关系，保护知识产权与执行反垄断法在本质上是一致的，两者相辅相成，有着共同的目的，即提高消费者福利。反垄断法通过规制垄断行为促进市场的良性竞争，消费者可以享受更为优质且廉价的商品；专利法的直接作用是激励创新，创新带来的是商品的升级，同样提高了消费者的福利。正如英国知识产权委员会的报告指出：只有知识产权制度得到有效竞争政策的补充时，它才能达到预计的目标。基于这一基本立场，既不应使专利权所有者受到反垄断法的特别审查，也不应使其特别地免受反垄断法的规制，而是应该适用统一的标准和法律原则。

2. 关于如何理解我国《反垄断法》第55条的"滥用知识产权"与"排除、限制竞争的行为"之间的关系

我国虽然没有对滥用知识产权作明确的规定，但是一般认为对其的理解不应该限于某些国家的判例法中比较狭隘的范围，即从广义上去理解，将滥用知识产权视为与正当行使知识产权的相反概念，凡是权利人超出法律范围或者正当的界限行使权力，导致对权力不当的利用，由此损害社会公共利益或是他人权益的行为，都可以概括为滥用知识产权，基于这样一个广义的理解，在对涉嫌滥用知识产权的行为进行反垄断审查时，就不需要首先认定出该行为是否是法律法规所规定的滥用知识产权的行为，然后再去审查其是否排除、限制了竞争，这意味着一行为是否是知识产权的滥用行为不必然是违反反垄断法的前提条件，只要认定该行为对竞争产生限制，就可以认定该行为违反了反垄断法。从这一角度来考虑，在知识产权的反垄断规制的规则选择上，"除外适用"的做法似乎更值得借鉴。"除外适用"的分析框架是，首先概括性地认定滥用知识产权的行为具有违法性，应受到反垄断法的规制，然后规定一些除外适用的情形，即某些可以得到豁免的情况。这种分析框架好处在于，从广义上去理解滥用知识产权的行为，避免反竞争的行为逃避法律的规制；而豁免情形的规定可以矫正过于严厉的反垄断执法，体现反垄断法的基础性与谦抑性的很好的融合。

具体到我国的反向支付协议的反垄断规制，通过对我国相关法律的考察，与美国不同的是，我国并没有关于合理原则的相关规定，合理原则并不是最适合我国国情的一种分析反向支付协议的方式。我国对于反向支付协议应该诉诸更为严格的反垄断审查规则，"豁免"的路径选择是种较为严格的审查方式，一方面，概括性地确认反向支付协议的违法性，因为其实质是一种市场分割协议从而认定该协议具有当罚性；另一方面，可以规定反向支付协议在

一定条件下获得例外的豁免，这样可以避免过度威慑的问题，实现对专利权的一定保护。例如，在对一般的反向支付协议予以禁止的基础上，有几种特殊情况下可以给予豁免：例如，不具有市场支配地位的原研药企达成的反向支付协议。正如孔祥俊教授指出："大量的司法经验揭示，对于同时兼备反竞争属性和增进社会福利的限制竞争协议而言，如果被告具有微不足道的市场份额的情况下，一般可以进行合法性推定。"[1] 又如，拥有强专利的企业出于解决诉讼的目的达成反向支付协议，或者反向支付协议相较于诉讼成本明显偏小，等等。

结　论

从美国的司法实践可以看出，反向支付协议被视为典型的横向垄断协议，所谓横向协议，"是处于同一层面的经营者即竞争者之间，就产品产出与价格等达成的限制与排除竞争、共同对付第三方的协议安排。"横向垄断协议是反垄断法规制的重点，对其予以严厉的打击。反向支付协议通过推迟仿制药进入市场，市场之外的支付使药品价格保持在专利权人设定的水平，巨大的利润由协议双方瓜分，而消费者承担高额药价。这种协议使得协议双方获得利益，但其他经营者和消费者却是这一协议的最终受害者。我国《反垄断法》第 13 条规定，"禁止具有竞争关系的经营者达成垄断协议"同时对垄断协议做出了定义即"排除、限制竞争的协议、决定或者其他协同行为"具体到反向支付协议，无论是基于美国的司法经验，还是我国的法律规定，反向支付协议都应被视为横向垄断协议，应当受到反垄断法的规制。

实际上，想要解决药品领域的反向支付问题，建立起合理的反垄断规制规则是一方面；此外，还需要反垄断执法机构以外的部门共同的努力。从长远来看，只有建立起药品领域激励创新的自由竞争环境，才能根本上解决这一问题，促进我国制药产业良性发展，才能造福更多的民众。具体来说，除了反垄断执法机构要履行自己的职责以外，我国的专利行政部门也应当承担更多的责任，在进行药品的专利授权时应该采取更为严格谨慎的态度。犹如前述，在现实中常常存在原研药企为了维护自己的弱专利而选择与仿制药企签订反向支付协议，以维持自己的垄断地位。在此情况下，专利保护实际上是抑制了创新的发展，因为这种存在瑕疵的弱专利导致了不良的竞争。药品的质量和价格关系到广大公众的利益，因此，不同于其他领域的专利，药品

---

〔1〕　孔祥俊：《反垄断法原理》，中国法制出版 2001 年版，第 387 页。

专利授权是至关重要的一个环节,专利行政部门在药品专利审查中应该严格把握创造性、新颖性和实用性标准,避免宽泛的专利授权,提高药品专利的授权质量。

最后,要想建立起药品领域激励创新的自由竞争环境,还应该充分认识到市场的基础性地位,鼓励制药业在一个公平竞争的环境下发展才是保障该行业持续健康发展的根本。药品是一类特殊的商品,它关系到公众的利益,从其研发开始到参与市场竞争,经营者都应该面对严格的审查和管控,无论是从专利法的角度鼓励药品的创新还是从反垄断法的角度维护市场的自由竞争,各个部门都应该加强彼此的协作和联动性,以实现药品领域的创新激励与竞争自由之间的协调发展。

我国台湾地区社会工作参与
家事审判机制及其启示

方　俊[*]

摘　要：为圆润、妥善地解决量大性殊的家事纠纷，我国台湾地区近二十年来高度重视并大力革新家事司法制度。其通过实体法的赋权、程序法的保障促使社会工作广泛参与家事审判，二者借由出庭保护、调解参与、访视评估、证据调查等机制紧密互动，在促进家庭福祉、保障儿童利益上已取得较好的实效。台湾地区的经验表明：家事司法改革需要司法专业化与司法社会化的理念协同、实体法与程序法的立法协同、司法资源与社会资源的实践协同。当前，大陆地区正在推进家事司法改革，但陷入"司法理念偏差、程序规则粗糙、社工资源匮乏"的困局，亟须参鉴台湾地区家事司法社会工作的成熟经验。

关键词：台湾地区　家事审判　社会工作　协同程序保障

2016年6月，我国大陆地区启动了家事司法改革，冀望通过程序创新为家庭提供法律帮扶。这一改革无疑需

---

　　* 方俊，中国政法大学司法文明协同创新中心诉讼法专业 2017 级博士研究生（100088）。

要均衡司法专业化与司法社会化的发展。随着社会工作专业性的逐渐确立，越来越多的机构或人员进入到司法场域，不断拓展社会工作的实践权。司法与社会工作的集合物即司法社会工作（forensic social work），系指运用社会工作于司法场域的相关议题与问题中，以推动社会变革、改善人际关系和促进问题解决。[1] 其中，社会工作与家事审判的融合即家事司法社会工作。当前，家事司法社会工作虽已走入法院的改革视野，如福建等省的法院已在离婚诉讼中试行家事调解员和家事调查员，[2] 但社会工作与家事审判之间的互动于法院而言尚属新事物，亟待对此展开理论研究。基于对不同国家和地区家事程序立法与实践的考察，我们发现社会工作参与家事审判已是全球趋势。与祖国大陆宗源共同、法理共通的台湾地区在此方面累积了丰富的立法经验，并取得了较好的实践效果。为圆融、妥适地解决家事纠纷，台湾地区修正"民法""儿童福利法"等实体法，并颁行"家事事件法"（以下简称"家事法"）等程序法，积极推动社会工作介入家事审判。台湾地区家事司法社会工作的立法技术和实践经验，可为祖国大陆当下开展的家事司法改革提供智识启示。

一、台湾地区家事司法社会工作的发展图景

20世纪末，台湾地区司法制度完成了专业化的建构，基本上实现司法职业主义、司法独立主义。在经历司法专业化的内部改革后，其开始将改革重心转至司法的外部，寻求司法与社会的有机融合。司法社会化改革措施可分为六个方面：角色的社会化、人事的社会化、管理的社会化、审判的社会化、沟通的社会化和方法的社会化。其中，审判的社会化关注的议题是人民如何参与审判，社会工作进入司法被认为是有效、务实的路径。台湾地区司法社会工作肇始于1962年"少年事件处理法"规定的少年观护制度，其发展已有半个多世纪之久，具有明显的刑事化色彩。[3] 社会工作介入家事司法体系的运作仅是近二十年来的情形。实体法赋权、程序法保障促使台湾地区家事司法社会工作不断发展，走向成熟。

---

〔1〕 何明升主编：《司法社会工作概论》，北京大学出版社2014年版，第10页。

〔2〕 参见任容庆：《论家事诉讼中家事"三员"协作体系的构建》，载《法律适用》2017年第19期，第61~68页。

〔3〕 曾华源、白倩如：《司法与社会工作实务》，载《社区发展季刊》2009年总第128期，第34~48页。

（一）实体法赋权的初始阶段

1993 年修正"儿童福利法"时，收出养的法院认可裁判须有社会工作人员的专业评估。1996 年修正"民法"时，离婚诉讼涉及"对于儿童权利义务的行使或负担""与儿童会面交往"皆提及社会福利机构介入的必要性。其中，第 1055 条之 1 规定，法院为前条裁判时，应依儿童最佳利益，审酌一切情状，参考社会工作人员的访视报告。自此，社会工作人员的访视报告成为台湾法院审理离婚后亲权酌定、改定的重要参考。在后续的"民法"修正中，[1] 涉及"父母长期分居时，儿童之亲权""儿童法定监护人""儿童的收养以及子女姓氏""成人监护"的议题，台湾地区不断扩大社会工作在家事审判中的参与和运用，以保障儿童利益和促进家庭福祉。1998 年制定"家庭暴力防治法"时，第 13 条规定，民事保护令审理中法官得听取主管机关或社会服务机构的意见，被害人须有社工陪同。第 8 条要求地方政府须设立家暴防治中心和法院家暴事件驻点服务处，整合社会工作资源以全面介入家暴防治。"儿童及少年福利与权益保障法"[2] 等实体法、前述"法律"的实施细则也有类似的规定。台湾法院在审理过程中吸纳社会工作的专业参与，表明了社会工作已为保守的法律人承认和接受。但需要指出的是，社会工作参与的是司法程序中的执行层面，而非司法体系的裁判核心。在这一阶段，社会工作介入家事审判的程序保障只能依赖于"非讼事件法"[3] 的几个简单条文。

（二）程序法保障的成熟阶段

"民法""儿童福利法"等实体法关于社会工作参与家事审判的规定之具体施行有赖于精致的程序装置。21 世纪初以来，台湾地区家事案件不断增多且日渐复杂。2003 年至 2012 年台湾地区法院受理的家事案件数量增长了64%，从 92 197 件跃升为 151 409 件。在资源有限和案件增多的压力下，台湾

〔1〕 鉴于台湾地区"立法院"于 1985 年开始了"民法"亲属编第一次的全面修正，其后随着社会的不断变迁，为顺应社会经济发展而又先后历经了 1996 年、1998 年、1999 年、2000 年、2007 年、2008 年、2009 年、2010 年的修正，截至目前共计修正了十余次。参见范冬梅：《我国台湾地区民法亲属编修法述评》，山东大学 2010 年硕士学位论文，第 2 页。本文说的是 2000 年以后的几次修正，即2000 年、2007 年、2008 年、2009 年、2010 年。
〔2〕 台湾地区于 2003 年将"儿童福利法"与"少年福利法"合并，颁行"儿童及少年福利法"；后大修"儿童及少年福利法"，更名为"儿童及少年福利与权益保障法"。
〔3〕 "非讼事件法"中的家事审判部分于 2012 年被剥离并入"家事法"。

地区法院的家事审判渐趋"麦当劳化"。所谓"麦当劳化"是指快餐餐厅的准则正逐渐主宰着美国社会及世界其他更多领域的过程,其表现为四大特征,即追求效率、可计算性(可量化)、可预测性以及可控制性。[1]"麦当劳化"是关注形式理性的一种极致。"麦当劳化"的家事审判已产生忽视儿童利益、恶化家庭纷争等问题。例如,台湾法院关于儿童亲权的裁判文书提及子女意愿的比例较低。为走出家事审判"麦当劳化"的困境,台湾地区锐意推行家事司法改革,在历经十余年法院试点和立法讨论后,于2010年施行"少年及家事法院组织法"、2012年颁行"家事法",新设家事调查官、程序监理人、家事调解委员、社工陪同等辅助制度。目前,台湾法院家事案件的处理模式,系通过以家事法院(庭)为资源整合的窗口、问题解决的领导者,统合警政、医院、教育、心理、社福、家暴中心等群体,以跨专业合作的方式,为家庭弱者提供福利服务,促进家庭问题的前瞻性、系统性、温情性解决。在这一过程中,社会工作扮演着咨询者、资源提供者、资讯提供者、商谈辅导者、情绪安抚者、陪同、劝告者、建议者、信任者及调解者的角色。家事审判的社会化不仅是简单的规则上的变化,而且更是一种法律和社会文化的演进。

二、台湾地区家事司法社会工作的实施主体

适当、公平、迅速和经济乃民事诉讼的理想,但考虑到家事纠纷的特殊性,家事审判似乎有必要创设一个崭新的理想——"人间的温情"。故此,家事审判应是温暖而人性的程序,须实现纠纷处理方式和法官角色的双重改变,从"裁判主导"转向"ADR 优先"、从"法官独力"转向"多元协作"。"少年及家事法院组织法""家事法"等程序法创设了家事调查官、程序监理人等辅助群体,搭建起跨专业合作的司法平台。

(一)家事调查官

家事纷争是基于身份关系而产生的,涵摄了血缘、情感、道德、精神的多重伦理,它们的圆润解决须发掘并了解背后隐藏的事因。为真正查明、妥适处理纠纷之实质争点,法院须借助家事调查官探知复杂的事实。立法者参考日本及韩国的立法例,于"家事法"第 18 条、"少年及家事法院组织法"第 27 条设置家事调查官一职。法官可依申请或依职权命令家事调查官就特定事项展开调查。家事调查官的专业并不仅限于法律,更应兼涉心理、社会、教育等领域,以补充法官在其他领域的不足,协调辅助其工作。这一新制主

---

〔1〕 〔美〕乔治·瑞泽尔:《后现代社会理论》,谢立中等译,华夏出版社 2003 年版,第 22 页。

要有两个功能：审前调查与审后确保履行。[1] 家事调查官的具体职责如下：①就家事案件特定事项为调查、收集资料、履行劝告，并提出调查报告、出庭陈述意见，协调联系社会主管机关、社会福利机关或实施其他必要的协调措施。②就儿童、受监护人、辅助宣告人或被安置人的物质及精神生活，当事人或关系人会谈的可能性，亲职教育的必要性，心理咨询的必要性等事项提出报告。

（二）程序监理人

在涉及子女亲权的离婚案件中，父母"情绪绑架"的情形时常存在，即有意或无意拿孩子当"武器"，替己方争取"有利地位"，或者干脆拿孩子做"筹码"，迫使对方妥协让步。裹挟于离婚争执中的孩子已丧失自主权，无法自我表达、自我抉择、自我保护。为保护他们的实体和程序利益，"家事法"参鉴德国程序监理人制度、美国马里兰州子女代表制度，增设了程序监理人制度，希望能使孩子回到"被照顾者"的角色，通过转达孩子的情绪与愿望，让当事人认真聆听孩子的需求并了解孩子的担心和压力，并重新找回孩子对自己的定位。[2] 此外，这一新制还可以适用于监护人与被监护人利益相左的情境。例如，夫或妻为对方的监护人之离婚诉讼或者人身保护令申请案件。根据"家事法"第 16 条第 1 项的规定，程序监理人可由社会福利主管机关、社会福利机构所属人员或律师公会、社会工作师公会或其他类似公会推荐，并须具有性别平权意识、尊重多元文化并有处理家事案件相关知识。程序监理人制度的适用范围较广，在家事案件内皆可推定适用。[3] 程序监理人的主要职能如下：①接受法院指派的任务、声请阅览卷宗；②拟定相关工作计划；③联系两造当事人；④安排接触访视；⑤建立与培养伙伴关系；⑥协助理解相关程序；⑦协助真意之表达；⑧适时提出报告；⑨受通知参与程序；⑩陪同出庭陈述意见；⑪协助做好分离准备；⑫转达裁判意旨；⑬依法提出司法救济。与"民事诉讼法"规定的特别代理人类似，程序监理人具有程序法上的独立地位，可以独立上诉、抗告或声明不服，以保护被监理人的客观利益。

---

〔1〕 李太正：《家事事件法之理论与实务》，元照出版有限公司 2017 年版，第 119 页。

〔2〕 赖月蜜：《"程序监理人"——儿童司法保护的天使与尖兵》，载《全国律师》2013 年第 5 期，第 18~28 页。

〔3〕 姜世明：《程序监理人》，载《月旦法学杂志》2012 年第 5 期，第 142~161 页。

（三）家事调解委员

家事纠纷的解决须由对抗转向协同，由审判庭走入会议室。[1] 传统的裁判方式无法应对家事案件的特殊性和复杂性，立法者与司法者均应积极建构替代性纠纷解决机制，如"家事法"要求大部分家事案件采用调解前置程序。台湾法院专设家事调解委员，促使当事人乐于选择家事调解程序。根据"法院设置家事调解委员办法"第4条的规定，法院所聘任的调解委员应具备法律、教育、社工、医疗及心理咨询、辅导等专业技能。此外，他们受聘前须接受"司法院"举办的多元核心领域专业训练课程，并于受聘期间接受每年定期举办的专业训练课程，使自身技能知识得以与时俱进。[2]

（四）社工人员

与社工人员密切合作是温情司法的程序技术，以协助当事人解决问题、保障关系人的客观利益。"家事法"不仅增设社工陪同制度，还完善了社工访视制度。该法第11条规定，如儿童、受监护或辅助宣告之人出席庭审，法院必要时应通知直辖市、县（市）主管机关指派社工人员或其他适当之人员陪同他们出庭并协助其表达意愿或陈述意见。值得说明的是，社工陪同制度并非简单的陪伴而已，而是要求尽力保护弱势群体在法庭上的权益。社工访视调查包括亲权访视、收出养访视、家访视、儿童保护访视、成年监护访视。其中，亲权访视系属重点，因为儿童是需要法院突出保护的珍贵而脆弱的群体。司法实践中，社工人员以儿童最佳利益为原则，运用专业的知识技能对儿童未来的成长环境做出评估报告，以辅助法官的裁判心证。

（五）家事服务中心

家事案件的特殊性使得仅由法院以裁判方式无法终局、有效地解决之，须统合社会工作资源，以协力解决家事纠纷。参鉴县（市）政府在法院推动家暴驻点服务处的成功模式，"司法院"促请法院积极与地方政府及相关机构合作，设置家事服务中心（家事资源整合连结服务处所），致力于为当事人与关系人提供必要的整合性服务。2014年初，台湾各地方法院依据"少年及家事法院组织法"第19条之一的规定均已设立了家事服务中心。2017年5月，"司法院"修订"家事事件审理细则"第15条，整合性服务的内容得以细化

---

〔1〕　Andrew Schepard & Peter Salem, "Foreward to the Special Issue on the Family Law Education Reform Project", *Family Court Review*, 516（2006）.

〔2〕　齐树洁主编：《台湾地区民事诉讼制度》，厦门大学出版社2016年版，第306页。

明确，具体包括婚姻法律咨询、陪同儿童出庭、社会福利咨询、律师扶助。家事服务中心是当事人、关系人求助的第一个机构，通过"司法社工"和"咨询人员"等构建家事纠纷服务窗口的第一线，及时评估案件性质并决定是否转介"家暴驻点服务处"以及简要说明调解程序和诉讼流程，助益于丰富当事人与关系人解决问题的方法选择，增加家事案件处理的圆融度。

三、台湾地区家事司法社会工作的实践机制

在司法社会化的模式下，法官审理家事案件，除依据"民法""家庭暴力防治法""儿童及少年福利与权益保障法"与"家事法""民事诉讼法"等规定外，还须与社会工作机构及人员高频接触、紧密合作。台湾法院通过家事服务中心垂直整合司法社会工作，籍由两种专业的融合落实服务性司法。当前，社会工作于家事审判的实践机制主要有：①出庭保护；②家事调解；③收出养访视；④亲权访视；⑤证据调查。在参与实务中，社会工作人员利用专业知识可达致如下实效：降低两造冲突、促成两造理性思考、鼓励当事人沟通交流、协助当事人及孩子走过诉讼煎熬、减轻法官的工作负荷、辅助法官的裁判心证、推动纷争的妥适解决。

（一）出庭保护

受出庭保护的对象有儿童、受家暴人员、丧失行为能力人员等家庭弱者。社会工作介入出庭保护主要由社工人员或程序监理人负责。司法实践中，伴随儿童司法权的迅猛发展，儿童参与庭审日益频繁，他们成为出庭保护的主要对象。离婚、保护令等家事案件中，儿童经常被父母要求到庭表态，或法官命其协同到庭，或父母经过调解后由调解委员会邀约，让孩子出庭作证及表意。然而，儿童在出席调解或庭审时会面临巨大压力，尤其是存在家暴或虐待的情形时。因此社工人员或程序监理人需陪同出席调解或者开庭，安抚他们的情绪、提供即时的关怀，更重要的是提供法律帮扶。出庭保护的基本流程：①开庭前的准备与评估；②开庭中的陪同与陈述；③开庭后的辅导与跟踪。值得说明的是，社工人员的定位是证人角色，程序监理人的定位是特别代理人角色。因此，程序监理人的出庭保护侧重于法律帮扶，须全程参与庭审，如上诉程序、执行程序。

（二）家事调解

根据"家事法"的规定，法官并不实际参与家事调解，而委任家事调解委员介入。调解实践中，法官一般选任 1 至 3 名家事调解委员负责调解商谈。为扩大调解机制的运用，法官于必要时，可商请提供调解服务的非营利民间机构或团体志愿提供专业协助，以促进资源整合，减省法院及当事人之劳费，并提高调解成效。根据"法院家事调解委员伦理规范"的规定，在调解过程中，家事调解委员扮演中立第三者、资源提供者、教育倡导者、促进沟通者、辅助支持者、弱势增权者的角色。例如，倘若知悉疑似有家暴或虐待的情形，家事调解委员应妥适处理并依规定通报法官或者权责机关。此外，家事调解委员在调解程序中遇有特殊当事人（在监、高风险、高自杀等）需评估专业能力和环境安全而后采用"治疗性调解模式"予以特别关怀。

（三）收出养访视

早期在台湾地区，私下送养甚或人口贩卖的乱象时常存在，导致儿童人权缺乏具体保障。为此，1985年"民法"修正时，明订"收养子女应声请法院认可"；1993年"儿童福利法"修正时，要求收养过程须经社工人员的专业评估。自此，社会工作介入收出养法院裁判具有了明定法据。根据"儿童及少年福利与权益保障法"第16条第2项的规定，社工人员应以儿童最佳利益为原则展开访视调查，斟酌被收养人意愿、收养人基本情况及二者间的互动等，并作出评估报告。专业、全面的访视评估报告可为法官提供更多详尽的资讯，渐渐成为收出养认可裁判的重要参考依据。有学者指出：2003年至2008年，台湾法院对收出养访视评估报告的采纳率达93%。[1]

（四）亲权访视

在离婚时或离婚后，或父母不能行使（死亡、不适任）或停止亲权的情势下，社工人员进行访视调查工作，为法官提供亲权归属裁判之参考资料。社工人员运用专业的知识技能，以儿童最佳利益为原则，通过对子女、声请人与相对人的访视，就子女未来的成长环境形成评估报告。社工人员在访视孩子要注意以下技巧：①场域环境的准备；②建立关系；③认识孩子，鼓励自由成述；④避免访视可能造成孩子的负面影响；⑤遵循专业伦理规范，如努力维持客观、公正立场。需要指出的是，亲权访视报告并不能取代裁判，但评估结果也不应对法院毫无影响。法官须依儿童最佳利益原则，审酌一切情状，参考访视报告作出裁判。2001年至2011年，台湾法院亲权归属裁判采信访视报告的比例平均在70%以上。（见图1）

---

〔1〕 王育敏、何祐宁：《从台湾地区收养制度看社工与司法体系对童权之保障》，载《社区发展季刊》2009年总第128期，第228页。

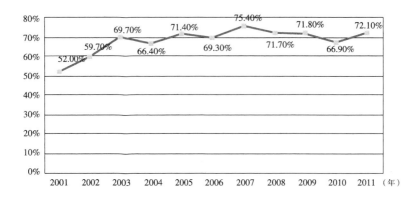

图 1　2001 年至 2011 年裁判文提及儿童意愿之百分比趋势

（五）证据调查

"家事法"要求法官须依职权调查证据，并将这一权力许以家事调查官。司法实践中，家事调查官须从以下三个方面展开取证：①调查范围。家事纠纷事实涵盖法律事实、生活事实与心理事实，法律事实可以被视为中间事实，生活事实与心理事实可以被视为周边事实。[1] 家事调查官须开展全面、专业的调查，为妥善解决家事纠纷奠定事实基础。②介入程度。家事案件的讼争性、待保护利益是决定家事调查官是否及多大程度介入证据调查的主要因素。讼争性强的家事诉讼案件、涉及家暴或儿童的家事案件等特别需要发挥家事调查官的作用。③作业流程。法官审理家事案件，应视案情筛选需由家事调查官协助进行个案调查的特定事项。为避免浪费人力和延宕程序，在展开调查前，法官应先令当事人与关系人以言词或书状陈述意见，以掌握案件要旨、引导查明争点，并具体指示家事调查官调查方向及重点。收到法官指示后，家事调查官须完成访前准备程序（如安全问题、支援联系、访视时间），进行实地访查，并于 2 个月内完成调查报告。

四、我国家事审判改革的实践细部

"双向运动理论"认为现代社会由市场的不断扩张和它所遭遇的反向运动

---

〔1〕　冯源、姚毅奇：《家事司法改革中调查官的角色干预》，载《甘肃政法学院学报》2017 年第 5 期，第 113 页。

所支配。[1] 改革开放以来，市场的扩张并未遭遇相当程度的反向运动，不断侵蚀着社会的根基、伦理的基底——家庭。传统与现代撕扯下的家庭发生了巨大的变迁，它已经到了最需要支持的时刻，大陆的家庭政策理应对此做出积极的回应。[2] 家事司法是家庭政策的重要内容，法律帮扶有助于促进家庭福祉、保障儿童利益。然而，祖国大陆民事司法长期以简单的技术结构承担着多重社会功能（法律的、政治的、道德的），解决类型复杂的案件,[3] 家事审判程序的缺失即一个生动的注脚。数量庞大、性质特殊的家事案件被法官例行公事地处理，捍卫家庭、呵护儿童、保护妇女等理念与规则或已成空中楼阁。家庭是一国社会最为宝贵的财富之一，并在全球竞争和大国崛起中扮演着越来越关键的角色，如提升儿童素质、促进财富积累、维护社会稳定等。为"找回家庭、支持家庭"，我国于 2016 年 6 月启动了家事司法改革。

两年多来，我国法院在家事司法专业化方面进行大胆探索和实践创新，取得一批重要的改革成果，即改变当下家事司法"三无"现象（无审判机构、无审判人员、无审判程序）。首先是家事司法机构的专业化。从比较法层面考察，为妥善解决家事纠纷，许多国家和地区都建立了以家事法院（庭）为核心的专业机构。在初步的探索中，江苏省徐州市两级法院、盐城市阜宁县人民法院、福建省厦门市海沧区人民法院、三明市两级法院等积极组建了全新的专业司法机构，如"家事法庭""少年家事法庭"等。为使当事人在和睦、宽容、缓和的环境中对话、沟通，许多法院配备了客厅式或圆桌家事法庭、家事调解室、沙盘游戏室、单面镜观察室、心理疏导室、子女探视室等设施。其次是家事司法人员的专业化。长期以来，我国家事审判普遍存在编制不足、人员不稳、专业水平不高等问题。故此，一些试点法院选用经验丰富、知识多元的法官办理家事案件。北京市高级人民法院要求家事法官除了熟悉家事审判业务外，还应掌握社会学、教育学、心理学知识，熟悉未成年人身心特点，耐心细致，善于做思想教育工作。广西壮族自治区高级人民法院要求将具有一定社会阅历、熟悉婚姻家庭案件审判业务、掌握相应的社会心理学知识和热爱家事审判工作的人员充实到家事审判岗位。河南省三级法院的家事

〔1〕 ［英］卡尔·波兰尼：《大转型：我们时代的政治与经济起源》，冯钢、刘阳译，浙江人民出版社 2007 年版，第 139 页。

〔2〕 胡湛、彭希哲：《家庭变迁背景下的中国家庭政策》，载《人口研究》2012 年第 2 期，第 10 页。

〔3〕 傅郁林：《迈向现代化的中国民事诉讼法》，载《当代法学》2011 年第 1 期，第 14 页。

审判合议庭成员都由具有婚姻经历、熟悉婚姻家庭案件审判业务、掌握相应社会心理学知识并善于做群众工作的家事法官组成[1]。最后是家事程序规则的专业化。受"为经济建设保驾护航"政策的影响，我国《民事诉讼法》重视财产型诉讼，导致现行的程序规则已不能完全适应处理家事案件的需要。为此，试点法院积极探索家事司法程序规则。例如，福建省厦门市海沧区法院先后制定了《家事纠纷案件诉讼指引》《家事审判工作实施规范（试行）》《涉及妇女儿童权益纠纷诉调衔接工作暂行办法》等文件。总体而言，调解前置、依职权调查取证、审限适当放宽、离婚等候期试行等构成了大陆家事程序规则专业化探索的主要内容。

然而，基于网络检索与文献分析，除了家事调解、家事调查外，我国法院在家事司法社会化上的探索乏力和创新较少。从实验的角度观察，我国法院对家事司法的探索显得相对单一，司法社会化尚未受到足够重视，陷入"专业化有余而社会化不足"的改革误区。这一现象的背后是司法理念的偏差、程序规则的粗糙与社工资源的匮乏。首先，"专业化至上"的司法理念使得我国法院将家事司法改革视为"自身内部"的事情，而忽视对法院外社会力量的利用。其次，我国《民事诉讼法》关于身份型诉讼的程序规则粗糙，阻碍了社会工作参与家事审判。最后，我国社会工作制度刚刚起步，社工资源较为不足，难以给家事审判提供有力支持。

五、对我国家事审判改革的启示

从台湾地区家事司法的立法与实践来看，家事司法改革须有系统性的思维，主要包括司法专业化与司法社会化的理念协同、实体法和程序法的法律协同、司法资源和社会资源的资源协同。其家事司法社会工作的成熟经验在于理性的司法理念、精细的程序立法和充实的社工资源。受启于上述思维和经验，我国首先须改变"重专业化、轻社会化"的司法理念，重视并引入社会工作。其次，在理念转型的基础上，我国应及时推进程序立法，为社会工作参与家事审判提供程序保障。最后，家事司法社会工作的理念与规则走向实践的基础条件是我国要积极发展社会工作，大力累积社工资源。

（一）理念革新：法官独力转向多元协作

司法的理念是支配司法运作的一套哲学、价值或者基本的观念，是司法

---

〔1〕 刘敏：《论中国大陆家事司法的专业化改革》，载《月旦民商法杂志》2018 年第 6 期，第 13 页。

体制的精神构造。[1] 故此，理念转型是司法改革的基石。我国过往的家事审判将目光局限于司法内部改造，对司法外部创新（司法社会工作）关注不足。这一狭隘的思维使得家事司法改革陷入理念偏差与实践误区。如试点法院重点推动"专业化"改革，似乎只要设置了家事审判庭（或合议庭）、选任了专业法官，家事审判中的问题就能解决。[2] 事实上，台湾地区的经验表明，法官难以独力应对特殊、复杂的家事纠纷，家事审判亟须引入社会工作，并赋予社会工作广泛的实践权。

我国家事司法改革应注重司法专业化与司法社会化的协同，增加对司法社会工作的重视与引入，在家事纷争处理过程中搭建跨专业合作平台。具体而言，社会工作参与家事审判的理念是指，引入程序监理人、陪同社工、家事调查官、专业调解员等人员，进而实现多元主体之协作整合，使得程序得以顺利转介，纷争得以圆融解决。社会工作在协助当事人完成司法程序的同时结合自身资源，提供家庭暴力防治的宣传资讯、福利咨询、陪同出庭、法律咨询、转介服务、福利资源资讯等"全面性服务"，以减少受害人求助的障碍，稳定受害人及其家庭生活，让整个家庭更有能力从创伤中恢复并重新出发。通过跨专业合作消解纠纷，培育民众形成全新的家事司法理念——协同主义。这也意味着当事人与民间团体之间的横向合作已经被成功整合进由司法支配的机制之中，不同层次的合作相互衔接并达成一种动态的均衡。[3]

（二）立法精细：实体法宣示转向程序法保障

在问题家庭日益增多的情势下，家庭需要一种定做的正义。定做的正义正如定做的衣服一样，只有在裁缝投入大量的时间并且充分尊重顾客的情况下，才可能合乎实际。[4] 定做的家庭正义要求立法者和司法者须超越现有文本范畴和既定程序组构，尝试运用一种新型、开放的方式解决家事案件。我国对家事审判的重视尚停留于实体法层面，[5] 程序立法则付之阙如。这一现

---

〔1〕 齐树洁主编：《民事司法改革研究》，厦门大学出版社 2006 年版，第 47 页

〔2〕 王德新：《家事审判改革的理念革新与路径调适》，载《当代法学》2018 年第 1 期，第 99 页。

〔3〕 齐树洁、邹郁卓：《我国家事诉讼特别程序的构建》，载《厦门大学学报（哲学社会科学版）》2014 年第 2 期，第 80 页。

〔4〕 ［美］劳伦斯·罗森：《法律与文化：一位法律人类学家的邀请》，彭艳崇译，法律出版社 2011 年版，第 37 页。

〔5〕 《宪法》第 49 条规定：婚姻、家庭、母亲和儿童受国家的保护。在《宪法》的指引下，我国制定了《婚姻法》《收养法》《反家庭暴力法》《未成年人保护法》《妇女权益保障法》《老年人权益保障法》。

象背后的实质是家事审判尚未获得那些分配资源和参与决策的人或机构的支持，由此，家事审判"麦当劳化"而丧失了应有的精致、温情。例如，不少法官不重视家事案件，在时间与效率的紧张关系下例行公事，驱赶被服务者（当事人及关系人）接受服务。"稳定婚姻、支持家庭、保护妇女、呵护儿童"的实体法规范因程序"麦当劳化"而被忽视。[1]

我国家事审判的"麦当劳化"是程序立法滞后和司法资源有限的副产品。台湾地区的经验表明，社会工作参与家事审判是解决司法资源不足的理性路径，且需立法创新予以程序保障，进而实现家事审判程序的精致化、温情化。参鉴"家事法"的立法技术，我国须制定《家事审判法》，创设家事调查官、程序监理人、家事调解员、社工陪同及社工访视辅助制度，赋予社会工作介入家事审判的正当法据。其中，立法难点在于厘定辅助群体的角色定位、职能分工，并建构他们之间的协作机制。台湾地区的经验做法是由"司法院"通过制定细则的方式予以规范，并依据实践反馈及时调适。为此，关于前述辅助人员的选任、职责、管理等具体事项，我国最高法院可通过制定司法解释的形式加以明确规定。

长期以来，我国的家事司法社会工作发展较缓慢，但刑事司法社会工作因有立法赋权与资源投入而发展较快，如犯罪矫治社会工作等。立法的优势在于其通过制度创设、资源分配的方式强力地推进司法改革。在程序法革新的推动下，家事审判与社会工作将在出庭保护、家事调解、访视调查、证据调查、家暴防治等领域密切协作，致力于促进家庭福祉、保护弱势群体。例如，《家事审判法》可采取调解前置原则，除少数案件（如家暴或虐待）不得调解外，大多数案件均须先经调解程序。这一调解重任仅由法官负责可能导致调解程序流于形式，因此须由众多且专业的家事调解员承担。

（三）社工发展：资源匮乏转向资源充实

社会工作参与家事审判的程序立法属于"纸面上的法"，可通过制定《家事审判法》予以实现。但这些司法社会化规则要成为"行动中的法"，须建基于充实的社会工作资源。台湾地区社会工作制度起步于 20 世纪 60 年代，1997 年"社会工作师法"的颁行标志着其社会工作制度已进入成熟阶段。历

---

〔1〕 方俊：《少年家事法院（庭）的法理基础与制度建构》，载梁慧星主编：《民商法论丛》（第 65 卷），法律出版社 2017 年版，第 151 页。

经近六十年的发展，其社会工作制度基本上实现了专业化、职业化、行业化。[1] 2017 年，全台共计有 15 000 名社会工作专职人员，还有约 27 000 名社会福利工作人员，[2] 他们活跃于家事审判的庭内外与各阶段。然而，目前我国社会工作力量较为薄弱，尚难给家事审判改革提供充足的资源支持。一方面，我国社会工作职业化起步较晚，[3] 存在社工数量短缺、区域分布不均的问题。例如，截至 2017 年 9 月，我国共有 288 768 人取得证书，包括助理社会工作师 219 242 人、社会工作师 69 526 人。其中广东近六万人，江苏近四万人，浙江、北京超过两万人。另一方面，我国社会工作存在专业化程度较低、行政化色彩浓厚的问题，致使社工组织数量少、规模小、层次低。为此，我国须要积极促进社会工作专业化、职业化、行业化的发展，为家事司法改革累积丰富的社工资源。此外，参鉴台湾地区的家事服务中心，我国法院应对现有的社工资源进行必要整合，尽早建立"司法社工库"，以借助其专才。

---

〔1〕 詹火生主编：《台湾社会工作》，中国社会出版社 2014 年版，第 1~10 页。
〔2〕 数据来源于台湾"卫生福利部"社工司。
〔3〕 大陆自 2008 年开始实行社会工作者职业水平统一考试，并只设初级和中级两级。

医疗损害鉴定意见司法应用的问题研究

李 博*

摘 要：医患关系问题备受关注，因此医疗损害赔偿纠纷案件正逐渐被作为一种类型化的民事纠纷加以研究。由于医疗活动具有专业性和复杂性的特点，法院在审理此类案件时一般都会委托鉴定机构进行医疗损害鉴定，作为裁判的辅助手段。但是，实践中却出现法院过度依赖医疗损害鉴定意见进行裁判的现象，导致鉴定功能异化，法院审判权被侵蚀。本文在分析引起上述问题原因的基础上提出，应当区分审判权和鉴定权的界限，规范医疗损害鉴定意见作出的程序和内容，完善专家辅助人制度提高患方的质证能力，法院应当彻底打破依赖鉴定意见的习惯，积极行使审判权，实现医疗损害鉴定意见在医疗损害赔偿案件中的合理应用。

关键词：医疗损害鉴定 医疗过错 因果关系 专家辅助人

医疗损害赔偿诉讼案件与普通民事诉讼案件相比具有较高的专业性和复杂性，因此这类案件逐渐被作为一

* 李博，中国政法大学民商经济法学院诉讼法学专业博士研究生（100088）。

种类型化的诉讼案件加以研究。法院审理医疗损害赔偿诉讼案件时最为重要的辅助手段即为医疗损害鉴定，而且案件最终的裁判结果往往也是依据医疗损害鉴定意见作出的。因此，鉴定意见本身的客观、公正以及法院对鉴定意见的正确应用对于医疗损害赔偿案件的审理工作意义重大。然而，我国的医疗损害鉴定制度目前尚存在较多问题，影响了案件的审判质量。为此，学者和实务工作者进行了大量的研究工作，针对我国医疗损害鉴定制度中存在的问题提出了完善或者改革的路径。但是，这些研究和论文主要以医疗损害鉴定制度本身为着眼点，对如何从程序上保证医疗损害鉴定的公正性做出了较多的论述，而对于审判活动中应当如何正确理解和应用医疗损害鉴定意见则较少论及。因此，本文将从医疗损害鉴定意见在医疗损害赔偿诉讼中的适用现状入手，就目前审判实践中存在的法院过度依赖鉴定意见裁判、审判权被鉴定权侵蚀的问题进行分析并提出解决的途径。

一、医疗损害鉴定意见在司法活动中的应用现状

（一）审理医疗损害责任纠纷案件过度依赖鉴定意见

医疗纠纷已经成为一个敏感而引人注目的社会问题。我国医疗损害赔偿诉讼案件的数量居高不下，司法作为解决纠纷的重要手段被社会各界寄予厚望，希望其担负起实现公平正义、缓和医患关系的使命。因此，能否公平公正的审理医疗损害赔偿诉讼，无论是对医患双方还是对法院乃至对社会来说都有着重要的意义。医疗损害赔偿诉讼案件的重要特征在于其具有极强的专业性，审理该类案件涉及大量医学专业知识，为了解决案件中涉及的医学专业问题，医患双方和法院都可以委托有关机构进行司法鉴定。司法鉴定是指在诉讼活动中鉴定人运用科学技术或者专门知识对诉讼涉及的专门性问题进行鉴别和判断并提供鉴定意见的活动。它为案件审理提供证据，也可以为审查、核实其他证据提供依据，因此，司法鉴定是查明案件事实的一种重要手段。但是，目前我国法院在审理医疗损害赔偿诉讼案件时却存在对司法鉴定过度依赖的倾向，学界对此多有批评之声。

1. 医疗损害赔偿诉讼中司法鉴定使用过度

根据《中华人民共和国侵权责任法》（以下简称《侵权责任法》）第54条的规定，医疗侵权责任的构成要件为医疗机构及其医务人员对患者实施了医疗行为、患者遭受了损害、诊疗行为与患者受到的损害后果之间存在因果关系以及医务人员存在过错。法院审理医疗损害赔偿诉讼时需要对上述四个要件做出认定，从而裁判医疗机构及其医务人员是否应当承担责任。在上述四个要件中，医务人员对患者实施医疗行为这一要件可以通过病历记录进行证明，患者受到的损害则可以通过医疗机构做出的诊断来认定，一般均不存在证明上的障碍。但是，在因果关系和过错这两个构成要件的认定上，法院的确遭遇了困境。由于医疗行为具有专门性、复杂性和不确定性，因此法官在不具备医学专业知识的情况下难以对医疗行为是否具有过错、医疗行为与损害结果之间是否具有因果关系做出判断。此类诉讼之争点与高度专门化的知识有关，通常无法利用一般常识为判断，不能不依赖鉴定而对诉讼之胜败具有决定性之作用。[1] 法院根据医疗损害鉴定意见解决案件中涉及的医学专业问题本来是认定案件事实的正常途径，但是我国司法实践中却出现了过度使用的现象。有论文统计，2013 年 1—12 月，重庆市沙坪坝区人民法院共受理医疗损害赔偿纠纷案件 71 件，审结 54 件，其中 51 件均根据当事人的申请由法院委托重庆市内具有鉴定资质的司法鉴定机构进行了医疗司法鉴定。[2] 在 2013 年北京市人民法院一审以判决方式审结的 390 件医疗损害责任纠纷案件中，有 359 件实施了医疗鉴定（以下简称为"鉴定案件"），占 92.3%，仅有 31 件（占 7.7%）未实施医疗鉴定，鉴定比例较高。[3] 足见我国医疗损害赔偿诉讼中司法鉴定使用率之高。

实际上，并非所有的医疗损害赔偿诉讼案件都需要启动鉴定程序，只有在现有证据不足或者不进行鉴定就无法查明事实的情况下才有启动鉴定程序的必要。《侵权责任法》第 58 条规定了医疗过错的推定规则，当出现法定情形时可以直接推定医疗机构存在过错，而无需启动鉴定程序。如果可以借助临床专家、专家辅助人解决专门性问题，同样无需启动鉴定程序。此外，还有一些案件中医疗机构的过错是显而易见的，法官利用一般常识即可做出判断，这种情况下也无使用鉴定的必要。然而，我国法院在绝大多数的医疗损害赔偿诉讼中都启动了医疗损害鉴定程序。

2. 医疗损害赔偿诉讼案件的审判结果与鉴定意见高度一致

对于司法鉴定的过度依赖，除了体现在前面指出的医疗损害赔偿案件鉴定使用率过高，还体现在案件的审理结果一般都是依赖于鉴定意见做出的，

---

〔1〕 陈荣宗、林庆苗：《民事诉讼法》，三民书局 1996 年版，第 531 页。

〔2〕 周敏、邵海：《医疗损害司法鉴定与司法裁判：背离困境与契合构想》，载《甘肃政法学院学报》2015 年第 3 期，第 92 页。

〔3〕 刘兰秋、赵然：《我国医疗诉讼鉴定制度实证研究——基于北京市三级法院司法文书的分析》，载《证据科学》2015 年第 2 期，第 226 页。

判决结果与鉴定意见保持了高度的一致性。在对北京市三级人民法院 2013 年度一审审结的医疗损害责任纠纷案件的实证研究中指出，对法医鉴定意见中认为"存在过错"的有 265 件，这些案件中法院判决书中亦认定"存在过错"的有 242 件，鉴定意见得到法院认同的比例为 91.3%；法医鉴定意见中认为"不存在过错"的有 16 件，这些案件中法院判决书中亦认定"不存在过错"的有 13 件，鉴定意见得到法院认同的比例为 81.3%。法医鉴定意见中认为"存在因果关系"的有 224 件，这些案件中法院判决书中亦认定"存在因果关系"的有 198 件，鉴定意见得到法院认同的比例为 88.4%；法医鉴定意见中认为"不存在因果关系"的有 25 件，这些案件中法院判决书中亦认定"不存在因果关系"的有 20 件，鉴定意见得到法院认同的比例为 80%。[1] 在对广东省内 8 个地区及 1 个特区的各级人民法院民庭的法官进行问卷调查的研究中，100% 的法官对医疗害案件的审理会依赖医疗损害鉴定意见[2]。通过查阅裁判文书网上有关医疗损害责任纠纷案件判决书会发现，这种现象同样存在于我国其他地区的各级法院中。"以鉴代审"的问题在我国法院审理医疗损害责任纠纷案件中明显存在。有学者指出，法官对案件的裁判到了对鉴定意见依赖的程度，有些鉴定意见存在错误，但仍被法官用作裁判依据。有的法院的法官，甚至将医疗侵权案件的裁判权交由司法鉴定人，让鉴定意见左右了司法裁判结果。[3]

上述这种"鉴定决定审判"的逻辑明显是错误的。鉴定只是法官审理案件时可以借助的辅助手段。当鉴定意见与案件其他证据存在冲突，或者借助于鉴定意见确定相关待证事实时，需综合整个案件审理过程中出现的证据加以整体评判，而不应径自以鉴定意见作为认定事实的唯一参考。[4] 如果法院仅仅依据医疗损害鉴定意见进行裁判，那么无异于法官将审判权"让渡"于鉴定人。

（二）对鉴定意见的质证程序流于形式

医疗损害鉴定意见属于法定证据种类中的一种，与其他证据并无本质上

---

〔1〕 刘兰秋、赵然：《我国医疗诉讼鉴定制度实证研究——基于北京市三级法院司法文书的分析》，载《证据科学》2015 年第 2 期，第 230~231 页。

〔2〕 肖柳珍：《医疗损害鉴定一元化实证研究》，载《现代法学》2014 年第 4 期，第 177 页。

〔3〕 刘鑫：《医疗损害技术鉴定研究》，中国政法大学出版社 2014 年版，前言第 6~7 页。

〔4〕 夏万宏：《反思民事诉讼中的"以鉴代审"》，载《中国司法鉴定》2013 年第 6 期，第 22 页。

的不同。我国民事诉讼法规定，证据应当在法庭上出示，并由当事人互相质证。没有经过当事人质证的证据法院不得将其作为定案的根据。因此，医疗损害鉴定意见也应当在庭审过程中由当事人对其进行质证并阐述意见。由于我国立法上将证明医疗机构存在过错以及诊疗行为与患者损害结果之间具有因果关系这两个要件事实的举证责任分配给患方承担，所以诉讼中相当数量的医疗损害鉴定是由患方提出的。虽然鉴定程序是由患方申请启动，但是患方如果对鉴定意见存在异议，此时亦应当允许患方就医疗损害鉴定意见提出自己的质疑。

目前，法官对于鉴定意见的证据性质应无疑虑，审判实践中也能够依法组织当事人对医疗损害鉴定意见进行质证、提出质疑。但是，这种质证过程流于形式，并未产生实质意义上的效果。我国医疗损害鉴定一直采用"二元化"的模式，医学会鉴定和法医鉴定并存。当医学会担任医疗损害鉴定人时，法院经常面对的难题是当事人申请鉴定人出庭接受询问，担任鉴定专家的医生却拒绝出庭。尽管民事诉讼法修改后规定当事人申请鉴定人出庭的，鉴定人必须出庭接受询问，但是医学会拒绝出庭的情况仍时有发生。这就阻碍了对医疗损害鉴定意见进行有效的质证。另外，即使鉴定人同意出庭，患方由于缺少必要的医学专业知识，又得不到专家的辅助，难以有的放矢，提出有针对性的质疑意见。对于法院而言，为了回避审判上的困难和错案的风险，基本上也不会采纳当事人提出的质疑意见。这使得医疗损害鉴定意见的质证程序有其名而无其实。

二、现阶段医疗损害鉴定意见司法适用中的主要问题

（一）"以鉴代审"导致司法审判职能异化

所谓"以鉴代审"，即鉴定机构左右案件审理结果的困境，反映了当下司法实践中法官受制于缺乏相关的专业知识，在案件审判过程中过度依赖于鉴定机构的鉴定意见，鉴定意见在一定程度上决定判决结果，异化了司法审判职能，降低了司法公信力。[1]

审判职能是在具体案件中以审判庭为核心行使的职能和权限，是民事司法权的重要组成部分。司法审判职能表现依法成立的审判组织应当事人请求

---

〔1〕 孟勤国：《司法鉴定规则应重在规范法官行为——最高法院（2011）民一终字第41号判决书研读》，载《法学评论》2013年第1期，第85～93页。转引自夏万宏：《反思民事诉讼中的"以鉴代审"》，载《中国司法鉴定》2013年第6期，第21页。

对其民事争议进行审理和裁判。审判权具有非常丰富的内容，但就一桩具体的民事案件的审理和解决而言，它则主要表现在三个方面：一是法院适用法律解决具体案件争议的法律适用权；二是对案件事实真相进行判断的事实认定权；三是指挥诉讼程序顺利进行的程序指挥权。依照我国宪法的规定，人民法院是国家的审判机关，审判权只能由人民法院统一行使，除人民法院外的任何机关、组织和个人都不得，也无权行使。这就意味着，在我国无论是法律适用权，还是事实认定权，抑或是诉讼程序指挥权都只能由人民法院统一行使。[1] 司法鉴定仅是查明某些案件事实的一种证据方法，是法院审判的一种辅助手段，当法官缺乏案件中涉及的专门知识时，可以委托鉴定人对与案件待证事实的有关专门性问题进行分析、鉴别后作出结论性意见。但是，最终鉴定意见是否应当被采纳仍应由法院决定，并根据法官的自由心证作出裁判结果。目前我国法院在审理医疗损害赔偿案件时却较依赖于医疗损害鉴定意见，将鉴定意见作为整个案件的责任认定和赔偿标准，鉴定意见被赋予了高于其他种类证据的效力，"专家意见"代替"法官心证"决定了医疗损害赔偿案件的最终审判结果。这种做法无异于承认鉴定人或鉴定机构拥有了事实认定权，而从事实认定权属于审判权的有机组成部分的立场上分析，这无疑就等于将审判权的一部分交由或"让渡"给鉴定人或鉴定机构来予以行使。[2] 鉴定人代替法院认定案件事实，违背了法院审判权独立行使的原则。

（二）医疗损害鉴定事项超越鉴定权限

鉴定意见只能就法庭据以查明的案件事实中涉及的某些专门性问题作出鉴定和判断，而不能对事实认定和法律问题做出结论性意见。认定裁判依据的案件事实以及适用法律属于法官的职权范围。但是，由于我国较缺乏对鉴定权的清晰认识，导致我国鉴定人出现逾越鉴定权的界限做出裁判的情况。

我国司法实践中一般将医疗行为是否存在过错以及医疗行为与损害结果之间是否具有因果关系作为鉴定事项，《最高人民法院关于审理医疗损害责任纠纷案件适用法律若干问题的解释》也对此做出了规定。因此，我国的医疗损害鉴定意见将直接对医疗行为是否有过错、医疗行为与损害结果之间有无因果关系做出认定。但是，无论是过错还是因果关系，都不是单纯的事实问题。过错是行为人主观上可归责性的法律判断。"法律意义上的过失并不是单

---

〔1〕 黄松有：《民事审判权研究》，西南政法大学 2002 年博士学位论文，第 80~81 页。

〔2〕 黄松有：《民事审判权研究》，西南政法大学 2002 年博士学位论文，第 85 页。

纯的社会事实，在经过'让加害人承担赔偿责任是否妥当'之法律评过程后，其内容才能得到确定。从此意义上讲过失是侵权行为责任的归责事由，加害人单纯主观上的不注意并不能构成法律意义上的过失。法律意义上的过失既要符合一般社会观念上的过失概念，也要加以法律的综合性价值评价。"[1] 同理，因果关系的认定也涉及法律上的评价。医学上因果关系的认定属于专业问题，但是医学上的因果关系与法律上的因果关系是两个层面的问题，所以仍应由法官对法律上的因果关系进行认定。因此，医疗损害鉴定意见直接对过错和因果关系做出认定，明显逾越了鉴定权的界限。

此外，有些鉴定意见甚至改变了医疗损害赔偿诉讼案件的举证责任分配。例如，在田某、鲁某某诉第三军医大学西南医院案中[2]，鉴定人认为，院方未能提供其尽到预见防范义务及入院后适时终止妊娠以减少胎儿风险发生的注意义务的依据，进而认定院方存在过错。该鉴定意见在分析院方是否存在过错时并没有直接指出院方的行为违反了哪些法律或者诊疗护理规范，而是根据院方没有提供证据证明自己没有过错而做出的鉴定结论。但是，根据《中华人民共和国民事诉讼法》及《中华人民共和国侵权责任法》的规定，在医疗损害侵权案件中，应当由患者提供证据证明医疗机构存在过错，也就是说应当由患方就医疗机构存在过错承担证明责任。但是，该鉴定意见却将证明自己不存在过错的证明责任加诸于医疗机构，这与我国法律规定是不相符合的。关于举证责任的分配是法律适用的问题，应当由法官通过行使审判权实现，即使要突破立法的规定，对举证责任进行重新分配，也属于法官职权，而非鉴定人的权限。

由于我国对于区分法律问题与事实问题的研究不够深入，民事诉讼立法和理论对法律和事实的区分较模糊，直接导致鉴定结论涵盖法律问题，剥夺专属于法官的法律适用权。[3] 这一问题，在医疗损害赔偿案件中表现得尤为明显。

---

〔1〕 岩松三郎：《经验则论》，民事裁判の研究，页一四八。转引自曾华松：《经验法则在经界诉讼上之运用（之一）》，载民事诉讼法研究基金会：《民事诉讼法之研究（六）》，三民书局有限公司 1997 年版，第 182 页。

〔2〕 参见（2013）沙法民初字第 07531 号民事判决书。

〔3〕 宋平：《医疗侵权过错司法鉴定之缺陷与改革》，载《中国司法鉴定》2010 年第 1 期，第 47 页。

（三）质证程序流于形式，影响诉讼程序和诉讼结果的公正性

医疗损害鉴定意见涉及大量医学专业知识和医疗临床经验，对其进行有效质证同样需要相关的医学知识甚至是临床经验。医患双方在信息占有量上、进行质证的手段上存在显著的区别，患方明显居于劣势地位。医患双方是平等的民事主体，在诉讼中应当具有平等的诉讼地位。但是，由于患方缺乏质证手段，往往无法正确地提出有价值的质疑，丧失了与医方平等对抗的机会，这将损害诉讼程序的公正性。法院同样囿于医疗专业知识的缺乏等原因无法判断是否应当采纳当事人提出的质证意见，因此，当事人特别是患方的质证权无法得到保障。

同时，质证也是查明案件事实的重要途径。审判者需要通过当事人提出的质证意见来审查判断证据是否具有证据能力以及证明力大小。如果质证流于形式，法官则失去了一个获得判断医疗损害鉴定意见证据资格和证明力的信息渠道，即使鉴定意见存在错误也依然会采纳并据此裁判。那么案件的审判结果的公正性也必然难以保障。

三、主要问题的成因分析

（一）法院能力的欠缺

对于法院裁判过度依赖于医疗损害鉴定意见，以至于鉴定人越权鉴定，法院对此亦不加干预，最根本的原因还是在于法院法官缺乏医学专业知识。医学本身非常复杂且具有不确定性，医学专家尚且不能完全解释各种医疗现象，更遑论毫无医学知识背景的法官。法官为了解决裁判上的专业问题必然需要依赖于鉴定意见。因此，法官审理医疗损害赔偿案件时一般都会委托鉴定以摆脱裁判困境，这在一定程度上引起了我国医疗损害赔偿案件中的过度鉴定现象。又因为我国医疗损害鉴定意见中已经对过错和因果关系做出了认定，那么法院依据鉴定意见进行裁判显然是十分可行的方案，而且还可以降低案件裁判错误的风险，其不愿意突破鉴定结果而做出与鉴定意见相悖的裁判也就不难理解了。

法院在质证程序中无所作为，难以对鉴定意见进行审查判断，其中一个重要的原因也是因为缺乏医学专业知识。法官应当通过法庭上的举证质证程序对鉴定意见的证据能力和证明力作出评价，以确定该鉴定意见能否采纳和采信。但是，在缺乏专业知识和经验的情况下，法官很难发现鉴定意见的瑕疵甚至是错误，对其进行科学评价与合理取舍的能力不足。采信医疗损害鉴定意见进行裁判似乎是唯一可行的选择。

（二）鉴定意见本身缺乏规范性

我国在鉴定制度方面的立法相对比较滞后。全国人民代表大会常务委员会于 2005 年 2 月 28 日通过了《关于司法鉴定管理问题的决定》，同年司法部发布了《司法鉴定人登记管理办法》（司法部令第 96 号），2007 年司法部发布的《司法鉴定程序通则》（2016 年已修订）对司法鉴定的程序性事项作了规范。但是上述规定都未涉及鉴定意见应当包含的内容。至于有关医疗损害鉴定的规范性文件就更加有限，大多数是由地方高院颁布司法解释进行规定。2017 年发布的《最高人民法院关于审理医疗损害责任纠纷案件适用法律若干问题的解释》（以下简称《解释》）第 11 条界定了鉴定权的范围。[1] 同时，《解释》第 12 条对医疗损害鉴定中涉及的"原因力大小"进行了解释，即可以按照导致患者损害的全部原因、主要原因、同等原因、次要原因、轻微原因或者患者损害无因果关系来表述"原因力大小"。这些内容在一定程度上对医疗损害鉴定的权限范围做出了界定，使得医疗损害鉴定更加规范，但是仍不能满足目前医疗损害赔偿案件审判活动的需求。

一方面，医疗损害鉴定程序尚存在诸多问题，例如如何解决医疗损害鉴定体制的二元化问题，如何在保证同行评议的同时避免鉴定结果丧失公正性的问题，这些问题受到了学界广泛的关注。由于本文重在探讨医疗损害鉴定意见在司法实践中的应用，因此对于医疗损害鉴定程序不再多做讨论。另一方面，医疗损害鉴定意见本身更加缺少规范性。例如，医疗鉴定机构在进行医疗过错鉴定时其具体的依据为何，《解释》中也只是作出了概括性的规定，却没有具体的规则可资借鉴。正如一些学者指出的，我国的医疗过错鉴定缺乏规则，鉴定人甚至混淆了医疗过错评价与医疗质量评价，最终误导法官作出错误裁判。[2] 正是由于鉴定意见中缺乏对鉴定依据的详细论证，其科学性和公正性必然会受到当事人的质疑，而且还会加重法官对鉴定意见审查判断

---

〔1〕 《最高人民法院关于审理医疗损害责任纠纷案件适用法律若干问题的解释》第 11 条规定：委托鉴定书，应当有明确的鉴定事项和鉴定要求。鉴定人应当按照委托鉴定的事项和要求进行鉴定。下列专门性问题可以作为申请医疗损害鉴定的事项：①实施诊疗行为有无过错；②诊疗行为与损害后果之间是否存在因果关系以及原因力大小；③医疗机构是否尽到了说明义务、取得患者或者患者近亲属书面同意的义务；④医疗产品是否有缺陷、该缺陷与损害后果之间是否存在因果关系以及原因力的大小；⑤患者损伤残疾程度；⑥患者的护理期、休息期、营养期；⑦其他专门性问题。鉴定要求包括鉴定人的资质、鉴定人的组成、鉴定程序、鉴定意见、鉴定期限等。

〔2〕 刘鑫、高鹏志：《医疗过错鉴定规则体系研究》，载《证据科学》2012 年第 3 期，第 264~265 页。

的困难，令法官感到无从着手。再者，《解释》中明确法院可以委托鉴定机构对实施诊疗行为有无过错和诊疗行为与损害后果之间是否存在因果关系以及原因力大小进行鉴定，这正是审判权与鉴定权界限不清的表现。可以说，"鉴定机构的'越位鉴定'与司法机关的'退位默许'共同造就了实践中鉴定权对审判权的分割与僭越"[1]。

（三）鉴定意见的证据性质被忽视

鉴定意见是由专家利用自身掌握的专业知识作出的结论性意见，也被称为科学证据。因此在司法审判中，虽然法官对鉴定意见的证据属性形成共识，但是却一直给予了鉴定意见高于其他证据的价值评价。在医疗损害赔偿案件中就表现得更为明显。尽管无论理论上还是立法上都指出鉴定意见只是证据中的一种，并不具有比其他证据更高的证明价值，对于鉴定意见法院亦应在充分听取质证意见后结合其他证据和事实对鉴定意见是否应当采纳作出客观的评价，但是遗憾的是法官基本完全采信了鉴定意见，而没有进一步对其进行实质意义上的分析判断。究其原因，一是患方因为专业知识的缺乏以及手段的匮乏很难提出有力的质证意见；二是即使患方提出了鉴定意见，法院也因为裁判上的困难而不愿采纳，进而背离鉴定意见作出裁判结果，最终造成了当下"以鉴代审"这一现象的出现。

四、医疗损害鉴定意见在司法应用中现存问题的解决途径

（一）规范制作鉴定意见的程序和内容

1. 应当明确医疗损害鉴定对象仅限于事实问题

医疗损害鉴定机构越权鉴定、异化司法鉴定功能的症结在于委托鉴定事项超越了鉴定人职责范围。司法鉴定是针对事实问题而非法律问题做出的，而且司法鉴定只能涉及与查明案件事实有关的专门性问题，其本质是证明案件事实的方法或手段，本身不能包含直接认定某一案件事实存在或不存在的内容。医疗损害鉴定将过错和因果关系是否存在作为鉴定对象，并在鉴定意见中直接做出结论性意见，就超出了鉴定人职责范围。

在侵权法理论上，过失的判断标准是"注意义务的违反"，是否违反了注意义务应当是由法官作出的法律上的评价。因此，鉴定人无权在鉴定意见中直接对医疗机构是否存在过错作出判定。鉴定机构只能针对事实问题作出判

---

〔1〕 刘兰秋、赵然：《我国医疗诉讼鉴定制度实证研究——基于北京市三级法院司法文书的分析》，载《证据科学》2015年第2期，第234页。

断，在此处应该是就医疗机构是否存在"疏失"进行鉴定。何谓"疏失"？"疏失"系注意义务是否违反的事实判断。在台湾地区，医疗纠纷涉及的专业问题由行政院卫生福利部医事审议委员会（以下简称"医审会"）实施鉴定。而医审会仅对医疗行为是否存在疏失作出判定，而不对医疗行为是否具有法律上的过失进行判断。英美法上同样存在相同的观点，英联邦司法的态度是认为医疗过失判定是一个法律问题，法官对医疗行业做法还是有最后审视的底线的，即医疗行业做法从法律上看必须是"合理的""负责任的""经得起逻辑推敲的"。法官持有对医疗行业做法合理与否的最终判断。[1]

"因果关系"也是认定医疗损害赔偿责任的构成要件之一，其将损害结果与医疗行为连接起来，将损害的后果归因于行为人。医学上所谓的因果关系与侵权法中的因果关系不能等同视之。在因果关系的认定上，应当区分事实上的因果关系与法律上的因果关系。事实上的因果关系系属因果律的问题，判断事实上的因果关系与法律政策无关，是客观事实的判断，不应加入法官个人的主观价值判断。而法律上的因果关系，不是事实上的因果律之判断，而是在事实上因果关系成立后，探求被告是否应对原告损害负责，也就是基于法律政策或其他考虑，被告责任应当如何限制的问题。而被告责任限制的问题，应属于法律规范的判断，为符合公平公正的要求，在个案判断时，应当参酌法律、社会或经济政策。[2] 因此，法律上的因果关系判断是一个法律问题，需由法官来裁量。在医疗损害赔偿案件中亦应对因果关系问题作出细致考量。特别是我国的医疗损害鉴定长期以来主要由医学会实施，而医学会鉴定时聘请的鉴定人都是医学专家，因此是从医学角度对因果关系作出判断，一般不会考虑其他的因素。法院在裁判时如果直接引用，则忽略了法律上因果关系的功能和价值，其自身的审判被削弱了。

为了明确鉴定人的职责范围，应当通过立法确定医疗损害鉴定的鉴定对象。可以将鉴定事项表述为，医务人员的医疗行为是否符合诊疗护理常规、符合诊疗护理人员的行为规范，医疗损害结果与医疗行为之间是否存在因果关系。

---

〔1〕 赵西巨：《医疗常规与医疗过失的认定》，载《月旦民商法杂志》2018 年总第 62 期，第 187 页。

〔2〕 参见陈聪富：《因果关系与损害赔偿》，北京大学出版社 2006 年版，第 140~141 页。

2. 鉴定意见应当载明具体的理由依据

我国的医疗损害鉴定意见由于缺乏规范，因此鉴定机构在出具鉴定意见时论证往往不够严谨，鉴定意见的得出也稍显草率。有些鉴定结构甚至对分析过程只是一笔带过，这给法官审查判断鉴定意见带来了更多困难。因此有必要建立完整的医疗损害鉴定规则体系，明确具体的评价标准。

美国联邦法院在 Daubert 案例中，明确要求联邦法院有义务确认科学鉴定在科学上的有效性，包括：操作之标准作业流程及精确性、科学的可检验性及错误的可发现性、说明科学的误差以及判断标准、科学上的有效性。只有在鉴定意见上详细记载鉴定的理由依据，法院才有可能对鉴定意见作出审查判断。因此，鉴定意见书有必要记载鉴定时依据的医疗行为准则、医学教科书、医学文献及其来源，以及这些医学文献证据如何应用在具体的案件中，不能仅以符合或者不符合诊疗护理规范为由撰写鉴定报告。

3. 鉴定意见中应当载明不同鉴定意见

鉴定意见是鉴定专家组经过评议后做出，如果无法达成一致意见时则采用少数服从多数原则，按照多数意见作出最终的结论。但是，对于鉴定专家的不同意见并不会记载于鉴定意见书中。鉴定意见本就是人类主观认识的结果，尽管其所依据的是客观规律，但是仍然不能排除个人主观意识对鉴定意见的影响。而医疗活动本身就具有不确定性和复杂性，不同意见可以让法院和医患双方更加全面的了解争议的医疗活动的全貌。这也让法院在对鉴定意见进行审查判断时可以了解到不同意见，并在此基础上积极行使审判权。

（二）明确界定民事司法审判权与鉴定权的关系，法院积极履行其审判职能

1. 法院应打破鉴定依赖的习惯，积极行使审判权

事实认定权、法律适用权以及程序指挥权作为民事审判权的组成部分，应当且只能由法院行使，法院必须积极履行其审判职能，不得将审判权之任何一部分让渡给其他机构行使。

在事实认定和法律适用上，法官不应将医疗损害鉴定意见中对医疗过错及因果关系的描述直接作为医疗侵权构成要件中的过错和因果关系的最终评价。鉴定意见对医疗过错的阐述实质上是医学专家从医疗角度评价医疗行为本身是否具有疏失，法院则应当依据疏失之事实通过心证来认定医疗行为是否具有过错。在因果关系的判断上亦应如此。鉴定机构针对医疗行为是否为患者遭受损害的条件作出判定。法院则应依据法律上的因果关系理论与经验对医疗损害结果是否可归因于医疗行为形成心证。对过错和因果要件的判定

应属法官心证范畴，既是法官的职权也是法官的义务，法官不得以规避困难、风险为由怠于行使审判权，而且法官还应将心证形成过程记载于裁判文书中。

在程序指挥上，法官应当强化对鉴定程序的支配和控制，确保鉴定程序公正、快速地进行。在当事人没有申请鉴定时，法院应当结合案件具体情况决定是否启动鉴定程序，以防止医疗损害鉴定被过度应用而引起的诉讼效率低下、资源浪费。在选取鉴定机构、是否准予重新鉴定、是否有必要进行补充鉴定的程序事项上，法官均有控制支配的权力。

2. 加强对医疗损害鉴定意见的审查判断

医疗损害鉴定意见并不具有当然的证明效力，法院应当对医疗损害鉴定意见谨慎审查后才可判断其是否可以被采纳。例如，在一起误诊案件中，患者到某口腔医院就诊时被诊断为颌面部口腔囊肿，行切除术后进行病理检查，结果为良性。然而数月后，患者切除部位囊肿复发，再度到该口腔医院就诊，经检查后发现前次病理检查发生错误，应系恶性肿瘤，却被误诊为良性。患者因此对该口腔医院提起诉讼，诉讼过程中委托当地医学会进行鉴定。医学会选取了两名颌面外科专家、两名病理学专家以及一位法医组成专家鉴定组。患方在对鉴定意见质证时向法庭提出意见，认为本案涉及癌症的诊断和治疗，颌面外科专家因缺少在肿瘤方面的诊疗经验，因此其缺少对于误诊对患者的治疗和预后产生影响的评价能力。本案中，鉴定专家组成是否具有瑕疵殊值探讨，法院应当对此进行审查和判断，才可作出是否采纳该鉴定意见的决定。

台湾地区"高等法院"提出了具体的审查标准：法院在审查鉴定证据须以守门者（Gatekeeper）之角色，就鉴定者之专业训练与特别知识经验，鉴定过程有无瑕疵，是否使用鉴定领域认可之技术，有无潜在之错误，有无出版物，是否为普遍所接受等各项准测以为参考等，并且逐一详加审酌，以认定该鉴定意见是否具有证据能力。大陆地区也有关于鉴定意见审查判断的法律规定，包括鉴定机构或者鉴定人员应当具备相关的鉴定资格、鉴定程序应当合法、鉴定结论应当论证充分等。法院应遵循鉴定意见审查判断的标准，充分听取医患双方质证意见，作出是否采纳鉴定意见的决定，并将审查判断的理由记载于裁判文书中。

（三）完善专家辅助人制度

诉讼过程中双方当事人需对对方提出的证据进行质证。法院通过双方的举证与质证环节审查证据，最终对是否采纳作出判断。一般民事案件中各方发表质证意见并无困难，但是在医疗损害赔偿案件中，患方在知识与信息上的缺乏严重阻碍了其对于鉴定意见进行有效的质证，即使其聘请律师也无法弥补这一缺憾。法官也因此失去了获得对案件全面了解的一个渠道。对此，《最高人民法院关于审理医疗损害责任纠纷案件适用法律若干问题的解释》将民事诉讼法中规定的专家辅助人制度进一步具体化，明确规定当事人可以申请具有医学专门知识的人出庭，对鉴定意见或者案件的其他专门性事实问题提出意见。对此作出专门性规定无疑是考虑到了医患双方在诉讼地位上的实质不平等，希望以此弥补患方的能力欠缺问题。

但是，问题在于该制度如何落实。实践中，患方很难获得医学专家的帮助。其理由是显而易见的。首先，能够成为专家辅助人的医疗领域专家与被诉医疗机构及其医务人员处于相同的处境，面对着共同的职业风险，对被诉医疗机构怀有天然的同情，因此不愿意站到同行的对立面为患方提供帮助。其次，在医学会鉴定的地区，能够担任专家辅助人的医疗专家与医学会鉴定的专家不但分属同行，甚至因钻研于同一领域而彼此熟识，因此不愿意在法庭上对鉴定专家的意见提出质疑。最后，医学专家致力于本职工作，本身工作繁忙，待遇良好，没有内在动力促使其参与到与己无关的诉讼活动中。以至于该规定初衷虽好，却较难实现。

因此有必要为患方获得专家辅助人的帮助提供途径。可以考虑由律师行业协会通过自治的方式建立医疗专家辅助人的专家库。当事人可以通过委托律师在案涉医疗领域选取专家作为专家辅助人。被选取的专家应当接受当事人的委托协助当事人审查医疗损害鉴定意见。医学院校和医疗机构亦应承担起社会责任，为该专家库提供人选，并对担任专家辅助人的医生给予便利和支持。这种方式是否可行尚需研讨和论证，但是患方的这一需求应当引起关注。

（四）提高审理医疗损害赔偿案件法官的专业素养

第一，社会的发达导致了分工的精细。随着现代纠纷形态日益多样化和复杂化，民事案件审判工作对法官的任职资格和能力提出了更高的要求。法官难以全面掌握各种自然科学、社会科学知识，因此有必要针对那些专业性较强的案件设立专业法庭。医疗损害赔偿案件因为涉及大量医学专业知识和临床经验，所以那些完全不具备医学知识背景的法官难以真正意义上履行其审判职能。可以考虑在医疗机构比较集中的地区设立专门审理医疗纠纷案件的法庭，逐渐培养专业的审判人员，可以通过培训、到医院见习等方式逐渐提高医疗损害赔偿案件审判人员的医学专业素养。

第二，培养兼具医学知识和法学知识背景的人才，并将其吸收到审判队伍当中。现在已经有一些医学院校开设了医事法学专业、法学二学位课程，今后可以进一步规范此类专业建设，逐步培养成复合型人才。

五、结语

现阶段医患矛盾仍然比较突出，医疗纠纷会长期存在。在贯彻落实依法治国理念的背景下，社会越来越趋向于通过理性方式解决医患纠纷，这就对我国医疗损害赔偿案件的审判工作提出了更高的要求。医患双方将诉诸司法作为最终的救济途径，渴望获得程序和实体的正义，司法就要担负起社会赋予的这一使命，做出公平公正的裁判结果，现阶段尚有很多问题需要解决。除了完善医疗损害鉴定制度本身，如何解决审判人员缺乏专业知识与积极履行司法职能之间的矛盾、如何彻底杜绝"以鉴代审"的现象也应当引起充分的重视。"以鉴代审"导致司法审判活动丧失了其部分独立性和公正性，鉴定意见部分直接转化为审判结果，必然引起当事人对司法权威的质疑。"以鉴代审"现象的出现，不仅仅出于法官的懈怠，也在于制度的缺失。[1] 因此，应当在深化民事司法审判职能、鉴定权等理论研究的基础上，通过立法规范医疗损害鉴定制度、建立完善相关的配套制度，以实现医疗损害赔偿诉讼的公正审理。

---

〔1〕 孟勤国：《司法鉴定规则应重在规范法官行为——最高法院（2011）民一终字第 41 号判决书研读》，载《法学评论》2013 年第 1 期，第 92 页。

私法纵横

政府投资基金法律规制研究

蒋贵荣*

　　摘　要：随着政府投资基金规模不断扩大，政府投资基金的法律依据存在缺陷，法律规制不完善等问题日臻凸显。针对政府投资基金存在的设立失序、募资困难、运行受困、管理缺位等问题，应当在准确定位政府与市场关系，完善政府投资基金规制依据的基础上，促进基金设立和运行的规范有序，依法增强募集资金能力，规范政府和基金管理人关系，合理配置政府投资基金中的权利义务。在权责清晰的基础上，加强对政府投资基金的监管，以提高政府投资基金的市场化运营能力，完善财政资金市场化配置方式。

　　关键词：政府投资　投资基金　法律规制　规制政府

引　言

　　截至 2018 年底，我国已成立政府投资基金 1636 只，目标融资规模 9.93 万亿元，实际募集总金额 4.05 万亿元。[1] 虽然五级政府都设立了政府投资基金，规模巨大，

---

　　* 蒋贵荣，中国政法大学民商经济法学院经济法学专业 2016 级博士研究生（100088）。
〔1〕　孙飞：《我国政府投资基金发展现状、问题与挑战》，载《国务院发展研究中心调查研究报告》2019 年第 60 期，第 23 页。

涉及行业和领域广泛，但规范政府投资基金的法律或者行政法规尚付阙如。当前的基金管理缺乏统一的顶层制度设计，相关部委从部门利益出发出台的规章以及规范性文件，都缺乏从经济社会发展全局视角进行制度安排。政府投资基金的规制依据、政府对基金的管理能力与水平，与基金发展规模、数量和速度不相称，与基金参与主体不断增多，主体各方利益冲突加剧以及财政资金的安全和使用效率迫切需要得到保障也不够匹配。与此同时，市场化配置财政资金的方式，对现行的政府投资行为约束、投资规模控制、预算管理、政府债务管理、国有资产管理等方面的法律制度都带来一定挑战，对政府投资基金更是如此，其非理性投资行为会扭曲正常的市场供需信息，并引发财政的"挤出效应"而破坏经济体系的均衡发展，进而引起经济效率的损失。[1] 政府作为投资基金的基本主体，既要在市场机制作用下追求利润最大化，实现自身的市场价值，又要在法律约束下确保设立基金的政策目标的实现，如何两者兼顾，也亟须通过理论研究和制度完善破题。政府投资基金是否会成为新的影响市场优胜劣汰作用发挥的不利因素，成为推动投资过热、造就"僵尸企业"[2]的推手和经济增长质量提高的包袱，还不能尽言。从研究现状来看，已有学者从财政学、金融学等学科视角展开了对政府投资基金规模控制、制度建构、预算管理、风险管理、绩效管理等方面的研究，[3] 从法学视角对政府投资基金的研究则寥寥无几。本文从完善政府投资基金法律规制的角度开展研究，以期为政府投资基金持续规范发展提供制度保障，努力推动政府投资基金以市场化方式优化配置财政资金，造福于民。

一、缘起：政府投资基金特性解析

2002 年，中关村管委会作为政府出资方成立了"中关村创业投资引导基金"，从而拉开了政府设立投资基金的序幕。2005 年国家发展改革委等部门颁布《创业投资企业管理暂行办法》，首次提出"国家与地方政府可以设立创业

---

〔1〕 参见周刚志：《财政转型的宪法原理》，中国人民大学出版社 2014 年版，第 63 页。

〔2〕 李曙光：《破产法的宪法性及市场经济价值》，载《北京大学学报（哲学社会科学版）》2019 年第 1 期，第 154 页。

〔3〕 孙飞从金融研究的视角审视政府投资基金发展中需要妥善处理的五个基本问题，并提出政策建议，参见孙飞：《我国政府投资基金发展中亟需解决的问题与政策建议》，载《发展研究》2018 年第 4 期，第 36~39 页；冯静从财政管理视角研究了改革背景下政府投资基金的特点、问题与对策，参见冯静：《改革背景下的政府投资基金：特点、问题与对策》，载《中国发展观察》2018 年第 Z2 期，第 60~64 页。

投资引导基金，通过参股和提供融资担保等方式扶持创业投资企业的设立与发展"。尔后，国务院办公厅在国办发〔2008〕116号文中明确，"创业投资引导基金"是"由政府设立并按市场化方式运作的政策性基金"。随后，对政府出资的投资基金的管理出现了三足鼎立、行业多头管理并举的局势。[1]

　　国外将广义上的向创业企业进行股权或股权相关投资或吸引金融机构参与此类投资的政策措施均视为政府引导基金;[2] 国内对此有创业投资引导基金、创业投资基金、政府投资基金、股权投资基金、产业投资基金、政府投资引导基金等不同称谓。结合国务院相关部门制定的规范性文件与实践情况，政府出资投资基金是政府以财政资金出资，为了投资而以非公开方式向合格投资者募集资金，具有政策性、公共性、引导性特征，以市场化方式运作的私募股权基金，本文统称为"政府投资基金"。

　　政府投资基金运行周期分为事前、事中、事后三个阶段。事前阶段是指基金设立组建阶段，包括政府目标设计、投资方向选定、基金管理人和托管银行遴选、激励机制设计和资金募集等工作。事中阶段包括基金运行中的投资决策和投后管理。事后阶段包括基金绩效考核和运行监管等，其目的约束基金管理人。

　　政府投资基金具有一定的特殊属性，这些特性决定了基金的定位、运行和管理与一般私募股权基金不同。政府投资基金的特性如下表所示:

---

　　〔1〕　2014年证监会发布《私募投资基金监督管理暂行办法》（证监会令第105号），对享受国家财政税收扶持政策的创业投资基金作出有别于私募投资基金的特别规定；财政部先后发布《关于印发〈政府投资基金暂行管理办法〉的通知》（财预〔2015〕210号）和《关于财政资金注资政府投资基金支持产业发展的指导意见》（财建〔2015〕1062号），对政府投资基金的概念、设立、运作和风险控制、终止和退出、预算管理、资产管理和监督管理作出规定；国家发展改革委《关于印发〈政府出资产业投资基金管理暂行办法〉的通知》（发改财金规〔2016〕2800号）以及与政府出资产业投资基金相关的信用信息登记、绩效评价等系列规范性文件；国有资产监督管理部门、中国人民银行、商务部门、科技部门等在各自的职责范围内对政府出资的投资基金开展行业多头管理。

　　〔2〕　M. G. Colombo, D. J. Gumming & S. Vismara, "Governmental Venture Capital for Innovative Young Firms", 41 *The Journal of Technology Transfer*, 10-24 (2016).

表 1　政府投资基金特性

序　号	事　项	政府投资基金	一般私募股权基金
1	主要法律依据	《政府投资基金暂行管理办法》《关于财政资金注资政府投资基金支持产业发展的指导意见》《政府出资产业投资基金管理暂行办法》等	《私募投资基金监督管理暂行办法》《证券投资基金法》等
2	准入方式	由财政部门或财政部门会同有关行业主管部门报本级政府批准	设立私募基金管理机构和发行私募基金不设行政审批
3	资金来源	政府独资或者政府与社会资本合资	社会资本
4	基金目标	兼顾政府政策目标和基金经济目标	经济目标：投资获利、利润最大化
5	投资方向	投向特定领域：具有一定竞争性、存在市场失灵、外溢性明显的关键领域和薄弱环节。同时有明确的禁止投资领域，不得从事融资担保以外的担保、抵押、委托贷款等业务；不得投资二级市场股票、期货、房地产、证券投资基金、评级 AAA 以下的企业债、信托产品、非保本型理财产品、保险计划及其他金融衍生品等	私募基金财产的投资包括买卖股票、股权、债券、期货、期权、基金份额及投资合同约定的其他投资标的；努力将资金投向最有前景的项目
6	管理运作	政府引导、市场运作，科学决策、防范风险	完全市场化运作
7	退出	特定情形下可无需其他人同意提前退出；存续期满终止退出；存续期未满适时退出	根据基金运行情况自行决定退出
8	收益归属	政府出资收益归属政府；社会资本收益归属社会资本	收益归属社会投资人

二、观察：政府投资基金现存法律问题分析

（一）政府投资基金规制依据不完善

首先，规制政府投资基金的法律依据效力层次低，权威性和稳定性不足，甚至彼此存在矛盾，不能给社会资本参与政府投资基金带来稳定可靠的预期。目前规范政府投资基金的依据是部委规章和规范性文件。由于缺乏统一的顶层设计，这些依据之间还存在一定的冲突与矛盾，如国家发展改革委的《政府出资产业投资基金管理暂行办法》与财政部《政府投资基金暂行管理办法》就存在重复进行信息登记备案，禁投领域不一致，绩效评价规定不一致的问题。

其次，操作性管理制度缺失。现行依据对政府投资基金的设立、运作、风险控制、政府出资的预算管理、资产管理和绩效评价等作出了规定，但可操作性仍然不足，无法满足政府投资基金管理需求。如《政府投资基金暂行管理办法》对基金"管、退"环节没有细化规定。在资产管理方面，要求增列支出的同时要相应增记政府资产，并规定了相应科目，但没有明确政府投资基金入账依据和原则，满足不了记账和资产管理需求。在退出环节，仅规定"基金清算或退出收回投资时，作冲减当期财政支出处理"，但对退出时机、退出程序、退出价格、政府出资部分的资产评估、如何冲减支出等均未明确。绩效管理也存在同样问题。

最后，部分重要环节缺乏规制依据，包括政府投资基金设立的条件、批准程序、支出、运行和收回等。国务院在《关于2016年度中央预算执行和其他财政收支审计查出问题整改情况的报告》中就指出，2016年12月，发展改革委在京津冀产业协同发展投资基金没有完成工商注册、也未确定投资基金章程的情况下下达中央财政投资计划20亿元，截至2017年4月仍未执行的问题。

（二）政府投资基金的设立失序

政府投资基金组建设立失序主要表现在以下四个方面：

第一，在设立目标方面，部分基金政府政策目标较为含糊不清，没有明确和可以量化的政府政策目标，既导致基金管理人容易偏离政策目标，追逐市场收益率，又可能导致政府政策目标泛化和虚化，基金绩效评价较难开展，影响财政资金使用效能的最大化。

第二，在设立程序方面，部委制定的规章和文件在批准程序和条件方面都较不明确，对关系国计民生的重点领域和战略性行业缺乏必要的公开、公

示和公众参与环节。

第三，在投资方向和领域选定方面，部分地方政府在同一行业或领域重复设立基金，盲目追求基金的数量增长和规模扩大，基金规模和数量失控，与经济社会发展的实际程度不符。有的县、乡政府在不具备基金市场化的条件和适宜基金投入的产业及领域的情况下开设基金，以致既找不到合格的基金管理人管理基金，也找不到适宜投资的子基金和项目投资，造成后续基金运行困难或者停滞。

第四，在基金管理人和托管银行遴选、激励机制设计方面，市场化运作不足，以指定代替遴选，违反相关法律规定，降低对社会资本的吸引力。

（三）政府投资基金募资困难与变相举债并存

一方面，政府投资基金募资困难，例如，2016 年国家审计署发现，在抽查的 235 只政府投资基金中，实际到位资金中引入的社会资本仅占 15%[1]。另一方面，政府投资基金募资不够规范，转变为政府违法违规变相举债的工具。随着《中华人民共和国预算法》、《关于加强地方政府性债务管理的意见》（国发〔2014〕43 号）和《关于进一步规范地方政府举债融资行为的通知》（财预〔2017〕50 号）等法律和文件出台，传统的融资平台等筹资方式日渐收紧，政府隐性债务被清理规范，政府依赖的"土地财政"创收模式又不可持续，迫使政府部门借政府投资基金融资举债，如地方政府作为政府投资基金的有限合伙人，向基金其他出资人承诺投资本金不受损失，承诺最低收益，这加大了政府债务风险。

（四）政府投资基金投资运作受多重矛盾困扰

在政府投资基金的投运过程中，最重要的是妥善处理好政府与市场的关系，使市场在资源配置中起决定性作用，更好发挥政府的作用。正确处理好政府和市场关系，必须通过法律规制努力平衡三重矛盾，法律的任务被视为协调彼此冲突的人类要求或者期望，以便用最少的矛盾和最小的浪费去获取文明的价值。[2]

第一，政府部门双重角色的矛盾。在政府投资基金投资运作中，政府集市场主体和监管主体身份于一体，这双重角色有各自的权利（力）和义务，

---

〔1〕 资料来源：审计署网站：http://www.audit.gov.cn/n4/n19/c96986/content.html，最后访问日期：2019 年 10 月 2 日。

〔2〕 ［美］伯纳德·施瓦茨：《美国法律史》，王军等译，法律出版社 2007 年版，第 311 页。

政府部门作为出资人，在政府投资基金中享有股东或者合伙人的市场主体身份；作为行业管理者，又对基金的运行合规、绩效管理、预算管理、资产管理享有监管职权。这双重角色在基金运作中各有张力，力图向外扩张权力版图。一味强调政府的市场主体身份，会影响政府投资基金政策目标的实现；一味强调政府的监管主体身份，则过多的行政干预可能影响基金的市场化运作，如何实现两头兼顾，考验政府部门的能力和智慧。

第二，政府干预与市场运作的矛盾。如果激励机制不能发挥作用、绩效考核缺失、政府目标不明确且不固定，不能够通过事前的激励机制和事后的绩效考核等手段约束基金管理人，实现政府目标与市场化目标的匹配，政府只能通过事中参与投资决策及投后管理或者直接进入基金投资决策委员会管理基金等方式保证政府目标实现，这是以牺牲部分市场专业化运作为代价的。政府过多干预会影响投资决策的效率和基金管理人的整体投资策略，并容易产生道德风险问题。首先，无论是政府官员担任投委会委员，还是设置联席会议，都会拉长投资决策的流程和时间，可能错失项目投资的最佳时机。其次，在成熟的基金管理人已经形成完整投资理念和策略的情况下，政府的过多干预可能会影响基金管理人的独立决策思路，削弱基金管理人的专业能力发挥。最后，基金管理人理应对投资决策负全部责任，但是由于政府部门参与基金管理能够分担投资失败责任，基金管理人可能将项目失败责任推脱给政府，产生降低项目风险控制动机，进而导致项目失败概率增加。

第三，政策效益与经济效益的矛盾。政府投资基金天生具有两面性，即财政资金的政策性、引导性与社会资本的市场性、商业性[1]。财政资金一般以实现特定政策目标为目的，力求经济社会的重点领域和薄弱环节加快发展、重大发展战略和重要发展目标的贯彻实施、营造良好的外部性社会效益。而参股的社会资本却以追求利润最大化为目标，要求"见效快、回报高"，追求经济效益，因此在项目选择、投资方式和投资领域选择、退出时间等方面都存在不同诉求。[2] 当政府和社会资本的目标冲突时，如果政府处于优势地位，势必制约社会资本追求利润最大化，无法充分调动社会资本的积极性，

---

〔1〕 孙飞：《我国政府投资基金发展中亟需解决的问题与政策建议》，载《发展研究》2018年第4期，第37页。

〔2〕 参见孙飞：《我国政府投资基金发展中亟需解决的问题与政策建议》，载《发展研究》2018年第4期，第37页。

影响政府投资基金的持续健康运行;[1] 如果社会资本处于优势地位, 财政资金的安全性及基金政策效益的实现势必打折扣。

（五）政府投资基金管理不到位

政府投资基金实际运行中, 在监督管理、资产管理、绩效管理和信息公开等方面, 皆存在管理不到位的问题。

首先, 多部门监管难以形成监管合力, 监管错位、缺位与越位交织并存。财政部门、发展改革部门和证券监管部门三足鼎立、行业管理多头并举的监管体系下, 政府各部门在履行对政府投资基金的监管职责时虽有侧重, 但缺乏统筹安排, 监管职责划分不够明确、监管职能交叉重合与监管盲点并存, 相关主体疲于应付多头监管, 产生新的成本与风险。

其次, 现行依据对政府投资基金资产管理性质规定得不明确, 各个部门都从各自立场进行解释。有的认为政府投资基金属于金融资产或类似金融资产, 有的认为属于行政事业性国有资产, 有的则认为属于企业国有资产。政府投资基金性质不明确, 则管理的依据和方式也难以明确, 进而妨碍政府投资基金政策目标的实现和监管体制的建立。

再次, 政府投资基金绩效管理较薄弱。绩效管理覆盖面小, 每年仅对小部分政府投资基金进行绩效考核评价, 纳入评价范畴的基金有限, 大量的基金游离在绩效评价之外。绩效评价标准不够科学, 在对政府投资基金的资金使用考核中, 对投资处于种子期、起步期等创业早期的投资失败率高的企业, 如果完全以回报率考核标准考核, 必然不符合风险投资基本的财务规律[2]。

最后, 政府投资基金信息披露不充分。经过查阅 2015 年至 2018 年中央和地方预算执行情况与预算草案报告, 无论是在总报告还是收支明细中, 都找不到政府投资基金的收支相关信息。"市场和公众了解信息有限, 无法对政府投资基金的投资状况、投资绩效进行一个全面与客观的评价。"[3] 这也反映了我国预算资金管理还没有实现全面约束和公开透明, 这可能导致政府投资基金发展失控, 带来权力寻租和财政风险, 最终导致政府产业政策中的

---

〔1〕 金香爱、李岩峰:《政府产业投资基金法律规制路径探析》, 载《征信》2019 年第 5 期, 第 83 页。

〔2〕 参见冯静:《改革背景下的政府投资基金: 特点、问题与对策》, 载《中国发展观察》2018 年第 Z2 期, 第 62 页。

〔3〕 冯静:《改革背景下的政府投资基金: 特点、问题与对策》, 载《中国发展观察》2018 年第 Z2 期, 第 62 页。

"政府失灵"。[1]

三、解惑：政府投资基金现存法律问题的成因分析

（一）规制依据质量：受立法模式和发展实践制约

在我国立法过程中，行业主管部门通过"行使立法提请权和法律草案拟订权主导立法，形成行政机关主导立法的模式，立法成为行政机关巩固部门权力，甚至扩张部门权力的重要途径和手段"。[2] 政府投资基金涉及行业多、领域广，管理部门众多，各部门在制定规则时，存在为本部门利益开展立法博弈，巩固本部门既得利益，扩张本部门监管权力的现象，由此导致各部门出台的规定互相矛盾，缺乏统筹协调性。如果规范政府投资基金的依据不是法律，未历经立法的博弈，各方主体意见没有机会在立法过程中充分表达，则不符合民主和法治的要求，[3] 也就难以制定出高质量的规则。

政府投资基金是为了创新财政资金使用方式，取代传统的直接投资和补贴而产生的。截至目前，经历了不到 5 年的快速发展期，基金的设立、投资运作、管理和退出等各方面都缺乏成熟的政府投资基金样本支持和经验的总结，因此，立法质量受政府投资基金发展不足的客观实际制约。

（二）募资困难与失范：由内外因共同作用所致

政府投资基金募资困难的主要原因有以下两方面：

第一，基金所投领域可能是市场失灵、投资风险高、盈利能力不确定或者回报周期长的处于种子期和起步期的行业及产业，不能满足社会资本追求营利性的目标，社会资本不愿意涉足。

第二，少数基金管理机构以赚取基金管理费为目标，不积极寻找社会资本，基金募资和投资进度迟缓；部分基金管理机构缺少有专业能力和资产管理工作经验的高级管理人员、募资能力不足，达不到合同约定的募资规模和进度。

第三，"资管新规"限制政府投资基金从商业银行等金融机构吸引社会资本。社会资本主要来自商业银行、国有企业和民营企业，其中商业银行曾经

---

〔1〕 参见金香爱、李岩峰：《政府产业投资基金法律规制路径探析》，载《征信》2019 年第 5 期，第 83 页。

〔2〕 肖北庚：《我国政府采购法制之根本症结及其改造》，载《环球法律评论》2010 年第 3 期，第 33 页。

〔3〕 蒋贵荣、薛克鹏：《论划分我国各级政府财政事权与支出责任的法治路径》，载《福建论坛（人文社会科学版）》2019 年第 9 期，第 148 页。

是政府投资基金的重要资金来源。2018 年《关于规范金融机构资产管理业务的指导意见》禁止金融机构期限错配、刚性兑付、保本保收益等行为，并对多层嵌套资产管理产品实行穿透式监管，从而导致商业银行难以参与政府投资基金。[1]

（三）投资和运作的矛盾：来自政府与市场关系不清

在政府和市场的关系中，"对政府行为采取'法无授权不可为'的原则，政府的权力能够得到有效的规范和约束"[2]，所以我们讲求政府职权法定，政府职权明确以后，则对市场主体而言，"法无禁止即自由"，在法定的准入限制之外，市场主体可以自由进入，尤其是市场主体可以在法定范围内自主决定自己的事务，最充分地实现自己的利益，而不受任何非法的干涉。[3] 使"市场在资源配置中起决定性作用和更好发挥政府作用"，其在政府与市场功能及其作用力阈限上表现为"限定政府、余外市场模式"。[4] 也就是说，在政府投资基金的投资运行管理中，规定好政府的，其余都是市场的。可见，政府在投资基金活动中与市场的关系不清，这主要是由于政府的职能定位不清。从客观上分析，我国的机构改革和职能调整还没有完全到位，政府部门的管理以行业管理为主，管理职能存在交叉错位，各级政府之间的财政事权与支出责任划分也不够到位，政府管理职能的"越位"与"缺位"并存。从主观上分析，政府部门不愿清晰界定职权受约束。政府部门在政府投资基金中起着重要的引导作用，集监管主体和市场主体身份于一体，参与基金"募、投、管、退"各阶段，而政府也有着自己的利益需求。[5] 这种利益需求使政府不愿意清晰划定自身职能的边界，为自身享有的权力带上"紧箍咒"，将自身作为规范和约束对象。

（四）管理乏力：困于信息不对称

"保护投资者、便利发行人融资是证券信息披露制度的永恒目标……投资

---

〔1〕 如北京设立的"北京城市副中心建设发展基金"，资金规模 300 亿元，财政认缴 60 亿元，银行认缴 240 亿元。2018 年《关于规范金融机构资产管理业务的指导意见》出台后，商业银行的认缴资金无法到位，该基金处于停滞状态。

〔2〕 王利明：《负面清单管理模式与私法自治》，载《中国法学》2014 年第 5 期，第 31 页。

〔3〕 参见苏号朋：《民法文化：一个初步的理论解析》，载《比较法研究》1997 年第 3 期，第 254 页。

〔4〕 陈甦：《商法机制中政府与市场的功能定位》，载《中国法学》2014 年第 5 期，第 44 页。

〔5〕 薛克鹏：《经济法基本范畴研究》，北京大学出版社 2013 年版，第 145 页。

者只要掌握了必要的信息，就能根据自己的判断，做出投资决策。"[1] 首先，政府作为投资人，与基金管理人等市场主体之间信息不对称。只有充分披露政府投资基金信息，才能保护包括政府在内的投资人的知情权，保障投资安全。然而，基金管理人等市场主体占据信息优势地位：一是政府投资基金由市场主体运行，项目由市场主体选择和安排，项目信息掌握在基金管理人等市场主体手中，披露什么、披露多少，若没有法定要求，都由基金管理人等市场主体决定。二是就投资项目的技术而言，一般来说，基金管理人等市场主体比政府出资人更加专业。三是财政资金一旦投向特定项目，基金管理人就成为资金的管理者和使用者，资金就脱离了政府出资人的控制，存在基金管理人等市场主体对政府出资人实施欺诈或者违反合同义务的现实可能性。[2] 政府在识别基金管理人的能力、控制项目风险、评估项目绩效方面，都缺乏真实、准确的信息支撑。

其次，监督者与政府出资人之间的信息不对称。根据对中央和地方预算执行情况与预算草案报告分析，掌握政府投资基金信息的政府部门较少将相关信息向其同级的人民代表大会、审计部门披露，社会公众对相关的信息更是知之甚少。对政府投资基金的设立规模、投资规模、投资领域、政策目标实现程度、绩效管理情况等的立法监督、审计监督和社会监督，因缺乏信息基础而成为空谈。

四、完善：政府投资基金法律规制的合理化建言

（一）提高法律规制依据的质量和水平

理清政府与市场关系，是通过立法合理配置政府和市场各方主体权利义务的前提。要妥善运用"司马迁定律"，[3] "善者因之，其次利导之，其次教诲之，其次整齐之，最下者与之争"[4]。一方面，政府不应该与民争利，对于市场能够自发调节，不存在市场失灵的竞争性领域，政府投资基金不应参与，以免在政府资金的助阵下对得不到政府资金支持的市场化基金产生挤出效应，扭曲市场机制；同时，政府不应干预基金日常事务，而是"善者因之"，顺应市场规律，尊重基金按照市场化方式高效运营，放手让专业的基金

---

〔1〕 梁清华：《论我国私募信息披露制度的完善》，载《中国法学》2014 年第 5 期，第 152 页。

〔2〕 参见 Jensen & Meckling，"Theory of the Firm：Managerial Behavior' Agency Costs and Ownership Structure"，3 *Journal of Financial Economics* 306-325（1976）。

〔3〕 张守文：《政府与市场关系的法律调整》，载《中国法学》2014 年第 5 期，第 63 页。

〔4〕 《史记·货殖列传》。

管理人在项目选择、投资方式和项目运营管理方面独立决策，发挥专业优势，赢得高额回报。基金运行良好，获利丰厚，自然能帮助政府实现吸引更多社会资本、发展壮大特定产业、调整优化经济结构等政策目的。另一方面，政府对基金应该相机"利导"和"整齐"。政府与市场的边界划分要基于政府采用市场化手段约束基金管理人的能力，如果政府政策目标非常明确、固定，阶段性分明，就能够通过事前的激励机制和事后的绩效考核等手段约束基金管理人实现政府政策目标与市场化目标的匹配，"利导之"达成政府政策目标；如果基金的运行偏离了政府的政策目标，唯利是图，违规运营，则应该"整齐之"，加强对基金的监管。

改变立法模式，将制定政府投资基金法律规制依据的主导模式由行政主导向立法博弈转换。立法博弈应开放包容，允许市场、社会各方利益相关主体参与立法博弈，表达利益诉求，立法机关在平衡各方利益后制定法律。[1]立法博弈"并不排斥行政机关立法提请权和法律草案拟订权，而是要求行政机关基于自己在公共行政事务方面的知识和信息优势参与立法"[2]。在政府投资基金立法博弈中，财政部门、发展改革部门以及其他行业主管部门和政府投资基金的市场化运营主体都应当充分表达诉求，共同拟定法律草案，避免某一部门通过立法将部门利益固化、扩大化。立法应当明确各管理部门在基金的设立、运行、监管各环节的具体分工和职责，明确具体的监管主体，合理配置各管理部门的权力义务，使权责对等，责任明确，便于追究。通过立法，提高规制依据的法律效力层级和统筹协调性，统一顶层设计，增强条文的逻辑自洽性，带给基金各方主体更加稳定的预期。

通过立法调研，掌握基金运行中的法律短板和基金发展中的法律制度供给需求，使政府投资基金的各环节都有良法善治，引导政府投资基金行业发展壮大和持续健康运行。

（二）力促基金设立规范有序

首先，完善政府投资基金设立程序，参照《中华人民共和国预算法》明确基金设立的批准主体，批准的法定时限，需要公开公示的情形，需要听取

---

〔1〕 蒋贵荣、薛克鹏：《论划分我国各级政府财政事权与支出责任的法治路径》，载《福建论坛（人文社会科学版）》2019年第9期，第150页。

〔2〕 参见肖北庚：《我国政府采购法制之根本症结及其改造》，载《环球法律评论》2010年第3期，第37页。

公众意见或者人大代表、政协委员意见的情形等。

其次，规定设立基金的必要性、可行性和具体条件。对已经设立基金的领域和行业，不允许重复设立基金。对不属于本级政府事权范围内的事项，不允许设立。基金的数量增长和规模扩大已经超出本地经济社会发展需要的，不增设新的基金。不具备设立基金的市场化环境、不具备管理基金的合格市场主体或者没有适合基金投资的产业或者领域的，也不得设立基金。

再次，设置固定的、可量化的政府政策目标。针对母子基金模式的政府投资基金，母基金应以实现产业政策目标为导向确保基金发展方向符合政府履行经济管理职责要求，带来良好的外部性社会效益，子基金则可以适当注重营利性目标实现，明确基金管理人和托管银行筛选、激励机制，高风险行业的投资失败容忍机制，鼓励基金高效、高质量运行，在市场竞争中发展获利，提高财政资金使用的效益。

最后，建立事前绩效评估量化指标体系，形成包括基金立项必要性、政府目标合理性、投入经济性、实施方案可行性等多个维度，具有详细定量指标的评估体系。规定设立基金应当开展绩效评估，将评估结果作为基金是否设立的重要考量因素。如果经事前绩效评估不具备设立条件的基金，则不允许设立。

（三）依法增强募集资金能力

首先，建立和完善基金募集制度。完善政府投资基金法律规制依据，给社会资本以稳定的投资预期，便于长期固定投资。规定投资回报制度，对投向种子期和起步期的基金以及投向重点领域、重大战略性产业的投资回报周期长的基金，设置回报机制。[1]

其次，设置竞争性的基金管理人选聘制度。竞争作为一种理想的资源配置方式，不仅是市场体制的关键，而且是自由市场的核心。[2] 通过公开招标、竞争性谈判、竞争性磋商等竞争性方式，择优选择募资能力强、以往业绩好、勤勉尽责的基金管理人参与基金管理，提高基金管理人的募资能力，在基金设立方案中约定奖优惩劣以及优胜劣汰机制。

---

〔1〕 私募基金管理人典型的报酬模式是所谓"2加20"，即所管理资产的2%作为年度管理费，再加上投资盈利的20%。参见郭雳：《美国私募基金规范的发展及其启示》，载《环球法律评论》2009年第4期，第92页。

〔2〕 参见刘继峰：《经济法学》（第2版），北京大学出版社2016年版，第63页。

再次，在加强金融监管，有效防控金融风险的前提下，逐步开放市场化投资领域，通过部分机构先行先试、在试点基础上总结经验再推广等方式创造条件推进银行、保险、养老金等长期资本参与政府投资基金的投资，拓宽基金募资渠道。

最后，设置严格的监督管理制度。通过监督管理，发现政府在投资基金设立、运行和退出等环节中的违法违规或变相举债行为，并根据《中华人民共和国预算法》等相关法律，追究政府相关责任人的法律责任，实现政府投资行为的法治化。

（四）规范政府和基金管理人关系

政府作为主要出资人和管理者应该控制基金事前设立组建阶段和事后绩效管理及运行监督。事中的投资决策和投后运作管理阶段交由市场专业基金管理人，坚持基金的政府引导和市场化运作。

首先，通过母基金整合资源，强化基金运作协同性。以母基金为核心，集聚从初创、成长、成熟等各阶段的项目资源、研究资源、LP 资源、GP 资源，并实现资源在基金管理公司—母基金—子基金的链条上有效对接、循环，整合基金资源，发挥合力作用。

其次，探索对子基金的约束和激励。完善基金管理机构的法人治理结构，市场化的团队业绩评估、约束和激励机制，团队薪酬与基金绩效评价结果挂钩、推动具备条件的国有性质基金管理人的核心团队持股和跟投。主要手段有：①通过调整基金的收益分成机制，将基金社会效益目标与社会资本、基金管理团队收益分成挂钩，鼓励基金管理团队更多关注政府目标。如专门投资早期的项目基金，对社会资本进行适当让利。②对基金管理团队的管理费设定返还额度，如果没有完成政府目标，向政府返还一定比例管理费。③加强基金管理人信用管理，在设立方案中明确固定基金管理团队核心人员，如果基金管理人出现失信行为，则将其纳入全国信用信息共享平台失信名单。

再次，建立政府投资基金项目库。由政府行业主管部门推荐入库备选投资项目，推荐给基金管理人。通过项目库建设，一方面为与政府合作的基金管理人提供增值服务，另一方面也有利于帮助和推动基金聚焦于重点行业和重点领域。

最后，理顺基金清算退出流程，设定基金强制退出条件。目前大部分基金还处于初始设立和运行阶段，因此，在基金投后管理和基金退出方面缺乏成熟机制和经验。政府应该帮助基金加强投后管理，明确基金退出的法律适用、操作模式等。另外，政府应设定基金强制退出条件，即在投资基金章程或者合伙协议中约定，出现基金设立方案确认后超过一定期限未完成设立手续、政府出资一定期限后基金未开展投资业务、基金投资领域和方向不符合政策目标以及形成政府隐性债务等情形时，政府出资可无需其他出资人同意，选择提前退出。

（五）科学设置政府投资基金监管体制

我国现行法律主要根据企业国有资产、金融国有资产和行政事业国有资产进行管理，因此，明确政府投资基金中政府出资的资产性质，是确定管理的体制的前提。

首先，政府投资基金国有资产不宜作为金融资产或类似金融资产管理。第一，国有金融资本是政府对金融机构出资形成的资本和权益，我国实行金融业特许经营的管理体制，对金融机构的设立实施许可制。证监会《私募投资基金监督管理暂行办法》明确规定："设立私募基金管理机构和发行私募基金不设行政审批"，所以，政府投资基金的基金管理机构明显不属于金融机构。第二，国有金融资本必须保值增值，为了维护金融安全、控制金融风险，金融机构必须稳健运行，而且资产负债比例、资本充足率必须符合法律规定。但是政府投资基金投入的某些亟待发展的战略性产业，可能短期甚至长期处于亏损状态，满足不了金融国有资本保值增值的要求。因此，不宜将政府投资基金的国有资产作为金融国有资本管理。

其次，政府投资基金国有资产也不宜作为行政事业性国有资产管理。第一，二者政策目标不同，设立基金的目标是为了进一步提高财政资金使用效益，在保证政府投资安全的前提下实现保值增值，发挥好财政资金的杠杆作用，引导社会资本投资于经济发展的重点领域和薄弱环节，支持产业发展。行政事业性国有资产的目标则是保障政府直接履职需要。第二，基金的政府出资在投入合伙企业或者公司后，就成为企业资产的一部分，不属于行政事业单位管理范围，其运营、交易、退出和再投资的条件、程序，与行政事业单位国有资产明显不同。将政府投资基金国有资产定性为行政事业性国有资产，不利于政府投资基金的市场化运作。

故此，应将政府投资的基金份额纳入企业国有资产管理范畴。一是二者都允许自负盈亏、负担一定风险；二是政府出资形成的基金份额，属于《中华人民共和国企业国有资产法》规定的"企业国有资产"范畴；三是将政府投资基金国有资产作为企业国有资产管理，由《中华人民共和国企业国有资产法》《企业国有资产交易监督管理办法》规范其投资、运营、交易和管理，既能坚持政府投资基金的市场化运作，又可以有效填补政府投资基金从投资支出后到退出收回期间无法可依的法律空白。

强化基金的绩效管理。结合前期基金绩效评价试点情况，对基金运行、行业主管部门、基金管理机构进行绩效评价，提高政府投资基金绩效评价覆盖面和管理的规范化水平。强化目标导向，围绕政府政策目标，科学设立多维度、分层次、可量化、好操作的绩效评价指标体系、合理确定指标权重，协调好财政资金的公共性定位与社会资本追求利益最大化导向；充分重视绩效评价结果的运用，将其与后续出资安排相衔接；强化问题整改，将绩效考评结果在一定范围公布。

提升基金信息公开透明度。在尊重基金所属私募投资基金特性的基础上，强化基金信息公开的质量和力度。为符合全面预算管理要求，基金规模、财政出资情况、投资收益等数据在中央和地方预算执行情况及下一年预算草案中必须以单独预算科目公开，接受各级人大和审计部门监督；对基金运行信息，除在企业信用信息平台公布基金名称、出资人、设立方式、再投资信息等基本信息外，对基金投资策略、投资项目、投资收益率、业绩、绩效评价结果、退出后收益等中后期信息也应及时公开，方便社会公众、市场和政府监督基金投运效率，也为基金在优胜劣汰的市场化运行中择优选取基金管理人和托管人等市场主体提供信息支撑。

结　论

政府投资基金将财政资金的使用由无偿变为有偿、由运用行政权力的投资补贴改为市场化的股权投资，是政府市场化配置资源的探索改革。在探索中改革，应该在理清市场与政府边界的前提下，调整政府投资基金行政主导的立法模式，总结实践经验完善政府投资基金在事先设立、事中投运和事后监管各环节的法律规范，促进政府投资基金设立规范有序，有效募集社会资本参与投资，明确政府出资形成的国有资产管理方式、加强绩效管理、提升政府投资基金信息透明度，以法治方式引领和巩固市场在资源配置中的决定性作用，更好发挥政府的作用。

我国不动产投资信托（REITs）管理模式之路径选择和构建

高　斌[*]

　　摘　要：作为一种资产管理工具和商事组织，REITs当以专业化的资产管理功能为表征。我国尚未引进标准意义上的REITs制度，在实践中仿效标准REITs制度理念在资产证券化基础上推出的类REITs产品，被认为是我国REITs制度的雏形，但其管理模式与标准REITs大相径庭。要推出真正的REITs，我国须构建良好的REITs管理机制和管理模式。REITs发展较成熟的国家和地区在考虑REITs功能定位、运营管理能力和代理成本问题的基础上选择了与各自经济和法律制度相适应的管理模式并取得成功。我国境内REITs当充分吸收域外REITs制度和实践经验，选择外部管理模式作为REITs的管理框架制度基础。外部管理模式路径选择应当贴近我国类REITs的实践和制度基础：组织架构采取"公募基金＋资产证券化"的外部管理模式是一个优选方案；这种架构应合理分配多个管理主体的管理职能，突出体现公募基金管理人和计划管理人的基金管理职能，让专业的私募基

　　[*]　高斌，中国政法大学民商经济法学院商法学专业2016级博士研究生，加州大学伯克利分校访问学者，中建投信托股份有限公司研究员（100088）。

金管理人承担多数的资产管理职能，以发挥其相对专业的投资管理能力；多个管理主体之间应建立管理监督机制并对投资者承担共同的受托责任，以完善对投资者之保护。同时值得注意的是，这种外部管理模式因管理主体多、代理链条长而存在较严重的代理成本问题，参考域外成熟 REITs 的制度和业务实践经验，在 REITs 制度中引进管理人的信赖义务并建设管理主体准入和管理内控制度是降低代理成本问题的上上之策。

关键词：REITs　不动产投资信托　资产证券化　管理模式　信赖义务

一、问题之提出

REITs（Real Estate Investment Trusts），即不动产投资信托，是一种资本市场与房地产市场相结合的工具，其通过发行权益凭证募集众多投资者的资金并投资于不动产资产，并以不动产物业产生的租金收入和其价值增值作为偿付投资者收益的最终来源。我国[1]从 2005 年提出发展 REITs 制度，至今已有十几年，但依然尚未落地。近两年，在化解金融风险、妥善处理房地产行业和地方政府债务的背景下，REITs 呼声高涨，目前已经进入相关立法程序。[2]

REITs 是一种资产管理工具，其核心功能在于利用不动产资产专业化管理来创造可分派收入和使资产增值；REITs 又是一种商事组织[3]，其本质是以其管理机制代替相关主体之间的契约以节省交易成本。[4] 选择合适的管理模式，以最大程度彰显其管理能力并降低代理成本，是 REITs 制度的核心问题。

世界上 REITs 发展较为成熟的国家和地区均已制定了 REITs 专项法律法

---

〔1〕　由于我国香港 REITs 制度早已确立，本文中"我国"如无特殊说明，仅指我国境内，特此说明。

〔2〕　2018 年 3 月，将不动产和基础设施资产证券化及其公募 REITs 写入修改《证券法》和《基金法》议案被提交全国人大会议，通知结果是"该议案由全国人大财经委主办、证监会协办"，反映出立法机构正在积极推进资产支持证券和公募 REITs 明确进入相关立法的程序。

〔3〕　"19 世纪末出现于马萨诸塞州波士顿的商业信托在制度设计上的诸多开创性做法，使商业信托最终独立于公司和合伙，被法院认可为一种独立的企业组织形式，美国学者都习惯于将其作为商业信托制度现代化的开端和不动产投资信托的滥觞。"何正荣：《现代商事信托的组织法基础》，载《政法论坛》2006 年第 2 期，第 134 页。

〔4〕　诺贝尔奖得主经济学家科斯（R. H. Coase）指出：厂商（如公司等商事组织）的存在就是为了透过层级化管理节省经由市场交易——也就是个别契约——所可能产生的交易成本，使双方当事人利益达到最大化。See Ronald H. Coase, *The Firm, The Market, And The Law* 118 (2d ed., U. Chi. Press 1988).

规，并明确了 REITs 的管理模式。管理模式的差异化使得各国 REITs 组织形态迥异，但均能体现出 REITs 管理人的专业化管理能力。目前我国 REITs 法律法规尚未制定，REITs 的商事组织理念还停留在理论探讨当中，[1] 实践中仿效标准 REITs 推出的类 REITs[2] 实质是一种资产证券化产品，重视融资功能而忽略其资产管理功能，我国类 REITs 的管理与标准 REITs 的管理存在较大差距，这种差距突出表现在以下三个方面：

第一，类 REITs 管理水平不足，缺乏专业管理不动产能力。类 REITs 的设立在商业功能上基于投资者投资偏好及其原始权益人（融资主体）的融资目的，目前类 REITs 的投资者主要为银行、保险等对投资收益要求较高的机构投资者，往往要求融资主体提供各种形式的担保以保障其稳定收益，从而过分依赖原始权益人主体信用。在这种设立目的下，类 REITs 更多体现投资者和融资者的交易意图和安排，忽视 REITs 作为管理者的专业管理能动性，REITs 实质上成了一种投融资双方的资金输送"通道"。所以，在类 REITs 中，真正的资产管理职能还是由投融资双方把控，类 REITs 管理者并不具备专业管理不动产的能力。第二，类 REITs 管理职责偏向事务性管理，与标准 REITs 管理职责范围差异较大。类 REITs 的设立在法律上依托于我国资产证券化制度，在资产证券化制度中管理人的管理职能偏向于事务性管理，更多发挥其持有资产、资金归集和受益分配的功能，而忽略其不动产投资运营管理等功能。而真正的 REITs 中，REITs 的管理职能包括资金募集、信息披露、合规风控、财务管理、投资收购、资产改造、资产处置、招商租赁、营销推广、运营管理、工程与物业管理、退出清算等各方面的内容，与类 REITs 的管理职责范围差异明显。第三，类 REITs 复杂的结构中存多个管理主体，各主体职责界限不清或有重叠。类 REITs 的结构中，存在计划管理人、私募基金管理和物业管理公司三层管理主体，管理主体之间的管理职能通过契约进行划分，同时各个管理主体的管理职责行使并不相互独立，上层管理主体对下层管理主体有一定的"指示"权，各个管理主体职责范围存在界定不明确或者

---

〔1〕 "由于我国信托业法的缺失，使得我们对商事信托的属性理解上仍然停留在《信托法》所划定的信托法律关系的框架内，没有上升到商事组织的理论高度。"梅健：《资产收益权作为信托财产的可行性研究——基于商事信托的组织法属性》，载《研究生法学》2016 年第 5 期，第 90 页。

〔2〕 我国 REITs 尚未实现公募模式，为区别于典型的公开发行并交易的 REITs 产品，市场上以资产支持专项计划为载体并最终投资于持有物业资产的非上市公司股权的产品称为"类 REITs"或"私募 REITs"，本文中统称为"类 REITs"。

重叠的问题。

从商事组织角度看，这些管理问题易造成组织的功能失灵，运营风险难以掌控，投资者的利益得不到保障。管理上的短板塑造了我国类 REITs 独特的结构外观：为了降低投资风险，类 REITs 中设计了各种增信措施、回购安排及优先劣后结构等，将投资风险向融资主体或劣后级投资者（一般也由融资主体的关联方充当）转移——以绑定融资主体信用的方式削减管理人的管理操作风险，但这又与 REITs 的专业化不动产管理运营的制度初衷不符。可以说，我国迟迟未能推出 REITs 制度，一个重要症结在于尚未构建起良好的管理机制和管理模式。

鉴于此，本文以信托原理为基础、以标准化 REITs 为参照，从 REITs 管理人的角度对国内外 REITs 管理模式进行考察，并藉此探索我国 REITs 管理模式的选择路径及完善方案。

二、域外 REITs 的管理模式类别及择因考察

（一）域外 REITs 的管理模式类别

根据 REITs 主体与管理人的关系，REITs 的管理模式可以分为外部管理和内部管理模式。外部管理模式中，REITs 聘用外部管理人或投资顾问来执行资产管理和物业运营工作。内部管理模式是指 REITs 本身设有内部管理部门或拥有资产管理公司，并由其负责 REITs 的管理运营。

外部管理模式中，REITs 被定位为一种被动商业实体，其管理运营交由外部专业管理主体负责。美国自创立 REITs 至 1986 年美国国会改变其税收条款允许 REITs 自主管理其资产组合之前，所有 REITs 必须采用外部管理模式，REITs 通过管理外包协议，将 REITs 拥有的房地产资产的管理和运作、REITs 房地产的租赁服务、向承租人收取租金等业务外包给独立的合约方，即外部独立承包商（Independent Contractor）负责；[1] 日本上市的 REITs 均为公司型 REITs，根据日本《投资信托与投资法人法》规定，法人型 REITs 必须委托外部管理人（投资信托委托业者）管理；[2] 新加坡金融管理局针对 REITs 制定了《房地产基金指引》，要求其国内 REITs 须采外部管理模式；香港特区《房地产投资基金信托守则》也规定"每个要求获得认可的计划，必须委任证

---

〔1〕 See U. S. 1960 Internal Revenue Code. Sec. 856.

〔2〕 日本《投资信托与投资法人法》（The Law of Investment Trust and Investment Corporation）第 198 条第 1 款。

监会认可的管理公司",[1]故一般认为香港 REITs 也采取外部管理模式。[2]

内部管理模式中，REITs 与管理人之间存在着管理与被管理、控制与被控制或具有相同的股东关系。总体来看，"内部管理模式" REITs 有三种表现形式：①"合订"（Stapled）或"双股"（Paired-share）结构 REITs：该种结构下，将一个 REITs 的信托单位和一份基金管理公司的股份捆绑在一起，以一个单位进行交易。投资者持有一股证券，便同时持有一个 REITs 信托单位和一份基金管理公司股份。在这种结构下，REITs 和基金管理公司之间利益冲突小、业务互动性强。澳大利益目前的上市 REITs（LPT）主导结构为该种结构；[3] 19 世纪 70 年代，该种结构在美国 REITs 市场上也曾大量涌现，但 1998 年美国修改了相关的税收法律，对合订机构和双股结构进一步采取限制措施。[4] ②REITs 受托人（或 REITs 公司）直接经营型 REITs：如在美国 REITs 市场盛行的上 REITs 和下 REITs 结构：上 REITs 不直接拥有物业资产，而是作为中心运营合伙的普通合伙人，通过中心运营合伙间接持有物业资产；下 REITs 是在传统 REITs 基础上，通过分立下属合伙实体，作为下属多个运营合伙的普通合伙人，通过多个运营合伙持有物业资产。在这两种结构中，REIT 作为普通合伙人直接负责管理运营合伙的房地产资产，即 REITs 作为管理人亲自运营管理 REITs 资产，属于一种内部管理模式。③REITs 控制管理人模式。该种结构表现为管理公司是 REITs 的全资子公司或 REITs 对管理公司享有控制权。如香港的领展房地产投资信托基金，该基金的管理人为领展资产管理有限公司，领展 REITs 持有该管理公司的 100% 股权，虽然其表面上表现为外部管理形式，但实为一种内部管理模式。[5]

---

〔1〕 香港地区《房地产投资基金信托守则》第 5 章 5.1 条。

〔2〕 当管理公司是 REITs 的全资子公司或 REITs 对管理公司享有控制权时，这种管理模式又会转变成一种内部管理模式。如领展房地产投资信托基金，香港市场除此之外，其他 REITs 均采用外部管理模式。

〔3〕 参见中债资信评估有限责任公司：《海外 REITs 发展及案例专题研究报告》，2017 年第 43 期，总第 360 期，第 17 页。

〔4〕 1998 年，美国国会通过《1998 年国内税收重组和改革法案》（Internal Revenue Service Restructuring and Reform Act of 1998）将特定房地产投资信托"合股"实体除外待遇终止。See E. Charles Wern III, "The Stapled REIT on Ice: Congress' 1998 Freeze of the Grandfather Exception for Stapled REITs", *Capital University Law Review*, 728, Vol. 28 (2000).

〔5〕 参见戴德梁行：《亚洲房地产投资信托基金（REITs）研究报告》，2017 年总第 3 期，第 17 页。

（二）域外 REITs 的管理模式择因考察

通过对域外 REITs 制度的考察，各国对管理模式的选择可归结于三个主要因素：一是由 REITs 的功能定位决定，二是受 REITs 管理和运营能力的培育程度影响，三是基于降低代理成本增强 REITs 盈利能力目标的市场选择。三者相互作用，形成了各国 REITs 具体管理方式相异的格局。

1. REITs 的功能定位

域外国家或地区普遍在其 REITs 法律法规中规定了 REITs 的管理模式或具体运营方式。可以说，REITs 法律法规中对管理模式的规定是 REITs 的应然功能定位在立法上的反映。

美国 1960 年通过《国内税法典》和《房地产投资法案》，将 REITs 定位为一种消极投资实体，只能实行委外管理。当时国会对 REITs 赋予该功能定位的原因有两个：一是为了使 REITs 获得《国内税法典》给予符合条件的投资公司即规范化投资公司（Regulated Investment Company）[1]的税收优惠，故 REITs 以投资公司作为立法参照，将 REITs 限定为被动投资实体；[2] 二是为阻止房地产运营公司充分利用 REITs 所享有的特殊税收优惠去从事积极的商业交易，以保护投资者。[3] 美国 REITs 实行外部管理模式二十多年后，在商业竞争、资金需求、利益冲突及偿债压力等内外因素影响下，REITs 的立法目标发生偏移，其功能定位偏向更加积极商业实体。[4] 在此背景下，国会颁布《1986 年税制改革法》允许 REITs 进行内部积极管理。[5]

美国 REITs 是在税收法律条款下的市场型模式。亚洲 REITs 的模式主要借鉴了美国的经验，在结构、投资目标、收入分配等方面制定了相似的规定，所设立的 REITs 没有明显的税收优惠驱动的特征。相对而言，较为明显的是这些国家的 REITs 产品是通过建立类似于美国 REITs 条件的专项法规，对

---

〔1〕 RICs 是典型的被动实体，REITs 和 RICs 一样，都具有被动实体的一个共同本质——这些实体不受常规的公司税收体制的约束，即股东无需就公司收入缴纳"双重税"。

〔2〕 参见杨秋岭：《论不动产投资信托的消极属性》，载《中南林业科技大学学报（社会科学版）》2011 年第 5 期，第 82 页。

〔3〕 参见李智：《房地产投资信托（REITs）法律制度研究》，法律出版社 2008 年版，第 56 页。

〔4〕 参见李智：《房地产投资信托（REITs）法律制度研究》，法律出版社 2008 年版，第 60 页。

〔5〕 See United States Congress House：Tax Reform Act of 1986：Conference Report, II-221, "…clarify that a REIT may directly select, hire, and compensate those independent contractors who will provide the customary services that may be provided by a REITs in connection with the rental of real property, rather than hiring an independent contractor to hire other independent contractors." 这使得 REITs 可以选择是否自我管理。

REITs 产品提出设立条件和监管要求。[1] 从功能定位上来说，亚洲国家和地区的 REITs 的推出往往是为盘活存量不动产资产以促进经济发展和为投资者提供一种新的投资品种，故更注重 REITs 管理机制设计。以香港地区和新加坡为例，REITs 的专项法规对受托人、管理公司、物业估值师的条件和职责作了明确的规定，在规范受托人和管理公司责任的同时，REITs 的专项法规强调受托人和管理公司的相互独立性，从结构上避免资产管理过程中潜在的利益冲突，[2] 从而采用利于投资者利益保护的外部管理模式。

2. REITs 的管理运营能力

REITs 核心功能在于通过对物业资产的管理运营来创造可分派收入和资产增值。REITs 管理运营能力又突出表现为资产投资、资产改造和投后运营三个方面的能力。资产投资，即通过识别并投资优质房地产物业以扩大能够提供稳定现金流或收入增长潜力的资产组合；资产改造将所持房地产物业进行改造翻新，重新定位其商业功能以获取更为可观的潜在收入增长；投后管理主要是物业的运营管理，侧重房地产物业租赁、管理及相应的成本控制，具体内容包括招商租赁、营销推广、运营管理、工程与物业管理以及资产处置等。[3] 可见，在 REITs 的整个运营管理过程中，要求管理人具有较强的资产尽调和评估、风险识别和评判、商业定位和策划、物业营运和维缮、资产处置和时机选择等核心管理能力。申言之，从某种意义上可以说，REITs 对管理模式的选择受到 REITs 本身所具有的管理运营能力的制约。

从域外 REITs 市场经验来看，成熟市场的 REITs 具有较强的管理运营能力，多采用内部管理模式，以美国 REITs 市场为例，内部管理的 REITs 市占率在 95% 以上。[4] 美国 REITs 管理模式从单一的外部管理模式向双轨管理模式转变，其中一个重要原因是美国 REITs 经过几十年的实践发展，在商业竞争与经营压力下逐步培育了自身的主动管理能力，或者通过收购管理公司从

---

〔1〕　参见毛志荣：《房地产投资信托基金研究》，载《深圳证券交易所综合研究所研究报告》2004 年第 1 期，第 3 页。

〔2〕　参见香港《房地产投资信托基金守则》（第 4、5、6 章）；新加坡 "Handbook on Unit Trusts"（Appendix 2）。

〔3〕　参见戴德梁行：《亚洲房地产投资信托基金（REITs）研究报告》，2017 年总第 3 期，第 45~47 页。

〔4〕　截至 2018 年 12 月 30 日，美国 REITs 共 195 支，其中采用外部管理模式的的 REITs 仅有 26 支，大约占美国 REITs 行业市值的 3%。

而具备了较强的管理经营能力。后又在 REITs 追求降低代理成本提高经营业绩的过程中，内部管理模式逐渐成为主流。

在 REITs 市场发展初期，REITs 主体本身管理运营能力较弱，多采用外部管理模式。市场初期，相关法律制度尚未成熟，投资环境较为复杂，投资者承担风险的能力较弱，资产管理和物业运营水平亦难以满足投资者的需求。此时，委托专门进行房地产投资的资产管理公司进行资产管理并实施保守的投资，对现已良好运营的成熟物业资产进行盘活更能保障投资者的收益。将 REITs 设计为被动投资实体，是处于发展初期的 REITs 市场的最佳选择。[1]从实践来看，新加坡和中国香港都在 REITs 的专项法规中对 REITs 管理人提出了相当高的要求，目的在于保证管理人具有较高的管理运营能力，以保障投资者利益。

3. 代理成本问题

REITs 的基本法律关系为信托关系，信托关系属于信赖关系（fiduciary relationship）。不管是什么类型的信赖，都是以信息不对称、能力和专业技能的不平等为基础的。[2]每当人们按他人的要求行动（我们称后者为委托人）且代理人比委托人更了解运营情况（信息不对称）时，代理人就有可能按自己的利益行事并忽略委托人的利益（偷懒、机会主义行为），从而产生"委托-代理"问题。[3]从新制度经济学角度看，在 REITs 这种多主体组成的商事组织中存在着典型的"委托-代理"问题，相关主体之间存在利益冲突，从而产生代理成本。在内部管理模式中，REITs 基本"委托-代理"链条为：持有人→信托受托机构，是典型的信托关系；在外部管理模式中，REITs 基本"委托-代理"链条为：持有人→信托受托机构→管理机构，是由两层法律关系构成，其中前一层是信托法律关系，后一层是委托契约关系。从这个角度来看，一般外部管理模式相比内部管理模式有更长的代理链条，从而推升代理成本。具言之，这种代理成本主要体现在以下两个方面：

法律关系上，外部管理模式中的管理人游离于信托关系之外。与内部管理模式不同，外部管理模式中的管理人与委托人之间没有直接法律关系，在

---

〔1〕 参见徐恺：《商业信托视角下中国标准化 REITs 的发展路径探析》，载《中财法律评论》2018年第 0 期，第 45 页。

〔2〕 参见赵廉慧：《信托法解释论》，中国法制出版社 2015 年版，第 55 页。

〔3〕 参见［德］柯武刚、史漫飞：《制度经济学——社会秩序与公共政策》，韩朝华译，商务印书馆 2000 年版，第 80 页。

管理人与受托人（REITs）之间的关系为委托契约关系。值得注意的是，委托契约关系中的受托人契约义务和信托关系中受托人的信赖义务并不相同，委托契约关系中，受托人无须完全为委托人的利益考虑，在不违反委托宗旨的情况下，其可以考虑自身利益，而居于信赖义务之下的被信任者则需百分之百地基于赋予其信任的一方当事人的立场，仅为赋予其信任的一方当事人的利益考虑并行事。[1] 可见，外部管理模式法律关系链条较长，且管理人所承担的义务层次较低，[2] 从而推高代理成本。

运作管理中，外部管理模式 REITs 和管理人之间的利益冲突更明显。具体来说，这些利益冲突主要表现为：REITs 和管理人之间的信息不对称容易导致的管理人的道德风险[3]、管理人同时为几家 REITs 提供服务时容易出现的利益公平分配问题[4]以及管理人作为 REITs 的交易相对方时可能会产生自我交易风险，利益冲突更严重导致 REITs 的代理成本更高。

代理成本的高低直接影响 REITs 的市场表现，[5] 美国 REITs 市场的实证研究结果总体上支持内部管理模式优于外部管理模式的观点。例如，坎农（Cannon）和沃格特（Vogt）（1995）研究发现在 1987—1992 年期间内部管理 REITs 的市场表现优于外部管理 REITs；卡博萨（Capozza）和塞金（Seguin）（2000）分析了 75 家公司的样本，发现在 1985—1992 年间，采用内部管理 REITs 的回报率相比外部管理 REITs 高出 7%。[6] 在业务实践中，

---

〔1〕 参见高岚:《日本投资信托及投资法人法律制度研究》，云南大学出版社 2007 年版，第 178 页。

〔2〕 英美法系在不同程度上发展了规制当事人自愿建立的关系中行为所使用的三个层次的标准，根据程度不同，以此可分为"显示公平标准""善意标准"和"被信任者标准"，这三个标准虽然相似，但总体来说是见此递增，从自私到无私的形式标准。信托关系中的信赖义务属层次最高的"被信任者标准"，对委托人的利益保护程度最高。沈达明编著:《衡平法初论》，对外经济贸易大学出版社 1997 年版，第 191 页。

〔3〕 管理人收取的资产管理费通常以资产总值或净值为基准。不管盈利能力如何，只要房地产投资信托的规模扩大，顾问得到的酬劳就越多。参见［美］彼得·M.法斯、迈克尔·E.沙夫、唐纳德·B.泽夫:《美国房地产投资信托指南》，邢建东、陶然译，法律出版社 2010 年版，第 168 页。

〔4〕 当一个同时为几家 REITs 工作的物业管理者发现一个好的租户，租约会流向使该管理者利益最大化的 REITs.

〔5〕 参见高旭华、修逸群:《REITs 颠覆传统地产的金融模式——房地产投资信托运营之道》，中信出版集团 2016 年版，第 254 页。

〔6〕 参见［美］陈淑贤、约翰·埃里克森、王珂:《房地产投资信托——结构、绩效与投资机会》，刘洪玉、黄英等译，经济科学出版社 2004 年版，第 66 页。

利益冲突造成的负面影响也是美国 REITs 从单一外部管理向内部管理这一当今主流模式转变的重要原因。[1]然而，应当肯定的是，外部管理模式若能较好地处理上述两个方面的问题，也能降低代理成本，提高 REITs 的盈利水平。无论采取哪种管理模式，信息不对称和利益冲突条件下的代理问题都是 REITs 治理的核心，而外部管理模式下需更加注意代理成本问题。

通过以上分析，可以看出域外 REITs 的管理模式是在功能定位、REITs 自身管理运营能力以及代理成本三者分别通过法律、REITs 主体、市场的作用下进行选择的。其中功能定位体现的是立法目的，是法律基于经济发展对 REITs 功能和运行方式的初始设定；管理运营能力体现的是 REITs 主体能动性，是在法律未对管理模式作强制性规定的情况下，REITs 可选择内部管理模式的前提条件；委托代理问题体现的是市场的影响力，代理成本问题的处理好坏会直接决定 REITs 在市场上的表现，市场表现倒逼 REITs 选择代理成本更低的管理模式。

三、我国 REITs 管理模式选择及可行性分析

（一）我国 REITs 管理模式选择

我国 REITs 应该选择哪种管理模式，首先需对上文中所列示相关因素进行考察。

第一，我国 REITs 的功能定位。目前我国房地产行业已进入调整阶段，我国的一、二、三线城市的核心区快速进入了存量房时代，商业地产进入了存量经营阶段，房地产持有者的资金问题愈加突出，地方政府债务居高不下，对于通过 RETIs 途径退出而达到资金回笼功能有迫切的需求；类 REITs 实践中，发行主要依托于评级良好的地产开发商，独立由资产管理公司发行的很少，此与香港的发行主体情况相似；国家政策对采用 REITs 作为住房企业资金退出的"救命稻草"持鼓励态度，2018 年 4 月证监会与住房城乡建设部联合印发的《关于推进住房租赁资产证券化相关工作的通知》，首次在政策文件中采用"REITs"概念，通知中明确：将重点支持住房租赁企业发行以其持有不动产物业作为底层资产的权益类资产证券化产品，推动多类型具有债权性质的资产证券化产品，试点发行房地产投资信托基金（REITs）。从市场需求和国家政策上看，我国 REITs 的首要功能定位在配合房产企业或政府基建平

---

[1] 参见李雅萍：《不动产投资信托的法律分析与立法建议》，华东政法大学 2007 年博士学位论文，第 51 页。

台企业解决资金占用，盘活存量不动产上。这与当时日本、新加坡及中国香港在推出 REITs 制度时的背景具有相似性。

第二，管理运营能力。我国 REITs 市场刚刚起步，类 REITs 的功能偏向于为不动产原始权益人提供融资，偏债型类 REITs 占据大半市场，投资风险主要依赖于融资主体的主体信用，弱化了 REITs 的主动管理功能，且 REITs 主体并不具备足够的物业资产管理水平。具言之，首先，我国现有物业公司的经营范围与 REITs 的物业经营要求并不一致，我国物业公司主要是对现有物业进行维护和管理，并不负责物业的投资策划和现金流管理等经营；其次，以证券公司为代表的金融机构物业运营管理经验不足，在参与物业运营时仍需委托第三方专业机构进行管理；最后，金融机构本身更多关注的是资产的财务状况和现金流分配，极少有管理人主动进行投资组合的配比，更多的是单个或特定几个底层物业的组合，其物业营运能力并不能达到 REITs 专业化管理的要求。[1]

第三，代理成本问题。由于类 REITs 管理运营的能力弱、专业性不强，所以基于"专业信赖"而产生的代理成本亦不明显。管理人虽有较强的冲动做大规模，但受限于类 REITs 缺乏扩募机制，通常不涉及主动的物业投资组合管理、资本结构优化，外延发展能力弱，出现的代理风险亦较低。但若在类 REITs 基础上推出公募 REITs，必然伴随着管理运营能力的提升，此时则需要考虑如何降低代理成本问题。

从以上分析可以看出，我国现阶段要推出 REITs，宜采用外部管理模式，将 REITs 设计为一种被动投资实体。诚然，采用外部管理模式的情况下，需更加注重解决代理成本问题。

（二）我国 REITs 采外部管理模式可行性分析

我国要在现有的制度框架中采用外部管理模式 REITs，具有现实意义上的可行性。这种可行性来自我国资产证券化等法律制度的成熟以及类 REITs 的实践经验。

1. 我国 REITs 的法律制度环境

目前我国尚未制定 REITs 专项法律法规，关于 REITs 采用的管理模式也未有相应的规定。但在实定法层面，我国现有的法规、政策为 REITs 提供了

---

[1] 参见徐恺：《商业信托视角下中国标准化 REITs 的发展路径探析》，载《中财法律评论》2018 年第 0 期，第 52 页。

法律依据。2009 年银监会推出《房地产集合投资信托业务试点管理办法（草案）》对 REITs 的成立标准、投资要求、收益分配、信息披露进行了规范；同年中国人民银行发布《银行间债券市场房地产信托受益券发行管理办法》为 REITs 的发行提供了参照标准，2014 年中国证券监督管理委员会出台《证券公司及基金管理公司子公司资产证券化业务管理规定》，为 REITs 的交易结构提供了初步形态，2016 年银行间市场交易商协会发布了《非金融企业资产支持票据指引（修订稿）》，通过允许特定目的载体、进一步明确基础资产的性质、确认各方职责等方式，对发行模式以及交易结构进行了一系列的变更，大大加速了 REITs 市场的发展。另外，我国已经出台了《中华人民共和国证券投资基金法》（以下简称《证券投资基金法》），这为后续 REITs 组织结构和治理模式的发展提供了范本。

资产证券化制度是我国类 REITs 最主要法律制度依据。在资产证券化制度中，其发行主体采用了由证券公司或基金管理公司子公司管理的专项计划作为特殊目的载体。[1] 在资产证券化中，特殊目的载体是一个消极的实体，主体性特征淡化，凸显工具性特征，其主要业务活动基本上都是通过章程和资产证券化计划事先确定，根据资产证券化计划确定的方案，按预先安排的步骤行事，被动地应对出现的问题。[2] 在证券化交易期间，维持一个独立的银行账户，消极地持有证券化资产。在美国，常将此情况下的特殊目的机构形容为"自动飞行员"（auto pilot）或者"脑死亡"（brain dead）载体。[3] 专项计划资产受托人的管理人主要职能只是依据专项计划设立时确定的方案，进行事务性的管理以及收益分配等。这一点体现了资产证券化业务中专项计划是一种被动商业实体，这与美国 REITs 制度刚建立时 REITs 的性质相似。所以"寄生"于我国资产证券化制度之下的类 REITs，天然地具有被动投资实体的属性。我国的资产证券化制度自 2004 年建立至今已有 15 年，设立发行、交易管理、披露及监管等相关规则都已趋于成熟，这些都为被动管理型

---

〔1〕 《证券公司及基金管理公司子公司资产证券化业务管理规定》第 4 条：证券公司、基金管理公司子公司通过设立特殊目的载体开展资产证券化业务适用本规定。前款所称特殊目的载体，是指证券公司、基金管理公司子公司为开展资产证券化业务专门设立的资产支持专项计划或者中国证监会认可的其他特殊目的载体。

〔2〕 参见石太峰：《论资产支持证券发行的法律监管》，对外经济贸易大学 2005 年博士学位论文，第 46 页。

〔3〕 参见洪艳蓉：《资产证券化法律问题研究》，北京大学出版社 2004 年版，第 86 页。

REITs 提供了制度参考和保障。可以说我国现下实定法层面的 REITs 法律制度为 REITs 采用外部管理模式提供了制度铺垫。

2. 我国 REITs 的市场探索实践

自 2000 年以后，随着境外 REITs 市场的逐步成熟，我国也逐步开始如何构建境内 REITs 市场以及境内企业如何利用 REITs 等问题的研究探索：一方面，在境内尚未推出 REITs 时，境内企业（尤其是外商投资企业）为盘活存量资产解决企业融资问题逐步开始到境外成熟市场发行 REITs;[1] 另一方面，境内 REITs 市场在我国既有的法律体系下，以相关金融机构为主导，创造性地开始以公募基金、证券公司及基金子公司资产支持专项计划、信托公司的信托计划为载体的类 REITs 探索与实践，逐步形成了类 REITs 市场。[2]

我国类 REITs 产品大多在交易所以专项资产管理计划的形式发行，其典型组织结构如下图所示。整个架构中的参与方包括：计划管理人、私募基金管理人、托管人、资产服务机构、特殊资产服务商、评估机构、会计师事务所，以及评级机构等。

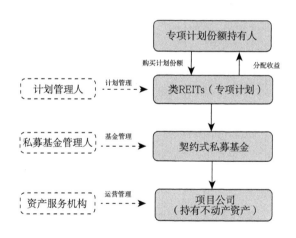

图 1 类 REITs 组织架构图

在该组织结构中，类 REITs 的主要管理职责由计划管理人、私募基金管

---

〔1〕 越秀房地产投资信托基金（股票代码：00405. HK）于 2005 年 12 月 21 日在香港联合交易所有限公司上市，为全球首只投资于中华人民共和国内地物业的上市房地产投资信托基金。

〔2〕 截至 2019 年 2 月 16 日，我国共发行 44 单类 REITs 产品，发行金额 915.31 亿元。

理人和资产服务机构三者承担。其中，计划管理人主要负责资金募集，现金流归集分配，履行信息披露义务，计划备案，提供终止清算服务等；私募基金管理人承担主要的基金管理义务，主要负责监督原始权益人及相关服务机构的合规性，对基础资产经营情况和现金流进行监测，对项目公司和私募基金进行全面管理；资产服务机构（一般为原始权益人或其关联人）进行存续期内资产的租赁运营和物业管理。

类 REITs 的管理职能主要由私募基金管理人和资产服务机构承担，类 REITs 实质是一种外部管理模式。相关主体在我国类 REITs 的发展过程中也得到了良好的成长：我国的商业银行、券商及信托公司[1]等在实践中已经具备了组建或投资 REITs 的能力；评估机构、会计师事务所、律师事务所及私募基金也积累了大量的实践经验；类 REITs 中的私募基金管理人也开始呈现出独立和专业化管理的特点，如保利和碧桂园类 REITs 项目由外部专业机构担任基金管理人，体现出产品治理方面的进步，这些实践经验为我国外部管理模式 REITs 的推出提供了充足的可行性。

四、我国类 REITs 外部管理模式构建

我国 REITs 若采用外部管理模式，则需对外部管理模式的具体路径进行细化设计，本文认为我国 REITs 管理模式的路径设计应当秉持三个原则。第一，制度节省性原则。我国 REITs 若要完全模仿成熟国家 REITs 的管理模式，需对我国众多相关法律制度进行调整，这是一项浩繁而复杂的系统性工程，存在高昂的制度调整成本，短期内做到不现实。我国 REITs 应在已有的制度框架和实践经验的基础上，借鉴成熟国家 REITs 立法和实践经验创新发展和进行制度微调。第二，市场环境相适性原则。即管理模式需要与当前的 REITs 市场业务实践和市场主体管理经营能力培育情况相契合。第三，经济与效率性原则。无论采取哪种管理模式，核心问题是打造和充分利用资产管理能力以及降低代理成本，为投融资双方创造价值。对具体实现路径，本文认为可从组织架构选择、管理职能分配、管理主体之间的法律关系三个方面建构。

（一）我国 REITs 的组织架构选择

组织架构上，我国 REITs 可采用"证券投资基金（公募基金）+资产证券化"的模式，即将实践中的类 REITs 份额作为证券投资基金的可投资产类别，

---

〔1〕 我国也有少量类 REITs 是信托公司以信托计划为载体在银行间债券市场发行的，原理与以专项计划在交易所发行相同。

从而借助证券投资基金实现 REITs 的公募功能。具言之：公募基金持有人委托公募基金管理人来实施基金管理；公募基金投资于 ABS 证券，委托计划管理人实施专项计划的管理；专项计划投资于契约型私募基金，委托私募基金管理人实施私募基金管理；私募基金投资于项目公司，项目公司委托资产服务机构进行不动产资产的运营和管理。实际上，当前市场中已经有声音提出类似管理模式的构想，但尚停留在"构想"层面，缺少可行性分析及具体的路径设计，本文将详阐之。

法律层面。目前域外较为成熟的 REITs 均"有法可依"，而我国尚无 REITs 专项立法，类 REITs 产品主要以资产证券化产品的法律规范为基础设立，其在组织和管理上要向真正 REITs 转变，则需实现其"公募"与"专业管理"功能，但因法律缺位而"出师无名"。基于此，组织架构上可采用"证券投资基金+资产证券化"的模式，我国相对成熟的证券投资基金制度和资产证券化制度便可为我国的 REITs 提供法律依据。同时，采用这种模式可以充分借鉴证券投资基金和资产证券化制度的规则和经验，降低监管成本，能够在现有制度上尽快推出 REITs 产品。从立法成本、设计难度等方面考虑，该种模式是现阶段的一个相对优选方案。

实践层面。实际上，被称为"我国首款公募 REITs"的"鹏华前海万科REITs"已对类似模式进行过尝试：2015 年，"鹏华前海万科 REITs 封闭式混合型发起式证券投资基金"入股目标公司取得目标公司 50%的股权，目标公司持有前海公馆项目十年的收益权。在该项目中基金并未取得不动产资产权属而只是标的资产的收益权，基金的收益一部分来自租金，另一部分来自原始权益人对 REITs 持有目标公司股权的溢价回购。实际上，真正的 REITs 对资产构成、收入来源、收入分配、杠杆比例以及 REITs 股权持有规则都有严格的界定，故严格来说"鹏华前海万科 REITs"并非一只真正意义上的 REITs。但其在证监会的特批之下，开创性地使用了证券投资基金实现不动产相关权利的证券化并上市流通，这为类 REITs 实现公募提供了问题解决路径借鉴。

可行性层面。根据《证券投资基金法》对于基金投资标的规定，基金投资范围包括上市交易的股票、债券，国务院证券监督管理机构规定的其他证券及其衍生品种；实践中基金的投资范围主要有公开发行的股票、债券及货币市场工具及其他基金份额，而并无资产支持证券类别。考虑到资产支持证券实际一直被视为证券由证监会监管[1]，由证监会依据《证券投资基金法》，将不动产资产支持证券纳入公募基金的投资范围，具有很强的可行性。在此基础上配套专门规章对该种基金的底层基础资产结构、收入来源及分配方式等参照我国现实状况及标准 REITs 特征进行规定，可以形成中国版标准 REITs 的雏形。

（二）外部管理模式下的管理职能分配

根据域外成熟 REITs 的运作经验以及 REITs 的本身特征，REITs 管理职能可分为三大类，即基金管理、投资管理和投后管理。其中，基金管理的内容包括：资金募集、信息披露、合规风控、财务管理、退出清算等；投资管理的内容包括：投资收购、资产改造、资产处置等；投后管理的内容包括招商租赁、营销推广、运营管理、工程与物业管理等。

在该种外部管理模式中，涉及的管理主体有公募基金管理人、计划管理人和私募基金管理人。从国内的法律规定和实践来看：在证券投资基金中，证券投资基金管理人职能侧重于募集资金、备案登记、证券投资、分配收益以及其他事务性管理工作，[2] 其对基金管理有较强的经验，但没有主动管理不动产资产的经验；专项计划管理人在我国不动产资产证券化业务中职能主要为资产尽调、发行资产支持证券、管理基础资产及现金流归集与监督等工作，其具有较强的不动产资产管理能力，[3] 但由于资产证券化业务中对资产消极持有的特点，专项计划管理人缺乏投资决策及管理能力；不动产私募基金在我国已经过多年的发展，国内也开始出现了一批优秀的不动产私募基金管理机构，如鼎晖投资、光大安石、高和资本等，私募基金管理人的职能较为全面，特别是具有较强的投资管理能力，但目前私募基金业务类型偏向于地产开发，但不动产运营经验不足。

通过对 REITs 管理职能模块的梳理和对各管理主体管理能力的分析，本文认为在管理职能的分配上可采用如下方式：公募基金承担主要基金管理职能，计划管理人承担部分基金管理职能以及投后财务管理职能，私募基金管理人承担投资管理职能，并委托外部物业管理公司运营。具言之，基金管理人的职能模块包括基金发行、备案登记、投资者关系、信息披露、收益分配

---

〔1〕 参见朱伟一：《证券法》，中国政法大学出版社 2018 年版，第 42 页。
〔2〕 参见《证券投资基金法》第 19 条。
〔3〕 参见《证券公司及基金管理公司子公司资产证券化业务管理规定》第 13 条。

及对计划的监督；计划管理人负责财务管理、合规及风险管理、对私募基金所持资产尽职调查、对私募基金管理人审查并对私募基金监督；私募基金管理人的职能模块包括投资收购与处置、产权管理、资产改造、投后监控、投资合规风控管理、产品设计、财务税务等；私募基金可直接或通过项目公司委托物业管理公司对物业资产进行招商租赁、营销推广、运营管理、工程及物业管理等。

从上述管理职能分配可看出，私募基金管理人承担了主要的管理职责。相较而言，公募基金管理人和计划管理人承担的是"静态管理职能"，而私募基金管理人发挥的是"动态管理职能"，这种职能的分配除契合了私募基金管理人灵活性、市场性、主动性的特点，也可以更好地培育其更专业的投资管理能力和资产运营能力，使其在未来成为具有较强管理运营能力的专业 REITs 管理人。在法律条件成熟时，私募基金管理人经批准可以转化成为不动产公募基金管理公司，从而推出我国标准意义上的 REITs。

（三）外部管理主体之间法律关系厘定

在这种存在多个管理主体的外部管理模式下，应特别注意各管理主体之间的法律关系的处理，以提高该外部管理的功能和效率。本文认为，各主体之间的法律关系应从以下三个方面界定：

首先，从法律关系上看，上层管理主体须对下层管理主体的管理行为负责。在这种组织模式中证券投资基金、专项计划和契约式私募基金均依据信托关系而建立，故存在三层信托法律关系。其中公募基金属于证券投资基金，主流观点认为在证券投资基金中，基金管理人和托管人之间的关系为共同受托关系，[1] 也有学者提出了一种更为准确的观点：对二者不以"共同受托人"相称，而以"托管受托人"（custodian trustees）和"管理受托人"（managing trustees）分别相称，[2] 无论哪种观点，均认为证券投资基金管理人属于信托法上的受托人；契约式私募基金与证券投资基金的架构模式完全相同，同理，其管理人也充当了私募基金中的信托受托人角色；在专项计划中，一般认为专项计划是依信托法律关系而设立，资产支持证券的法律性质是信托

---

〔1〕 参见金锦萍：《证券投资基金托管人的法律地位之辨》，载《中国信托法制的法理论和实务检证》2010 年第 4 期，第 45 页。

〔2〕 参见郭锋、陈夏等：《证券投资基金法导论》，法律出版社 2008 年版，第 206 页。

受益凭证，设立专项计划的管理人为受托人[1]。故在"公募基金+资产证券化"模式中，这实际上构成了受托人对其管理职责的"转委托，再转委托"（或"转信托，再转信托"）。《中华人民共和国信托法》（以下简称《信托法》）在坚持传统信托信赖义务中的"受托人亲自执行义务"的基础上，以"不得转委托"为原则，[2] 同时，在具备"信托文件另有规定"和"有不得已事由"条件时，《信托法》也肯定了"转委托"行为的合法性[3]，这从法律规范上为这种有多个管理人的外部管理模式提供了合法性依据；另外，《信托法》对受托人的合法"转委托"行为后果作了规定，要求受托人依法将信托事务委托他人代理的，应当对他人代理信托事务的行为承担责任。[4] 故该种模式中公募基金管理人须对其它管理主体的管理行为承担责任，同理，专项计划管理人须对私募基金管理人的管理行为承担责任。

其次，从投资者保护上来说，宜应认定各管理主体均处于受托人地位。该种管理模式存在一个突出问题是代理链条冗长，信托关系层层嵌套，承担重要管理职责的专项计划管理人和私募基金管理人与投资者之间无直接法律关系，在其违反受托义务时，投资者无法直接对之主张权利，而只能通过公募基金管理人层层往下传递以向相对人主张权利，且存在利益冲突严重代理成本较高的问题。本文认为，从英美法上看，在该模式中各个管理主体实质上属于投资者的"受信任人"，宜应认定各管理主体在各自的职责范围内对投资者承担信赖义务。对此，我们可将之与年金信托进行类比，根据《企业年金办法》第 27 条之规定："受托人应当委托具有企业年金管理资格的账户管理人、投资管理人和托管人，负责企业年金基金的账户管理、投资运营和托管。"从字面意义上看，采取的转委托方式而不是共同受托方式，在法律上应适用《信托法》第 30 条关于转委托的规定，与本管理模式下的管理职能委托链条存在类似之处。有学者认为，在年金信托中可以将受托人作为信托法上

---

〔1〕　参见石太峰：《论资产支持证券发行的法律监管》，对外经济贸易大学 2005 年博士学位论文，第 21 页。

〔2〕　除《信托法》第 30 条可以看出受托人原则上"不得转委托"外，《信托公司证券投资信托业务操作指引》（银监发〔2009〕11 号）第 21 条也规定：证券投资信托你设立后，信托公司应当亲自处理信托事务，资助决策，并亲自履行向证券交易经纪机构下达交易指令的义务，不得将投资管理职责委托他人行使，可以看出，在我信托业务中，我国以坚持受托人"亲自执行义务"的原则。

〔3〕　《信托法》第 30 条。

〔4〕　《信托法》第 30 条。

的受托人，将账户管理人、投资管理人和托管人作为特殊受托人看待。[1] 笔者赞同此种观点，在该管理模式中，可将各管理主体看作特殊受托人，以引出各管理主体对投资者直接的信赖义务，特别是忠实义务，从而更好地保护投资者的利益。但值得注意的是，该种"特殊性受托人"观点的引出依据是日本在投资信托管理人的"经营受托人说"[2]，日本将经营受托人说付诸实践是通过在其《投资法人与投资信托法》中直接规定了指示型信托关系中"委托人"的信赖义务，申言之，日本法律中，指示型投资信托中委托人的信赖义务来自《投资法人与投资信托法》，受托人的信赖义务产生于日本《信托法》。对此，后文将对之进一步探讨。

最后，在管理机制上，上层管理主体对下层管理主体的管理行为负有监督义务。从信托受托人"转委托"的角度，上层管理主体须对下层管理主体的管理行为负责，当然地会引申出上层管理主体的监督责任。[3] 从将管理主体划分为"受托人"和"特殊受托人"的角度，立法上通常也会规定受托人对"特殊受托人"的监督责任。[4] 故在该种外部管理模式的管理机制上应当明确，上层管理主体要监督下层管理主体的管理活动，确保下层管理主体的管理活动符合信托计划的投资目的、监管规定以及信托文件之约定，且符合REITs持有人之利益从而使不同管理主体的管理行为更为协同有序，缓解利益冲突。

（四）外部管理模式代理问题之解决

该种外部管理模式是在我国已有制度框架和实践基础上的构造，符合制度节省性原则和市场环境相适性原则，但其存在法律关系复杂、管理主体多

---

〔1〕 参见赵廉慧：《信托法解释论》，中国法制出版社2015年版，第294页。

〔2〕 该学说认为：在日本指示型投资信托制度安排中，委托人所所从事的业务内容实际上市普通信托制度安排中的"受托人"所承担的重要业务，因此投资信托你委托人实际上扮演的是"经营受托人"角色，受托人所扮演的是"保管受托人"的角色，委托人和受托人对受益人应各自承担乡音的信赖义务。

〔3〕 《信托公司管理办法》第26条：信托公司应当亲自处理信托事务。信托文件另有约定或有不得已事由时，可委托他人代为处理，但信托公司应尽足够的监督义务，并对他人处理信托事务的行为承担责任。

〔4〕 《证券投资基金法》第36条规定了基金托管人对基金管理人投资运作的监督义务；香港《房地产投资基金信托守则》第4章4.1A条中规定：受托人负有受信责任以信托形式为持有人的利益而持有有关计划的资产，及监察管理公司的活动是否符合该计划有关组成文件及适用于该计划的监管规定。此责任包括确保管理公司的所有投资活动均符合有关计划的投资目的和政策及其组成文件的规定，且符合持有人的利益。

元及管理职能分散的特点，在经济与效率原则上可能会大打折扣，这也是任何一种外部管理模式所要面临和需要解决的代理成本较高的问题。正如本文第二部分所言，代理问题主要表现为法律关系链条太长、利益冲突严重两个方面的问题。在本部分，笔者尝试对这两个问题分别进行探讨以寻得可行的弥合思路。

1. 引进相关管理主体的信赖义务

诚如本文第二部分所分析，在外部管理模式中，REITs 管理人往往游离于信托关系之外，存在委托代理链条太长，外部管理人不对投资者负有直接法律义务的问题，在"证券投资基金+资产证券化"这种外部管理模式中，也存在类似问题：承担管理职能的计划管理人和私募基金管理人与投资者之间隔着多层嵌套，每层关系都存在利益冲突问题，代理成本较高。对此本文认为可借鉴日本委托人指示型投资信托中委托人承担信赖义务之经验，从立法上将外部管理主体纳入承担信赖义务的范畴。在日本委托人指示型不动产投资信托中，投资信托委托公司接受投资者的委托，负责基金募集和管理，选聘基金托管人；基金托管人作为受托人，按照委托人（投资信托委托公司）的指示保管、计算和经营处分信托资产，并负责监督委托人是否按信托契约的规定进行投资运作；受益人（投资者）为基金持有人，依照信托契约享有基金收益。[1] 该种组织结构的特点突出表现为：委托人和受益人的身份相分离，委托人保留全部的资产运用指示权，在 REITs 中充当实际管理人的角色，居于 REITs 的核心地位。可以发现该种 REITs 结构的问题也比较突出：委托人与受托人存在信托关系，但作为投资运用专家且实际充当受托管理人地位的委托人与受益人之间不存在普通信托法上的信赖关系，难以依据信托法原理对委托人课以信赖义务，显然不利于对受益人的保护，显然不符以信赖关系为基础的投资信托制度设计的初衷。实际上，导致该问题的原因是：信托制度源于英美法系，作为大陆法系的日本引进《信托法》，而未引进《被信任

---

〔1〕 在设立 REITs 中的操作方式为：首先，投资者购买 REITs 的受益凭证，相关资金向投资信托委托公司支付；其次，投资信托委托公司把募集来的资金信托给信托公司，信托由此成立，投资信托委托公司成为最初的受益人，取得受益权的交付；再次，该受益权直接向已经支付了对价的投资者支付转移，此时信托委托人的地位还保留在投资信托委托公司，而只发生受益权的转让。于是就形成了投资信托委托公司＝委托人、信托公司＝受托人、投资人＝受益人的一元信托结构，投资者可以通过转让受益权的方式变现，受托人根据委托人的指示运用信托财产。参见赵廉慧：《信托法解释论》，中国法制出版社 2015 年版，第 55 页。

者法》，而在英美法中信赖义务是一个极为开放的概念，[1] 故属于大陆法系的日本仅采用普通信托法法理难以理顺在指示型投资信托中委托人和受托人之间的法律关系。为解决《投资信托与投资法人法》上委托人对受益人义务确实问题，契合《投资信托与投资法人法》和《信托法》之间的关系，以达到保护投资者之目的，日本学界认为应当将类似信托的关系吸纳于信赖关系的范畴中，[2] 于是形成了较为有影响力的实质信托契约说，该学说认为：投资信托是一种集团信托，鉴于其汇集不特定多数投资者的资金进行投资运用，并按照出资分配收益的构造，在其制度安排中投资者实质上处于委托人的地位，而作为委托人的委托公司在功能上则近似于受托人，[3] 从而认为投资者与委托人也存在实质性的、类似于信托的关系。[4] 该学说也成为一种主流学说，为合理地解释投资信托委托人对受益人承担信赖义务提供了理论依据。日本《投资信托与投资法人法》在该学说的影响下不断充实和完善委托人信赖义务的规定。日本在 1967 年修改《投资信托法》时，新设第 17 条第 1 款，引进了投资信托委托公司的忠实义务的规定，并且接受委托人转委托的资产运用者与委托人一样，须对受益人承担忠实义务和善管注意义务（《投资信托法》第 17 条第 1~3 款）；在 2000 年修订的《投资信托与投资法人法》第 14 条引进了委托人的善管注意义务，规定投资信托委托业者对委托者指示型投资信托的受益人，应尽善良管理人之注意，履行投资信托财产的运用指示及其他业务。同时也规定了其忠实义务："投资信托委托业者应当忠实地为委托人指示型投资信托的受益人，履行该委托人指示型投资信托的信托财产的运用指示和其他业务"，另外，投资信托委托业者对投资法人运用业务也负有忠实义务，"投资信托委托业者应当忠实地为投资法人，履行投资法人资产运用的相关业务。"该条规定直接约束日本所有公司型 REITs，即法律层面明确规定担任外部管理人的委托业者对投资者承担以忠实义务为核心的信赖义务。

反观采用外部管理模式的 REITs 中管理人独立于信托关系之外的问题，实质上与日本起初指示型投资信托中，实质承担管理功能的委托人与投资人

---

〔1〕 根据英美法，在指示型投资信托中，委托人的地位既非委托人也非受托人，而是一种独立的被信任者。

〔2〕 参见［日］四宫和夫：《信托法研究》，有斐阁 2001 年版，第 210~211 页。

〔3〕 参见［日］四宫和夫：《信托法》，有斐阁 1997 年版，第 50 页。

〔4〕 参见［日］铃木竹雄：《证券投资信托契约法的性质》，有斐阁 1971 年版，第 351~352 页，转引自高岚：《日本投资信托及投资法人法律制度研究》，云南大学出版社 2007 年版，第 68 页。

不存在普通信托法上的信托法律关系的问题类似。故笔者认为，我国 REITs 相关法律中可借鉴日本《投资信托与投资法人法》的立法经验，在 REITs 相关法律法规中将外部管理人甚至是外部管理人的转委托人的义务直接纳入信赖义务范畴中，使其承担实质上信托关系中受信任者的忠实义务和善管注意义务，以"缩短"代理关系链条，并契合 REITs 制度与我国《信托法》之间的关系。另外，信赖义务产生于英美法上的信托制度，目前大陆法系国家均未能建立完整而统一的信赖义务理论体系，笔者认为，从我国的《信托法》中也能基本界定出这种信赖义务的内容，[1] 从而可为这种信赖义务在我国法律体系中找到法律适用依据。

2. 建立管理主体准入和管理内控制度

实际上，信赖义务中的忠实义务主要解决的问题便是利益冲突问题，前述落脚点是论述将外部管理人义务从法律上纳入信赖义务的范畴，而本部分则是讨论在对管理人适用信赖义务之下如何更好地解决 REITs 管理人的利益冲突问题，两个问题是递进关系。本文认为，建设良好的管理主体准入和内控制度，是缓和外部管理模式中利益冲突的关键。

豪（Howe）和希林（Shilling）（1998）在研究管理 REITs 的顾问/管理公司是否影响 REITs 股票表现时发现，使用外部管理/顾问的 REITs 的表现，要比一般股票市场的平均表现差，而由比较著名的管理公司/顾问（如辛迪加、房地产顾问公司和保险公司）负责管理的 REITs 表现要好于由不知名管理公司/顾问负责提供咨询的 REITs，对此问题的一个解释是：著名的管理公司/顾问有较好的利益冲突治理结构且要保持其市场上的声誉，一般不会榨取个人利益，而较小不知名的顾问则会这样做。[2] 这在一定程度上说明了管理人资格对缓解利益冲突问题的重要性。在实践中，新加坡在其《房地产基金指引》（Guidelines for Property Funds in Singapore）对 REITs 的管理人执行严格准入制

---

〔1〕 我国《信托法》第 25 条确立了受托人为了受益人的最大利益处理信托事务的原则，可以抽象出忠实义务；同时在第 25 条受托人义务的规定中采用了"恪尽职守""谨慎"，可以概括出善管注意义务。

〔2〕 参见张寒燕：《房地产投资信托（REITs）研究》，中国社会科学院研究生院 2005 年博士学位论文，第 94 页。

度和严格的利益冲突内控制度[1]，在 REITs 的设立中取得了良好效果。其中比较典型的是集团自营性外部管理 REITs 新加坡凯德商用中国信托（Capita-Land Retail China Trust，CRCT）案例。

CRCT 是在新加坡上市专门投资于中国零售物业的房地产投资信托基金，CRCT 的管理人为凯德商用中国信托管理有限公司（CRCTML），该公司是凯德集团间接持有的全资子公司，受托人是汇丰银行国际信托服务（新加坡）有限公司。CRCT 于 2006 年 12 月 8 日登陆新加坡交易所主板，根据 CRCT 公布的 2016—2018 年度报告，凯德股息收益率分别为 7.30%、6.20% 和 7.50%，均远超海峡时报指数。根据凯德集团年度报告，其在资本市场的运作模式如下：凯德集团设立的两支专注于中国商业项目的私募基金——凯德商用中国发展基金（CRCDF）和凯德商用中国收入基金（CRCIF），作为 CRCT 的储备基金来实现资产收购。发展基金（CRCDF）储备开发阶段项目，然后将相对成熟的项目输送给收入基金（CRCIF），最后，CRCT 以优先认购权的方式对凯德在中国控股的商业物业进行收购，这样凯德构建了从开发商到私募基金再到 REITs 一条完整的投资和退出流程，具体如下图所示。

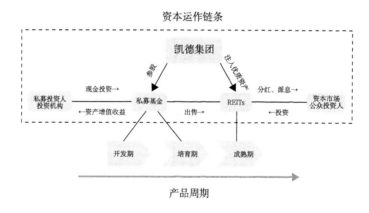

图2 凯德不动产项目资本运作链条图示[2]

---

〔1〕 新加坡金融管理局（MAS- The Monetary Authority of Singapore）针对 REITs 的受托人和管理人进行许可管理，根据新加坡《房地产基金指引》管理人必须是在新加坡注册的上市公司，持有 MAS 颁发的投资顾问执照，以及具有 5 年以上房地产基金管理经验。

〔2〕 资料来源：凯德集团年度报告、赢商大数据，商业地产头条作图。

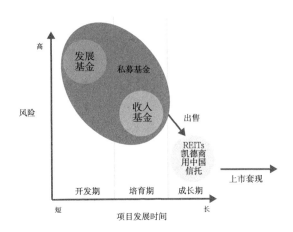

图3 凯德不动产项目开发流程图示[1]

CRCT是一支集团自营型外部管理型REITs，为CRCT提供基金管理和物业管理服务的机构均是凯德集团控股的子公司，通过其运营方式可以发现其存在着非常严重的利益冲突关系，理论研究一般认为在集团自营REITs的市场价值更低。[2] 但CRCT相比于其它非集团自营型REITs具有较好的业绩及平稳的股价，这说明其较好地处理了利益冲突问题。其原因可以归结为两点：一方面凯德集团是亚洲知名的大型房地产集团，在业内具有良好的资质和声誉。[3] 另一方面新加坡REITs的指导法规《房地产基金指引》对关联交易进行了完备而详尽的规定，[4] 其规定从交易信息披露、受托人独立委托估价师、受托人监督、基金共享人会议投票制度以及基金管理人费用支付方式对利益冲突进行规制。这可为我国缓和外部管理模式的REITs的利益冲突问题提供思路：我国REITs应聚焦于外部管理人，着重建立管理人资格准入制度，健全利益冲突规制内控制度。

---

〔1〕 资料来源：凯德集团年度报告、赢商大数据，商业地产头条作图。

〔2〕 高旭华、修逸群：《REITs颠覆传统地产的金融模式——房地产投资信托运营之道》，中信出版集团2016年版，第254页。

〔3〕 截至2018年12月31日，集团在全球拥有及管理资产总值超过1000亿新币。集团旗下共管理5支在新加坡和马来西亚上市的房地产投资信托：凯德商用新加坡信托、凯德商务产业信托、雅诗阁公寓信托、凯德商用中国信托和凯德商用马来西亚信托。在业内具有非常高的声誉和地位。

〔4〕 集中体现在新加坡《房地产基金指引》第5条。

本文认为在我国在建立 REITs 制度时可参照新加坡或香港的 REITs 制度，建立外部管理主体特别是私募基金管理人的准入机制，要求其须具备相当年数的不动产资产管理、处分与经营管理以及房地产基金管理的经验，配置有房地产基金管理经验，或从事不动产相关的投资或资产管理业务达一定年数的专职人员数名，注重专业能力而非以高资本额设立门槛阻碍有专业经验者的加入。并要求各管理机构必须对于拟管理的 REITs 提出申请，须取得主管机关的批准才可进行管理。主管机关也须对管理机构的监管建立一套完善的机制，对管理人进行有效监管。同时针对管理主体的管理行为建立内控制度，从受托人监督、基金持有人大会制度及交易信息披露等方面对管理人的利益冲突行为进行防范和规制，以缓和外部管理利益冲突。

五、结语

REITs 制度自 20 世纪 60 年代诞生于美国，近二十年来为亚洲等国家纷纷效仿，构建出了与各自经济和法律制度相适应的 REITs 并日趋成熟，使 REITs 成为世界证券市场的重要组成部分，不断发挥其强大的资产管理功能。我国 REITs 制度起步较晚，其专业化的资产管理功能尚待挖掘，选择合适的管理模式，建立健全有效的治理机制，完善投资者保护机制是中国公募 REITs 市场建设的核心问题之一。虽然我国 REITs 制度尚未推出，但近十五年来，不动产市场和资本市场均对之呼声强烈，商业银行、券商、信托、基金、房地产公司以及相关中介机构等各类市场主体在类 REITs 实践中，培育了一定的管理能力，为 REITs 的管理制度的构建提供了现实基础。我国 REITs 管理模式和治理机制应充分吸收 REITs 发展较为成熟国家和地区的管理经验，考虑 REITs 的功能定位、运营管理能力以及代理成本等因素，在当前制度框架和实践基础上进行选择，在 REITs 市场初期，打造"证券投资基金+资产证券化"的多主体外部管理模式，是一个优选方案。与域外外部管理模式的 REITs 相比，这种管理模式中有其独特的问题——多管理主体的法律关系和职能分配，这需要依托于现有制度框架及实践中各管理主体能力特点来解决；并存在共性问题——外部管理的代理成本，这需要借鉴域外 REITs 的制度经验以及我国信托制度的理论创新。诚然，我国 REITs 的推出目前面临着各种困难：如商业信托理念未树立、税收优惠措施未施行以及 REITs 专项法律未制定等，但管理框架和治理机制是 REITs 发挥其资产管理属性的基石，是投资者利益的根本保障，选择好我国 REITs 的管理模式，构建好管理框架和管理机制对我国 REITs 的推出具有极大的促进作用。待相关管理制度相对完善之时，REITs 制度的推出也将"水到渠成"。

利他保险合同解除中的介入权研究

——检讨《保险法司法解释三》第17条之但书条款

郜俊辉*

　　摘　要：在保险合同中，投保人享有法定的任意解除权。然而投保人一旦解除保险合同，则将使得被保险人、受益人之既有期待落空。为保护受益人、被保险人之合理期待，我国《保险法司法解释三》借鉴移植了日本保险法之立法例，在该解释第17条之但书部分规定了介入权制度。但是日本保险法上介入权制度之规范意旨，仅在保护作为"遗族"之受益人的生活保障利益，可见两国法例在预设规范意旨之上峻然有别。在规范意旨大有差别的前提下，中国保险法依旧进行了该制度的移植与继受。但是，未充分考虑制度语境与规范功能而进行制度移植，带来了中国保险法上介入权制度自身法技术逻辑构造的疏失，也直接导致了介入权制度在中国司法实践中难以适用。有鉴于此，应当从解释论和立法论的角度出发，将此法律漏洞予以填补，方不至于体系悖反。

　　关键词：合同解除　利他保险　介入权

---

　　* 郜俊辉，中国政法大学民商经济法学院民商法学专业2018级硕士研究生（100088）。

一、问题提出

我国保险法中规定了投保人的任意解除权，即《中华人民共和国保险法》（以下简称《保险法》）第 15 条，"除本法另有规定或者保险合同另有约定外，保险合同成立后，投保人可以解除合同，保险人不得解除合同"。依据该条文，投保人原则上对保险合同享有法定的任意解除权。根据全国人大法工委编订的保险法释义书来看，如此规定，主要是基于保险合同的保障合同性质考虑。[1] 解除权之行使，依权利人一方意志即可发生私法效果，无待他方配合，故而实证法上对其多有限制以平衡利益。如该条所称之"本法另有规定或保险合同另有约定"，即为对投保人任意解除权的限制。[2] 除此以外，在利他保险合同中，基于保护被保险人和受益人之需要，是否应当对人身保险合同中投保人的任意解除权进一步予以限制，亦不无争议。早在 2009 年修订《保险法》之时，就有来自法院的修法意见主张，"投保人不受任何限制地行使解除合同的权利，很可能使被保险人或受益人的权利受到损害，建议增加规定：投保人解除保险合同时，保险人应当将此情形通知被保险人和受益人"。[3] 对此，学界也存在不同的观点。有学者主张要求保险人在接到投保人解除合同请求之后应当及时通知被保险人；[4] 亦有学者主张，"在《保险法》并未对投保人任意解除权设置第三人同意权限制的前提下，应当认为投保人可不顾第三人反对解除利他保险合同……保险人在接到投保人解除通知后，应当及时履行退还保险费义务，不应对之苛以通知第三人、组织赎买保单、判断赎买价格、判断有无解除权等专属于裁判机关的权责和义务"；[5] 亦有学者主张，应当对投保人课以通知义务以保护被保险人之利益。[6] 此

---

〔1〕 参见安建主编：《中华人民共和国保险法（修订）释义》，法律出版社 2009 年版，第 41 页。

〔2〕 就目前的实证法而言，此处的"本法另有规定"主要包括两种类型：一种类型是以流动物为标的的保险合同：如依据《保险法》第 50 条的规定，货物运输保险合同和运输工具航程保险合同中，一旦保险责任开始后，合同当事人不得解除合同；另一种类型则是政策性保险合同：如"交强险"，《机动车交通事故责任强制保险条例》第 16 条所明文规定的"投保人不得解除机动车交通事故责任强制保险合同，但有下列情形之一的除外……"

〔3〕 参见安建主编：《中华人民共和国保险法（修订）释义》，法律出版社 2009 年版，第 331 页。

〔4〕 参见唐震：《利他保险合同中投保人任意解除权应受限制——〈保险法〉第 15 条所引发之争议研究》，载《云南大学学报（法学版）》2013 年第 6 期，第 100 页。

〔5〕 董庶、王静：《试论利他保险合同的投保人任意解除权》，载《法律适用》2013 年第 2 期，第 24 页。

〔6〕 参见孙烁犇、辛奇来：《论投保人的任意解除权——以基于劳动关系的利他保险合同为中心》，载王宝敏主编：《保险法评论》（第 7 卷），法律出版社 2019 年版，第 71 页。

外，在实务之中，就投保人解除权的行使是否以第三人（被保险人、受益人）
同意为前提，亦存在不同的裁判观点。有的法院认为，投保人行使解除权无
需第三人同意，如上海市第二中级人民法院在卢某与某保险公司保险合同纠
纷案中便以此为理由否定了被保险人李甲的主张，"人寿保险上海分公司未征
得李甲同意擅自接受卢某（投保人——笔者注）申请，解除系争保险合同的
行为为无效"。[1] 与之相对，亦有法院认为，投保人行使解除权必须经第三
人同意。如最高人民法院公报上的一则案例中，法院便认为"在保险合同中，
由于有被保险人加入，合同与被保险人利害相关，因此只有在通知并征求被
保险人的意见后，才能决定合同的订立、变更或解除。若解除保险合同时没
有通知被保险人并征求其意见，则该保险合同不能被解除"。[2]

正是基于如上争议，为统一裁判，减少不确定性，最高人民法院《关于
适用〈中华人民共和国保险法〉若干问题的解释（三）》（以下简称《保险
法司法解释三》）第 17 条作出了如下规定，"投保人解除保险合同，当事人
以其解除合同未经被保险人或者受益人同意为由主张解除行为无效的，人民
法院不予支持，但被保险人或者受益人已向投保人支付相当于保险单现金价
值的款项并通知保险人的除外。"显然，从该条的文义来看，最高人民法院认
为投保人行使任意解除权无需征得被保险人、受益人的同意；从最高人民法
院的相关释义书来看，其亦是持此观点。[3] 但是该条但书部分的规定，却在
解释适用上带有一定的困境。第三人支付相当于保险单现金价值的价款并通
知保险人后，保险合同不发生解除效力，但是否发生合同转让效力？在实际
操作之中，第三人如何获知投保人的解除保险合同信息？换言之，投保人或
保险人是否负有解除保险合同信息的通知义务？被保险人或受益人支付该项
相当于保险单现金价值的款项是否有时间限制？此类问题，在最高人民法院
的理解适用指导书中虽有涉及，但是毕竟其法律效力上并非是司法解释。再
者，该书中的理解适用也并未对上述问题予以完整周延之解释。故而笔者在
下文将以《保险法司法解释三》第 17 条之但书条款为检讨对象，以日本保险

---

[1] 李甲与卢某、中国人寿保险股份有限公司上海市分公司人身保险合同纠纷案，（2009）沪二
中民三（商）终字第 411 号。

[2] 《王连顺诉中国人寿保险公司永顺县支公司保险合同纠纷案》，载《最高人民法院公报》2001
年第 4 期（总第 72 期）。

[3] 杜万华主编、最高人民法院民事审判第二庭编著：《最高人民法院关于保险法司法解释（三）
理解适用与实务指导》，人民法院出版社 2015 年版，第 489 页。

法上的介入权制度为镜鉴，从规范功能、法技术构造的角度进行具体构成要件和法律效果上的分析。

二、规范意旨之探明：以日本法为镜鉴

法律概念的建构、发展乃是因应规范意旨而为，并非纯粹的文字逻辑开展；法律概念不是毫无目的而诞生，也不是毫无目的地被凑合在一起。[1] 对法律条文自身技术性构造的理解，应当是以该条文的规范意旨为基础。在具体分析介入权制度的法技术构造之前，有必要先行探明其规范意旨。而参酌他国立法例，进行比较法上研究，为传统法学惯用之分析方法。比较法的方法论的基本原则是功能性原则：从各国法律秩序的一切体系性的概念中解放出来，摆脱纯属本国的教条的外壳，最后独一无二地从功能性的角度，从满足各自法律需要的角度进行观察。[2] 易言之，所谓比较法研究亦当以规范功能对比为前提。当然，在遴选比较对象之时，还应当优先考虑母法，这点对于继受国而言尤为重要。在该条司法解释制定过程中，《日本保险法》的介入权立法例为其主要继受移植对象。根据最高人民法院的解释释义书中所言，该条于理论基础上采取的是"赎买说"的观点，而赎买说的构建则大量借鉴了《日本保险法》上介入权制度的相关理论；在具体法技术构造上，尤其是该条的但书部分，主要借鉴了《日本保险法》第60条有关介入权的规定。[3] 职是之故，笔者在下文，先利用最高人民法院的相关材料来对该但书条款进行规范意旨探明之作业，并结合移植继受对象—日本保险法上的介入权制度，予以对照分析。

（一）中国法上介入权制度之规范意旨

最高人民法院在作出《保险法司法解释三》第16条和第17条的规定时，主要是基于"明确被保险人的法律地位，厘清人身保险合同法律关系"的考虑。[4] 最高人民法院的法官曾撰文直接指出，《保险法司法解释三》遵循合

---

[1]　参见黄茂荣：《法学方法与现代民法》，法律出版社2007年版，第59~67页。

[2]　参见［德］茨威格特、克茨：《比较法总论》（上），潘汉典等译，中国法制出版社2017年版，第79页。

[3]　继受移植之外国法对象的查明，于学说解释之开展可谓兹事体大，笔者不敢妄作臆想。此处结论皆有据可查，参见杜万华主编、最高人民法院民事审判第二庭编著：《最高人民法院关于保险法司法解释（三）理解适用与实务指导》，人民法院出版社2015年版，第484~485页、第491页。

[4]　参见《最高人民法院关于适用〈中华人民共和国保险法〉若干问题的解释（三）》新闻发布稿。

同相对性基本原理，以投保人作为保险合同当事人来构建保险合同法律关系，同时注重维护被保险人的合法权益；投保人解除保险合同无需经过被保险人与受益人的同意，但是保险合同的存续确实对被保险人与受益人的利益有较大影响，故如果被保险人、受益人同意向投保人支付相当于保单现金价值的款项，可以承受投保人的合同地位，保险合同无需解除；这样做，一方面保护投保人对保险单现金价值的权利，另一方面也照顾被保险人、受益人的合理期待。[1] 直言之，保护被保险人、受益人的合理期待，即为中国保险法上介入权制度的规范意旨。其论证逻辑便是，被保险人、受益人保险给付请求权是其于保险事故发生后实际享有的财产权利，但在保险事故发生前则还不是确实稳定的权利，从性质上来讲属于期待。在这种期待之下，被保险人、受益人已然作出了相应的财务安排或保险计划（放弃自行投保）。投保人解除保险合同，将导致被保险人蒙受巨大的不利益，为了保障被保险人、受益人此项期待，引入了介入权制度。[2]

（二）日本法上介入权制度之规范意旨

《日本保险法》的介入权制度乃是 2008 年《日本保险法》现代化之时新增的制度。《日本保险法》2008 年的现代化，主要包括形实两方面。在形式上，为尽可能让一般国民容易理解法律，改变传统的"文语体"为现代的"口语体"，以实现法律条文的现代语化；在内容上，为了适应社会的变迁发展，对法律条文内容进行现代化的修正。[3] 具体而言，日本在保险法内容的现代化方面，主要涉及保险契约种类、片面的强制性规定、被保险人同意、受益人变更、保险给付履行期以及本文所要重点探讨的介入权。[4]

关于《日本保险法》上介入权制度的含义，依东京大学山下友信教授之见解，当作如下解释：在投保人的债权人等保险契约当事人以外民事主体，解除死亡保险契约的情形中；符合一定条件的受益人通过支付给该解除权人

---

〔1〕 参见杨临萍、刘竹梅、林海权：《〈关于适用保险法若干问题的解释（三）〉的理解与适用》，载《人民司法（应用）》2016 年第 1 期，第 24 页。

〔2〕 参见杜万华主编、最高人民法院民事审判第二庭编著：《最高人民法院关于保险法司法解释（三）理解适用与实务指导》，人民法院出版社 2015 年版，第 489~491 页。

〔3〕 福田弥夫：「改正保険法における今後の課題について」，保険学雑誌 613 号（2011 年），225-231 頁参照。

〔4〕 萩本修氏：「新保険法-立案者の立場から」生命保険論集 165 号（2008 年），1-37 頁参照。

相当于解约返还金的价款后，可阻却该解除生效而使得该契约继续存续的制度。[1] 日本保险法从德国保险法引入此制度，主要基于保护作为"遗族"的受益人生活的考虑。因为保险契约一旦解除便不能回复，被保险人健康状况、年龄等因素都使得再次投保几乎不可能，即使可能也会因年龄、身体健康状况变化面临高额保费的问题。[2] 而这也与日本老龄化严重的大背景息息相关。虽然介入权制度的立法初衷主要是基于上述遗族保护的目的，但是在进行具体制度构建之时，则不能只单纯地考虑这个面向。除此以外，保护扣押债权人等解除权人的权利、防止保险人负担过度的事务处理义务等也在该制度的利益衡量视域之内。[3]

（三）小结

由此可见，在制度构建之时，《日本保险法》上主要是在受益人（也就是介入权人）、享有保险合同解除权的扣押债权人以及保险人之间作了利益衡量。[4] 与之相较，显然中国《保险法司法解释三》第17条在移植继受日本保险法介入权制度之时，虽然法律技术具体构造上多有借鉴，而两国之预设规范意旨则有不同。简言之，《日本保险法》介入权制度之主要目的在保护作为遗族的受益人，并于受益人、保险人、享有解除权的扣押债权人之间作利益衡量；而中国《保险法司法解释三》第17条但书规定，则以保护受益人、被保险人的合理期待为主要目的；该条整体上是尝试在享有保单现金价值权利的投保人与对保险合同利益有合理期待的被保险人、受益人之间作制度衡量。将中日两国保险法上介入权制度之规范意旨对比，如下所示：

---

〔1〕 山下友信ほか：「論点体系保険法」（第一法規 2014 年），229-230 頁参照。

〔2〕 遠山優治：「契約当事者以外の者による解除の効力等（介入権）について」，生命保険集 165 号（2008 年），172 頁。

〔3〕 山下典孝：「生命保険約及び傷害疾病定額保険契約の課題—保険金受取人の変更と介入権を中心として」，保険学雑誌 608 号（2010 年），58 頁。

〔4〕 《日本保険法》第 60 条第 2 款、第 89 条第 2 款对此有明文规定。该处的亲属身份关系的判断，以解除权人行使解除权的通知到达保险公司为止。

```
┌─────────────────────────────────────────────┐
│        介入权人（保险金获得、生活保障）           │
└─────────────────────────────────────────────┘

┌──────────────────────┐      ┌──────────────────────┐
│  扣押债权人（解除权行使、 │      │  保险人（不因介入权而负担 │
│   保单现金价值获得）      │      │   过度的事务处理义务）     │
└──────────────────────┘      └──────────────────────┘
```

（《日本保险法》介入权制度核心：通过介入权制度保护作为遗族的受益人的生活保障利益）

```
┌──────────────────────┐      ┌──────────────────────┐
│  投保人（解除权行使、     │      │   受益人、被保险人        │
│   保单现金价值获得）      │      │   （保护合理期待）        │
└──────────────────────┘      └──────────────────────┘
```

（《保险法司法解释三》第 17 条但书条款的核心：保护受益人、被保险人的合理期待）

三、介入权制度的法技术构造分析

介入权制度的规范意旨既已明晰，接下来则应当在此规范意旨之指导下，于法律条文之中萃取具体法技术构造，以便法律实务上的解释适用。法技术构造方面，常作两部分处理，一为构成要件，一为法律效果。在这部分，笔者也遵从此分析方式，并先行讨论该介入权制度适用之前提。

（一）介入权之适用前提

介入权制度本身适用的保险合同类型，即投保人解除何种保险合同之时，方有介入权制度适用之余地，此为介入权制度适用范围之核心争点。依日本保险法，介入权制度只得适用于利他的死亡保险契约情形之中。[1] 一者，依照前文所提及的保护遗族之规范宗旨，该制度只得限制于死亡保险契约情形适用；[2] 再者，倘若投保人自身便是受益人，如赋予其介入权，则扣押债权人将无法实现自身获取保单现金价值以清偿债权的目的，故而该制度亦只得适用于利他保险合同。中国保险法介入权制度所适用之保险合同也是严格限制在利他型的人身保险合同之中。一者，在自利型的保险合同之中，投保人自身便是保险金给付请求权的享有者，投保人自行解除保险合同情形，并不

---

〔1〕　山下友信ほか：「論点体系保険法」（第一法規 2014 年），229-230 頁参照。
〔2〕　随着商事交易之发展，实务当中混合型保险合同大量使用，此类情形如何处理，则有待另文专述。日本法上之讨论，可参见李鸣：「保険金受取人の介入権に関する一考察——保険実務からみた介入権に関する保険法上の解釈問題」，法学政治学論究 88 号（2011 年），43-56 頁；工藤香織：「介入権制度の実務運用について」，生命保険論集 173 号（2010 年），208-223 頁。

对其他第三人产生直接影响，自无适用介入权之必要；再者，依现行《保险法司法解释三》，该司法解释是针对保险法中关于保险合同章人身保险部分作的法律适用问题的解释，并不涉及财产保险合同部分的处理。从上述两点理由来看，中国法上介入权制度应当适用于利他型的人身保险合同，于解释适用上并无疑义。

就介入权行使主体而言，依《保险法司法解释三》第 17 条但书规定之文义来看，介入权之主体当为"保险合同的受益人或被保险人"，最高人民法院的理解释义书亦作此理解。[1] 此点与其预设之规范意旨相符：保护被保险人、受益人的合理期待。而与之相较，日本保险法上的介入权主体则严格限制为保险合同的受益人；且作为介入权主体的受益人必须是投保人或被保险人的亲属或者被保险人自身。日本法上如此构造，亦与其保护遗族的预设规范意旨相符，并无不妥。两国立法例之规范意旨之差异，正导致此处介入权主体资格之不同，显然中国法上的介入权主体更为宽广，将被保险人或受益人一概纳入。于解释论上而言，《保险法司法解释三》第 17 条之规定下，介入权主体资格并无文义模糊。将该条规范意旨之核心预设为保护合理期待，此点无可厚非，乃为立法政策之选择。被保险人、受益人于保险合同上有将来获取保险金之可能，而对此获益可能抱有合理期待，并基于此期待作出财务上的安排，此洵属常事。一旦保险合同被解除，于被保险人、受益人而言，可谓期待落空，故有赋予其介入权以作周延保护之必要。最高人民法院的理解释义书中也持此观点立论。[2]

（二）介入权之构成要件

关于介入权之构成要件，仅从《保险法司法解释三》第 17 条但书的文义之中，实在难以萃取出来。且只凭文义解读，若不结合其规范意旨而得出之构成要件易粗疏缺漏、过于分散，难以发现各要件之间的内在关联，无法做到体系化分析。笔者在此先对日本学界关于日本保险法上介入权制度的构成要件分析，再以此为参照解释中国保险法上之介入权制度。[3]

---

〔1〕 杜万华主编、最高人民法院民事审判第二庭编著：《最高人民法院关于保险法司法解释（三）理解适用与实务指导》，人民法院出版社 2015 年版，第 489 页。

〔2〕 参见杜万华主编、最高人民法院民事审判第二庭编著：《最高人民法院关于保险法司法解释（三）理解适用与实务指导》，人民法院出版社 2015 年版，第 470 页。

〔3〕 此部分的日本学界资料主要参见遠山優治：「契約当事者以外の者による解除の効力等（介入権）について」，生命保険集 165 号（2008 年），171–198 頁。

日本保险法上的介入权制度的构成要件主要包括：①投保人的债权人解除保险合同；②该保险合同具有保险单现金价值；③介入权人获得投保人之同意；④投保人向解除权人支付相应金额；⑤介入权人在法定犹豫期间内向保险人发出行使介入权的通知。以此为参照，接下来笔者将一一分析中国保险法上的介入权制度的构成要件。如前述分析的那样，中日两国立法例在介入权制度之规范意旨预设上大有不同，其构成要件也当存差异。

中国法上介入权行使之前提为投保人解除保险合同而非日本法上之投保人的债权人解除保险合同。此点，从《保险法司法解释三》第 17 条之文义可直接得出，亦从规范意旨上也容易理解。日本法着眼于受益人、保险人、享有解除权的扣押债权人之间作利益衡量；而中国保险法是尝试在享有保单现金价值权利的投保人与对保险合同利益有合理期待的被保险人、受益人之间作利益衡量。中国法预设处理的情形是投保人解除保险合同，日本法预设处理的情形则是投保人之债权人解除保险合同。只是投保人之债权人在强制执行该保单价值时，介入权制度是否有适用之余地，则不无疑问。因目前学术界理论上对于保单价值可否强制执行，债权人可否代位解除多有争议；此前置性问题尚未解决，故而此疑问尚未进入第 17 条之视域。[1] 日本保险法上介入权人之行使介入权须得投保人同意方得行使，德国法上亦作如是规定。[2] 而考察中国保险法条文文义，未发现现行法上有此要求。另外，为保护解除权人的保单现金价值利益，各国介入权制度之中均要求介入权人支付相当于保单现金价值之数额的款项于解除权人后方得行使介入权。只是，殊值注意的是，德日保险法上接受该款项的解除权人均是投保人的债权人，而中国保险法上则是投保人自身。关于此点，虽我国之规定与继受国之法律规定有所不同，但是笔者以为，亦如上述，两国规范意旨预设本就不同，如此区分构造并无不妥。介入权人应当在法定期间内向保险人发出行使介入权的通知，此一构成要件在德日法例上均有要求。中国保险法上，《保险法司法解释三》第 17 条也作了介入权人向保险人为通知之要求。但是对于介入权的行使期限（即日本法上所谓之法定犹豫期），却未予以规定，关于此下文将专门

---

〔1〕 笔者在此不予讨论，关于保单价值可否强制执行，可参见王静：《保单现金价值强制执行若干问题研究》，载《法律适用（司法案例）》2017 年第 14 期，第 49~57 页。

〔2〕 遠山優治：「契約当事者以外の者による解除の効力等（介入権）について」，生命保険集 165 号（2008 年），177 頁参照；亦参见叶启洲：《债权人与人寿保险受益人之平衡保障——德国保险契约法上受益人介入权之借镜》，载《月旦法学杂志》2016 年第 8 期，第 100 页。

检讨。

结合上文可以初步作如下小结，中国保险法上介入权制度适用至少须满足如下构成要件：①投保人解除利他型的人身保险合同；②介入权人向投保人支付相当于保单现金价值之价款；③介入权人就行使介入权而向保险人通知。

（三）介入权行使之法律效果

介入权行使之后，保险合同不解除而继续有效存在，这点从《保险法司法解释三》第 17 条的文义便可读出。最高人民法院的释义书甚至进一步认为，介入权人行使介入权后即受让保险合同，"在具体的方式上，我们借鉴了《日本保险法》第 60 条有关介入权的规定，由被保险人、受益人出资向投保人受让保险合同"；更为直接的理解就是，被保险人、受益人以支付等同于解除后退还的现金价值为对价，取得变更合同投保人的权人，同时可以阻却投保人解除合同的法律效果发生，以实现概括受让保险合同。[1] 虽然最高人民法院的释义书已经完全超越现有规定之文义而到了补充解释之范畴，但从理论上而言，这样的理解当值赞同。从比较法上来说，德日上也采此立法例。比如依德国保险法之立法例，介入权一经行使，则原投保人脱离保险合同关系，而介入权人成为新的投保人。[2] 而日本保险法上则无此实证法规定，因学界对此争议较大。[3] 支持发生合同转让效果的学者认为，介入权行使之后，如果不发生保险合同转让效果，依旧可能出现投保人的债权人申请强制执行保单价值的情形，斯时介入权人依旧面临此困境；再者投保人享有变更受益人之权利，倘若不发生保险合同转让效果，则可能导致受益人介入权之行使目的落空。而持反对观点的学者则认为，若发生保险合同转让效果则会面临是否需要保险人同意以及复数受益人情形如何处理的问题；这将使得制度更为复杂化，不如不作此规定。从中国法来说，日本法上的争议则完全不会发生。中国法介入权制度的适用前提是投保人解除人身保险合同，在此情

---

〔1〕 杜万华主编、最高人民法院民事审判第二庭编著：《最高人民法院关于保险法司法解释（三）理解适用与实务指导》，人民法院出版社 2015 年版，第 490～491 页。殊值一提的是日本法上并无此规定，只是学界多作此主张。

〔2〕 叶启洲：《债权人与人寿保险受益人之平衡保障——德国保险契约法上受益人介入权之借镜》，载《月旦法学杂志》2016 年第 8 期，第 103～105 页。

〔3〕 工藤香織：「介入権制度の実務運用について」，生命保険論集 173 号（2010 年），205 頁参照。

形显然应当发生保险合同转让之法律效果，否则将与该条司法解释之前段部分直接冲突，"投保人解除保险合同无须被保险人、受益人同意"。再者，若发生合同转让效果，日本学界所担忧的介入权人利益不确定的问题也得以避免。因为一旦介入权人自身成为投保人，其自己享有了变更受益人的权利，其原先不确实稳定的保险金给付请求权也就获得了确实的保障，除非其自行放弃。由是观之，最高人民法院释义书中的"保险合同转让"的见解可资赞同；只是如此超越文义作补充解释的困境则有待后续司法解释或修法以突破。

四、介入权制度之纰漏与解决

上述讨论已将介入权制度之适用范围、构成要件、法律效果尽皆处理完毕。表面上似乎法技术层面之分析已经大功告成。但是若从介入权制度的适用实务上来看，还有两点值得讨论，即保险合同解除的通知义务与介入权行使的法定犹豫期问题。也恰恰就是因为忽略了这两点，从法理逻辑上便决定了中国保险法介入权制度无法实际应用的困境。

（一）介入权制度之纰漏

对介入权条款之适用现状先行进行检讨，以发现立法之不备与实务之争点，明其纰漏。再以规范解释之方法试图对于实务之争议问题作出回答，倘若规范解释尚不能完全应对，则有必要进一步作立法论上之检讨。

1. 介入权条款的适用现状

如上所述，现行法上介入权制度的法技术构造多有模糊不清之处，自然对于实务适用会带来诸多障碍。从笔者搜集的相关司法案例来看，介入权条款实际上并没有在保险法实务之中得以顺利适用。笔者在北大法宝上已经检索到援引《保险法司法解释三》第 17 条的案例共有 43 个案例，除去并未真正适用的 8 个案例外，实际适用该条的只有 35 个案例。在此 35 个案例之中，有 21 个案例援引该条但应该只适用了该条的前段，"投保人解除保险合同，当事人以其解除合同未经被保险人或者受益人同意为由主张解除行为无效的，人民法院不予支持"；剩余的 14 个案例的核心争议则在"投保人未对被保险人（或受益人）为解除保险合同的通知，该解除行为是否有效"，其中主张有效者有 11 个案例，而为主张无效者有 3 个案例。由此可见，投保人是否负有通知义务成为目前司法实践中该条款适用之最大争议点。

2. 解除通知义务的缺失

介入权人的解除信息获取渠道，虽并非为介入权行使之构成要件，然于介入权制度之构建则不可忽视。我国保险法及司法解释对此并无直接规定。

翻阅《保险法司法解释三》之理解释义书的相关实务指导部分，发现最高人民法院所持见解乃是，解除权人、保险人均对介入权人无通知义务。依该书之见解，在利他保险合同中，被保险人、受益人不是合同当事人，故投保人无向他们通知之义务；另外，解除权作为形成权，保险人一收到解除通知之时，保险合同便被解除，此后并无介入权行使之余地，自然保险人也无通知义务。[1] 然如此规定则无疑表明，除非保险人或解除权人告知介入权人，否则其根本无法获知此解除信息，也就根本无行使介入权之可能。而实际上，保险公司为避免过度负担事务而常常不会主动通知，也很难期待保险公司自行告知介入权人。

换言之，虽然中国保险法上介入权之行使表面上并不要求投保人同意，可是事实上只有投保人自愿将解除保险合同之意愿通知介入权人，介入权之行使才有可能。从实际运行来看，这点与德日立法例中介入权之行使以投保人同意为前提，十分接近。然而德日立法例中，投保人同意之要件要求，乃在保护投保人作为合同当事人之转让合同自由，规范意旨明确、法技术构造清晰。[2] 反观中国，最高人民法院在制定《保险法司法解释三》时，并无此意识，只不过似乎是无心插柳之举。但对此偶然相同，笔者并不认为值得称赞，一为立法考虑之疏漏；再者其于逻辑上并不周延。斯举一例便可明其缺漏：若介入权人偶然得知解除权人有解除保险合同之意愿，恰好于解除权人解除到达保险公司前，主张介入权之行使；而解除权人拒不接受其支付之款项，此时便可发现现行法难以处理。

其实在日本法上，法律也并无通知义务规定，然而因其有投保人同意之要件要求而得逻辑自洽。虽然日本保险法并无通知义务之规定；依日本学界之见解当作如下处理：保险方在接到解除权人的解除通知后负有告知投保人之义务，而是否告知受益人则由投保人自行决定。保险方负有通知义务乃是为了保护投保人之利益，此点并无不妥；再者日本法上之解除权人乃投保人之债权人而非中国法上之投保人自身，保险合同当事人以外民事主体代位行使解除权，保险公司自当联系投保人确认。而由投保人自行决定是否通知受

---

[1] 参见杜万华主编、最高人民法院民事审判第二庭编著：《最高人民法院关于保险法司法解释（三）理解适用与实务指导》，人民法院出版社 2015 年版，第 492～494 页。

[2] 如上所述，虽日本学界多有主张介入权之行使当发生保险合同概括转让之效果，但日本保险法上无此规定，而在实定法上又为保护投保人之意思自治而要求介入权行使当以投保人同意为前提。如此复杂阐释与构造，不过勉强自圆其说，于规范逻辑上难谓极致融洽。

益人则是基于以下理由：①投保人可以随时变更受益人，而且保险人对于受益人的住所信息、联系方式难以把握，为防止保险人负担过重的事务处理义务，故而不应对保险人课以通知义务。②如果径直要求保险人将投保人被强制执行之事实告知受益人，可能不利于投保人的个人信息保护。③从体系解释出发，既然介入权之行使应当征得投保人同意，那么直接由投保人决定是否通知受益人；倘若其不同意介入权之行使，则自无须通知。[1]

由此可见，日本法上不要求投保人负有通知义务，于逻辑体系、规范意旨上堪称融洽。而中国法在移植借鉴日本法之介入权制度之时，也似日本法一般不规定通知义务，则于规范意旨有所不合。中国保险法试图在不影响投保人解除权行使自由的前提下，通过介入权制度来保护受益人、被保险人之合理期待。可是在实际法技术构造上，却忽略了对通知义务问题的处理。而这一缺失也给司法实践带来了适用上的困境。从实际司法裁判情况来看，介入权实际得以顺利行使的裁判案件，于目前无言，并未发现。[2] 援引适用《保险法司法解释三》第 17 条的案例，大部分只是适用了其前段，即"投保人解除保险合同，当事人以其解除合同未经被保险人或者受益人同意为由主张解除行为无效的，人民法院不予支持"。即使有裁判涉及该条但书条款的部分，也主要是就上文所述的通知义务问题进行适用。且如上所述，《保险法司法解释三》第 17 条的但书部分本就未对通知义务问题进行规定，实际裁判也再次出现了裁判观点上的不一致。有裁判观点认为投保人、保险人均不负有通知义务，未为通知导致介入权无法实现应当按照其他契约关系处理；[3] 亦有裁判观点认为仅投保人负有通知义务，未尽该义务则解除无效；[4] 亦有裁判观点认为投保人、保险人均负有通知义务，未尽该义务则解除无效。[5]

简言之，介入权制度关于通知义务问题存在一个根本的内部矛盾：一方

〔1〕 遠山優治：「契約当事者以外の者による解除の効力等（介入権）について」，生命保険集 165 号（2008 年），194-196 頁。

〔2〕 本文中对司法裁判中《保险法司法解释三》第 17 条的观察，主要是通过北大法宝所收录的案件为分析对象。

〔3〕 王焱诉中国人寿保险股份有限公司北京市分公司等人身保险合同纠纷案，北京铁路运输法院民事判决书（2017）京 7101 民初 1249 号。

〔4〕 国营开封市金明区杏花营农场等诉中国人寿保险股份有限公司开封市祥符支公司人身保险合同纠纷案，（2017）豫 02 民终 386 号。

〔5〕 华安财产保险股份有限公司十堰中心支公司、孙国意保险纠纷二审民事判决书，（2018）鄂 03 民终 1209 号。

面，介入权的行使却不要求以投保人的同意为构成要件；在另一方面，投保人并不负有通知义务，而介入权之能否行使依旧取决于投保人是否愿意将此解除情状通知介入权人。

3. 法定犹豫期的遗漏

除上述通知义务问题外，法定犹豫期规定的缺失，亦使得介入权制度难以实际运用。在解除保险合同的通知到达保险人后，依据民法的一般解除法理，自当立即发生合同解除之效果。但在保险法领域，基于保护遗族利益之需要，法律会规定在一定期间内保险合同不发生解除效力，而介入权人当在此期间内行使介入权，否则期间经过后将直接发生解除效力，介入权人再无行使介入权之余地。此处所谓的一定期间，便是日本学界所称之犹豫期。在德日立法例上，均有相关规定。如《德国保险法》第 170 条第 3 项第 2 句规定，介入权人对于保险人的通知，应于其知悉扣押后或破产程序开始后一个月内为之。而且依据德国通说，此一介入期限不仅适用于介入权人对于保险人的通知，同时也适用于要保人的同意以及解约金的支付；换言之，此期限即为介入权行使之期限，而不单纯限于对保险人通知之期限。[1] 与之类似，在《日本保险法》第 60 条也作出了一个月的规定，只是其从解除效力发生的角度来进行表述，"该解除自保险人接到通知之时起，一个月经过后方发生效力"。故该段期间又称为"解除停止期间"。[2] 与上述立法例关于法定犹豫期的规定相比，我国《保险法司法解释三》第 17 条可谓付之阙如。而此项缺失，似乎司法解释制定者有意为之。依最高人民法院司法解释的理解适用书来看，投保人解除保险合同之通知到达保险人，保险合同即被解除，并无再恢复效力之余地。由此可见，最高人民法院认为解除通知一到达保险人便发生解除效果，再无介入权行使之余地，而所谓之法定犹豫期间也就无从说起。而这恰恰也揭橥了中国保险法上介入权制度无法实际运用之命运。

（二）解释论上之穷困

法律规范身为一个价值体系，其最根本的要求应该是贯彻其外在的与内在的体系上之无矛盾性的要求，否则价值之不贯彻会导致的平等原则的违

---

[1] 叶启洲：《债权人与人寿保险受益人之平衡保障——德国保险契约法上受益人介入权之借镜》，载《月旦法学杂志》2016 年第 8 期，第 102~104 页。
[2] 工藤香織：「介入権制度の実務運用について」，生命保険論集 173 号（2010 年），201 頁参照。

反。[1] 现行法已经于规范意旨上作出了保护受益人合理期待的价值判断，并且于具体法技术上试图通过介入权制度以实现之。然而如上文所述，现有介入权制度的法技术构造在通知义务以及法定犹豫期上有所缺失，此纰漏也导致了介入权制度无法实际适用。此种情形当属法律上之漏洞。"法律的漏洞"之称谓乃用以指称法律体系上之违反计划的不圆满状态，部分的残缺式体系违反乃是其中一种典型。所谓部分残缺，指法律就某案型虽已加以规定，但或对构成要件，或对其法律效力，或对权利人或义务人，或对其权利之行使方法，或对其他类型项目未为规定，致系争法律规定处在一种需要补充之不完全状态。[2] 面对此种情形，法教义学上的处理方式常常是通过规范解释的方法先行弥补。

通知义务和法定犹豫期能否由规范解释之方式重新发现？基于法律的安定性要求考虑，法律解释的活动应当只在可能的文义范围之内为之，超越此范围则进入了法律补充之范畴。依据现行法之规定，从基本文义来看，根本不存在对于投保人解除通知义务以及法定犹豫期之解释的可能。由抽象化的程度决定下来的位阶，对其有关规定之适用顺位的影响是：原则上，在体系构造中之下位阶者（抽象化程度低者）优先于上位阶者（抽象化程度高者）受适用。亦即在同一概念体系上含有要件要素之特征越多者，其规定应该优先适用。与保险法相比，合同法总则的规定是抽象化程度较高者，当保险法无法解决相关问题之时，从体系适用角度的来看，可以寻找一般民法规定予以处理。即言之，当利他人寿保险方面的保险法规定不够用时，可以适用民法上利他合同的一般规定予以处理。但是 1999 年颁布的《中华人民共和国合同法》（以下简称《合同法》）仅在第 64 条规定了向第三人履行的合同，而并未规定利他合同。[3] 再者，即使外国法例上多有利他合同之规定，但是民法上常作之规定乃是关乎一般法定解除权之行使规则，而非本文所探讨之保险合同任意解除权之行使规则，其间规范功能相去甚远，不适宜将民法的利他合同法定解除权行使规则直接适用于利他保险的任意解除权行使情形。合同法上的法定解除权制度之规范功能在于，根本违约情形中非违约方"合同

---

〔1〕 黄茂荣：《法学方法与现代民法》，法律出版社 2007 年版，第 443~444 页。

〔2〕 黄茂荣：《法学方法与现代民法》，法律出版社 2007 年版，第 414 页。

〔3〕 关于《合同法》第 64 条是否肯定了第三人对债务人的履行请求权，学界主要有宽泛肯定论、有限肯定论、否定论三种观点。该方面的学术观点整理，参见谢鸿飞：《合同法学的新发展》，中国社会科学出版社 2014 年版，第 267~271 页。

义务解放"及派生的"交易自由的回复"及违约方"合同利益的剥夺"。[1]
与之相比,保险法上保险合同任意解除权制度的规范功能则在于保险合同的
保障性质实现。[2]此点也可于日本法例上得到验证,依《日本民法》第538
条第2款之规定,"若债务人不履行对第三人之义务,本条第一款所称契约相
对人未经该第三人承诺,不得解除契约"。与之形成鲜明对比的是,《日本保
险法》上投保人可自行行使任意解除权。因为生命保险契约多数情形下为长
期存在的继续性契约,在其存续期间诸事多有变化之可能,典型如夫妻配偶
关系,由是观之,投保人保留受益人变更权以备不虞方可谓符合一般理性人
之交易安排。所以,《日本保险法》修正之时,为契合实态而变在新保险法第
43条中明确规定了投保人的受益人变更权。所以,保险事故发生前,保险合
同受益人的法律地位并不确定,甚至可以说是处于随时可能丧失的脆弱状
态。[3]故而依照日本保险法上,投保人解除利他保险合同之时,并不会去讨
论是否需要征得受益人之同意的问题,径直解除即可。[4]此外,法官虽于个
案之中可为法律补充以进行裁判,但此终究只是个案处理而非法源的确立。
再者,不同法官通过自由裁量而为之法律补充常存有冲突,对于同一案件可
能作出不同乃至截然不同的处理,实在有悖平等原则之理念。譬如在"投保
人解除保险合同未为通知情形中,该解除是否有效?"这一问题上,实务之中
存在截然对立的两种裁判态度:有主张解除有效之判决,亦有主张解除无效
之判决。[5]

由此可见,介入权制度之问题于解释论上已经"药石不灵、回天乏术";
故而对于上述问题,只得转向立法论上之突破与处理。

(三)立法论上之补阙

在当代立法活动过程中,立法并非从零开始,立法者只能在继续有效之
旧法的框架内创设新法。立法者肩负着维系整个法秩序逻辑—体系正确性的
要求,即新法不得与继续有效之旧法以及从中推导出和可推导出之教义规则

---

[1] 韩世远:《合同法总论》(第3版),法律出版社2011年版,第507页。
[2] 参见安建主编:《中华人民共和国保险法(修订)释义》,法律出版社2009年版,第331页。
[3] 山下友信ほか:「論点体系保険法」(第一法規2014年),282頁。
[4] 山下友信ほか:「論点体系保険法」(第一法規2014年),314-333頁参照。
[5] 主张解除无效的案例如华安财产保险股份有限公司十堰中心支公司、孙国意保险纠纷案,
(2018)鄂03民终1209号;主张解除有效的案例如赵德强诉中国人寿保险股份有限公司北京市分公司
等人身保险合同纠纷案,(2017)京7101民初1183号。

相矛盾，除非现行法被修正或这些教义被放弃。[1] 欲试图通过立法论来弥补上文所言介入权制度之纰漏，依旧要以上文之法教义学分析为基础。正如上所述，如若投保人并不负有通知义务，而介入权之能否行使依旧取决于，投保人是否愿意将此解除情状通知介入权人。如此一来，实质上介入权之行使依旧以投保人之同意为前提，而这显然有悖于该制度之规范目的：对受益人合理期待予以保护。再者依据介入权之形成权性质，从法律逻辑上而言，投保人的通知义务亦为必然要求。因为该通知义务规定的缺失将会使得介入权之行使须经过投保人之同意方得顺利实现，而这与形成权之基本定义便有逻辑上之根本冲突：形成权乃是依据一方之意思表示便可发生法律关系之变动的权利。此外，利他保险属于典型的多方交易情形。依照新近理论发展，多方交易的法律效果依旧要从当事人的契约合意内容之中确定，只是为更契合当事人之意思自治追求，不应当拘束于个别契约进行规范解释，而是要注重整体交易目的实现，其中最为重要的是相互协力义务。相互协力义务只是一个抽象的上位概念，依据交易类型和交易目的的不用，其具体可以表现为契约中的信息告知义务，利益分配义务、标的物瑕疵修补义务等。[2] 借鉴该思路，在利他保险合同规则之中，应当规定"投保人解除合同时，应当通知被保险人和受益人"。[3] 此外，法定犹豫期间之规定也必要一并补充，因为该规定之规范意义乃在于"封冻"投保人解除行为之效力。倘若投保人之解除通知一到达保险人便生效的话，那么该保险合同便被解除则再无复效之可能，自然也就没有了介入权人行使之介入权的余地。故而有必要仿照《日本保险法》之立法例，规定"投保人的解除行为自保险人接到解除通知之时起，一个月后方发生效力"。

五、结语

法律移植过程之中，规范功能是首要考量因素。中国《保险法司法解释

〔1〕　Wolfram Henckel. Rechtsdogmatik und Gesetzgebung in derGegenwart – Zivilrecht［C］// Okko Behrends und Wolfram Henckel. Gesetzgebung und Dogmatik. Gttingen：Vandenhock & Ruprecht，1989：94，95-97，104-105. 转引自雷磊：《法教义学能为立法贡献什么？》，载《现代法学》2018 年第 2 期，第 26 页。

〔2〕　中舍寛樹：「多角・三角取引と民法」，NBL1080（2016 年），37 頁。

〔3〕　事实上，在《保险法司法解释三》的征求意见稿之中便有此规定，只是最终版中删去。参见 https：//www.chinacourt.org/law/detail/2014/10/id/147967.shtml，最后访问时间：2019 年 10 月 4 日。亦可参见刘建勋、黄冠猛：《保险法有关人身保险解除等问题的立法疏失》，载谢宪主编：《保险法评论》（第 3 卷），法律出版社 2010 年版，第 47 页

三》第 17 条，以保护受益人、被保险人的合理期待，在投保人解除人身保险合同情形中引入日本法上的介入权制度。但是日本立法例中介入权制度，则完全不可能适用在投保人解除人身保险合同情形。如上文所述，日本法上只有保险契约当事人以外的民事主体解除保险合同时，方有介入权制度适用之余地。职是之故，日本学界对于介入权制度，常称之为保险契约当事人以外人解除保险合同之效力相关问题。[1] 日本法上该制度的规范意旨乃是为作为遗族的受益人的生活保障利益，其预设处理的情形是投保人的债权人代位解除人身保险合同。规范意旨预设的不同，虽然并不意味着不能进行法律技术的借鉴与继受，但是却无疑对于移植国来说更具有挑战性。法的规范价值与法的逻辑技术同时存在且高度关联，最高人民法院在规范意旨预设不同的情形下，大胆借鉴日本法介入权制度的法技术构造，却没有很好地处理日本法介入权制度的技术构造与我国规范意旨之间存在的潜在冲突。以通知义务为典型，日本保险法上无此规定逻辑上自洽，只因其介入权之行使本就以投保人同意为前提。而中国保险法上，介入权制度移植则出现了与预设规范意旨的水土不服，若无投保人事前通知，介入权人丝毫无行使介入权之可能，介入权能否行使却实际上依旧要完全取决于投保人的意愿。而且，现行法上并未规定介入权行使的法定犹豫期（即解除终止期间），投保人之解除通知一到达保险人，保险合同即被解除无法再行复效。这一缺失也更加使得介入权制度难以发挥实效。面对如上困境，笔者极尽解释论上之努力，亦未能补其缺漏；故而不得不转向立法论之立场：应当从立法上补充规定投保人之通知义务与介入权行使之法定犹豫期，以实现法律逻辑之周延。

---

〔1〕 如前文所引用远山优治论文的标题便是，"契約当事者以外の者による解除の効力等（介入権）について"。

《民法总则》中胎儿利益保护条款的解释与适用[*]

梁远高^{**}

摘　要：《民法总则》第 16 条首次对胎儿民事权利能力予以规定，具有重要意义。但是该条款的解释与适用在民法体系及教义学上仍有争议，"视为具有民事权利能力"，即胎儿是否具有民事权利能力仍然解释各异，欠缺规范解读；胎儿利益保护的范围及方式未予明确，存在法律漏洞，造成适用上的困境。"视为具有民事权利能力"从法律拟制的立法技术和法律解释层面均能够得到校验，并无逻辑和体系上的障碍。涉及胎儿利益保护的常见情形包括接受赠与、继承遗产以及请求损害赔偿三种，《民法总则》第 16 条中"等"应涵摄损害赔偿请求权。接受赠与为双方法律行为，需胎儿法定代理人代为完成，但赠与应以胎儿获益为限；损害赔偿请求权在胎儿出生前需法定代理人代为完成，在其出生后由其独立提起损害赔偿请求，即可有效地保护胎儿利益。

关键词：胎儿　民事权利能力　法律拟制　利益保护　漏洞填补

---

*　本文系国家社科基金青年项目"公司减资对债权人的通知义务研究"（19CFX049）的阶段性成果。

**　梁远高，中国政法大学民商经济法学院 2018 级博士研究生（100088）。

一、问题的提出

《中华人民共和国民法总则》（以下简称《民法总则》）在胎儿利益保护方面较《中华人民共和国民法通则》（以下简称《民法通则》）有了显著的进步和发展，其第 16 条规定：“涉及遗产继承、接受赠与等胎儿利益保护的，胎儿视为具有民事权利能力。但是胎儿娩出时为死体的，其民事权利能力自始不存在。”该条款为胎儿利益保护的规范表达，看似简单无奇，实则蕴含着重大的理论与实践问题。例如，该条是否赋予了胎儿民事权利能力？胎儿利益保护范围有多大，是否包括损害赔偿请求权？接受赠与、法定继承等利益保护如何实现？《民法总则》通过以后，有学者以承认胎儿民事权利能力为进路探讨胎儿利益保护的实现问题；[1] 有学者以规范的实证分析与理论研究表达出对《民法总则》第 16 条的质疑；[2] 有学者就“胎儿娩出时为死体的，其民事权利自始不存在”的文义出发，认为胎儿已继承的遗产、受赠财产及获得的损害赔偿金按不当得利处理。[3] 既有研究无疑对该条的解释适用有所裨益，但是部分观点仍有值得商榷的余地，且均未重视“法律拟制”的规范意义。长期以来，民法学界对于法律拟制的立法技术缺乏必要认识，对“视为”这一表述仍欠缺规范分析，有关“视为具有民事权利能力”的解释稍显不足，有必要进行重新解读。胎儿利益的范围，最为常见的是接受赠与、继承遗产和损害赔偿这三种情形。而《民法总则》中“胎儿利益保护”条款对保护范围并未明确，各项权利如何实现仍有赖于解释，解释不清则有赖于漏洞填补，无法填补则需要创设规则。因而，该条面临的主要问题是：①有关遗产继承等单方法律行为和接受赠与等双方法律行为，是否同样可以视为胎儿具有民事权利能力的情形。②接受赠与的权利应如何进行与实现？③胎儿利益保护的范围如何界定，胎儿受损害应否予以保护，以何种形式保护，损害赔偿请求权由谁行使？等等。

基于此，本文将循此思路展开：首先明确《民法总则》第 16 条的遗留问

---

〔1〕 参见王洪平：《论胎儿的民事权利能力及权利实现机制》，载《法学论坛》2017 年第 4 期，第 35~41 页；陈东强：《关于胎儿利益保护法律适用问题的探讨》，载《山东审判》2017 年第 5 期，第 23~25 页。

〔2〕 参见李永军：《我国〈民法总则〉第 16 条关于胎儿利益保护的质疑——基于规范的实证分析与理论研究》，载《法律科学》2019 年第 2 期，第 99~105 页。

〔3〕 梁慧星：《〈民法总则〉重要条文的理解与适用》，载《四川大学学报（哲学社会科学版）》2017 年第 4 期，第 53 页。

题；接着从法律拟制及法律解释层面对"视为具有民事权利能力"予以解读；最后对我国胎儿利益保护条款的适用范围及适用规则进行明确。当下，我国正致力于民法典的编纂，民法法典化必然存在不可避免的法律漏洞，这是一个不争的事实，因为"漏洞概念与追求广泛的、整体法秩序的法典化密切相关"。[1] 这无疑提出了对相关规则进行解释适用的任务，《民法总则》第 16 条事关重大，亟待解释及填补漏洞。职是之故，本文对《民法总则》第 16 条进行解释适用，求教于大家。

二、《民法总则》第 16 条的遗留问题

胎儿利益遭受侵害的事件不断，司法实践的处理方式倾向于对胎儿利益进行保护的价值取向，但在具体案件中仍存在分歧，[2]《民法总则》第 16 条意在对胎儿利益保护的案件提供统一裁判规范，但既有解释仍着眼于胎儿具有民事权利能力的直接刺破，无法真正弥合围绕该条所产生的是否赋予胎儿民事权利能力、保护方式与范围等争议。

（一）"视为具有民事权利能力"解释各异

有关《民法总则》第 16 条，学界的既有研究存在着两种对立的解释结论：有学者由《民法总则》第 16 条直接得出胎儿是具有民事权利能力的民事主体，认为我国现行法创设了一种不同于通常的民事权利能力的"特殊民事权利能力"，此种民事权利能力即特指"胎儿的民事权利能力"，胎儿是特殊的民事主体。并且认为此种创设不会对既有的民事权利能力和民事主体制度造成冲击，是科学可行的。[3] 试想，若立法者真的意图赋予胎儿完全的民事权利能力，为何还会作出第 13 条"民事权利能力始于出生"之规定。何不直接规定"自然人的民事权利能力始于受胎，但娩出为死体的，其权利能力视为自始不存在"。如此，第 16 条也就无存在的必要了。有学者认为，我们应该坚持"胎儿的权利能力始于出生"，例外的规定胎儿在利益保护时类似主体

---

〔1〕　［德］卡尔·拉伦茨：《法学方法论》，陈爱娥译，商务印书馆 2003 年版，第 250 页。

〔2〕　如在"裴红霞等诉钱明伟人生损害赔偿案"中，法院否认了女婴的原告主体资格，但认为胎儿利益值得保护，应通过母亲来主张保护。参见江苏省无锡市滨湖区人民法院（2001）滨马民初字 129 号民事判决书。另在"金宗娜诉北京大唐发电股份有限公司陡河发电厂、陡河电力实业总公司人身损害赔偿案"中，法院承认了出生后的金宗娜的适格主体，支持了其损害赔偿请求权。参见河北省高级人民法院（2003）冀民一终字 49 号民事判决书。

〔3〕　参见王洪平：《论胎儿的民事权利能力及权利实现机制》，载《法学论坛》2017 年第 4 期，第 37~38 页；陈东强：《关于胎儿利益保护法律适用问题的探讨》，《山东审判》2017 年第 5 期，第 23~24 页。

的资格，但这种主体资格，绝对不应该是权利能力，因为胎儿当然不具有权利能力，也不可能真正享有利益，这种资格就是为了取得现在发生的利益做准备而已。[1] 该观点值得肯定，其主张在涉及胎儿利益时，胎儿具有类似民事主体的资格，既合乎民法逻辑也不违背民法体系。

有学者认为《民法总则》第 16 条通过错误的"视为"表达，将胎儿利益保护规定的相关表述直接从"胎儿"推导出"具有或不具有民事权利能力"，这样的推导显然存在逻辑结构问题。[2] 亦有学者认为，我国《民法总则》的规定，回到了绝对主义保护模式，不仅无说服力，而且反映了对民法基本理论的一系列误解，是一种退步。[3]

学界未能形成较为统一的解释结论，症结在于对"视为具有权利能力"未能较为透彻的剖析，这也是下文的着力点之一。关于胎儿利益保护，多部民法典建议稿采用了"视为出生"的表述，[4] 极好地回避了胎儿民事权利能力问题，不无道理。但最终通过的《民法总则》第 16 条采取了"视为具有民事权利能力"的表述，可见立法者当时也面临着如何以民事权利能力保护胎儿利益的立法难题，最终选择"视为具有民事权利能力"的表述，但未见对此的权威解释。既有的讨论仍存在争议，均未触及该条在立法技术层面及解释论层面的命脉。

（二）胎儿利益保护的范围与方式未予明确

1. 概括列举式未能明确胎儿利益的范围

辞海中"概括"一词指的是由分析若干事物得其共同性，推而界定其全类事物也都有此特性。[5] 据此可知，概括式条款指的是以较为抽象的语言，

---

〔1〕 李永军：《我国〈民法总则〉第 16 条关于胎儿利益保护的质疑——基于规范的实证分析与理论研究》，载《法律科学》2019 年第 2 期，第 100 页。

〔2〕 占善刚、王译：《民事法律规范中"视为"的正确表达——兼对〈民法总则〉"视为"表达初步检讨》，载《河北法学》2018 年第 12 期，第 77 页。

〔3〕 参见李锡鹤：《胎儿不应有法律上利益——〈民法总则草案〉第 16 条质疑》，载《东方法学》2017 年第 1 期，第 6 页。

〔4〕 如中国法学会的《中华人民共和国民法典·民法总则专家建议稿》第 17 条规定：涉及胎儿利益保护的，视为已经出生，法律另有规定的除外。王利明主持的《中华人民共和国民法典·民法总则专家建议稿（征求意见稿）》第 17 条规定：涉及胎儿利益保护的，视为已出生。李永军主持的《中华人民共和国民法总则（专家建议稿）》的第 15 条规定：涉及胎儿利益保护的，视为胎儿已出生，但胎儿娩出时为死体者除外。

〔5〕 参见辞海之家，载 http://www.cihai123.com/cidian/1077898.html

从宏观层面对所欲规范的某类法律关系进行规定的条款，其具有内涵的延展性和外延的开放性特征。与概括式条款相对应的即为列举式条款，其指的是从微观层面将所欲规范的某类法律关系一一予以列举、明示的条款，并排除未列举情形的适用，其具有类型的具体性和范围的不周延性特征。就胎儿利益保护的立法例，从前述列举的大陆法系国家的立法规范来看，也基本采用这两种方式，且采用概括式或列举式的立法例从整体上来看几乎相当。我们不禁会产生这样的疑问，这两种立法例在胎儿利益保护范围的界定上究竟孰优孰劣。欲解决这一疑惑，就需要从这两种立法例的优点和缺点着手进行分析。

概括式立法例的优点在于：一是因概括式条款自身的包容性，使得法律规范的稳定性得以保证；二是赋予法官一定的自由裁量权（在我国主要是指最高人民法院作出的司法解释），从而避免法官在适法过程中的无所适从与案件的堆积。此处的自由裁量权广义上是指在法院审判工作中，法官根据法律（包括司法解释），依据法庭查明的事实，在个人法律意识支配下做出裁判的过程，[1] 而并非英美法系国家狭义的法官造法。而其缺点也突出表现在两个方面：一是法官在具体适用法律规范时，由于缺少具体的规定而增加了法官的工作负担，影响司法效率；二是概括式条款一般难以通过文义解释穷尽其所有含义，往往要借助类型化方法得以进行。列举式立法例的优点和缺点恰恰与概括式的优点和缺点呈现出相对立的局面。列举式的立法规范有利于法官适法并严格限制其自由裁量权，提高司法效率，却无法应对日新月异的变化，也无法在范围上达到完全周延的理想状态。

列举式与概括式，孰优孰劣，是一个争议很大的问题。有的学者认为列举具有具体、明确可见的优点，主张尽可能多用列举而少用内涵原则、灵活的概括；而有的学者则认为概括全面而不留漏洞，应多采用概括。[2] 单纯的概括式立法例和列举式立法例，都无法实现对胎儿利益保护的最理想状态。正如我国《民法总则》的专家意见稿基本都采用概括式的立法模式，而《民法总则》采取的则是列举式的模式，我们也不能断言孰优孰劣。但《民法总则》在立法语言上使用"涉及遗产继承、接受赠与等胎儿利益保护的，胎儿

---

〔1〕 参见张军：《法官的自由裁量权与司法正义》，载《法律科学》2015年第4期，第18页。

〔2〕 参见杨旺年、赵军：《列举、概括在刑事立法中的作用》，载《法律科学》1990年第6期，第66~69页。

视为具有民事权利能力"。一方面将涉及"胎儿利益保护的"以概括式的语句呈现出来；另一方面又将"涉及遗产继承、接受赠与等"情形的以列举的方式将适用情形限定在一定范围内。避免了概括式与列举式自身的不足，但又会产生一个新的问题，即涉及遗产继承、接受赠与等情形的具体范围如何界定，哪类情形得以适用，则需要通过其他研究工具予以确定。

2. 胎儿利益保护的具体方式存有漏洞

"涉及遗产继承、接受赠与等胎儿利益保护的"的立法语言因存在不确定性因素，很容易造成法官在适法过程中出现无所适从的境遇。"等"字一词在汉语世界中有多重含义，其放在列举对象后使用有两重意思，一是表示列举未尽，另一则是表示列举后煞尾。此处的"等"究为何重含义，立法释义书也未具明文，则胎儿利益保护的范围是仅限于遗产继承和接受赠与，还是包括其他情形，如胎儿的损害赔偿请求权是否也可归置于此一范围。

首先，涉及遗产继承的情形。《德国民法典》、《日本民法典》、我国台湾地区"民法"及我国《民法总则》，都对胎儿的继承权问题以法律规范形式予以确认。因为严格遵循"权利能力始于出生"，则胎儿在其父，甚至于出生前其母死亡时就无法进入继承的空间。故赋予胎儿以出生前的继承权，是在立法技术上对胎儿利益保护的科学设计。就胎儿出生时即为死体的，学界基本同意按法定继承方式由其他继承人继承；胎儿出生时为活体，即使是一秒钟，则其继承权就应受法律保护。据此，对涉及遗产继承方面利益的保护，学界基本达成一致共识。李永军教授指出，对胎儿继承权的保护问题，仅仅是出于对胎儿保护之需要，而不是以权利能力为基础的。这种观点值得我们认真思考，既然胎儿继承权的保护都是在胎儿出生时刻才具有意义，即以胎儿出生时的生死状态为标准，为何要在其出生前就附加一个权利能力。个人认为，之所以规定未出生的而胎儿就遗产继承享有权利能力，是基于对胎儿出生前其父母可能因某种不幸而罹难情形的考虑。

其次，未明确接受赠与的实现方式。《中华人民共和国合同法》第 185 条规定：赠与合同是赠与人将自己的财产无偿给予受赠人，受赠人表示接受赠与的合同。就此看来，赠与合同是双方法律行为，而非单方法律行为。这主要基于两个原因：一是当事人自决的原则，二是分配正义的契约观念。[1] 将赠与规定为双方法律行为可以保护受赠人不会忽然被某个债权（Forderung）

---

〔1〕 参见崔建远：《合同法学》，法律出版社 2015 年版，第 347 页。

强加于身，并仅因外人的决定而使得自身的法律境遇（Rechtssphäre）遭到改变。[1]且赋予赠与人以撤销权，保证分配正义理念得以贯彻落实。故此，赠与合同为须经受赠人同意接受而成立的合同。[2]《民法总则》只规定涉及接受赠与的，视为胎儿具有权利能力。但对赠与如何进行却缺乏规定，使得胎儿接受赠与的权利被束之高阁而难以实现。而只有在胎儿涉足民事行为能力范畴之后，我们才能援引《民法总则》第 20 条关于无民事行为能力人如何实施民事法律行为的规定。有学者认为其相当于无民事行为能力人的，如梁慧星教授认为其地位相当于无行为能力人，应当由其父母担任法定代理人。[3]有认为对其行为能力的讨论没有意义的，因为胎儿尚未出生，并非自然人，缺乏具有民事行为能力的载体。但两种观点并没有充足的理论支撑，我们也无法解决在现有立法规范下，从体系解释的角度出发，解决这一理论困境。除此之外，倘将胎儿与无民事行为能力人等同，其行为由其法定代理人代为行使，其法定代理人是谁？也就是说，胎儿出生前与其母体得为一体，视其父母为其法定代理人如何在解释上行得通。

最后，未明确胎儿损害赔偿请求权。关于胎儿遭受损害后的损害赔偿请求权问题，由于我国《民法总则》未明确将这一情形以立法形式予以规定，因而对这一问题的争议最大。王利明教授在其主持的民法典草案中对胎儿的"损害赔偿请求权"在条文中予以明确；[4]尹田教授认为应当在该条列举的事项中加入"侵权损害赔偿"。[5]但最终通过的《民法总则》并未采纳学者们的建议，而并未直接规定侵权损害赔偿。[6]针对胎儿的侵权损害赔偿，沃尔夫将这一问题形象地称之为："活着出生的人是否对他出生前（即在其胎体地形成过程中）因第三人的不法行为导致的他的损害赔偿请求权？"本文认

---

〔1〕 Vgl. MüKoBGB/Koch7. Aufl. 2016, BGB § 516 Rn. 14.

〔2〕 参见李永军：《"契约+非要式+任意撤销权"：赠与的理论模式与规范分析》，载《中国法学》2018 年第 4 期，第 162~164 页。

〔3〕 崔建远：《合同法学》，法律出版社 2015 年版，第 347 页。

〔4〕 《中国民法典人格权法编（草案）建议稿》第 59 条：胎儿的身体健康受到损害的，在其出生后，享有损害赔偿请求权。参见项目主持人王利明：《中国民法典学者建议稿及立法理由·人格权编、婚姻家庭编、继承编》，法律出版社 2005 年版，第 104 页。

〔5〕 参见尹田：《应将侵权损害赔偿引入"胎儿利益保护"》，载《中国人大》2016 年第 14 期，第 21 页。

〔6〕 有意见称，之所以未明确"损害赔偿"，是由于堕胎、计划生育等方面的考虑，避免敏感，以"等"字涵盖。

为，沃尔夫将胎儿损害赔偿请求权适用的情形仅仅限定在第三人的不法行为导致的损害，是不妥的，因为其可能会涉及第三人的过失侵权、胎儿父母的故意侵权等。针对胎儿是否享有损害赔偿请求权，王泽鉴先生认为既然在胎儿出生前即承认其具有权利能力，就其身体、健康（人格权）所受之损害，胎儿当应享有损害赔偿请求权。梁慧星教授也认为，如果胎儿在母亲怀胎期间遭受侵害，可以行使损害赔偿请求权，向法院提起人身伤害的侵权之诉。此类观点承认胎儿在受到损害时已经具有权利能力，可以行使损害赔偿请求权。而拉伦茨则认为，未出生胎儿受侵害问题的关键不在于其是否具有权利能力，为了使得其行使救济权而将民事权利能力提前至出生前是不必要的。[1] 梅迪库斯也认为，受害人在损害行为发生之时是否已经出生或者孕育，从侵权行为方面来说是毫无根据意义的。[2] 即使胎儿受到损害是立即发生的，而损害的后果则是在出生之后才显示出来，由已经具有权利能力的受害人主张损害赔偿请求权也不存在任何障碍。[3] 此类观点则认为胎儿针对其遭受损害的救济，不以视其具有权利能力为必要。针对这一核心争议，出现了生命法益保护说、权利能力说和人身延展保护说以及分期保护说等学说。生命法益保护说的优点是抛开了权利能力制度的束缚，从一个独特的角度去考虑如何给予胎儿保护。但是该说将对胎儿利益的法律保护的理由诉诸"自然"与"创造"，不够严谨，且对法益如何界定，似乎难以操作。[4] 权利能力说遵循了逻辑上的自洽，却陷入概念法学的迷宫，将胎儿因遭受损害而直接死亡的情形排除在保护情形之外。人身延展说认为在自然人出生前或者死亡后，其人格利益亦应受到法律的保护，将此种保护向前延伸就是保护胎儿的人格利益，向后延伸则是保护死者的人格利益。但因其缺乏司法实践的支撑而尚未被司法系统认定为可适用的规则。分期保护说则依据自然科学的理论，对不同阶段的胎儿予以不同的保护，将 3 个月的胎儿赋予其生命权，但此种理论也未被立法者与学界一致采纳。本文认为，争议的关键在于，如果

〔1〕 参见［德］卡尔·拉伦茨：《德国民法通论》，王晓晔等译，法律出版社 2004 年版，第 94~100 页。

〔2〕 参见［德］迪特尔·梅迪库斯：《德国民法总论》，邵建东译，法律出版社 2013 年版，第786~790 页。

〔3〕 梁慧星：《民法总则讲义》，法律出版社 2018 年版，第 58 页。

〔4〕 ［德］迪特尔·梅迪库斯：《德国民法总论》，邵建东译，法律出版社 2013 年版，第 786~787页。

胎儿在出生前的损害，不赋予其权利能力，其在出生后能否主张损害赔偿请求权。胎儿在母体中遭受损害，其损害会一直以现实存在的方式作用于胎儿。换言之，出生前身体遭受的损害，在其出生后表现为器官残损或报废而继续存在。所以当胎儿出生时再去行使损害赔偿请求权，并无任何障碍，也便于具体的司法操作。但其未考虑到由于时间的推移，侵害人的民事行为能力和责任能力发生改变，而导致胎儿利益无法得到充分保护的情形。不妨视胎儿在遭受损害时即具有损害赔偿请求权，并参照无民事行为能力的相关规定由其父母作为代理人代为行使权利。

因此，关于《民法总则》第 16 条，目前主要存在两大理论困境亟待解决：一是对于"视为具有民事权利能力"的合理解释；二是胎儿利益保护的范围及方式如何明确。前者涉及胎儿利益保护的进路问题，后者涉及该条款的适用问题，而这两大问题不加以解决，极有可能造成法官在适法过程中的无所适从，进而对权利主体的利益保护殊有不利。

三、"视为具有民事权利能力"的合理解释

《民法总则》第 16 条是拟制条款无可争议，但法律拟制作为一项重要的立法技术，是将不同的构成要件在规范上做等同的评价，并赋予相同的法律效果的手段。立法者是基于何种本质性的理由作出该种决断，即将"相似事物等同对待"的实质性理由是什么？[1] 也就是说，胎儿缘何能够拟制为具有权利能力而得以保护？这其中的本质性理由为何？仍有待明晰。

（一）"视为"规定的立法技术

所谓法律拟制，在广义上指人们在立法或司法中，运用有限的人类语言对多样、复杂的社会关系、交往对象和社会事实以同一规范或词汇来命名的活动；在狭义上仅指在立法上或法律中以"视为"这一引导词作为规范词，所引出的把两个或两个以上虽然类似、但又有区别的事实纳入同一法律概念或规范（做参照）而处理的立法方式。[2] 法律上的拟制又分为立法技术上的拟制和作为判决理由的拟制。[3]《民法总则》第 16 条规定中的"视为"在用法上即为立法技术上的拟制。作为一种立法技术，法律拟制蕴含着以下法理：

---

〔1〕 参见赵春玉：《法律拟制正当性的诠释学思考》，载《北大法律评论》2016 年第 1 期，第 66~68 页。

〔2〕 谢晖：《论法律拟制、法律虚拟与制度修辞》，载《现代法学》2016 年第 5 期，第 5 页。

〔3〕 〔德〕卡尔·拉伦茨：《法学方法论》，陈爱娥译，商务印书馆 2003 年版，第 142 页。

1. 以类比推理为逻辑基础

在法律思维上，法律拟制以类比推理为逻辑基础。类比推理是通过比较两个事物的相似性而得出未知结论的一种推理形式，其逻辑形式为：A 事物具有 a、b、c、d 的特征，B 事物具有 a、b、c 的特征，A 与 B 具有相似性，故 B 事物也具有 d 的特征。表面看来，类比推理是比较两个事物已知的相似特征，而对不同事物相同处理的或然性推理。[1] 德国法学家考夫曼据此认为，"拟制的本质是一种类推：在一个已证明为重要观点之下，对不同事物相同处理，或者我们说，是在一个以某种关系为标准的相同性中，对不同事物相同处理。"[2] "胎儿的民事权利能力"与"自然人的民事权利能力"虽然同属于民事权利能力范畴，但二者还是存在差异的。"胎儿的民事权利能力"仅指依法享有民事权利能力，而不包括承担义务的能力。在享有民事权利这一点上与自然人的民事权利能力具有相似性。法律拟制条款是以相似性判断为前提，但是，为了简化法律关系，立法者往往有意省略了中间的逻辑环节，相似性判断并不能通过法条本身得以体现，而是直接以"视为"导向了与相似事物的相同的法律效果。

2. 须为实现正当法律目的

在立法理由上，法律拟制须为实现正当的法律目的。两个不同事物之间的比较点的选择、认定是类比推理中极为关键的，而比较点的选择则主要是立法者的价值衡量的结果。A 事物之所以相似于 B 事物往往是立法者根据某种立法目的所作出的决断，所以，类比推理的外部证成实际上是对某一特定价值判断的证成，类比推理的内部证成则是对事物间的相似性的判断。[3] 对法律目的的正当性判断是法律拟制的前提，也是进行法律拟制的根据。对于胎儿利益保护条款，其立法目的在于保护胎儿利益，在涉及继承，接受赠与（包括遗赠）等涉及胎儿利益保护的方面，将胎儿视作具有民事权利能力，以强化对其保护。个人认为，立法者重视胎儿利益保护的用意有三：一是符合民事主体的发展趋势，契合国内外的立法及司法实践均将胎儿置于民法上"人"的范围内进行规范的趋势；二是符合法治理念的内在要求，契合我国民

---

〔1〕 参见王彬：《成年年龄的法律拟制》，载《学术交流》2016 年第 12 期，第 75~76 页。

〔2〕 ［德］亚图·考夫曼：《类推与"事物本质"——兼论类型理论》，吴从周译，颜厥安审校，新学林股份有限公司 1999 年版，第 59 页。

〔3〕 参见王彬：《成年年龄的法律拟制》，载《学术交流》2016 年第 12 期，第 76 页。

法的价值追求和立法精神对人权保障的认可，也体现法律的价值取向；三是符合胎儿生命体独特性，保障胎儿天然权利包括与其成长对应的生命权益与财产权益，能确保其被孕育直至出生。因此，胎儿视为具有民事权利能力具有正当的法律目的。

3. 拟制的事实不允许反驳

在法律效果上，法律拟制的事实不允许反驳。也就是说，只要基础事实成立，即产生法律效果。对于法律拟制条款，当事人只要证明存在基础事实A，即可产生与事实B同样的法律效果，而无需证明A与B之间的关系。因此，在胎儿受到侵害主张损害赔偿时，只需证明损害赔偿的存在，就产生与侵害自然人需损害赔偿的同样的法律效果。

（二）"视为具有民事权利能力"的规范解释

在立法论上，胎儿利益保护条款是运用法律拟制的立法技术对形式合理性的矫正，本质而言，法律拟制是一种权宜之计，是一种善意的伪称。法律拟制是为了实现某种法律目的所做的"决断性"虚构，实际上是披着逻辑外衣的法政策考量。因此，在解释论上必须坚持形式解释，在法律体系内实现该条款抽象法律效果的逻辑统一；同时，通过实质解释实现该条款背后的价值衡量，从而实现该条与其他民事法律制度的融贯，这或许是超越已有解释方法的可能进路。

1. 文义解释

根据文义解释，《民法总则》第16条规定"胎儿视为具有民事权利能力"，第13条规定"……具有民事权利能力"，"视为具有"不同于"具有"，如前文提及法律拟制的技术分析，"具有"同"是"，表示概念之间的同一性，而"视为具有"则基于事物之间的相似性判断。有学者认为，《民法总则》第16条赋予了胎儿一般的权利能力的观点不符合《民法总则》的立法目的与规范本身。[1] 该观点有待商榷，前已述及该条的拟制技术背后的实质目的与规范意义，在此不赘；此外，第16条与第13条规定的民事权利能力条款实际上具有完全不同的意蕴。前者是通过引用性拟制的技术，通过"视为"这一语词引用后者所蕴含的法律效果，引用性拟制主要是对法律效果的引用，"拟制是其手段，引用则为目的"。因此，第16条的规范意旨并非指胎儿具有

---

[1] 李永军：《我国〈民法总则〉第16条关于胎儿利益保护的质疑——基于规范的实证分析与理论研究》，载《法律科学》2019年第2期，第100页。

民事权利能力，而是通过引用性拟制导向与第 13 条相同的法律效果，实现对胎儿利益保护。

2. 体系解释

根据体系解释，《民法总则》第 16 条应当看作是第 13 条的例外规定，但实际上发挥作用的仍然是第 13 条。根据《民法总则》第 13 条，自然人具有民事权利能力，而判断自然人的标准是始于出生终于死亡，是故，未娩出的胎儿仍然不符合自然人"出生"的要件。但是，考虑到其独立性，故对涉及利益保护方面与自然人具有同等的法律效果。胎儿利益保护条款实际上是为了缓和民事权利能力制度的僵化性之举。有学者认为，"不承认胎儿有权利能力但却享有利益，很难自圆其说。在人权保护日益完善的当今，权利能力制度的社会基础已经丧失，主张废除权利能力制度。"[1] 本文赞成其对民事权利能力制度僵化性的质疑，但关于权利能力制度的废除的论断，尚且为时过早。恰如德沃金所言："如果法律未能充分维持其与过去的一致性，那么它将失去其完整性。并且，在这样的情况下，将打乱重要的、已经确立了的社会和商业期待。"[2] 因此，《民法总则》第 16 条所谓的"民事权利能力"实际上是胎儿自母体到娩出时的一种预备性的能力，其活着出生即享有，以第 13 条中的"民事权利能力"去理解似有不妥。

3. 目的解释

胎儿是人的生命的原始阶段，从生理学的角度看，胎儿对母体确实具有依附性，无法脱离母体而独活。但从生命伦理的角度看，胎儿无疑是一个独立的生命体，母体仅具有载体的意义，法律必须予以保护。从各国学者的论述中可见其共识基础，如德国学者拉伦茨认为人的胚胎[3]作为形成中的人，本身需要法律的保护，而且需要保护他将来的权利。[4] 王泽鉴先生认为对未出生前（尤其是胎儿）的保护涉及生命价值，攸关人的尊严。[5] 王利明等教

---

[1] 参见秦伟、杨琳：《民事权利能力质疑论》，《山东大学学报（哲学社会科学版）》2012 年第 1 期，第 102 页。

[2] ［德］罗纳德·德沃金：《认真对待权利》，信春鹰、吴玉章译，中国百科全书出版社 1998 年版，第 1 页。

[3] 此处的胚胎应做胎儿讲。从医学角度上讲，胎儿是指妊娠八周以后的胎体，胚胎是指四周至八周的胎体。法律上的胎儿则不区分胚胎与胎儿，从其受精卵形成时起即视为胎儿。

[4] ［德］卡尔·拉伦茨：《德国民法通论》，王晓晔等译，法律出版社 2004 年版，第 94 页。

[5] 参见王泽鉴：《民法总则》，北京大学出版社 2009 年版，第 112~116 页。

授认为，由于胎儿的利益也是需要保护的，所以法律上需要有专门的制度对此作出规制。[1] 学理和立法的共识均为胎儿利益应受保护提供支撑，但是仍有学者质疑胎儿法律上的利益。[2] 已有研究多认为胎儿利益以民事权利能力的形式得以保护。《民法总则》作为民法典的组成部分，而我国所需要的民法典，是构建在浓厚的人文、人本价值之上，着重对人的尊重与保障，以及必不可少的是对较为弱势的群体给予法律的关怀与帮助。[3] 胎儿利益保护条款，即为立法目的的具体表现。

综上，《民法总则》第 16 条通过法律拟制的立法技术赋予胎儿利益保护的规范效果，弥补了民事权利能力制度的不足，在维护形式合理性的前提下实现了实质合理性。对第 16 条的法律解释，一方面校验了法律拟制技术的妥当性，另一方面规范了法律解释的方式与结果，扫除了胎儿利益保护的进路上的障碍。

四、胎儿利益保护的范围及方式的规则适用

由于胎儿尚未出生，其民事权利的享有和实现必然具有一定的特殊性。在我国现行民法中，除《民法总则》外，对胎儿民事权利的保护只在《中华人民共和国继承法》中有所体现。对胎儿民事权利的保护范围仍需明确，诸如损害赔偿请求权的保护方式也应当得以确认和完善。

（一）法律未规定的事项并非法外空间

在私法领域，我国学者普遍认为日常生活中的人际交往以及纯粹的情谊行为等欠缺创设法律关系意图的举止应当属于法外空间。[4] 考夫曼将法外空间细致地分为三类，即无法律规则的空间、无法律后果的空间和无法律评价的空间。[5] 法外空间本身的内涵和外延难以确定，我们可以反向思维思考，即界定好民事法律关系的范围，不受民事法律关系调整的即为私法上的法外空间，但我们不能得出没有法律规范的领域即为法外空间。而何种生活关系可以认其为法律关系，只有以法律的目的做标准，而予以认定。

---

〔1〕 王利明、杨立新等：《民法学》（第 5 版），法律出版社 2017 年版，第 48 页。

〔2〕 参见李锡鹤：《胎儿不应有法律上利益——〈民法总则草案〉第 16 条质疑》，载《东方法学》2017 年第 1 期，第 11~13 页。

〔3〕 王利明：《民法的人文关怀》，载《中国社会科学》2011 年第 4 期，第 156 页。

〔4〕 谢鸿飞：《论创设法律关系的意图：法律介入社会生活的限度》，载《环球法律评论》2012 年第 3 期，第 22~23 页。

〔5〕 王钢：《法外空间及其范围》，《中外法学》2015 年第 6 期，第 1547 页。

胎儿的损害赔偿请求权问题是法外空间吗？首先，接受赠与视为胎儿具有民事权利能力的一类情形，表明已经将该法律行为置于法律规范的调整范围之内，目的在于保护胎儿的利益，且其确实有法律规则的约束，所以排除其法外空间的可能。其次，胎儿的损害赔偿请求权问题关乎胎儿健康成长以及胎儿母亲的身体权，攸关对生命的敬畏和保护，也绝非仅仅道德层面的问题，显然我们也不能将胎儿的损害赔偿请求权问题置于法外空间范畴。

（二）法律解释学路径的可能性论证

有关法律解释的学说或者方法有很多，且依不同方法得出的结论也不尽相同。从语义学标准出发就胎儿利益保护的范围进行解释，"涉及遗产继承、接受赠与等胎儿利益保护的"的立法规范争议核心在"等"字之上。前已述及，"等"字有双层含义，一为表示列举未尽之用，另一则为表示列举后煞尾之用。我们无法从语义学上得出范围的大小。除此之外，客观目的解释、文义解释、体系解释等也都无法对胎儿的损害赔偿请求权进行科学的解释。制定法文本理论则将界限判定的出发点置于制定法文本，并指出如果立法者要保证被他忽视的事实应当依照解释来裁决，那么他就会宽泛的构造规范，即通过词语选择如"以其他方式"这类条款来进行。[1] 据此，我们从《民法总则》第16条对胎儿利益保护的目的，以及立法者使用"等"字的宽泛式立法语言，可以推断出立法者希望的是法官今后可通过解释的方式来适用相类似的情形，从而尽可能地保护胎儿的相关利益，所以胎儿的损害赔偿请求权问题得以依靠法律解释的方法予以解决。

但在司法实践中产生了两种看法，一种是承认胎儿的损害赔偿请求权；另一种是否认胎儿的损害赔偿请求权。到底胎儿是否应该享有因受侵害而产生的损害赔偿请求权呢？在司法实践中如何行使？个人认为，只要涉及胎儿利益保护的，且不会给胎儿增加"负担"的，都可以将其视为胎儿利益应受保护的范围之内，如受遗赠之权利等。至于胎儿的损害赔偿请求权如何进行，则并非依靠解释工具就能解决的。

（三）漏洞的确认、填补及规则适用

法律漏洞是指"实然"不及"应然"标准的状态。德国学者拉伦茨认

---

〔1〕 雷磊：《类比法律论证——以德国学说为出发点》，中国政法大学出版社2011年版，第106~107页。

为，法律漏洞是指法律违反计划性的不圆满性。[1] 有关涉及接受赠与的情形，视为胎儿具有权利能力的规定。因欠缺当前事态所必要之规范，对胎儿接受赠与如何进行形成规范，使得这一规范与立法者保护胎儿利益的初衷不相符合，此为违反计划性的不圆满性。因其超出了法律规定的可能语义的范围，我们无法运用解释论的工具解决这一问题，于是我们就须依靠填补漏洞的方法来找寻规范的出路。而法律漏洞之填补方法常为三种，一则依习惯，二则依法理，三则依判例。根据漏洞之类型，我们无法依习惯及判例而解决，遂只能依法理之类比论证方法寻找规范出路。

类比论证是指将一条法律规则扩大适用于一种并不为该规则所规范，但被认为是属于该规则的政策或者规范目的的范围之内的事实的情形。[2] 类比论证的前提在于法律已经规定的事实构成与待决事实构成"类似性"，且两者在法律上应作相同的评价。藉此，我们依托类比论证之工具，对胎儿接受赠与等双方法律行为是否得以参照《民法总则》第 20 条之规定进行予以论证。

首先，《民法总则》第 20 条设立的目的在于保护未成年中无民事行为能力人的利益。此则明确立法者于某项法律规范订立之际对预想事件的利益状态。

其次，胎儿和未满 8 周岁的未成年人具有较大的相似性，即都为生命体的存在，且在民事行为能力上均为"真空"状态。此则胎儿与无民事行为能力人的未成年人的类似性。

最后，胎儿未出生与已出生的未成年人之不同，不能作为胎儿不得援引此条规范的充分理由，因为《民法总则》第 20 条未明确限制只有无民事行为能力的未成年人方得适用。此则从反面论证的角度，论证原因相似法律规范的可能性。

有鉴于此，胎儿涉及接受赠与视为具有民事权利能力的，其赠与如何进行，可准用《民法总则》有关无民事行为能力人由其法定代理人代为实施民事法律行为或依最高人民法院《关于贯彻执行〈中华人民共和国民法通则〉若干问题的意见（试行）》之规定无民事行为能力实施的纯获益的行为有效。

---

〔1〕 违反计划可理解为立法者立法时的目标和方向，不圆满性则指欠缺必要的规范或规范不甚完全。

〔2〕 ［美］E. 博登海默：《法理学：法律哲学与法律方法》，邓正来译，中国政法大学出版社 1999 年版，第 494 页。

而关于胎儿的损害赔偿请求权，个人倾向于将损害赔偿请求权解释在"等"的范围之内，至于损害赔偿请求权如何进行，则在其出生后由其独立提起损害赔偿请求，在其未出生时，由其代理人提出，即可有效地维护胎儿利益。由此，涉及接受赠与等双方法律行为之情形，将胎儿视为无民事行为能力的未成年人，则法律行为进行的障碍得以扫除，并且胎儿的损害赔偿问题也迎刃而解。

五、结语

胎儿"视为具有民事权利能力"，作为《民法总则》自然人制度中的一大亮点，无疑对解决实践中交通事故损害赔偿、人身损害赔偿、医疗事故、侵权行为等涉及胎儿利益的纠纷有所裨益。立法采用"视为具有民事权利能力"的表述，使法律拟制技术在该条中得以规范应用，为该条的制度意蕴的规范表达提供了技术支撑。运用文义解释、体系解释及目的解释，能够为该条在逻辑及体系上扫除障碍。关于"涉及遗产继承、接受赠与等与胎儿利益保护的"，文本以"列举＋概括"的方式对胎儿利益保护范围予以界定，但存有法律漏洞，即接受赠与的操作不明、损害赔偿请求权欠缺。对此进行法律解释时，宜将涉及胎儿接受赠与之权利、损害赔偿请求权等均作为胎儿民事权利能力的范围，但应以不得给胎儿增加任何的"负担"或义务为原则。至于接受赠与与损害赔偿请求权如何进行，则应当依赖于法定代理人代为进行。我们知道，民法典的规范表达，彰显着一国在法律规范制定中语言风格的选择、条文表达的结构、立法技术的水平等，是民法典编纂中不可忽视的重要问题。整体而言，《民法总则》立法的科学化做得较好，尽管个别条文存有疏漏。对于已经发现的法律漏洞，既可以通过司法解释或指导性案例的形式予以填补，也可以在民法典各分编立法予以呼应，若仍未能解决，则待民法典各分编完成后民法典一体通过之时作出调整。

Fintech 可专利性初探

——兼议《专利法》第 2 条修改

王嘉良 *

摘　要：技术是 Fintech 的第一属性，而在 Fintech 法律问题研究中，专利法问题没有得到应有的重视。在 Fintech 专利法问题研究中，Fintech 可专利性是首先要回答的问题。本文结合我国司法案例和 Fintech 专利，否定了实践中关于"Fintech 专利是技术方案还是商业方案"的讨论，并认为 Fintech 可专利性的关键在于其判断标准。本文在考察美国经验的基础上，借鉴"艾莉丝两步法"提出了对我国《专利法》第 2 条[1]的修改建议，即将该条款中的"技术方案"更改为"技术方案以及与技术方案紧密相关的商业方案"，并以"人工完成的效果"作为检验 Fintech 是否符合上述定义的实际操作标准。

关键词：Fintech　可专利性　艾莉丝两步法　人工完成效果

---

* 王嘉良，中国政法大学民商经济法学院民商法专业 2017 级博士研究生（100088）。

[1]　《中华人民共和国专利法》第 2 条：本法所称的发明创造是指发明、实用新型和外观设计。发明，是指对产品、方法或者其改进所提出的新的技术方案。实用新型，是指对产品的形状、构造或者其结合所提出的适于实用的新的技术方案。外观设计，是指对产品的形状、图案或者其结合以及色彩与形状、图案的结合所作出的富有美感并适于工业应用的新设计。

一、问题的提出

金融业与高科技的融合产生了近年火热的 Fintech 概念。Fintech 意即金融科技，为 finance 与 technology 的合体，是科技手段改造金融行业的方法。[1] Fintech 本质是一种技术，因其高效而为金融机构大幅提高效率并减少其成本。Fintech 所包含的区块链、金融类人工智能、云计算和大数据等技术将金融业完全的数字化，颠覆了大量传统金融活动的操作方法与流程，其完全以数据为依托的特点将降低人们消费金融服务的价格，彻底改变金融业消费者银行业务、投资与财富金融业务、支付与汇款业务、监管方式等多方面的面貌。[2] 然而，Fintech 又因其技术属性使得金融机构被动卷入了与高科技企业的专利竞争。但囿于 Fintech 的运用范围为金融业，学者往往更加关注 Fintech 运用过程中的合规与监管问题，故学术成果多集中于金融法领域，如 Fintech 改造金融的方式与影响，以及如何对 Fintech 进行有效的监管。而金融法的研究进路却忽视了 Fintech 本身的技术属性，忽视了 Fintech 竞争中的专利这一核心问题。目前，行政机关授予专利权与司法机关审理专利纠纷案件时，就 Fintech 是否可专利这一核心问题存在不同的标准（基于此，下文中"Fintech 专利"是特指已经被行政机关授予专利权的专利），阻碍了 Fintech 的发展。本文拟从专利法的角度，结合相关行政和司法领域的案例，从 Fintech 的可专利性这一角度进行探索，旨在为解决上述标准不一的问题提供解决方案，并为进一步完善正在修订过程中的专利法提出相关建议。

二、Fintech 的类型与 Fintech 专利竞争概述

（一）Fintech 的应用

Fintech 的应用主要体现在以下三个方面：

第一，区块链，起源于比特币，比特币在公共总账系统中被记录，记录比特币的公共总账系统称为"区块链"。[3] 区块链有如下作用：①保护隐私，区块链是不同于传统数据库集中化架构的去信任分布式架构，产生数据的人

---

〔1〕 金融科技中的科技一般指运用了人工智能、区块链、云计算等相关技术的统称。

〔2〕 参见［美］小杰伊·D. 威尔逊：《金融科技——FinTech 定义未来商业价值》，王勇、段炼等译，人民邮电出版社 2018 年版，第 3~17 页。

〔3〕 这一公共总账系统本质为一种分布式的数据库，它的功能是将一定数量的数据进行打包。打包的数据被盖上了时间戳成为"区块"，区块与区块通过加密算法进行链接，这些链接就是"链"。

同时也是数据的维护者，[1] 并且因其是所有匿名者的集合，故不可能随意更改，除非经过所有人同意。②提高金融活动的效率，例如通过区块链进行转账，可以瞬间到账。③降低使用成本，例如利用区块链进行汇款，可减少中间环节，免除了传统国际电汇方式汇款过程中所产生的汇款费、托收费、入账费等费用。

第二，金融类人工智能，主要体现在两个方面：一是智能业务系统，典型代表包括智能投顾、自动结算、自动理赔，这些系统正在瓦解原有的金融投资体系，例如由 Fintech 人工智能管理的基金（如 wealthfront 基金管理公司）不仅不收取管理费而且盈利高，而传统私募基金平均需要收取约管理资金的 5%作为管理费且收益无法保证。二是金融监管系统，上海证券交易所与深圳证券交易所利用人工智能的投资者画像功能与关联性分析功能，能够准确识别出非法可疑交易与关联交易，解决了长期以来的监管困局。

第三，金融类大数据与云计算，往往与人工智能紧密相联，人工智能依靠大数据的整理与采集，不断以数据聚集（采集、沉淀、分类）形成特定算法，不断进行自我完善，形成进行深度学习的神经网络，提高了金融业的数据存储能力与处理速度。

（二）Fintech 专利的竞争

Fintech 的本质在于运用技术重构传统金融业的价值，而专利就是驱动变革的引擎。鉴于 Fintech 的快速发展以及 Fintech 专利数量激增，金融业相关主体越来越担忧传统的盈利模式无法持续下去，因而加大在 Fintech 领域的研发，并加快 Fintech 领域专利申请，以增强其在金融 3.0 时代的竞争优势。

在世界范围内，Fintech 领域申请专利的主体主要是两类：一是高科技公司，如谷歌、苹果、百度等；二是金融机构，如美国银行、摩根大通、中国平安等。大规模申请 Fintech 领域相关专利主要出于两方面动因：一为主动选择；二为被动防守。主动选择的考量首先在于构筑专利护城河，达到排除他方竞争的目的；其次，如果企业自身所拥有的 Fintech 专利成为行业标准，即意味着该企业拥有了掌握行业话语权的优势；最后，Fintech 专利的创新性大多是基于对商业方法的改进，因此其研发与申请成本总体上低于基础类专利，企业有意愿也有能力对此进行主动布局。被动选择的考量因素一是不愿意向

---

〔1〕 李中、周思宇、李杨编著：《审慎变革：区块链与证券市场的未来之路》，清华大学出版社 2018 年版，第 3 页。

专利持有者支付专利许可费，二是使用其他企业的专利具有不确定性，将对自己的商业布局产生影响。譬如某银行采用已授予专利权的依据全新区块链搭建的转账系统开展相关业务，当用户已对相应流程熟悉后，如若该系统的专利权人不再授权银行继续使用，将会对银行的相关业务产生较大冲击。

以美国银行为例，作为全美第二的金融机构，其已拥有大量的 Fintech 专利。从美国专利商标局（USPTO）网站可检索到美国银行持有近百件区块链专利，主要聚焦于分布式账本如何更好更快的运用在支付领域。IPRdaily《2018 年全球金融科技发明专利报告》显示，2018 年全球金融科技发明专利申请量前 5 名的企业及数量分别是：中国平安 1205 项、阿里巴巴 1147 项、MasterCard 1002 项、IBM 469 项、Google 447 项，这也表明 Fintech 所带来的新金融产业的参与者已经不再局限于原有的金融机构。大量高科技企业增加研发经费，快速地进入 Fintech 领域。无论是金融机构还是高科技企业都将 Fintech 视为抢占金融话语权的制高点，在区块链、物联网、云端计算、智能合约、结算系统等领域进行竞争。原本和传统金融领域毫不相干的专利，也逐渐成为竞争中的主导力量。

三、Fintech 专利之辩——技术方案还是商业方案

在实践中，金融从业人员极易混淆 Fintech 概念与互联网金融概念，但实际上二者有本质区别，互联网金融严格意义上讲是一种金融运行的模式，而 Fintech 本质上是技术。但相较于上述 Fintech 与互联网金融概念之混同，更容易使人产生疑惑的是，Fintech 本身到底是新的技术还是新的商业方案。从语义上来讲，Fintech——金融科技本质为技术而非商业方案；从专利法范畴来讲，因 Fintech 的专利申请集中在发明专利与实用新型专利，故 Fintech 专利应意味着其为技术方案。但答案并非如此简单。在实践中仍然存在行政机关将部分金融商业方案授予专利权的做法，这与司法机关在审理专利纠纷案件中仅认可金融技术方案可被授予专利权的观点并不一致。故仅从语义进行辨析尚无法回答 Fintech 专利的本质之辩这一问题，还需要弄清楚实践中行政机关与司法机关产生分歧的原因，这是解决 Fintech 专利的本质之辩的前提和关键。

（一）观点一：Fintech 是技术方案

从司法实践来说，根据《中华人民共和国专利法》（以下简称《专利法》）第 2 条之规定，Fintech 只能是技术方案，而不能为商业方案。代表性案例为蒋华与国家知识产权局专利复审委员会一案。[1] 基本案情如下：蒋华发明了一种虚拟币称其为"信息币"，专利申请号为 201310118862.X。蒋华因始终未通过专利行政部门的专利审查，遂提起诉讼。根据蒋华的专利权利要求书，其权利要求如下：①信息币的独立请求权；②信息街道的权利；③信息币职能的权利；④信息币的运行规律和运行规律图，即信息街道管理系统工程技术的权利；⑤信息街道树图网格搜索引擎技术的权利。法院认为，涉案 5 项权利要求皆不属于技术方案，不应授予专利，理由如下：权利 1、权利 2、权利 3、权利 4 均采用的是对该权利的名称进行定义的手段，是人为制定的社会活动规则，要解决的并非技术问题，故不属于技术方案。其中权利 3 和权利 4 虽然涉及软件技术、摄影摄像技术等技术特征，但仅是在上述既有技术基础上人为制定的社会活动规则，并非改进技术本身，所获得的效果也是在人为制定的规则上带来的，并非技术效果。权利 5 采用的是对权利 2 信息街道涉及的网站进行目录编排，亦不属于技术方案。故法院依据《专利法》第 2 条驳回了蒋华的诉讼请求。从近期的司法判例来看，法院对 Fintech 能否被授予专利权的观点基本一致，即严格依照《专利法》第 2 条予以判断。但行政机关对此问题的态度在 2017 年之后发生了重大转变，采取了与司法机关不同的标准，下文将予以详述。

（二）观点二：Fintech 可以是商业方案

搜索近三年的 Fintech 专利可以发现，大部分 Fintech 专利因其技术属性较为突出而被认定为技术方案，因此被行政机关授予专利权。但仍有一部分 Fintech 专利的技术属性不强，从本质上来说，应归属于商业方案。由此可见，实践中行政机关对 Fintech 授予专利权的标准并未严格遵守《专利法》第 2 条的规定，使得 Fintech 能否被授予专利权具有不确定性。究其原因，一方面是不同主体对技术本身存在不同的理解与认知，无法严格区分技术方案与商业方案；另一方面则是受规范层面的影响。我国《专利审查指南》是专利行政机关处理专利授权、专利复审和专利无效的指南与参考。国家知识产权局在 2017 年发布《关于修改〈专利审查指南〉的决定》（2017 第 74 号）（以下简称《决定》），其中规定了涉及商业模式的权利要求，如果既包含商业规则和方法的内容，又包含技术特征，则不应当依据《专利法》第 25 条排除其获得

---

[1]　裁判法院：北京知识产权法院；案号：（2017）京 73 行初 7331 号。

专利权的可能性,[1] 这一规定为 Fintech 申请专利打开了大门,改变了《专利法》第 2 条对于商业方案不属于技术方案而属于"智力活动"的界定,大量 Fintech（尤其是金融技术中涉及软件的部分）具有了可专利性。当然,《决定》并没有完全承认商业方案一定能被授予专利权,而是将能够授予专利权的商业方案限缩在必须包含技术特征这一要求上。《决定》极大地促进了我国就 Fintech 申请专利的积极性,Fintech 专利数量从 2017 年开始呈现井喷式增长。《决定》是专利行政机关对科技社会需求的回应,值得肯定。尤其是 Fintech 属于新兴科技,具有改良金融业的潜力,故《决定》体现了国家战略层面的考量,因为一旦丧失 Fintech 这一新兴赛道的优势,就丧失了金融话语权。对新兴科技领域的专利授权采取适度宽松的标准,有利于产业的健康发展与促进行业活力。

但是很明显的,《决定》的内容与《专利法》第 2 条相抵触,这势必造成行政机关在决定是否对 Fintech 授予专利权时参考《专利审查指南》,而司法案件在审判时则必须依据《专利法》第 2 条进行判断的矛盾。以 201710027718.3（专利申请号）这一专利为例,按照专利文献的说明,该专利的内容是"关于银行业务产生数据的处理方法与处理信息的系统",可以解决原有的银行业务处理方法与系统经常会发生延迟处理的问题。该系统首先是银行服务器存记数据,在信息处理系统检测到服务器完成上一步骤后自动匹配相应的服务流程,再利用数据与业务类型之间的匹配关系将相匹配的数据发给对应的服务器。根据这一专利说明的内容,可以将此专利解释为技术方案;因该处理方法与处理信息的系统是建立在已有的技术基础之上、利用人为制定的社会活动规则运行的,并非改进技术本身,故若依据司法机关对该类权利要求所持的观点,其亦可被解释为商业方案而非技术方案。在前文所述的蒋华案中,行政机关依据尚未修改的《专利审查指南》未授予蒋华专利权,而该案进入司法程序时,《专利审查指南》已被修改,司法机关仍坚持以《专利法》第 2 条为判断标准。201710027718.3 号的专利内容与蒋华案的权利要求性质趋同,但是否可专利的结果并不相同,足以体现行政机关在

---

〔1〕 《关于修改〈专利审查指南〉的决定》（2017）第 1 条:第二部分第一章第 4.2 节的修改,在《专利审查指南》第二部分第一章第 4.2 节第（2）项之后新增一段,内容如下:【例如】涉及商业模式的权利要求,如果既包含商业规则和方法的内容,又包含技术特征,则不应当依据《专利法》第 25 条排除其获得专利权的可能性。

《专利审查指南》被修改之后对 Fintech 能否被授予专利权采取了更为宽容的态度，并未遵循统一标准，同时也体现了司法机关对《专利法》第 2 条的"专一"。

四、Fintech 可专利性标准的域外经验

Fintech 是技术方案还是商业方案这一问题看似容易回答，实则不然。这一问题不仅未因成文法明确的规定而清晰，反而因商业竞争的国际化、政策鼓励的导向、行政与司法的脱节变得愈加复杂。有时无法得出答案的问题应去反思是否问题出现了问题。本文认为，目前争议的"Fintech 是技术方案还是商业方案"这一问题，其本身就是一个错误的问题。Fintech 是否可专利性不应是二者择一的选择题，而应是探索 Fintech 可专利性标准的论述题。

从上文的论述可知，符合技术方案条件的 Fintech 一定可以被授予专利权，具有技术因素的商业方案可能被授予专利权。那么，如果把可专利的 Fintech 看作一个集合，判断哪些是排除在此集合之外的 Fintech 是最重要的问题。换言之，问题的实质在于，可专利的 Fintech 与非可专利的 Fintech 的边界在哪里，在法学探讨的语境下即为 Fintech 是否可专利的判断标准是什么。

本文认为，该判断标准一定不是《专利法》第 2 条所规定的"是否为技术方案"。目前，从我国立法与有限的司法判决中并不能寻求到这一问题的有效答案。需要适当参考域外法经验。观察全球范围内 Fintech 专利的发展会发现一个有趣的现象：专利申请数量我国名列第一，而 Fintech 诉讼数量则是美国第一。美国作为专利诉讼第一大国同时也作为判例法国家，其专利判决具有极高的研究价值。下文选取美国 Fintech 专利案件中最具代表性的两件案例进行分析，以寻找判断我国 Fintech 是否可专利的标准的合适路径。

（一）艾莉丝公司诉结算银行案[1]

艾莉丝公司诉结算银行案（以下简称"艾莉丝公司案"），是 Fintech 专利案件中由美国联邦最高法院审判的案件，具有最高的法律效力，该案确立了判断 Fintech 是否可专利的至关重要的标准，即"艾莉丝两步法"。艾莉丝公司拥有多项财务事项管理与财务风险控制的相关专利。艾莉丝公司认为，结算银行侵犯了自己一项关于降低双方交易财务风险的专利，遂起诉至地方法院。该专利内容是一项"电子系统"。该系统可以获知交易双方账户信息，实时更新交易双方的交易情况，并将信息储存在自己的系统中，由此判断各

---

〔1〕 Alice Corp. v. Cls Bank，134 U. S. 2347, 2350（2014）.

方是否有能力履行即将进行的交易。如果双方都有能力履行即将发生的交易，电子系统作为中介将会批准双方交易，由此降低了双方的交易风险。

为解决结算银行是否构成专利侵权这一争议，法院启动了交叉动议，即需要对已被授予专利权的涉案技术是否具有可专利性进行审查。地区法院与上诉巡回法院皆认为，涉诉专利所涵盖的电子系统作为中介降低双方交易行为的风险具有抽象性，因此不应被授予专利权，但并未解释为什么这一技术具有抽象性及抽象性的具体内涵，即未解释相关技术可专利的判断标准是什么。美国联邦最高法院经审理认为涉诉专利不具有可专利性，在其裁判文书中确立了"艾莉丝两步法"，即第一步，检索该技术权利请求是否与自然法则、规律、现象与抽象概念相关联。如果第一步的答案为"是"，[1] 则再进入第二步。第二步，需要检索附加特征（即抽象概念的局部）是否具有发明概念，如果第二步的答案为"否"，则该技术权利请求不具有发明概念，不可被授予专利权。该案中，艾莉丝公司持有的涉诉技术被判定为抽象概念，所以进入第二步检索，因该技术的附加特征被认为不具有发明概念，故美国联邦最高法院认定该权利请求不具有可专利性。

（二）巴斯科姆全球互联网服务公司诉美国电话电报公司案[2]

艾莉丝公司案后，Fintech 专利诉讼全部被法院以不符合"艾莉丝两步法"而判定专利无效。直到巴斯科姆全球互联网服务公司诉美国电话电报公司案（以下简称"巴斯科姆案"）这一典型案例的出现，才扭转了 Fintech 专利在司法实践中一律被判定无效的局面。巴斯科姆案的初审法院与上诉法院都是运用"艾莉丝两步法"对涉诉专利进行判断，但却得出了不同的结论。

本案诉讼争议涉及的技术是"用于过滤互联网内容的系统"。根据专利权利说明书，这是一种内容过滤系统，用于过滤由各个受控访问网络账户从互联网计算机网络检索的内容。这个过滤系统包括：①本地客户端计算机，为所述个人受控访问网络账户生成网络访问请求；②至少一种过滤方案；③多组逻辑过滤元件；④连接到客户端互联网的远程互联网服务器，互联网服务提供商（ISP）的服务器将客户端计算机与最少一个过滤方案连接。美国电话

---

〔1〕 如果第一步答案为"否"，则具有可被专利性的可能，应依一般的专利授权标准即专利的三性予以判断。

〔2〕 Bascom Global Internet Services, Inc. v. AT&T Mobility LLC, AT&T CORP, 827 F. 3d 1341, 1341-1344（Fed. Cir2016）

电报公司认为，争议专利指向"过滤网络内容"属于《美国专利法》第101条中的抽象概念，应为不可授予专利权的范畴。

初审法院和上诉法院经审理均认为，涉诉专利指向"过滤网络内容"，因网络提供的内容等同于书籍、杂志、电视、电影等传统方式提供的内容，该内容具有抽象性，因此"过滤网络内容"具有抽象性。法院由此判定巴斯科姆公司所持有的专利符合"艾莉丝两步法"的第一步。但在"艾莉丝两步法"的第二步上，初审法院与上诉法院产生了分歧。初审法院判定该专利不符合"艾莉丝两步法"第二步，判断过程分为三个层次：首先巴斯科姆公司的该项专利不存在发明概念；其次从争议专利的细节——过滤机制来看，过滤机制中的限制条件同样属于抽象概念，亦不存在发明概念；最后将所有限制条件进行整体性考量，也仍然为抽象概念。但是上诉法院判定该专利符合"艾莉丝两步法"，理由如下：诉争专利并非通常的、普遍意义上的对网络内容进行过滤，而是给出了这一过滤机制实施的技术方案。这一技术方案与普遍意义上的网络过滤机制技术的不同点在于，互联网服务提供商可以为消费端提供完全个性化的过滤方法。这样个性化的安排属于技术进步，因此具有发明概念，符合"艾莉丝两步法"的第二步，具有可专利性。从两级法院的不同判决来看，初审法院只是粗糙地考虑到局部的一个过滤机制不具有发明概念，就认定局部不具有发明概念，然后简单地将这一过滤机制相加作为整体，以此认定其整体不具有发明概念。而上诉法院则探究了每一个技术细节，发掘了一项不同于普遍意义上的过滤机制，寻找到了局部的发明概念。巴斯科姆案是美国法院继艾莉丝公司案后针对"可专利性"的又一重要判决，对于阐述"艾莉丝两步法"中第二步的内涵具有重要参考意义。

五、Fintech可专利性判断标准建议

（一）"艾莉丝两步法"之评价

根据《美国专利法》第102条的规定，自然规律、自然法则与抽象性概念是不可被专利的。[1] 自然规律、自然法则与抽象性概念被认为是人类最好的观念与共同的财富。[2] "艾莉丝两步法"的判断标准实质上是对《美国专利法》第102条中关于抽象性概念不可被专利的修正。美国多家专利流氓公

---

〔1〕 35U. S. C. § 102 (2006).

〔2〕 Robert Patrick Mergers & John Fitzgerald Duffy, *Patent Law and Policy* 175 (7ᵗʰ ed., Crolina Academic Press 2017).

司预先对网络转账、加密服务、交易监控等 Fintech 恶意注册专利权，意图通过起诉其他实体专利侵权的诉讼取得经济回报。在艾莉丝公司案之前，这些恶意诉讼屡有斩获。但艾莉丝公司案之后，专利流氓公司对大型银行与券商的诉讼大多以败诉告终。这是艾莉丝公司案积极的一面。但目前针对"艾莉丝两步法"的批评声音占据主流，主要理由如下：一是大量应该被授予专利权的 Fintech 因此而被判定为无效；二是金融企业与高科技公司已经申请的 Fintech 专利变得具有不确定性；三是这一标准被认为阻碍了 Fintech 的发展。同时，"艾莉丝两步法"并不是金标准，并非判断 Fintech 是否可专利性的"金科玉律"。巴斯科姆案两级法院的不同判决表明，在实际操作中，"艾莉丝两步法"的判断标准针对同一项权利请求可能会因该权利请求过于复杂、审查主体认知水平不一等因素造成不同的审查结果，即 Fintech 是否可专利性又会有不同的回答。可见，奉为圭臬的"艾莉丝两步法"存在应用难度过高导致结果不同的问题。

为了扭转过多的权利请求无法被授予专利权这一局面，美国专利商标局于 2019 年修改了专利审查标准，对抽象性进行了具体定义，即数学概念、心理想法、组织活动的规则属于抽象性概念。根据这一定义，大部分 Fintech 可以被认为不具有抽象性，因而具有可专利性。但因美国是判例法国家，必须遵循"艾莉丝两步法"这一判断标准，所以美国也势必出现与中国类似的司法判断标准与行政机关授予专利权的标准不统一的问题。可见，这样的现象并不是偶然。虽然专利是私有权利，具有强排他性，但专利的获得需要经过行政机关的认定，因此具有了公权属性。行政机关与司法机关的行为驱动又不相同，从而对于 Fintech 是否可专利性产生了不同的标准。行政机关需要承担促进社会技术发展的责任并保证企业、国家在专利竞争中获得优势；司法机关则需要考量的是权利请求被授予专利权是否符合法律规定或者裁判先例。不同主体的不同目的产生了中国与美国相似的法律问题与法律现象。不同的是，美国法院在司法实践中就 Fintech 可专利性上已经确定了"艾莉丝两步法"这一判断标准，尽管这一标准广受诟病，但相较于中国法院只能遵循《专利法》第 2 条关于技术方案的规定，"艾莉丝两步法"至少向法院提供了具有操作步骤的方案。

（二）《专利法》第 2 条之修改建议

我国即将对《专利法》进行修改。本文认为，在这样的背景下，为了 Fintech 的发展与金融行业的稳定，应对《专利法》第 2 条进行修改，尽快在

《专利法》层面确立 Fintech 是否可专利的判断标准，以统一司法机关与行政机关对于 Fintech 专利的认识。

综合我国与美国的实践经验，本文建议《专利法》第 2 条应将发明与实用新型只能是"技术方案"更改为"技术方案以及与技术方案紧密相关的商业方案"。当然，技术方案中的技术也是难以定义的抽象措辞。世界知识产权组织（WIPO）在"专利实体条约"讨论过程中出现过两种不同意见。美国建议将"所有技术领域发明"改为"所有活动领域发明"。欧盟坚决反对美方意见，认为"技术"可对"专利"予以限制以达到避免专利泛滥的作用。[1] 两方争议焦点实质在于"放开"与"限制"可专利性标准。美方因技术能力强大所以希望更多权利被授予专利权，欧盟的技术能力相较于美方稍弱所以期望予以限制。回归到 Fintech 可专利性问题，本文认为坚持"技术"会过分限缩 Fintech 的可专利性，而放弃"技术"又会使专利泛滥，故本文建议的"技术方案以及与技术方案紧密相关的商业方案"属于折中方案，并且，这一界定可以解决 Fintech 是技术方案还是商业方案的争论。

但是，仅仅对发明与实用新型重新定义为"技术方案以及与技术方案紧密相关的商业方案"还不足够，因为在实践中仍然存在无法操作的问题。"艾莉丝两步法"给出的判断标准具有一定的操作性，值得我国借鉴，我国应当建立与其类似的操作标准。但根据上文分析，"艾莉丝两步法"的操作难度较大，同时判断标准在实践中被证明太过严苛，因此我国需要比"艾莉丝两步法"更易操作也更加宽松的标准。本文认为，"人工完成的效果"是判断 Fintech 专利是否可专利性的更好的标准，这一判断标准分为两步，第一步：如果该项权利指向的效果不能由人工完成，则具有可专利性，在此基础上再判断其是否符合专利的三性要求；如果该项权利指向的效果能由人工完成，则进入第二步。第二步：比较人工完成的效果与该项权利指向的技术完成的效果差异是否在合理比例之内，如果超过合理比例，则具有可专利性，在此基础上再判断其是否符合专利的三性要求；如果符合合理比例，则不具有可专利性，合理比例应当以常人的认知为标准。举例来说，普通理赔员在保险业务理赔中不能做到完全准确，但相关 Fintech 能达到完全准确，这项 Fintech 就可被授予专利权。再如，普通银行员工记账需要 3 小时，相关 Fintech 记账需要 2 小时，这项技术的效果并未超过合理比例，因此不应被授予专利权。"人

---

〔1〕　参见尹新天:《中国专利法详解》（缩编版），知识产权出版社 2012 年版，第 17 页。

工完成的效果"这一标准的好处在于，可以使先进的 Fintech 具有可专利性，又不至于因专利申请标准过低导致恶性竞争，同时避免了"艾莉丝两步法"操作难度较大的问题。

六、结语

Fintech 的法律规制不仅是金融法领域的问题，更与专利法领域密切相关。司法机关之间、司法机关与行政机关之间对于可专利性标准认识的不统一阻碍了 Fintech 的发展。合理稳定的 Fintech 可专利标准将有效提升 Fintech 技术水平。无论是对国家还是对企业，Fintech 的技术优势事关效率，这样的优势亦可转化为金融话语权。《专利法》第 2 条属于总则的内容，总则是《专利法》提纲挈领的部分，而第 2 条又是该部分的关键，影响重大。第 2 条所涉及的专利概念以及可专利标准在国内实践中争论已久，在国际条约制定中也有类似争论。不同的利益角度决定了不同的价值取向，产生了不同的标准。但无论是采取"限制"抑或"放松"的取向，其可专利的标准都需要统一。在我国《专利法》正在第四次修订的背景下，本文就 Fintech 的可专利性标准抛砖引玉，以供参考。

法学视野下我国企业社会责任评述

彭钰栋 *

摘　要：我国法学界对企业社会责任的讨论起步较晚，2005 年《公司法》加入了第 5 条社会责任条款之后才形成了较为系统的讨论。初期讨论集中于探索企业社会责任在法律中的性质，主要针对第 5 条的属性和作用展开论述，虽并未达成共识，但使得更多的法学学者关注到了企业社会责任这个议题。随后不仅发展出了法学领域独特的理论基础，学者关注的焦点也向劳工、消费者和环境等分支领域展开，同时出现了按照企业类型和规模划分的企业社会责任。在这基础之上，为了更好地实现企业社会责任，我国学者从专门立法、国际标准引入和公司治理等多个层面上提出了自己的尝试，但始终未能构建较为完善的法律体系。因此，回顾我国企业社会责任法律化进程，在缺少系统性立法的情况下，如何建立道德责任和法律责任的联系，如何对《公司法》第 5 条进行解释，如何构建一套完善的企业社会责任法律体系都将是今后研究的重点。

关键词：企业社会责任　法律化　《公司法》第 5 条　软法

---

　　*　彭钰栋，中国政法大学比较法学研究院 2017 级比较法学博士研究生（100088）。

　　企业社会责任作为 20 世纪西方企业理论中较为重要的一项研究领域，其重点在于对工业革命以后资本主义企业发展所带来的各项社会问题进行反思，力图让企业在赚取高额利润的同时能够承担起更多的社会责任，促进社会的公平发展。这一套理论建立在以企业自愿履行企业社会责任以获得良好声誉的基础之上，从而使得企业在经营活动中与社会形成一个良性循环。但是实际上会发生企业没有履行自己对于社会的承诺的问题，又因为这些承诺许多不是法律所规定的内容，使得这种以道德责任为核心的企业社会责任最终沦为企业标榜自身的工具。因此，企业社会责任的法律化逐渐被学者们关注，如何对传统道德性质的企业社会责任赋予法律强制力，我国学者也对这一议题展开了讨论。

一、企业社会责任的法律化回溯

　　从 20 世纪发生的两场论战开始，就拉开了人们对于公司企业以营利为单一目的的反思。1931 年 Berle 首先在《哈佛大学法学评论》立著认为，无论是法律法规还是公司章程所赋予公司、公司管理者或是公司中的任何团体的权力，必须在任何时候都服从于公司全体股东的权力。[1] 在随后的一年 Dodd 教授在同一杂志提出反对意见，指出现代经济模式下无论是商业领导者还是研究者都注意到商业企业对社会应当承担的责任，并且这份责任应当是自愿的而不是等待法律的强制。[2] 而在后一场发生在《哥伦比亚大学法律评论》的论战中 Manne 作为后学向 Berle 对于现在公司企业理论发起的挑战，认为法律对于自由市场的限制于非商业垄断的情况下是有害的，[3] 而这次 Berle 改变了自己的观点，认同了企业社会责任，并针对 Manne 的观点进行了回击。以上两次论战都以法学界对于公司企业本质的思考为基础，而引入的企业社会责任的讨论。

　　随后企业社会责任理论进入了一个快速发展的阶段。1953 年 Bowen 在其著作中首次提出了商人社会责任的概念，即商人具有按照社会的目的和价值观去确定政策、做出决策和采取行动的义务。[4] Davis 在 1960 年提出了"责任铁律"和企业社会责任的五条定律来论证企业的社会责任。1979 年，Carroll

---

〔1〕　A. A. Berle, "Corporate Powers as Powers in Trust", 44 *Harv. L. Rev.* 1049 (1931).

〔2〕　E. Merrick Dodd, "For Whom are Corporate Managers Trustees?", 45 *Harv. L. Rev.* 1149 (1932).

〔3〕　Henry G. Manne, "The Higher Criticism of the Modern Corporation", 62 *Colum. L. Rev.* 430 (1962).

〔4〕　Bowen, H. R., "Social responsibilities of the businessman", *New York: Harper & Row.* 6 (1953).

提出了"企业社会表现的三维概念模型"的概念，第一个维度企业社会责任被分解为经济责任、法律责任、伦理责任和自愿责任四类，第二个维度是企业社会议题管理，第三个维度是企业社会回应策略，包括反应性的、防御性的、适应性的和主动寻变性（前瞻性）的四种模式。[1] 1997 年，英国学者Elkington 提出了"三重底先原则"（The Triple Bottom Line），即对于一个企业可持续发展来说，最重要的是坚持企业盈利、社会责任、环境责任的统一。直至今日新兴的企业社会责任在经历一系列的社会运动之后，其发展逐渐走向了全球性运动和国际合作，理论本身也开始向实践中转变，各国政府、各种 NGO 组织、各类行业协会都开始着手于企业社会责任的具体落实，2010 年国际标准化组织（ISO）发布的国际标准《社会责任指南：ISO26000》，这是迄今为止全球最为权威关于社会责任的国际文件。

虽然近代关于企业社会责任的讨论起源于法学院，但其之后的发展轨迹却似乎并没有太多法学的身影，对于企业社会责任的承担，更多的是从道德层面和企业管理层面进行论述。我国在 20 世纪 70 年代改革开放确立市场经济之后，私有制的企业也迅速成长起来，公有制的企业也在逐年推进私有化改革，盈利逐渐作为办企业的重点，正是在这样的背景之下，我国企业的发展同样有许多的社会问题，而这些问题在传统公司企业法的模式下难以得到有效控制，所以从 20 世纪 90 年代开始，关于企业应当承担社会责任的话题也逐渐在我国学术界的各个领域展开了讨论，而《中华人民共和国公司法》（以下简称《公司法》）的修订也为法律界讨论企业社会责任提供了足够的理由和平台，但《公司法》第 5 条较为概括性的规定使得其很难在司法中被法官援引，因此在立法之初就包含了较大的讨论空间，这一点也在之后的讨论中体现了出来。

如今面对赚取高利润的企业和越来越糟糕的社会生活环境，企业社会责任又逐渐受到重视，法律作为社会治理的手段也应当发挥其规制作用。所以在继续企业社会责任系统的法律化研究前，有必要对我国现有立法和理论进行一次全面的归纳总结，后文将从法学的视角对企业社会责任的概念、理论基础和实现机制三个层面出发，对我国企业社会责任法律化进行梳理，力图把握住现有研究的动向，这样才有助于我们看清今后的企业社会责任法律化

---

〔1〕 李伟阳、肖红军：《走出"丛林"——企业社会责任的新探索》，经济管理出版社 2012 年版，第 43 页。

的研究趋势。

二、法律概念之争与法律条文解释之辩

法学界对于企业社会责任的第一次大讨论出现在 2005 年《公司法》修订之后，在此之前法学界多认为企业社会责任不是法律上独立的责任形态，不是法律意义上的法律责任，公司社会责任[1]的提法表达的是一种观念，本质上它是一种"社会观"。[2] 2005 年《公司法》将公司承担社会责任纳入第 5 条，[3] 随后 2006 年修订的《中华人民共和国合伙企业法》（以下简称《合伙企业法》）第 7 条也规定了合伙企业及其合伙人必须承担社会责任。这一系列的法律修订引发了法学界对于企业社会责任相关概念的讨论，针对企业社会责任中的责任与义务、道德和法律、责任的承担方式等问题商法学者都发表了自己的观点，也对《公司法》第 5 条的性质进行了解释，本章就这些讨论进行归纳总结如下：

（一）"责任"概念之争

1. 道德责任和法律责任的区分

法律与道德的关系一直以来是法理学界热烈讨论的问题，但无论是自然法学派主张的二者紧密联系，还是实证主义法学派主张的二者分离，法律与道德的关系一定是在分离与融合中辩证发展。传统理论认为企业社会责任更多的属于道义上的责任，重点从企业管理的角度入手推广良好行为模式。从 Carroll 的金字塔模型将企业社会责任分为经济责任、法律责任、道德责任和慈善责任开始，[4] 关于责任的讨论就大致限于这个范围内进行。经济责任因为暗含于每个企业生存的宗旨，通常由企业自发完成，慈善责任则因为亦属于道德伦理的范畴而被纳入道德责任进行讨论，由此学术界难以辨明的就是

---

〔1〕 由于理论引入之初对于 Corporate Social Responsibility 的翻译并不统一，有"企业社会责任"和"公司社会责任"于不同的著作中，本文主要使用"企业社会责任"这一概念，但在引用时会保留"公司社会责任"的用法，但二者所表达含义相同。

〔2〕 冯果、万江：《论公司的社会责任》，载《淮阴师范学院学报（哲学社会科学版）》，2004 年第 6 期，第 759 页。在 2005 年《公司法》修订后亦有观点认为企业社会责任难以成为法律义务和责任的讨论对象，参见谢文哲：《论公司的社会责任》，载《法治研究》2008 年第 1 期，第 6~7 页。

〔3〕《公司法》第 5 条规定：公司从事经营活动，必须遵守法律、行政法规，遵守社会公德、商业道德，诚实守信，接受政府和社会公众的监督，承担社会责任。

〔4〕 Carroll 认为这四个责任分别要求公司要赚取利润、服从法律、遵守伦理道德和做一个好的企业公民。See Archie B. Carroll, *The Pyramid of Corporate Social Responsibility: Toward the Moral Management of Organizational Stakeholders*, Business Horizons, July-August, 43 (1991).

企业社会责任中道德责任和法律责任的界限问题。这一问题也存在于我国学术界，直到 2005 年《公司法》修订后，公司法学者才普遍赞同公司的社会责任可以是法律责任，法律责任设定了公司社会责任的最低标准，[1] 并由此开始探讨道德责任和法律责任的界限问题

一个较为简单的区分方法就是以法律是否有明确规定作为区分标准，例如《中华人民共和国劳动法》（以下简称《劳动法》）、《中华人民共和国消费者权益保护法》（以下简称《消费者权益保护法》）中具体列举的是法律责任，此外不受法律法规所限制的为道德责任。但实践中并不能如此轻易就将二者区分，因为法律存在着相对固定性和滞后性，使得其不能及时对于社会的变化做出回应，并且企业社会责任立法先天性的缺失使得法律条文所规定的法律责任注定存在着漏洞，所以有学者称此种为"超越法律"的社会责任，虽然并未受到法律的强制约束，但却是法律的题中之义，法律的原则支撑着企业社会责任的核心，可以说其与法律存在着既超越又不超越的复杂而又耐人寻味的联系。[2] 这个观点实质上包含了在现实中会遇到的三种类型的企业社会责任，即道德责任、法律责任和超越法律的责任，并且认为超越法律的责任依旧是法律应当讨论的议题。

但也有相反观点认为，"公司社会责任"的概念一开始就超越了法律，属于社会自治或社会性规范的范畴，其中责任指的是道德义务或道德领域的角色责任，这就不宜通过国家强制力来保障实现。[3] 这种观点虽然并未否认法律责任的存在，但是坚持认为这种守法责任以法律规定为限，所谓超越法律的社会责任还是道德责任。在这里笔者认为，如今的许多法律责任如劳动法领域的许多制度最初都来源于道德性质的企业社会责任，因此要将二者在概念上完全加以区分非常困难，更多地需要在实践中针对具体的问题加以评判。

2. 道德责任和法律责任的融合

另一种观点试图通过"软法"调和两种责任形式，以达到这三类责任的和谐共存，依次包含：①具有法律约束力的社会责任，这类社会责任直接源

---

〔1〕 朱慈蕴：《公司的社会责任：游走于法律责任与道德准则之间》，载楼建波、甘培忠主编：《企业社会责任专论》，北京大学出版社 2009 年版，第 145 页。

〔2〕 周林彬、何朝丹：《试论"超越法律"的企业社会责任》，载《现代法学》2008 年第 2 期，第 39 页。

〔3〕 史际春、肖竹、冯辉：《论公司社会责任：法律义务、道德责任及其他》，载《首都师范大学学报（社会科学版）》2008 年第 2 期，第 41 页。

于法律的强制性规定；②以软法的形式出现的社会责任，例如各种示范性质的公司治理准则、行业标准与自律规范等；③企业自发承担的更高层次的社会责任，它主要体现为慈善责任等公益性质的责任。[1] 第一类和第三类分属法律责任和道德责任领域并无疑问，第二类软法是介于法律规范和道德规范之间的一种规范形式，一来它并不为法律所直接规定，二来它虽来源于社会伦理但在社会实践中往往形成了较为完备的规范体系和监督机制，具有事实上的拘束力，例如 SA8000、ISO26000 都是有关企业社会责任的国际标准，虽然不是具有强制力的国内立法，但是实际上这些标准在国际活动中发挥着重要作用。还有学者将企业社会责任的软法责任分为狭义和广义两种，狭义的软法责任是正式立法所规定但是缺乏法律强制力的规则，如《公司法》第 5 条社会责任条款；广义的软法责任则就是上面所提到的广泛存在于政治组织和社会共同体所形成的规则之中。[2] 虽然广义和狭义的区分使得软法和法律原则的界限变得更加模糊，但是我们也可以看到软法作为法律责任和道德责任的连接点的价值所在。

除了以软法的形式来缓和法律责任和道德责任的模糊界限之外，法律原则作为法律规范的一种，为将道德伦理解释进入法律提供了一条可行之路，而 2005 年《公司法》新加入的第 5 条即为超越法律的企业社会责任提供了解释的空间，关于本条内容的讨论，将在本章第三部分重点阐释。

3. "法律义务" 抑或 "法律责任"

"责任" 在《现代汉语词典》中有两则解释，一是分内应做的事，二是没有做好分内应做的事，因而应当承担的过失。[3] 在法学上 "法律责任" 有广义和狭义之分，广义的法律责任是指法律上的义务与日常用语中的第一重意思对应，所以更多和法律义务相对，也称第一性义务。而狭义的法律责任则是指违反法律义务而产生的归责责任，国内通说认为法律责任是由特定法律事实引起的对损害予以赔偿、补偿或接受惩罚的特殊义务，意即由于违反第一性义务而引起的第二性义务。[4]

在法律责任的范畴内讨论企业社会责任时，此种法律责任是广义上的法

---

〔1〕 吴越：《公司人格本质与社会责任的三种维度》，载《政法论坛》2007 年第 6 期，第 65 页。

〔2〕 参见蒋建湘：《企业社会责任的法律化》，载《中国法学》2010 年第 5 期，第 129~130 页。

〔3〕 参见中国社会科学院语言研究所词典编辑室编：《现代汉语词典》（第 7 版），商务印书馆 2016 年版，第 1637 页。

〔4〕 张文显主编：《法理学》，高等教育出版社、北京大学出版社 1999 年版，第 122 页。

律义务还是狭义上的法律责任，国内学者给出了不同的观点。大部分学者主张公司社会责任实际上指公司对社会承担的一种义务，即公司应当或必须为一定或不为一定行为的必要性。[1] 从企业社会责任的英文词源 Corporate Social Responsibility 一词也能看出其运用的是 Responsibility，其英文含义强调对于行为的限制，因此与法律义务更为接近，而与狭义的法律责任对应的则应该是英文的 Liability。但是一项法律义务的履行，有待于法律责任的明确，缺少法律后果的义务很难被执行，所以在法律层面研究企业社会责任，也必须重视对于狭义法律责任也就是第二性义务的研究。即有学者提出应当与时俱进地将日益明确的社会责任具体内容通过立法的方式予以公布，强制公司执行，一旦违法要受到严厉的法律制裁。[2] 但在司法实践中《公司法》第 5 条中的社会责任内容很少被援用，主要原因是缺少归责条款，因此对于第 5 条性质的解释，学界展开了激烈讨论。

（二）《公司法》第 5 条性质之辩

2005 年修订后的第 5 条出现在《公司法》总则部分，虽然具有统领整部法律的指导性作用，但作为概括性条款，其内涵外延并不明确，又因为并未规定违反条文的后果，使得该条中的社会责任难以在司法实践中适用。因此，针对第 5 条的性质和作用学界产生了不同的观点。

1. 无实体法律责任说

这一说认为法律的规定未必形成法律义务，《公司法》第 5 条实际上是以法律条文发出了一个道德号召。[3] 这一说还认为此条中的"社会责任"并不能被法官所援引，因为缺乏违反社会责任而可能产生的责任条款。就法条本

---

〔1〕 周友苏、张虹：《反思与超越：公司社会责任诠释》，载《政法论坛》2009 年第 1 期，第 57 页。类似观点参见史际春、肖竹、冯辉：《论公司社会责任：法律义务、道德责任及其他》，载《首都师范大学学报（社会科学版）》2008 年第 2 期，第 41 页；赵万一、朱明月：《伦理责任抑或法律责任——对公司社会责任制度的重新审视》，载《河南省政法管理干部学院学报》2009 年第 2 期，第 114 页；韩艳英、张胜魁：《论公司的社会责任》，载《河北法学》2005 年第 12 期，第 141~142 页。

〔2〕 朱慈蕴：《公司的社会责任：游走于法律责任与道德准则之间》，载《中外法学》2008 年第 1 期，第 32 页。类似观点参见李嘉宁、胡改蓉：《企业社会责任：基于不完全契约与动态平衡理论的思考》，载《甘肃政法学院学报》2008 年第 5 期，第 110 页。

〔3〕 史际春、肖竹、冯辉：《论公司社会责任：法律义务、道德责任及其他》，载《首都师范大学学报（社会科学版）》2008 年第 2 期，第 46 页。

身而言，该项规定表现为一种宣誓性条款。[1] 虽然这一说直接否定了第 5 条能够被法官所援引的可能性，但是条文自身的意义还是被其他学者所看到，将社会责任作为法律条文出现在公司法之中在世界范围内都鲜有为之。美国律师 Norton 认为虽然第 5 条并不重要，是一个一般性条款，实体内容还取决于法律解释机关是否有兴趣对其作进一步的立法说明，但也认为中国应该基于此条充分发挥立法的作用来构建企业社会责任的法律框架。[2] Norton 的观点正说明了虽然条文本身不具有可适用性，但是可以将其作为一个趋势的引领，由此构建我国的企业社会责任法律体系。

2. 强制性规范说

刘俊海教授认为该公司社会责任条款不仅是强制性、倡导性的法律规定，而且对于统率公司法分则规定、指导法官和律师解释公司法、指导股东和其他公司法律关系当事人开展投资和决策活动具有重要的现实意义。[3] 刘教授一方面强调此条属于强制性条款，另一方面认为其倡导意义能够作为原则指导公司的经营行为，但不得不指出刘教授对于条文如何具有强制性并未展开进行讨论。也有类似观点认为，通过立法的形式已经将企业的社会责任确定了下来，虽不能具体适用，但这一规定适用于法定范围的公司法律责任及软法所规定的社会责任，而对超出法律和软法之上的社会伦理责任，只能由公司自发地承担。[4] 这里学者认为法律上的责任应该通过各个部门法的具体规则解决，伦理上的道德责任（软法）由社会约束和自律机制来实现。因此我们看到由于第 5 条本身宣誓性质和缺少责任承担条款，致使持有这一观点的学者不多，并且对于其强制性未给予较为详细的论述。

3. 法律原则说

民法中有意思自治、诚实信用等原则，都规定在民法的总则部分，作为法律原则的规范形式在司法中被运用，公司法理论中也有有限责任原则、分权制衡原则和资本多数决原则，对于出现在总则部分的第 5 条，有学者认为

---

〔1〕　朱慈蕴：《公司的社会责任：游走于法律责任与道德准则之间》，载《中外法学》2008 年第 1 期，第 32 页。

〔2〕　Joesph J. Norton：《企业社会责任与世界和谐发展》，陈琳燕译，载载楼建波、甘培忠主编：《企业社会责任专论》，北京大学出版社 2009 年版，第 85 页。

〔3〕　刘俊海：《强化公司社会责任的若干思考》，载楼建波、甘培忠主编：《企业社会责任专论》，北京大学出版社 2009 年版，第 203 页。

〔4〕　吴越：《公司人格本质与社会责任的三种维度》，载《政法论坛》2007 年第 6 期，第 68 页。

可以将其视为《公司法》的原则条款进行适用。也就是当公司社会责任问题的法律规定不足时，为了应对此问题，《公司法》第 5 条第 1 款规定了公司社会责任作为《公司法》原则可以弥补法律漏洞，克服成文法局限。[1] 通过原则和规则的关系，就能够在法律适用中将第 5 条用来作为法律解释和漏洞补充的依据。但是这样一来就赋予了法官更多的自由裁量权，而面对企业社会责任这样一个不确定的概念，能否将其限制在合理的裁量权范围内就成了问题的重点。除此之外，有学者指出查遍我国现行公司法条文，未见对公司营利性的明确宣示，社会责任反而一跃而上，成为一项法律原则，这不能不引起疑问。[2] 宁教授的质疑也提示着对于第 5 条原则化的解释还有很长的路要走。

　　无论是哪种解释方法，都是学者从不同角度对社会责任条款的解读，也展现了企业社会责任的多元性的特点，但无论是否承认其法律性质，《公司法》第 5 条确实为法学界在企业社会责任这个领域提供了一个初步讨论的平台。虽然有学者依旧质疑其是否为法律上的概念，[3] 抑或是认为企业社会责任在追求社会利益时反而损害社会利益的悖论，[4] 再或者对于我国社会责任条款表示质疑，但是企业社会责任作为《公司法》中的一项重要原则的趋势，逐渐被大多数学者所接受，并形成初步的讨论框架，也正是在这一框架之下，发展出来了多元化的企业社会责任理论。

三、企业社会责任法律化研究的多元视角

　　企业社会责任涉及劳工、消费者、环境等多个领域，对于企业社会责任的法律化讨论势必会牵涉到相关部门法的规定，而企业因为性质、规模以及经营的范围不同，对于社会产生的影响也必定有所差异，因此仅仅局限于概

---

〔1〕　赵万一、朱明月：《伦理责任抑或法律责任——对公司社会责任制度的重新审视》，载《河南省政法管理干部学院学报》2009 年第 2 期，第 114 页。类似观点参见金玄武、汪道平：《探求"公司社会责任"的法律属性——基于法理学和法解释学视角的考察》，载《齐齐哈尔大学学报（哲学社会科学版）》2007 年第 4 期，第 40 页。

〔2〕　宁金成、张安毅：《我国〈公司法〉的公司社会责任条款评析——从法律原则的功能考察》，载《河南省政法管理干部学院学报》2008 年第 6 期，第 30 页。

〔3〕　有观点认为如果将公司社会责任上升为法律原则，就把公司道德伦理法律化了，这是这一原则的最大不妥当之处。参见宁金成、张安毅：《公司社会责任之伦理责任的公司法审视》，载《郑州大学学报（哲学社会科学版）》2010 年第 1 期，第 36 页。

〔4〕　钟瑞庆：《法律视野下公司社会责任的成本承担》，载《厦门大学学报（哲学社会科学版）》，2013 年第 1 期，第 142 页。

念和法律条文的讨论就如同管中窥豹。所以在经历了西方企业社会责任理论的引入和概念之争和法条之辩后，法学界在 21 世纪第二个十年之内，对于企业社会责任的研究又有了新的突破和发展，主要表现在以下几个方面。

（一）多元的企业社会责任法律化理论基础

利益相关者理论一直是企业社会责任的道德构建和法律制度化的理论来源，自从这一理论问世至今，凡论及企业社会责任者无不提及利益相关者理论，可见这一理论对于企业社会责任的重要性。但是不得不看到，利益相关者理论是在以道德责任为基础的框架下构建企业社会责任，而对于其法律责任的承担，这一理论并没有给出充分的理由。由此在企业社会责任的法律化道路上，法学学者则更关心其法律化的理论来源，因此也提出了更多学说。

首先，我国经济法学者提出了"社会失灵"作为企业社会责任的源起，企业生产、销售假冒伪劣产品、非法垄断、不正当竞争、超标准排污等负外部性的行为，如果没有受到国家（政府）、其他市场主体及社会各界的制约，则将会使有关社会利益受到损害，这就造成社会失灵。[1] 而从经济法的视角引入企业社会责任理论，正是通过监管这种公法上的手段一方面保障市场主体的发展权，另一方面也能平衡企业和利益相关者间的关系。政府作为社会治理中的重要主体，在之前的企业社会责任理论中确实缺少对其研究，而政府在监管体制建设、信息披露以及税收政策上都能促进企业社会责任的落实。

其次，部分商法学者也从商法的发展史的角度出发，认为商法在保护私权的基础上产生了越来越多的公法性质的条款，这正是企业社会性质的体现，也是企业社会责任需要在商法中体现的原因。在一定意义上说，近现代商法的发展就是一部关于商人（企业）的社会责任强化的历史，而这个强化的过程则是商法内容不断增加和丰富的过程，如商事登记制度、破产和解与整顿等。[2] 还有学者从代理成本的角度分析认为，股东有限责任带来了风险外化的道德风险，而金融经济时代组合投资的盛行则钝化了人们对此种风险与损害的感知力，这极大地推高了公司行为给社会带来的代理成本，超越了传统意义上的公司法的调整范式，有必要通过社会公德与商业道德的法律化予以

---

〔1〕 程信和：《经济法视野下的企业社会责任》，载《甘肃社会科学》2011 年第 2 期，第 127 页。
〔2〕 赵莉：《论企业社会责任原则对商法的扩展》，载《法学杂志》2013 年第 9 期，第 56 页。

矫正。[1]

可以看到无论是经济法的以政府监管为视角，还是从商法自身发展和企业自身理论的构造出发，学者从自己的专业领域对企业社会责任提供了新的解释，为企业社会责任及其和法律的关系提供了更多的思考。但是，这些理论大多是从各自的角度出发观察企业社会责任，实质上没有突破利益相关者理论所构建的研究框架，对于企业社会责任的法律化亦很难实现理论上的突破。

（二）向各个分支领域的深入研究

企业社会责任主要包含劳工、消费者以及环境等具体领域，在对于企业社会责任及其和法律的关系有了初步的认识之后，法学界开始将部分目光投向了企业社会责任的各个分领域，以利益相关者为视角的研究开始增多，这些研究使得企业社会责任的法律化变得更加可行，也为企业社会责任在各个领域的发展和运用提供了理论基础。

1. 劳工领域

劳动者是企业的重要组成元素，企业能够持续、高效、稳定的发展离不开劳动者，从企业诞生之初就存在着企业主和资本家关系的讨论，我国已有《劳动法》和《中华人民共和国劳动合同法》（以下简称《劳动合同法》）对劳动者的权益进行了较为完善的保护，叶林教授称其为实现了雇佣契约向劳动契约的转变。[2] 但是在劳动法体系之下企业并未给予劳动者足够的关注，而是更加关注自己的盈利，这使得这两部劳动法在企业运营中没有起到最佳的效果。于是商法学者从企业社会责任的角度出发，对我国劳动关系进行重新审视，希望能够发现新的路径。叶林教授从公司法和劳动法的角度入手，提出了以企业社会责任为推手进行公司在制度方面的改革，将民主管理纳入公司治理之中，而加入职工代表参与到管理之中，才能切实保障劳工的切身利益。[3] 企业社会责任的另一优势是其规则的多样性和灵活性，除了法律责

---

[1] 罗培新：《公司道德的法律化：以代理成本为视角》，载《中国法学》2014 年第 5 期，第 143 页。

[2] 参见叶林、李辉：《劳动契约下公司社会责任的实现机理》，载《扬州大学学报（人文社会科学版）》2015 年第 1 期，第 6 页。

[3] 叶林、李辉：《劳动契约下公司社会责任的实现机理》，载《扬州大学学报（人文社会科学版）》2015 年第 1 期，第 10~12 页；类似观点参见王崇敏、马建兵：《公司社会责任思想在职工民主管理中的理论意义及实践》，载《法学论坛》2012 年第 1 期，第 136~137 页。

任和道德责任之外，前述软法性责任也在劳动领域受到法学学者的关注，郑佳宁教授将企业社会责任国际标准中有关于劳工保护的制度与我国劳动立法相对比，指出在强迫劳动，对于晋升、培训、离职等方面，以及工作环境安全这几个方面，我国法律没有达到 SA8000 的标准。[1] 所以利用软法性质的企业社会责任国际标准，一方面可以作为认证的标准引导企业加强对于劳工的保护，另一方面也可以作为参照系监视我国当前立法的不足。

2. 消费者领域

《消费者权益保护法》作为保护消费者在市场中地位的重要立法，其中大部分责任属于企业应该承担的社会责任，但是为彰显自己善待消费者的诚意，刘俊海教授建议各类产业的公司应当在不低于消费者权益保护的法定基准的前提下，自觉出台并切实落实充分尊重消费者利益的覆盖产品开发、质量控制、广告策略、定价策略、售后服务、受理投诉等各个环节的、综合性的、诚信的《消费者社会责任政策》。[2] 2007 年中国消费者协会出台了《保护消费者利益良好企业社会责任导则》，列举了信息披露真实充分、产品可靠使用安全、尊重人格保护隐私等 10 项原则。但是无论是企业制定内部政策还是消协的行为导则，都是不具有强制效力的软法，如何使企业社会责任在消费者领域发挥更大作用成为法学学者关注的重点。刘俊海教授建议，《公司法》应当调整董事只对股东利益负责的传统态度，授权董事在作出公司经营决策时适当考虑消费者利益，让公司在经营中正确区分法律决策与商业决策。[3] 从公司治理的角度确实能够在一定程度上改变决策者的思维，让企业社会责任的观念注入公司的日常运营之中。而从产品责任的认定出发又可对企业承担社会责任起到督促作用，郑佳宁教授将产品责任定义为一项不同于侵权责任的责任形式，而是更多施以强制性的法律义务来约束企业的行为，要求企业以实际的守法行为来实现其对广大消费者的社会责任，使企业社会责任真正成为消费者群体获得利益保护的有效救济途径。[4] 这些"社会性"的义务包括

---

〔1〕　参见郑佳宁：《劳工标准国际化下我国企业社会责任的履行》，载《法学杂志》2013 年第 9 期，第 65 页。

〔2〕　刘俊海：《自觉承担社会责任是在全球金融危机背景下增强公司核心竞争力的重要方略——谈新〈公司法〉第 5 条的正当性与可操作性》，载《法治论坛》2010 年第 1 期，第 93 页。

〔3〕　刘俊海：《自觉承担社会责任是在全球金融危机背景下增强公司核心竞争力的重要方略——谈新〈公司法〉第 5 条的正当性与可操作性》，载《法治论坛》2010 年第 1 期，第 93、98 页。

〔4〕　郑佳宁：《企业产品责任"社会性"之探讨》，载《政法论坛》2014 年第 3 期，第 185 页。

检验义务、警示义务和召回义务，可以发现这一产品责任确实和民事责任中注重个体赔偿的责任形式不同，其更加强调企业在消费者群体性利益保护中的"社会性"，因此也是企业社会责任能够在消费者保护领域实现的重要法律依据。

3. 环境保护领域

人类科技和工业的巨大发展，在给人类带来高度文明的同时，也对于我们所处的自然环境造成了巨大的伤害。在赚取利润的同时，时刻以保护环境为己任是每一个企业所必须担负的社会责任，因为其赚取的利润是股东的分红，而破坏的环境是全人类的家园。所以企业社会责任中所包含的环境保护议题也逐渐受到学者的关注，特别是在 2011 年渤海油田漏油事故发生之后，随着水质大面积的污染，法学界也开始了对企业的环境社会责任开始思考。在这一漏油事件中，除了进行采油作业的康菲公司需要承担侵权责任以外，有学者认为作为油田合作开发方的中海油，虽然没有直接参与到作业当中，但从《公司法》关于社会责任的原则性规定而言，中海油可能最终承担一定的社会责任，包括及时披露污染信息，欢迎社会公众监督决策和止漏的全过程，尽最大的财力和人力减少污染的影响，给予受害渔民和沿岸居民及时和充分的援助等。[1] 确实我们看到在环境领域，部分企业给社会带来了极大的风险，传统的侵权责任体系注重的是事后的赔偿机制，但是对于环境问题来说一则是赔偿主体不够明确，许多关系到公共利益，二则是难以起到预防这类重大事故的效果，所以有学者从公司法人人格否认制度入手，分析认为"解开公司面纱"制度可以一定程度上解决环境侵权责任缺失的问题。[2] 郑佳宁教授从中小企业、困境中企业和跨国企业三个类型分析了企业环境防治的责任特点，提出包括在准入制度、信息披露制度和环境责任延伸制度方面进行改革。[3] 但是必须承认的是，如何真正利用法律作为武器推动企业社会责任在环境领域中发挥作用，还有待进一步的研究和讨论。

---

〔1〕 曹明德、王琬璐：《渤海油田漏油事故法律问题分析》，载《法学杂志》2012 年第 3 期，第 72 页。

〔2〕 潘永健：《企业社会责任视角下公司环境责任之完善》，载《江西社会科学》2015 年第 5 期，第 167 页。

〔3〕 郑佳宁：《新形势下企业环境责任的法律规制——以我国的特殊防治主体为研究视角》，载《中国政法大学学报》2013 年第 4 期，第 118~122 页。

（三）按照企业的类型进行分类讨论

企业既是经济人，也是社会人，受人尊重的公司必定是营利性和社会性兼顾的企业。[1] 所以在企业社会责任的视野下，营利性和社会性都是企业重要的属性，而针对不同的企业，其营利能力和社会属性都有差别，企业社会责任这样一个笼统的概念势必就需要针对不同类型特点的企业进行分类讨论。但是由于我国企业分类模式众多，并且概念之间存在着含义交叉和模糊的情况，所以这部分的企业社会责任研究缺乏一个统一的范式和合理的分类体系。

例如对于大型带有公共性质的企业有"国有企业""公共企业""公用企业"和"垄断企业"这些概念，并且都有学者从企业社会责任的角度进行分析，但是将这些讨论放在一起分析，却又发现虽然概念不同，但是在某些程度上描述的是一类企业，只是各自的侧重点不同。例如将"公用企业"定义为从事供水、供电、供热、供气、邮政、电讯、公共运输等公用事业或行业的经营者，公用企业相对于非公用企业而言，具有特殊的社会地位，正是这种特殊的社会地位决定了其要承担更多的特殊类型的社会责任。[2] 而这些企业在我国基本上也属于国有、垄断性质的企业，但是国有企业和垄断企业的范围又比公用企业要大，而且也并非所有国有企业都具有垄断性质，例如重工业国企等。面对如此杂乱的概念体系，"公共"二字鲜明地体现出了该类企业的产品特质，即"公共性"，而这种"公共性"既蕴含了"公益性"色彩，又彰显了该类企业所固有的"公共服务职能"。[3] 概念上如果能够统一，对于公共企业的社会责任的研究将大有裨益。

但是无论是以上哪种公共企业，在企业社会责任视角下都是要强调相较于一般中小企业而言，强调其社会性和所承担的社会责任，就是强调这类企业的公益责任的重要性。例如对于环境影响来说，垄断企业往往独占某些资源，且因为生产规模庞大，在盈利可观的同时，其外部性也不容忽视，对周围环境的影响非常值得关注。[4] 但也有研究指出对于国企而言，声誉和顾客

---

〔1〕 刘俊海：《自觉承担社会责任是在全球金融危机背景下增强公司核心竞争力的重要方略——谈新〈公司法〉第 5 条的正当性与可操作性》，载《法治论坛》2010 年第 1 期，第 77 页。

〔2〕 冯果、辛易龙：《公用企业社会责任论纲——基于法学的维度》，载《社会科学》2010 年第 2 期，第 81 页。

〔3〕 胡改蓉：《论公共企业的法律属性》，载《中国法学》2017 年第 3 期，第 144 页。

〔4〕 李鑫：《法律视角的我国垄断企业社会责任实证研究与问题分析——基于石油、电力、通讯行业的现状》，载《湖北社会科学》2015 年第 2 期，第 155 页。

的忠诚并不会对其销售、利润和生存产生很大影响，所以不会让其产生太大的责任驱动力。[1] 由此传统企业社会责任的道德责任模式能否在公共企业中实现值得进一步研究。

相较于具有更高社会公益性质的大企业来说，中小企业应该承担哪些社会责任，却是法学界关注较少的问题。通常来说，中小企业受企业规模所限难以像大型企业一样占有很多社会的资源，其首要关注的是自身的经营和发展问题，所以中小企业对于社会所承担的责任与国有企业或者公用性质的企业来说肯定是不相同的，在这一背景下中小企业的企业社会责任又具有哪些特点，应当如何分配责任才能既保证其自身的生存和发展，又能合理承担起社会良性发展的助推器，应该成为之后研究的重点。那首先就得从立法层面上进行完善，从法律上明确中小企业社会责任，是确保中小企业经营可持续性和公平性的有效措施。[2] 也有学者认为可参照美国的利益相关者条款，对大型公司采取强制性立法模式，对于中小型的企业则通过授权性条款引入企业社会责任，规定允许中小型企业的董事决策时考虑非股东利益。[3] 但是对于不同阶段、不同规模、不同行业的企业如何进行分类规制，并且如何充分利用行业标准等软法性质的规定来实现企业社会责任的多层次体系化，这些问题都缺乏能具体操作的研究。

四、企业社会责任法律化实现机制探索

无论是对于企业社会责任概念的辨析，还是对于《公司法》第 5 条的解释，抑或是从不同角度对企业社会责任的分析，都使得企业社会责任在法学领域占有一席之地。但是作为一个法律概念来说这些远远不够，立法上的缺失还是让企业社会责任在法律实践中难有作为，由此法学学者在现有的法律体系下做出了不同的尝试，以探索能够实现企业社会责任法律化的路径。

（一）完善企业社会责任立法

《公司法》第 5 条的出台让更多的商法学者意识到无论是在公司运营还是公司治理中，承担相对应的社会责任的重要性，这是现代企业社会性的体现，也是企业和社会和谐发展的必然要求。但是纵观我国法律体系，《公司法》第

---

〔1〕 杨力：《企业社会责任的制度化》，载《法学研究》2014 年第 5 期，第 147 页。

〔2〕 林艳琴、王晓东：《我国中小企业社会责任法律规制的路径选择刍议》，载《湖南大学学报（社会科学版）》2015 年第 3 期，第 154 页。

〔3〕 参见官欣荣：《我国〈公司法〉引入利益相关者条款的思考——"强制+授权"的分类规范治理模式》，载《政治与法律》2010 年第 7 期，第 76~77 页。

5 条虽然可以作为企业社会责任的原则性条款，由于缺少可操作性、欠缺实际内容，决定其作用是极为有限的。[1] 而有关企业社会责任的具体条款分布于《公司法》《劳动合同法》《消费者权益保护法》《环境保护法》等部门法之中，缺乏系统性，不利于在企业中建立企业社会责任观念。并在这些法律所规定的法律责任中，只有违反强制性规范所应当承担的法律责任，却没有与倡导性规范相对应的奖励规则。[2]

所以强化公司社会责任，立法创新必不可少，对公司社会责任的强化作出系统、全面的制度安排，充分发挥法律在强化公司社会责任方面的推动、保护和规范作用，从中国市场经济和法治建设实践出发，树立公司社会责任的价值取向。[3] 而对于如何立法的问题，有学者认为因为企业社会责任的概念较为广泛，难以在一部法律中将其各个方面加以穷尽，所以公司社会责任法的构建应该是一个以公司法为主，多种具体的社会立法共同规制的综合立法体系。[4] 但是这一立法建议是基于现有的法律的体系上进行修订，虽然可操作性更强，但是较难以立法的形式建立并推广企业社会责任的理念，只有通过法学家的归纳和解释才能在理念上完成这一体系的构建。

也有学者建议起草一部《企业社会责任法》，[5] 分为总则、职工权益保护、债权人权益保护、消费者权益保护、环境保护与可持续发展、社会公益与慈善发展和附则共 7 章 26 条，可以发现每一章都是 3~4 个条文，皆为本领域中有关企业社会责任理念性的条款，[6] 可以看到法典化的立法模式确实能够将企业社会责任的各个分支领域统一到一起，对于企业社会责任理念的灌

---

[1] 雷兴虎、刘斌:《〈企业社会责任法〉：企业践行社会责任的法制保障》，载《法治研究》2010 年第 4 期，第 48 页。

[2] 郑曙光:《企业社会责任：商法视野的考察分析》，载《西南民族大学学报（人文社科版）》2010 年第 1 期，第 174 页。

[3] 薛生全:《公司目标二元论——兼论我国现代公司的社会责任》，载《法学杂志》2010 年第 12 期，第 43 页。

[4] 王崇敏、马建兵:《公司社会责任思想在职工民主管理中的理论意义及实践》，载《法学论坛》2012 年第 1 期，第 138 页。

[5] 参见雷兴虎、刘斌:《〈企业社会责任法〉：企业践行社会责任的法制保障》，载《法治研究》2010 年第 4 期，第 49~50 页。

[6] 例如草案建议稿第 10 条规定：企业在经营决策过程中，应充分考虑债权人的合法权益，不得为了企业和股东的利益损害债权人的利益。第 13 条规定：企业应重视消费者的权益保护，有效提示风险，恰当披露信息，公平对待消费者，加强消费者投诉管理，完善消费者信息保密制度，提升服务质量，为消费者创造价值。

输将大有裨益，但受限于企业社会责任的法律化的研究不足，亦很难在草案中列出更加细致的法律条文，这必将使得法律条文的可操作性大打折扣。并且该建议依旧未引入归责条款，对于违反企业社会责任的行为，依旧只能向各个部门法寻求归责条款，《公司法》第 5 条的困境并没有得到解决。

（二）企业社会责任的软法规制路径

企业社会责任获得了《公司法》的认可，使得成文法化的呼声越来越多，但是法律自身的缺陷亦是难以避免的，即法律调整范围有限、缺乏灵活性和合理性以及缺少社会参与。[1] 而企业社会责任作为一个发源于道德伦理的概念，其最丰硕的成果都是在非法学领域内获得的，这使得上述法律所具有的缺陷在企业社会责任领域会表现得更加明显。因此道德层面上的企业社会责任是法学界始终绕不开的话题，那么在强调立法和法律适用的同时，对于这部分道德责任法律应该给予何种关注就成为思考的重点。软法作为法律对社会治理的补充，其和道德层面上的企业社会责任有着诸多契合之处，这就为调和法律层面和道德层面的企业社会责任提供了路径。虽然企业社会责任提出之初就有关于软法的讨论，但其仅限于概念上较为宏观地讨论，近年来则有更多的关于具体规则的讨论。

在企业社会责任领域软法一般来自于企业的自律准则或企业标准、商业行会制定的行业标准以及国家层面上制定的国家标准和国际合作制定的国际标准，我国国家标准委员会也于 2015 年参照《ISO26000 社会责任指南》制定了《GB/T 36000-2015 社会责任指南》，这标志着我国企业社会责任标准领域的规则完善。除了加强行业标准的制定和国际标准的结合之外，对于软法的实现机制也非常重要，鉴于企业社会责任的特殊性，即关乎企业在市场中的形象及其声誉，利用法律建立起一套声誉机制，使企业承担社会责任的情况在声誉市场中公开，让公众来为企业打分，例如从公司董事信义义务的角度构建对上市公司环境信息披露的规则。[2] 声誉机制的效果有时甚至比法律的强制机制更加有效，因为企业声誉一旦受损，失去消费者信任和市场份额的

---

[1] 参见钟颖、向超：《论企业社会责任的软化规制路径》，载《现代经济法探讨》2015 年第 9 期，第 83-84 页。

[2] 参见黄韬、乐清月：《我国上市公司环境信息披露规则研究——企业社会责任法律化的视角》，载《法律科学》2017 年第 2 期，第 127 页。

代价可能远比违法带来的惩罚要高得多。[1] 但是通过市场建立起社会对于企业声誉的监督机制并非一朝一夕，也牵涉到企业管理的内容，而在这其中法律和政府能够做哪些事情，是今后研究的重点。

除了建立声誉机制外，对于软法化的企业社会责任实现，有学者提出将其纳入司法领域，发挥司法能动主义，在具体案件的审理当中法院通过对于法律的解释将软法化的企业社会责任纳入司法评价当中，赋予其一定的法律效果。具体来说扩大法官对法律一般条款的解释和适用权，例如将《公司法》第 5 条按照法律原则的模式进行解释和适用；再者法官可以有条件地赋予软法责任以强制性，例如对于企业声明自愿承担的企业社会责任标准通过契约原则赋予其强制性；最后是将软法责任融入司法解释。[2] 发挥司法的能动性确实能够将法律之外的企业社会责任纳入法律的评价当中，也具有较强的可行性。只是基于现在企业社会责任观念缺失的大背景，如何让司法发挥这种能动性，并且合理利用这一原则进行法律解释，也是学术界需要进一步探明的问题。

（三）从公司治理的角度落实企业社会责任

由于《公司法》第 5 条缺乏公司违反企业社会责任的归责内容，所以有商法学者从公司治理的角度出发，将企业社会责任纳入公司管理层的决策当中，寻求公司法上的董事信义义务和商业判断规则的运用。在董事对于股东和利益相关者都负有信义义务的时候，将公司视为一个利益有机体，在董事会的控制之下，将股东的利益和其他利益相关者的利益协调统一在公司利益之下，从而在公司内部诸利益相关者之间维持一个良好的平衡。[3] 而法官在审理的时候就必须通过商业判断规则将董事是否尽到信义义务的判断交还给公司，而对于公司是否有承担企业社会责任，正是体现在对董事决策中是否有考虑到利益相关者。而对于信义义务的违反，可以类比于侵权法的注意义务违反而承担责任。但是我们也不得不看到，因为引入了商业判断规则，这一制度的设计确实能够给予公司管理层更多的免责事由，但是对于因在决策中未考虑社会责任的决策违反了信义义务，此时的责任主体是做出决策的董

---

〔1〕 顾爱平：《论企业社会责任的三种维度及其引导与规范》，载《政治与法律》2010 年第 3 期，第 73 页。

〔2〕 参见蒋建湘：《企业社会责任的法律化》，载《中国法学》2010 年第 5 期，第 131~132 页。

〔3〕 李建伟：《论公司社会责任的内涵界定与实现机制建构——以董事的信义义务为视角》，载《清华法学》2010 年第 2 期，第 126 页。

事，这与传统的企业社会责任的责任承担主体是企业并不相同。但是通过将公司利益和股东利益区别开来，从而将企业社会责任引入公司治理体系中，对于企业社会责任的落实会有所帮助。

除此之外，还有学者将公司的独立人格和利益相关者的保护联系在一起，通过公司法人人格否认的制度来实现公司违反社会责任的责任承担。具体来说将利益相关者纳入公司法人人格否认的起诉主体中，通过具体的司法判例的形式，在公司违反企业社会责任的时候揭开公司的面纱，让股东承担相应的责任。并认为法人人格否认制度是衡平公司法人人格独立和股东有限责任与利益相关者之间的桥梁纽带，是在保护利益相关者的过程中逐步完善和充实的。[1] 在社会责任领域运用公司法人人格否认制度的讨论朱慈蕴教授很早就已经提出，但是其存在的问题依旧无法回避，首先就是《公司法》第 20 条保护的只有债权人而无其他利益相关者，其次是法人人格否认制度解决的是股东承担责任的问题，而最为关键的公司承担企业社会责任的法律依据依旧没有解决。

五、我国企业社会责任法律化研究简评与展望

总的来说，在 2005 年《公司法》修改后，法律中出现了"社会责任"的字样，我国法学界对于企业社会责任的讨论和研究逐渐形成了以第 5 条为法律依据，以西方企业社会责任为理论，结合我国特有的公司企业制度的企业社会责任法律化模式。其中商法学者基本接受了企业社会责任的概念，但是对于其含义还存在不同认识，因此对于《公司法》第 5 条的定位和作用依旧难以形成共识，这也导致在司法实践当中一方面第 5 条的适用很少，另一方面法官对于第 5 条的理解也大不相同。再者，虽然经济法学者和商法学者都从自己的专业领域出发对企业社会责任进行了理论诠释，但是其重点还是沿着利益相关者理论在进行，依旧未能摆脱企业社会责任属于"道德责任"的枷锁，其法律化进程依旧困难。最后，对于如何进行法律化已经有一定的尝试，包括专门立法、利用企业社会责任国际标准的软法性质进行归责，抑或是寻去其他部门法进行归责，这些路径在立足于我国法律体系的同时，为进一步的研究提供了更加多元的思路。我国企业社会责任法律化研究方兴未艾，同时也面临着诸多的困难和挑战，通过以上对于现有研究的回顾，今后的研

---

〔1〕 雷兴虎、刘斌：《拓宽公司法人人格否认诉求主体之范围——强化公司社会责任的最佳途径》，载《西南政法大学学报》2010 年第 5 期，第 87 页。

究重点和趋势应该为以下几点：

第一，寻求法律和道德连接点。企业社会责任是法律责任和道德责任的融合，法学研究在注重法律责任研究的同时，也必须考虑法律能为其道德责任部分提供哪些保障。企业社会责任最初来源于道德义务，其法律化的过程必然要明确在法律上的概念和范围，这也是我国学者所争论的焦点，但是我们在将法律责任与道德责任区隔开来的时候，也必须看到企业社会责任相较于其他法律概念来说，和道德有着更加密切的关系，这也意味着在此问题上法律的漏洞、文本的滞后性和立法的难度都将凸显出来。因此，在法学界已经对法律责任和道德责任有着较为充分的论述的时候，应该将研究的重点放在二者的融合之上，具体来说就是要在学术界和司法实践当中，能够找到一个将二者融会贯通的制度。目前已经有部分学者关注到对于道德部分的企业社会责任可以用软法的方式进行保护，以国际标准、国家标准、行业标准及企业标准所构建的标准法律体系将为企业社会责任的软法化研究提供强有力的理论支持。

第二，加强对于法律条文的解释。发挥《公司法》第 5 条和《合伙企业法》第 7 条在法律解释、立法和司法上的作用。2005 年《公司法》中加入了社会责任条款后遭到了不少质疑，但随着企业社会责任观念的逐步形成和越来越多企业导致的社会问题发生，使得第 5 条的法效果被重新认识和解读，2017 年出台《民法总则》第 86 条再次将企业社会责任纳入营利法人一节，这也说明了立法者对于企业社会责任的态度依旧非常坚定。在目前缺少系统立法的情况下，做好现有条款的解释工作依旧能让其在司法实践中发挥作用。当前企业社会责任法律化的最大困难就在于缺乏自己的法律责任条款，并且大部分的法律规则都散落于《劳动合同法》《消费者权益保护法》《环境保护法》等部门法之中。在缺乏体系化立法和规则条款的情况下，充分发挥原则性条款的作用，在司法审判中指导案件的裁判，例如在缺乏法律规则而利益相关者权益又需要保护的时候利用原则进行补充，或者在法律解释和司法裁判中运用企业社会责任条款进行衡量，使得企业社会责任条款成为"有牙齿的老虎"。

第三，深入法律化理论的研究。以利益相关者理论为基础的企业社会责任一直以来强调其道德责任的一面，因此企业大多采取的是自愿适用模式。而对企业社会责任的法律化势必需要更充足的理由作为立法基础，因此一套新的理论将有助于法律化的发展。具体来说在当今企业已经高度发展和成熟的情况下，营利性作为企业最为重要的特性已经不太需要再被拿起来再三强调，反之企业所展现出来的社会性和大众对企业的期望已经远远超过了从前，企业一旦对消费者或者环境造成伤害，其影响往往是难以挽回的。这就需要我们再反思当前社会环境和经济发展模式下，企业承担社会责任的基础是否仅仅是因为与企业的发展相关才需要被关注这么简单。在这一点上经济法学者已经做出了思考，提出了"社会失灵"理论，商法学者也从商法的历史发展角度论证了商法社会化的过程。可以说这些探索和思考拓展了企业社会责任法律化的理论视野，但是依旧无法突破利益相关者理论。或许，只有从资本主义企业诞生、发展历史的角度来观察企业和社会的关系，才能发展出一套更加强有力的企业社会责任理论，以支撑其整个的法律化。

第四，探索各部门法中的企业社会责任。虽然对于企业社会责任的研究向各个分领域展开，但是还是缺乏精细化、可操作性的研究。作为社会治理的综合性概念，对于企业社会责任的落实和实施最后还是会落到每个具体的领域，近年来针对不同规模企业以及在各个分支领域责任的研究逐渐增多，其中也不乏结合具体案例和规则进行分析的论著。笔者认为进一步加强各个分支领域的研究，在细化企业社会责任的同时，还必须认真考量各领域与企业社会责任理论体系的联系，也就是将《公司法》第 5 条原则化后对企业的运营进行指导，在各个领域保护利益相关者的同时贯彻企业社会责任的理念，将企业损害社会的行为被杜绝在源头。再者，对于是否制定一部综合性质的《企业社会责任法》，各部门法所规定的责任与企业社会责任的关系如何界定，如何整合都是值的深入探索的问题。

第五，建立企业社会责任法律体系。从法学角度推进企业社会责任的实现，是法学方法综合运用和实践的成果。从立法上看，无论是《公司法》和《合伙企业法》，还是新制定的《民法总则》，都将企业社会责任条款写进条文之中，但是缺少一部《企业社会责任法》依旧是目前最大的遗憾，一方面在适用各部门法的条款时缺乏体系化的企业社会责任理念，另一方面缺少责任承担条款是企业社会责任无法实现的最大困境。所以，应当重视对企业社会责任原则性条款的解释和适用，探寻其在司法上的落脚点，目前已经有商法学者从公司治理的角度提出运用董事的信义义务或者公司法人人格否认的制度实现企业对于社会责任的承担，这些都是有益的探索。笔者建议从《公司法》修订入手加入企业社会责任归责条款，使得《公司法》第 5 条中的"社会责任"能够在司法实践中被援引，对企业的行为进行规制。与此同时，构建一套较为完善的企业社会责任软法体系，结合企业社会责任国际标准的研究，充分发挥法律和标准的各自作用，建立起一套从法律到标准再到企业行为的企业社会责任评价体系，让政府监管、社会监督、行业规范和市场声誉等机制都能平稳而有效地运行。

在公平与效益之间：格式条款的立法反思与规范确立[*]

韩新磊[**]

　　摘　要：格式条款归属合同调整范畴，其成立和生效当遵循合同的一般规则。就其成立或订立而言，经相对方同意乃合同产生拘束力的判定标准，因其特殊性仅需整体同意即可；"预先拟定""与不特定多数人使用""不能协商"作为格式条款区别于其他合同行为的重要特征，缺一不可；使用人未履行提请注意、说明义务的，该条款不成为合同的组成部分，符合合同成立的基本规则；异常条款作为订入规则消极方面的要件，与积极条件相辅相成，建构严密的订入规则内容，更有利于保护相对方的合法权益。就其生效或效力规则而言，无效作为对私法行为最严厉的评断，非由法律、法规明确规定不得恣意认定，除明确无效情形外，应允许相对方行使撤销权。就其规范体系而言，立法者应梳理清楚格式条款的规整脉络、逻辑线条，于格式条款抽象概念所形成的

　　* 本文系国家社科基金重大项目"民法典编纂的内部与外部体系研究"（项目号 18ZDA141）及国家社科基金重点项目"民法典分则立法的外在与内在体系研究"（项目号 18AFX014）的阶段性成果。
　　** 韩新磊，中国政法大学民商法学院民商法学 2018 级博士研究生（100088）。

外部体系之上，将公平原则贯彻至规范的每一"毛孔"。

关键词：格式条款　订入规则　效力规则　立法反思　规范确立

一、问题的提出及意义

私法奉行意思自治的圭臬，于合同法领域则表现为契约自由的秉性。格式条款对契约自由原则的冲击，使得学者对其评价褒贬不一、毁誉参半，但其独有的私法品格和时代价值不容置否。格式条款的实质是"仅有契约自由之壳，而无意思表示之核"。格式条款的背后，是契约自由与公平正义的价值衡量，也充斥着经济学领域中效益与公平[1]的不休争论，其旨在对被动接受合同条款的一方予以特殊的保护。格式条款的出现，是垄断存在和频繁交易的必然产物。[2] 尽管各国或有关地区对格式条款之称谓以及立法模式存有差异，但格式条款的实质内涵与基本特征却趋于一致。格式条款本身所具有的附合性、定型化以及潜在的不公平性特征，要求立法者对其进行制度设计时应当慎之又慎。格式条款在我国具有丰富的实践基础，但遗憾的是一直未形成行之有效、融贯无争的体系。《中华人民共和国消费者权益保护法》（以下简称《消费者保护法》）首开我国格式条款立法先河，但其将适用主体限定于消费者和经营者。《中华人民共和国合同法》（以下简称《合同法》）在规定格式条款相关内容时，主要借鉴了德国《一般交易条件法》、英国《不公平合同法》、欧盟《消费者合同中的不公平条款指令》以及国际统一私法协会《国际商事合同通则》等。[3] 后因立法技术上的缺憾，《最高人民法院关于适用〈中华人民共和国合同法〉若干问题的解释（二）》［以下简称《合同法司法解释（二）》］对其进行了解释与补正。整体而言，格式条款的基本格局已经建构，但仍存在体系冲突、认定困难、制度缺漏等问题。

《民法典合同编（草案）》（二审稿）在借鉴和吸收上述立法经验和司法实务经验基础上，虽有改进，但仍存不足之处亟待完善。二审稿第 288~290 条对格式条款进行了立法规范，分别是格式条款的订入规则、效力规则与解

---

〔1〕 参见黄少安、李增刚主编：《中国法经济学研究：1983—2002》，经济科学出版社 2010 年版，第 252 页。

〔2〕 王洪亮主编：《合同法难点热点疑点理论研究》，中国人民公安大学出版社 2000 年版，第 83 页。

〔3〕 参见韩世远：《民法典合同编一般规定与合同订立的立法问题》，载《法学杂志》2019 年第 3 期，第 27 页。

释规则，其存在的主要问题或疑惑表现在：首先，就订入规则而言。①有关格式条款的定义方面，二审稿第 288 条第 1 款规定与《合同法》第 39 条第 2 款之规定保持一致，只是删去了"重复使用"的相关字眼，那么"重复使用"究竟是否为格式条款的必备特征或概念要素？②有关订入规则设计方面。《消费者权益保护法》规定的是"显著方式＋提请注意"，适用范围为"重大利害关系的内容"。《合同法》规定的是"合理方式＋对方要求＋提请注意"，适用范围为"免除或者限制其责任的条款"。2002 年修订的《中华人民共和国保险法》（以下简称《保险法》）规定的是"说明义务"，适用范围为"免责条款"。二审稿规定的是"合理方式＋对方要求＋提请注意"，适用范围为"重大利害关系的条款"。立法者不同立法背后的逻辑为何？如何设计才能满足裁判需求？除此之外，违反订入规则的法律后果，《消费者权益保护法》和《合同法》未作规定，《保险法》规定为"未生效力"，二审稿规定为"不成合同组成部分"，何种法律后果是应然层面的立法选择？我国立法全部采用积极条件规定订入规则，在逻辑上是否周延，是否要引入"意外条款"或者说是"异常条款"？其次，就效力规则而言。二审稿采取具体列举的方式，认定在某些情境下格式条款无效。此"一刀切"式的规定为无效是否科学？部分无效和全部无效之间的关系如何协调？是否需要对无效的禁止性条款进一步地区分？显失公平情况下格式条款效力如何判断？是否允许当事人之间变更格式条款内容？最后，就体系视角而言。建立在格式条款抽象概念之上的外部体系，与内含公平原则的内部体系之间，存在着怎样的规整脉络，我国立法上的逻辑主线是否清晰，各规定之间是否有冲突？欲拨开上述所涉问题的迷雾，安放对格式条款的种种迷惑，需要借助规范分析的具体方法拨雾见晴。

二、民法典合同编草案格式条款的立法反思

（一）格式条款订入规则立法规范的质疑

1. 格式条款定义规范的质疑

对研究对象的称谓，诸国或地区之间并未形成共识。如英国采标准合同，德国称一般交易条件，法国日本称其为附合合同或附意合同，我国台湾地区将其称之为定型化契约，《欧洲民法典草案》和《商事合同通则》则将其称作格式条款。[1] 我国现有立法上将其抽象为格式条款，管见以为是适当的。

---

〔1〕 参见王利明：《合同法研究（第 1 卷）》（第 3 版），中国人民大学出版社 2015 年版，第 403～404 页。

在《合同法》出台之前，《合同法（征求意见稿）》实际上是将其称为格式合同的，但《合同法》最终将其限定为格式条款。相较于格式合同，格式条款的立法选择更具科学性，因为其破解了在合同中既存格式条款又夹杂非格式条款而无法界定合同性质的困难。

格式条款的抽象概念争论无几，但对格式条款的内涵阐释却论争纷起。《合同法》和二审稿对其内涵的界定差异主要集中在"重复使用"要素上。立法者在对抽象概念进行解释时的进路或者标准为何？要选择何种要素定义抽象概念，其主要取决于该学术形成概念时所追求的目的。[1] 格式条款概念的形成，乃在于面对现实交易事件，用清晰的要素加以描述，使得在遇未经"讨价还价"而形成合同时均能获致相同的法律效果，亦即涵摄符合概念构成要件的一切可能情形。"预先拟定"自无争议，因为如果是双方达成合意的则属一般意义上之合同，自无格式条款的立足之地。"未协商"的表述语句，则存有不周之嫌。"未协商"并非"不能协商"，如根据双方之间的交易习惯而进行的交易行为中也存有"未协商"的情形，学界通常将其称之为"意思实现"[2] 而非"格式条款"。除此之外，格式条款是否仍需其他要素呢？《合同法》中有"重复使用"这一要素，但二审稿将其删除，管见以为此举并不妥当。格式条款的一大显著特征在于其适用对象的不确定性，若删除"重复使用"这个要素则前述特征就荡然无存，由此会使针对具体个人多次使用的情形也被涵摄于格式条款的调整范畴。而且，这也与格式条款之节省交易成本、重复使用的目的背道而驰。至于"重复使用"立法语言是否妥当，则是在筛选格式条款构成要素之后需要考虑的问题。由此可见，我国在对格式条款定义的立法上，缺少对法律语言的规范使用与法律概念的科学界定的考量。

2. 格式条款订入规则的质疑

《合同法》第 39 条第 1 款规定："采用格式条款订立合同的，提供格式条款的一方应当遵循公平原则确定当事人之间权利和义务，并采取合理的方式提请对方注意免除或者限制其责任的条款，按照对方的要求，对该条款予以说明。"立法者在《合同法》中将提请注意的充分条件表述为"合理方式"，

---

〔1〕 ［德］卡尔·拉伦茨：《法学方法论》，陈爱娥译，商务印书馆 2003 年版，第 318 页。

〔2〕 意思实现是指根据交易习惯，承诺人无需向要约人表示，或者要约人预先声明无需表示的，即使没有向要约人表示承诺，承诺一经作出，合同即告成立。参见韩世远：《合同法总论》（第 3 版），法律出版社 2011 年版，第 105~106 页。

这一富有张力和弹性的立法语言本身就会使其产生存留争议之可能。究竟是留给裁判者预留自由裁量空间，从而饱含价值判断的深情；还是有一套行之有效的标准，通过事实判断即可获致理想的裁判结果。我国立法者无疑选择了后者，此乃成文法国家对法官不信任之体现，《合同法司法解释（二）》第6条第1款[1]即是最好的佐证。但立法者将提请注意的义务范围限定在免除或限制其责任的范围，则可能对相对人的利益保护存有极大的隐患。且《合同法》未对不履行提请注意义务的法律后果进行规范，引致学界对该条是倡导性规范还是强制性规范这一问题的重大争论。最后，"公平原则+提请注意+对方要求+说明义务"的立法抉择是否妥当，也鲜有定论。面对《合同法》立法上的重大缺憾，《合同法司法解释（二）》对此进行了规范修正。其中《合同法司法解释（二）》第6条[2]是对"采取合理方式"内涵与标准的解读，其认定标准为"特别标识+对方要求+说明"，但仍将使用人的说明义务范围限定在免除或限制责任的范畴之内。《合同法司法解释（二）》第9条，则对使用人违反说明义务的法律后果进行了规定，并将其限定为可撤销的法律行为。[3]

二审稿在吸收学界研究成果的基础上，对《合同法》的有关规定进行了完善，其第288条第2款规定："采用格式条款订立合同的，提供格式条款的一方应当遵循公平原则确定当事人之间的权利和义务，并采取合理的方式提请对方注意免除或者减轻其责任等与对方有重大利害关系的条款，按照对方的要求，对该条款予以说明。提供格式条款的一方未履行提示或者说明义务，致使对方没有注意或者理解与其有重大利害关系的条款的，对方可以主张该条款不成为合同的组成部分。"相较于《合同法》和《合同法司法解释

---

〔1〕 《合同法司法解释（二）》第6条第1款规定：提供格式条款的一方对格式条款中免除或者限制其责任的内容，在合同订立时采用足以引起对方注意的文字、符号、字体等特别标识，并按照对方的要求对该格式条款予以说明的，人民法院应当认定符合《合同法》第39条所称"采取合理的方式"。

〔2〕 《合同法司法解释（二）》第6条规定：提供格式条款的一方对格式条款中免除或者限制其责任的内容，在合同订立时采用足以引起对方注意的文字、符号、字体等特别标识，并按照对方的要求对该格式条款予以说明的，人民法院应当认定符合《合同法》第39条所称"采取合理的方式"。提供格式条款一方对已尽合理提示及说明义务承担举证责任。

〔3〕 《合同法司法解释（二）》第9条规定：提供格式条款的一方当事人违反《合同法》第39条第一款关于提示和说明义务的规定，导致对方没有注意免除或者限制其责任的条款，对方当事人申请撤销该格式条款的，人民法院应当支持。

（二）》的有关规定，二审稿的重要修改主要表现在：一是以重大利害关系的概括式语句表述，拓宽了使用人说明义务的适用范围，更有利于保护相对人的合法利益；二是对使用人违反说明义务的法律后果进行了新的认定，认为其应是未订入而非可撤销。管见以为，立法者在面对原有立法不足时，力图改变现状的初衷是好的，但此等修改却又引发了新的问题。在"合理的方式"尚存弹性无法准确界定的情况下，又加入"重大利害关系"这一需要解释才能适用的语句，令该条作为法官裁判指南的可适用性更加令人生疑，因为其评价性判断过于充溢。除此之外，由可撤销到未订入的思路转换，背后的法理基础何在？同一问题反映出立法者三种不同的立法思考，其缘由何在？未订入该如何解释？这些都将成为法官、学者等不能回避的新问题。

（二）格式条款效力规则立法规范的醒思

《合同法》第40条是对格式条款效力问题的规定，其明文规定："格式条款具有本法第52条和第53条规定情形的，或者提供格式条款一方免除其责任、加重对方责任、排除对方主要权利的，该条款无效。"从立法规定上来看，我国立法者采用的是具体列举的方式。其中，《合同法》第52条列举的是合同无效的情形，而第53条列举的是免责条款无效的情形。法律行为的无效是指法律行为的规则基于某一无效原因而不发生效力，其背后隐含的法理是"不能以私人意思行为来取代法律秩序所没有认可的内容"。[1] 出于对法律秩序的维护，对当事人意思自治进行适当限制，无可厚非。但《合同法》上采用具体列举的方式是否周延？除了列举的无效的情形，诸如显失公平的情境该如何判断法律效果？"免除其责任、加重对方责任"是否就必然无效，是否允许当事人之间变更？"排除对方主要权利"又该如何进行解释？

二审稿在此问题上，似乎没有过多的回应，只是简单地将原本合同无效的情形置换为《中华人民共和国民法总则》（以下简称《民法总则》）有关法律行为无效的情形。二审稿第289条规定："有下列情形之一的，该格式条款无效：①具有总则编第六章和本法第298条规定的无效情形；②提供格式条款一方不合理地免除或者减轻其责任、加重对方责任、限制对方主要权利；③提供格式条款一方排除对方主要权利。"第298条则规定："合同中的下列免责条款无效：①造成对方人身损害的；②因故意或者重大过失造成对方财产损失的。"值得称赞之处在于，《民法总则》将《合同法》中有关合同无效

---

〔1〕 ［德］维尔纳·弗卢梅：《法律行为论》，迟颖译，法律出版社2013年版，第653~657页。

的情形进行了进一步优化，将原本属于可撤销的法律行为还原到效力瑕疵管制领域，如欺诈、胁迫等。但上述《合同法》本身存在的问题，二审稿并没有予以回应并解决。

（三）格式条款立法规范的体系审视

就体系视角观察而言，《合同法》第 39 条与第 40 条之间存有体系冲突。《合同法》第 39 条作为格式条款订入规则条款，规定使用人对免除或者限制其责任的条款负有提请相对人注意的义务，亦即满足该条件的格式条款即可成为合同内容。而第 40 条则将提供格式条款一方免除其责任、加重对方责任的情形直接规定为无效。尽管有学者从解释论的角度，将第 40 条的免责解释为"条款的制定人在格式条款中已经不合理地不正当地免除其应当承担的责任"[1]，进而试图从解释论上消解立法上存在的体系冲突问题。管见以为，此种解释进路非常有意义，但却无法消解立法者在客观上造成的规范冲突问题。针对这一问题，《合同法司法解释（二）》第 10 条明确规定：提供格式条款的一方当事人违反《合同法》第 39 条第 1 款的规定，并具有《合同法》第 40 条规定的情形之一的，人民法院应当认定该格式条款无效。本意虽好，但实际结果却有矫枉过正之嫌：非格式条款，在违反《合同法》第 52、53 条的情况下即为无效，而若为格式条款，则不仅需要违反上述规定，还要有条款提供方违反告知义务的事实存在，方可认定此类条款无效。[2]

二审稿在上述问题上做了很好的回应，具体表现在：一是明确将 288 条规定为订入规则条款，违反义务规定的视为该格式条款未订入合同。二是在第 289 条第 2 项中增加了"不合理地"字眼，将其与第 288 条之间进行了体系衔接。对此处"不合理地"的解释，管见以为，应分两个方面。一是未按照第 288 条规定之内容进行提请注意义务的；二是免除责任或加重对方责任的程度严重，不符合公平价值标准的。但出现的一个新问题是，《民法典合同编（草案）》（二审稿）第 298 条与上述两条款之间的体系问题。第 298 条规定的是两类免责条款无效的情形，是具体列举的方式，其与第 289 条之间该如何解释适用，第 289 条所规定的免责条款无效的情形仅是指第 298 条的规定情形，还是包括其他呢？管见以为，上述问题产生的原因乃在于我们未对

---

〔1〕　王利明：《民商法研究》（第 2 辑），法律出版社 1999 年版，第 270 页。
〔2〕　李贝：《法国债法改革对我国民法典制定的启示意义》，载《交大法学》2017 年第 2 期，第 58 页。

各规范之间的规整脉络梳理清楚，未能准确把握格式条款内在体系背后隐藏的价值体系之间的关系，未能准确适用体系融贯理论消解规范之间可能存在的种种冲突。

三、民法典合同编草案格式条款的规范确立

（一）格式条款订入规则立法规范的确立

1. 格式条款定义规范的确立

从对格式条款定义规范具有代表性的比较法视野来看，德国遴选的是"重复使用+预先拟定"要素[1]，法国遴选的则是"不能协商+预先拟定"要素[2]，日本学界普遍的共识遴选的则是"重复使用+预先拟定+不能协商"[3]，我国台湾地区则遴选的是"重复使用+预先拟定"[4]。从国内学者的研究来看，诸多学者认为其应包括"重复使用+预先拟定+不能协商"。[5]从国内立法上来看，《合同法》采用的是"重复使用+预先拟定+未与协商"，而二审稿采用的则是"预先拟定+未与协商"。究竟对格式条款进行内涵阐释时应包含哪些要素，是一个常常被忽略的问题。

概念经由抽象化程序提炼而成。黑格尔将抽象化视为"由具体事物中分离出来，将规定具体事物的诸要素个别化的过程"。[6]拉伦茨则进一步指出，抽象化思考不是以所有的构成部分，毋宁在掌握出现其中的只是特性或观点。[7]我们现在的工作，恰与抽象一般概念的进阶路径相反，毋宁采取一种

---

〔1〕 德国《一般交易条件法》第1条规定：一般交易条件是指为众多合同事先拟定的，由使用人在订立合同时向对方当事人提出的合同条件。参见［德］迪特尔·梅迪库斯：《德国民法总论》，邵建东译，法律出版社2013年版，第300～301页。

〔2〕 法国现代合同法上的附合合同，是一方当事人对于另一方当事人事先已确定的合同条款只能表示全部同意或不同意的合同。参见尹田：《法国现代合同法：契约自由与社会公正的冲突与平衡》（第2版），法律出版社2009年版，第142页。

〔3〕 日本经团联发表的《对〈民法（债权相关）修改中间试案〉的建议》中将格式条款定义为："为了与复数的当事人缔结合同而预先准备的合同条款的整体，并以定式化规定此等契约的内容为目的而使用的条款。"参见渠涛主编：《中日民商法研究》（第13卷），法律出版社2014年版，第4页。

〔4〕 詹森林：《民事法理与判决研究》（第4册），中国政法大学出版社2009年版，第107页。

〔5〕 参见梁慧星：《中国民法典草案建议稿附理由》（合同编·上册），法律出版社2013年版，第71页；王利明：《中国民法典学者建议稿及立法理由：债法总则编·合同编》，法律出版社2005年版，第231页；李永军：《合同法》（第3版），中国人民大学出版社2012年版，第251页。

〔6〕 参见舒国滢、王夏昊等：《法学方法论问题研究》，中国政法大学出版社2007年版，第439页。

〔7〕 参见［德］卡尔·拉伦茨：《法学方法论》，陈爱娥译，商务印书馆2003年版，第318页。

倒推机制，探寻形成格式条款抽象概念的应然组成要素。从上述所截取的不同国家或地区，以及我国学者的部分观点来看，"预先拟定"和"不能协商"要素出现的频次最高，仅德国《一般交易条件法》未有涉及；而"重复使用"，或者"向不特定多数人使用"除法国未明确规定外，其他所涉及参考例也均予以使用。使用偏好问题本身并不能说明格式条款必备要素的准确界定标准，但其可窥视其逐渐形成的共识。根据法律概念解释的整体性原则，在对格式条款的组成要素进行提炼时，一方面要将其置于整个法律文本的语境之中，另一方面还要考虑概念与概念之间、概念与整个法律术语之间的关系。[1] 现在债法或者合同法领域，在对格式条款进行概念阐释时，"预先拟定"将其与经合意达成的合同严格区分开来，是格式条款的显著特征；"不能协商"是格式条款的定型化特征的要求，也是其与标准条款进行界分的必要特征，草案中使用的"未与协商"显然属于术语选择上的错误。

问题的争议主要在于"重复使用"或者"与不特定多数人使用"这一要素是否是格式条款的必备要素。对此，有学者认为"格式条款的形式特征是规格化、定型化，至于该条款是否已经重复使用，则非所问"；[2] 有学者则认为"重复使用是格式合同的必备要素，这不仅仅可以从文义推知，而且是区别于一般合同条款并特别规则的主要依据"。[3] 对此，笔者更倾向于将"重复使用"作为格式条款抽象概念的组成要素，但在表述上使用"与不特定多数人使用"更为妥当。与前述立场不同，反对者认为重复使用并非是格式条款的本质特征，其仅仅是为了说明预先制定的目的，且存在有些格式条款仅使用一次的情形。[4] 笔者欲从抽象概念的功能视角出发，探寻"与不特定多数人使用"要素的必要性。"由那些孤立的要素组成的概念，只要具备定义概念之全部要素的事物，均可涵摄于此概念下，要素之具体组合情况如何，在所不问。"[5] 倘以"预先拟定"和"不能协商"作为格式条款的必备要素，则专门为某项交易而拟定的条款也可涵摄于格式合同调整范畴。显然，专门为某项交易而拟定的条款，与格式条款之存在目的（节省交易成本）并

---

〔1〕　参见陈金钊、熊明辉主编：《法律逻辑学》，中国人民大学出版社 2012 年版，第 28 页。

〔2〕　王利明：《合同法研究（第 1 卷）》（修订版），中国人民大学出版社 2011 年版，第 407 页。

〔3〕　王洪亮：《债法总论》，北京大学出版社 2016 年版，第 58 页。

〔4〕　参见王利明：《对〈合同法〉格式条款规定的评析》，载《政法论坛》1999 年第 6 期，第 4 页。

〔5〕　参见［德］卡尔·拉伦茨：《法学方法论》，陈爱娥译，商务印书馆 2003 年版，第 318 页。

无关联，而是使用人在"合意"上对相对人的条件限制。使用"重复使用"，可能会造成为了重复使用而拟定但只使用一次的情形属不属于格式条款调整范畴的歧义，莫不采用"与不特定多数人使用"语句，避免此等歧义。故而建议将二审稿第 288 条第 1 款修改为："格式条款是为了与不特定多数当事人使用而预先拟定的，并在订立合同时不能和对方协商的条款。"

2. 格式条款订入规则规范的确立

关于格式条款的订入规则，不同学者因研究的逻辑起点不同对其有不同的看法。有学者认为格式条款的订入规则包括实质性条件即公平和程序性条件即对免责条件或限则条件进行合理说明。[1] 管见以为，此种学说较为全面地诠释了订入规则。《合同法》第 39 条未对格式条款的一般订入规则予以规定，而仅仅对免责、限责条款的订入规则进行了规定，为许多学者所诟病。有学者从格式条款和格式条款文本的不同出发，解释出《合同法》第 39 条所言之格式条款实乃"已经订入合同的条款"，进而认为并非除格式化的免责条款外不需要经一定程序即可订入。[2] 且不论《合同法》订入规则的设计是否科学，单就哪些领域适用订入规则，其就没有规定清楚，造成了理论和实务界的巨大争议。二审稿第 288 条第 2 款对此进行了完善，其明确规定：采用格式条款订立合同的，提供格式条款的一方应当遵循公平原则确定当事人之间的权利和义务，并采取合理的方式提请对方注意免除或者减轻其责任等与对方有重大利害关系的条款，按照对方的要求，对该条款予以说明。提供格式条款的一方未履行提示或者说明义务，致使对方没有注意或者理解与其有重大利害关系的条款的，对方可以主张该条款不成为合同的组成部分。

（1）格式条款的调整范围问题。二审稿完善了《合同法》适用订入规则领域过于狭窄的问题，除了免责和限则外，以重大利害关系为概括性规定，使得格式条款的适用范围得以扩张。其实际上是参照了《消费者权益保护法》的规定。至此，简单的一款条文就出现了"公平原则""合理方式""重大利害关系"三个富有弹性和张力的词语，势必使法官在适用时需要更大的工作量来解释适用。有关法律规范中出现弹性语言的成因，有学者认为其包含两个方面：一是法律所涉及的事物的范围和法律所规范行为的种类没必要一一列举，而使用弹性术语可达此目标；二是对未来事物和未来行为的调整留有

---

〔1〕 参见赵万一、刘云生：《西南民商法阶梯》（第 3 卷），法律出版社 2009 年版，第 5 页。

〔2〕 参见王利明：《民商法研究》（第 2 辑），法律出版社 2013 年版，第 266 页。

一定适用空间。[1] 对富有弹性的法律语言，非仅依靠文义解释即可，毋宁需要目的、体系等解释工具的协助。故此问题仅是法律的解释适用问题，不应划归为"应然层面"的立法选择问题。但扩宽订入规则的适用范围，显然符合格式条款立法目的上保护处于弱势地位一方利益的初衷。

（2）格式条款的订入要件问题。二审稿将其要件限定为"公平原则＋对方要求＋提请注意＋说明义务"，我国台湾地区则要求"明示／显著告知＋对方同意"[2]，德国则将订入要件规定为"相对方同意＋明示＋相对方以合理期待的方式知悉"[3]。由此看来，对格式条款的订入要件立法也未形成一致。那么，格式条款的订入规则究竟该包含哪些要件才是合理的呢？格式条款背后隐藏的是契约自由和公平正义的价值衡量，在牺牲契约自由的前提下，公平正义就显得至关重要，因而格式条款订入规则的设计应以其是否能达到公平正义为判断依据。实际上，我们认为格式条款缺少契约自由的精神价值是对德国格式条款相关规定的误解。德国《一般交易条件法》中要求使用人明示的要求和相对方同意的规定，恰是对传统合同法领域中"要约"和"承诺"的另行表达，格式条款并不是排斥契约自由，而仅仅是缺少了"讨价还价"的环节。既然将格式条款置于合同法范畴，就有必要按照合同法有关合同成立的一般规则进行设计。只是此处的要约与承诺不同于一般合同行为上的，特别是在承诺的解释上，应视为相对人对合同整体上使用格式条款的同意。缺少了这一环节，对合同成立的基本规则会造成破坏，也会使合同的拘束力大打折扣。

（3）格式条款订入要件的立法技术问题。《德国民法典》在吸收《一般交易条件法》的相关规定时，新增了"相对人以合理期待的方式知悉"的内容，有学者将其视为"异常条款"[4]。对比分析二者，《德国民法典》上的规范设计更为科学，其符合合同成立要件的基本理论，"明示"作为格式条款

---

〔1〕　参见刘红婴：《法律语言学》（第 2 版），北京大学出版社 2007 年版，第 158 页。

〔2〕　我国台湾地区"消费者保护法"在第 13 条规定：消费契约之一般条款构成契约内容之要件：定型化契约条款未经记载于定型化契约中者，企业经营者应向消费者明示其内容；明示其内容有困难者，应以显著之方式，公告其内容，并经消费者同意受其拘束者，该条款即为契约之内容。前项情形，企业经营者经消费者请求，应给予定型化契约条款之影本或将该影本附为该契约之附件。

〔3〕　［德］迪特尔·梅迪库斯：《德国民法总论》，邵建东译，法律出版社 2013 年版，第 306 页。

〔4〕　所谓异常条款（或称不寻常条款，令人意外的条款），是指依交易的正常情形显非相对人所能预见的格式约款。参见王洪亮主编：《合同法难点热点疑点理论研究》，中国人民公安大学出版社 2000 年版，第 90 页。

中使用人的"要约"行为，须经相对人的"同意"而为"承诺"行为。而对于"异常条款"的存在，德国立法者认为其往往因为相对人未阅读而对其造成不利后果，且适用的领域往往对商人具有重要意义。[1] 管见以为，《德国民法典》意在区分一般消费者和商事主体对格式合同注意义务的程度需要，对一般消费者应科以较轻的注意义务，此与其民商分立的立法传统遥相呼应。《国际商事合同通则》第2.20（1）条也有明文规定："如果标准条款中某个条款是对方不能合理预见的，则该条款无效，除非对方明确地表示接受。"我国现有立法没有相关规定，多半是我国民商合一的立法传统所致。但我们可采取《国际商事合同通则》不区分民商事主体的统一性规定，从积极条件和消极条件两个方面，在逻辑上更为周延地规定订入规则的要件。倘去除"异常条款"规定，按照现有立法规范，一旦使用人在免责或限责等对相对人有重大利害关系的领域进行了提醒注意和说明义务，则相对人必须接受该条款内容，否则将面临承担违约责任的风险。如此过于绝对的立法表达，对相对人的利益保护极为不利。

（4）使用人未遵循订入规则的法律效果问题。《合同法》未对此予以明确规定，《合同法司法解释（二）》规定其为可撤销，二审稿则规定为未订入。格式条款的订入规则，实际上就是法律行为的成立问题。法律行为的成立与否是一个事实判断问题，其着眼点在于：某一法律行为是否已经存在，行为人从事的某一具体行为是否属于其他表示行为。[2] 因格式条款的制定属单方规则，不能任使用人随意订入，而须依公平原则进行衡量。但其仍需按照合同成立的一般规则，即要约和承诺完成之后形成的合意。显然，订入规则是对使用人在作出要约时的意思表示的限制，或者所附加的条件，使用人只有满足此条件，其要约才能顺利发出，故使用人未遵循订入规则的法律效果，应按二审稿所采用的"不成为合同的组成部分"。而有学者提出应将其规定为可撤销，是因为赋予当事人撤销权要比不产生效力更清楚，即赋予了当事人以选择的权利[3]，有待商榷。

故而建议将《民法典合同编（草案）》（二审稿）第288条第2款修改

---

〔1〕 参见［德］迪特尔·梅迪库斯：《德国民法总论》，邵建东译，法律出版社2013年版，第310页。

〔2〕 董安生：《民事法律行为——合同、遗嘱和婚姻行为的一般规律》，中国人民大学出版社1994年版，第180页。

〔3〕 参见刘承韪：《民法典合同编的立法建议》，载《法学杂志》2019年第3期，第35页。

为："采用格式条款订立合同的，提供格式条款的一方应当遵循公平原则确定当事人之间的权利和义务；应采取合理的方式提请对方注意免除或者减轻其责任等与对方有重大利害关系的条款，并对该条款予以说明；应经过对方的同意。未提请对方注意、未予以说明或者未经对方同意的，视为该条款不成为合同的组成部分。"新增加一款："如果标准条款中某个条款是对方不能合理预见的，则该条款无效，除非对方明确地表示接受。"

（二）格式条款效力规则立法规范的确立

二审稿第 289 条和第 298 条是对格式条款效力规则的规定，其中第 289 条是格式条款效力的直接否定性规定，第 298 条则是对免责条款无效情形的规定。对格式条款效力规则的检讨，其核心争议还是在显失公平情境下，格式条款的效力问题上。除此之外，"免除其责任""加重对方责任"是否就必然无效，是否允许当事人之间变更？"排除对方主要权利"又该如何进行解释？

显失公平的产生往往是由于交易地位不平等、缺乏磋商机会或一方因缺乏相关知识或经验，因而处于弱势一方没有作出有意义的选择。[1] 我国《民法总则》第 151 条明确规定其为"可撤销"的法律行为，故排除无效之适用。然二审稿第 289 条第 2、3 项所言之"不合理地免除或者减轻其责任""加重对方责任""限制对方主要权利""排除对方主要权利"是否属于显失公平的涵摄范围呢？实质上，显失公平与契约自由在一定程度上存在冲突与碰撞，一般而言公平与否乃当事人意志范畴内的考量因素。但"任何一个有秩序的社会，必须保障各种制度的公正才能维持"。[2] 我国《民法总则》对显失公平的规定，与德国法和英美判例制度相一致，即采用程序性显失公平和实质性显失公平的双重要件。程序性要件即一方在缔约时处于显著不利地位；实质性要件则是双方之间的权利义务严重不对等。故综合判断格式条款的适用情境，在出现二审稿第 289 条第 2、3 项有关规定时，显然属于显失公平的范畴，但为何《合同法》、二审稿等都将其视为无效呢？管见以为，立法者的立法目的在于保护经济上处于弱势地位的相对人，但由于过于绝对的表述方式，使得对相对人的保护反而不利。

首先，二审稿第 289 条第 2、3 项被规定为无效的请求权基础为何？管见

---

〔1〕 参见刘彤编著：《国际货物买卖法》（第 2 版），对外经济贸易大学出版社 2013 年版，第 30 页。

〔2〕 李永军：《合同法原理》，中国人民公安大学出版社 1999 年版，第 273 页。

以为，立法者主要想表达的是运用《民法总则》第 6 条有关"公平原则"的规定来判定该类条款的效力，但其可能引发"公平原则"与"显失公平"两大制度之间的适用冲突。而解决这一问题的进路可借鉴《德国民法典》上的"灰名单"和"黑名单"制度。[1] 无效是基于维护法律秩序之最严判定，立法上必须明确。格式条款之立法目的在于保护弱势地位者之利益，如将上述情形一律规定为无效，反而与立法目的背道而驰。因为其"未能预留足够的法律空间，不如规定为可撤销合同，而由当事人自己决定是否撤销为妥"。[2]但无论是一律撤销，还是统一无效，过于绝对的立法表达对于平衡双方之间的利益都不甚科学。毋宁借鉴《德国民法典》之相关制度，规定具体适用无效规定的情形，其余则因显失公平而可撤销，更为妥当。其次，当事人在此情况下能否行使变更权。《民法总则》已经删除变更权相关规定，有学者认为："变更一个法律行为，例如合同，实际上是重新协商合同内容，而如果对方不同意，那么法院就运用强制力的方式让对方接受这种变更。这实质上是对意思自治原则的极大侵犯。"[3] 笔者赞成此种观点，故而《民法总则》的做法是正确的，其是基于法律体系的视角对意思自治内在体系的维护和变更权抽象概念外在体系的科学定位。因此，不必要在格式条款中规定当事人之间对合同的变更，当事人之间对合同变更一则改变了格式条款的定型化特征，二则形成了一种新的法律关系。

（三）格式条款立法规范的体系确立

《合同法》第 39 条将"经提请注意和说明的免责、限责条款"视为有效，而第 40 条则将其规定为无效。虽有学者通过解释论的工具对其进行了规范解释，期望消除立法规范之间的既有冲突，但不可否认立法者忽视了运用体系思维审视立法规范的环节。正如有学者所言之："从改革开放以来我国民法发展历程来看，我国向来只是重视立法的政治要求，而对于法律的体系化与科学化却不甚重视。"[4]《民法典合同编（草案）》（二审稿）有关格式条款的规范涉及两大体系问题，一则是其有关运用不同层级的抽象概念建立起来的

[1]　参见张良：《我国民法典合同法编格式条款立法研究》，载《四川大学学报（哲学社会科学版）》2019 年第 1 期，第 137 页。

[2]　梁慧星：《中国民法典草案建议稿附理由》（合同编·上册），法律出版社 2013 年版，第 82页。

[3]　李永军：《民法总则》，中国法制出版社 2018 年版，第 710 页。

[4]　孙宪忠：《我国民法立法的体系化与科学化问题》，载《清华法学》2012 年第 6 期，第 46 页。

金字塔式外在体系，二则探寻格式条款背后的法律价值所建构的内在体系。实现内在体系与外在体系之间的衔接，就需要运用融贯外在体系与内在体系的编纂技术，其要求"立法者熟练地运用不同的语词、不同的概念和不同的规范类型，将内在体系的价值理念在外在体系的规范中融贯地表现出来"。[1]

1. 就格式条款的内在体系而言

"只有凭借法律原则的发现及具体化以及建构类型、类型系列及规定功能的概念，方能发现内部体系。"[2] 贯穿格式条款的立法规范始终的法律原则乃"公平原则"，其是基于不同利益衡量的必然选择。根据利益法学派代表人物黑克的观点，"法律目的在于为了保护特定社会上的利益，而牺牲其他利益；法律的功能在于裁断利益的冲突，这些对利益冲突的裁断即为法律规范，整个法律体系由一个个对利益冲突的裁断所构成。"[3] 格式条款的背后，意蕴着契约自由与公平正义的价值衡量，也充斥着经济学领域中效益与公平的不休争论。人们在研究格式条款时，往往有一个误区，即格式条款排斥契约自由。但实质只是在格式条款中缺少了"讨价还价"的环节，并不能因此而去掉"合意"的应有内容。因而，除了使用人明示和说明义务外，需要经对方同意方可成为格式条款内容的规定是需要的，我们无疑是在要约与承诺变异的情形下，为了保护在经济上处于弱势一方的利益，而试图通过强制力的规范实现合同当事人之间的利益平衡，进而确立格式条款公平原则的内在基石。二审稿较之他国部分立法，将公平原则置入格式条款之中，使得单纯依靠抽象概念的僵硬性缺憾得到弥补。

2. 就格式条款的外在体系而言

格式条款的抽象概念构成其外在体系的基石。前已述及，"预先拟定""与不特定多数人使用""不能协商"是格式条款抽象概念的组成要素，这与格式条款的立法目的密切相关。格式条款作为次级概念，其一般概念应依循《民法总则》有关民事法律行为的相关规定。二审稿第 289 条将格式条款与法律行为进行连接，实现了两者在效力判断上的衔接与融贯。为避免《合同法》第 39 条与第 40 条之间的立法冲突，二审稿很巧妙地将"不合理地"引致规

---

〔1〕　参见方新军：《融贯民法典外在体系和内在体系的编纂技术》，载《法制与社会发展》2019 年第 2 期，第 22 页。

〔2〕　参见舒国滢主编：《法学方法论》，厦门大学出版社 2013 年版，第 168 页。

〔3〕　参见舒国滢、王夏昊等：《法学方法论问题研究》，中国政法大学出版社 2007 年版，第 440 页。

范之中。但其忽视了第 289 条第 2、3 项与显失公平制度之间的体系冲突问题，在限定无效的具体情形后，将其他具有显失公平的适用可撤销则更为科学。管见以为，其是因为缺少对概念之间横向连接的观察，未将公平原则贯穿至外在体系的始终，未实现外在与内在体系之间的融贯。除此之外，就格式条款要不要区分民商事主体而进行异化处理。管见以为，在我国民商合一的大背景下，不进行区分在体系上是科学的，但基于商事领域的特殊性，可采用单行法或者特别法的形式，对商事领域的格式条款予以特殊的规定。

3. 格式条款的规整脉络

"法规范并非彼此无关地平行并存，其间有各种脉络关联。"[1] 研究格式条款的规整脉络的意义，在于从整体上把握有关格式条款各条立法规范之间设计的逻辑，进而避免出现立法遗漏。格式条款的归整脉络应从格式条款归属的调整范畴出发，即格式条款并非单方法律行为，而是合同的一种特殊形式。既然属于合同的调整范畴，就应按照合同的一般规则进行设计，包括合同的成立与生效规则。格式条款的订入规则，要依循合同成立的基本规则，即在要约和承诺完成的基础上形成合意。鉴于格式条款中使用人在单方制定规则，法律需对其所为之要约内容进行必要的控制，防止其利用优势地位谋取不公平之利益。在相对人的承诺上，因缺少讨价还价的环节，相对人只能作整体上之同意不同意，但该同意环节必不可少，其是任何合同成立的必要内容。格式条款的效力规则则属于合同的效力问题。法律行为的生效是指按照一定的标准与尺度对私人成立的法律行为进行评价后的肯定性结论，无效则是对其否定性的评价。[2] 在对合同编有关格式条款的内容进行立法时，要协调《民法总则》有关法律行为效力的规定与对格式条款特别的效力规定之间的关系，不能一概而论将格式条款的效力问题单一化、僵硬化，否则会出现体系上的重大错乱。

---

〔1〕 ［德］卡尔·拉伦茨:《法学方法论》，陈爱娥译，商务印书馆 2003 年版，第 316 页。
〔2〕 参见李永军:《民法总论》，法律出版社 2009 年版，第 447~457 页。

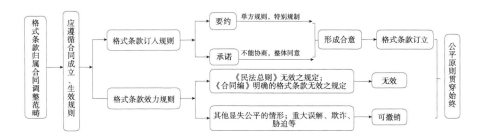

四、结语

格式条款"有契约自由之壳，而无意思自治之核"，但其出现是顺应经济发展之需要的产物。立法者在对其进行立法规范时，立法目的与立法导向在于"针对这种形式上自由、但实质上不平等的格式合同，我们一定要有特殊的制度对之进行规制，以防其对广大的消费者造成损害"。[1] 我国相关立法，在结合基本国情、吸纳他国或地区先进经验的基础上，进行了大胆地尝试和创新。格式条款相关立法几经嬗变，初具"乡土中国"之韵味，但仍有不足之处亟待完善。在体系思维的指导下，在运用基本的规范分析方法下，针对我国有关格式条款出现的问题，建议将现有二审稿的立法规范进行如下的修改完善：

第二百八十八条　格式条款是为了与不特定多数当事人使用而预先拟定的，并在订立合同时不能和对方协商的条款。

采用格式条款订立合同的，提供格式条款的一方应当遵循公平原则确定当事人之间的权利和义务；应采取合理的方式提请对方注意免除或者减轻其责任等与对方有重大利害关系的条款，并对该条款予以说明；应经过对方的同意。未提请对方注意、未予以说明或者未经对方同意的，视为该条款不成为合同的组成部分。

如果格式条款中某个条款是对方不能合理预见的，则该条款无效，除非对方明确地表示接受。

第二百八十九条　有下列情形之一的，该格式条款无效：

（一）具有总则编第六章和本法第二百九十八条规定的无效情形；

（二）提供格式条款一方不合理地免除或者减轻其责任、加重对方责任、限制对方主要权利；

---

〔1〕　梁慧星：《合同法的成功与不足（上）》，载《中外法学》1999 年第 6 期，第 22 页。

（三）提供格式条款一方排除对方主要权利；

（四）除法律、法规明确规定为无效外，如格式条款显失公平的，对方有权撤销该条款。

涅槃与重生：网络经济中竞争关系的司法认定

刘佳欣* 郭振华**

摘 要：网络环境下，网络服务提供商经营的网络产品或者服务侧重点不同，导致网络竞争案件中，竞争关系亦成为争论焦点之一。不正当竞争行为在主体、行为、诉的利益、地理范围、主观要件等方面发生了变化，使司法认定产生难题。网络环境下的竞争关系更应当从社会、政府、公共利益等方面关注经济主体的可替代和竞争关系问题。从法律意义上考量竞争关系，又不可避免地受到经济因素的制约。在司法判定中，既要考虑竞争关系的总体发展趋势，也应当结合个案因素考量，合理地判断竞争关系。

关键词：网络不正当竞争 竞争关系 经济因素 司法认定

不正当竞争案件中，"竞争关系"作为《中华人民共和国反不正当竞争法》（以下简称"反法"）的特有规定而引发巨大争议，反法第2条第3款规定"本法所称的

---

* 刘佳欣，中国政法大学民商经济法学院知识产权法专业 2017 级博士研究生（100088）。

** 郭振华，北京市海淀区人民法院法官（100080）。

经营者，是指从事商品生产、经营或者提供服务的自然人、法人和非法人组织"，该条款中并未对竞争关系作描述。但是在反法的特殊条款——第 11 条、第 23 条等条款中提及"竞争对手"的概念，对于竞争对手的判断，必然要涉及"竞争关系"的理解，反法对竞争关系进行了实质上的限制。竞争关系的理解和法律适用所引发的讨论在不断增多，应严格遵循竞争关系的狭义理解，还是对其作广泛的解释，并无明确的规定。在当今互联网环境下，一方面一些市场主体市场庞大，在业务、客户群、价格、劳动力方面都存在着广泛的重合，而且重合度不断地在扩张和相互重叠，另一方面，随着技术和经营的发展，市场主体潜在的竞争可能性在不断提高。对于竞争关系的描述和定义影响到市场主体的生存和发展，在互联网环境中，竞争关系的认定呈现边界拓宽的趋势，这一趋势是否符合网络经济的发展规律以及在判断竞争关系时应当考量何种因素，是目前司法实践中关注的焦点问题。

一、问题的引出

司法实践中，与讼争行为主体之间无竞争关系成为一个重要的抗辩理由，网络环境下，网络服务提供商经营的网络产品或者服务侧重点不同，导致网络竞争案件中，竞争关系亦成为争论焦点之一，竞争关系的理解和适用在具体案件中变得日益重要。一般而言，实体空间[1]（自然世界）与虚拟空间（网络环境）[2]的环境区别在于信号传递方式和传递速度发生变化。在网络环境下，人们依据一定的信赖来认识可识别符号，而这种信赖在虚拟空间里，往往经过人为的修饰或者修改。部分市场主体正是利用这种信息技术的变化，以正面或者侧面的态度来制造或引导舆论，或者通过信息来引诱消费者产生误解，不正当竞争行为在网络环境下变得非常严重，缺乏约束。这种变化也深刻地影响着司法审判，带来了巨大的挑战，如何应对变化成为当前司法审判的难点。总结起来笔者认为网络环境下竞争关系的改变涉及以下几点：

（一）主体的变化

网络竞争初期，在互联网行业中的不正当竞争中，经营者大都是"亲力亲为"，比如瑞星与奇虎公司的软件"后门"争议，因"流氓软件""恶意软

---

[1] 人类生活的自然空间，包括点、线、面、体四大要素，从而使得人类能够在自然世界中能够充分识别具有体物的自然属性。

[2] 据《人民日报》报道，目前我国出现了数字移民高潮，网民规模达到 5 亿，相当于一个大洲人口，人们把工作和生活的更多内容转移到了互联网上。

件"而引发的纷争等。[1] 互联网领域的不正当竞争行为，与传统的不正当竞争主体之间的直接行为有所区别，网络不正当竞争往往涉及第三方。一般情形下，互联网服务商之间存在竞争，双方的客户、劳动力、市场方面存在广泛的重叠关系。而竞争者间如果存在不正当竞争行为，或者发生在第三方的平台上，则将由此衍生出第二种模式，根据网络服务商对于竞争者发布的信息是否具有审核义务，以及其是否尽到了注意义务，将网络服务商引入到间接竞争关系中来，最为常见的是在搜索引擎的竞价排名服务案件中。随着互联网的发展，开放平台也成为不正当竞争的多发领域，如开发者开发的软件组件，对其他网络服务商形成不正当竞争。同时纵向竞争关系越来越突出，处在同一产业链上的市场主体之间也可能面临利益博弈的问题。这点在互联网领域表现得尤为明显，例如综合性网站与其他的一些专门性网站之间存在一定的竞争关系。从长远来看，市场主体之间存在竞争关系的变化，这种变化不仅及于现有的竞争状态，而且及于将来可能的竞争。同时，随着网络空间的变化，部分市场主体可能面临着他人帮助不正当竞争的尴尬局面。

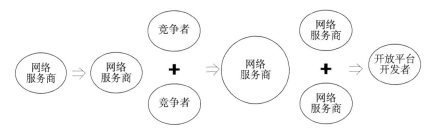

（二）行为的变化

从行为方式上看，网络空间的竞争关系突破了直接竞争的界限，将间接竞争行为放入竞争法调整的范畴，是司法实践必然的要求。同时，在竞争关系的考量上，不仅要从竞争行为所针对的行为模式、行为对象、行为指向的内容等方面来分析，从特别层面来看，还要以本案当事人之间在行为的商业模式上是否存在重合、在行为对象上是否具备潜在的替代性以及行为指向的内容是否存在牵连关系等因素综合考量。从这个角度来看，市场主体处于不同的竞争领域，行为方式也各异。具体的行为模式不仅包括了常态化的商业诋毁、虚假宣传、侵犯商业秘密等，还包括了各种利用技术措施实施的干扰、

---

[1] 汪涌：《软件不正当竞争行为及其法律规制》，载《法律适用》2012 年第 4 期，第 104 页。

妨碍经营秩序，而这些行为的规制从目前的司法实践来看，多以反法的一般条款中的诚实信用原则和公认的商业道德进行扩张性的解释。

（三）诉的利益的变化

诉的利益的泛滥，容易导致诉权被滥用，引发不必要的司法资源浪费。诉的利益在传统的司法实践中，一般强调的是对于实体权利的绝对化，它不仅受制于民法的传统法律精神，还对应于具体的部门法所确定的民事权利。而在反法中，"竞争优势"就是诉的利益，它并不具体对应于何种民事权利，尤其是在网络环境下，成为竞争优势的一切因素都与互联网的虚拟空间关联起来，权利的界限日益模糊。

（四）地理范围的变化

地理范围的变化涉及市场和可替代性两个因素的考量，传统意义上的地理空间往往与行政区划存在紧密的联系，而互联网上市场主体间的竞争是在虚拟的世界里，互相之间在商业范围和用户范围上都存在千丝万缕的联系。市场的概念逐渐趋于统一，分化的、孤立的市场不是互联网经济的特征，而提供网络服务的市场主体之间也存在一定的业务竞争，从业务模式的发展和潜在的可能冲突中可以预见市场主体是乐于竞争、并进行综合经营的模式，以期形成一家独大或者产业联盟的局面。

（五）主观要件的变化

互联网环境中，竞争关系的认定往往涉及对竞争行为中行为人主观恶意的判定。一般情况下，对于市场主体间的竞争行为往往是采取过错责任的归责原则，而随着竞争关系的变化，市场主体采取不作为的方式，在竞争关系中表现尤为突出，这种不作为更多地体现为注意义务的实现，例如网络服务商对于商业诋毁的言论的注意义务，对于竞价排名中的关键词的注意义务，对于开放平台的应用软件的注意义务等。这些竞争关系虽然并不直接存在于网络服务商和第三方，但服务商与被服务对象之间存在合作关系，服务商对于被服务对象的行为负有一定的注意义务，如果其怠于履行义务，造成被服务对象对第三方形成实质性利益损害，也要承担一定的责任。

从上述转变可以看出，网络经济中的竞争关系并非显而易见，存在多种可变因素，这给司法实践带来了竞争关系认定上的难题，因此在不正当竞争案件中，不能简单地套用反法中的规定，而是应当结合多个认定因素、综合考量网络经济的特点进行全面、立体的衡量。

二、网络环境中影响竞争关系认定的因素

网络环境下，竞争模式从显像型、常态化变更为隐蔽型、新兴态势，从而直接影响了竞争关系的认定，进而导致竞争关系成为抗辩的理由和法院认定不正当竞争行为的入口。近年来，以诚实信用原则和违反公认的商业道德作为诉讼主张的竞争案件越来越多，其中暗含了对于经济主体环境因素的基本考量。那么反法调整的竞争关系之间的竞争行为在各个方面都应对这一考量要件有所体现，竞争关系的认定上在此前一直忽略了对于社会价值、公共政策的影响，然而对于经济组织，一般而言，既可以通过市场机制，也可以通过政府介入。[1] 因此，笔者认为，网络环境下的竞争关系更应当从社会、政府、公共利益等方面关注经济主体的可替代和竞争关系问题，以更好地去判断竞争行为的正当性，而不是简单地割裂竞争关系与竞争行为的判断。

（一）社会价值

社会价值是指为满足社会或他人物质的、精神的需要，人通过自身和自我实践活动所做出的贡献和承担的责任。网络环境下，社会价值的导向作用异常明显，市场主体间的竞争关系应当满足社会进步的需要，悖逆这一行为将会损害到社会价值的实现。因此，受社会价值调整的竞争关系是商业道德及诚实信用的一个具体环节，竞争关系不可能摆脱社会价值而独立地运行和存在。例如，美国 1918 年的 International News Service v. Associated Press 一案中，法官就创设了"不正当得利"原则，即"在没有播种的地方收获"或者"不播种而收获"，从而避免了对于竞争关系的争论。[2]

（二）公共政策

受到公共政策的影响，竞争关系的范围也可能被拓宽，网络环境中人们面临的最迫切的问题是竞争关系被扩大解释，却无法明确知晓扩大的范围和边界。如国务院反垄断委员会《关于相关市场界定的指南》明确规定，任何竞争行为（包括具有或可能具有排除、限制竞争效果的行为）均发生在一定的市场范围内，从而限定了特定的市场范围是竞争的领域所在，包括市场的若干要素，如网络产品和服务，服务产品和参数，恶意修改或者欺骗、误导、

---

〔1〕 叶卫平：《反垄断法的价值构造》，载《中国法学》2012 年第 3 期，第 143 页。
〔2〕 沈冲：《网络环境下的竞争关系与商业诋毁行为的认定》，载《电子知识产权》2011 年第 11 期，第 73 页。

强迫用户修改。[1] 再如干扰或者破坏其他合法终端软件的正常使用、弹窗行为、拦截行为等。[2] 不仅如此，司法政策的变化也会影响到竞争关系的认定，如我国在加入到相关公约后，对于竞争关系的理解也产生相应变化，《巴黎公约》规定"凡在工商业事务中违反诚实的习惯做法的竞争行为构成不正当竞争的行为"。而世界知识产权组织（WIPO）起草的《反不正当竞争保护示范条例》中作扩大化解释："除第 2 条至第 6 条指涉的行为和行径外，在工商业活动中违反诚实惯例的任何行为或行径，应构成不正当竞争行为。"

（三）社会舆论

社会舆论影响竞争关系的认定，"舆论"不是泛指广阔的自媒体舆论，也不指一般意义上的媒体监督，而是行业或产业独到的、专业性的舆论意见，如在 3Q 大战判决书中引述的中国互联网络信息中心出具的《中国即时通讯用户调研报告 2009 年度》、艾瑞咨询集团出具的《中国即时通讯研究报告 2003 年简版》《中国即时通讯行业发展报告简版（2009—2010 年)》、易观国际发表的《2008 年第二季度中国即时通讯市场季度监测报告》等，这些舆论的表述显然对于竞争关系和相关市场的认定具有非常重要的意义，也是司法裁判所要参考的重要依据。[3] 从另一个角度来看，社会舆论既可能是公众造成混淆或者误认的原因，也可能使混淆或者误认加深，从而加强了竞争行为的影响力，如果片面地关注经营范围，而不是对社会影响进行剖析，容易导致以偏概全、以点盖面。

（四）相关市场

相关市场是经济主体开展竞争的区域或者范围，而相关市场的界定就是确认竞争对手的过程。[4] 从市场的角度来考虑竞争关系的认定，则应当考量市场最基本的要素，包括资本、土地、劳动力、技术、信息等。然而在一定

---

〔1〕 根据工信部颁布的《规范互联网信息服务市场秩序若干规定》第 5 条的规定，互联网信息服务提供者不得实施下列侵犯其他互联网信息服务提供者合法权益的行为：包括"欺骗、误导或者强迫用户使用或者不使用其他互联网信息服务提供者的服务和产品；恶意修改或者欺骗、误导、强迫用户修改其他互联网服务提供者的服务或者产品参数"。

〔2〕 《互联网终端软件服务行业自律公约》第 18 条规定：终端软件在安装、运行、升级、卸载等过程中，不应恶意干扰或者破坏其他合法终端软件的正常使用。第 19 条规定，除恶意广告外，不得针对特定信息服务提供商拦截、屏蔽其合法信息内容及页面。（恶意广告指频繁弹出的对用户造成干扰的广告类信息以及不提供关闭方式的漂浮广告、弹窗广告、视窗广告。）

〔3〕 （2011）粤高法民三初字第 1、2 号民事判决书。

〔4〕 杨文明：《网络经济中相关市场的界定》，载《西南政法大学学报》2012 年第 4 期，第 58 页。

时期内，这些要素都是有限的，而市场主体之间关于要素的分配如存在冲突，则竞争不可避免。但这些要素的分配，在市场主体之间不存在相互影响的情况下，即竞争程度与要素分配变化曲线越低，则竞争关系对于双方的影响越小，以至于在可以忽略的情况下，则不会形成实质性的关系。因此，相关市场的判断不应孤立，而是应当结合其他因素一并进行考量。

（五）替代性

根据反不正当竞争法的一般原理，只要当事人之间存在竞争关系，提供的产品或者服务相同或者具有可替代性，行为人的行为构成法定的或者司法机关依据反不正当竞争法的基本原则进行自由裁量的不正当竞争行为。[1] 互联网产品目前初步可以分为两类：一类为单纯传播信息的信息产品，这种产品主要是信息，而信息的来源有自采信息、用户信息、评论信息等多种；另一类为通过网络销售商品的电子商务。由此也导致了互联网上的竞争特点，即存在上游网络服务商和下游网络服务商之间的竞争关系，同时在横向上也存在同一种类的服务商之间的竞争关系。在互联网上不存在绝对相同的产品和服务，但不同市场主体之间的产品和服务存在重叠的可能，消费者购买和使用产品的意愿也并非此消彼长的关系。用户在消费其中一种商品和服务时，往往会同时附加消费另外一方竞争对手的产品和服务，技术接触不可避免。在大多数情况下，如果产品能够形成实质的替代性，消费者支出意愿会随着这种替代性提高，而选择性相对减少，支出意愿会逐步降低。将替代性纳入竞争关系考量的因素，有利于对竞争关系的剖析，从而达成对竞争关系理解的目的。

三、竞争关系认定的经济学视角

从法律意义上考量竞争关系，不可避免地受到经济因素的制约。如上文所述，在公共政策、社会舆论等影响下，裁判者对于竞争关系的认定不可避免地受到制约，而具有直接参考意义的考量标准则是市场的因素，所有经营行为都是市场主体在政策范围内，依托于市场获取经营的资源，并拓展消费的可能性。当市场主体在上述因素存在冲突的时候，竞争手段就会成为企业获取优势的唯一可能。在现有法律模式下探讨竞争关系，并非要立足于常态的经营模式来考量，相反地正是在不典型纠纷的情形下，才有可能涉及竞争关系的分析的问题。

---

〔1〕 李扬：《数据库的反不正当竞争法保护及其评析》，载《法律适用》2005 年第 2 期，第 56 页。

（一）竞争系数的理解

1. 竞争中的可变量

广义的互联网经济指"通过计算机互联网在社会经济各领域中的普遍应用，使得知识、信息的成本大幅度下降，逐渐成为核心生产要素的全球化经济形态"。在一般情形下，市场主体的竞争要素（N）包括企业的经营规模、劳动力、价格、服务、知识产权、销售渠道、客户群等方面，如果企业需要在竞争中取得优势，在这些要素上就应该有相应的体现。这些要素是企业在日常经营中获得的，在一段时间内处于变化的状态，例如一个企业和行业的其他企业的要素在市场上此消彼长，或者经营方面发生交叉，导致竞争关系走强。"知识产权滥用是指知识产权人超越权利行使的法律界限，过度或不当行使权利，导致一定社会危害后果的行为。"[1] 在讨论这些可变量的时候，实际上就是竞争主体滥用或者错用要素对于竞争对手形成压迫，从而使得对方无法获得公平交易的机会。

2. 恒定量（S）

在一定时期内，市场主体的经营方向和策略、经营规模是恒定的，企业的竞争指数和这些恒定量直接相关。例如企业的经营规模在竞争中与竞争关系相关程度为 S，而劳动力与竞争关系的相关程度为 S1，以此类推，每一项竞争要素的关系得到相应的权重。恒定量的作用在于能够有效地区分在竞争过程中，要素的权重和对于市场的重要性，比如某些产品是价格敏感型的，有些市场是劳动力敏感型的，有些市场是依赖于专利的交叉许可的。不同的要素权重在不同的市场具备一定的恒定值，这些恒定值在一定时期内是固定的，对于竞争关系的认定具有非常重要的作用。

3. 竞争系数（T）

当企业间采取恶性竞争时，例如虚假宣传、商业诋毁、低价倾销时，企业的经营状况会受到影响，企业的竞争状况会受到打压。竞争关系与竞争系数成正比关系，假设竞争系数在 0 和 1 之间，当竞争系数为 0 时，市场主体之间完全没有竞争关系，当竞争系数为 1 时，达到完全竞争关系，企业间完全可以相互替代，余下中间状态可以判别二者之间竞争系数，从而分析企业间的重合度。

---

[1]　吕明瑜：《知识产权垄断呼唤反垄断法制度创新——知识经济视角下的分析》，载《中国法学》2009 年第 4 期，第 24 页。

企业竞争中，竞争结果为：

$$T = 1/ \sum_{n=1}^{N} N(factor) * S(factor)$$

假设在一定的市场内，人们获得的信息是有限的，例如在互联网上，对于竞争符号的识别是有限的，企业通过商业诋毁，或者技术措施破坏竞争对手的经营策略，使得 T 的数值不断地下跌，那么在更加广泛的意义上来看，也可以通过降低企业的信誉以达到竞争者经营资源的减少。既有的案例可以印证上述观点。在原告骏腾物流公司诉被告骏腾新时代公司包装服务公司不正当竞争纠纷中，原告称被告使用骏腾物流、骏腾物流公司等称号在网络上进行广告宣传，对骏腾物流公司形成不正当竞争。骏腾新时代包装服务公司认为二者无竞争关系，因为骏腾新时代包装服务公司经营航空货运和铁路货运，骏腾物流公司经营公路运输。法院认定，被告事实上从事了公路运输业务。即使被告陈述属实，航空运输、铁路运输与公路运输之间也存在间接竞争关系，仍然存在客户、价格、服务、劳动力等方面的竞争关系，属于广义的市场主体。[1] 可见，实际上尽管在空运等领域存在行政审批，但从普通消费者的角度来看并不一定知悉其中区别，如不加以特别注意往往难以将被告从宣传中与原告区别开来。二者之间在市场、客户群以及价格上存在极大竞争性，竞争系数接近于 1。在员工离职引发的不正当竞争纠纷中，这一点体现地更加明显。例如甲公司员工在跳槽到乙公司后，在一些网站上使用甲公司的名义进行广告宣传，但留有乙公司的联系方式，甲公司认为乙公司的行为构成不正当竞争。乙公司认为二者不存在竞争关系。法院审理后认为，在不正当竞争纠纷案件的个案纠纷中，衡量公司之间是否存在竞争关系，标准是双方发生争议的业务内容是否存在重合或竞争关系。原被告双方在销售相关管接件、阀门和质量流量计等产品方面存在竞争关系。[2] 这表明双方在市场要素上具有广泛的相似性，而且关键问题是甲公司员工的跳槽行为导致企业的经营资源的流失，也就意味着双方在劳动力方面具有较高的重合度，一旦员工跳槽将会带走很多信息，并用于虚假宣传，从不正当竞争行为中获利。

（二）竞争系数与替代性

前述提及与竞争关系具有最深刻联系的是替代性，替代性不仅仅是企业

〔1〕 （2009）海民初字第 15038 号民事判决书。

〔2〕 （2010）海民初字第 19026 号民事判决书。

产品的替代性，还包括了其他要素的替代性，假如市场主体的可替代性非常高，处于竞争激烈的市场，企业经营的成本和门槛越低，则企业的替代性越高，竞争系数越大，当竞争系数越来越接近于 1 的时候，市场主体之间可以完全互相替代；相反地，当企业处于门槛非常高、高度垄断的市场时，则其替代性将会越来越低，市场一般不容易出现竞争者，存在竞争关系的可能性也相对较小，当竞争系数越来越接近于 0 时，则完全为垄断市场，其他市场主体之间无法相互替代。以电子商务而言，网商的低价销售情况会冲击传统销售渠道，并在某一时刻形成对传统销售的价格约束。一方面，消费者的消费需求不是无限的，另一方面，消费者的购买能力也不是无限的；一个渠道支出的增加必然最终要限制另一渠道的支出，从而必将产生竞争和对抗。[1]

（三）竞争系数与市场完善程度

从纵向上来看，市场处于发育阶段，市场机制不完善，竞争系数会相当高，但市场成熟以后，在各种法律法规健全的模式下，行业的上下游之间形成竞争关系。纵向竞争关系看似是对于竞争系数的背离，实际上正好是新兴市场主体对于旧有主体的冲击，如果不加以规范将会妨碍到技术进步。在某个行业市场发展初期，市场机制和法律配套不完善，竞争会非常激烈，围绕产品和服务的竞争也会越来越大，但是随着市场的逐步完善，企业间的竞争日渐趋于合理，当形成稳定的秩序时，竞争的关系会相对降低，此处所称"降低"不仅仅表现在同一类企业间，而且表现在行业上下游企业间，相反地，在刚刚形成的市场内，企业的竞争关系非常巨大，各种要素资源有限，因而竞争关系非常激烈，甚至还有潜在的竞争对手。

从上述分析可以看出，网络经济作为兴起不久的经济形态，其竞争关系巨大，竞争行为激烈，仅仅将经营范围作为竞争关系的考量因素已经不能满足网络经济对竞争关系扩大化的需求。因此，网络经济下更应当结合经济发展的样态进行分析，从而将竞争关系趋于扩大范畴地解释较为合理。

四、司法审判中竞争关系的重新认识

竞争是市场的必然要求，在有序的市场和法制环境下，互联网领域的竞争能够提高资源分配效率，促进技术革新，而无序的竞争会最终损害到消费者的利益。网络环境中，与提供相对廉价的服务相比，市场主体更在意扩大

---

[1] 仲春：《互联网行业反垄断执法中相关市场界定》，载《法律科学》2012 年第 4 期，第 132 页。

市场占有率。互联网经济是眼球经济，只有提高了市场占有率才能获得高额的报酬，从市场要素上来说，占有率的提高是其他要素充分增长的前提条件。在司法审判实践中，正确对待企业的竞争关系，应当从以下几个方面进行综合考量：

（一）总体：适度扩大竞争关系

经济是开放型的经济模式，市场开放程度越来越高，市场主体的经营方法也不断地进行革新，商业模式的创新在互联网领域表现得尤为明显，诸多行政审批和市场准入制度都得到放松，企业主体进入互联网领域和互联网产品进入市场都缺乏严格审批。市场主体鱼龙混杂，为了追求企业利益最大化，部分市场主体利用网络行为的虚拟性、不规范性，从事搭便车的行为，长期纵容缺乏商业道德和诚信的行为，必然导致企业间恶性竞争，妨碍市场和产业的创新。竞争的本质在于提高资源分配的效率，增加消费者的福祉。而市场调控的手段并不一定都能符合这一发展趋势，由此导致恶性竞争越来越突出，在互联网领域表现得最为广泛和深刻，有些企业的用户深受影响，甚至是上亿数量级别的消费者。如果过于抱残守缺将竞争关系理解为只存在狭隘的同业主体间，势必会损害市场主体或消费者的经济利益，不利于市场的稳定和发展。但一味地扩大竞争关系的范围，也会损害司法的公平性和权威性，或者带来其他负面影响[1]。因此，司法实践中应当遵循适当扩大竞争关系的范围的原则，从社会价值、市场的成熟程度和公共监督等角度加以规范，以确保合理正当地划定竞争范围。

（二）枢纽：竞争系数对于竞争关系的侧面反映

如上文所述，在竞争关系的认定中，一般意义上的竞争关系是指竞争主体之间的，此时从竞争系数的角度来理解，当竞争系数在 0 和 1 之间变动时，则竞争关系与竞争系数正相关，竞争系数越高，则企业间的竞争越大，在传统的市场模型下这一评价方法具有广泛的借鉴意义。而在互联网经济的模式下，竞争关系则穿透了原来的市场主体，如上文所述，往往是第三方的行为导致竞争主体间发生纠纷，这时竞争关系未必直接发生在市场主体之间，例如竞价排名服务，权利人和网络服务商之间并没有竞争关系，或者这种竞争关系接近于 0，但网络服务商的行为客观上可能会帮助第三方实施竞争行为。

---

[1] 如在竞业禁止方面约束，会造成劳动者辞职后就业面的宽窄的问题，虽然可以通过竞业禁止补偿金方面得到一定缓解，但终究减少了劳动者的就业机会，实际上会损害公众的利益。

从民法原理上来看，帮助侵权行为须单独承担相应的侵权责任，而如果从竞争关系的角度来看，实际上是网络服务商在代替实施直接侵权行为的一方承担责任。因此网络环境下，竞争关系实际上是从侧面验证了竞争系数对于竞争关系的认定的重要意义，即市场主体间的竞争关系更大程度上体现为多方的竞争关系。

（三）个案：注意义务和信息控制对竞争关系的影响

企业间进行竞争，体现在企业通过各种行为，获取竞争优势，对行为的判断也即对企业的主观状态的分析。企业经营行为很多，在互联网行业进行竞争，一种方式是企业通过自身的行为直接向消费者传递信息，如直接告知竞争对手的产品存在风险隐患。另一种方式是第三方应用开发者在网络服务商的平台上开发软件，或者提供某种信息告知消费者，从事破坏竞争对手的技术措施，或者诋毁竞争对手。在第二种行为模式下，企业间虽然具有竞争关系，但企业并未实施不正当竞争行为，需要考量企业在经营过程中有无注意义务，以及有无尽到注意义务。如果企业仅提供了网络服务，但并未参与竞争行为，那么其并无主动审查的义务，如果在经营过程中存在证据表明企业明知或应知存在不正当竞争行为，也应该承担相应的责任。另外，还应当从信息的角度来对不正当竞争中的竞争关系加以认定，信息是涉网不正当竞争行为的最终表现，这种信息包括软件、文字、视频等。从信息的角度来看，企业如果对信息进行过控制，或者表达了控制的意思，竞争关系就应该得到认定，竞争者从事了潜在的帮助行为。

（四）目标：市场及经营状况认定竞争关系

如上文所述，在一个竞争空前激烈的市场范围内，任何一个潜在的市场主体都有可能成为竞争对手。在成熟市场机制下，或者在一定的成熟市场范围内，这种可能性在逐步降低。因此，在考虑竞争关系时，也应该将市场的成熟程度和竞争烈度纳入考量范围内。同时需区分市场规模，体现市场规模对竞争的影响。

（五）余论：媒体言论成为竞争关系的影响因子

网络媒体作为新媒体，在市场环境下，拥有监督和批评的权利，对于网络服务商侵害消费者权利的行为可以依据事实进行报道和评论。媒体与网站之间存在一定的区别，在司法实践中容易引起混淆，将网站的商业诋毁行为等同于媒体的监督。实际上媒体监督行为，其主要功能在于维护社会公共利益，依据事实进行报道，并且可以进行一定的评论。但网站的网络服务商往往经营多种业务，或者通过关联关系，触及更加广泛的领域，这种潜在公司控股的关系有可能涉及对竞争对手的不正当竞争。

结　语

在现有的网络经济模式下，针对各种竞争行为，要进行有效的区分，竞争法鼓励合法正当的竞争行为，规制不正当的竞争行为，这是反不正当竞争法的立法本意和价值取向。恰恰是竞争者之间利益关系上的张力，使得经济资源得以高效配置，市场参与者均能从竞争机制中获益或受益，整个社会福利得以增加。[1] 互联网行业中，更加需要企业自律，通过培育市场自身的净化体系，在市场竞争的基本层面上来处理企业间的竞争关系。

---

〔1〕　王红霞、李国海：《"竞争权"驳论——兼论竞争法的利益保护观》，载《法学评论》2012 年第 4 期，第 97 页。

企业形态法定主义与类型化标准

邵昱飞*

摘　要：企业的法律形态研究是商法领域的基础性问题，尤其是在当前强调优化营商环境的背景下更显重要。我国的企业形态从表面上来看是遵循企业法定主义原则，但是教条地理解"法定主义"不仅与我国的实践脱轨，也不利于实际问题的解决。因此，对于企业的法律形态，应当在弹性理解企业法定主义的基础上，对企业形态的类型划分标准进行本质性分析，从而完善并强化对不同形态企业的认知和规范适用。本文将从企业基础形态的"独"与"合"切入，把"合"的各种组合情形："人合""资合""劳合"以及"两合"与具体企业形态相结合，重新探讨并建构企业的法律形态基础理论，以期对现有实践提供借鉴。

关键词：企业法律形态　企业法定主义　企业形态类型化

一、问题的缘起

由著名法学家江平教授和著名经济学家吴敬琏教授发起设立的洪范法律与经济研究所，是当前中国最有名的

---

* 邵昱飞，中国政法大学中欧法学院民商法学 2017 级博士研究生（100088）。

法学家与经济学家对话的论坛平台之一。在多次参加相关活动后，笔者注意
到，"洪范"[1]作为一个典型的民间学术对话平台，如欲正常运转并开展相应
活动，在我国当前的法律框架下，只能通过设立企业的方式来获得相应的法
人主体资格。笔者通过企业工商信息查询[2]后发现，"洪范"的企业注册名
称为北京洪范东方咨询服务中心，企业注册类型为"股份合作"的集体所有
制企业形态。登记机关是北京市工商行政管理局海淀分局，核准变更经营范
围的时间显示为 2017 年 6 月 15 日，显示变更后经营范围主要以市场调查和科
学研究为主。通过"洪范"的例证可知，在我国目前的法人设立规则中，非
编制类研究性机构如果要纳入法人序列，设立成企业应该是最方便有效的方
式。实际上，很多与"洪范"性质类似的研究机构也确实采取了这种方式。
但是，就法律层面而言，以下两个问题需要我们予以分析：

首先，对于没有相关学科背景的公众而言，学者通过创办企业的方式来
进行学术活动，似乎是有违常理的。由此，我们需要反思，我国目前的企业
类型即企业是否一定是按照资本的形式来盈利的，除了资合性企业之外是否
还有其他的企业类型？

其次，按照我国的法律来看，投资人只能注册法律有明确规定的企业类
型，这就是学界称为的"企业法定主义"。但以"洪范"为例，其注册的企
业类型是"股份合作制"企业，就我国目前的法律规定而言，这种"股份合
作企业"，却没有一部法律对其有明确的规定。北京市工商行政管理局所依据
的也只是北京市工商系统自己制定的"地方管理办法"。[3] 那么，我们需要
进一步探究，如果一种新型企业形态在国家统一立法层面并不存在，这种地
方性的管理办法是否可以根据自己辖区范围内的实际情况来规定一种新的企
业形态呢？

本文即基于以上问题展开研究，从对"企业法定主义"的反思入手，进

---

〔1〕 "洪范"二字取自《尚书》，本文代指"洪范法律与经济研究所"，"洪范"最初由我国著名
经济学家吴敬琏教授和著名法学家江平教授共同牵头创办作为经济学家与法学家对话的平台。包括章
百家、胡德平、陈东琪、沈志华、高喜庆等党史理论及历史、财经领域著名学者对经济和法律问题共
同探讨的学术研究机构。

〔2〕 本文关于"洪范"的工商注册信息来源于"天眼查"。查询时间：2019 年 7 月 31 日。

〔3〕 2000 年 3 月 21 日北京市工商行政管理局下发《关于印发〈北京市股份合作制企业登记管理
办法〉的通知》[京工商发（2000）73 号]，《北京市股份合作制企业登记管理办法》生效之日起原
《北京市股份合作制企业登记暂行办法》同时废止。

一步探讨企业形态划分的标准应当如何，同时，我国立法层面能否囊括所有的企业形态，如果不能，那么需通过何种方式来解决。

二、"法定主义"视角下企业形态的实践悖论

"企业法定主义"是商法学界经常提及的问题。虽然企业法定主义在中国的法律里没有明确规定，但是中国的企业形态类型实际上是遵守企业法定主义的，即只有法律规定的企业类型才能够设立，不符合法律规定的不能设立。[1] 那么，这个企业法定主义的"法"是指什么法？究竟是指全国性的立法还是地方性的立法？至此，企业法定主义这个问题就非常严肃地摆在了法学界面前。

企业法定主义的"法"究竟是什么法的问题并不是能简单回答的问题。在此仅以我国的"合伙企业"和"股份合作企业"在实践和立法中与企业法定主义发生冲突而产生的两个立法例作为论据，来说明企业法定主义中的"法"。

据参加过《中华人民共和国合伙企业法》（以下简称《合伙企业法》）起草工作的江平教授回忆，我国在制定《合伙企业法》时，草案里本来是有"有限合伙企业"的相关内容，但临近通过时，却把有限合伙企业这部分内容删掉了，理由是中国当时并没有有限合伙的实际企业形态，立法者认为规定有限合伙没有实际意义。至此，在全国性立法中，关于有限合伙的内容再难觅得踪迹，但在很多地方法律中，关于有限合伙的规定却被屡屡提及，有限合伙在地方商事领域实践中的作用被较多地肯定。虽然全国立法取消了有限合伙，但很多地方政府却认为有限合伙在商事实践中确实很有必要，所以有些城市就先于法律制定了有限合伙的有关条例。第一个制定地方条例承认有限合伙合法地位的就是深圳。[2] 深圳的条例规定了凡是在深圳设立有限合伙的，均合法有效。接着，北京也通过了北京市相关有限合伙条例。[3] 随后，全国陆续有七个城市也都地承认了有限合伙并制定了相应的地方立法。当时这些举措就引发了激烈争论：这些在个别城市通过的合伙条例，是否违反《中华人民共和国立法法》？围绕这个问题出现了两种意见，一种是合法论，

---

〔1〕 施天涛：《商人概念的继受与商主体的二元结构》，载《政法论坛》2018年第3期，第82~96页。

〔2〕 1994年3月2日深圳市一届人大常委会第21次会议通过《深圳经济特区合伙条例》，1994年4月20日公布。该《条例》专章规定了有限合伙，自1994年5月1日起施行，2012年废止。

〔3〕 现已废止的《北京市有限合伙管理办法》。

另一种是非法论。合法论认为，地方人大当然可以根据自己的情况制定条例。反对论认为，国家层面并没有制定有限合伙的法律，各地自行出台的法律也并不具有普遍接受性，就此发生的地域间争论甚至纠纷在处理时将会非常棘手，例如如果北京承认了有限合伙，但上海不承认，异地发生了纠纷怎么办？因此，这就需要回归到基础问题：企业法定主义是严格按照全国法律来执行，还是也可以包括地方的立法。

再比如股份合作企业也存在着与企业法定主义的冲突。中国的股份合作企业有其特殊的历史背景。改革初期，温州很多股份合作企业为了戴上一顶"红帽子"将私营企业改造成集体企业。很多企业家认为，股份合作就意味着企业具有了集体的属性，是符合时代潮流的举措，但这仅是改革初期的一个特殊情况。后来股份合作企业因为没有全国统一的立法规范，在各地的实行情况便很不一致。如果从企业法定主义来看股份合作企业，现在很多地方都有股份合作企业的相关条例，如北京，[1] 全国在制定股份合作企业法的时候，草案已经制定出来了，但是最后被否定了。如今虽说上海等城市要求逐渐取消股份合作企业，让其逐渐走向消亡，但是其他很多地区依然保留着股份合作企业。主张取消股份合作企业的地区，官方给的理由之一就是没有全国性的规定，同样地有些地方基于有相关的地方条例而坚持不取消，那么哪一种做法合适呢？

我国的法定主义严格地说就是登记主义，登记的依据就是法律。[2] 基于法律将企业形态法定化，体现在《中华人民共和国公司法》（以下简称《公司法》）中即公司类型的法定化，只不过这种法定化就是对原有的连贯谱系进行人为切割。[3] 就我国目前的公司法来看，公司形态包含两种，有限责任公司和股份有限公司。但众所周知，企业形态远不止这两种，如果说立法的目的就是通过登记类型化来牢牢控制住企业的形态，那么从这个意义上讲，这个企业法定主义的"法"毫无疑问就是国家的法律。但同时不得不提中国国情，我国的国情恰是改革开放四十年来社会持续转型，与快速变革的社会相比，法律总是较为滞后，很多改革举措的起点多是通过突破旧有规范来塑

---

〔1〕 如《北京市城镇企业实行股份合作制办法》《北京市农村股份合作企业暂行条例》等。

〔2〕 施天涛：《构建我国商事登记制度的基本思路》，载《中国工商管理研究》2013年第8期，第33~38页。

〔3〕 张永健：《资产分割理论下的法人与非法人组织〈民法总则〉欠缺的视角》，载《中外法学》2018年第1期，第59~83页。

造新的解释空间而实现的，也有人讲这就是所谓的"良性违法"。从这个意义上讲，为了实现社会的发展，地方政府有时候不违背之前的立法，解决措施又很难推行下去，而改革的模式在各个省市大多是创新摸索，不论是深圳率先确立有限合伙，还是现在陕西首立个人农场规范，都是在发展改革进程中地方政府在特定社会环境中发现了新的问题。这种在其辖区范围内，又是有权机关制定的，应该是有效的。问题是按照《中华人民共和国立法法》的规定，地方制定的这些内容如若违反上位法又会是一个很大的问题。[1] 比如合伙企业法中本来都是普通合伙，深圳的有限合伙是依据什么法律制定出来的。如果有上位法的立法依据甚至可以依据上位法的解释找到适用空间，只要能寻找到这样的解释空间就没问题，如果找不到这种解释空间呢？如前所述，假如在深圳设立的有限合伙企业跨地域经营到了上海，上海没有相关规定并就国家层面没有这种法律而不予承认深圳有限合伙企业的合法性是没有问题的。此时恐怕实际情况的处理就需将该争议纠纷提交至中央，在中央采纳后制定全国性的有限合伙规定，这其实就是我国的实际立法思路，也是后来在《合伙企业法》修改时加入了有限合伙的一个原因。

以上两个例子反映出，对待企业法定主义，我们应持有弹性态度，兼具稳定性和发展性。从稳定性的角度来看，我们之所以进行企业形态分类，一个重要原因就是应据此显现并公示企业的责任类型和适用路径，进而降低企业类型的识别成本。即在商事活动中与一个企业打交道时，通过企业类别就能大概了解该企业的出资结构和出资人的责任方式。这样就会给其他商主体相对人一个明确的投资风险预期。据此来看，全国性立法必然是一种最具稳定性的保障，因为有一个企业法定主义的根基。[2] 那么，又为何要从发展性的角度来看呢？因为商事立法中会涉及很多商事合同方面的问题，[3] 所以商事立法中的发展视野尤为重要。从实践来看，目前我国已出现了非常多的新结构，而且都是全国性商事立法中从未规定，从未体现的，但是，我们并不能完全囿于严格的企业法定主义，而且，实践也确实是突破了这个严格的企

〔1〕 罗培新：《世行营商环境评估之"保护少数投资者"指标解析——兼论我国公司法的修订》，载《清华法学》2019 年第 1 期，第 151~174 页。

〔2〕 罗培新：《世界银行营商环境评估方法论：以"开办企业"指标为视角》，载《东方法学》2018 年第 6 期，第 12~19 页。

〔3〕 蒋大兴：《公司法中的合同空间——从契约法到组织法的逻辑》，载《法学》2017 年第 4 期，第 135~148 页。

业法定主义框架发展出来很多新型模式。比如前些年流行的 VIE 结构，双层股权架构，对待这些新结构的产生发展，如果我们用原有的法定主义类型来看，这些新结构甚至包括原有类型结合的复杂类型，严格来说都不符合法定主义，但是能就此而判定其无效吗？当企业法定主义的稳定性与发展性发生冲突时，如何保持一种必要的弹性态度才是问题的关键。从国际上来看，在美国这种联邦制国家，一个企业要与某个州进行商事交往就必须要了解该州的商事制度。但由于我国是单一制国家，由中央统一立法，这种统一立法的逻辑就将不同地区间的差异吸收掉了，正因如此，我们更需要保持必要的弹性。[1] 有限合伙企业的制度、股份合作制企业的制度，都是在现实市场需要的基础上，可以保留一定的弹性，但是唯一需要在逻辑上完成闭环的一个处理是，不论地方上有哪些弹性，最终出资人的责任承担方式，对外部债权人的利益保障，一定要接入统一的全国性立法中。就此而言，始终要强调的一点就是不论是什么形态的企业类型，责任承担方式的问题是必须要明确的，这也直接抓住了问题的本质和要害。

三、企业形态类型划分的标准设定

我国传统企业形态主要是按照所有制性质不同而进行划分的，无论是国有企业，集体企业，还是外资企业，私有企业，无非就是所有制的主体不同，但这并不是现代企业形态划分的思考方式。[2] 我们看一个企业的形态，应当从其投资形式和责任划分的标准来分析，从这个意义上讲，一个企业是"独"还是"合"才是我们思考企业形态类型化的第一步。

（一）何谓企业类型的"独"：个人独资企业与一人公司的比较分析

企业类型中"独"一般指的是独资的形式。我国在 20 年前就出台了《中华人民共和国个人独资企业法》（以下简称《个人独资企业法》），个人独资企业这种形态至今仍存在但并不常见。独资当然是无限责任，独资企业法的根本思想也就是无限责任，出资人的一切财产都应该作为债务来承担责任，这是独资企业的最基本条件。基于这个"独"的个人独资情况，个人独资企业按照《中华人民共和国民法总则》（以下简称《民法总则》）的规定，给

---

〔1〕 施天涛：《商事关系的重新发现与当今商法的使命》，载《清华法学》2017 年第 6 期，第 136~155 页。

〔2〕 王涌：《中国需要一部具有商法品格的民法典》，载《中国法律评论》2015 年第 4 期，第 30~ 39 页。

了个人独资企业一个非法人组织的民事主体资格，这就意味着肯定了个人独资企业的主体地位的同时也强调了其区别于一人公司的责任形态，要求独资者承担无限责任。[1] 但是《公司法》修改后规定，可以有一人公司，允许自然人注册一人公司，个人承担有限责任。既然都是独资，可以一人办公司承担有限责任，也可以设立独资企业个人承担无限责任，那么理性人怎么会选择个人独资企业的形式去承担无限责任呢？所以《个人独资企业法》在《公司法》关于一人公司的规定出台后就没有再起太大的作用了。[2]

就一人公司而言，对于其股东我们并不应该仅仅局限于狭义的理解。[3] 比如国有独资公司，外商独资公司，这本质上和一人公司没有区别，可以说这也是一人公司。《公司法》修订后，个人、法人、国家都可以独资了，个人毫无疑问是可以设立独资企业的，但法人独资却不被立法允许。证监会有规定，上报到证监会的股东不能是法人，必须要体现出注册法人的自然人股东，即，法人在法律上不应该成为最终的责任主体。这是因为一个公司最终控股的还是自然人，自然人是谁必须公布，这样才能明确公司的控股权在谁手中。因此，从这个意义上来看，我们不可能规定法人的个人独资企业。

既然法人不能独资，接下来面临的问题就是国家是否可以独资。在 20 世纪 80 年代以前，我国就是"国家"作为独资企业的股东，国家拿其财产全资设立国有独资企业，国有独资企业一旦还不了债，那么将由整个国家来承担责任，但这种情况是很危险的。[4]

20 世纪 80 年代初的"爆竹事件"[5] 就恰恰反映了这种模式引发的危机情况。这一事件是，中国出口的爆竹把一个美国小孩的眼睛炸瞎了，美国人查出这是中国的国有企业制造的，就马上起诉中国政府，起诉状递交到了外

〔1〕 蒋大兴：《〈民法总则〉的商法意义——以法人类型区分及规范构造为中心》，载《比较法研究》2017 年第 4 期，第 53~74 页。

〔2〕 李建伟：《民法典编纂背景下商个人制度结构的立法表达》，载《政法论坛》2018 年第 6 期，第 87~99 页。

〔3〕 李志刚等：《一人公司能否为股东提供担保：法理基础与制度设计》，载《人民司法》2019 年第 1 期，第 105~111 页。

〔4〕 蒋大兴：《超越国企改革的观念谬误》，载《中国法律评论》2016 年第 2 期，第 227~232 页。

〔5〕 1979 年广东省某国有公司出口到美国的烟花炸伤一个美国小孩的眼睛，伤者以产品责任为由向美国联邦法院提起损害赔偿诉讼，状告该公司和中华人民共和国。最终经我国政府努力，以赔偿 9.5 万美金达成和解结案。参见殷醒民编著：《国际经济贸易案例精萃——实践与法律》，浙江大学出版社 1989 年版，第 32~33 页。

交部，外交部当然不会去应诉，并且认为一个爆竹厂因为鞭炮质量问题把美国小孩炸伤，这事应该去告工厂。面对递交到外交部的诉状，有人建议不去应诉，也有人懂美国法律，提出在美国不去应诉就意味着无理，坐等判决，结果将会对我国极为不利。因为美国是司法和行政分离的，判决一旦生效就必须执行，这意味着中国的任何财产，包括飞机、轮船等只要到了美国领土就可以被美国扣留，但是中国采取反制措施却不灵，因为美国在中国的很多财产都是私人的，不是国家的，致使中国没有办法扣留美国公民的财产。所以这个案件最终还是以和解的方式结案，国家进行了部分赔偿。

这个案例生动地反映了国家要为国有企业的财产承担责任的状况，也直接促使我国把国有企业改组为公司。当时在制定《中华人民共和国民法通则》时，一个很重要的背景就是当时几乎所有企业都是国有企业，其实质是国家的一个生产部门，国家对所有生产部门都要承担无限责任。立法的目的之一就是要把国家和国有企业的资格分开，国有企业和国家是两个独立的主体，不要再把国有企业当作国家来看待。国家虽然以其财产来办理国有企业，但是国家不能再对国有企业承担无限责任了，国有企业的债务应由国有企业用自己的财产承担。[1] 无论如何，我们应该让国有企业来适用《公司法》，而不是原来的"国有企业法"。适用了《公司法》就说明国家是国有企业的股东。国家只承担股东的有限出资责任，而不是承担国有企业的全部责任，由此就可以很好地采用法人工具将股东和公司的资产与责任隔离。[2]

综合以上分析，独资企业法的意义不大了。同时，西方很多国家也认为"独"就意味着出资人承担无限责任，是谁独资谁就承担责任，所以重点的问题在"合"。

（二）企业形态"合"的类型：以"人合""资合""劳合""两合"为例

对于企业形态而言，"合"才是企业形态划分的核心问题，是需要重点分析的。仅仅一个"合"就可以排列组合产生多种形态，如"人合""资合""劳合""两合"等。从最初的发展历史来看，企业的"合"是指"人合"与"资合"。"人合"是出资人基于信任而合作投资，并彼此对外承担无限责任。

---

〔1〕 王涌：《财产权谱系、财产权法定主义与民法典〈财产法总则〉》，载《政法论坛》2016 年第 1 期，第 103~118 页。

〔2〕 蒋大兴：《废除国资委？——一种理想主义者的"空想"》，载《清华法学》2016 年第 6 期，第 84~100 页。

"资合"是各自以出资财产为限，承担有限责任。企业形态逐渐发展，才出现"劳合"。从现在的趋势来看，企业形态也就是"人合""资合""劳合"三种了。

"人合"最典型的形态是合伙，"资合"最典型的形态是股份公司，"劳合"最典型的形态是合作社。这些企业类型在中国现在的法律里都有规定，在中国法上，"人合"最典型的就是合伙企业，"资合"最典型的是股份有限公司，"劳合"最典型的就是农民非专业合作社。

1. 企业的"人合"形态：人合性的本质

"人合"的最大特点是对人的绝对信任。这种形态最典型的体现就是普通合伙企业。因为在普通合伙企业中，合伙企业的决议须经全体合伙人一致同意，并且全体合伙人对外承担无限连带责任。正是对合伙人的绝对信任才可能使投资人愿意承担无限责任，同时这也意味着，一旦选择错了合伙人，后果会非常严重，每个人都将会为选人不当而买单。[1] 这种所有合伙人直接基于信任关系而走到一起，"同生死，共进退"的普通合伙企业形态，正是非常强调"人合性"组织形式的最强体现。

2. 企业的"资合"形态：股份有限公司与有限责任公司的差异性

"资合"是商事领域最常见的形态，最典型的就是《公司法》上的股份有限公司。股东之间不存在纠葛，只需按规定完全履行出资义务即可。因此在股份有限公司的框架下，谈论最多的问题就是出资，正是基于此，每个股东仅就其出资的资本为限认缴或实缴股份，据此履行股东的权利义务，并在公司破产时仅以其认缴的股份为限承担有限责任。

从企业发展的历史看，主流的企业形态还是公司。[2] 在公司形态的历史发展中，股份有限公司最早出现，其大致可分为两个阶段。首先它以公元1600年为开端，以荷兰东印度公司的成立为标志，随后两年间，英国也成立了东印度公司。这是公司法历史上的重要事件。它开创了向社会募集资本、股东承担有限责任这一新形式，改变了在此之前企业必然要有一个人承担无限责任的状况，这在当时的殖民地贸易背景下显得格外重要。因为殖民地贸

---

〔1〕 管晓峰：《合伙企业承责制度研究》，载《国家检察官学院学报》2007年第6期，第118~123页。

〔2〕 王涌：《现代公司法人人格的本质和结构》，载王保树主编：《中国法学会商法研究会会议论文集》，2001年版，第164~171页。

易的风险很大，利润也大，股份有限公司这种向社会募集资本的做法可以极大程度地降低投资人的商业风险。这是股份公司发展的第一个阶段。

股份公司发展的第二个阶段就是国际投资、跨国公司的出现。第二次世界大战之后，国际上出现了跨国公司，这种公司已经没有国家的概念了，像微软、壳牌等，已经跨出国界，跨国公司的成立不一定注册在本国，哪里的税收低，注册便利，就在哪里设立。股东不再从属于某个国家，发行股票也发展为跨国。跨国公司并不受某一国法律的影响，因此就其地位上而言，也与之前的公司有很大的不同。

相比于股份有限公司，有限责任公司出现得较晚，因为股份有限公司的开放性太强。这种太强的开放性，造成了公司法历史上的一些重大危机，如股票市场危机。这些危机让人们意识到这种开放型的公司有必要收缩。

有限责任公司最早出现于 19 世纪的下半叶，在德国率先出现。在德国，有限公司至今依然起到很重要的作用。因为德国法并没有把有限责任公司的人数控制在 50 人以内，可以超出这个范围，相对比我国的有限责任公司人数的限制，效果就完全不同了。这是有限公司发展的第一个阶段。

有限公司发展的第二个阶段是美国在 20 世纪 80 年代通过的一部《有限责任公司法》[1]，这种公司与我们现在《公司法》里规定的有限公司并不一样。区别在于：第一，可以不设股东会或董事会，其管理很方便，可以只聘一个经理人或代理人，或可以推选一个股东作为管理人。第二，其公司投资者的名称不同。在一般的公司里是作为"股东"，在合伙里面叫"合伙人"，但是在这种公司里面称为"成员"。[2] 这三种企业是不同的，这种"LLC"中的成员有不同于公司的特点，通行的公司法中，公司和股东要纳两重税，但是在这种新型的"有限责任公司"里面，只需纳一重税，这点类似于"合伙"，所以 LLC 这种公司最大优势是在税收方面。这种 LLC[3]公司形态介乎公司和合伙之间，既享受了合伙的待遇，又承担有限责任。美国这种有限公司的出现引起了不小震动，东亚的日本和韩国在公司法修改方面都吸收了美国的类似做法，这些做法的一个大倾向是让有限公司变得更加灵活。股份有

---

〔1〕 即所谓的 Limited Liability Company，简称 LLC。

〔2〕 从翻译来看，公司出资人是 stockholder，合伙企业的合伙人是 partner，而"LLC"相对应的是 member。

〔3〕 靳毅：《从 LLC 制度看有限责任公司的变革趋势》，载《牡丹江教育学院学报》2017 年第 Z2 期，第 75~78 页。

限公司人员较多且退出机制复杂，很不灵活，而新诞生的这种有限公司，人员不多，退出灵活，纳税也减轻了，所以世界上有这样一种趋势，即让有限责任公司更加带有"人合"性质的味道。现在有些观点认为有限责任公司是"人合"性质的公司，在笔者看来这种说法是有问题的。因为判断是否为人合性主要看其责任，"人合性"本质上就意味着无限责任，是一种股东间基于信任而产生的共担风险的无限责任；"资合性"是有限责任。现在的有限责任公司都是承担有限责任，怎么能说有限责任公司是"人合性"的公司呢？最多是说在股东变更的情况下或者在其他公司管理方面，带有类似"人合"的性质，这种性质就体现在出资人之间的信任方面。

这些年国内围绕公司法中关于公司类型的修改多有争论。针对股份有限公司和有限责任公司的企业类型有没有必要进行调整存在两种意见：一种观点是将股份公司写在前面，认为股份有限公司是一种标准化的公司形态，而有限责任公司是法学家们"餐桌上的产物"，二者基于地位的重要性需作调整。另一种观点是直接放弃这种股份有限公司和有限责任公司的划分方法，改为为封闭型公司和开放型公司，理由是目前金融业、信托业的发展都在推动这种趋势。后一种观点其实是借鉴了国外的分类。有限责任从"资合"的形式来看都是明确的以出资为限来承担责任，但是美国的法律以前只有开放型公司和封闭型公司。这类似于国内学界所谓的完全开放的股份有限公司和具有人合性质的有限责任公司。封闭型公司就是在小圈子内信任，但是程度还没有到人合公司那种绝对的信任。因为这种公司中投资人之间还是有选择的，而开放型公司投资人之间就没有选择了，股票市场上随意买卖，谁都可以做股东，所以两者相比信任程度是不完全一样的。

虽然中国的《公司法》未必会采取美国这种公司形态划分，但借鉴地看，美国公司法的最大优势就是使公司更加灵活。采用美国这种有限责任公司法的中小企业可以股东人数很少，减少在管理模式上的强制性规定。从管理模式上来说，就我国《公司法》的立法情况来看，股份有限公司和有限责任公司的管理模式都是合一的。[1] 目前不同公司类型的管理模式大致有三种，第一种是股东会中心主义，这种模式目前在一些家族企业中还存在。其核心就是谁出资谁决策，但事实证明出资人决策并不是最好的模式，而且召集股东会的管理成本太高，所以这种模式现在逐渐落后了。由此逐渐产生了第二种

---

〔1〕 施天涛：《公司治理中的宪制主义》，载《中国法律评论》2018 年第 4 期，第 89~106 页

模式，董事会中心主义。出资人感觉到有钱人未必会管理，会管理的人也未必有钱，所以董事会中心主义也就是管理人中心主义了。我国的立法模式其实就是董事会中心主义，这种模式现在在中国的立法上表现得很明显，比如董事会权限法定主义，董事会决议要得到尊重，董事会成员不能随便撤换等规定。从全世界来看，基本上董事会中心主义还是主流，因为绝大多数公司都很少召开股东会，所以董事会中心主义的管理模式得到了普遍认同。第三种管理模式是经理人中心主义，这种管理模式如今只在少数上市公司存在，一般在股权比较分散且没有一个核心的控股股东的情况下才会出现。[1] 这种管理模式的问题在于经理人的权限过大，所以要在一定程度上缩小经理人的权限。从股东会中心主义到董事会中心主义再到经理人中心主义，这种发展趋势反映了管理正走向实践型管理人模式，CEO 的出现就是从董事会中心主义向经理人中心主义的转变。美国的这部《有限责任公司法》里规定的这种可以由一个经理人来代替股东会甚至代替董事会的做法的确是公司管理向灵活性转变的一个表现。

3. 企业的"劳合"形态：以股份合作制企业为例

"劳合"的出现不仅是基于劳动力的作用，更是由于农村合作制的发展。合作制的发展也有个过程，最初是从农村的劳动组合开始，当时有一个组织叫"国际合作社联盟"，[2] 国际合作社联盟规定了劳动组合即"劳合"总共有七条规则，[3] 其中最重要的两条原则，一个是自愿进入（原则一），另一个是劳动作为合作的基础（原则六）。所谓劳动合作的基础就是不能够分红，"资合"是按资来分配利润，而"劳合"是按劳分配组成。"劳合"要求在不能分红的情况下也不能提取利润。这样，以劳动组合为基础的企业形态就区别了以资本组合为基础的企业形态。这个原则后来在公司制度里面也实行过，演变成了雇员出资，但这是把劳动组合的原则移植到了公司，即雇员的职工持股制（ESOP），[4] 然而这两种形态是不同的。美国著名学者亨利·汉斯

---

〔1〕 蒋大兴：《〈民法总则〉（草案）中的证券法空间——关于法人类型、法律行为/代理及期限制度的检讨》，载《财经法学》2017 年第 2 期，第 32~36 页。

〔2〕 国际合作社联盟（简称 ICA），1895 年成立于英国伦敦，是一个独立的非政府性的国际组织，它的目标是团结、服务和代表世界各地的合作社以及合作社运动。

〔3〕 ICA 的七条原则分别是：自愿、开放的会员资格；成员民主管理；成员经济参与；独立性与自主性；教育、培训与信息；合作社间的合作；关注社会。见《国际合作社联盟章程》。

〔4〕 ESOPs，即 Employee Stock Ownership Plans，现在译为：职工持股计划。

曼，在其享有盛誉的著作《企业所有权论》[1]中讲述了四种所有权，其中投资者所有权最为典型，其次就是雇员所有权，但是这里的雇员所有权和"劳合"是有区别的，这种模式虽然在美国比例不大但是也有相当一部分。第三个是生产者所有权，也被认为是生产者合作社。还有第四个是消费者所有权。

在我国，这种"劳合"形式最典型的就是合作社。合作社具有鲜明的社会主义特色，这不仅与合作社早期被一些空想社会主义者所推崇有关，更体现在我国的立法实践中。《民法总则》在特别法人的部分规定了城镇农村的合作经济组织法人，这个合作经济组织法人，主要指合作社。当然，合作社属于法人的说法也并不是在《民法总则》里面才开始提，以前农民非专业合作社法制定的时候，就有属于法人的说法。之所以称为"非专业合作社"是因为当初农民可以办合作社，但并不意味着土地可以入资合作社，作为共同耕作的基础，非专业合作社主要适用于加工，供应，消费，供销这些领域。但实际上自非专业合作社法公布后，相类似的很多农业土地也开始合作了，很多地方把土地作为合作的基础实行合作化经营。合作社的初衷是把农民组织起来，进行规模化生产经营劳动，这体现在后来《中华人民共和国农民专业合作社法》允许土地使用权可以在专业合作社中出资的规定中。从这个意义上讲，"劳合"的典型代表合作社是一种企业形态，更是农业现代化的必由之路。

4. 企业的"两合"形态："人资两合"与"劳资两合"

根据"合"的性质不同，区分了"人合""资合""劳合"，"两两组合"就形成了所谓的"两合"形态。进一步分析，这种"两合"形态又可以区分为两种类型："人合"与"资合"匹配形成的"人资两合"，以及"资合"与"劳合"匹配形成的"劳资两合"。

从"人资两合"的发展历史来看，中世纪这种"两合"模式非常突出，这与当时航海成为新兴产业有关，在诸如哥伦布发现新大陆这种风险性冒险性极大的新航线中，是非常需要大量资金投入支持的。同样的道理，这就是为什么在高风险的行业里面要提倡这种"有限合伙"。中国的有限合伙制度恰恰是科技部提出来的。因为发明一些新的科技是有很高风险的，让开发者或投资者承担无限责任会阻碍科技创新，这就需要有新的投资形式。[2] 试想中

---

〔1〕 ［美］亨利·汉斯曼：《企业所有权论》，于静译，中国政法大学出版社 2001 年版，第 10 页。

〔2〕 金锦萍：《公益与商业的法律边界》，载《人民政协报》2018 年 10 月 30 日，第 9 版。

世纪时一个富有的资本家想把资本投资到航海事业中去，他以什么投资形式最为合适？如果他采取的是合伙的方式，那么这个资本家的风险是很大的，因为一旦这个船沉没了，他就要以全部资产来承担无限责任。但是其利益也很大，一旦这条航线开通，他能够输送的货物利润是几十倍甚至更高，利益巨大。如果资本家采取借贷的方式呢，风险会很小，利益相应的也会很小。如果采取了有限合伙的方式，风险就会缩小，从原来的无限责任降低成有限责任，他的利益却依然很大。所以从这个角度来说，中世纪航海这个行业最适合"有资本没有船的资本家"和"有船没资本的航海家"合作，在资本家和航海家合作的情况下，"有限合伙"无疑是最理想的状态。这样组合就出现了有限合伙这种形态。直至今日在孵化很多新科技产品时也经常用到有限合伙的投资方式。这就是"人资两合"匹配形成的"有限合伙"在现代被广泛采用的原因。

"劳资两合"模式中，有一种企业形态是"股份合作"。对于股份合作企业我国曾经想制定一个全国性的法律，后来也没有制定，因为在股份合作企业法起草的过程中发生了争议，这种企业形态在世界各个国家是不太承认的。[1] 经济学家认为世界上没有股份合作这种企业形式，"资合"与"劳合"是不可能合作的，这一否定给很多之前地方上实行股份合作制的企业造成了困境。国家不立法了，地方上还是否要坚持？企业形态从应然来讲是要采取企业形态法定主义的，只要法律没有规定就不能设立，工商部门也不能给未规定的企业形态注册登记，所以在这方面还存在着一些问题。

股份合作制企业没有全国性法律存在，但是各地又有实践。实际上股份合作制企业是在中国特殊的环境下，在集体企业还占据主要地位的情况下发展起来的。很多地方发展股份合作企业的目的是把私人企业转型成集体企业，把"股份合作"作为一种"合法化"的工具。国家经济体制改革委员会曾经发布过一个文件，是关于国有小企业改制成为股份合作企业的思路，这个文件可以算是当时体改委的一个立法文件。按照这个文件的精神，国有企业的财产以股权的形式均分给所有职工，让职工每个人都获得股权。虽然国有小企业的领导可以占据的股权稍多一点，但是大体要平均。这种企业的股东会就是职工股东大会。这种办法使得很多国有小企业被改造成了股份合作企

---

[1]　罗培新：《优化营商环境应加快法律修改步伐》，载《中国市场监管报》2019 年 6 月 11 日，第 3 版。

业。所以可以说股份合作制企业是容纳了"资合"与"劳合"两种形式的企业形态，但是就目前的发展来看这种企业形态的前景是黯淡的，因为市场经济的发展需要股份合作企业向正规的公司方向转变，这也是各地在将股份合作制企业向公司化改制的原因。

四、结语

就企业形态而言，营商环境的法治化必然要求商主体类型的明确化，日益完备的商事技术研究有时恰恰反衬出企业形态这一基础问题的相对薄弱，甚至有学者讲可谓是迷雾冲刺。[1]《民法总则》已经将法人与非法人组织都明确界定为了私法上的主体，虽然就合伙企业应不应该属于非法人组织的范畴，学界有不同的看法，但是就是否能够独立承担民事责任这一点而言，企业是完全可以作为一个责任主体存在的。但是中国有多少种企业形态，不同企业形态间的划分标准是什么，这个问题却并不好回答。大多数法学院的学生对中国的企业形态的答案是有限责任公司和股份有限公司。这是《公司法》告诉我们的两种公司形态，这也是《民法总则》对于营利法人类型的列举。[2] 那么除了这两种公司形态之外还有什么？更好一点的回答是也许还有合伙企业，个人独资企业。这些回答基本囊括了教科书中出现过的企业类型。但是这些是不够的，既不能穷尽企业的类型化，也没有从本质上认识企业形态区分的标准。

基于对上述问题的思考，笔者认为，结合企业法定主义在我国改革背景下的特殊情形，[3] 在梳理总结不同企业形态类型划分的标准基础上，对企业法律形态的法定主义以相对弹性并兼顾稳定性和发展性的理解方式会为新企业类型的发展和创新提供更大的空间。

---

〔1〕 朱锦清：《我国的公司证券法律制度少了一个灵魂》，载《法治研究》2011年第6期，第48~54页。

〔2〕 金锦萍：《论基本公共服务提供的组织形式选择——兼论营利法人与非营利法人分类的规范意义》，载《当代法学》2018年第4期，第13~22页。

〔3〕 赵旭东：《改革开放与中国商法的发展》，载《法学》2018年第8期，第32~47页。

论人工智能生成内容的版权认定
及法律规制

郝明英[*]

　　摘　要：人工智能技术的发展从作品创作角度对知识产权制度提出挑战，其生成内容是否能获得版权保护值得思考与研究。目前学界对人工智能生成内容能否获得版权保护的观点总体分为两派，即人工智能生成内容说与人工智能创作物说。分析人工智能生成内容能否获得版权保护，一方面，人工智能生成内容对传统的知识产权法哲学提出了挑战；另一方面，通过分析人工智能生成内容内涵、独创性，可知从客观角度看人工智能生成内容具有一定独创性，但结合版权设立目的及其私权属性，现阶段并不适宜通过给予其狭义的版权进行保护。本文基于人工智能生成内容为计算机程序数据学习后产生的成果，从实然角度分析，建议通过合同法约定其权利归属；从应然角度分析，建议通过"合同约定＋使用者所有"方式确定其权属。

　　关键词：人工智能　生成内容　可版权性　独创性

　　* 郝明英，中国政法大学民商经济法学院 2016 级知识产权法学专业博士研究生（100088）。

一、问题的提出

近年来，人工智能技术发展十分迅速，AlphaGo 战胜人类顶级围棋选手，谷歌开发的人工智能软件可以专门用来撰写新闻，也有博物馆收藏了人工智能程序所作画作，日本设计的人工智能程序撰写的短篇小说亦入围国家文学大奖，即为明证。[1] 人工智能技术的发展给人们的生活学习带来极大便利的同时，也对现有的法律制度提出了挑战，引发了激烈讨论。如人工智能撰写的新闻报道可针对不同受众生成差异化的风格和版本，引发人工智能将替代作者的讨论。[2] 日本研发的人工智能系统撰写的短篇小说通过"新星一奖"初审，[3] 引发日本政府对人工智能生成内容相关权利进行保护的立法讨论。人工智能生成内容引发的争议在知识产权领域的表现之一，便是其生成内容的法律性质界定及权利归属问题。

知识产权法的演进历史表明，知识产权法律制度的革新与技术进步密切相关。版权法的演变受技术发展的影响尤为明显：印刷术推动了版权法的产生，复制与传播技术促进版权范围的扩张，互联网技术引发了知识产权各单行法的修改与扩充。在版权领域，目前技术发展主要影响的是作品传播权的扩张，立法机关不断修订版权法以适应传播技术带来的利益冲突，平衡权利人与使用人、社会公众之间的利益，这种变化并未影响作品的创作。但是，人工智能的发展却丰富了作品创作的内涵，对既有的版权主体、客体制度构成挑战。在互联网技术及相关法律制度不断完善的同时，法律制度乃至社会伦理面临的下一个技术发展节点，便是人工智能。在即将由"互联网+"进入"AI+"的时代进程中，我们有必要对人工智能与知识产权相结合所产生的问题进行前瞻性探讨。

人工智能生成内容在表现形式上与人类创作作品类似，有关人工智能会

---

[1] See Andres Guadamuz, Artificial intelligence and copyright, WIPO magazine, http：//www. wipo. int/wipo_ magazine/en/2017/05/article_0003. html，最后访问时间：2018 年 10 月 12 日。

[2] 如谷歌、美联社、腾讯等公司研发并推出的计算机撰写软件，腾讯开发的为 Dream writer 软件，用来批量撰写财经类新闻报道，其优势是写作速度快、产量大、成本低。参见熊琦：《人工智能生成内容的著作权认定》，载《知识产权》2017 年第 3 期，第 4 页。

[3] 据报道，参赛的人工智能作品主要是"我是作家"与"人狼智能"两个团队，在介绍作品内容和文章生成系统时，"我是作家"团队作品主要是由人类事先设定登场人物、内容大纲等，人工智能根据这些内容自动生成小说；"人狼智能"团队作品是人类根据人工智能"人狼游戏"中有意思的故事改编成的小说。参见匡文波：《传媒业变革之道：拥抱人工智能》，载《新闻与写作》2018 年第 1 期，第 46 页。

替代人类创作的舆论甚嚣尘上。法律人面临的问题是，人工智能生成内容是否可以构成版权法上的"作品"，能否受版权法保护？对此，本文拟从四个层面展开分析：其一，在梳理现有研究成果的基础上，对人工智能生成内容相关概念进行辨析；其二，从知识产权法哲学角度出发，分析人工智能对版权基础理论提出的挑战；其三，从可版权性角度出发，分析人工智能生成内容能否获得版权保护；其四，分析、确认人工智能生成内容的属性及权利归属。

二、"人工智能生成内容"论与"人工智能创作物"论

人工智能技术的发展引发社会各界的广泛讨论，但对于何为人工智能，目前尚未形成统一的定义，各国对人工智能的理解散见于国家发展规划[1]中。美国 2017 年 12 月发布的《人工智能未来法案》（Future of Artificial Intelligence Act of 2017，以下简称《法案》）指出，人工智能是"任何能够在不经人类干扰情况下、在复杂多变且不可预期的环境中完成任务的智能系统，其可以通过学习不断优化决策与行动"。[2]《法案》将人工智能分为通用人工智能（强人工智能，general artificial intelligence）和狭义人工智能（弱人工智能，narrow artificial intelligence），[3] 人工智能的特点在于类人，像人类一样思考、行动、完成任务等；其实现方式是计算机软件或物理硬件；其与普通计算机软硬件的区别在于系统的智能化，可以不经人类干扰，通过学习优化决策与行动。根据上述定义与分类，弱人工智能的特点在于应用领域特定，如上文所述谷歌发明的智能软件专门用于撰写新闻报道，强人工智能则不局限于特定应用领域。

所谓人工智能生成内容，主要指计算机程序在经过大量数据学习基础上，自动生成的内容。人工智能生成内容具有多样性，本文对人工智能生成内容可版权性探讨的逻辑前提是，该生成内容在表现形式上与人类创作作品无异，由此才产生人工智能生成内容可版权性的争议。目前的研究主要限于弱人工智能，即限于特定应用领域的人工智能生成的内容。关于人工智能生成内容的称谓及概念，学界有不同观点。对于人工智能生成内容称谓的不同，可以

---

〔1〕 如 2017 年 7 月中国发布的《新一代人工智能发展规划》，2017 年 12 月美国发布的《人工智能未来法案》，2018 年 7 月欧盟 28 个成员签署的《人工智能合作宣言》等。

〔2〕 Future of Artificial Intelligence Act of 2017, sec. 3 (a) (2017).

〔3〕 通用人工智能是未来设想的人工智能系统，其在认知、情感、社会行为等众多领域能够像人类那样做出智能行为。狭义人工智能强调特定的应用领域，如玩策略游戏、语言翻译、自动驾驶及图像识别等。Ibid.

从侧面反映不同学者对于人工智能生成内容能否获得版权保护的基本认识差异。一些学者称之为人工智能"生成物""生成内容"或"生成成果",[1]采用此称谓的学者认为人工智能生成内容不能获得版权保护;另一些学者称之为人工智能"创作物",[2]其基本观点是人工智能创作物构成作品,可以获得版权保护。

(一)"人工智能生成内容"论背后的理念

采用人工智能"生成内容"这一概念的学者,多认为人工智能生成内容不能构成作品,因此不能成为版权保护的客体,王迁教授等学者持有此种观点。这些学者认为,从内容生成过程分析,目前人工智能只能按照人类预先设定的算法、规则和模板进行计划并生成内容,该内容产生的过程并不涉及创作所需的"智能",并非是"创作"。[3]基于人工智能的机器属性及人对作品独创性低参与度两方面原因,人工智能生成成果无法根据传统著作权法理论成为著作权法上的作品。[4]虽然这些学者认为人工智能生成内容不能成为作品,但并未完全排除在版权法框架下给予其保护,有学者建议可将其纳入邻接权制度调整范围。[5]

(二)"人工智能创作物"论背后的理念

采用人工智能创作物这一概念的学者,多认为人工智能创作物可以构成作品,成为受版权法保护的客体。持此观点的学者包括吴汉东、易继明等教授,其认为在讨论人工智能创作物性质的过程中,当人工智能创作物在表现

---

〔1〕 如王迁:《论人工智能生成的内容在著作权法中的定性》,载《法律科学》2017年第5期;陶乾:《论著作权法对人工智能生成成果的保护——作为邻接权的数据处理者权之证立》,载《法学》2018年第4期;刘影:《人工智能生成物的著作权法保护初探》,载《知识产权》2017年第9期。

〔2〕 如梁志文:《论人工智能创造物的法律保护》,载《法律科学》2017年第5期;张春艳、任宵:《人工智能创作物的可版权性及权利归属》,载《时代法学》2018年第4期;胡一民:《人工智能创作物的著作权问题探析》,载《黑龙江省政法管理干部学院学报》2018年第2期;易继明:《人工智能创作物是作品吗?》,载《法律科学》2017年第5期;熊琦:《人工智能生成内容的著作权认定》,载《知识产权》2017年第3期等。

〔3〕 参见王迁:《论人工智能生成的内容在著作权法中的定性》,载《法律科学》2017年第5期,第152页。

〔4〕 参见陶乾:《论著作权法对人工智能生成成果的保护——作为邻接权的数据处理者权之证立》,载《法学》2018年第4期,第11页。

〔5〕 陶乾:《论著作权法对人工智能生成成果的保护——作为邻接权的数据处理者权之证立》,载《法学》2018年第4期,第15页。

形式上与人类创作作品一致时，无需考虑作品创作者是人工智能还是人。[1]《保护文学和艺术作品伯尔尼公约》以及《中华人民共和国著作权法》（以下简称《著作权法》）等法律也并未明确规定作品的主体一定是自然人，现有法律制度中"法人作者"的存在就是对这一问题最好的例证。在独创性标准的判断中，这些学者认为应从客观角度判断人工智能生成内容的独创性，排除人作为主体因素的考虑，因其不同于"作品是否在表达形式上具备足够的创造性从而享有版权"这一问题，只要其内容达到了独创性标准，即属于著作权法上的作品。[2] 目前机器人稿件的表达技巧虽然有限，但仍可以视为著作权法意义上的作品。[3] 在具体独创性判断分析中，也有学者以作品受众为标准来判断作品的创作要件，通过分析作品是否产生审美的精神效果，来判断人工智能创造物是否属于版权作品。[4]

（三）本文的选择及理由

采用"人工智能生成内容"论和"人工智能创作物"论这两种概念背后的观念之争，主要在于是否需将"人"作为权利主体进行讨论、是否需从创作过程来判断独创性及人工智能生成内容是否能构成作品。

就具体概念选择而言，本文拟采用"人工智能生成内容"这一概念，理由如下：第一，在目前讨论语境中，人工智能仍作为客体存在，并未突破现有法律框架成为权利主体，因此在民法等基础法律理论有所突破后，再采用其他表述更为准确；第二，人工智能生成内容的法律性质目前尚未有定论，在未定性前，采用"创作物"这一主观能动性较强的概念有失偏颇；第三，关于"物"这一概念的使用，通常意义上来讲，"物"是指人们能够支配和利用并满足人类某种需要的物质实体，其具有客观物质性、可支配性、可使用性、稀缺性等特点，虽然存在无体物的概念，但"物"在法律上有其特定内涵。人工智能生成内容虽具有可支配性、可使用性等特点，但其稀缺性尚有待论证，以"生成物""创作物"指代人工智能生成内容略有不妥。

三、人工智能生成内容的法哲学解析

知识产权法哲学理论为知识产权存在的合理性提供了解释，科技发展使

---

〔1〕 参见易继明：《人工智能创作物是作品吗？》，载《法律科学》2017 年第 5 期，第 138 页。

〔2〕 易继明：《人工智能创作物是作品吗？》，载《法律科学》2017 年第 5 期，第 139 页。

〔3〕 吴汉东：《人工智能时代的制度安排与法律规制》，载《法律科学》2017 年第 5 期，第 131 页。

〔4〕 参见梁志文：《论人工智能创造物的法律保护》，载《法律科学》2017 年第 5 期，第 160 页。

得知识产权客体不断扩张，但其扩张均可找到相应的哲学基础。人工智能生成内容能否获得版权保护也需要进行法哲学分析，明确其版权保护的合理性，理解和应对其对知识产权法哲学提出的挑战。从法哲学角度解析人工智能生成内容的可版权性，是将技术发展带来的挑战回归哲学基础进行分析与判定，从知识产权产生至今，有影响力的学说主要有"财产权劳动学说""人格理论"与"激励理论"。由于"人格理论"主要强调作品是作者人格的具体体现，强调人的主观能动性，而人工智能生成内容距离具有完整"意志"还有很长的路要走。因此，本文主要从财产权劳动学说和激励理论分析人工智能生成内容对知识产权法哲学提出的挑战。

（一）财产权劳动学说

财产权劳动学说的代表人物是洛克，该学说为知识产权获得法律保护提供了有力的哲学依据，其基本观点是人基于劳动可以享有所有权，其推理过程为：每个人对于自身拥有所有权，人的劳动属于他自己，基于劳动人可以获得物的所有权，但人在取得财产所有权时应留下足够好、同样多的东西给他人。[1] 财产权劳动学说用于解释知识产权的基本逻辑在于，知识产品同样是人们劳动的成果，只不过这种劳动是智慧活动，具有一定的创造性。既然人在创造成果的过程中付出了劳动，对此劳动成果理应享有基本的财产权利。

从财产权劳动学说看人工智能生成内容的可版权性，同样需要解释"劳动"的概念。财产权劳动学说中的"劳动"主要指人的体力劳动，以该学说佐证知识产权的合理性是将"劳动"的概念容纳"智慧劳动"。探讨人工智能相关的劳动，涉及人工智能设计者、使用者在设计、使用人工智能的过程中付出的劳动，也包括人工智能本身的劳动。前两者劳动的过程与人工智能生成内容进行的"劳动"并非同一概念，也并非同一纬度。人工智能设计者设计人工智能付出的是"智慧劳动"，其产生的成果是人工智能本身。人工智能使用者使用人工智能付出的"劳动"或为点击"生成"按钮，或为促使人工智能开始运转工作的其他方式，该"劳动"仅仅是推动人工智能开始复杂性的学习与计算，从而生成相应的内容。人工智能设计者的劳动成果为人工智能，人工智能的具体体现或为计算机程序或为专利技术，均可以作为知识产权的客体，对此并不存在争议；人工智能使用者的劳动并非"智慧劳动"，与知识产权相差甚远。

---

〔1〕　参见易继明：《评财产权劳动学说》，载《法学研究》2000 年第 3 期，第 106 页。

人工智能的"劳动"，或者说"创作"是数据输入、自我学习与分析、通过算法进行运算并输出相应成果的过程。以 Narrative Science 公司推出的 Quill 自然语言生成平台为例，其撰写新闻报告的过程为：收录数据—计算数据具有新闻价值的方面—识别相关角度并对其进行优先处理—将数据显示的角度与文章观点相连—输出文本。[1] 其"劳动"与上文所述人的劳动存在本质差别，人的"创造性劳动"包含复杂的情感意识，有思考、有创作，而计算机或者人工智能的"劳动"仅是复杂的数据计算。[2] 虽然人工智能的"劳动"过程是在模拟人的"思考"过程，但其"劳动"的方式与内容远超出了财产权劳动学说中"劳动"的概念。

（二）激励理论

激励理论是知识产权重要的哲学基础。在版权法层面，其基本观点是如果不对作品提供足够的保护，创作者不会有足够的动力从事作品创作，激励创作者创作作品能够满足著作权法产生的精神需要、经济需要和社会需要。[3] 我国《著作权法》第 1 条即说明本法制定的目的是"为保护文学、艺术和科学作品作者的著作权，以及与著作权有关的权益，鼓励有益于社会主义精神文明、物质文明建设的作品的创作和传播，促进社会主义文化和科学事业的发展与繁荣"。激励理论被认为是知识产权正当性最有利的论证，它既非从劳动也非从人格角度论证知识产权的正当性，而是从激励知识生产的角度来进行说明。一方面，知识产权通过赋权方式激励稀缺性产品——知识产品的生产，另一方面，知识产品的财产化也依赖于知识产权法的保护。

激励理论发挥作用的前提是知识产品具有稀缺性，只有通过赋权，给予权利人相应的人身、财产权利，才能够更好地促进知识产品的生产与传播。在人工智能生成内容过程中，人工智能设计者通过设计人工智能产品获取相应的经济利益，其本身已经可以获取相当的激励措施，且设计人工智能过程与人工智能生成内容过程是两个阶段。人工智能生成内容依赖的是大数据和信息技术，其内容生产过程是数据学习与运算的过程，但从激励创作角度来看，人工智能的"创作"过程并不需要激励。正如有学者所言，知识产权制

---

〔1〕　参见蒋枝宏：《传媒颠覆者：机器新闻写作》，载《新闻研究导刊》2016 年第 3 期，第 46 页。

〔2〕　参见杨延超：《人工智能对知识产权法的挑战》，载《治理研究》2018 年第 5 期，第 122 页。

〔3〕　参见冯晓青：《著作权法之激励理论研究——以经济学、社会福利理论与后现代主义为视角》，载《法律科学》2006 年第 6 期，第 41 页。

度的目标在于通过授予排他性权利促使其创新，如果无需激励也能产生成果，则权利无保护之必要。[1] 进而言之，假使人工智能使用者促使人工智能生成内容、人工智能的"创作"需要激励，知识产权制度激励的也是稀缺性产品的生产，而在人工智能、机器生产的背景下，其生成内容的稀缺性也是存疑的。如前文所述，人工智能生成内容具有速度快、成本低、产量多的特点，这就需要我们考虑以下问题，即低成本、高产量的内容是否具有稀缺性，是否有必要给予财产权的保护，是否需要通过授权来予以激励。

在人工智能生成内容过程中，确实有需要激励的主体和行为，即数据生产者搜集、整理、提供数据的行为。人工智能生成内容依赖大量的数据学习，只有向人工智能提供大量数据，才能训练出高效的人工智能系统，才能生成符合预期的产品和内容。而目前有关数据相关的保护尚不完善，相关内容在第五部分进行论述与分析。

由此可见，人工智能生成内容对现有知识产权法哲学基础均提出了挑战，从财产权劳动学说来看，人工智能"创作"过程并非严格意义上的"劳动"；从激励理论来看，对人工智能生成内容予以版权保护，并不能起到激励作用，或者说人工智能本身并不需要这样的激励措施。当然，随着人工智能技术发展，在其具有"情感意识"、具有"人格化的意志"之后，上述讨论则另当别论。那时不仅仅是知识产权法哲学基础的调整，整个法学理论基础乃至社会学、伦理学基础均需要进行突破。

四、人工智能生成内容的可版权性分析

《中华人民共和国著作权法实施条例》给作品的定义为"文学、艺术和科学领域内具有独创性并能以某种有形形式复制的智力成果"。[2] 在《著作权法》第三次修订过程中，相关修订草案亦将作品定义为"文学、艺术和科学领域内具有独创性并能以某种形式固定的智力表达"。[3] 根据上述定义，某种智力成果若要构成著作权法上的作品，需要满足三个条件，即独创性、可固定及智力表达。人工智能生成内容可固定于光盘、磁盘等载体中，其可固定、可复制性无可置疑；而智力表达强调"智力"与"表达"，对表达的解

---

〔1〕 See Pamela Samuelson, "Allocating Ownership Rights in Computer-Generated Works", 47 *Pittsburgh Law Review*, 1986, pp. 1185, 1190-1101. 转引自梁志文：《论人工智能创造物的法律保护》，载《法律科学》2017 年第 5 期，第 161 页。

〔2〕 《中华人民共和国著作权法实施条例》第 2 条。

〔3〕 《中华人民共和国著作权法（修订草案送审稿）》第 5 条。

释主要是与思想相区分，对智力的分析也可涵盖于独创性中，因此人工智能生成内容是否可构成作品，主要需分析其独创性。

（一）人工智能生成内容的"独创性"之辩

对于"独创性"的理解，大陆法系的"作者权体系"与英美法系的"版权体系"存在差别。在作者权体系中，独创性指"作者运用创造力从事的智力创造活动"。[1] 将作者的创作活动归类于智力创造，目的在于通过对作者权的保护鼓励人们发挥创造才能从事智力创造，在智力创造活动中，主体的创造力凝聚在客体中就形成了智力创造结果的创造性特征，真正表现作者人格的作品，才是作者创作的作品。[2] 在版权体系中，独创性的要求与标准更加宽泛，目前广泛采用的独创性标准是 1991 年联邦最高法院对 Feist 案确定的标准，即"独立创作+最低程度的创造性"，必要的创造性的量是相当低的，绝大多数作品能够很容易达到这个程度，因为它们闪烁着创造性的火花，而不在于它们是多么不成熟、层次低或显而易见。[3] 何为最低程度的创造性，则需要结合个案进行分析与判断。根据上述分析，虽然作者权体系与版权体系对独创性的判断各有侧重，但随着知识产权国际条约签订与国际交流的加强，两个法律体系对独创性判断彼此借鉴，相互融合。我国著作权法并对独创性的标准进行明确规定，但 2018 年北京市高级人民法院发布的《侵害著作权案件审理指南》（以下简称《审理指南》）对认定独创性的考虑因素进行了规定，认为判断独创性过程中需要考虑：①是否由作者独立创作完成；②对表达的安排是否体现了作者的选择、判断。同时说明"认定表达是否具备独创性与其价值无关"。本文认同此判定方式，这也是融合作者权体系与版权体系对独创性判断标准的结果。我国作为大陆法系国家，在知识产权制度设计当中，也学习参考了部分英美法系国家的制度、规定与安排，独创性标准的判断，一方面要求作者独立创作，体现作者的劳动；另一方面要求作品体现作者的选择与判断，这就是要求作者发挥一定的智力创造。

在分析人工智能生成内容的独创性过程中，有学者认为人工智能生成内容已达到著作权法所要求的最低限度的创造性，因为从表象上无法区别人与

---

〔1〕　金渝林：《论作品的独创性》，载《法学研究》1995 年第 4 期，第 51 页。

〔2〕　金渝林：《论作品的独创性》，载《法学研究》1995 年第 4 期，第 52 页。

〔3〕　作为版权中使用的术语，独创性不仅意味着这件作品是由作者独立创作的（以区别于从其他作品复制而来），而且意味着它至少具有某种最低程度的创造性。See Feist Publieations, Inc. v. Rural Telephone Serviee Co., Inc. 499U. 5. (1991).

人工智能生成内容的差别，"当我们已无法区分所欣赏的作品为人类创作还是机器生成时，就意味着该内容应被认定为作品，所以人工智能生成内容客观上应视为满足独创性要件中对最低创造性的要求"。[1] 也有学者直接论证人工智能生成内容是否构成作品，其认为人工智能生成内容在表现形式上构成著作权法上的作品，如"对于采用人工智能的绘画机器人绘制的肖像画或风景画而言，在形式上就属于'以线条、色彩或其他方式构成的审美意义的平面造型艺术'；由'新闻写作软件'生成的新闻报道，以及由软件生成的音乐，在形式上具备著作权法对文字作品及音乐作品要求"，[2] 但在具体判断人工智能生成内容是否是作品时，需要从相关内容的产生过程是否是创作行为来进行判断，利用大数据与信息技术生成内容的过程与智力创作相去甚远，过程中并无人类的个性化表达。[3] 因此，人工智能生成内容的过程不是创作行为，相关内容亦不属于著作权法上的作品，无法获得著作权法保护。后一种观点强调作品源于作者独立的、富有个性的创作，是作者精神与意识的产物，如此作为著作权法意义上的创作区别于严格根据算法、规则和模板实施的行为。[4]

两种观点各有依据，其分歧主要在于人工智能生成内容独创性判断是否需要分析其"创作过程"，即"创作行为"。本文认为，从独创性判断对象来看，根据"思想/表达二分法"，独创性判断的对象为客观表达，《著作权法》第三次修改中明确将作品定义为"智力表达"，也是将思想与表达进行区分。因此分析某一内容是否具有独创性需立足于客观表达本身，判断表达是否与已有作品及公有领域存在重复，这一过程不需加入主观因素考量。[5] 如此，有利于客观进行独创性判断，明确研究对象，也有利于增强司法裁判的确定

〔1〕 熊琦：《人工智能生成内容的著作权认定》，载《知识产权》2017年第3期，第7页。

〔2〕 参见王迁：《论人工智能生成的内容在著作权法中的定性》，载《法律科学》2017年第5期，第149页。

〔3〕 参见陶乾：《论著作权法对人工智能生成成果的保护——作为邻接权的数据处理者权之证立》，载《法学》2018年第4期，第10页。

〔4〕 如EXCEL中将统计数据转换为各类图表的代码化指令序列可作为计算机程序受到保护，但任何人使用该程序处理同一套统计数据，所能够获得的各类图表都是相同的，这些图表显然不能构成作品。参见王迁：《论人工智能生成的内容在著作权法中的定性》，载《法律科学》2017年第5期，第150页。

〔5〕 参见孙山：《人工智能生成内容的作品属性证成》，载《上海政法学院学报》2018年第5期，第88页。

性。基于这一观点，从目前人工智能生成内容的实际情况看，其符合独创性的要求，即其"表达"可以满足"独立创作+最低程度的创造性"。首先，人工智能生成内容属于独立完成，人在其中的作用是设计与开发并进行基础数据的导入，人工智能生成内容的过程并不依赖人的参与；其次，人工智能生成内容在表达上、在外在形式上无法与人创作的作品相区分，其内容也可与已有作品与公有领域内容相区别，此时一定以"人""人的情感""人的意志"为界限进行客观表达的分割，不利于独创性客观标准的确定，也不利于司法审判标准的统一，况且法律并未明确规定独创性判断一定要有"人的意志"。

（二）人工智能生成内容不应受版权保护

从作品主体、立法目的、权利属性、权利保护对象和国外经验等方面来看，都不具备以版权保护人工智能生成内容的合理性和正当性。

第一，作品的主体需为"人"。虽然某种智力成果是否构成作品与是否受版权法保护是两个概念，但对该智力成果是否符合作品构成要件的判断，是认定其是否受到版权保护的前提。根据《审理指南》，构成作品的判断因素有"是否属于在文学、艺术和科学范围内自然人的创作、是否具有独创性、是否具有一定的表现形式、是否可复制"。[1]《审理指南》明确将"人"作为作品的构成要件，只有人的创作才能成为作品。通过上文分析，得出人工智能生成内容从表现形式上具有独创性，但根据现有法律规定，作品的主体仍需为"人"。2019 年 4 月，北京互联网法院公开宣判全国首例有关人工智能生成内容著作权的案件。该案中，法院认为，就计算机软件智能生成的内容可否构成作品的问题，文字作品应由自然人创作完成，涉案作品由软件自动生成，不属于著作权法保护范围。[2]

第二，人工智能内容的生成无须版权制度的激励。从版权设立目的来看，版权制度是为保护文学、艺术和科学作品作者的著作权以及与著作权有关的相关权益，鼓励有益于社会主义精神文明、物质文明建设的作品的创作和传播。正如郑成思教授所言，"在认定版权制度的本质是鼓励用头脑从事创作之

---

〔1〕 北京市高级人民法院《侵害著作权案件审理指南》第 2.1 条。

〔2〕 北京菲林律师事务所诉北京百度网讯科技有限公司侵害署名权、保护作品完整权、信息网络传播权纠纷案。参见北京互联网法院（2018）京 0491 民初 239 号民事判决书。

人这一点上，意见是一致的。"[1] 国内外相关司法判例也表明这一点，如海豚表演不能认定为作品、猴子自拍照亦不能获得版权法保护。根据目前技术发展阶段，人工智能生成内容并不需要激励，易言之，激励对于人工智能而言并不能促使其生成更多内容。

第三，人工智能生成内容不具有天然或法定的稀缺性。从版权私权属性角度来看，知识产权属于私权，这一论断已经经过学界、司法界的论证与确认。作为私权其保护的对象为财产，法律上对财产的保护有一个基本前提，即财产的稀缺性，没有稀缺性的财产并无保护的必要，如阳光、空气、水流等，并无必要将其设立为私权加以保护。当然，由于知识可以被方便复制，知识产权缺失天然的稀缺性。为保护创造者、传播者利益，法律创设知识产权赋予知识的创造者和保存者对该项知识的专属或排他支配权。[2] 由此，知识产权具有了法定稀缺性。而人工智能生成内容具有速度快、产量大、成本低的特点，其"创造"的过程并不需要进行激励。这种大规模产生的信息不具备天然的稀缺性，也不具备给予法定稀缺性的前提。

第四，人工智能生成内容不是对"思想"的表达。从版权保护对象来看，版权保护的是作品，在"思想/表达二分法"理论之下，版权保护的是具有独创性的表达。表达本身虽然具有一定的客观性，但版权保护的是"思想"的表达。分析独创性过程中可以专注于客观表达本身，但对于可版权性分析则不能仅仅局限于表达，因为版权制度的设计有其价值追求与利益考量，对版权保护范围和内容的扩张需要经过严密的分析与论证。人工智能生成内容虽然能够模仿具有思想的表达，但其本身并不具有思想，正如上文所言，对不具有思想的表达进行保护的必要性有待进一步论证，不能仅因其表达具有独创性就获得版权保护。

第五，各国对人工智能生成内容的法律保护也存在空白。从域外相关法律规定来看，以联合国教科文组织和世界知识产权组织（World Intellectual Property Organization，以下简称"WIPO"）为代表的国际组织并不试图以公约的形式对人工智能创作物所引发的版权问题进行统一规定，而是将此问题

---

〔1〕 郑成思：《版权法》（修订本），中国人民大学出版社 1997 年版，第 31~32 页。

〔2〕 粟源：《论知识产权的财产性和稀缺性》，载《知识产权》2005 年第 5 期，第 5 页。

交由各国国内法予以处理。[1] 国外立法中明确承认计算机生成内容为版权保护作品的主要是英国，其于 1988 年《版权、设计与专利法》中，对计算机生成作品（Computer-Generated Works）进行了专门规定："计算机生成作品的作者是为作品的创作提供必要贡献的人；计算机生成作品的著作权期限自作品完成创作之年最后一日 50 年届满；计算机生成作品不适用人格权相关规定。"[2] 类似于英国立法规定的国家还有新西兰、印度、南非等国家。[3] 美国、澳大利亚等对人工智能生成内容的可版权性也进行了大量讨论，但未有明确结论，也未体现在立法层面。由此可见，目前承认人工智能生成内容为版权作品的国家主要为英国，将其作品作为单独作品类型进行规定，并将为作品生成提供必要贡献的人视为作者，但并不适用人格权保护。英国虽然在立法如此规定，但学界对其质疑较多，司法判例也鲜有适用此条规定的案例。[4]

因此，从表现形式来看，人工智能生成内容具有独创性并无不妥，但在现有知识产权法哲学理论和版权制度框架下，版权制度设立目的在于促进创作与传播，人工智能生成内容并不需要激励才能进行"创作"；版权作为私权在于保护财产的稀缺性，人工智能生成内容不具备天然稀缺性，也无赋予法定稀缺性的必要；版权的保护对象是"思想"的表达，而人工智能距离具有"思想"之路尚远。基于人工智能技术发展阶段，不宜给予人工智能生成内容以版权保护。

五、人工智能生成内容的法律规制

上述分析解决了人工智能生成内容是否可以作品作为受到版权保护，这里的版权保护主要是指"狭义"的著作权，并不包括邻接权在内。探讨人工智能生成内容的法律保护，并非一定要通过修改法律才能解决现实面临的问题。目前科技发展速度飞快，版权发展与技术进步联系密切，但若每产生一

---

[1] 参见曹源：《人工智能创作物获得版权保护的合理性》，载《科技与法律》2016 年第 3 期，第 498 页。

[2] See Copyright, Designs and Patents Act, Part I, Chapter I, sec. 9 (3), 12 (7) (1988).

[3] 梁志文：《论人工智能创造物的法律保护》，载《法律科学》2017 年第 5 期，第 160 页。

[4] 迄今为止，只有一个涉及计算机游戏的案例使用上述条款，英国法院认为：电子游戏画面为计算机生成作品，游戏的设计者为作品创作进行了必要安排，被视为作者。但此判决结果也引起各界质疑与讨论。参见王迁：《论人工智能生成的内容在著作权法中的定性》，载《法律科学》2017 年第 5 期，第 153 页。

项新技术，版权法律制度都要随即作出修改，不利于实现法律的稳定性。当然，必要的法律修改在所难免，但也要首先分析现有法律制度能否对相关问题予以解决。因此，就人工智能生成内容的法律规制而言，本文主要从实然和应然两个角度进行分析：一方面基于现有法律制度，分析如何解决人工智能生成内容的权利归属和侵权问题；另一方面，从法律制度完善角度出发，分析采取哪种方式更能优化人工智能生成内容的法律保护。

（一）人工智能生成内容的法律保护

讨论人工智能生成内容的法律保护，首先需分析人工智能生成内容的法律性质。人工智能是一套智能系统，可以进行学习优化决策与行动。人工智能生成内容是该智能系统通过大数据的分析与学习产生的新的信息内容，其与学习的数据具有密不可分的关系，不同学习数据会生成不同的内容。诚然，该内容的产生是基于计算机程序，但即使是相同的程序，输入不同的数据信息，也会产生迥异的内容。人工智能生成内容可以说是计算机程序在数据学习基础上的成果，其与数据信息的保护有一脉相承之意，人工智能学习的数据与生成的内容可比作源与流的关系，有了相应的学习数据才会有生成的诸多内容。基于此，本文从实然和应然两个角度分析人工智能生成内容的法律保护路径。

1. 实然路径的障碍

从实然角度来看，前文已经论证人工智能生成内容不适宜给予"狭义"著作权保护，本文建议从人工智能生成内容的本质考虑其法律保护路径。人工智能生成内容产生的基础是"程序+数据"，目前人工智能的应用多局限于特定领域，如新闻写作、诗作、音乐编曲等，其本质是基于特定数据学习的成果。如日本知识产权战略总部 2016 年度《知识产权推进计划》所述，大数据是推进人工智能主导的创造性活动的重要工具，为营造友好的数据传播和利用环境，应为大数据的使用提供便利，形成兼容人工智能生成内容的知识产权体系。[1] 由此，对人工智能生成内容的法律保护可考虑参照针对数据的法律保护。目前针对数据信息的法律保护主要通过《著作权法》中的汇编作品及反不正当竞争法进行。在数据的选择、编排上具有独创性的数据库可构

---

〔1〕 日本知识产权战略总部：《2016 年度知识产权推进计划》，载 http：//www. kantei. go. jp/jp/singi/titeki2/kettei/chizaikeikaku20160509_e. pdf. 转引自陶乾：《论著作权法对人工智能生成成果的保护——作为邻接权的数据处理者权之证立》，载《法学》2018 年第 4 期，第 7 页。

成汇编作品，获得著作权法保护，但人工智能生成内容显然非数据库。对于数据信息的保护，经过司法案例的确认[1]，主要通过反不正当竞争法一般条款进行保护，其适用条件是：经营者之间有竞争关系，存在合法权益，行为具有不正当性，不正当竞争行为造成损害。在人工智能生成内容的法律保护中，不一定单涉及经营主体，以保护数据信息的方式来保护人工智能生成内容显然存在障碍。

2. 应然路径的突破

从应然角度来看，目前针对人工智能生成内容的法律保护的讨论，主要聚焦于著作权法律制度范畴之内，有的是通过认定为作品，以狭义著作权进行保护；[2] 有的是建议设立数据成果者权，以邻接权进行保护；[3] 还有的诉诸民法基本理论，从孳息视角论证对人工智能生成内容的保护。[4] 本文赞同以邻接权方式对人工智能生成内容进行保护。

首先，保护人工智能生成内容符合邻接权制度的设计目的。从邻接权制度的设计目的来看，邻接权主要是对无法成为作品但又与著作权相关的客体进行保护的兜底性制度。[5] 给予录音制作者、广播组织者等邻接权主体付出劳动的肯定，从而促进传播。对人工智能生成内容进行保护，保护的并非是人工智能的"创作"，而是人工智能投资人、所有者的利益。基于目前人工智能发展阶段，人工智能的开发与运行，尤其是数据生产者搜集、整理数据的过程需要耗费大量人力、物力，这种投资需要一定的回报，这与邻接权设立的价值具有共通之处。

其次，人工智能生成内容可作为具有独创性的邻接权客体。有学者认为，邻接权保护的是不具有独创性的成果，[6] 而从客观角度分析人工智能生成内

---

〔1〕 如上海汉涛信息咨询有限公司诉北京百度网讯科技有限公司等不正当竞争纠纷案，参见上海市浦东新区人民法院（2015）浦民三（知）初字第 528 号民事判决书，上海知识产权法院（2016）沪 73 民终 242 号民事裁定书。

〔2〕 邓社民、靳雨露：《以狭义著作权保护人工智能生成物之辩》，载《北华大学学报（社会科学版）》2019 年第 1 期，第 78 页。

〔3〕 陶乾：《论著作权法对人工智能生成成果的保护——作为邻接权的数据处理者权之证立》，载《法学》2018 年第 4 期，第 11~13 页。

〔4〕 黄玉烨、司马航：《孳息视角下人工智能生成作品的权利归属》，载《河南师范大学学报（哲学社会科学版）》2018 年第 4 期，第 26~29 页。

〔5〕 参见刘洁：《邻接权归宿论》，知识产权出版社 2013 年版，第 24 页。

〔6〕 刘洁：《邻接权归宿论》，知识产权出版社 2013 年版，第 24 页。

容,其具有一定的独创性,由此否定通过邻接权对其予以保护的合理性和正当性。然而,实际情况恰恰相反,邻接权保护的客体也具有一定的独创性。北京市知识产权法院在审理新浪公司诉天盈九州公司侵犯著作权及不正当竞争纠纷案时,通过分析著作权体系、著作权与邻接权制度历史、司法实践等三方面因素,得出了邻接权客体具有一定独创性的裁判结论。[1]

再次,邻接权保护模式能够保护投资人的利益、促进相关产业的发展。通过邻接权对人工智能生成内容进行保护,其保护的强度和范围必然比狭义著作权要小,也符合对人工智能生成内容保护的实际需求。对人工智能生成内容的保护,主要是保护投资人、所有者、使用者进行人工智能开发和使用的利益。当然,若产生对人工智能生成内容的侵权,也可以通过邻接权中的复制权、信息网络传播权等内容进行规制。

最后,邻接权保护模式符合我国法律体系。如前文所述,本文认为人工智能生成内容的本质是数据学习的结果,其学习的内容由多种数据组成,即使学习内容是他人作品,如小说、乐曲等,人工智能获取的也是由作品构成的数据。所以无论其学习内容为何,根本都是基于大数据对数据信息的学习与再创作。在《中华人民共和国民法总则》制定过程中,也出现过关于是否将数据信息作为知识产权客体的讨论,立法者最终由于数据信息无法定性而未将其纳入知识产权客体。从人工智能生成内容的本质和生成过程出发,就人工智能生成内容的法律保护而言,通过设立数据相关的邻接权对数据信息以及数据学习产生的成果(即人工智能生成内容)进行保护,不仅具有可行性和可操作性,也能够解决我们面临的现实困境。当然该权利的具体内容还有待进一步研究确认。

(二)人工智能生成内容的权利归属

讨论人工智能生成内容的权利归属,有一个前提,即人工智能本身并不能成为权利的主体,不能取得独立的主体地位,这一点已经得到多数学者的认可。[2] 也有学者认为人工智能可以成为人工智能生成内容的事实作者,[3]

---

〔1〕 北京市朝阳区人民法院(2014)朝民(知)初字第 40334 号,北京知识产权法院(2015)京知民终字第 1818 号。

〔2〕 如熊琦:《人工智能生成内容的著作权认定》,载《知识产权》2017 年第 3 期,第 7 页;张春艳、任霄:《人工智能创作物的可版权性及权利归属》,载《时代法学》2018 年第 4 期,第 27 页;吴汉东:《人工智能时代的制度安排与法律规制》,载《法律科学》2017 年第 5 期,第 131 页。

〔3〕 李伟民:《人工智能诗集的版权归属研究》,载《电子知识产权》2019 年第 1 期,第 27 页。

但持此观点者不多，其论证也缺乏一定说服力，在此不予赘述。基于我国的基本法律理论和民法主体制度，根据权利的主体与客体不能转换的私法基本原则，人工智能并不能成为权利主体。

我国现行法律规范并未对人工智能生成内容的权利归属作出明确规定，在这种情况下，以现行法律制度框架为准，采取合同约定的契约安排模式，既是应对法律规制空白的变通解决方案，也是体现社会契约精神和私法自治理念的最优方案。以合同为基础对人工智能生成内容的权利归属进行约定具有一定的合理性与可行性。首先，在民事活动中，意思自治是一项基本原则，通过合同约定人工智能生成内容的权利归属，属于当事人意思自治的范畴。其次，即便是在认定为作品的著作权权属划分中，也有体现优先尊重意思自治原则，优先尊重当事人约定的内容，当事人没有约定时再参照相应法律规定执行。[1]

此外，讨论人工智能生成内容的权属，还需要分析人工智能生成内容相关的行为主体在该内容生成过程中所发挥的作用。目前人工智能生成内容涉及的主体主要包括：人工智能投资人、人工智能设计者、人工智能所有者和人工智能使用者。这些主体具体为：①人工智能投资人是为人工智能的研发提供资金和材料等物质条件的自然人、法人和其他组织，其身份与电影作品的制片人类似。②人工智能设计者即软件开发者，是具体设计人工智能程序的自然人，根据《著作权法》规定，计算机程序的著作权属于软件开发者，[2] 该程序也有可能是职务作品，此时计算机程序的著作权属于单位法人或者其他组织。人工智能生成内容的权属与作为人工智能的计算程序的权属，并不必然归于同一主体。③人工智能所有者是对该程序拥有财产性权利的主体。若将人工智能程序比作有体物，人工智能设计者是设计、生产该物的人，人工智能所有者则是实际占有该物的人，由于人工智能并非有体物，特定人工智能程序的设计者可能只有一个，但所有者却可以有多人。④人工智能使用者是实际使用该程序生成内容的自然人、法人或其他组织，使用者在人工智能生成内容中的作用是提供学习数据促使人工智能生成内容，或在预先学习数据已存在于程序时点击"生成"按钮。

目前，学界关于人工智能生成内容的权利归属问题持有不同的观点。就

---

[1] 如《著作权法》第 16 条、第 17 条有关法人作品、委托作品的规定。

[2] 参见《计算机软件保护条例》第 9 条。

该问题而言，我们姑且忽略人工智能生成内容是否构成作品的基本论断，仅从该生成内容归属角度分析。现有观点主要有：①以人工智能代表所有者意志创作为理由，将著作权归属于人工智能所有者享有；[1] ②将人工智能的管理者视为"法律作者"；[2] ③法律、行政法规规定或者合同约定著作权由投资者享有之后，可以给予设计者或者所有者相应的奖励或者补偿；[3] ④从孳息视角进行分析，硬件所有者认定为原物所有者，对人工智能生成内容享有所有权；[4] ⑤从"合同约定"及"使用权人"角度分析，人工智能生成成果权属有合同约定的从其约定，无约定的成果归属于人工智能程序的使用权人。[5]

本文赞同最后一种观点。关于人工智能生成内容的权利归属，首先应遵从合同约定，合同无约定的前提下生成内容的权利归属于人工智能的使用者。第一，人工智能生成内容不同于现有的邻接权，其涉及多个主体，且基于数据学习理论，人工智能所学数据的输入者并不确定，有可能是程序开发者，也有可能是所有者与使用者，因此，在此种情况下，应将权利归属确定方式交还给当事人约定。只有当事人无约定的情况下，可由法律约定。第二，如前文所述，人工智能生成内容的实际产生系由使用者进行，不论其提供数据供人工智能学习还是"生成"这一动作，都实际促进了相关内容的生成。第三，人工智能的使用者与所有者不一定是同一主体，所有者仅是拥有人工智能这一程序（软件及其载体），其并不一定真实促进内容产生，直接将相关内容归属于所有者有失偏颇。从孳息角度分析人工智能生成内容的权利归属同样存在这一问题。当然，使用者与所有者之间必然存在一定的关系，或为同一人，或有转让、租赁等合同约定，若提前约定了成果归属，则遵照其约定。第四，将权利归属于使用者更有利于激励与促进其产生更多内容，而将权利归属于"管理者""投资人"并不能产生相同的效果，投资人可以通过人工

〔1〕 熊琦：《人工智能生成内容的著作权认定》，载《知识产权》2017 年第 3 期，第 8 页。

〔2〕 李伟民：《人工智能诗集的版权归属研究》，载《电子知识产权》2019 年第 1 期，第 27 页。

〔3〕 张春艳、任霄：《人工智能创作物的可版权性及权利归属》，载《时代法学》2018 年第 4 期，第 27 页。

〔4〕 黄玉烨、司马航：《孳息视角下人工智能生成作品的权利归属》，载《河南师范大学学报（哲学社会科学版）》2018 年第 4 期，第 28 页。

〔5〕 参见陶乾：《论著作权法对人工智能生成成果的保护——作为邻接权的数据处理者权之证立》，载《法学》2018 年第 4 期，第 13~14 页。

智能的开发与出售获取相应的收益，管理者的概念则太宽泛，并没有明确的含义，不利于权属的明确。

结　语

人工智能技术发展对知识产权制度提出挑战，不同于以往知识产权范围的扩张限于作品的传播，人工智能直接对作品的创作提出挑战，对知识产权法哲学基础提出挑战。虽然从独创性角度分析，人工智能生成内容从表现形式上可具有独创性，但知识产权法哲学理论均不能为人工智能生成内容的版权保护提供基础，从版权保护目的与对象角度亦不能得出肯定结论。且基于人工智能现有技术发展阶段，不适宜对其生成内容进行版权保护。

技术会不断发展，其对知识产权提出的挑战也不会停止。知识产权的发展与技术进步密不可分，本文不赞同现在将人工智能生成内容纳入版权保护范围，但这并不能排除技术发展可能对版权理论与体系的突破。同时，从促进作品传播角度来看，版权制度需在创作者、使用者、传播者之间实现利益平衡，人工智能生成内容具有速度快、成本低、产量多的特点，若对其生成内容采取"任其发展"进入公有领域的态度，难免产生"劣币驱逐良币"的后果。大量成本低廉的成果供参考与使用，人们对于"高质量"的人为创作是否还有需求？这是否会从另一个角度影响创作的积极性？值得思考与预防。当然由于现在人工智能技术发展水平尚处于初级阶段，并未普及，亦未形成对创作的冲击。对人工智能生成内容的法律保护，从实然角度，建议通过合同约定方式解决其权利归属问题；从应然角度，建议设立与数据相关的邻接权，通过"合同约定+使用者所有"的方式确定其权利归属。

我国房地产投资信托基金的税收问题研究

游文人 *

　　摘　要：税收制度在房地产投资信托基金的发展中起着举足轻重的作用。但是，我国当前房地产投资信托基金的税收制度中，存在着一些问题，整体表现为土地增值税所占比重较高，加上双重税收与整体税负过重，使得房地产投资信托基金负重过大，无法"轻松发展"。针对这些问题，应从房地产投资信托基金的设立到终止阶段，完善相应的税收制度，包括确立受益人负担原则，免征土地增值税、契税，依照"信托导管理论"对名义所有者的交易行为不征税，参照国外法律以及我国证券法相关规定给予更多的税收优惠等，以求通过对税收制度的完善，促进我国房地产投资信托基金的进一步发展。
　　关键词：房地产投资信托基金　税收制度　税收问题

一、房地产投资信托基金之税制概况

　　房地产投资信托基金（Real estate investment trust，简称 REITs）起源于 20 世纪 60 年代的美国，其在亚洲作

---

　　* 　游文人，中国政法大学民商经济法学院博士研究生（100088）。

为一种金融创新，有着收益稳定、流动性高、投资门槛低等特点，对于发展各国的房地产行业以致推动金融市场的发展有着重要意义。在房地产投资信托基金的发展过程中，"税收优惠"是各国普遍采取的增强房地产投资信托基金活力的措施。在我国现阶段，虽然一直提倡并积极探索房地产投资信托基金的发展模式，但却迟迟未在税制方面给予相应的优惠，这成为阻碍我国房地产投资信托基金发展的一个重要因素。

（一）房地产投资信托基金

关于房地产信托基金，很多人会将其与房地产信托或者房地产资产证券化相提并论，甚至认为房地产投资信托基金就是房地产资产证券化。但是，房地产投资信托基金并不是与房地产信托或者房地产资产证券化相提并论的概念。

1. 房地产投资信托基金的定义

房地产投资信托基金，指的是以房地产及其相关权利为主要投资对象，并由专业机构面向社会投资者出售基金单位募集资金，并为实现基金单位持有人的利益进行房地产资产管理和处分的行为。[1]

2. 房地产投资信托基金的特点

虽然各国的房地产投资信托基金都有略微不同的部分，但总体来说包含有以下几个特点：第一，它本质是一种投资基金。REITs 的投资模式主要是对现存房地产的获取与经营；[2] 第二，房地产投资信托基金的主要收益为租金收入以及房地产资产的升值，且必须把大部分的所获收益用于分配红利。（根据惯例，一般必须要达到 90% 以上）；第三，房地产投资信托基金的资金门槛比较低，中小投资者也能分享房地产发展所带来的经济效益；第四，从长远来看，房地产投资信托基金比较稳定，其长期回报率高，并且与股票市场跟债券市场关联性较低。

（二）房地产投资信托基金税制

本文所言房地产投资信托基金税制，即关于房地产投资信托行业的税收政策与税收制度。就房地产投资信托基金自身而言，其涉及的税种非常多，主要从设立、存续与终止三个阶段，当财产于信托当事人间转移时产生应纳税收入。就房地产投资信托基金的相关机构而言，作为其营利法人应就其经

---

〔1〕 苏建、黄志刚：《房地产投资信托基金税制研究》，中国经济出版社 2014 年版，第 8 页。

〔2〕 李智：《房地产投资信托（REITs）法律制度研究》，法律出版社 2008 年版，第 10 页。

营所得缴纳相关所得税，就 其业务经营收入应缴纳相应的流转税。

对于房地产投资信托基金的税制，各国有不同的立法模式。比较常见的是贯穿于本国税法体系中（美国是一个典型的例子）与用专门立法的方式（日本、新加坡等）。这主要取决房地产投资信托基金在各国产生的原因有所不同。例如美国，是美国税法的发展促使美国产生房地产投资信托基金，而像日本、新加坡，则为了发展本国的房地产投资信托基金，制定专门法，并设立相应的税收规定。

我国目前没有关于房地产投资信托基金的专门立法，但近几年通过不断颁布一些政策性文件[1]，对房地产投资信托基金做出了相应的规定。只是，在这些规定中，几乎没有具体涉及税收制度的。因而，我国现阶段的房地产投资信托基金的税制方面与世界上一般的税制都有所不同，比较像是"实践"先行，但"立法"（即相关税收法律制度）并没有跟上。

二、我国房地产投资信托基金的税收现状

我国房地产投资信托基金产生较晚，并且比较特别的是，不同于美国与亚洲其他国家 REITs "制度先行，产品随后"的发展模式，我国房地产投资信托基金是先有了产品，而在制度方面尚未有很完整的法律法规对其加以规定与引导。

（一）我国房地产投资信托基金税制概况

近年来，涉及房地产投资信托基金的政策性文件层出不穷，推动着我国 REITs 不断向前发展。可以看出，我国对于房地产投资信托基金的发展态度是积极大力推动，但在税收制度上却迟迟不见动静，未有任何的相关税收优惠政策出台。

（二）准房地产投资信托基金与房地产投资信托基金的区别

虽然近两年发行的产品有不少都打着"房地产投资信托基金"的旗号，但其实都是噱头大于实质。因为，一个产品是否能被称为 REITs，主要可以从以下几个方面来看：①是标准化可供流通的金融产品；②主要收益来源于房地产资产的升值与租金的收入；③房地产投资信托基金必须把收益的大部分用于分配红利（根据惯例，一般要必须要达到90%以上）；④房地产投资信托

---

〔1〕 例如：《关于进一步推进证券经营机构创新发展的意见》《公开募集证券投资基金管理业务暂行规定》《关于加快培育和发展住房租赁市场的指导意见》《房地产投资信托基金物业评估指引（试行）》等。

基金稳定性高、长期回报率高，与股票市场跟债券市场关联性较低；⑤房地产投资信托基金的资金门槛比较低，中小投资者也能分享房地产发展所带来的经济效益。

以"鹏华前海准 REIT"项目为例，其在某些方面与房地产投资信托基金的标准有略微的差别。首先，关于投资资产比例的问题，鹏华前海万科采用投资组合的形式，并规定，投资于权益类资产、固定收益类一站以及投资于单一目标公司的股权比例，均不超过总资产的 50%。从投资资产比例上，相比于一般的房地产投资信托基金的投资资产比例来说过低。例如美国，遵循"75% 资产原则"。[1] 其次，在运营方式上。通常情况下，房地产投资信托基金都是自持物业，但鹏华前海案例中并非如此。鹏华前海是将万科的前海企业公馆项目未来的租金受益权进行证券化，并不是直接持有前海公馆的项目本身。再次，从租金的回报率上看，戴德梁行替该项目做出了收益估算，2015 年的营业收入预测为 12 640 万元，占所有股权（12.5 亿元）的 5%，预估之后租金会上涨，但是最多收益率也只能到达 10%。最后，从项目的退出上，鹏华前海的项目会涉及房地产投资信托基金 50% 的股权退出，然而在招募说明书里并没有进行相应地说明，也未公布转让价格。所以根据以上的分析，由于鹏华前海万科项目并不是真正意义上的房地产投资信托基金。

但是需要肯定的是，虽然我国现在的房地产投资信托基金产品还无法完全达到国际上房地产投资信托基金的标准，但是在准房地产投资信托基金涉税环节上，与真正意义上的房地产投资信托基金并无两样，只是因为缺少相应合理的税收制度，致使我国现阶段房地产投资信托基金只能在收益分配等方面做出调整。

（三）我国准房地产投资信托基金涉税环节分析

1. 设立阶段重组中所涉税收问题分析

（1）企业所得税。

根据中国法律的规定，原则上，对于企业通过经营活动中的某些非货币性资产进行对外投资，在投资交易发生时，要将其分解为按公允价值销售有关非货币性资产和投资两项经济业务进行所得税处理。[2] 即在以资产出资设

---

〔1〕 75% 资产原则：至少 75% 的总资产必须由房地产、现金及现金等价物、政府证券构成。

〔2〕 顾宇倩：《对一宗借壳上市案例中收购方涉及的税收思考》，载《嘉兴学院学报》2010 年第 S1 期。

立项目公司过程中，须针对账面价值与评估价值之间的差额缴纳企业所得税。

实际上在房地产投资信托基金重组阶段，原物业持有人并没有实际套现取得相应的利润；同时从支付能力上讲，在房地产投资信托基金募集资金前原物业持有人也没有足额的现金用于支付高额的所得税。[1] 虽然权益型房地产投资信托基金在重组阶段可能从形式上不能完全满足财税〔2009〕59 号文规定的条件，但是经济实质上是一致的，因此建议借用财税〔2009〕59 号的精神对重组阶段的所得税暂缓征收。

在上市后虽然项目公司股权转让至房地产投资信托基金名下，但由于原物业持有人仍然持有一部分房地产投资信托基金份额，因此实际上并没有完全变现。

（2）土地增值税。

原物业持有人在以资产出资设立项目公司的过程中需要根据房地产评估增值部分缴纳 30%~60% 左右的高额土地增值税。[2] 且这一高额税负需在增资完成前缴纳，此时原物业持有人尚未取得房地产投资信托基金募集资金。

目前，除了部分房地产企业已经将物业装入独立项目公司外，大部分企业的资产尚未剥离，因此都需面临上述土地增值税负担。同时由于大部分地产开发企业取地成本较低，资产账面价值较低，因此土地增值税负担较重。

（3）契税。

根据税法中关于契税的规定，应按出资额的 3% 缴纳契税。但房地产投资信托基金在重组阶段原物业持有人并无实际变现，资产实际上也还属于原物业持有人，只不过是从一个主体转移到另一个主体，有其特殊性。

2. 运营阶段所涉税收问题分析

我国对于持有型物业在持有阶段所征收的房产税、土地使用税、增值税的税负已显著高于国外与境外的标准，在此基础上再征收所得税会大幅减少投资者持有房地产投资信托基金的分红收益。

（1）企业所得税。

当在房地产投资信托基金中安排项目公司，根据税法规定，项目公司应

---

〔1〕 林华、许余洁：《我国房地产投资信托基金业务操作流程及税务问题的理论探讨》，载《清华金融评论》2015 年第 10 期。

〔2〕 根据现行法律规定，对于以土地（房地产）作价入股进行投资或联营的，凡所投资、联营的企业从事房地产开发的，或者房地产开发企业以其建造的商品房进行投资和联营的，需缴纳土地增值税，如果原物业持有人非房地产开发企业，则该项土地增值税可获免征。

就其取得的总租金收益按照 25% 的税率缴纳所得税（在未分配利润前）。如此一来，项目公司可分配给投资者的利润就有所下降。

在香港地区、英国和法国等，上市房地产投资信托基金运营获得的租金利润都予以免税。美国、日本和新加坡等国家的上市房地产投资信托基金运营利润中分配给投资者的部分在房地产投资信托基金层面免征所得税，只有在投资者取得派息和资本利得时候考虑征税。

（2）个人所得税。

对于分红派息收入部分，我国目前的规定是，个人投资者投资在 A 股上市公司所获得的股息与红利按 10% 的税率缴纳所得税，并由上市公司代扣代缴。

对于资本利得部分，"营改增"之前，我国现行税法对于个人投资者投资于金融产品获得的差价部分免征营业税，"营改增"之后也延续此项税收优惠政策。机构投资者获得的资本利得部分需按 25% 的税率缴纳所得税，个人投资者获得的资本利得免征个人所得税。

3. 终止阶段所涉税收问题

在终止阶段，如果投资者在二级市场转让受益凭证，那么企业投资者应就其转让所得缴纳企业所得税、增值税及其附加；个人投资者无需缴纳所得税。如果专项计划处置房地产投资信托基金后清算，向股权投资者分配收益；又或是房地产投资信托基金处置项目公司股权，在这个环节涉及没有明确增值税的纳税主体，是专项计划、房地产投资信托基金还是投资者，可能会造成双重征税。

三、房地产投资信托基金的域外经验与借鉴

在世界范围内，美国是房地产投资信托基金制度最发达的国家，并且美国税法对于 REITs 的发展具有深远影响，对于 REITs 税收制度经过六十几年的理论与实践的洗礼，其规定也比较详细，并且是很多国家在借构建本国房地产投资信托基金税收税制度是借鉴的依据。日本作为大陆法系国家中对于信托制度最早引进的国家以及目前亚洲房地产投资信托基金发展规模最大的国家，在 REITs 所得税制度上都存在其独有的特点。新加坡与香港地区也是亚洲地区房地产投资信托基金发展得较快的佼佼者，并且它们对于 REITs 在税收方面的规定都略有不同，这种不同，来自于不同地区实际的经济发展情况以及税收制度情况。通过对这几个代表性国家的对比，来寻求解决我国房地产投资信托基金发展过程中存在的税收问题。

（一）美国房地产投资信托基金的税收制度

美国不仅是房地产投资信托基金的发源地，而且经过几十年的发展，其REITs 无论是在运作模式、结构搭建还是收益分配上，都有非常丰富的实践经验，在税制上尤为如此。

1. 美国房地产投资信托基金的发展历程

美国 1960 年《国内税法典》作为第一部涉及房地产投资信托基金的立法，它的通过使得 20 世纪 60—70 年代早期最早一批房地产投资信托基金数量增多。[1] 但是，在 1974—1975 两年间美国经济出现衰退，利率的上升也随之而来，此种经济大环境给房地产投资信托基金带来的影响是不良抵押贷款比率以及融资成本的不断攀升，所以，短短一年间，REITs 的资产水平就下降了 80 亿美元。

为改变此种情形，1976 年美国国会通过了税制改革法案——Tax Reform Act of 1976（TRA 76）。在 TRA 76 中，对房地产投资信托基金的相关规定做出多方面调整。一方面，将派息比从 90% 提升至 95%，使得房地产投资信托基金在处理损益的时候有更大的空间；对于善意的没达到 75% 与 95% 总收入测试要求的情况，删除了对应的处罚条款；另一方面，使房地产投资信托基金为转售而持有的物业合法化。若满足了以上两方面，并且满足了持有年限与出售物业数量的规定时，房地产投资信托基金就能免交特许权使用费。以上的修改降低了证券市场的总体风险，同时也带动了 REITs 的复苏。

2001 年生效的《美国房地产投资信托基金现代化法案》（REIT Modernization Act，以下简称 RMA）的出台更加促进了房地产投资信托基金在美国的发展，相比于之前的规定主要在收入分配方面以及应税子公司两方面的调整。首先，RMA 再次将房地产投资信托基金的分配比重降至 90%。其次，在应税子公司方面，房地产投资信托基金做出了比较多的调整。RMA 可谓是自 1986 年来最为重大的一次修改，这一次的修改提高了税后利润的留成比例，使房地产投资信托基金能有更多的资金进行自我发展，能推动房地产投资信托基金成为更灵活的满足客户需要的和更具吸引力的投资机构。[2]

---

〔1〕 Jack H. McCall，"A Primer on Real Estate Trusts: The Legal Basics of REITs ", *The Tennessee Journal of Business Law*, 3（Spring , 2001）.

〔2〕 李智：《房地产投资信托（REITs）法律制度研究》，法律出版社 2008 年版，第 37 页。

2. 美国房地产投资信托基金税制现状

美国房地产投资信托基金的税收征管大致可分为投资者层面的以及基金层面的。基金层面所涉及的税收包括企业所得税与基金投资房地产资产的应纳税额（如预提税）两部分。根据前文中对于美国房地产投资信托基金税收优惠政策的介绍，美国 REITs 基本上不存在企业所得税。

对于国外股东，则应缴纳相应的预提税。对普通收入、资本利得与资本收益三个不同的部分，设置 30%、35%以及 10%三档不同的税率。

（二）亚洲地区房地产投资信托基金的税收政策

亚洲地区房地产投资信托基金相比于欧美国家起步相对较晚。目前日本、新加坡、香港地区等 7 个国家和地区推出了自己的 REITs 产品。由于各个国家与地区在房地产投资基金的相关法律建设上各有不同。总的来说，亚洲地区 REITs 主要是有公司、信托两种形式，并有相应的税收优惠政策。

1. 新加坡房地产投资信托基金（S-REITs）相关税收制度

在亚洲地区，新加坡已经成为房地产投资信托基金界的领军。从 2002 年 7 月新加坡第一支 REITs——凯德商用新加坡信托在新加坡交易所上市，新加坡房地产信托投资基金发展态势十分迅猛。目前，新加坡已有至少 40 个 RE-ITs。

为了发展房地产投资信托基金，新加坡政府对规则、税务处理等方面都做了相关的调整。包括房地产投资信托基金的税收透明实体原则（tax pay-through entity）规定，不在基金的层面征税，即派发股息给房地产投资信托基金单位持有人的时候不征收所得税，避免了像普通股票的重复征税；允许公积金投资房地产投资信托基金；个人投资者，不论是国内还是国外，其持有房地产投资信托基金获取的分红是不用纳税的。[1] 新加坡的税制比较简单，以征收所得税为主。根据新加坡的税收制度，为了获得房地产投资信托基金的税收优惠，新加坡的房地产投资信托必须将每年营业收入不少于 90%的部分，按照季度、半年或者年的频率以分红的形式分给投资者。对于资本利得的部分则不做要求。只要被认定为可获得税收优惠的房地产投资信托基金，其来自于房地产及房地产相关资产的现金收入部分可以完全免税。但是资本利得收入则分不同情况决定是否要纳税。新加坡对于资本利得本身不课税，若是通过交易取得的资本利得收入，则须按 17%的税率征税（例如：卖出房

---

〔1〕 周亮华、林锦辉：《新加坡 REITs 运作经验借鉴》，载《中国房地信息》2005 年第 11 期。

地产资产所得的收益就属于征税范围）。另外，在新加坡交易不动产还需要缴纳印花税。新加坡印花税分为买方印花税（Buyer's Stamp Duty，简称 BSD），卖方印花税（Seller's Stamp Duty，简称 SSD）和附加买方印花税（Additional Buyer's Stamp Duty，简称 ABSD）。不动产交易的印花税率在 0.2% 到 15% 之间，对于已经上市交易的房地产投资信托基金，或者将在 6 个月内上市房地产投资信托基金，可以免征印花税。

为了进一步发展房地产投资信托基金，新加坡政府在 2010 年与 2015 年，分别两次对房地产投资信托基金的税收优惠政策适用时间进行延长。[1] 2010 年，新加坡继续实行对 REITs 在所得税与印花税方面的税收优惠政策。并且在 2015 年，决定将对于房地产投资信托基金的税收优惠政策延长至 2020 年。

2. 日本房地产投资信托基金（J-REITs）相关税收制度

日本房地产投资信托产生于 2000 年。2000 年 11 月《投资信托法和投资公司法》（Investment Trust Law，简称 ITL）修订，其中规定，可以以信托制或公司制两种形式成立房地产投资信托基金。但是，由于信托制 REITs 管理成本高且复杂，所以公司制 REITs 更受投资者的青睐，所以截至今日，日本所有的房地产投资信托基金都是公司制。

日本的房地产投资信托基金都是外部管理模式，房地产投资信托基金与资产管理公司签订协议，由资产管理公司对房地产投资信托基金旗下的房地产进行管理。

日本房地产投资信托基金对收益进行分配，分别由不同主体进行纳税的方式与美国房地产投资信托基金中对所得税进行征收的规定十分相似。日本与美国都是通过这种方式，来避免对同一税源的二次征税。对于日本房地产投资信托基金的所得税制，可以说是与其信托税制度保持一致，因为房地产投资信托基金本质内核就是一种信托。对于所谓的给予房地产投资信托基金所得税方面的税收优惠，更准确地说是避免了双重征税的科学规定。

3. 香港地区房地产投资信托基金相关税收制度

2003 年 7 月，香港特别行政区证监会发布了《房地产投资信托基金守

---

〔1〕 在所得税方面，对非居民企业投资者投资于房产信托投资基金的收入，减按 10% 征所得税；在印花税方面，对于将新加坡非流动资产转换为房产信托投资基金的，免征印花税；对将持有国外非流动资产的新加坡上市公司所发行的股本全部转换为房产信托投资基金的，免征印花税；在商品劳务税方面，允许房产信托投资基金对费用进行进项税申报抵扣。

则》，允许以信托的方式成立房地产投资信托基金，并对其设立的条件、组织结构、投资范围、利润分配等做了详细的规定。2006 年，《房地产投资信托基金守则》又进行了一定的修改，放宽了在房地产投资信托基金负债率以及对其投资地域范围方面的限制。在香港设立房地产投资信托基金，必须满足以下几个基本条件：在联交所上市；结构类型为信托型；空置土地不能作为投资对象；每年须将 90% 以上的税后净收入作为股息，分配给单位持有人；计划的资产总值至少 75% 均需被投资于产生定期租金收入的房地产项目[1]。

除了《房地产投资信托基金守则》之外，香港房地产投资信托基金还需要受到《证券及期货条例》、香港联合证券交易所颁布的上市规则的监管。

香港没有关于针对房地产投资信托基金的税收优惠政策，原因是，首先，香港没有增值税、销售税或资本增值税的税收制度；其次，香港本身的税率比较低。目前，香港的税收包括利得税、个人所得税和物业税等三大类。香港的房地产投资信托基金涉及的税种主要有两类——所得税与印花税。在交易环节，在香港上市房地产投资信托基金应征收印花税，其中收购物业时按 3.75% 的税率征收印花税，收购股份时按 0.2% 的税率征收印花税，出售所得利得时的所得税免税。在持有物业环节，香港的房地产投资信托基金的利润需要按照 16.5% 的税率所得税，此处仅就特殊目的公司（SPV）层面的利润收税，来自 SPV 的红利以及境外取得的收入免征所得税。

（三）域外房地产投资信托基金税制借鉴

在不同国家与地区中，发展房地产投资信托基金的共通点就是从税收上予以一定的引导与限制。美国的例子最为明显，可以说，美国的房地产投资信托基金的产生、发展以及中间衰退后再发展，每一次的转变都与美国税法的改革息息相关。对于其中信托结构可能导致的双重征税的问题，各国否予以了规定，不管是欧美法系还是大陆法系国家，不管是坚持"双重所有权"还是"一物一权"，都是通过税收法律制度的规定来避免重复征税的现象产生。

虽然各国国情不同，对于房地产投资信托基金也制定了不同的政策，但还是有一些相似之处是值得借鉴的。

1. 应有一定的税收优惠

纵观各国的房地产投资信托基金，虽然不同的国家对于税收优惠的力度幅度很大，但不可否认的是都给予了一定的税收优惠。除了中国香港，一般

---

[1] 香港 REITs 市场的房地产项目是指相关产业权益或租约权益。

的国家和地区的 REITs 当满足一定的条件在基金层面免征企业所得税，仅对投资者征收所得税。这种条件一般是：首先，房地产投资信托基金须把大部分的红利分配给投资者（具体各国的比例会略微有所不同，一般在 90%~95% 之间）；其次，投资者必须达到规定的数量；最后，投资范围必须在法律限制的范围之内。

2. 应根据发展阶段做出相应的政策调整

为了发展本国或地区的房地产投资信托基金，各国或地区会根据具体的经济发展情况制定相应的其他优惠政策。例如，在房地产投资信托基金发展停滞不前时，可能会在投资者层面予以一定的税收减免，或者减免房地产投资信托基金在管理上所涉及的印花税等（很多国家为了提高房地产投资信托基金的流通性，规定了可对印花税进行免征）。

税收优惠政策能够有力推动房地产投资信托基金的发展，因此各国政府都会利用税收优惠政策对刺激并且引导本国的房地产投资信托基金。

四、对我国房地产投资信托基金税收问题的建议

我国目前房地产投资信托基金虽有一定发展，但后劲不足，其主要原因在于"税"上。

（一）我国发展房地产投资信托基金所面临的税收壁垒问题

根据以上情况，我国房地产投资信托基金存在没有信托税制作为基础、双重征税问题较严重、土地增值税税负过高以及对公益型房地产投资基金没有特殊税收优惠规定的问题。

1. 没有信托税制作为基础

要发展一国的 REITs，就要先发展本国的信托；要完善一国的 REITs 税收制度，就应该先要完善本国的信托课税制度。在《中华人民共和国信托法》颁布之后，我国对于信托课税，特别是信托所得税的问题却迟迟没有出台相关明确规定，目前关于涉及信托所得税的问题，只能用税法中对于一般经济业务所得税的规定进行课征。这不仅对于信托所涉税收征纳而言是一大问题，对于房地产投资信托基金所得税制度的完善来说也是突出的问题。由于缺乏本国信托课税制度的指引，导致我国在发展房地产投资信托基金税收制度时必须要摸着石头过河，比其他国家发展本国 REITs 税收制度来得更艰难。

2. 双重征税问题较严重

我国重复征税的情况主要出现在增值税与所得税上：①在房地产投资信托基金的设立阶段，由于信托财产的形式转移，产生了相应的纳税义务，这与信托终止时再次进行信托财产形式转移时的纳税义务相同；②在房地产投资信托基金的存续阶段，基金层面须就所获得的租金收入以及房地产相关增值纳税，在分配利益的时候投资者层面还需要就所分配到的收益纳税，形成重复征税，这样就造成了对同一税源的二次征税情况，这于情于理都不科学。

3. 减免优惠政策少，土地增值税过重

目前，相关的房地产投资信托基金的税收优惠政策还未出现，在契税、企业所得税、印花税等方面都没有给予优惠。当前发展房地产投资信托基金，只能通过不断地设计复杂的架构来减少税负以吸引投资者的注意。但是在现有的税制下，由于没有任何关于 REITs 的税收优惠政策，就算再精妙的交易架构也有基本的环节与步骤，免不了要对其进行征税。高企的税负降低了各方投资者投资的热情，进而制约了我国房地产投资信托基金的发展。

在关注展房地产投资信托基金所存在的税收问题上，很多学者把重点放在双重征税。诚然，双重征税问题会对房地产投资信托基金带来重复的税负。而房地全产投资信托基金在设立时，其实面临着一个更大的税负问题——土地增值税。可以说，每一个房地产投资信托基金的设立就可能会涉及一次房地产交易。我国现阶段大部分商业地产都不是由专业的项目公司持有，在设立房地产投资信托基金的过程中，若是以资产交易而非是股权交易，将会涉及大量的税收，首当其冲的"大部头"就是土地增值税。以我国的准房地产投资信托基金——中信启航为例。中信启航通过设计复杂的交易架构，减免多项税收负担，其中最核心就是减免土地增值税。营业税、城建税与教育附加等的减免在土地增值税的减免问题上，显然就是九牛一毛。（土地增值税是按增值额的 30%~60% 进行征收，当时营业税是按 5% 的税率征收。）

4. 公益型房地产投资信托基金问题

我国房地产投资信托基金目前尚未出现公益型房地产信托投资基金产品，可是基于目前我国大力引导与鼓励发展 REITs 的状况来说，在可预见的未来一定会出现公益型房地产投资信托基金。对于公益型的信托而言，其设立的目的并非为了盈利，对于受益人来说，公益型房地产投资信托基金的受益人绝大部分也是来自于弱势群体；对于基金本身来说，公益型产品其回报率通常较低。在其他有发展公益型房地产投资信托基金的国家与地区，对于其中所得税的课征，大部分都予以免于征收的税收优惠政策，一方面，使受益者既弱势群体一方能够获得更多的收益，另一方面，也保证 REITs 本身的收益。虽然我国现在还未出现该问题，但可以肯定的是，要完善房地产投资信托基金税收制度，公益型产品的税收优惠是其应有的一部分。

（二）对解决我国房地产投资信托基金税收问题的建议

我国房地产投资信托基金要继续发展，在税收这一块必须放开，鉴于我国目前对于房地产投资信托基金税制方面规定较少，建议不管是通过单独立法的方式还是对现有法律法规进行调整的方式，均应增加相应的税收优惠政策，以促进房地产投资信托基金迸发活力，获得发展动力。

1. 要尽快完善我国的信托税收制度

纵观各国发展房地产投资信托基金的轨迹，只有在税收上开口子，才能使房地产投资信托基金获得能够长足发展的动力。在房地产投资信托基金的税收制度中，其所得税制度显得尤为重要，而要想完善 REITs 的所得税制度，首先就是要完善我国的信托所得税制度。随着我国经济的发展，各类信托产品不断涌现，若是没有一套完善的信托所得税制度对其加以规定，那么在信托所得征税过程中就很容易会出现不合理的重复征税现象，也可能对信托金融产品的发展产生一定影响。我国如今并没有一个标准的房地产投资信托基金，最大的原因就出在"税"的问题上，所以要加紧对 REITs 所得税制度完善，就要先完善我信托所得税制度。

2. 确立受益人负税原则，消除重复征税的税收壁垒

财产权与财产这二者，在房地产投资信托基金中可以相互分离。正如信托一样，在信托中，受托人仅仅是一个导管，为最终受益人传输利益。实际上，房地产投资信托基金作为一个受托机构，仅是资产的名义所有者而非实质所有者，因而 REITs 获得租金收入与增值收入也是暂时的，最终是由投资者，也即是受益人享受到这些收益所得。我国作为大陆法系下的国家，坚持的是"一物一权"原则，这与房地产投资信托基金中存在的"双重所有权"产生矛盾，这种情况下就非常可能产生双重征税的状况。因为房地产投资信托基金在运营上有其特殊性，若适用一般的税收政策，无法避免双重征税的困境。根据实质课税原则，对于名义财产进行转让的行为不应征收相关所得税；同时根据税负无增减原则，受益人通过"导管"而最终承担的税负，也不能因为 REITs 从中介入而增加。

信托导管理论阐明，在房地产投资信托基金的存续期间，基金并不拥有所获得收益的受益权，所以在 REITs 的存续期间对基金的财产进行处分时，受托机构代缴相应的税费之后应把其计入管理费用，在收益中进行扣除，并且由受益人最终承担相应的税负。这也符合实质课税的原则与信托导管理论。

结合我国目前实际情况，建议确立受益人负税原则，由实际受益人负担所得税，既是 REITs 对于已分配给投资者的收益，无需缴纳所得税，由投资者缴纳该部分的所得税即可。

同时，根据信托导管理论，对于增值税的部分，在房地产投资信托基金设立之时进行的财产转移行为，与终止环节中对于同一财产进行再次转移中避免征收两次增值税，建议取消多点征税，保持单点征税，以此防止重复征税。

3. 对公益型房地产投资信托基金制定相应税收优惠政策

在其他国家与地区，会有由政府主导设立的房地产投资信托基金，这种 REITs 的目的在于发展提供社会公共利益，营利性较小。例如香港退出的第一只房地产投资信托基金——"领汇"，就是利用房地产投资信托基金，通过专业的房地产运营管理机构对香港房屋委员会的房地产进行专业管理，开辟了发展公益型 REITs。针对这类公益型房地产投资信托基金，多数国家都给予其更多税收方面的优惠政策，特别是在解决 REITs 双重征税的问题上，再加以更加优惠的所得税政策，以此来引导与鼓励此类房地产投资信托基金的发展，最终促进国家的公益事业。

我国目前正在建设保障性住房，建议可以引入公益型房地产投资信托基金，试点收购与持有廉租房。由于此类的 REITs 的收益率会比较低且受益人一般为社会弱势群体，所以建议在税法中加入对公益型 REITs 的特殊规定。参照日本对于公益型房地产投资信托基金的规定，对其中所得税的征收给予一定的税收优惠，以鼓励发展公益型 REITs。参照日本的公益信托所得税制度，在公益型房地产投资信托基金的设立环节，把投资人（委托人）移转给 REITs 的资金视为公益性捐赠，允许投资人按照我国对于公益性捐赠所得的税前扣除标准进行税前扣除。在房地产投资信托基金持有的环节，为了鼓励更多的 REITs 投身于公益型房地产投资信托基金中，并且基金本身并不是最终受益人，所以建议依据实质课税原则的基础上，对 REITs 在其扣除了分配给受益人之后所获得的收益部分，免除所得税的缴纳，同时减免其中涉及的增值税、印花税、契税等，以鼓励发展公益型的房地产投资信托基金。

4. 增加减税、免税等税收优惠

要想促进房地产投资信托基金的发展，关键的一点在于 REITs 的流动性。为提高流动性，一些国家规定了在房地产投资信托基金中，在基金层面上可以免交印花税，同时在投资者层面，可以免交所得税。

在我国的证券基金投资中规定，对于资金募集时所应缴纳的营业税（现为增值税)、从证券市场获得收入的企业所得税,都予以免征。[1] 对于个人投资者,其投资收入予以免征营业税(现为增值税),其通过买卖基金获得的差价收入暂免征个人所得税;对于非基金机构投资者,其投资收入免征营业税(现为增值税)。以上的规定,在证券基金投资中避免了重复征税(针对企业所得税、增值税部分);对于个人投资者也予以一定的税收优惠以鼓励其进行投资。

在设立阶段涉及重组时,建议针对房地产投资信托基金类项目在重组阶段免征土地增值税。如果能够给予此优惠政策,将积极促使房地产投资信托基金长期稳定持有物业资产,关注已有房地产物业的价值提升。契税部分,建议参考财税〔2012〕4号文的规定,免征重组阶段的契税。

在运营阶段涉及的所得税,建议比照海外房地产投资信托基金经验,对于 REITs 运营阶段的企业所得税和个人所得税进行减免。企业所得税部分,建议参照美国,对 REITs 的收益部分,只针对未分配的收益来征收所得税。如果房地产投资信托基金透过多层公司持有物业资产,建议可比照证券法规定在持有超过一定期间之后予以减税或免税(如规定,在连续持有一年以上的免征,在连续持有一年以下半年以上的,减半征收),或者对多层公司获得的派息收入都给予免税[2],从而明确所得税的税收穿透,实现房地产投资信托基金的导管作用。对于投资者所得税中分红派息收入的部分,建议由房地产投资信托基金代扣代缴10%的所得税。对于投资者所得税中资本利得的部分,建议房地产投资信托基金买卖差价部分的所得税政策能够参照证券投资基金的精神,个人投资者不需要缴纳交易房地产投资信托基金资本利得的个人所得税。[3]

---

〔1〕 《财政部、国家税务总局关于证券投资基金税收问题的通知》。
〔2〕 参照《关于新企业所得税法及其实施条例的宣传口径的通知》的规定:对来自所有非上市企业,以及持有上市公司股份12个月以上取得的股息红利收入,适用免税政策。
〔3〕 《关于开放式证券投资基金有关税收问题的通知》(财税字〔2002〕128号):对个人投资者申购和赎回基金单位取得的差价收入,在对个人买卖股票的差价收入未恢复征收个人所得税以前,暂不征收个人所得税。

最高额抵押物被司法查封后的
新债权法律问题研究

摘　要：对于最高额抵押贷款业务，在办理抵押登记公示之后，法院对最高额抵押物进行了司法查封，债权银行因不知道司法查封行为，银行对贷款进行展期或在贷款额度有效期内再次放款，该等"新债权"是否属于最高额抵押担保范围，现行相关法律规定存在冲突，司法判例大相径庭，理论观点上"查封时点"客观说与"通知抵押权人"主观说在实质上存在较大分歧。根据符合商业交易规则和业务实践操作，主观说更具有司法实践价值和理论上的合理性。为解决该等司法实践难题，建议采主观说制定司法解释以完善法律依据，明确法院查封通知职责以规范操作程序，规定抵押登记机关查封公示及通知的支持责任，以依法保障最高额抵押物被司法查封后的"新债权"安全和商业交易秩序，建构法治文明框架下的司法查封与最高额抵押权保护之法律价值和法律生态。

关键词：最高额抵押　司法查封　展期　新债权

---

*　姚启建，中国政法大学民商经济法学院博士研究生（100088）。

最高额抵押贷款是商业银行为社会经济活动设计和提供的重要信贷产品。商业银行对借款人发放贷款，基于风险的考量，要求借款人提供最高额抵押担保，是一种重要的增信和风险缓释措施。最高额抵押贷款一般具有金额大、期限长等特点，其抵押物多为房产或土地等具有保值增值的财产。商业银行对借款人发放贷款并办理最高额抵押登记公示以后，因抵押人的原因导致抵押物被法院查封的情形所在多有。在这种抵押物被法院查封的情形下，因不属于债权银行知道或应当知道司法查封情况而对贷款进行展期或在贷款额度有效期内再次放款，该等"新债权"（采用"新债权"概括表述，旨在叙说方便，意指贷款展期或在贷款额度有效期内再次放款之新发生债权，并非指原债权消灭后新发生的债权）是否属于最高额抵押担保的范围，商业银行是否享有优先受偿权的问题，在理论上及实践中均存在较大的分歧甚至截然相反的结论。最高人民法院《关于适用〈中华人民共和国担保法〉若干问题的解释》（以下简称《担保法司法解释》）、最高人民法院《关于人民法院民事执行中查封、扣押、冻结财产的规定》（以下简称《查扣冻规定》）以及《中华人民共和国物权法》（以下简称《物权法》）对于前述问题的规定不够清晰、明确甚至存在法律冲突。在理论观点上分野较大，在司法实践中对于相似的案情但是存在截然相反的判例的情形并不少见。因此，对于该等法律问题，非常有必要在理论研究上进行厘清，并根据实践情况，制定相应的法律规则，规范司法查封与最高额抵押权的法律关系。

一、最高额抵押的实践价值及债权确定

（一）最高额抵押的实践价值

最高额抵押系伴随商品经济发展而产生的一项重要担保制度。最高额抵押作为债的担保方式之一种，具有一次性签订合同和办理抵押登记，长期、多次、反复适用为贷款提供担保，效率高、成本低、管理便捷等特点和优势，主要在商业银行信贷业务中大量使用，可加速资金流转，促进经济发展。最高额抵押法律制度能够发挥抵押物的最高担保价值，规范商业交易秩序，实际使用频率较高。在方便商业交易的同时，银行作为债权人，特别关注的是最高额抵押权的安全。

据不完全统计，商业银行发放的抵押贷款中，采用最高抵押的贷款占比在 90% 以上。[1] 随着经济形势和企业经营状况的变化，银行逾期贷款的发生，借款人涉及商业纠纷等因素，抵押物被司法查封的情况并不鲜见。从司法判例观察，最高额抵押物被司法查封后办理贷款展期或在额度有效期内再次放款的，法院判决银行享有抵押权和不享有抵押权的判例均大量存在，这对于保障银行的抵押权实现以及业务开展影响极大，在理论上理清以及实务中如何操作以防控抵押权失却是亟待解决的问题。

在法律上设计最高额抵押担保制度，旨在为担保债务的履行，借款人或者第三人提供抵押物对一定期间内连续发生的债权提供抵押担保，债务人不履行到期债务或者发生当事人违约实现抵押权的情形的，抵押权人有权在最高债权额限度范围内就该担保财产优先受偿。最高额抵押是限额抵押。在借贷双方签订贷款合同和办理抵押登记时，就明确设定了抵押财产担保的债权数额，不论将来实际发生的债权如何增减及数量的多寡，债权人仅能在最高债权限额内享有对抵押财产的优先受偿权。最高额抵押系为将来发生的债权提供担保。在设定最高额抵押权时，不以已存在的债权为基础，而是担保将来发生的债权的抵押权。最高额抵押担保的最高债权限额确定但实际发生债权不确定。在设定最高额抵押时，债权还未实际发生，只是为担保将来债权的履行，抵押权人和抵押人协议确定的一个最高抵押担保额度，在此限额内对实际发生的债权予以担保，但最终实际发生多少债权具有或然性。最高额抵押是对一定期间内连续发生的债权进行担保。在抵押担保期间内，连续发生的债权，在最高债权额的限度内，无论发生多少次单一债权，该等债权均可对抵押财产优先受偿。[2] 鉴于最高额抵押债权的不确定性、或然性，因此最高额抵押的债权确定，包括确定事由和确定时间关乎哪些债权属于担保范围，特别是最高额抵押物被司法查封后的"新债权"是否可以优先受偿至关重要。

（二）最高额抵押权的确定事由

最高额抵押实际上是一种不确定的债权，但符合债权决算事由规则的，抵押权人的债权即确定：约定的债权确定期间届满；未约定债权确定期间或约定不明，抵押权人或抵押人自最高额抵押设立之日起满两年请求确定债权；

---

〔1〕 祝伟荣、徐燕：《银行最高额抵押物被查封的风险防控问题研究——以相关法律的"冲突"与适用为视角》，载《浙江金融》2017 年第 10 期，第 66 页。

〔2〕 胡康生主编：《中华人民共和国物权法释义》，法律出版社 2007 年版，第 442 页。

新债权不可能发生；抵押财产被查封、扣押；债务人、抵押人被宣告破产或撤销以及法定的其他有关情形。在抵押权存续期间，当抵押物被司法查封后，就存在被拍卖或者变卖的可能，进而影响债权人的最高额抵押权的实现。为保障债权人的抵押权，实现优先受偿的目的，稳定担保法律关系，将最高额抵押权从债权数额不确定状态转化的为确定的债权极为重要。实质上就是最高额抵押权从或然状态转化为确定状态的决算事因。司法查封即系最高额抵押权确定的重要且多见的事由。

（三）最高额抵押权的确定时间

1. 最高额抵押权确定时间的法律规则

最高额抵押权的确定时间即自何时归于确定，在民法上被称为"决算期"，即最高额抵押权的实际数额的确定日期。[1] 著名法学家史尚宽先生将其称为"确定时期"，著名法学家王泽鉴先生则将其称为"确定期日"。关于司法查封对于最高额抵押的影响及债权数额和时间的确定，《担保法司法解释》第 81 条、《查扣冻规定》第 27 条和《物权法》第 206 条第 4 项存在规则不清晰、语焉不详甚至冲突之虞。根据《担保法司法解释》第 81 条，最高额抵押权所担保的债权范围，不包括抵押物因财产保全或者执行程序被查封后发生的债权。根据《查扣冻规定》第 27 条，人民法院查封、扣押被执行人设定最高额抵押权的抵押物的，应当通知抵押权人，抵押权人受抵押担保的债权数额自收到人民法院的通知时起不再增加。人民法院虽然没有通知抵押权人，但有证据证明抵押权人知道查封、扣押事实的，受抵押担保的债权数额从其知道时起不再增加。根据《物权法》第 206 条第 4 项，抵押财产被查封、扣押的，抵押权人的债权确定。

2. 最高额抵押权确定时间的法律冲突

《担保法司法解释》第 81 条和《物权法》第 206 条第 4 项，可以被理解为最高额抵押权的确定时间是债权自抵押财产被查封时确定；[2] 但也可能被理解为"财产被查封时"存在"裁定作出时""裁定送达协助执行部门时"以及"裁定送达债权人时"等不同的时间节点。[3]《查扣冻规定》第 27 条被

---

〔1〕　梁慧星、陈华彬编著：《物权法》，法律出版社 1997 年版，第 339 页。

〔2〕　江平主编：《中华人民共和国物权法精解》，中国政法大学出版社 2007 年版，第 226 页。

〔3〕　祝伟荣、徐燕：《银行最高额抵押物被查封的风险防控问题研究——以相关法律的"冲突"与适用为视角》，载《浙江金融》2017 年第 10 期，第 68 页。

理解为最高额抵押权的确定时间是抵押物被查封且通知债权人或债权人应当知道时起。这种分歧可以归纳成客观说和主观说两种观点，债权确定的时间是法院对抵押物采取查封措施之时即为客观说或查封说，债权确定的时间是法院将查封事实通知抵押权人或押权人应当知道查封事实即为主观说或通知说。这两种不同的学说及观点，导致司法实践中法院的裁判差异过大，对于债权人影响极大，进而导致商业银行叙作最高额抵押贷款业务时难以适从以及可能承担较大的风险。当最高额抵押物被司法查封以后，商业银行与借款人双方根据需求发生贷款展期、贷款额度有效期再次放款等业务，对于最高额债权的确定时间的认定，对债权人而言兹事体大，同样对于查封申请人来说也存在极大的影响。鉴此，对于该等问题的研究及明晰，不仅系司法实务和商业活动所需，在理论上也是个重要的问题。

二、贷款额度有效期内新发生债权的优先受偿权问题

最高额抵押物被司法查封后，贷款额度有效期内新发生债权享有优先受偿权的问题，在理论研究、司法实践和商业交易中均存在较大分歧。在银行信贷业务中，为提高操作效率，采用额度授信的形式比较多见，即银行对借款人及担保人予以一次评估，授予借款人相应的借款额度，给予一定期间通常是一年的提款有效期，在该等期间及额度有效期内，借款人可以一次或分次提款。采用额度授信的方式，可提高办事效率，还可节省借款人的实际利息支出成本，借款人可根据实际需求申请出账，减少利息负担。因此，银行对于企业特别是大中型企业的授信，基本系采用额度授信为主。但是额度授信之于分次出账情况，在签订贷款合同及办理最高额抵押登记，在首次出账之后，可能发生抵押人原因导致最高额抵押物被第三人申请法院查封的可能性，而不属于抵押权银行知道或应当知道该等查封情形，给予借款人再次放款，该查封之后的放款金额是否仍然属于最高额抵押担保的范围，在理论和实务中均存在极大争议。

从现行法律规定来看，《担保法司法解释》第81条与《物权法》第206条第4项之规定较为近似，其法律精神实质相差无几，根据文义性理解，可以解释为抵押权确定的时间点应为法院查封抵押物行为发生之时。该种解释在学说被学者称为客观说或查封说，著名法学家江平先生、台湾中正大学王志诚、江苏高级法院段晓娟等持该种观点。《查扣冻规定》第27条之规定与《担保法司法解释》第81条与《物权法》第206条第4项之规定不同，且逻辑非常清晰，标准非常明确，抵押权确定的时间点应为法院查封抵押物通知债权人时或虽抵押权人未收到法院查封通知但有证据证明抵押权人知道查封事实之时，该种规定在学说上被学者称为主观说或通知说，清华大学崔建远教授、新加坡管理大学张巍教授、大兴区法院王赫等持该种观点。

（一）客观说的理论分析及判例研究

1. 客观说的理论分析

在理论研究上，学者采用客观说的一般理由可以归纳为以下几个方面。

一是法律冲突的适用规则。当法律存在冲突时的适用规则有：上位法优于下位法、新法优于旧法等。从法律效力位阶上讲，就《物权法》与《查扣冻规定》来说，《物权法》是全国人民代表大会制定的"法律"系上位法，《查扣冻规定》是最高人民法院制定的"司法解释"系下位法；且《物权法》后于《查扣冻规定》颁布，应适用新法《物权法》。因此应采《物权法》第206条第4项之规定，抵押权自查封时确定。

二是指导性规范的适用。《查扣冻规定》第27条采用"应当"语词，系指导性规范而不是强制性规范，意在避免抵押权人、抵押人及查封申请人因法律规定的不明晰而引发纷争，并借此确定最高额抵押权担保的债权数额，以期达到良好的社会及法律效果。

三是抵押权人审查抵押物状况的分配义务。基于商业银行应当"了解你的客户""了解你的客户的业务"的原则，商业银行在放款之前，应当尽到对抵押物状况的合理审查义务，将查询抵押物是否被司法查封的义务分配给抵押权人，系商业银行应当对借款人、担保人及担保物进行严格审查的注意义务。

四是司法查封的强制效力。司法查封具有强制效力，将抵押财产置于法院的控制范围，抵押人与抵押权人均对抵押物的控制力和影响力显著降低。因司法查封，抵押物与抵押债权之间的直接联系被阻隔，故最高额抵押自司法查封时债权确定。[1]

2. 客观说的判例研究

认为债权确定的时间应以法院对抵押物采取查封措施之时确定，根据已有司法判例归类研究，存在以下几类比较有代表性的判决理由。浙江高院（2015）浙民申字第213号民事裁定书认为，《物权法》第206条第4项规定明确具体，物权的基本原则就是物权法定，物权的种类、范围、标的均由法

---

〔1〕 高圣平：《物权法与担保法：对比分析与适用》，人民法院出版社2010年版，第281页。

律规定而不能随意创设，既然《物权法》已明确规定了物权的范围，则应当适用《物权法》。吉林高院（2016）吉民申字第 96 号民事裁定书认为，《查扣冻规定》与《物权法》存在冲突，根据上位法优于下位法、新法优于旧法的法律适用规则，应当适用《物权法》。温州中院（2014）浙温商终字第 1657 号民事判决书认为，《中华人民共和国商业银行法》规定商业银行应当严格审查借款人、担保人的资信。最高额抵押物被查封，债权即确定，不以抵押权人是否收到查封通知为前提。

3. 客观说理论与判例存在的缺陷

客观说在理论与判例上，均采用查封时即债权确定的观点。此等观点的主要依据就是机械的语义解释《物权法》及《担保法司法解释》的法条，固执的理解法律冲突的适用规则，最重要的缺陷在于没有去探究和理解法条之于现实经济活动的实践操作的可能性。法律适用必须使法律规则与事理相符、法律事实与法律规范相符。以查封为债权确定的时点，与最高额抵押担保的商业交易习惯不符，不论抵押权人知道或推定应当知道，加大了抵押权人的义务，使得最高额抵押权人的债权遭受风险之虞，不利于债权保护，客观说缺乏现实操作性，实为不客观。《物权法》和《担保法司法解释》关于查封后债权不再增加的规定，应解释为查封确定的事由，而非查封确定的准确时间。

客观说在理论上难以达成一致或相近的观点，更遑论某种观点成为通说，对于司法实践的指导价值不确定。客观说在立法技术上难以适从，查封时点为最高额债权确定的时点，查封是指法院作出查封司法文书时、张贴封条时还是通知债权人时，可能存在不同的理解。客观说在实践操作上存在困难，债权人不知道或推定应当知道司法查封事实，如何作出相应的法律行为。因此，客观说在理论和司法实践上均存在较大的缺陷。

（二）主观说的理论分析及判例研究

1. 主观说的理论分析

最高额抵押物被司法查封，因不属于债权银行知道或应当知道查封行为，不应发生最高额抵押权确定的法律效力。从理论来说，采主观说的主要理由有以下几个视角。

一是主观说符合实践状况。从哲学上来说，理论指导实践，理论也要符合实践的检验。实践是检验真理的唯一标准。民商事法律系应用法学，相关的法律理论研究和法律规则的制定均应符合实践，不可脱离实践而空洞研究理论以及更不可制定与实践脱节或矛盾的法律规定。主观说以抵押权人知道或应当知道查封事实为时间点以确定最高额抵押债权，符合抵押的实际操作状况，符合商事交易习惯，符合设定最高额抵押系担保债权安全的抵押制度的法律本旨。若因司法查封而损害最高额担保债权，即会导致商业银行出于债权安全的考量而不采用最高额抵押，致使最高额抵押制度失去价值。若采客观说，则宽宥了司法机关和抵押登记机关查封时的通知义务，加大了商业银行的风险可能性，在查封通知义务的分配上也不合理。

二是主观说体现法律的公平价值。从客观说来讲，不属于抵押权人知道或应当知道被查封而叙作正常的抵押贷款业务但得不到最高额担保保障，有失法律的公平。从司法查封这一法律行为来讲，需具备司法机关查封的行为和通知抵押权人查封事实的行为，才算规范的、完整的完成了对最高额抵押物的查封。公权力的行使对私权利造成了限制，而私权利不知道限制的存在，此种限制的拘束力如何发生则存在问题。对最高额抵押物的查封，即是对抵押权人享有的最高额抵押权的限制，应以抵押权人知道或应当知道为必要条件才可彰显法律的公平价值。

三是主观说查封予以通知的必要性。司法机关查封抵押物时，不论是司法机关予以通知，抑或抵押登记机关予以通知，均需通知抵押权人，在抵押权人知道或应当知道时，最高额抵押权进入决算期，自此抵押权金额不再增加。若抵押权人不知道或无证据证明其应当知道，将核实查封与否的义务分配给抵押权人，实则加重了抵押权人的负担且无充分的法律理据。此外，从抵押权的善意取得的角度，在抵押权人不知情的情况，抵押权人仍将可能取得抵押权，这与客观说也存在矛盾。

四是主观说系对法律冲突及客观说缺陷的修正。因《担保法司法解释》第81条、《查扣冻规定》第27条和《物权法》第206条第4项存在法律冲突，更因《担保法司法解释》第81条和《物权法》第206条第4项之规定过于原则而留下了任意解释的空间，导致理论上的纷争和司法实践的凌乱。《担保法司法解释》和《物权法》的规定，可认为系查封事由而非查封时点，系对实体性权利作出规定而非程序性规定，在《担保法司法解释》和《物权法》没有明确规则的前提下，《查扣冻规定》则较为具体，按照《查扣冻规定》执行，较好地解决了前述法律冲突和修改了客观说的缺陷。

2. 主观说的判例研究

对于主观说，从司法判例观察，主要存在以下几种类型的判决理由。龙岩中院（2015）岩民撤字第4号民事判决书认为，最高额抵押系一次抵押、多次放款，无需在每次出账前核实抵押物是否查封的状态，此为提高交易效率的基本要求。

山东高院（2015）鲁商终字第154号民事判决书认为，《查扣冻规定》关于抵押权的债权确定作出了具体的规定，且仍然有效，而《物权法》比较笼统和原则。

湖北高院（2013）鄂民监三再终字第00046号民事判决是认为，《担保法司法解释》和《物权法》在实体上限定了最高额抵押担保的债权范围，《查扣冻规定》在程序上明确了法院的通知义务，同时明确了抵押权人在不知道查封情形下依然享有抵押权。萧山区法院（2011）杭萧商初字第3196号民事判决书认为，《担保法司法解释》仅规定查封系债权特定化的事由，而没有规定债权人不知道查封对最高额抵押权的影响。《查扣冻规定》明确了通知之效力，系对《担保法司法解释》的细化和具体化。

（三）客观说与主观说的利益衡平和价值取向

最高额抵押需要衡平抵押人、抵押权人和查封申请人等各方民事主体的权益，均衡地保护各方权益，同时司法机关和抵押登记机关也具有相应的通知义务，在这几个方面得到平衡的状态下，才能实现最高额抵押法律制度的价值。

最高额抵押的本旨是为保护债权人利益而创设的法律制度，因此保障最高额抵押权人的抵押债权系最本源的价值追求。抵押之目的在于保障债权的实现，系对债务人的一种增信。抵押权系担保物权，属于绝对权和对世权，物权法定系物权法的最基本原则。《物权法》并未规定抵押权人不知道查封而最高额抵押担保进入决算期而债权特定化并在此期间放款但不能享有抵押权，若以查封为最高额抵押权决算时点，则有悖于抵押权的初衷和物权的绝对属性，同时也加重了抵押权人的负担和风险，在实践中也缺乏可操作性。最高额抵押已经抵押登记，具有公示公信的物权效力，无论登记对抗主义还是登记生效主义，其最高额抵押优先受偿的权利不被任意剥夺，此乃维护交易安全和保障交易秩序之需要。

司法查封的目的在于临时性控制被执行人的财产，限制被查封财产被处分，以保障被执行人履行生效法律文书确定的义务。司法查封对财产的控制不被处分的行为，并不改变财产上已登记公示而负担的因抵押而优先受偿的权利。但是，对于查封申请执行人而言，抵押债权范围的确定对其申请执行财产才构成较为明确的预期。若优先受偿的范围不能确定，则申请执行的债权就不能得到清偿。[1]

司法查封系公权力的行使，可能限制或影响私权利，因此查封行为应当为被影响私权利的民事主体所知悉，若不知悉则不能遵法而行。因此，司法查封时司法机关以及抵押登记机关的通知行为应为法定义务。既为通知，即系谁作出谁通知，通知义务应分配给查封的司法机关及抵押登记机关。抵押权人系被动接受通知，对于查封事实的主动了解并非法定义务。因此当不属于抵押权人知道或应当知道时，不应承担查封后出款的不利后果。

基于抵押法律制度的基本价值，维护交易安全，保障抵押债权的实现，司法查封通知义务分配给司法机关及抵押登记机关的合理性，虽然客观说与主观说均各有优势与不足，但就两种学说比较而言，主观说更具有优势。[2]法律价值的平衡和民事主体利益的均衡保护以及实践的可操作性，主观说更具法律理性和实践中的可操作性。

三、贷款展期之债权的优先受偿权问题

最高额抵押物被司法查封后，贷款展期之债权是否属于最高额担保范围而优先受偿的问题，在理论和司法判例上仍然存在不同的观点。借贷双方签订贷款合同、办理最高额抵押登记以后，银行履行放款行为，抵押贷款至此完成。在贷款合同履行期间，贷款期限还未届满前，在因借款人或抵押人与第三人的纠纷原因导致抵押物被第三人申请法院查封的情形下，但借款人具有按照合同约定分期还款的能力，而贷款到期一次性偿还剩余贷款本息的能力不足，由此有贷款展期即延长贷款期限的需求；对于银行而言，贷款到期后，处置被他人申请法院查封的抵押物的不良贷款，按照《查扣冻规定》应由首封法院处置的相关规定，实际处置的难度较大以及处置时间较长，由此承担的不良贷款化解压力较大，因此也有对贷款展期的需求。因借贷双方合意，对贷款进行展期的情况较为普遍。

（一）贷款展期之抵押权的理论分析

贷款展期是在贷款的本金、计息方式等主要债权债务内容不变的情况下，

---

〔1〕 崔建远：《最高额抵押权的争议问题及其解决》，载《国家检察官学院学报》2017 年第 4 期，第 19 页。

〔2〕 韩煦：《最高额抵押债权确定时间点的判定——以抵押物被查封、扣押为基点》，载《上海商学院学报》2018 年第 4 期，第 83 页。

原债权并未消灭或发生根本性的变化，没有加重债务人的负担，借贷双方仅变更合同的还款期限。根据中国人民银行颁布的《贷款通则》第 12 条、《中华人民共和国合同法》第 77 条和第 209 条以及《个人贷款管理暂行办法》和《流动资金贷款管理暂行办法》等有关规定，贷款展期是指贷款合同未到期前，借款人存在不能按时偿还借款的可能性，经借贷双方协商一致，同意延长原借款合同的借款履行期限的行为。贷款展期是对原债权债务关系的延续，并未发生新的债权债务关系，只是对原借款合同的履行期间进行了变更，并未改变原合同的实质性权利义务关系，对于抵押贷款而言，无需办理抵押变更登记。但也存在这样理解的可能性，借款履行期间属于合同的主要内容，履行期间的变更及属于合同重大内容变更，至于抵押贷款而言即应办理抵押变更登记。对于办理抵押变更登记，则存在两个问题，一是抵押物被法院查封的，依据《物权法》第 184 条，被依法查封、扣押、监管的财产不得抵押，依据《物权法》第 206 条第 4 项，抵押财产被查封、扣押的，抵押权人的债权确定，不能办理抵押权的变更登记，即使办理抵押权变更登记的也属无效。此外，从办理抵押登记的实际操作来看，《不动产登记暂行条例实施细则》第 68 条规定，贷款展期属于债务履行期限变更，当事人应当持不动产权属证书、不动产登记证明、抵押权变更登记等必要材料，申请抵押权变更登记。但是，就目前所知，我国只有太原、大连、重庆等极少数城市予以办理抵押权变更登记，绝大多数城市没有抵押变更登记业务。这就造成了理论与实践、法律规定与实务操作的冲突和脱节。

（二）贷款展期之抵押权的判例研究

第一，贷款展期没有办理抵押变更登记的，抵押权是否继续有效？从检索司法判例观察，判决认为贷款展期并未发生新的债权债务，原抵押权并未消灭，贷款展期后原来的抵押权继续有效，此类判例占据主流和多数。

最高人民法院（2014）民申字第 629 号泉州清源房地产公司、王德利与王瑞德与工商银行泉州洛江支行、林一菱借款合同纠纷案，最高法院审理认为，虽然三方当事人签订过《委托贷款展期协议》，约定将该贷款期限向后延长 3 个月，但展期协议并未发生新的债权债务关系，所以展期后的债权仍然属于《最高额抵押合同》担保的范围。上海市高级人民法院（2016）沪民初字第 7 号长城资产公司北京办事处与上海中油天宝钢管有限公司、上海中油天宝巴圣钢管有限公司等借款合同纠纷案，上海高院审理认为，《盛京银行最高额抵押合同》项下的抵押权登记证书记载了担保债权发生期间，涉案贷款展期后的贷款到期日虽然超过了前述期间，但是《展期合同》是对原《借款合同》的部分条款的变更，展期后的贷款本息与贷款展期之前债权为同一债权，并未创设新的债权，所以展期没有办理抵押权的变更登记手续，不影响抵押权的效力。连云港市中级人民法院（2013）连商初字第 0165 号交通银行连云港分行与王丽娟、王永强等借款合同纠纷案，连云港中院审理认为，《展期合同》约定该合同系原借款合同、保证合同、抵押合同的补充，只是在借款金额、利息和还款时间上作了变更，该《展期合同》并不是新的合同。沈阳市沈北新区人民法院（2017）辽 0113 民初字第 946 号锦州银行沈北支行与沈阳恒宇玻璃有限公司、郭倩、郭世忠、裴著恒借款合同纠纷案，法院审理认为，借款展期合同签订后，抵押土地虽然没有办理抵押权的变更登记手续，但展期合同并没有发生新的债权债务关系，展期后的债权仍然属于原抵押合同约定担保的范围。物权登记部门在他项权证上登记的期限对担保物权的存续不具有法律效力。

第二，认为贷款展期，原主债权消灭、从债权也消灭，贷款展期形成新的债权债务关系，因此原抵押权归于消灭，这样的判例已然存在，即便该种判例非常少见。贵州省高级人民法院（2015）黔高民申字第 100 号遵义县农村信用合作社与遵义县双龙水泥厂破产确权纠纷案，贵州高院审理认为，遵义县信用社与双龙水泥厂在贷款到期前一日签订了贷款展期协议，该展期协议对贷款期限作出了变更，该变更应视为对原借款合同的变更，遵义县信用社与双龙水泥厂之间形成了新的债权债务法律关系，原债权债务消灭，而抵押合同系原借款合同的从合同，主债权消灭，从债权也消灭，依据《中华人民共和国担保法》第 52 条的规定，抵押权与其担保的债权同时存在，债权消灭，抵押权也消灭，原审未确认其抵押优先受偿权并无不当。

第三，贷款展期之债权的担保范围问题。虽然在理论及司法判例上的主流观点是贷款展期之债权在最高额抵押物被司法查封后仍享优先受偿权，但对于优先受偿的债权范围即本金、利息、罚息、复利等最高额担保债权范围在理论和实践中均未得到应有的重视。关于司法查封对于贷款展期后原抵押权是否继续有效的问题，虽然法院的司法判例存在不同甚至相反的判决，但是，从理论逻辑上梳理，以及从抵押贷款的金融实务来说，司法查封并不影响贷款展期后的抵押权的效力，理论原由在于，贷款展期只是原贷款期限的延长，债权债务主体、贷款本金等主要合同事项均未发生变更，并未创设新的合同法律关系，因此展期后的贷款债权仍然属于原抵押合同的担保范围。

不过，参照《担保法司法解释》第 30 条规定，保证期间，债权人与债务人对主合同数量、价款、币种、利息等内容作了变动，未经保证人同意的，如果减轻债务人债务的，保证人仍应对变更后的合同承担保证责任；如果加重债务人债务的，保证人对加重部分不承担保证责任。对于贷款展期，延长原贷款期限，利息就会随之增加，实质上就加重了担保人承担的利息总金额，属于加重债务人债务。因此，对于司法查封后的贷款展期，最高额抵押法律关系仍然有效，但抵押担保的范围不应包含展期后新发生的贷款利息才为合理。

在最高额担保中，要依法保护法律合理信赖的后顺位抵押权人的权利。[1] 若担保范围不仅及于本金债权，还包括利息、罚息、复利等附随债权，偿债时间不确定的情况下，附随债权的总额则无法确定。过分保护了在先顺位债权人的利益，在该等债权人怠于行使债权时、债务人未清偿债务或法院未强制执行拍卖、变卖财产偿债的，在先债权持续增加，在后顺位抵押权受偿范围持续减少，直接导致在后顺位债权人以及一般抵押权人的利益减损。故此合理限制贷款展期行为中最高额抵押权的范围，方可公平对待不同顺位债权人利益。

四、最高额抵押物被司法查封后新债权保护的对策与建议

基于现实问题出发，立足规范有序的司法解决范式，强调法律的规范性和程序性，力求找到解决问题的方法，以期在理论研究、法律规则制定和司法实践操作上至少不发生冲突。

（一）关于制定司法解释的建议

抵押系商业银行发放贷款极其重要的增信和风险控制措施，抵押物是重要的第二还款来源，从商业银行不良贷款清收的实践经验来说，不良贷款的回收在很大程度上取决于抵押物的价值，这以债权属于抵押范围而可优先受偿为前提。在商业银行普遍采用的最高额抵押行为中，若最高额抵押物被司法查封后的"新债权"不属于最高额抵押的担保范围，则导致银行贷款和抵押权存在根本性的法律风险，进而导致商业银行对最高额抵押法律制度的合理担忧而不敢、不愿采用。若以主观说肯任商业银行对最高额抵押物被司法查封后新"新债权"可优先受偿，则在实践中通过法律制度来鼓励商业银行开展该种业务。因此，需要在理论、法律规则制定和商业实践中找到一种平

〔1〕 魏星、丁晓雨：《最高额抵押担保中"最高额"的司法认定——基于 136 份案例的实证分析》，载《天津法学》2018 年第 3 期，第 53 页。

衡。以查封时点为最高额债权确定时点的客观说，在商业活动中存在巨大的操作困难，在理论也存在分歧和缺陷，而以债权人知道或应当知道司法查封为最高额债权确定时点的主观说，在实践操作上可行，在理论上标准明确。彰显法律的权威性和规则的统一性，避免实务操作的差异和自由空间过大，导致同一规则执行结果的异化过大，在立法机关没有立法之前，通过最高人民法院采主观说制定司法解释的形式是解决问题的可行之道。当然最优解决之道则是采主观说予以修法。

由于《担保法司法解释》第 81 条、《物权法》第 206 条第 4 项与《查扣冻规定》第 27 条对查封时点的规定不统一，《担保法司法解释》第 81 条和《物权法》第 206 条第 4 项的规定过于原则，在司法实践中不同人员理解的差异，导致同案不同判、类案不同判的现象并不少见。因此，欲规范司法实践操作，先要统一法律裁判规则。厘清《担保法司法解释》第 81 条、《物权法》第 206 条第 4 项与《查扣冻规定》第 27 条对查封时点规则；对《担保法司法解释》第 81 条和《物权法》第 206 条第 4 项的规定进行细化使之具有可操作性，避免理解上的偏差。从平衡抵押权人、查封申请人、抵押人等不同民事主体的权益的视点，查封时点以抵押权人知道或应当知道更为符合实际，因此在学说上采主观说更为可行。最高人民法院采主观说以司法解释的形式对查封时间点予以规范和统一系目前较为可行的方式。

（二）关于完善实践操作的建议

1. 司法机关应严格履行查封最高额抵押物对债权人的通知义务

司法机关对最高额抵押物予以查封通知债权人的，债权人知悉查封事实，即可作出合理的判断和决定并承担相应的法律后果。该种通知行为具有重要的法律意义。鉴于司法查封行为系由法院作出，因此将该种通知职责分配给法院具有合理性。

就当前实际情况观察，司法查封最高额抵押物时，通知债权人的较为鲜见，其原因多样：缺乏抵押权人联系方式、通知方式不够便捷等，最为主要的还是法律没有规定司法机关查封时强制通知的义务。《日本民法典》第 398 条以及我国台湾地区"民法"第 881 条等相关规定，以保护抵押权人为出发点，专门规定法院应当通知抵押权人的查封事实。但在我国的司法实务中，大多数法院查封后并不通知抵押权人。[1] 因此，解决通知问题的根本途径是要制定法律规则，明确司法机关的法定通知义务。谁查封谁通知，应该成为司法查封通知的原则。司法系解决民事纷争的公权力的运用，司法为民应为司法机关的价值追求。

2. 抵押登记机关应做好司法查封最高额抵押物的支持责任

抵押登记是最高额担保公示的必要行为，无论登记生效主义抑或登记对抗主义，登记既是保障债权人的抵押权，也是他人知悉抵押与否的途径。抵押登记机关在最高额抵押担保业务中具有不可或缺的关键作用，理应承担做好司法机关查封抵押物以及通知抵押权人等支持责任。

畅通通知途径系履行通知职责的关键要素。抵押登记机关在办理抵押登记时，应收集抵押权人的相关信息以用于通知。同时，抵押登记机关要利用新兴信息技术，及时将司法查封信息送达抵押权人。加强信息科技系统建设，抵押登记机关可与抵押权人商业银行进行系统的对接，在抵押物被司法查封后，系统会自动传输到银行并提示查封情况，在系统自动向商业银行提示查封信息之时，及视为抵押权人知道或应当知道查封，自此最高额抵押进入决算期。抵押登记机关可以开发查封在线查询功能，抵押权人可以在线实时查询，提高抵押权人动态掌握查封情况的便捷途径。司法机关在查封时，可以开通短信通知功能，抵押权人能够及时获得查封信息以便采取相应控制措施。

3. 商业银行应做好放款前的抵押物查封情形的查询

商业银行作为最高额抵押的债权人，在放款前自行查询及确认最高额抵押物是否被司法查封，是其应当、可行、主动的权利自我保护和抵押权失却风险的排除方法。商业银行降低司法查封后放款而失却抵押权的风险，首先要提升银行自身的风险防控意识以及技术。传统、简单等方法就是每一笔贷款发放前先行查询最高额抵押物的司法查封情况。虽然此方法仍然不能完全排除风险的可能性。若不是实时在线查询，在登记机关查询后与放款存在时间差，就是在此很短的时间差内存在被司法查封的可能性。就目前而言，该等方法虽稍显不经济，但也不失为一种可行的办法。

司法查封对于债权人的最高额抵押权存在较大的影响，理论上存在争论，

---

〔1〕 曹淑伟、张新文、李鼹:《最高额抵押债权确定规则之反思与优化——以查封、扣押抵押财产为视角》，载《法院改革与民商事审判问题研究——全国法院第29届学术讨论会获奖论文集（下）》，2018年，第890页。

法律规定上存在冲突，司法判决存在矛盾判例，导致最高额债权保护存在较大风险。为解决该等问题，建议采主观说制定司法解释进行明确，统一法律规则，规范司法裁判尺度，规范查封最高额抵押物的法院通知职责，完善抵押登记机关的支持责任的配套机制建设，以构建和完善司法查封与最高额抵押权保护之法律价值和法律生态。

国际法研究

临时措施在国际海洋环境争端解决中的适用
——理论建构及其实践运用

刘思竹 *

摘　要：《联合国海洋法公约》第 290 条规定了临时措施，防止对海洋环境的严重损害是国际海洋法庭作出临时措施决定的关键因素之一。法庭在保护海洋环境中具有重要的价值且发挥着不可替代的作用，其所受理的临时措施案件绝大部分都与海洋环境相关。通过梳理已有的与涉海环境相关的临时措施，可以发现环境因素在诉求中居于不同的位置，法庭对不同类型的环境问题也会持不同的态度。通过具体案件的比较分析也可以进一步探究国际环境法原则在临时措施适用中的地位与作用。我国在国际海洋环境争端中积极稳妥地主张适用临时措施这一程序性保障，有助于进一步实现和维护我国海洋权益。

关键词：海洋环境　临时措施　国际海洋法法庭　国际环境法

---

* 刘思竹，中国政法大学国际法学院博士研究生（100088）。

一、问题的提出

临时措施在国际海洋法法庭的司法实践中占据着十分重要的地位，其与迅速释放程序一同作为海洋争端解决的特殊程序，分别被规定于《联合国海洋法公约》（以下简称《公约》）第 290 条和第 292 条中。截至今日，国际海洋法法庭的 27 起案件中共有 11 起包含临时措施的请求。国际海洋法法庭的判例似乎表明法庭热衷于规定临时措施的强烈意愿。[1] 根据《国际法院规约》41 条的规定，临时措施的主要目的是在法院作出最终判决之前保全争端各方的各自权利，以确保其判决和司法职能的有效性。然而，国际海洋法法庭临时措施的目的不限于此。《公约》第 290 条第 1 款明确规定将防止对海洋环境的严重损害纳入规定临时措施的目的之中。通过将海洋环境保护作为临时措施的理由，这一规定被认为是对有关海洋环境公共利益的保护与执行的明确文本表述。对海洋环境的关切随之成为临时措施请求的主要目的之一，国际海洋法法庭规定临时措施的案件也或多或少都与海洋环境保护这一主题密切相关。但问题随之而来，国际海洋法法庭的临时措施是否以及在多大程度上可以响应对海洋环境的保护？有关海洋环境因素的诉求都包括哪些类型？而不同类型的争端案件又在临时措施的具体规定和对海洋环境的保护中起到了什么样的作用？在海洋环境问题日益凸显的今天，这些问题的提出对处理相关的涉海环境争端具有深刻意义。国际海洋法法庭作为处理涉海环境案件最多的司法机构，其不仅在案件审理中表现了对海洋环境的充分关注，而且争端当事方也倾向于将涉及海洋环境问题等争端提交至国际海洋法法庭进行审理。[2] 对已有的国际海洋法法庭有关涉海环境的临时措施司法实践的研究无疑有利于对涉海环境争端问题的深刻理解，有助于区分法庭对不同类型的海洋环境争端的态度，对我国日后有关海洋环境的保护和有效地参与国际司法实践具有重大的借鉴意义。

二、国际海洋司法框架下的临时措施：制度基础及其特殊性

（一）临时措施作为程序性制度

国际海洋法法庭的临时措施被规定于《公约》第十五部分"导致有拘束

---

〔1〕 Yoshifumi Tanaka, "Provisional Measures Prescribed by ITLOS and Marine Environmental Protection", 108 *AM. SOC'Y INT'L L. PROC.* 365, 365, (2014).

〔2〕 蒋小翼：《〈联合国海洋法公约〉涉海环境争端解决程序之比较分析》，载《边界与海洋研究》2018 年第 2 期，第 79~81 页。

力裁判的强制性程序"一节，具有"不经他方同意，便可单方提起"的运行机理。然而，临时措施并非《公约》下的独创程序，其早已出现并广泛应用于国际法院的司法实践中。[1][2] 劳伦斯·科林（Lawrence Collins）曾描述法庭规定临时措施的权力是源于《国际法院规约》第 38 条（1）（c）所述的一般法律原则。[3]《国际法院规约》第 41 条也对其有着明确的规定，这也在一定程度上影响了《公约》第 290 条关于临时措施的表述，其中第 1~4 款就被广泛认为是国际法院的法律和实践的汇编或重述。[4] 但《公约》的规定也有其创新之处，最引人注目的便是在请求临时措施的原因中加入了"防止对海洋环境的严重损害"。可以说，海洋环境的保护在海洋法中占据着十分重要的地位，《公约》用整个第十二部分来规定了海洋环境的保护，以此作为请求临时措施原因再次体现了法庭对海洋环境的相当重视。另外一点创新在于第290 条第 6 款，"争端各方应迅速遵从根据本条所规定的任何临时措施"，其不仅赋予了临时措施的命令拘束力，同时保证命令的执行具有迅速性的特点。该项规定的颁布可追溯至国际法院 2001 年的"拉格朗案"，尽管在该案中让当事方立即遵从临时措施的规定显得含混不清，但法院在之后的判决中明确指出"临时措施的命令不仅是劝告，它具有拘束力，对美国产生了法律义务"[5]。

《公约》中规定的临时措施是典型的附带程序，目的是确保最终的判决可以有效地解决争端。这一点也令其在本质上区别于迅速释放程序。因为临时措施规定于《国际海洋法法庭规则》C 节"附带程序"的第一分节中，而迅速释放程序处于 E 节，其并非诉讼程序的一个部分，而是一个独立程序。[6]

---

[1] 关于国际法院临时措施的相关实践可参考 H. W. A. Thirlway, "The Indication of Provisional Measures by the International Court of Justice", *Interim Measures Indicated by International Courts* 1–36（Rudolf Bernhardt ed., Springer 1994）.

[2] 《国际法院规约》第 41 条：①法院如认为情形有必要时，有权指示当事国应行遵守以保全彼此权利之临时办法。②在终局判决前，应将此项指示办法立即通知各当事国及安全理事会。

[3] L. Collins, *Provisional and Protective Measures in International Litigation* 234（Recueil des Cours, 1992）.

[4] Shabtai Rosenne, *Provisional Measures in International Law*, Oxford University Press, 2005, p. 46.

[5] LaGrand Case（Germany v. United States）, Judgment of 27 June 2001, ICJ Reports 2001, para. 109–110.

[6] 高健军：《〈联合国海洋法公约〉争端解决机制研究》（修订版），中国政法大学出版社 2014年版，第 203 页。

临时措施作为特殊的程序措施是附带于实体程序下，所以在现实中往往存在原告请求规定临时措施时，法院或法庭尚未确立对案件实体问题的管辖权的情形。为了使法院或法庭能够有效规定临时措施，便逐步发展出了所谓的"初步管辖权"（*prima facie* jurisdiction）的概念。在初步管辖权判定之后，仲裁庭并不会受到海洋法法庭的限制，它同样可以决定不具备对实体问题的管辖权。[1] 而初步管辖权在《国际法院规约》和《国际法院规则》中并无明文规定，其标准是在国际法院的判例中逐步发展出来的，仅仅是宽泛且较低的门槛。[2] 也即，国际法院所确立的初步管辖权的标准包括两个方面：存在建立管辖权的可能的依据和缺乏管辖权的情况不明显。[3]

近年来，国际海洋法法庭的管辖权存在着明显的扩张趋势，体现在属物和属人两个方面。[4] 就临时措施的司法实践来说，其初步管辖权基本沿袭了国际法院所确立的标准。国际海洋法法庭在处理其第一个临时措施的请求——"赛加号"案（临时措施）时就体现了法庭对初步管辖权的原则和立场。就争议事项，法庭仅对原告圣文森特和格林纳丁斯的诉讼主张予以关注，认为请求涉及《公约》第 58 条所规定的专属经济区的航行自由，是有关沿海国主权权利的争端，应诉诸强制争端解决程序。反之，对于被告几内亚的反对主张，其认为该请求事关《公约》第 297 条第 3 款（a）项调整的渔业争端，法庭几乎没有理睬。[5] 此外，就其他请求事项，国际海洋法法庭不仅采纳了原告的部分请求，甚至又超出请求事项范围规定几内亚的司法部门不得对"赛加号"的船东或运营者采取司法或行政措施。[6] 尽管几内亚并未对船东或运营者采取这类行动。法庭这一举措被认为是过度行使自由裁量权，这

---

〔1〕 *The Rules of the International Tribunal for the Law of the Sea: A Commentary* 250 (P. Chandrasekhara Rao and Ph. Gautier ed., Martinus Nijhoff Publishers 2006). 代表案例为南方蓝鳍金枪鱼案，海洋法法庭在宣布了初步管辖权后，仲裁庭却决定其对实体问题不具备管辖权。

〔2〕 如国际法院 1972 英国诉冰岛的渔业管辖权案，1974 年核试验案等，1979 年外交与领事案等。参见 Shabtai Rosenne, *The Law and Practice of The International Court* 1920-1996, 319 (45 Martinus Nijhoff Publishers 1997).

〔3〕 高健军：《〈联合国海洋法公约〉争端解决机制研究》（修订版），中国政法大学出版社 2014 年版，第 212 页。

〔4〕 丁洁琼、张丽娜：《国际海洋法法庭管辖权发展趋势审视与探究》，载《太平洋学报》2017 年第 6 期，第 44~45 页。

〔5〕 The M/V "SAIGA" Case (Saint Vincent and the Grenadines v. Guinea), Judgment of 1 July 1999, para. 29-30.

〔6〕 Ibid, para. 52 (1).

在其他法官看来是极其危险的，将会导致裁决的随意性。[1]

此外，规定临时措施的决定取决于难以弥补的损害的危险（irreparable damage）情况紧急（urgency）。[2] 关于"难以弥补的损害的危险"的相关表述来自于《国际海洋法法庭规则》第 89 条第 3 款，该规定对请求法庭规定临时措施的情况都适用。情况紧急的要求是临时措施制度固有的组成部分。[3] 但值得注意的是，根据《公约》第 290 条的规定，第 1 款中并未出现"情况紧急"，在第 5 款中却明确提到了这一要求。原因在于第 5 款项下的紧急性要求比第 1 款更为严格，意在说明损害可能发生在附件七的仲裁法庭组成之前，而非临时措施中有关损害的"紧急性"。[4]

（二）国际海洋法庭对环境因素的特殊关注

海洋环境占据了地球生物多样性的绝大部分，而关于海洋环境的争端日益成为国际争端解决中的主要课题。白令海豹案就预示着海洋环境面临着前所未有且与日俱增的压力。[5]《公约》对海洋环境的保护几乎涵盖了各个方面，如海洋野生物和生态系统的保护、渔业资源的养护和管理、海洋生物多样性的保护以及海洋水域的污染等。国际海洋法法庭也对"海洋环境"这一概念采取了宽泛的解释，认为养护海洋生物资源同样是保护和保全海洋环境中的要素。海洋环境的争端日益成为国家间海洋争端的新兴重要领域，具有国家意义和战略价值。国际海洋法法庭作为一个年轻的国际司法机构，尽管受理的案件数量尚少，但大部分案件都与海洋环境相关，其中涉及海洋环境的临时措施案件就已经占据了法庭全部案件数量的三分之一左右。据统计，相比于其他国际司法机构，如国际法院和国际仲裁法庭，国际海洋法法庭所受理的涉海环境案件比重最大，且针对此类案件的审理能够提供更加专业的

---

〔1〕 The M/V "SAIGA" Case（Saint Vincent and the Grenadines v. Guinea），Dissenting Opinion of Judge Warioba, para. 52.

〔2〕 高健军:《〈联合国海洋法公约〉争端解决机制研究》（修订版），中国政法大学出版社 2014 年版，第 217 页。

〔3〕 Southern Bluefin Tuna Cases（New Zealand v. Japan；Australia v. Japan），Provisional Measures, Separate Opinion of Judge Treves, para. 2.

〔4〕 高健军:《〈联合国海洋法公约〉争端解决机制研究》（修订版），中国政法大学出版社 2014 年版，第 223~225 页。

〔5〕 Bering Sea and Fur Seals Arbitration（United Kingdom v. United States），1983.

海洋环境方面的技能和知识。[1] 因此，有关海洋环境的争端，国家往往倾向于提交至国际海洋法庭进行审理。而针对提交至其他司法机构的案件，尤其是附件七下的仲裁，当事国还可以根据《公约》第 290 条向国际海洋法庭提起临时措施的请求，形成海洋法所特有的"一案两诉"的局面。就临时措施案件来说，国际海洋法庭更是具有不同于国际法院的独创性。正如前文所述，《公约》首次将海洋环境的保护纳入规定临时措施的请求之一。在此意义上，《公约》同时将仲裁、临时措施和海洋环境的保护三个不同的主题进行了有机结合，缔约国可根据诉求需要在提出仲裁之后出于保护环境的目的再向海洋法庭提出后临时措施的申请。这样一来，国际海洋法庭的受理性大大增强，有助于海洋环境争端的有效解决。

（三）环境因素作为临时措施适用的决定性要件

《公约》是一个里程碑式的多边环境问题公约，为海洋资源的可持续发展和广义上海洋环境的保护提供了全球性框架，[2] 其中与海洋环境问题相关的条文甚至比现有的多边环境公约更加详细且全面。[3] 除了《公约》中与海洋环境最直接相关的第十二部分的规定外，争端解决中对海洋环境也有着特殊青睐，如附件八的特别仲裁程序就将渔业、保护和保全海洋环境以及航行或船只倾倒造成的污染方面的争端纳入。此外，《公约》第十五部分项下的临时措施程序又为应对海洋环境的争端打开了及时和便利之门。

《公约》第 290 条规定，"……规定其根据情况认为适当的任何临时措施，以保全争端各方的各自权利或防止对海洋环境的严重损害"。可以说，《公约》中的如此措辞使其区别于国际法院临时措施的请求目的，即包括保全争端各方的权利，而更在于防止对海洋环境的严重损害。[4] 这样的规定能够在相当程度上更加快速地回应潜在的海洋环境损害的危险，从而形成有效保护海洋

---

〔1〕 蒋小翼：《〈联合国海洋法公约〉涉海环境争端解决程序之比较分析》，载《边界与海洋研究》2018 年第 2 期，第 79 页。

〔2〕 Tim Stephens, *International Courts and Environmental Protection* 40 (Cambridge University Press 2009).

〔3〕 Jonathan I. Charney, "The Marine Environment and the 1982 United Nations Convention on the Law of the Sea", *International Lawyer*, Vol. 28, 1994, pp. 879, 882.

〔4〕《国际法院规约》第 41 条：①法院如认情形有必要时，有权指示当事国应行遵守以保全彼此权利之临时办法。②在终局判决前，应将此项指示办法立即通知各当事国及安全理事会。

环境的独创机制。[1]

与此同时,《国际海洋法法庭规则》第 89 条第 3 款要求,"……如若请求不被批准,请求方应详述其对……或防止海洋环境遭受严重损害可能产生的后果"。可见《国际海洋法法庭规则》该款的措辞与《公约》第 290 条遥相对应。至此,是否对环境具有真实且迫切的危害是决定规定临时措施的关键因素。但"真实"并不要求损害的实际存在,只要存在发生难以弥补的损害的真实危险即可。[2] 而"迫切"既是临时措施中固有的紧急性,又在于《公约》第 290 条第 5 款规定的"情况紧急且必要"。出于保护环境的目的,法庭对此的解释大多是宽泛性的,受理的门槛也较低,几乎不存在不受理或没有管辖权的情况。而在受理后,即使并未发现可能对环境造成真实和迫切的危害的证据,国际海洋法法庭也大多基于合作原则要求争端方承担相应的海洋环境保护和保全义务。

三、环境因素在临时措施适用中的差异化

《公约》规定各缔约国应自主选择和平解决争端的方式来解决他们之间有关《公约》的解释和适用的各类争端。国际海洋法法庭自 2006 年成立以来,截至 2019 年 7 月共受理了 27 起海洋案件纠纷,其中 11 起案件要求规定临时措施。[3] 而在这些临时措施案件中,除却第 20 号阿根廷诉加纳"自由号"案、第 24 号意大利诉印度"恩瑞卡·莱克西"事件案以及第 26 号乌克兰海军舰艇扣押案,几乎都和环境相关。毋庸置疑,保护海洋环境是规定临时措施的主要目的之一。然而从这些案件中不难发现,环境因素在诉求中的地位时重时轻。综合已有的 11 起临时措施案件,笔者将其大致分为以下三类:

〔1〕 Tullio Treves, "The Role of Dispute Settlement Mechanisms in the Protection of the Marine Environment in Cases Concerning Economic Activities in the Sea and Seabed", *International Investments and Protection of the Environment* 113 (International Bureau of the Permanent Court of Arbitration ed. , Boston: Kluwer Law International 2001).

〔2〕 Rudiger Wolfrum, *Provisional Measures of the International Tribunal for the Law of the Sea*, in the International Tribunal for the Law of the Sea: *Law and Practice* 177 (P. Chandrasekhara Rao and Rahmatullah Khan ed. , Kluwer Law International 2001).

〔3〕 详情参见联合国海洋法法庭网站, https://www.itlos.org/en/cases/list-of-cases/.

表 1　临时措施案件中有关海洋环境争端的类型

争议类型	编　号	案件名称	当事国
环境因素作为 争端中的主要诉求	3&4	南方蓝鳍金枪鱼案	新西兰诉日本； 澳大利亚诉日本
	10	莫克斯工厂案	爱尔兰诉英国
	12	围海造地案	马来西亚诉新加坡
环境因素作为 次要或辅助性诉求	2	赛加号案	圣文森特和 格林纳丁斯诉几内亚
	18	路易莎号案	圣文森特和 格林纳丁斯诉西班牙
	22	北极日出号案	荷兰诉俄罗斯
	27	圣帕德里号案	瑞典诉尼日利亚
以环境为名， 实为其他争端	23	加纳和科特迪瓦在 大西洋海洋划界纠纷案	科特迪瓦诉加纳

（一）环境因素作为争端中的主要诉求

国际海洋法法庭对海洋环境的定义较广，就已经受理的案件内容而言，其基本涵盖了海洋环境的各个方面，如海洋环境污染、海洋生物资源养护、非法、未报告和未管制捕鱼活动、在沿海国专属经济区、公海、北极和"区域"内的海洋环境的保护和保全等。[1] 然而从实践来看，渔业管理纠纷占据了环境案件内容的大部分比重。就国家间海洋争端将海洋环境作为实质和主要诉求的在总体上并不多见，但在临时措施的案件中，环境因素的比重并不算低。在此具有代表性的案件包括南方蓝鳍金枪鱼案、莫克斯工厂案和关于新加坡在柔佛海峡内和周围的围海造地案。

在 1999 年的南方蓝鳍金枪鱼案（临时措施）中，澳大利亚和新西兰认为可获得的科学证据足以表明实验性捕捞计划的实施会危及南方蓝鳍金枪鱼种群。但另一方面，日本表示可获得的科学证据显示其实施的实验性捕捞计划

---

[1]　蒋小翼：《〈联合国海洋法公约〉涉海环境争端解决程序之比较分析》，载《边界与海洋研究》2018 年第 2 期，第 72 页。

并不会对南方蓝鳍金枪鱼种群造成威胁，并同时主张这实质上是科学争端并非法律争端，不应规定临时措施。[1] 法庭认为，根据《跨界鱼类种群协定》第 31 条第 2 款，临时措施可以用来"防止对有关种群的损害"，而且各方间的分歧也不仅仅是科学争端也包括法律争端。最后，国际海洋法法庭规定了各种临时措施。但从广义上讲，这些措施可分为两类。第一种是非加重措施，要求争议各方不要采取特定行动，旨在防止争端进一步恶化。第二种是要求双方寻求采取行动的积极措施，如要求各方恢复谈判，以确保最佳利用，这将直接有助于保护南方蓝鳍金枪鱼种群。[2] 可以说，在该案中法庭显示出司法程序如何应对科学上不确定的难题，同时在南方鳍金枪鱼种群严重衰退并处于历史上最低水平的节点，法庭创造性地纳入了预防性方法的考量。[3] 尽管法庭在命令中并未提及"预防性方法"，但在不能评估争端各方所提交的科学证据情况下，采纳预防性方法来证明难以弥补的损害的存在是完全必要的。[4] 在该案中，临时措施无疑在保护海洋生物资源方面发挥了重要作用。

在莫克斯工厂案（临时措施）中，和南方蓝鳍金枪鱼案相似，法庭在认定中存在着极大的科学上的不确定性。就本案来说，当事方就莫克斯工厂的运作对爱尔兰海的海洋环境造成何种损害所提交的科学证据完全相左，法庭无法对爱尔兰海当前局势的证据加以评估。不过，法庭并没有在最后的命令中规定临时措施，相反规定了其他法庭认为合适的措施。这些措施包括要求双方进行合作和交换信息。[5] 法庭的此项决定变相地扩大了国际海洋法庭规定临时措施的权限，然而关于法庭是否具有规定此类替代性措施的管辖权却存在争议。[6] 此外，在拒绝规定爱尔兰要求的临时措施时，它表明了莱恩

---

〔1〕 Southern Bluefin Tuna Cases（New Zealand v. Japan；Australia v. Japan），Provisional Measures, Order of 27 August 1999, para. 42, 66, 73-74.

〔2〕 Yoshifumi Tanaka, "Provisional Measures Prescribed by ITLOS and Marine Environmental Protection", 108 *AM. SOC'Y INT'L L. PROC.* 365, 366（2014）.

〔3〕 Southern Bluefin Tuna Case（New Zealand v. Japan；Australia v. Japan），Provisional Measures, Separate Opinion of Judge Laing, para. 1, 8.

〔4〕 高健军：《〈联合国海洋法公约〉争端解决机制研究》，中国政法大学出版社 2014 年版，第 220~222 页。

〔5〕 The Mox Plant Case（Ireland v. United Kingdom），Provisional Measures, Order of 3 December 2001, para. 82-84.

〔6〕 Chester Brown, "Provisional Measures before the ITLOS：The MOX Plant Case", 17 *INT'L J. MARINE & COASTAL L.* 267, 267-268（2002）.

（Laing）法官在"赛加号"案中表达的临时措施申请要遵循"谨慎先行"（careful first step）的承诺。[1]

在围海造地案（临时措施）中，由于新加坡和马来西亚两国在地理关系十分密切，仅相隔一条 1400 米宽的柔佛海峡。自 1965 年马来西亚独立后，新加坡在柔佛海峡一带围海造地，使其国土面积增加了 100 多平方公里。之后新加坡又在柔佛海峡两面进行填海工程，引起马来西亚不满。马方根据《公约》附件七提出仲裁申请，随后又向国际海洋法庭申请临时措施，要求新加坡立即停止填海工程。马方声称，新加坡的填海工程影响了马来西亚对其领海内自然资源的权利，并侵犯了这些地区海洋环境的完整性。[2] 关于沿海工程工作是否会影响河口和海洋生态系统，尽管没有明确的证据，但法庭认为在一些特殊情况下，围海造地还是有可能会对海洋环境产生影响。[3] 因此，法庭下令成立一个独立专家团，以评估拟议工程的风险和影响。同时法庭要求争议双方定期针对填海工程的进展交换意见，新加坡不能进行任何可能对马国的权利造成不可弥补的损害及对海洋环境造成严重破坏的填海工程。在莫克斯工厂案和围海造地案中，法庭都强调了"谨慎和小心"，同时都需要争端双方进行合作。这两个案件似乎都表明临时措施可以用作司法工具以执行联合监测和环境影响评估的义务，而这同时也是保护海洋环境的先决条件。[4]

（二）环境因素作为次要或辅助性诉求

如前文所述，在国际海洋法法庭受理的案件中，许多案件都与海洋环境密切相关。在规定临时措施的案件中，除了单纯将海洋环境作为主要诉求，大部分案件都会或多或少牵涉到海洋环境问题，其作为次要或辅助性诉求增加了原告声称的权利的可说服性（plausible）。在"北极日出号"案（临时措施）中，争议的焦点在于俄罗斯当局在其专属经济区登船并扣留了"北极日出号"船只和船上人员。因此，荷兰先是根据《公约》附件七提起仲裁，随

---

〔1〕 M/V Saiga (St Vincent and the Grenadines v. Guinea), Provisional Measures, 11 March 1998, Separate Opinion of Judge Laing, para. 37.

〔2〕 Case concerning Land Reclamation by Singapore in and around the Straits of Johor (Malaysia v. Singapore), Provisional Measures, Order of 8 October 2003, para. 93.

〔3〕 Ibid., para. 96.

〔4〕 Yoshifumi Tanaka, "Provisional Measures Prescribed by ITLOS and Marine Environmental Protection", 108 AM. SOC'Y INT'L L. PROC. 365, 365-366 (2014).

后又向国际海洋法法庭请求规定临时措施。尽管这一争议本身并未过多地涉及海洋环境问题，但"北极日出号"系属绿色和平组织，目的在于保护北极环境和避免过多的商业开采带来的环境危害，并对俄罗斯在巴伦支海域建立近海防冻固定平台提出了抗议。此外，在该案的临时措施请求中，荷兰主张持续扣押"北极日出号"可能会发生燃油泄漏，从而对海洋环境造成严重损害，而这在脆弱的北极地区和其带来的恶劣天气与冰情会使情况变得更加复杂。这些环境上的威胁同扣押船员剥夺了他们的自由权和安全权一起，都将产生不可逆转的后果。[1] 法庭在充分考虑了双方的诉求后决定俄罗斯立即释放"北极日出号"及所有被困人员，并确保该船和人员被允许离开俄罗斯领土和管辖海域，但同时要求荷兰以担保的形式提供 360 万欧元的保证书或财政担保。可见，虽然环境并非本案的主要争议，但环境因素带来的抗辩或多或少有助于法庭支持主要诉求的认定。

不过这一点也并非对所有案件都会适用。在 2010 年"路易莎号"案（临时措施）中，西班牙以该船在海床进行声呐和铯磁测试来定位石油和沼气的行为破坏了其历史性财产和违反海洋环境法律为由，扣押了"路易莎号"商船。圣文森特和格林纳丁斯请求法庭规定临时措施，并就海洋环境方面原告声称将该船继续长时间停泊在圣玛丽亚港将对海洋环境构成切实的威胁和污染。[2] 然而被告随即指出，其港口当局正在持续不断地监控相关情况，而且制定了应对各种环境事故的方案。[3] 据此，法庭并没有对双方所声称的情形作出判断，尽管法庭要求双方要"谨慎且小心"地防止对海洋环境的严重损害，但却并未规定任何临时措施。这在所有国际海洋法法庭的临时措施案中是为数不多不支持原告方请求的特例，也是国际海洋法法庭第一次作出不规定临时措施的决定。

（三）以环境为名，实为其他争端

海洋环境问题会在国家间的争端中占据着重要和次要地位，但近年来，一些国家将主权领土案件包装为海洋环境保护，这在仲裁法庭受理的案件中尤为明显。在临时措施的案件中，一部分是先提交到仲裁庭再向海洋法庭提

---

〔1〕 The "Arctic Sunrise" Case（Kingdom of the Netherlands v. Russian Federation），Provisional Measures, Order of 22 November 2013, para. 87-88.

〔2〕 The M/V "Louisa" Case（Saint Vincent and the Grenadines v. Spain），Provisional Measures, Order of 23 December 2010, para. 73.

〔3〕 Ibid. , para. 74-75.

起临时措施的请求，虽然此类"包装性"案件不多，但仍存在。关于科特迪瓦诉加纳的海洋划界案（临时措施）是其中的代表。加纳和科特迪瓦在几内亚湾拥有相邻海岸，就海洋划界的方法双方始终存在争议，随后双方在各自主张的海上边界线之间形成了长三角争议区，面积约为 30 000 平方公里。在两国就海上边界未达成协议的情况下，加纳将争议海域划分了若干区块，并授予了多家石油公司石油特许权。两国就海洋划界和争议区石油开发等问题多次进行磋商谈判，始终未果。2014 年加纳对科特迪瓦提起《公约》附件七下的仲裁，请求就双方之间的海洋划界争端作出裁决。两国在三个月后缔结《特别协议》，又将案件提交至国际海洋法庭。随后科特迪瓦又请求特别分庭规定临时措施，要求加纳停止在争议区内的勘探和开发活动，且不再发授任何新的争议区内的石油勘探和开发许可证。在这起临时措施案中，科特迪瓦的实际诉求在于请求特别分庭保护其在争议区内的海洋权利，包括勘探和开发权、获取自然资源机密信息权和选择石油公司的权利，而这些权利其实又是以它的主权权利为基础。不过在临时措施案件中，法庭不需要认定原告主张的权利的实际存在与否，只需要对当前的情形是否会危害到争端方的各自权利和对海洋环境的严重损害进行认定。因而科特迪瓦声称加纳的石油开采活动，无论是在争议区内还是附近，已经产生了污染事件。它认为加纳并没有尽到审慎义务，加纳未能有效地监测石油活动，同时存在着法律规定的漏洞。[1] 但加纳声称加纳海岸从未发生过油污事件，同时认为其环境保护立法是该地区最强大的环境立法之一。[2] 尽管特别分庭认为科特迪瓦并没有提供足够的证据来证明加纳在争议区的活动具有严重损害海洋环境的可能风险，但基于"谨慎和小心"，特别分庭最后一致决定规定临时措施，要求加纳应对在加纳或争议地区授权开展的所有活动进行严格和持续的监测，以确保防止对海洋环境的严重损害。[3] 由此可见，法庭对于海洋环境问题往往持谨慎的态度，在实质内容为主权争端的案件中，加入环境因素的诉求会具有一定的迷惑性，这一点在南海仲裁案中也得到了认证。在临时措施的请求中，国际海洋法庭处于谨慎的做法往往会规定争端双方进行合作，同时不再进行新的

---

〔1〕 Dispute concerning Delimitation of the Maritime Boundary between Ghana and Cote d'Ivoire in the Atlantic Ocean (Ghana/ Cote d'Ivoire), Provisional Measures, Order of 25 April 2015, para. 65.

〔2〕 Ibid. , para. 66.

〔3〕 Ibid. , para. 67-72.

可能会对海洋环境产生损害的活动。同时鉴于国际海洋法庭较为宽松的初步管辖权，无论原告是出于何目的提起的临时措施，法庭基本都会受理同时给予原告方的请求以更多的关注。

四、临时措施适用中的价值考量：国际环境法原则的引入

（一）风险预防原则

风险预防原则（precautionary principle）出现于 20 世纪 80 年代中期，其致力于在国际环境法的发展中为缺乏科学证据的情况下提供指导。[1] 随后，这项原则的核心被反映在 1992 年《里约环境与发展宣言》（Declaration of the UN Conference on Environment and Development，简称《里约宣言》）原则 15："为了保护环境，各国政府应该根据其能力广泛采用风险预防措施。在有严重或不可逆转的损害的威胁时，缺乏科学确定性不应被用来作为延缓采取有效措施防止环境退化的理由"。风险预防原则涵盖国际环境法的各个领域，但其焦点始终是海洋环境的保护。然而，尽管该项原则被许多国际环境法公约广泛采纳，且被国际社会大范围支持，但关于其权威的概念及其在国际法上的地位至今仍无明确定义。此外，在国际法律文件中涉及风险预防的表述不一，除了上文所述的风险预防原则外，风险预防方法（precautionary approach）也广为出现。许多学者认为原则和方法的表达存在着本质差别，二者是不能相互替代的。[2] 然而在现实的应用中，风险预防原则与风险预防方法并没有多大的差别。此外，关于风险预防原则在国际法上的地位仍未明晰。从著名的国际环境法学者桑兹认为已有足够的国家实践证明其成为一项习惯国际法原则，[3] 到其他学者持反对意见，认为风险预防原则太过模糊以致不能将其作为一项法律标准予以采纳，[4] 可以说，这项原则的国际法地位始终存在

〔1〕 一般认为，第一次明确提出风险预防原则是 1987 年在伦敦召开的第二次保护北海国际大会通过的部长宣言中。参见朱建庚：《风险预防原则与海洋环境保护》，人民法院出版社 2006 年，第 6 页。

〔2〕 S. Mascher, "Taking a Precautionary Approach: Fisheries Management in New Zealand", 14 *Environmental and Planning Law Journal*, 70 (1997).

〔3〕 参见 Philippe Sands and Jacqueline Peel, *Principles of International Environmental Law* 234–240 (Cambridge University Press, 2018). 持此观点的学者还包括 James Cameron, "The Precautionary Principle – Core Meaning, Constitutional Framework and Procedures for Implementation", 2 *University of New South Wales*, 20–21 (1994).

〔4〕 参见 D. Bodansky, "Scientific Uncertainty and the Precautionary Principle", 33 (7) *Environment* 4, 24 (1991); L. Gundling, "The Status in International Law of the Precautionary Principle", 5 *International Journal of Estuarine and Coastal Law* (1990).

争议。

在海洋环境领域，风险预防原则同样被广泛使用，尤其是海洋生物的养护和管理、渔业资源的管理、海洋生物多样性的保护以及海洋倾倒和船舶源污染防治等方面。在南方蓝鳍金枪鱼案（临时措施）中，风险预防原则在国际海洋法法庭得到了第一次援引和使用。尽管法庭并没有明确表达或使用"风险预防原则"这一名词，但它实际上赋予了这项原则双重意义。风险预防原则首先可以作为一项特定的规则去规范双方的行为，其次它也可作为组织原则用来指导国际海洋法法庭对澳大利亚和新西兰要求规定临时措施请求的评估。[1] 这项关于风险预防原则的规定也从另一侧面说明国际海洋法法庭相比于其他法庭更倾向于考虑环境方面因素和环境原则的适用。同时，在术语的表述上，莱恩（Laing）法官表达了他对使用风险预防方法而不是风险预防原则的倾向性，因为"原则"往往会被理解为一项精确的行为规范。[2] 他同时认为将预防性方法认定为习惯国际法是不必要的，因为预防性方法的使用可以说是临时措施中本质固有的。[3]

除此之外，莫克斯工厂案（临时措施）更是为预防性原则在国际海洋环境争端中和在国家层面的逐步确立提供了国家实践的范例。爱尔兰认为预防原则使得英国必须承担证明莫克斯工厂的排放和其他工作的后果不会对环境造成损害的责任。[4] 不过法庭并未对此作出直接回应，只是认为出于谨慎和小心要求爱尔兰和英国在交换信息方面进行合作。沃尔夫鲁姆法官（Judge Wolfrum）在此详细讨论了预防原则，他解释道，"由于若干原因，即使预防性原则被接受为习惯国际法，爱尔兰在本案中也无法依赖这项方法"[5]。他随后又进一步解释道，"临时措施不应对案情作出预期判断，这项由国际法院所制定的基本限制，援引风险预防原则不可以打破这一限制"[6]。不过，笔

---

〔1〕 Tim Stephens, *International Courts and Environmental Protection* 225 (Cambridge University Press, 2009).

〔2〕 Southern Bluefin Tuna Cases (New Zealand v. Japan; Australia v. Japan), Provisional Measures, Separate opinion of Judge Laing, para. 12-21.

〔3〕 Ibid. , para. 20.

〔4〕 The Mox Plant Case (Ireland v. United Kingdom), Provisional Measures, Order of 3 December 2001, para. 97-101.

〔5〕 The Mox Plant Case (Ireland v. United Kingdom), Provisional Measures, Separate Opinion of Judge Wolfrum, para. 5.

〔6〕 Ibid.

者认为沃尔夫鲁姆法官的这一观点实际上有失偏颇。尽管风险预防原则还未发展为习惯国际法，但国际海洋法庭在南方蓝鳍金枪鱼案中对这一原则的使用已然说明了法庭的立场。法庭在命令中使用"谨慎且小心"（prudence and caution），实际上是从侧面证明了风险预防原则带来的影响。而法庭拒绝爱尔兰请求的最佳解释是，无论是否有足够的证据证明爱尔兰声称的莫克斯工厂会对爱尔兰海洋环境造成严重损害，这一事实应该是仲裁庭的决定事项。[1]

（二）国际合作原则

国际合作原则（principle of international cooperation），或称为合作的义务（duty to cooperate），是国际环境法的一项基本原则，旨在国际环境领域，各国进行广泛密切的合作，通过合作采取共同的环境资源保护措施，实现保护国际环境的目的。[2] 该项义务既可以存在于一般意义上的条约目的，也可转化为更具体的方式如保证信息的交换和决定的作出共同参与。[3] 有学者认为合作原则实际上与风险预防原则密切相关，因为风险预防原则发生在危害出现之前，在此意义上引发的各项原则如信息交换原则、告知原则、事前协商原则以及环境影响评价原则等也均属国际合作原则。[4]

在莫克斯工厂案和围海造地案中，国际合作原则得到了法庭的应用，而这项原则的要求甚至成为莫克斯工厂案中的核心。国际海洋法庭在命令中重申：合作的义务无论是在《公约》第十二部分海洋环境污染防治的规定中还是在一般国际法领域内都是一项基本原则，因此法庭认为这样的权利应得到保护。[5] 法庭认为在谨慎和小心的要求下双方应该进行合作并在必要下就莫克斯工厂的活动所造成的风险进行信息交换，并要求双方就已规定的临时措施提交报告和实施的相关信息。[6] 两年后，同样的方法也被法庭用在围海造地案（临时措施）中，法庭要求马来西亚和新加坡以建立一个独立的专家组

---

〔1〕 Chester Brown, "Provisional Measures before the ITLOS: The MOX Plant Case", 17 *INT'L J. MARINE & COASTAL L.* 267, 285-286 (2002).

〔2〕 林灿铃：《国际环境法》（修订版），人民出版社 2011 年版，第 173 页。

〔3〕 Philippe Sands and Jacqueline Peel, *Principles of International Environmental Law* 215-216 (Cambridge University Press, 2018).

〔4〕 Benedicte Sage-Fuller, *The Precautionary Principle in Marine Environmental law: with Special Reference to High Risk Vessels* 83-84 (Routledge, 2013).

〔5〕 The Mox Plant Case (Ireland v. United Kingdom), Provisional Measures, Order of 3 December 2001, para. 82.

〔6〕 Ibid. , para. 84-86.

就新加坡造地工程的影响进行评估的方式来进行合作，同时提出共同应对不良影响的措施和进行信息交换。[1] 在这两起案件中，法庭都将信息交换与国际合作原则紧密相连，而在围海造地案中，法庭还将环境影响评价与风险预防原则清楚地联系到一起。

在科特迪瓦诉加纳的海洋划界案（临时措施）中，特殊分庭再次重述了莫克斯工厂案、围海造地案甚至渔业咨询案中的观点，认为合作的义务是《公约》第十二部分和一般国际法规定下防治海洋环境污染的一项基本原则，并且由此产生法庭认为根据《公约》第 290 条可保全的权利。[2] 至此可见，合作的义务是在涉海环境争端中法庭最常规定的措施之一，甚至在一些法庭无法完全支持原告方请求或无法证明其声称的事实时，法庭还会以合作的义务为由，要求双方进行信息交换以达到保护环境的目的。

（三）审慎义务

国家的审慎义务（due diligence），也称审慎原则，在不同的国际法领域，其内涵、外延和标准并不完全一致。一般认为，审慎义务来源于"友邻原则"（principles of good neighborliness），意思是使用自己的财产不应损及他人的财产。[3] 随着国际法的发展，这项原则也从个人发展到国家，用以规范国家的行为。在国际环境法领域，审慎义务体现在跨境污染和环境损害的习惯国际法，其主要内容包含：①国家有义务防止、减少和控制污染及环境损害；②国家有义务在减少环境风险和紧急事件中进行合作，其方式包括通知、磋商、谈判，以及在适当的情况下进行环境影响评估。[4] 简言之，审慎义务与预防义务彼此相通，预防义务是审慎义务的必然要求。[5]

《公约》第 192 条规定了"各国有保护和保全海洋环境的义务"，且第 194 条第 3 款规定"各国应采取一切必要措施，确保在其管辖或控制下的活动

---

〔1〕 Case concerning Land Reclamation by Singapore in and around the Straits of Johor（Malaysia v. Singapore），Provisional Measures，Order of 8 October 2003，para. 92 and 106（1）.

〔2〕 Dispute concerning Delimitation of the Maritime Boundary between Ghana and Cote d'Ivoire in the Atlantic Ocean（Ghana/ Cote d'Ivoire），Provisional Measures，Order of 25 April 2015，para. 73.

〔3〕 Philippe Sands and Jacqueline Peel，*Principles of International Environmental Law* 230（Cambridge University Press 2018）.

〔4〕 参见［英］帕特莎·波尼、埃伦·波义尔：《国际法与环境》（第 2 版），那力、王彦志、王小钢译，高等教育出版社 2007 年版，第 99 页。

〔5〕 参见［美］巴里·E. 卡特、艾伦·S. 韦纳：《国际法》，冯洁菡译，商务印书馆 2016 年版，第 1201 页。

的进行不致使其他国家及其环境遭受污染的损害"也被认为是审慎义务的体现。在国际司法实践中，审慎义务也曾被法庭或仲裁庭援引，用来规范国家的最低义务以达到保护环境的目的。[1] 在南海仲裁案中，仲裁庭指出了审慎义务的两大构成要素，一为有义务采取规则和措施防止有害行为，二为有责任在执行这些规则和措施时保持警惕。[2]

在临时措施的海洋环境争端中，明确引用审慎义务的包括科特迪瓦诉加纳的海洋划界案。在该案中，审慎义务的使用主要成了当事国的抗辩理由，即科特迪瓦提出加纳在争议区内或在争议区附近开展的石油活动已经造成污染事件；且加纳的国内立法存在缺陷，未能有效监管石油开发活动，未尽到审慎义务。[3] 但特别分庭指出，科特迪瓦并没有提供足够的证据来证明加纳在争议区的活动具有严重损害海洋环境的可能风险。尽管如此，特别分庭依旧对危害海洋环境的风险给予了重大关注，并认为根据《公约》第192、193条各国有保护海洋环境的义务和依其职责开发自然资源的权利，双方应当"谨慎和小心"地防止对海洋环境的严重危害。据此，特别分庭一致决定规定临时措施，要求加纳应对在加纳或争议地区授权开展的所有活动进行严格和持续的监测，以确保防止对海洋环境的严重损害。此外，双方应采取一切必要措施，防止在争议地区对包括大陆架及其上游水域在内的海洋环境造成严重损害，并应为此目的进行合作。[4] 可见，特别分庭不仅要求双方履行合作义务，更是以审慎义务为基础来达到保护争议区海洋环境的目的。

可以说，审慎义务原则的引用虽然在涉及海洋环境的争端中占据一席之地，但还未发展成为具有普遍性指导意义的一项基本原则。但综合本章节所提到的国际环境法原则，审慎义务同风险预防原则和国际合作原则在根本上密不可分，三者尽管强调海洋环境保护的不同层面，但实质上拥有着相同的核心，法庭更是在已有的海洋环境案件中体现了对国际环境法领域的偏向性。

---

〔1〕 例如"特雷尔冶炼厂"仲裁案、1995 年核武器试验案和联合国大会关于"以核武器相威胁或使用核武器的合法性"问题的咨询意见等。

〔2〕 South China Sea Arbitration (The Republic of the Philippines v People's Republic of China), Award, Arbitral Tribunal (2016) PCA Case No. 2013-19 (South China Sea), para. 961.

〔3〕 Dispute concerning Delimitation of the Maritime Boundary between Ghana and Cote d'Ivoire in the Atlantic Ocean (Ghana/ Cote d'Ivoire), Provisional Measures, Order of 25 April 2015, para. 65.

〔4〕 Dispute concerning Delimitation of the Maritime Boundary between Ghana and Cote d'Ivoire in the Atlantic Ocean (Ghana/ Cote d'Ivoire), Provisional Measures, Order of 25 April 2015, para. 72-76, 108.

法庭对国际环境法基本原则的援引使得传统的海洋法与国际环境法达到了有机结合，以环境法领域原则的借力更有效地解决国际海洋环境的争端。

五、结论

国际海洋法法庭承担着保护和保全海洋环境的重要责任，同时也发挥着不可替代的作用。《公约》第 290 条规定下的临时措施，区别于国际法院先前的司法实践，增加了在海洋争端中应用临时措施的特殊性。从目前的司法实践来看，涉海环境的临时措施案件尽管数量不多，但占比较高，国际海洋法法庭在应对海洋环境问题的保护上具有制度上的优越性。有关海洋环境因素的诉求既有主要也居次要，而今年来更是有以环境之名进行"包装"的趋势。法庭在应对不同类型的争端案件中采取了不同的态度，但一致的是对海洋环境的关切。在这些涉海环境争端的临时措施案件中，国际海洋法庭不仅发展了"对环境具有真实且迫切的危害"的关键性因素，更是纳入了国际环境法中的基本原则，如风险预防原则、国际合作原则和审慎义务等。法庭在案例中不断丰富和发展已有的国际法规则，并在各项临时措施的请求中得到应用。

如今各国越来越意识到海洋环境权益的重要性，海洋争端也日益涉及更多的海洋环境因素。在国际海洋法庭受理有关海洋环境的临时措施案件中，了解争端各方的立场，研读法庭的命令和对规则的使用，为我国日后参与海洋争端的司法实践中提供了有利指导。在海洋环境问题越来越得到重视的今天，如何才能在纷繁复杂的国际争端中获得法庭的支持，值得更多学者的关注和思考。

国际投资争端解决机制的转型
与中国应对

崔佳文 *

摘　要：国际投资争端解决机制发展至今，已经出现由"社会连带主义模式"（Solidaristic Model）向"极化模式"（Polarized Model）逐渐转变的趋势。这种趋势主要体现在当下各方就投资者-国家争端解决机制（IS-DS）出现的一系列合理性危机所提出的两极化应对方案之中。以投资法院（ICS）模式为代表的新兴司法化改革方案体现出明显的"极化模式"特征，直指 ISDS 机制的仲裁性基础；而以 CPTPP 和 USMCA 为代表的缓和改良模式则可被归于"社会连带主义模式"，希望通过在IS-DS 机制框架内进行"小修小补"从而克服该模式在当下的困境。两种模式各有利弊，但从实践上看，司法化的改革方案在应对当下危机的问题上似乎更具优势，这两种模式将在很长一段时间内共存并分别发挥重要作用。中国应通过进一步完善国际投资协定、优化国内法律体系、加强国际投资争端解决专门人才队伍的培养等措施，借"一带一路"倡议的契机，积极地参与到构建多元化投资争端解决机制的改革中，从而进一步提升中国在国际

＊　崔佳文，中国政法大学国际法学院博士研究生（100088）。

投资领域的话语权，降低中国企业海外投资的风险，同时为外国投资者来华投资营造良好的政策环境，并最终为全球经济向更加平衡的方向发展做出中国贡献。

关键词：ISDS 机制改革　欧盟投资法院　改良模式　极化模式　仲裁员制度

一、引言

国际投资争端的解决经历了从"炮舰外交"（Gunboat Diplomacy）、[1] 政治干预向法律解决转变的漫长过程，[2] 逐步形成了以投资仲裁为核心（投资者将东道国诉诸仲裁庭）的投资者-国家争端解决机制（Investor-State Dispute Settlement，简称"ISDS 机制"）。ISDS 机制通过赋予投资者诉国家之权利，强化投资者在国际投资争端解决中的地位（主动权），从而达成保护与促进国际投资的目的。[3] 这样的投资争端解决体系在过去 30 年中为投资者与东道国之间投资纠纷和平与高效地解决做出了重要的贡献并为各国所普遍接受。[4]

绝大多数的投资仲裁案件都是基于双边投资协定所提起的。虽然中国对外签订的投资协定数量位列世界第二，但截至 2019 年 6 月，国际投资仲裁机构受理的涉及中国的投资争端案件仅为 9 件。[5] 随着中国"一带一路"倡议的推进，中国对外直接投资持续稳定增长，2018 年全行业对外直接投资高达1298.3 亿美元，同比增长了 4.2%。[6] 中国对外投资总量持续增长和对外投

---

〔1〕　英国外交家詹姆斯·盖布尔爵士把"炮舰外交"定义为"运用有限的海军威胁某国，但不发动战争，以取得利益，或保障利益，促进国际冲突，对抗区内外国势力，取得治外法权"。Cable J., *Gunboat Diplomacy*, 1919-79: *Political Applications of Limited Naval Force* 14 (Springer 2016).

〔2〕　Philip De Man, Jan Wouters, *Improving the Framework of Negotiations on International Investment Agreements, The Law and Economics of International Agreements* 233 (Routledge Press 2013).

〔3〕　UNCTAD, *Reform of Investor State Dispute Settlement*: In search of a road map 2 (UN 2013).

〔4〕　投资争端解决的主要机构为 ICSID（国际投资争端解决中心），同时还包括适用 UNCITRAL 仲裁规设立的临时仲裁庭以及国际商会仲裁院（ICC）和瑞典斯德哥尔摩商会仲裁院（SCC）等仲裁机构。根据联合国贸易和发展会议的统计数据显示，自 2000 年开始，近半数的国际投资争端被提交至ICSID。UNCTAD, *Investor Nationality*: *Policy Challenges* 104 (UN 2017).

〔5〕　张倩雯：《多元化纠纷解决视阈下国际投资仲裁裁决在我国的承认与执行》，载《法律适用》2019 年第 3 期，第 112 页。

〔6〕　商务部：《2018 年中国对外投资平稳健康发展 呈现五大特点》，载《中国网财经》2019 年 2月 12 日。

资领域逐步扩大的客观情况，与中国在 ISDS 机制中的参与度并不相符。而随着国际政治经济环境中不稳定性因素（地缘政治风险、贸易保护主义等）日益显现且呈现出日益加强的态势，[1] 中国对外投资面临着更大的海外风险。随着中国在国际投资中身份地位的转变（兼具东道国、母国双重身份），以及国内法治环境进一步提升，中国有必要进一步提升对 ISDS 机制的接受度与参与度。

然而，随着国际投资总量持续增长、国际投资纠纷数量激增，以及 ISDS 机制的制度基础又发生了重大变化，ISDS 机制的合理性与有效性遭到了各方质疑：首先，从争端解决程序上看，ISDS 机制花费高昂、耗时长，争端解决程序缺乏透明度，缺乏有效的庭前审查驳回机制；其次，从裁决结果上看，ISDS 机制面临的质疑包括案件裁决结果缺乏一致性、东道国"治安权"受到频繁挑战、争端裁决结果被承认与执行的难度增加、缺乏合理的上诉机制等问题；最后，从仲裁员制度来看，ISDS 制度存在的仲裁员选任方式不合理、仲裁员独立性与公正性无法被保证等问题也广受批评。[2]

自 2017 年 11 月开始，UNCITRAL（联合国贸易法委员会）第三工作组就 ISDS 机制改革问题广泛听取包括国家、国际组织、区域组织在内的各方意见。虽然各方改革力度有别，[3] 但从改革是否触及 ISDS 机制的仲裁性基础看，各方所提出的改革方案主要可以分为以下几种：①设立司法化的投资法院（Investment Court System，简称 ICS）逐渐替代 ISDS 机制（简称"ICS 模式"）；②将投资争端回归东道国法院，将国际投资争端完全纳入各国国内法处理的替代模式；③只针对 ISDS 机制框架内出现的具体问题进行针对性改革的缓和改良模式（简称"改良模式"），如《全面与进步跨太平洋伙伴关系协定》（Comprehensive Progressive Trans-Pacific Partnership，简称 CPTPP），以及由 NAFTA 更名为 USMCA 的《美国-墨西哥-加拿大协定》中的投资争端解

---

〔1〕 侯鹏、韩冰：《充分利用国际投资仲裁制度为共建"一带一路"服务》，载《中国经济时报》2019 年 4 月 30 日，第 4 版。

〔2〕 UNCTAD, *Improving Investment Dispute Settlement: UNCTAD Policy Tools 5* (UN 2017).

〔3〕 有学者从改革各方态度坚定与否出发将改革各方划分为"忠诚派""改良派""革命派"等，一部分学者将欧盟投资法法院的改革方案归入"改良派"的划分方式并不妥当，欧盟投资法院机制改变了 ISDS 机制的基础—仲裁性，而以美国为代表的条约改革等做法，则更倾向于"改良"，虽然各方针对 ISDS 机制所提出的方案各有不同，但笔者认为，区分不同方案的关键在于提案是否改变了 ISDS 机制的仲裁性。Anthea Roberts, *The Shifting Landscape of Investor-State Arbitration: Loyalists, Reformists, Revolutionaries and Undecideds*, EJIL: Talk, 2017.

决条款，都是缓和改良模式的代表。需要说明的是，由于将投资争端解决完全纳入东道国内国法院管辖的做法过于激进且违背全球经济一体化的初衷，因此暂不进行讨论，本文主要关注的是"ICS 模式"和"改良模式"这两种改革模式。

就中国而言，我国一方面持续关注欧盟投资法院的相关进展，同时我国也对接受 CPTPP 中的投资争端解决条款表现出了较大兴趣。本文将对两种改革模式对当前 ISDS 机制所面临危机的回应力度、改革方案的可行性程度以及可能的改革效果等方面进行分析，评估两种模式的优势与现阶段面临的困境，并最终得出投资法院模式将在国际投资争端解决领域获得一席之地，而传统的 ISDS 机制在经"改良模式"调整之后虽然仍有一定缺陷，但依旧会发挥重要作用，国际投资争端解决机制将在较长时间内处于多种模式并存、多元发展的状态。

二、ISDS 机制的困境及两种模式的相应回应

ICS 模式以及改良模式的核心思路都是"以问题为导向"的，即针对 ISDS 机制已经暴露的问题开展改革，双方的切入点几乎一致。但由于两种模式在是否改变国际投资争端解决的"仲裁性"问题上存在根本分歧，导致了两种模式在改革效果上存在较大差别。

（一）ISDS 机制下东道国"治安权"遭受频繁挑战

随着国际投资总量的攀升与投资领域的扩大，投资者利用 ISDS 机制从各个维度挑战东道国主权的案件屡见不鲜。此类纠纷往往是由东道国因气候变化、环境保护、劳工权利等公共利益作出政策调整而导致投资者利益减损或灭失而引发的。[1]

仲裁庭未足够尊重东道国的治安权是造成上述问题的重要原因。在早期因东道国行使治安权而引发的投资纠纷案件中，仲裁庭几乎都有意忽略了东道国在维护公共利益时行使治安权的合法性。例如，在 Santa Elena S. A. v. Republic of Costa 案中，仲裁庭甚至认为无论征收的社会意义有多大，东道国依然要承担赔偿责任；[2] 而在 Técnicas Medioambientales Tecmed, S. A. v. U-

---

[1] Katz, Rebecca Lee, "Modeling an International Investment Court After the World Trade Organization Dispute Settlement Body", *Harv. Negot. L. Rev.* 22, 163 (2016).

[2] *Compañía del Desarrollo de Santa Elena, S. A. v. Republic of Costa Rica*, ICSID Case No. ARB/96/1, 72 (2000).

nited Mexican States 案中，墨西哥政府也因拒绝为外国投资者的废弃物厂许可证延期而被诉诸仲裁，投资者的理由是墨西哥政府的环境措施违反两国之间所签订的公平与公正待遇条款。[1]

ISDS 机制忽略东道国治安权的原因是多方面的，例如，传统国际投资协定大多只通过序言、一般例外条款或其他原则性表述来处理东道国公共利益等敏感事项，强制力没有保证；而定义模糊以及相关条款缺失等问题在 20 世纪 80、90 年代所签订的这些投资协定中也较为常见；同时，ISDS 机制下缺乏必要的庭前过滤机制，这大大降低了投资者挑战东道国的成本。这些都直接或间接地导致了东道国主权频繁受到投资者挑战。

21 世纪，传统的投资者母国（发达国家）与传统的东道国（发展中国家）身份发生了新的变化，尤其是发达国家也逐步兼具母国与东道国的双重身份且在国际投资争端中被诉的情况日益增多，因此，维护东道国的治安权成为各方共识。在 ICS 模式下，《跨大西洋贸易与投资伙伴协议草稿》（简称 TTIP Proposal）和《综合性经济贸易协议》（简称 CETA）分别对"投资"和"投资者"重新进行了限制性定义，并限缩了投资者可利用投资争端解决条款的情形；[2] 并规定了东道国的管理行为不应被认定为对投资保护标准的违反；[3] 同时对投资者提起诉讼的范围作出了更明确的限制以减少投资者滥诉行为的出现。[4] CPTPP 与 USMCA 中也有相应限制性定义，[5] 冻结投资授权的有关规定使投资者不能以东道国行使治安权为由提起仲裁。

无论是 ICS 模式还是改良模式，都不约而同地重视投资协定的基础性作用，并在实践中进一步完善投资协定中的相关条款，以解决东道国主权容易

---

〔1〕 *Técnicas Medioambientales Tecmed v. United Mexican States*, ICSID Case No. ARB（AF）/00/2（2003）.

〔2〕 Comprehensive Economic and Trade Agreement, Article 8. 18.

〔3〕 Transatlantic Trade and Investment Partnership: Trade in Service, Investment and E-Commerce Proposal（TTIP Proposal）, Art. 2（1）.

〔4〕 规定了没有明显法律依据以及根据法律没有索赔依据的情形，被诉一方有权就规定情形提出异议，仲裁庭有权驳回该类仲裁申请从而降低投资者滥诉行为的出现。Comprehensive Economic and Trade Agreement, Article 8. 32, Article 8. 33.

〔5〕 Comprehensive Economic and Trade Agreement, Article 9. 1, United States-Mexico-Canada Agreement, Article 14. 1.

遭受挑战的问题。[1]

（二）ISDS 机制下缺乏有效上诉机制

在 ISDS 机制中，《关于解决国家与他国国民之间投资争端公约》（简称《华盛顿公约》）只规定了有限的几种可以撤销仲裁裁决的情形（无权改判），且这种审查只涉及程序审查而不做实体审查，[2] 这就意味着哪怕案件的裁决结果存在实体性错误（Legally Incorrect），但只要程序合规，现行的上诉机制依旧无法将其驳回。[3]

ICS 模式与《华盛顿公约》几乎不做实体审查的规定有所不同，规定上诉机构有权对初审法院的裁决进行实体审查。[4] ICS 模式这样改革的目的，一方面，是为初审法院因适用法律错误或者因事实认定明显错误而作出的裁决提供修正的机会，保护争端双方的利益；另一方面，也意在通过设置有效的上诉机制从而对初审裁判员的裁决行为（倾向性）有所威慑，促使其作出

---

〔1〕 根据 UNCTAD 的统计，2017 年新签订的 14 个国际投资协定几乎都对序言条款、公平和公正待遇条款、"保护伞"条款、一般例外条款等在内的 11 项改革导向性条款作出了规定。导向型条款包括：①序言中提到保护健康和安全、劳工权利、环境或可持续发展；②对投资的明确定义（投资的特点、排除组合投资、主权债务或对纯粹源自商业合同的资金的索取权）；③限定公平和公正待遇（参照习惯国际法），等同于习惯国际法下有关外国人待遇的最低标准，或用国家义务清单加以澄清；④澄清哪些行为构成间接征用，哪些行为不构成间接征用；⑤自由转移资金义务的详细例外，包括国际收支困难和（或）国内法的执行；⑥遗漏所谓的"伞式"条款；⑦一般例外，例如为保护人类、动物或植物的生命或健康，或为保护可用尽的自然资源；⑧明确承认缔约方不应为吸引投资放松卫生、安全或环境标准；⑨通过在国际投资协定中纳入单独的条款或在条约序言中宽泛提及，推广公司和社会责任标准；⑩限制投资者与国家争端解决准入（例如，限制诸投资者与国家争端解决的条约条款，从投资者与国家争端解决条款中排除若干政策领域，或者限制提交申请期限，略去投资者与国家争端解决机制）；⑪关于投资促进和（或）便利化的具体积极规定。UNCTAD, *World Investment Report* 2018，20（UN 2018）.

〔2〕 "Either party may request annulment of the award by an application in writing addressed to the Secretary-General on one or more of the following grounds： （a）that the Tribunal was not properly constituted；（b）that the Tribunal has manifestly exceeded its powers；（c）that there was corruption on the part of a member of the Tribunal；（d）that there has been a serious departure from a fundamental rule of procedure；or（e）that the award has failed to state the reasons on which it is based." ICSID-Convention, Article 52（1）.

〔3〕 在 CMS v. Argentina 一案中，委员会承认案件的裁决结果存在一系列的错误与缺陷（包括法律适用上的显而易见的错误），但由于该案件的上诉事由未落在《华盛顿公约》规定的可撤销事由范围内，仲裁委员会无权对仲裁庭作出的裁决进行干预。*CMS Gas Transmission Company v. Argentine Republic*, ICSID Case No. ARB/01/8, para. 158（2005）.

〔4〕 EU-Vietnam Free Trade Agreement, Article 3.54, Comprehensive Economic and Trade Agreement Article 8.28（2）.

更高质量的初审裁决。具体到 ICS 模式下的操作，初审法庭与上诉法庭在衔接上程序简明、上诉庭裁判员任职资格明确、终审裁决作出期限明确等为上诉机构的良好运行提供了保障。[1] 上诉法庭将有助于提高缔约国双方对投资协定争端解决条款的接受度，因为哪怕初审出现了不公正的裁决，一方依旧可以上诉至上诉法庭而非必须接受该判决。[2]

而改良模式与 ICS 模式相比，对该问题的回应稍显薄弱。以 CPTPP 与 USMCA 文本为例，改良模式对这一部分并未作出有价值的调整，虽然在 USMCA 谈判时各方对在投资争端解决条款中设置一个上诉机制抱有极大兴趣，但从最终结果来看，各方最终都放弃了在现阶段设置上诉条款的做法。[3] 改良模式的这种保守态度有其特定的原因，这是由 ISDS 机制中的缔约方依旧更侧重于投资者利益保护的立场所决定的。[4] 在 ISDS 机制下投资者胜诉率依旧维持在较高水平的现状下，维护仲裁庭的权威性对主要的投资者母国（发达国家）而言依旧具有重要价值。正如有学者表述，任何明显改变投资者在投资协定中地位的改革都很难获得投资者及其母国的支持。但是，不论是从真正切实维护投资争端双方的利益的角度出发，还是从提升国际投资裁决机构（包括仲裁庭或投资法院）的权威性、判决的被尊重程度与可执行性的角度来看，ICS 模式针对设置"实体审查"上诉机制的探索，更有可能成为未来国际投资争端解决的主流手段。

（三）ISDS 机制下裁决结果缺乏一致性与可预测性

造成裁判结果缺乏一致性与可预测性的原因是多方面的。一方面，在 ISDS 机制中，无论是机构仲裁还是临时仲裁都具有临时性的特点。这种临时性体现在仲裁庭的设立是"一案一庭"；另一方面，仲裁模式本身还具有灵活性、保密性和无须遵循先例的传统等特点，这是裁决机构"非中心化"的必然结果，但这些特点并不利于仲裁庭作出一致和可预测的裁决。[5] 不仅如

---

〔1〕 EU-Vietnam Free Trade Agreement, Article 3.38, Article 3.54, Article 3.55, Comprehensive Economic and Trade Agreement, Article 8.28, Article 8.30.

〔2〕 UNCTAD, *World Investment Report* 2015 xii (UN 2015).

〔3〕 Comprehensive Progressive Trans-Pacific Partnership, Article 9.29; United States-Mexico-Canada Agreement, Article 14. D. 13.

〔4〕 王燕：《国际投资仲裁机制改革的美欧制度之争》，载《环球法律评论》2017 年第 2 期，第 185 页。

〔5〕 Tucker, Todd, *Inside the black box: collegial patterns on investment tribunals*, Journal of International Dispute Settlement 7.1. 183, 204 (2016).

此，投资协定中解释条款的规定相对模糊、笼统，也导致了仲裁员自由裁量权边界的模糊。[1] 以国际投资协定中的最惠国待遇条款为例，最惠国待遇条款是否可以适用于投资争端解决程序的问题，不同的仲裁庭就作出了截然相反的裁决。[2]

为了改变裁决结果不一致、不可预测的情况，需要解决投资协定条款模糊的问题，ICS 模式和改良模式的做法并无太大分歧，都强调对法律解释作出更明确的规定。例如，CETA 就规定，条约解释时除了适用《维也纳条约法条约》外，还应该适用欧盟成员国之间适用的国际法院的解释，确保欧盟对外缔结的环境及人权公约在协定解释中的适用，从而避免仲裁庭对环境卫生等公共政策考量的不足。而 USMCA Article31.20（1）强调缔约方解释的地位。[3] CPTPP 则规定，仲裁庭应在作出解释时还应参考 WTO 争端解决机构和 WTO 上诉机构报告中的相关解释。[4]

不难发现，两种改革模式的基本思路是一致的，即强调了投资协定解释规则的重要性，通过明确"法律解释原则"的方式，尽可能地限制审理机构的自由裁量权。但很遗憾，无论是 ICS 模式还是缓和改良模式，都并没有明确各方在进行投资协定解释发生冲突时的解释效力问题，实践中，缔约方解释、仲裁庭解释与第三方解释三者如何协调统一的问题还需进一步明晰。

（四）ISDS 机制下仲裁员选任与监管制度不完善

ISDS 机制下不可避免的问题是，争端双方都倾向于选任那些已经表现出自身倾向（倾向投资者或倾向东道国）的仲裁员，[5] 而这些仲裁员只需要不断地在仲裁中强化自己的倾向性，就会更容易得到特定争端方的指认。仲裁

---

[1] 王燕：《国际投资仲裁机制改革的美欧制度之争》，载《环球法律评论》2017 年第 2 期，第 182 页。

[2] *Emilio Agustín Maffezini v. Kingdom of Spain*, ICSID Case No. ARB/97/7（1997）与 *Plama Consortium Ltd v. Republic of Bulgaria*, ICSID Case No. ARB/03/24（2005）案中，仲裁庭针对最惠国待遇条款是否可以适用于程序事项作出了截然相反的裁决。

[3] United States-Mexico-Canada Agreement, Article 31.20.

[4] Comprehensive Progressive Trans-Pacific Partnership, Article 28.12.

[5] European Commission, *The identification and consideration of concerns as regards investor to state dispute settlement* 11（2017）.

员更多地充当了争端双方的利益代表角色而非公正的裁判员。[1] 尽管 ISDS 机制尽可能通过仲裁机构仲裁员名册上仲裁员国籍与性别的多元与均衡保障仲裁机构的中立性，但这样的均衡可能只是表象，实际的任命结果表现出了明显的"极化"。2018 年任命的 500 位投资争端仲裁员中，半数的仲裁员在超过一件案件中任职，一小部分人任职的案件超过 30 件，这其中有三人（其中两名为女性）收到了最多的任命（92 件、51 件、51 件），与此同时，所有被任命的仲裁员中只有一个不是欧洲或北美国家的公民。[2] 除了仲裁员选任的特定化问题外，ISDS 机制下的仲裁员任职冲突问题明显，因多点任职造成的利益联结风险也一直无法得到妥善解决。

ICS 模式在解决该问题上体现了更大的决心。[3] 该模式希望能通过司法化的组织架构使投资法院成为"有能力作出一致和平衡裁决的权威机构"。[4] ICS 模式在裁判员选任问题上的设计方案，是由缔约国双方成立的联合委员会选任数目固定、成分固定的裁判员联合小组（A pool of candidates），[5] 小组成员在投资法院中专职任职，受理投资纠纷时遵照不可预测的轮值方式（有国籍上的规定）组成均衡的合议庭进行争端裁决。而就仲裁员多点任职可能产生的利益冲突问题，除了专职专任模式之外，ICS 模式之下还试图同时通过更为严格的《仲裁员行为准则》进一步规范仲裁员行为，从而促进裁决结果的公平性与公正性。至于小组成员由缔约国双方选定会不会损害投资者一方的利益，笔者认为，虽然投资争端一方为投资者，一方为缔约国，但缔约国双方在签订投资协定时已充分考虑了东道国的利益以及各自投资者的利益，由缔约国双方选任的裁判员轮值组成法庭进行争端裁决并不会贬损争端任何

---

〔1〕 一项针对仲裁员的研究显示，仲裁员的异议几乎都是为了维护选任他们的争端一方的利益而提出的。Albert van den Berg, *Looking to the Future, Dissenting Opinions by Party-Appointed Arbitrators in Investment Arbitration* 821 (Brill Nijhoff Press 2010).

〔2〕 UNCTAD, *World Investment Report* 2018, 95 (UN 2018).

〔3〕 Comprehensive Economic and Trade Agreement, Article 8.27 (7).

〔4〕 Marc Bungenberg、August Reinisch, *From Bilateral Arbitral Tribunals and Investment Courts to a Multilateral Investment Court Options Regarding the Institutionalization of Investor-State Dispute Settlement*, European Yearbook of International Economic Law 29 (Springer Nature Switzerland AG Press 2018).

〔5〕 由于欧盟在涉及投资法院的不同投资协定与自由贸易协定中对投资法院的裁判员使用了不同的称呼，且对欧盟投资法院性质的认定在学界与实践中还存在很大的争议，因此本文暂对在欧盟投资法院任职的投资争端解决专家统称为"裁判员"。

一方的利益。[1]

而改良模式对该问题的处理较为消极。以 CPTPP 为例，虽然也选择通过花名册（Roster list）的方式尽量降低争端双方在选任仲裁员时的"利益导向性"，[2] 试图通过在不改变 ISDS 机制仲裁性的情况下对仲裁员的范围作出限制，但 CPTPP 却借更为灵活的替换权对花名册的范围客观上作出了延展，[3] 争端双方依旧对仲裁员选任拥有绝对控制权，这与 ISDS 机制下仲裁员的选任方式并无本质区别，仲裁员与争端方依旧保持着过度的联系。而就仲裁员本身的利益冲突问题，改良模式下也仅仅是通过《IBA 国际仲裁利益冲突指引》等引导性规定进行限制，[4] 能否实现规范仲裁员行为的目标令人怀疑。

ICS 模式与改良模式在强调裁判员专业背景问题上达成了一致，却在解决裁判员身份冲突问题上有较大分歧。[5] 笔者认为，改良模式这种"进退两难"的做法是由其内在原因决定的。在仲裁员非专职任职的情况下提出一套各方都满意的薪酬方案在现有机制下几乎是不可能的。改良模式有意无意"忽略"了仲裁员利益冲突问题，实际上是迁就 ISDS 机制仲裁性的退让之举。但是，如果过于强调仲裁性，忽视了仲裁结果本身的公正性、仲裁结果的被尊重程度，只能逐渐减损仲裁本身的权威性。因此，投资法院的裁判员采取专职任职模式，最大程度上避免了仲裁员因多点任职带来的利益联结风险，

---

〔1〕　投资法院由初审法院与上诉法庭组成，初审法院由 15 名裁判员组成，欧盟国家公民、加拿大国家公民、第三国公民在数量上各占三分之一，由欧盟和加拿大联合委员会共同任命，成员任期为 5 年，可继续任命一次。一名欧盟裁判员、一名加拿大裁判员和一名第三国裁判员将组成三人合议庭对案件进行审理，第三国裁判员担任庭长，法庭裁判员遵循轮换、不可预测、任职机会均等等原则，争端双方也可以选择一名第三国裁判员以独任方式进行争端裁决。法院可根据投资者选择的规则进行裁决（ICSID 仲裁规则、ICSID 附加便利规则、UNCITRAL 仲裁规则）。Comprehensive Economic and Trade Agreement, Art. 8. 27.

〔2〕　如在 Article 28. 11 规定在投资协定生效的 120 天内双方要确定一个任期为 3 年、包含 15 个仲裁员的花名册，其中每个缔约方可以单独指认两个仲裁员（至多一个拥有缔约国国籍），其余的由双方合意指认，整个册子只包含至多一名缔约国国籍国民。Comprehensive Progressive Trans-Pacific Partnership, Article 28. 11.

〔3〕　Comprehensive Progressive Trans-Pacific Partnership, Article 28. 11 (7), (9), (10).

〔4〕　IBA Guidelines on Conflicts of Interest in International Arbitration (2014).

〔5〕　这样的任职要求切合了国际投资争端涉及大量公法问题的情况，根据 CETA 与欧盟-越南 FTA 的规定，初审法庭与上诉法庭的裁判员应符合其任命国对司法人员的资格要求；或者他们是在国际公法领域展现了专业知识的法学家；并特别要求他们在国际投资法、国际贸易法以及国际投资争端解决等领域具备专业知识。Comprehensive Economic and Trade Agreement, Article 3. 38 (4), EU-Vietnam Free Trade Agreement, Article 8. 27 (4).

同时通过更为严格的《仲裁员行为准则》进一步规范仲裁员行为从而促进裁决结果的公平性与公正性，[1] 因此这种方式是更为有效的。

（五）ISDS 机制下投资争端解决耗时长、花费高昂

根据 OECD 的数据，平均一件国际投资争端解决的全部程序费用（包括法律顾问的费用）约为 800 万美元，而根据针对投资者-国家争端解决程序的一项调查，ICSID 案件的平均处理时长为 5 年。[2] 争端解决程序的耗时通常意味着争端双方要为此付出更多的成本，时间花费与成本付出成正相关。

ICS 模式和改良模式采取了相似的改革方案，即细化了 ADR 条款使其更具有操作性，从而将投资争端在正式程序之前解决，避免因纠纷激化而永久性地破坏投资者与东道国的关系。[3] 然而，虽然 ICS 模式和缓和改良模式都强调细化、落实 ADR 条款，但不得不面临的现状是，ADR 条款的适用由于不具强制性且协商或调解成果难被执行[4]，尤其是东道国几乎不可能就国内立法措施与投资者有所协商，导致 ADR 在投资争端解决上的作用难以发挥。

本文还需强调的另一问题是，尽管两种模式针对该问题专门作出的调整可能并不能发挥理想的作用，但 ICS 模式本身的组织结构和设计，使其在缩减争端裁决期限、降低争端裁决成本等问题上能够先天性地优于改良模式。ICS 的司法化模式表现出裁决程序耗时短、程序运作效率高的优势：在裁决程序上拥有更大权力的专职的裁判员可以有效推进裁决程序的进行；[5] 同时

---

〔1〕 EU-Vietnam Free Trade Agreement, ANNEX 15-B, Code of Conduct for Arbitrators and Mediators.

〔2〕 除了程序上的花费，当事人还需支付诸如仲裁员费用、翻译人员和秘书费用、为当事人提供代理服务而产生的费用、聘请或咨询专家的费用（包括法律专家和计算损失的专业机构）等一系列费用。许多发展中国家以及中小企业通常无力支付如此高昂的费用，即使获得胜利，寄希望于得赔偿从而支付不菲的争端解决费用通常来说也是不现实的。European Commission, *Investor-to-State Dispute Settlement (ISDS) Some facts and figures* (2015).

〔3〕 值得注意的是巴西的 CFIAs 将 ADR 程序视为强制程序并作出了规定：在提起仲裁程序前，协议双方之间的任何争议均应（shall）作为协商和谈判的对象，并由联合委员会进行事先审查。Cooperation and Facilitation Investment Agreement Between the Federative Republic of Brazil, Article 23.

〔4〕 Transatlantic Trade and Investment Partnership: Trade in Services, Investment and E-Commerce (Proposal), Article 2, Article 3, Article 4; Comprehensive Progressive Trans-Pacific Partnership, Article 28.5, Article 28.6.

〔5〕 Marc Bungenberg、August Reinisch, *From Bilateral Arbitral Tribunals and Investment Courts to a Multilateral Investment Court Options Regarding the Institutionalization of Investor-State Dispute Settlement*, European Yearbook of International Economic Law 20 (Springer Nature Switzerland AG Press 2018).

ICS 设定了初审与上诉审查程序的期限，[1] 与 ICSID 案件动辄 5~6 年的审理时长相比，ICS 无疑有效地提高了争端解决的效率从而降低了争端解决的成本。反观缓和改良模式，不论是 ICSID 还是其他投资争端解决机构都还没有拿出一个各方满意、可执行的解决方案以缩减裁决时间、降低裁决成本，这是由于仲裁模式下仲裁员对案件裁决过程的控制力相对有限，且一旦对仲裁裁决程序作出更为严格的时间限制，仲裁的灵活性与争端双方对仲裁程序的可控性则会发生改变，这也就背离了改良模式力图保留投资争端解决仲裁性质的初衷。

（六）ISDS 机制下争端解决程序缺乏透明度

由于现行的 ISDS 机制很大程度上托生于国际商事仲裁，因此在透明度问题上留下了浓重的商事仲裁的影子。商事争端的性质决定了其在制度设计上更倾向于保护当事人的商业秘密。但在国际投资仲裁中，由于一方当事人是主权国家，国际投资争端的部分公法性质决定了公众对争端的发生、争端裁决的过程以及争端的裁决结果都应具有知情权。2013 年，UNCITRAL 修改了《联合国国际贸易法委员会仲裁规则》并通过了《联合国投资人与国家间基于条约仲裁透明度公约》（简称《毛里求斯透明度公约》），针对透明度问题进行了系统的改革。其对仲裁程序启动的公告、仲裁程序相关文件公开、法庭之友、仲裁裁决结果公开以及可不公开的例外情形等作出了更为全面的规定的进步，一定程度上迎合了提高 ISDS 机制透明度的需求。但由于涉及国家主权安全、商业秘密保护、最惠国待遇条款的适用等重要问题，各国对透明度条款的改革都较为谨慎。出于国家利益的考量，四分之三的国家依旧选择适用了 ICSID 关于透明度的规定。根据统计，截至 2019 年 6 月，仅有五个国家通过了《毛里求斯透明度公约》。[2]

在 ICS 模式下，CETA 与 EU-Vietnam FTA 在透明度问题上适用《毛里求斯透明度公约》，USMCA 在透明度问题上沿革了 NAFTA 关于透明度的规定，二者都较为先进且各有特点，如《毛里求斯透明度公约》在信息公开上要求较高，而 USMCA 的透明度条款较多地尊重了自由贸易委员会的解释权，同时

---

〔1〕 EU-Vietnam Free Trade Agreement, Article 3.54（5）.

〔2〕 《联合国投资人与国家间基于条约仲裁透明度公约》于 2014 年 12 月 10 日通过，2017 年 10 月 18 日生效。截至 2019 年 3 月，仅有喀麦隆、加拿大、冈比亚、毛里求斯、瑞士五个国家通过该公约，虽然公约在理论上为增强 ISDS 机制提供了解决方案，但是在实践中的影响还远未达到预期。

两种方案都将信息公开的具体操作职责交由仲裁庭，客观上减轻了争端双方尤其是东道国在信息公开上的操作压力。两种模式对透明度的规定都高于IC-SID的要求，这是ISDS机制透明度改革的重要进步。这与欧盟、美国、加拿大与其盟友经济联系紧密以及国内法律体系相对完善密切相关。

（七）ISDS机制下裁决结果难以被承认与执行

投资争端裁决结果承认与执行的困境主要源于国家主权豁免在实践中的适用。《华盛顿公约》第54条对仲裁裁决的效力作出了规定，但也对例外作出了解释。[1] 国家主权豁免通常分为管辖豁免和执行豁免，从实践上看，通常各缔约国签署《华盛顿公约》并同意将相关投资争端提交ICSID中心进行仲裁即默示放弃管辖豁免。但执行豁免的放弃通常要通过明示的方式作出。由于各国对于国家豁免原则采取不同的态度，实践中会出现裁决结果在不同的缔约国被区别对待的情况。仲裁裁决结果承认与执行上的不确定性，助长了投资者"挑选法院"（Forum Shopping）的不合理现象，同时作为投资争端解决的最后一个环节（落地环节），承认与执行这一环节的不确定会贬损投资争端解决的整体价值。

改良模式并没有解决投资者"挑选法院"的情况，在该模式下投资者依旧可以通过上下游公司重组的方式挑选对自己有利的国际投资协定，甚至可以通过更换母国的方式提起仲裁。[2] 而在ICS模式下，投资者虽然无法"挑选法院"，但由于投资法院只能依赖于ICSID或UNCITAL等仲裁规则而并没有如各方所期望的那样拥有自己仲裁（审判）程序规则，因此裁决结果依旧需要依靠《华盛顿公约》以及《承认及执行外国仲裁裁决公约》（简称《纽约公约》）进行承认与执行。

ICS模式在适用公约时作出了特别规定，即最终裁决的承认与执行只需符合《华盛顿公约》第4章第6节的规定。这也就表示ICS希望通过只适用公约的特定章节就使其裁决结果在《华盛顿公约》下得到承认与执行。这样的承认与执行规则在缔约国双方之间被遵守并不困难，但是根据"与本案无关

---

〔1〕 《华盛顿公约》第55条，"第54条的规定不得解释为背离任何缔约国现行的关于该国或任何外国执行豁免的法律。"

〔2〕 Happ Richard, Sebastian Wuschka, "From the Jay Treaty Commissions Towards a Multilateral Investment Court: Addressing the Enforcement Dilemma", *Indian J. Arb. L.* 6 122 (2017).

的第三者行为原则"（Principle of res inter alios acts），[1] ICS 要求第三方承认
与执行只符合《华盛顿公约》特定章节而非全部规则的仲裁裁决在实践中是
没有约束力的；与此同时，如果 ICS 裁决结果的承认与执行想要适用《纽约
公约》的规定，那么必须回答 ICS 裁决是否可以被认定为仲裁裁决，ICS 裁决
的性质自 ICS 模式出现以来就存在着很大的争议，虽然欧盟-越南 FTA 以及
CETA 都采用了"仲裁庭"（Tribunals）、"仲裁员"（Arbitrators）、"仲裁裁
决"（Provisional Award）的表述，但在 TTIP 的草稿中却使用了"法官"
（Judges）一词，[2] 由于《纽约公约》认定一项裁决结果是仲裁裁决还是法
庭判决，采取"实质胜于形式"的原则，[3] 因此实践中第三国法院是否会承
认 ICS 的裁决结果符合《纽约公约》对仲裁裁决的认定标准还不得而知。

**三、国际投资争端解决机制的未来：从"社会连带主义模式"到"极化
模式"**

（一）ICS 模式改革的现状与困境

欧盟及其成员国曾经是 ISDS 机制的主要参与者与推崇者，但 ISDS 机制
弊端日益暴露，这迫使欧盟需尽快拿出一套能够有效促进与保护对外投资争
端解决的新方案。欧盟借此次 ISDS 机制改革的契机提出了 ICS 的构想，这样
的做法一方面是针对投资协定中缺乏有效争端解决机制现状的"救急"之举，
另一方面则体现了投资争端解决机制发展到现阶段司法化模式与仲裁模式之
间的对抗。[4]

无疑，ICS 模式对 ISDS 机制的改革措施是强有力的且改革效果在理论上
存在一定的优势，但由于该模式目前只在双边投资协定中出现，想要完成由
双边向多边模式（Multilateral Investment Court，简称 MIC）的转化依然困难重

---

〔1〕 夏登峻主编：《英汉法律词典》（第 3 版），法律出版社 2008 年版；Catherine A. Rogers, *The Selection of Arbitrators in Investment Arbitration*, Investor-State Dispute Settlement Summary reports by experts at 16th Freedom of Information Roundtable（2012）.

〔2〕 Transatlantic Trade and Investment Partnership：Trade in Service, Investment and E-Commerce（Proposal），Article 8.27（2），Article 9（2），Comprehensive Economic and Trade Agreement Article 13.20, EU-Vietnam Free Trade Agreement, Article 3.38.

〔3〕 Bernd Ehle, *Article 1〔Scope of Application〕in New York Convention* 24-25（Verlag C. H. Beck München Press 2012）.

〔4〕 也有学者认为这种对抗也是欧盟与美国在全球范围内制度领导权之争在国际投资争端解决模式选择上的表现，是欧盟拒绝美国模式扩大化、争取世界范围内主动权的必然举措。王燕：《国际投资仲裁机制改革的美欧制度之争》，载《环球法律评论》2017 年第 2 期，第 188 页。

重。首先，从 ICS 裁判员的选任来看，MIC 需将裁判员控制在一定数目内（出于成本的考量），因此裁判员席位在环球范围内如何分配，怎样避免裁判员背后的国家力量对法院进行政治干预，防止法院沦为政治博弈的工具还需要作出制度设计上的进一步考量。其次，MIC 的机构运行费用拟由成员国承担，成员国之间所承担的费用该如何分配，是否根据各国经济发展水平不同而对发展中国家有所倾斜也需要考虑。再次，ICS 模式在理论效果上的优势能否落地还未可知，如上文所述，ICS 以及 MIC 裁决结果的承认与执行前景并不明朗。同时，投资法院的上诉机制对初审法院裁决的实体审查在实践中还可能出现对初审法庭过度干预的问题。最后，在全球范围内的主要投资协定中已经包含了相应的投资争端解决条款的情况下，怎样使投资法院可以在这些投资协定中适用的问题也需解决，欧盟所提出的 OPT-IN 模式是否可以被各方接受还有待观察。而即使是在欧盟内部，欧盟投资法院与欧盟法律秩序自主性的兼容性也尚无定论，这些不确定性都影响到 ICS 模式最终的实践效果。

（二）改良模式改革的现状与困境

改良模式保留了 ISDS 机制的基本框架，不论是 CPTPP 还是 USMCA 都只采用具体问题具体解决的改革模式，保留了 ISDS 的仲裁性。ISDS 本身就是投资者-国家争端解决"去政治化"的成果，支持改良模式的声音认为 ISDS 机制存在的合理性基础并未发生改变，而 ISDS 机制也在一定程度上达成了促使东道国提升投资管理水平，推动东道国国内政策与国际投资相关法律规定的协调与统一的客观结果。[1] 虽然改良模式存在诸多弊端且实践中收效甚微，但由于 ISDS 机制已经广泛存在于已经签订的投资协定之中，从成本与风险层面进行考量，改良而非替代依旧被很多国家所青睐。

然而，不可避免的问题是，改良模式只能对 ISDS 机制进行"小修小补"，由 ISDS 机制本身仲裁性导致的问题，如保密性特征带来的"不透明"、仲裁员与争端双方关系过于密切带来的仲裁员无法保持中立态度等，在现有的改良手段下始终是无法解决的。

---

〔1〕 美国前总统奥巴马曾公开支持 ISDS 机制，在有关治安权的问题上，他认为美国与现在全球范围内 3000 余投资协定中的半数以上存在密切关系，这些投资协定都含有 ISDS 机制，但迄今为止美国从未在 ISDS 机制下作为被诉一方在任何一件案件中败诉，因此治安权得不到保障的根本原因在于"东道国不完善的法律法规"，而非 ISDS 机制本身。Matt Bai, *Why Obama is Happy to Fight Elizabeth Warren on The Trade Deal*, YAHOO! POLITICS (2015).

（三）从"社会连带主义模式"到"极化模式"

虽然投资法院还远谈不上是一个完美的制度，但其与改良模式之间的博弈却反映了国际投资争端解决发展的客观趋势。

国际投资的兴起是全球经济发展、资本流动的必然结果，也是一定时间内各国经济发展的重要推动力。国际投资涉及政治、经济、外交等各个层面，因此导致了国际投资、国际投资法律体系以及国际投资争端解决机制从诞生之初就具有区域性、碎片化、利益博弈等特征。在全球资本持续流动、经济迅速发展的背景下，灵活多变的国际投资体系是必要的。但是需要认识到，随着各国政治、经济的发展以及全球范围内各经济体利益交叉闭环的形成，国际投资的"统一化""利益平衡化""提升效率"等需求正在逐渐占据上风，原来主要以东道国身份出现的发展中国家开始寻求在国际投资争端解决中获得更多的话语权，改变一直以来在国际市场中的被动地位。

从社会分工的角度来看，司法化的变革模式也是国际投资仲裁由"社会连带主义模式"（Solidaristic Model）向"极化模式"（Polarized Model）发展的客观表现。[1] 多点职业必然会向"极化模式"发展的客观趋势已经被社会学等其他领域广泛验证。表现在投资仲裁领域，争端解决专门人员随着职能分工的发展，其中的一些参与者会更多地担任共同仲裁员，另一些人则担任主席，而其他人则担任律师、专家或供职于其他机构。[2]

仲裁机制的特征与本质决定了它的运作模式，而不论是 ICSID 还是其他的仲裁机构，都无力在不改变仲裁机构运作模式的情况下彻底解决投资争端解决领域的上述问题，也无法做到整合投资争端解决的一整套价值观对仲裁行为作出规制。相比较而言，投资法院的运作模式与投资争端解决机制的"极化模式"趋势具有较高的重合度，因此投资法院的司法化模式虽然存在诸多不确定因素但其前景依旧被看好。

---

〔1〕 国际投资仲裁领域的"社会连带主义模式"是指一小部分拥有强大共同价值观的临时裁判人员，轮流以不同身份（倡导者、仲裁员、专家）行事，有限重复的群体、非专职化的任职方式以及群体成员都对他的每个角色都有强烈的预期行为感是该模式最重要的特征，ISDS 机制就是该种模式在国际投资争端解决上的表现；与之相反，"极化模式"则是数目较多的专职化的裁判员供职于某一特定争端解决领域中最出色的机构。Gaillard, Emmanuel, "Sociology of international arbitration", *Arbitration International* 31, 1, 14 (2015).

〔2〕 Gaillard, Emmanuel, "Sociology of international arbitration", *Arbitration International* 31, 1, 14 (2015).

四、国际投资争端解决机制转型下的中国应对

此次 ISDS 机制的改革与中国和中国投资者利益密切相关。一方面，利用 ISDS 机制解决基于投资协定产生的投资纠纷已经成为国际社会共识，但中国投资者运用 ISDS 机制保护自身利益的经验还稍显欠缺；另一方面，虽然"一带一路"沿线国家经济交往日益密切，但与之相配套的"一带一路"投资争端解决机制尚在逐步完善阶段，在过渡期间积极利用 ISDS 机制为沿线国家间的经济交往保驾护航具有现实意义。

（一）加速中国国际投资协定的升级

首先，应进一步完善"投资者""投资"定义等条款。当前，我国主要采取"开放式"定义方式来处理该类条款。但随着国际投资交易的发展，国际投资实践中的多层控制模式、节税考量以及复杂的并购交易架构等给"投资"与"投资者"的认定造成了重重困难。[1] 如果无法被认定为适格的投资者（Qualified Investor），或投资行为被认定为不符合投资协定中"投资"定义的范畴，那么当投资纠纷发生时，投资者将被排除在国际投资争端解决救济之外。尤其当东道国法制不够健全时，投资者可能会因此遭受重大损失。与此同时，在涉及"投资者"定义问题时，中国还应进一步明确港澳地区投资者的地位问题。实践中，中国内地许多企业在进行海外能源投资时是通过港澳地区进行公司架构设计的，[2] 因此明确港澳地区投资者投资行为是否可以适用中国内地国际投资协定，在相当大的程度上可以避免因适用规则不明确而给中国内地投资者可能造成的巨额损失。

其次，完善与公共利益有关的相关条款，促进国际投资协定的价值平衡。包括中国在内的广大发展中国家为了吸引外资，曾在环境保护、劳工待遇等条款上作出了一定程度的让步。随着中国经济的转型以及在全球价值链地位的提升，投资协定应该在为外商投资提供良好而可预见的投资环境的同时，承担更多的社会公共利益保护的职能。因此，可以通过在投资协定的序言部分进一步强调我国对环境保护与资源合理开发、可持续发展等问题的重视；与此同时，投资协定还应在涉及"间接征收条款"时引入"比例原则"，并将外资准入前后的环境评估机制作常规化要求。价值平衡的投资条约能全面地服务于东道国与投资者，这一点对兼具资本输出大国和资本输入大国双重

---

〔1〕 沈永锋，崇雨晨：《谨慎！别掉进国际投资争端》，载《董事会》2018 年第 11 期，第 37 页。

〔2〕 李英、罗维昱：《中国对外能源投资争议解决研究》，知识产权出版社 2016 年版，第 20 页。

身份的中国尤为重要。

最后，应进一步明确投资协定中各解释效力。虽然中国在部分投资协定中对缔约国解释问题作出了规定，[1] 但因为条款表述较为笼统，因此实践中可操作性并不高。在当前 ISDS 机制无法有效限制仲裁庭自由裁量权的情况下，明确各方解释的效力是预防与妥善解决投资争端的可行途径。中国在签订投资协定时，应明确缔约国解释、仲裁庭解释、争端方解释以及第三方解释的效力位阶，与此同时还应考虑通过设立常设解释机构对投资协定条款作出释义，从而进一步预防各方因对"开放式"条款理解不同而造成的纠纷。

（二）促进中国国内法律制度的完善

一方面，应明确国际投资争端仲裁裁决结果在我国的承认与执行途径。虽然我国已经加入《华盛顿公约》，但到目前为止，我国尚未根据该公约第 69 条指定相关的法院或其他机构保障公约在中国有效实施。[2] 有学者建议指定最高人民法院作为承认与执行投资仲裁裁决的机构，但从便利性的角度考虑，也可将承认环节与执行环节分开，由最高人民法院予以承认，而由各高级人民法院或中级人民法院予以执行。[3] 与此同时，投资仲裁裁决结果的承认与执行必然涉及国家豁免相关问题，我国相关法律还未出台，且签署的《联合国国家及其财产管辖豁免公约》还未被我国批准，因此投资仲裁案件的承认与执行还需依靠国内法的完善。

另一方面，应尽快完成对《中华人民共和国仲裁法》（以下简称《仲裁法》）的修订。虽然深圳国际仲裁院在其新修定的《深圳国际仲裁院仲裁规则》中对可仲裁事项、临时仲裁等方面的规定作出了突破，如规定"仲裁院受理一国政府与他国投资者之间的投资争议仲裁案"。[4] 但由于我国《仲裁法》第 2 条规定，可仲裁事项的范围应是平等主体间的合同和其他财产权益纠纷，[5] 而由于投资争端的主体地位并不相同，因此不属于我国《仲裁法》规定的可仲裁事项。深圳国际仲裁院至今还未受理过国际投资仲裁案件，因此其国际投资仲裁裁决能否得到承认还不得而知。我国应加快国内相关法律

---

〔1〕 2004 年《中国-新西兰自由贸易协定》。

〔2〕 肖芳：《国际投资仲裁裁决在中国的承认与执行》，载《法学家》2011 年第 6 期，第 99 页。

〔3〕 薛源：《投资者与东道国争端仲裁与我国法律机制的衔接》，载《国际商务》2017 年第 5 期，第 123 页。

〔4〕 2019 年《深圳国际仲裁院仲裁规则》，第 2 条。

〔5〕 2017 年《中华人民共和国仲裁法》，第 2 条。

的修订，为国际投资仲裁制度在我国的发展扫清国内法障碍。

（三）强化中国国际投资争端解决专门人才队伍的培养

虽然国际投资争端解决机制迎来转型时期，新兴经济体随着其经济、政治实力的增长也在更加积极地参与到全球投资治理之中，但不可否认的是，西方国家依旧是国际投资争端解决机制的主要参与者与"操盘手"。截至 2019 年 9 月，ICSID 的中国仲裁员数量仅为 7 人，其中仅一人受到过争端方的一次指认，[1] 中国仲裁员在国际投资仲裁中的参与度与中国在国际投资中的地位是不相符的。

由于仲裁员国籍、文化背景、任职经历等的差异，在实践中出现一定的裁判偏向性是不可避免的。对此，中国应加强专业人才的培养，向国际投资争端领域输送更多的高质量争端解决人才。通过人才交流，传递中国理念与价值，逐渐消除因文化差异带来的隔阂，促使当前的争端解决机制能够更好地服务于中国投资者，并为正在构建的"一带一路"争端解决机制打好裁判员队伍基础。

五、结论

ISDS 机制是由发达国家主导建立的投资争端解决机制，是 20 世纪"投资者本位主义"的产物。但随着各国经济的发展与经济结构的调整，资本输入国与资本输出国的身份界限已经越来越模糊。而此次国际社会对 ISDS 机制的改革，也并非是单一的国际法领域的改革，而是涉及各国政治、经济、外交、法律等多层面利益博弈的全球化治理的一部分。在此次国际投资仲裁制度转型的大背景下，中国应采取"内外兼顾"的原则，对外积极参与 ISDS 机制框架与内容的重新制定，对两种改革模式秉持着开放包容的态度，对内则应加速我国国际投资协定的升级与国内相关法律制度的完善，并加速推进"一带一路"投资争端解决机制的构建，从而为全球经济的平衡、多元发展做出中国贡献。

---

〔1〕 根据 ICSID 的花名册统计，仅有 7 名仲裁员来自中国。

独立保函欺诈纠纷案件管辖权问题实证研究

——探讨《最高人民法院关于审理独立保函纠纷案件若干问题的规定》第21条的适用

张 梅* 柴 华**

摘 要：独立保函作为商业贸易中一种重要的担保方式，其独立性原则极大地简化了基础合同关系中的付款环节，保障了付款的确定性和快捷性，但同时也为受益人欺诈、滥用权利提供了可乘之机。独立保函的欺诈例外原则应运而生，为解决受益人滥用权利问题提供了方法和途径。而独立保函欺诈纠纷进入到司法程序，首先要解决的问题就是管辖权问题。在涉及国际贸易时，管辖权问题作为程序性事项，应当适用法院地法判断，明确我国法律关于独立保函欺诈纠纷的管辖权规定，总结和梳理司法实践中对于《最高人民法院关于审理独立保函纠纷案件若干问题的规定》相关法规的适用，不仅是解决独立保函欺诈纠纷的必要前提，更是充分发挥独立保函在市场经济中便捷高效生命力的重要保障。

关键词：独立保函 欺诈例外 管辖权 当事人约定

----

* 张梅，中国政法大学国际法学院国际私法专业2014级博士研究生（100088）。

** 柴华，山东省高级人民法院审判监督一庭法官（250000）。

独立保函是银行或非银行金融机构作为开立人，以书面形式向受益人出具的，同意在受益人请求付款并提交符合保函要求的单据时，向其支付特定款项或在保函最高金额内付款的承诺。[1] 一般来说，对于独立保函法律关系中的三方当事人，他们之间存在三种不同的法律关系：申请人与受益人之间的基础合同法律关系、申请人与担保人之间申请开立独立保函的法律关系以及担保人与受益人之间的保函关系。

在司法实践中，还存在着包括四方当事人的独立保函结构，在三方当事人的独立保函结构中，申请人与其往来银行订立担保合同，申请开立独立保函，由该往来银行与受益人之间成立保函关系，而申请人的往来银行往往是其所在地国家银行，若受益人要求由其本国银行出具保函，则需要申请人的往来银行向受益人本国银行发出反担保函，受益人本国银行凭此反担保函来向受益人开立独立保函。这种四方保函结构中，四方当事人也存在着四种不同的法律关系：申请人与受益人之间的基础合同法律关系、申请人与其往来银行（即指示行）之间订立的担保或偿付合同关系、申请人往来银行与受益人本国银行（即担保行）之间订立的反担保关系以及受益人本国银行与受益人之间的保函关系。

虽然独立保函中各方当事人之间存在着多个法律关系，但各法律关系互不相同，法律适用也存在区别，在解决保函纠纷时，只有明确纠纷对应的法律关系，才能正确适用相对应的程序和实体法律，而在进入司法程序后首先要解决的问题是管辖权问题，独立保函欺诈纠纷作为独立保函纠纷中的特殊情形，其管辖权问题又有别于普通的独立保函纠纷。尤其在涉及国际贸易的司法实践中，虽然当事人通常会对争议解决方式以及纠纷适用的准据法作出约定，但是管辖权问题作为程序性事项，应当适用法院地法进行判断，明确我国法律关于独立保函欺诈纠纷的管辖权规定，是解决该类纠纷的必要前提。

一、独立保函欺诈纠纷案件的界定

（一）独立保函欺诈例外原则的产生与发展

独立保函欺诈例外原则是针对独立保函的独立性特征所产生的，独立性原则是独立保函基本的法律属性，保函一经开出，即独立于受益人之间的基础合同关系，只要受益人提交相符单据即可获得担保人的付款，而担保人对单据仅进行表面审查，其付款义务不受基础合同关系的效力、变更、履行情

---

[1] 参见《最高人民法院关于审理独立保函纠纷案件若干问题的规定》第1条第1款。

况影响，不因其他法律关系变动而变动。独立保函的独立性特征是把双刃剑，一方面简化了基础合同关系中的付款环节，保障了付款的确定性和快捷性，提升了商业贸易的效率，另一方面独立保函这种仅表面审查单据、不考虑基础交易因素的特质，为受益人欺诈、滥用权利提供了可乘之机，如果固守独立性原则，势必会纵容这种诈骗的行为，[1] 损害保函申请人的合法权益。针对独立性的负面影响，独立保函的欺诈例外原则应运而生，对于符合欺诈例外情形的受益人，排除适用独立性原则，担保人不因受益人提交相符单据而承担相应付款义务，简单来说就是如果受益人存在欺诈行为，担保人可以拒绝付款。

独立保函的欺诈例外原则最早于 1941 年在美国纽约州上诉法院的 Sztejn v. Henry Schroder Banking Corp. 一案中确定[2]，原告 Sztejn 与印度 Transea 公司订立买卖合同，同时原告申请被告 Henry Schroder Banking Corp. 开具以 Transea 公司为受益人的信用证，受益人向被告提交了相符单据议付，但原告主张 Transea 公司所卖商品与合同约定不符，以卖方欺诈为由申请法院禁止被告向 Transea 公司付款，该案法官认为如果开证行在受益人提交相符单据之间已经注意到受益人的欺诈行为，则开证行不应当适用信用证的独立性原则维护受益人的不诚信行为。[3] 从独立保函欺诈例外原则的产生过程中，我们不难看出该原则是立足于诚实信用原则，诚实信用原则是民商事法律的"帝王条款"，各国在司法实践中常适用诚实信用原则来弥补现有法律漏洞，独立保函欺诈例外原则正是运用诚实信用原则对独立保函独立性的排除。Sztejn v. Henry Schroder Banking Corp. 一案所确立的欺诈例外原则被写入美国《统一商法典》，其后不仅被美国法院审理欺诈例外案件时予以遵循，而且被包括英国在内的普通法系国家广泛援引适用，《联合国独立保函和备用信用证公约》中对此也予以规定。

（二）独立保函欺诈例外原则的适用

独立保函的独立性是其基本的法律属性，是其为基础合同关系提供高效服务的基础，过于宽泛的欺诈例外情形必然会侵蚀独立保函的独立性，违背

---

〔1〕 郭双焦主编：《国际商法》，武汉大学出版社 2015 年版，第 304 页。

〔2〕 美国联邦法律规定，跟单信用证确定的欺诈例外原则适用于独立保函。

〔3〕 判决原文：In such a situation, where the seller's fraud has been called to the bank's attention before the drafts and documents have been presented for payment, the principle of the independence of the bank's obligation under the letter of credit should not be extended to protect the unscrupulous seller.

独立保函的设立宗旨，进而影响独立保函在商业贸易中的应用，难以发挥其简单、快捷的优势。因此，要保障独立保函独立性原则和限制受益人欺诈、滥用权利之间的平衡，就需要对独立保函欺诈例外的适用范围进行严格、狭义的界定。世界各国在立法中确立独立保函欺诈例外原则的同时，也对其适用范围作出了严格的限制。例如英国法院在适用欺诈例外原则时进行狭义解释，许多判例中都强调：要成立欺诈例外，欺诈以及卖方对于欺诈的明知都必须有明确的证据证明。单是声称或怀疑欺诈都不足以使银行拒付或法院颁发止付令。[1]

《最高人民法院关于审理独立保函纠纷案件若干问题的规定》（以下简称《规定》）第 12 条规定了构成独立保函欺诈的五种情形，[2] 该条严格限制了独立保函欺诈的适用范围，彰显了人民法院审慎干预独立保函独立性、维护独立保函金融信用流通功能的价值取向。首先，强调了受益人的主观过错。《规定》第 12 条将欺诈分为虚构真实交易、滥用付款请求权和单据欺诈三种情形，然而无论是哪一种情形，受益人都存在着主观上的恶意，即受益人故意实施欺诈行为。以司法实践中较为常见的受益人滥用付款请求权为例，受益人故意隐瞒事实，在没有付款请求权的情况下，向开立人出具表面上与保函条款相符的单据，以骗取开立人错误付款。在沈阳矿山机械（集团）进出口公司与印度电热公司、中信银行股份有限公司沈阳分行保函欺诈纠纷一案[3] 中，独立保函约定的付款条件是沈阳矿山公司违反基础合同约定时，中信银行向印度电热公司支付保函款项，印度电热公司向中信银行提交的索赔函中陈述沈阳矿山公司违反合同义务，而实际情形沈阳矿山公司并不存在违约的事实，印度电热公司为索取保函项下款项，在明知不满足付款条件的情况下，故意作出虚假陈述，具有明显的主观欺诈恶意。但是，如果并非受益

---

［1］　徐忠：《信用证欺诈例外的危机与出路——兼评最高法院关于信用证纠纷案件司法解释（征求意见稿）》，载 http://www.sinotf.com/GB/136/1362/2010-09-28/yOMDAwMDA1NTAyOA.html，2019-10-16。

［2］　《最高人民法院关于审理独立保函纠纷案件若干问题的规定》第 12 条，具有下列情形之一的，人民法院应当认定构成独立保函欺诈：①受益人与保函申请人或其他人串通，虚构基础交易的；②受益人提交的第三方单据系伪造或内容虚假的；③法院判决或仲裁裁决认定基础交易债务人没有付款或赔偿责任的；④受益人确认基础交易债务已得到完全履行或者确认独立保函载明的付款到期事件并未发生的；⑤受益人明知其没有付款请求权仍滥用该权利的其他情形。

［3］　参见沈阳市中级人民法院（2005）沈中民四外初字第 34 号民事判决书，来源于中国裁判文书网。

人原因或者第三人原因引发的欺诈，不宜将此种情形归责于受益人，并认定为独立保函欺诈，否则将不利于受益人权利的保护。第 12 条第 2 项规定的"受益人提交的第三方单据系伪造或内容虚假的"情形，应当理解为受益人伪造或者制作内容虚假的第三方单据，或者明知该第三方单据是伪造或内容虚假，仍将此提交给担保人，认定为保函欺诈，但如果该第三方单据是第三方伪造，受益人对此并不知情，并且已经履行合同义务付出相应代价，受益人主观并没有欺诈的故意，此时持该伪造或者内容虚假的第三方单据，向保证人请求付款，不宜认定为独立保函欺诈。

其次，欺诈应达到非常严重的程度且确实充分。英美法系国家在适用独立性原则例外时，引入实质性欺诈这一概念来进行判断，将一般性欺诈与实质性欺诈区分开来，严格限制了欺诈例外的适用范围，只有构成实质性欺诈才能够排除独立性原则的适用。[1] 而在区别一般性欺诈与实质性欺诈时，需要法官从基础合同当事人的利益损害来自由裁量，不能机械地将任何欺诈归结为实质性的欺诈，实质性欺诈更多地着眼于欺诈行为的实质性后果，即对基础合同履行的影响程度，[2] 一般认为实质性欺诈应当达到造成基础交易关系的根本合同目的无法实现的程度，比如没有履行基础合同约定的主要义务、提供完全没有价值的资料、伪造单据等。《规定》的起草参引了《法国民法典》、美国《统一商法典》以及《联合国独立担保和备用信用证公约》等对欺诈概念的界定，[3] 第 12 条借鉴了英美法系的原则性规定，不仅强调受益人滥用付款请求权的情形必须达到非常明显的程度，还要求确实、充分的证据以确认受益人没有付款请求权。《规定》第 12 条第 3 项规定以司法判决或者仲裁裁决、第 4 项规定以受益人自身确认没有付款请求权的证据（例如受益人信函、受益人与债务人之间达成的和解协议等）来加以认定。在东方置业房地产有限公司与安徽省外经建设（集团）有限公司、第三人哥斯达黎加银行、中国建设银行股份有限公司安徽省分行保函欺诈纠纷一案[4]中，最高人民法院认为，如果基础合同法律关系存在纠纷，只要未最终确定基础交易

---

〔1〕 李金泽：《信用证与国际贸易融资法律问题》，中国金融出版社 2004 年版，第 88 页。

〔2〕 陆璐：《独立保函国内适用难题研究——以信用证欺诈例外规则的引入为视角》，载《苏州大学学报（哲学社会科学版）》2014 年第 6 期，第 84～92 页。

〔3〕 刘斌：《独立担保欺诈例外的类型化——兼评我国独立保函司法解释征求意见稿》，载《比较法研究》2014 年第 5 期，第 123～135 页。

〔4〕 参见最高人民法院（2017）最高法民再 134 号民事判决书，来源于中国裁判文书网。

债务人没有付款或者赔偿责任，即使解决该纠纷的诉讼或者仲裁程序正在进行中，也不影响保函受益人实现其保函权利。

最后，将欺诈与违约行为区别开来。独立保函实质上是一种担保方式，虽具有特殊的独立性原则，但本质是为了基础合同关系服务的，但又正因为其独立性，并不受基础合同关系纠纷的影响，除非基础合同关系的纠纷使得受益人行使独立保函付款请求权的条件无法达成，如上文所说的受益人不履行基础合同主要义务，或者基础合同当事人发生纠纷后和解协议中约定排除受益人独立保函付款请求权等。因此，在判断独立保函欺诈时应当注意区分欺诈与基础交易关系中的违约行为，诸如合同标的物质量上存在较小的瑕疵、单据上某些细节性的伪造等一般性的违约行为，不宜纳入欺诈的范围，这种违约行为并不会导致基础交易双方的根本合同目的落空，[1] 如果将此纳入独立保函欺诈，即变相地否定了独立保函的独立性原则。根据《规定》第 12 条第 3 项规定，即使生效判决或者仲裁裁决认定受益人构成基础合同项下的违约，但并没有认定基础交易债务人没有付款或赔偿责任，即没有排除受益人的独立保函付款请求权，就不构成独立保函欺诈。在上述东方置业房地产有限公司保函欺诈纠纷一案中，最高人民法院作出了同样的认定，违约事实的存在不必然成为构成保函"欺诈"的充分必要条件。

此外，《规定》除第 12 条规定了一般独立保函的欺诈情形，第 14 条第 3款针对转开独立保函的情形也作出了规范。转开独立保函存在相互独立的两份独立保函，若要构成该两份独立保函的独立性原则例外情形，需要满足双重权利滥用这一条件，即保函申请人除需证明受益人欺诈外，还必须证明开立人存在恶意付款的情形。

二、独立保函欺诈纠纷案件的管辖权

管辖权是国家对人和物进行控制、支配或管理的权力。国际民事管辖权是指一国法院根据本国缔结或参加的国际条约和国内法的规定，对特定的涉外民事案件行使审判权的资格。[2] 管辖权的确定是法院受理案件的必要前提，在国际民事诉讼中，是冲突法适用的决定性因素，更是直接关系到案件的审理结果，因此明确案件管辖权具有重要的意义。

---

〔1〕 李金泽：《信用证与国际贸易融资法律问题》，中国金融出版社 2004 年版，第 89 页。

〔2〕 赵相林主编：《国际私法》（第 3 版），中国政法大学出版社 2011 年版，第 400 页。

（一） 明确独立保函欺诈纠纷案件的法律关系

民商事主体之间的法律关系是案件纠纷的核心，是确定案件性质并据此确立对应管辖权的前提，不同法律关系适用的管辖权规范千差万别，例如我国民事诉讼法律中关于债权法律关系与物权法律关系的案件管辖权的规范就存在不同，同是债权法律关系的合同之债与侵权之债的管辖权规范亦是有所差别，因此在确定独立保函欺诈纠纷案件的管辖权时，首先应当厘清独立保函纠纷中所涵盖的不同法律关系。

独立保函虽然包含着多个法律关系，但各法律关系相互独立，不能仅仅因为各法律关系之间具有一定的关联，或者对于某一法律事实的认定存在交叉，而简单地将不同的法律关系统一认定为同一法律关系。在中国光大银行股份有限公司台州支行与天津港保税区天工国际贸易有限公司、台州恒慈进出口贸易有限公司合同纠纷一案〔1〕中，天工公司主张其之前已向天津高院起诉恒慈公司进出口代理合同纠纷，并要求光大银行依据《履约保函》承担连带保证责任，该案已被天津高院立案受理，鉴于光大银行后在台州中院起诉的诉讼请求亦是针对同一份《履约保函》是否应该履行而提起的，因此天工公司对本案提出管辖权异议。但浙江省高级人民法院认为本案系独立保函纠纷，光大银行提起的独立保函欺诈诉讼与天工公司在天津高院提起的进出口代理合同纠纷诉讼均属独立的诉讼，两诉在案由、当事人、诉讼请求、法律适用等方面均不一致，不应认定为基于同一法律关系或者同一法律事实而发生的纠纷，不属于一事不再理的范畴，不应当合并审理，故驳回了天工公司的管辖权异议。

因此，独立保函欺诈纠纷案件所涉及的法律关系是担保人与受益人之间的独立保函法律关系，在诉讼中应注意将其与申请人和受益人之间的基础合同关系、申请人要求担保人开立保函给受益人的指示关系进行区分，它们并非同一法律关系，因不同法律关系发生的纠纷适用不同的法律，确定管辖权的原则也不同，某一法律关系引起的纠纷进入司法程序并不当然排除其他法律关系引起的纠纷亦可进入司法程序。

（二） 独立保函欺诈纠纷案件管辖权的独立性

如前文所述，独立保函的关键特性是其独立性。虽然保函系基于申请人和受益人之间的基础关系所开立，但是独立保函独立于该基础关系和申请人

---

〔1〕 参见浙江省高级人民法院（2017）浙民辖终 41 号民事裁定书，来源于中国裁判文书网。

要求担保人开立保函给受益人的指示关系，该独立性作用于程序效力上，独立保函可排除基础交易的仲裁和诉讼管辖约束，限制审理范围并促使案件迅捷处理，[1] 单独确定独立保函所适用的法律。在从属性担保中，担保从属性的效力不仅及于实体部分，也扩张至诉讼程序领域，并根据主合同确定案件管辖。[2] 然而，独立保函虽然具有担保债权实现的功能，但其独立性突破了我国传统担保法律制度中担保的根本属性即从属性和附随性，[3] 独立保函纠纷的管辖权不应受到基础合同法律关系的诉讼或仲裁管辖之影响。

独立保函欺诈虽然是针对独立性原则的例外，但独立保函欺诈纠纷对应的法律关系仍然是独立保函法律关系，虽然独立保函欺诈例外是作为限制独立保函独立性原则，防止该原则被恶意滥用所确立的，但其实质上是对独立性原则的适用范围或者边界进行的定义，依托于独立性原则存在，与独立性原则存在密切联系，不可分割，因此独立保函独立性原则在诉讼程序领域的延伸，同样作用于独立保函欺诈纠纷案件，即独立保函欺诈纠纷的管辖权同样独立于基础合同法律关系，对于基础合同法律纠纷享有管辖权的法院并不当然享有对独立保函欺诈纠纷案件的管辖权。《规定》第 21 条第 2 款[4] 对独立保函欺诈纠纷案件的管辖权作出了专门的规定，正是反映了此类案件的独立性。

（三）确定独立保函欺诈纠纷案件管辖权的法律依据

独立保函实质上是开立人与受益人签订的满足一定条件下开立人履行付款义务的合同，因此独立保函纠纷从性质上属于合同纠纷，依据法律中关于合同纠纷管辖权的规定来确定管辖法院，这点也反映在《规定》第 21 条第 1

---

〔1〕 刘斌：《独立担保的独立性：法理内涵与制度效力——兼评最高人民法院独立保函司法解释》，载《比较法研究》2017 年第 5 期，第 26~44 页。

〔2〕 《最高人民法院关于适用〈中华人民共和国担保法〉若干问题的解释》第 129 条规定：主合同和担保合同发生纠纷提起诉讼的，应当根据主合同确定案件管辖。担保人承担连带责任的担保合同发生纠纷，债权人向担保人主张权利的，应当由担保人住所地的法院管辖。主合同和担保合同选择管辖的法院不一致的，应当根据主合同确定案件管辖。

〔3〕 蒋琪、于文森：《如何看待国内独立保函的合法地位——浅析〈关于审理独立保函纠纷案件若干问题的规定〉》，载《中国律师》2016 年第 12 期，第 77~78 页。

〔4〕 《最高人民法院关于审理独立保函纠纷案件若干问题的规定》第 21 条第 2 款，独立保函欺诈纠纷案件由被请求止付的独立保函的开立人住所地或被告住所地人民法院管辖，当事人书面协议由其他法院管辖或提交仲裁的除外。当事人主张根据基础交易合同或独立保函的争议解决条款确定管辖法院或提交仲裁的，人民法院不予支持。

款关于独立保函纠纷案件管辖权的规定上，当事人在独立保函中约定争议解决条款，如法院管辖条款或仲裁条款等，从其约定，没有约定纠纷解决方式条款时，由开立人住所地或被告住所地人民法院管辖。[1] 但独立保函欺诈区别于一般的合同欺诈，普通的合同欺诈行为往往发生在合同订立阶段，该欺诈行为对合同效力产生影响，而独立保函欺诈行为发生于当事人订立独立保函之后，该行为并不影响独立保函本身的效力，因此独立保函欺诈纠纷不能简单地定性为合同纠纷。

司法实践中对于独立保函欺诈纠纷案件管辖权的确定有两种不同的观点：一种观点认为将独立保函欺诈纠纷按合同纠纷来确定管辖权，受独立保函争议解决条款的约束。独立保函欺诈是独立保函的特殊形态，独立保函纠纷是合同纠纷，独立保函欺诈纠纷也应当按合同纠纷确定管辖。另一种观点认为，独立保函欺诈纠纷案件是在履行独立保函合同过程中发生的侵权纠纷，应按侵权纠纷确定管辖。[2] 受益人在其与保证人的独立保函法律关系中的欺诈行为会侵害申请人在其与担保人之间申请开立独立保函法律关系中的权利，构成侵害申请人债权的侵权纠纷。我国司法实践中更倾向于第二种观点，即独立保函欺诈纠纷属于侵权纠纷。在中国水利水电第四工程局有限公司诉中工国际工程股份有限公司、第三人中国建设银行股份有限公司西宁铁路支行独立保函欺诈纠纷管辖权异议一案[3]中，中工国际公司主张保函的纠纷为合同纠纷，应当适用"原告就被告"的管辖原则，但最高人民法院认为中国水利水电第四工程局有限公司以中工国际公司存在独立保函欺诈行为为由提起诉讼，属于侵权纠纷，适用我国法律中侵权纠纷的诉讼管辖。

根据《规定》第 21 条第 2 款[4]规定，我们可以看出我国立法也采纳了第二种观点，该款规定将独立保函欺诈纠纷作为侵权纠纷，吸纳了《中华人

〔1〕 根据我国《民事诉讼法》第 23 条的规定，由被告住所地或合同履行地人民法院管辖，而《最高人民法院关于审理独立保函纠纷案件若干问题的规定》将开立人住所地作为独立保函合同的特征履行地，因此在独立保函没有约定纠纷解决方式条款时，由开立人住所地或被告住所地人民法院管辖。

〔2〕 章印：《独立保函法律适用及管辖权问题》，载《中国外汇》2017 年第 24 期，第 50~52 页。

〔3〕 参见最高人民法院（2016）最高法民辖终 64 号民事裁定书，来源于中国裁判文书网。

〔4〕 《最高人民法院关于审理独立保函纠纷案件若干问题的规定》第 21 条第 2 款，独立保函欺诈纠纷案件由被请求止付的独立保函的开立人住所地或被告住所地人民法院管辖，当事人书面协议由其他法院管辖或提交仲裁的除外。当事人主张根据基础交易合同或独立保函的争议解决条款确定管辖法院或提交仲裁的，人民法院不予支持。

民共和国民事诉讼法》第 28 条的规定，因侵权行为提起的诉讼，由侵权行为地或者被告住所地人民法院管辖，其中欺诈行为往往针对开立人所实施，因此将开立人住所地作为侵权行为地加以明确，《规定》规定了独立保函欺诈纠纷案件由开立人住所地或被告住所地人民法院管辖。但需要注意的是，根据我国民事诉讼法律关于管辖权的相关规范，侵权纠纷案件管辖权仅有法定管辖权，不具有合同纠纷案件中依托于当事人意思自治的协议管辖，而独立保函欺诈纠纷区别于一般的侵权纠纷，其是立足于独立保函这一合同基础上的，因此除了法定管辖权之外，《规定》第 21 条第 2 款同时赋予了当事人的自主权利，即当事人可以书面协议选择争议解决条款，笔者认为《规定》的这种规范也是对于独立保函欺诈纠纷具有一定的合同纠纷特征的认可。

（四）独立保函欺诈纠纷案件的管辖权冲突

国际民事诉讼管辖权冲突是指与某一涉外民事案件存在某种牵连关系的各个国家法院依国内法规定，对同一案件竞相主张管辖权或均不主张管辖权。[1] 独立保函作为国际商业往来的重要担保手段，法律关系所涉及的当事人往往不仅限于我国公民或者法人，更多的涉及外国当事人，因此独立保函欺诈纠纷案件也会涉及管辖权冲突的问题。根据《规定》第 21 条第 2 款规定，独立保函欺诈纠纷案件的管辖权冲突主要表现为四种情形：一是积极的法定管辖权冲突，我国法院依据法定管辖权规定享有管辖权，且不存在当事人协议排除时，外国法院依据其本国法律同样对案件享有管辖权；二是积极的协议管辖权冲突，我国法院依据法定管辖权规定不具有管辖权，但当事人协议约定由我国法院管辖时，外国法院依据其本国法律同样对案件享有管辖权；三是消极的法定管辖权冲突，我国法院依据法定管辖权规定不具有管辖权，且当事人未有协议约定管辖时，外国法院依据其本国法律对案件不具有管辖权；四是消极的协议管辖权冲突，我国法院依据法定管辖权规定不具有管辖权，但当事人有协议约定由外国法院管辖时，外国法院依据其本国法律对案件不具有管辖权。

为解决上述四种独立保函欺诈纠纷案件的管辖权冲突问题，首先，以协议管辖原则为主，国际民事诉讼中的协议管辖已经成为世界各国的共识，得到了广泛的认可，协议管辖原则立足于意思自治原则，是国际民商事领域广

---

〔1〕 王瀚：《国际民事诉讼管辖权的确定及其冲突解决析论》，载《法学杂志》2014 年第 8 期，第 2 页。

泛应用和认可的。该原则能够有效解决积极的协议管辖权冲突和消极的协议管辖权冲突，对于积极的协议管辖权冲突，即使依据法定管辖权规定我国法院不具有管辖权，只要当事人协议约定由我国法院管辖，则我国法院具有管辖权；对于消极的协议管辖权冲突，同样依据当事人协议约定，由约定的外国法院管辖。

其次，对于消极的法定管辖权冲突。司法管辖权是国家司法主权的重要组成部分，一国法院不能拒绝行使或者轻易放弃行使管辖权，[1] 管辖权不仅影响到当事人的权益，甚至影响到国家主权，因此，为了维护本国及本国当事人合法权益，对于消极的法定管辖权冲突，我国法院不应当轻易放弃行使管辖权，在当事人提交充分的证据足以证实外国法院对于相应的独立保函欺诈纠纷案件不具有管辖权时，即使依据《规定》我国法院不具有法定管辖权，只要该案与我国存在关联性，我国法院应当行使管辖权。

最后，对于积极的法定管辖权冲突。《最高人民法院关于适用〈中华人民共和国民事诉讼法〉的解释》第 532 条[2]确立了我国解决国际民事诉讼管辖权冲突的不方便法院原则。不方便法院原则一般是指享有管辖权的本国法院在受理案件后，发现另一享有管辖权的外国法院对案件的审理更为便利，从而拒绝行使管辖权。[3] 在解决积极的法定管辖权冲突问题时，可以适用该条司法解释的规定，如涉案独立保函欺诈纠纷案件符合第 532 条规定的情形，我国法院可以裁定驳回原告起诉，告知其向更方便的外国法院提起诉讼。

三、独立保函欺诈纠纷案件的协议管辖权

正如前文所述，《规定》第 21 条第 2 款所规定的独立保函欺诈纠纷的管辖权，不仅明确了以侵权纠纷来确定法定管辖权的原则，还保障了独立保函

---

〔1〕 杨泽宇：《不方便法院原则在涉外民事诉讼中适用的条件》，载《人民司法（案例）》2017年第 35 期，第 75 页。

〔2〕 《最高人民法院关于适用〈中华人民共和国民事诉讼法〉的解释》第 532 条：涉外民事案件同时符合下列情形的，人民法院可以裁定驳回原告的起诉，告知其向更方便的外国法院提起诉讼：①被告提出案件应由更方便外国法院管辖的请求，或者提出管辖异议；②当事人之间不存在选择中华人民共和国法院管辖的协议；③案件不属于中华人民共和国法院专属管辖；④案件不涉及中华人民共和国国家、公民、法人或者其他组织的利益；⑤案件争议的主要事实不是发生在中华人民共和国境内，且案件不适用中华人民共和国法律，人民法院审理案件在认定事实和适用法律方面存在重大困难；⑥外国法院对案件享有管辖权，且审理该案件更加方便。

〔3〕 宋建立：《关于涉外商事诉讼管辖权冲突解决的几个问题》，载《人民司法》2011 年第 19 期，第 33 页。

案件中当事人的意思自治，但该款关于当事人协议管辖的规定存在着一些模糊、不明确的地方。根据《规定》第 21 条第 2 款规定，独立保函欺诈纠纷的当事人可以书面协议选择争议解决条款。然而，"当事人"是民事诉讼中的概念，不是独立保函法律关系的特有概念，对"当事人"应如何理解？根据《规定》第 19 条[1]规定，保函欺诈纠纷的当事人既包括作为原告的申请人和作为被告的受益人，也包括作为第三人的开立人、指示人。而"当事人书面协议由其他法院管辖或提交仲裁"又应当如何理解？是要求全体当事人达成书面协议，还是允许部分当事人达成书面协议？保函关系当事人或者基础交易当事人单独就保函争议达成管辖或者仲裁的书面协议，是否构成第 21 条第 2 款规定的除外情形？

笔者结合近年来的一些具体案例，总结了在确定独立保函欺诈纠纷案件协议管辖权，尤其是在理解"当事人"时应注意的一些问题，并作出相应的梳理，以期能够更好地明确独立保函欺诈纠纷案件管辖权，有效解决管辖权的冲突。

（一）独立保函约定的争议解决条款的效力

根据《规定》第 21 条第 2 款规定，在独立保函欺诈纠纷中，当事人主张独立保函的争议解决条款确定管辖法院或提交仲裁的，人民法院不予支持。在江西赛维 LDK 太阳能高科技有限公司诉 Helios Photo Voltaic Limited、第三人招商银行南昌分行侵权责任纠纷一案[2]中，保函申请人赛维公司认为保函受益人 HPV 公司存在独立保函欺诈行为，向我国人民法院起诉，HPV 公司抗辩主张独立保函中约定"本保函的管辖地和法律依据，遵循印度和印度的法院，来解决出现的任何争端"，我国法院对本案没有管辖权，江西省高级人民法院作出终审裁定，对 HPV 公司的抗辩意见未予支持，认定我国法院享有本案的管辖权。

由此可见，我国不论是从立法角度还是在司法实践中，均认为独立保函约定的争议解决条款不具有排除独立保函欺诈纠纷案件法定管辖权的效力。之所以采纳此种意见，笔者认为具有两个方面的原因：一方面是合同相对性

---

〔1〕 《最高人民法院关于审理独立保函纠纷案件若干问题的规定》第 19 条，保函申请人在独立保函欺诈诉讼中仅起诉受益人的，独立保函的开立人、指示人可以作为第三人申请参加，或由人民法院通知其参加。

〔2〕 参见江西省高级人民法院（2015）赣产终字第 43 号民事裁定书，来源于中国裁判文书网。

原理，如前文所述，独立保函是合同的一种，合同的相对性要求独立保函所约定的权利义务内容仅对合同订立当事人产生对内约束力，对合同之外的第三人不产生法律效力。独立保函法律关系的当事人是保函开立人和受益人，保函申请人并非该法律关系的当事人，[1] 其无法参与该法律关系中争议解决条款的订立，保函关系当事人约定的争议解决条款对保函申请人当然不具有约束力。另一方面是从独立保函申请人的利益出发，独立保函是保函申请人向开立人申请开立的，一般开立人要求申请人在开立人按照保函规定向受益人付款后需要偿还开立人垫付的款项，若保函受益人在明知不满足包含付款条件时实施欺诈行为向保函开立人骗取款项，一旦保函受益人的欺诈目的达成，保函申请人不仅在基础合同法律关系中的权利未得到实现，而且需偿还开立人已向受益人支付的款项，那么申请人的权益将受到双重损害，但申请人并不属于独立保函法律关系的当事人，如果以独立保函约定的争议解决条款来确定管辖，不利于保障保函申请人的合法权益，亦有违通过权威的司法力量来平衡独立保函各方当事人利益冲突的立法初衷。

（二）基础交易合同约定的争议解决方式的效力

《规定》第 21 条第 2 款明确规定，对于独立保函欺诈纠纷，当事人主张根据基础交易合同的争议解决条款确定管辖法院或提交仲裁的，人民法院不予支持。也就是说，基础交易合同约定的争议解决方式不具有排除独立保函欺诈纠纷案件法定管辖权的效力。我们不难理解这一立法倾向，其理论基础来源于独立保函的独立性原则。独立保函便捷、高效，是一种最强有力、最容易得以实现的担保方式。[2] 而这一优势的实现依赖于其独立于基础法律关系，不受基础合同的影响和制约，可以说独立性是独立保函的生命力之所在，[3] 独立保函的独立性原则决定了基础交易合同中约定的争议解决方式不适用于独立保函纠纷。在前文讨论独立保函欺诈纠纷案件管辖权的独立性时，笔者已经论述保函欺诈例外是立足于独立性原则而存在的，虽然独立保函欺诈纠纷作为独立性原则的例外，但并不意味着独立保函欺诈纠纷应当受基础交易合同的约束，适用基础交易合同中约定的争议解决方式。此外，独立保

---

〔1〕 翟红、杨泽宇：《独立保函欺诈例外的分析与认定》，载《人民司法》2015 年第 13 期，第 65 页。

〔2〕 黄进主编：《国际私法》（第 2 版），法律出版社 2005 年版，第 526 页。

〔3〕 李亮主编：《国际经济法》，华中科技大学出版社 2015 年版，第 107 页。

函欺诈纠纷虽与基础合同相关联，但通常还涉及保函开立人，保函开立人并未参与基础交易合同的争议解决条款的议定，同样基于合同的相对性原则，该条款不应对保函开立人产生约束力。

在司法实践中有一种情况需要注意，即区分独立保函欺诈纠纷与合同违约纠纷。在适用《规定》第 12 条关于独立保函欺诈情形时，要注意区分欺诈与违约行为，不能将两者混同，在适用法律确定管辖时，也应当区别开来。违约行为是针对基础合同发生，适用合同纠纷法律规定，而独立保函欺诈作为一类特殊的法律纠纷，应当适用于其专门的法律规定。即使合同违约行为引发的纠纷涉及侵权，但该侵权是基于基础合同的违约行为产生的，将导致基础合同违约与侵权行为的竞合，但该纠纷并非欺诈侵权，而规范此类纠纷的法律法规不适用于独立保函欺诈纠纷。例如在大连华锐重工国际贸易有限公司诉澳大利亚杜罗·费尔格拉私营股份有限公司独立保函欺诈纠纷管辖权异议一案[1]中，杜罗公司以《第二次全国涉外商事海事审判工作会议纪要》第 7 条[2]规定主张人民法院不享有管辖权，但是该条所解决的问题是，基础合同履行中存在违约与侵权竞合的情况下，基础合同当事方即使以侵权纠纷为由寻求救济，仍然受基础合同中仲裁条款的约束，这种基于违约行为产生的侵权纠纷显然与独立保函欺诈纠纷不属于同一案件类型，杜罗公司的这一主张缺乏法律依据。

（三）基础交易合同当事人就保函争议单独约定的争议解决方式的效力

基础交易合同当事人就保函争议单独约定的争议解决方式不具有排除独立保函欺诈纠纷案件法定管辖权的效力。笔者作出这一观点主要从三个层次分析：一是开立人的利益。开立人是独立保函法律关系的当事人之一，其基于表面审查原则，在发生独立保函欺诈时，其所承担的风险相较来说更大，对比受益人实施欺诈行为的主观恶意，开立人更加无辜，开立人是受益人欺诈行为的相对方，页是保函欺诈行为的直接利益损失方，从公平的角度出发，未有开立人参与并认可的有关独立保函争议解决方式约定，对开立人当然不具有约束力。二是开立人的重要地位。从独立保函欺诈纠纷最终的法律效果

---

〔1〕 参见最高人民法院（2017）最高法民辖终 264 号民事裁定书，来源于中国裁判文书网。

〔2〕 《第二次全国涉外商事海事审判工作会议纪要》第 7 条规定，涉外商事合同的当事人之间签订的有效仲裁协议约定了因合同发生的或与合同有关的一切争议均应通过仲裁方式解决，原告就当事人在签订和履行合同过程中发生的纠纷以侵权为由向人民法院提起诉讼的，人民法院不享有管辖权。

来看，虽然一般情况下，独立保函欺诈纠纷由申请人提出，被告方为欺诈行为实施方受益人，但是申请人的诉求则是开立人中止支付独立保函项下的款项，而人民法院在审理独立保函欺诈纠纷后，如认定欺诈成立，判令保函开立人终止付款义务，该裁判结果的实现必然涉及保函开立人，可以说独立保函欺诈纠纷中如果没有保函开立人，就不具有实际意义。人民法院在判断欺诈行为是否成立时，尤其是在转开独立保函情形，不仅需要审查受益人是否存在伪造单据、滥用权利等行为，还需要对开立人的审单过程以及其主观是否存在善意等进行审查。保函开立人在独立保函欺诈纠纷中具有不可替代的重要地位。三是合同相对性原理。同前文所述独立保函约定的争议解决条款对申请人不具有约束力一致，基础交易合同当事人是独立保函的申请人和受益人，并不包括独立保函关系中的开立人，但在发生独立保函欺诈纠纷时，保函开立人作为独立保函法律关系的当事人、独立保函欺诈纠纷的重要参与方，在确定纠纷管辖时，就独立保函的争议解决方式达成的约定不应排除该法律关系当事人的参与，在前文大连华锐重工国际贸易有限公司诉澳大利亚杜罗·费尔格拉私营股份有限公司独立保函欺诈纠纷管辖权异议一案中，最高人民法院就以合同相对性为由，认为基础合同中约定的独立保函争议解决仲裁条款，未有保函开立人接受的明确意思表示，不构成独立《规定》第 21 条第 2 款规定的例外情形。

综上所述，对于前文中针对《规定》第 21 条第 2 款独立保函欺诈纠纷案件协议管辖所提出的问题，笔者认为，独立保函欺诈是由受益人违反诚信原则，滥用付款请求权引起的，不仅损害保函开立人利益，亦损害保函申请人的利益，《规定》第 21 条第 2 款"当事人书面协议由其他法院管辖或提交仲裁"的除外规定中，"当事人"应当涵盖包括申请人、开立人、受益人、指示人在内的全体当事人，缺少其中任何一位当事人所达成的约定均不对该当事人产生约束力，只有当全体当事人就独立保函欺诈纠纷案件的争议解决方式达成一致约定时，该约定才能够排除适用《规定》第 21 条第 2 款中的法定管辖权。当然，基于民事法律关系中当事人意思自治这一重要基本原则，如果当事人依据缺少某一方当事人所达成的独立保函欺诈纠纷争议解决方式约定排除法定管辖权时，未参与约定订立的当事人对该约定表示认可，应当视为全体当事人达成一致，排除法定管辖权的适用。

四、总结

确定管辖权是法院解决当事人法律争议的前置条件，对涉外民事诉讼管辖权的确定及法律适用不仅影响当事人的权益和诉求，甚至有可能牵涉国家主权问题。独立保函作为国家商业贸易的重要担保手段，明确我国法律对独立保函纠纷，尤其是独立保函欺诈纠纷的管辖权，能够保证独立保函纠纷得到有效的解决，明确独立保函欺诈纠纷的法定管辖权与协议管辖权的适用条件，有助于保证我国审判权力与当事人自主权利之间的平衡，增强独立保函在国际交易中的自主权和可信度，进而维护保函纠纷当事人的合法权益，更好地发挥独立保函的优势。

经济学视野

数字经济中算法参与型协同行为的认定标准研究

张　博[*]

摘　要： 定价算法正在取代人工定价成为网络平台交易新的价格决策机制，此种现象催生的算法参与型协同行为的违法认定对协同行为认定的主、客观结合标准提出挑战。协同行为的本质决定了反垄断法对其认定不得脱离主观要素的考量。在数字经济引领国家经济向更高形态转型的背景下，反垄断法在数字经济领域实施也应当持守谦抑态度。为此，对算法参与型协同行为的认定应沿用主、客观结合标准，在主观要件的认定思路上进行调适和创新。构建电子证据与案件事实的关联性关系，依据电子证据，必要时联合经济学证据推定经营者间是否存有协同之合意。

关键词： 数字经济　算法参与型协同行为　主、客观结合标准　电子证据

引　言

随着传统经济向数字经济发展范式的转变，电子商务平台上的算法参与型协同行为出现，在 2015 年 4 月美国

---

　*　张博，中国政法大学民商经济法学院 2018 级博士研究生（100088）。

司法部指控的一起垄断协议案件中，亚马逊商城上的一家海报销售商编写了特殊的价格算法协调海报价格的变动，并借此实施了固定价格垄断协议。[1]该案是大数据和大数据分析技术在价格领域的探索和应用。目前，定价算法正在取代人工定价，成为电子商务平台交易中的价格决策机制。相伴而来的，是电子商务平台市场中出现的因数据收集、计算机协议的自动化和机器学习等技术的发展而不断增加的反价格竞争风险。以亚马逊案为代表的经营者利用算法实施的合谋案件使得这一议题正式进入到反垄断法主流关注视域。算法的合谋成了国内外法学、经济学和反垄断执法机构共同研究、讨论和争辩的问题。在《中华人民共和国反垄断法》（下文简称《反垄断法》）项下，算法的合谋将主要以协同行为的形态展现出来。《反垄断法》对违法协同行为的认定采用主、客观要件结合的标准，这一标准在规制电子商务平台内经营者（下文简称"平台内经营者"）利用定价算法实施的协同行为及其相关问题时存在诸多的困难。随着传统经济向数字经济发展范式的转变，电子商务平台上出现的算法参与型协同行为的违法认定对主、客观结合认定标准提出挑战，在新的经济形态下重新思考协同行为的认定标准显得必要和重要。鉴此，本文旨在为算法参与型协同行为确立合理的认定标准，解开认定主观要件时存在的证明难题，为算法加剧的有意识平行行为探索可行的规制路径。

一、数字经济中算法参与型协同行为的生成

共谋经济学指出，协同行为的实施需具备两个基本的前提：第一，经营者要具备监控竞争对手的能力以保证彼此在价格和产量上始终协调。斯蒂格勒的经典论文首先强调了这种可观察性，假若经营者能够清楚地观察到彼此的经营决策，及时作出回应，协调行动将是可持续的。第二，为了激励经营者维持合谋路径，必须有一个威慑惩罚机制，使得被观察到的作弊行为可以得到有效的制裁。满足这一前提的现实条件是经营者能够频繁的互动。当公司更频繁地互动时，报复可能会更快到来。[2]

在市场透明度较低、企业互动较少的工业时代，企业间的协调一致行为往往需要采取诸多便利措施才能达到上述两个条件的要求。当商业竞争步入

---

〔1〕　参见钟原：《大数据时代垄断协议规制的法律困境及其类型化解决思路》，载《天府新论》2018 年第 2 期，第 66 页。

〔2〕　See DG Competition, European Commission, *The Economics of Tacit Collusion*, at 19 (March, 2003), available at https://ec.europa.eu/competition/mergers/studies_reports/the_economics_of_tacit_collusion_en.pdf.

数字经济时代，数字技术成为经营者的新型竞争手段，配合以电子商务平台市场的高透明度，帮助平台内经营者克服传统市场中存在的有限透明度和互动困难等局限，为企业实施协同行为提供了便利的条件。本文将此类由平台内经营者在使用计算机算法对产品、服务定价时利用智能算法等技术手段实施的协调性行为称为算法参与型协同行为。下列市场条件的变化将诱发算法参与型协同行为，并使之成为数字经济领域中典型的垄断行为。

（一）电子商务平台上不断提高的市场透明度使经营者具备监控竞争对手的能力

在电子商务平台上，与商品有关的诸多敏感信息是公开的，例如，主要销售条款、打折情况、质量信息等。公开的信息对于电子商务平台市场透明度的提高具有一定的积极意义。关于透明度，经济学家强调"重要的不是公司直接观察到的，而是公司可以从现有市场数据推断出什么样的信息"。[1]定价算法作为大数据和大数据分析技术在价格领域的突破和应用，致力于帮助平台内经营者在更短的时间内作出更有竞争力的价格决策。实现这一经济效果的原因来自两方面的技术进步：第一，定价算法能够不断收集竞争对手的经营信息；第二、定价算法帮助平台内经营者结合供应条件的变化（如库存可用性、产能限制、气候等因素）、市场需求的波动以及竞争对手的行为对市场竞争条件作出及时的分析和预测。如此一来，电子商务平台市场的透明度将得到显著提升，而且平台内经营者的价格竞争也将变得更加激烈。然而，以上为了促进市场竞争而设计、研发的技术措施也为平台内经营者维持协同行为提供了便利条件：企业可以时时观察和监控竞争对手，识别偏离合谋的背叛行为，保证彼此在价格和产量上始终协调。另一个与合谋相关的不利后果是：平台内经营者会有足够的激励去收集市场数据，并不断开发出收集、存储和处理这些数据的计算机算法。若平台内经营者投资于技术，并从技术缔造的竞争优势中受益，其他竞争对手就会作出同样的投资决策予以追随。最终，定价算法帮助所有市场参与者不断收集和观察竞争对手的行动、消费

---

〔1〕 See DG Competition, European Commission, *The Economics of Tacit Collusion*, at 25（March, 2003）, available at https: //ec. europa. eu/competition/mergers/studies_ reports/the_ economics_ of_ tacit_ collusion_ en. pdf.

者的选择和市场环境的变化，从而创造一个容易共谋的透明环境。[1]

（二）定价算法帮助平台内经营者频繁互动，对偏离合谋者进行报复和反击

在人工定价时代，价格决策需要数周甚至数月才能实施。当企业互动较少时，对未来报复的感知成本较小，因此共谋更难以维持。伴随在线网络交易的兴起，动态定价算法取代人工定价逐渐成为一种新型价格决策机制，它克服了传统定价方法反馈时间长、试错成本高等缺点，在几毫秒内评估和调整价格。如果定价算法实现了定价决策的自动化和数字化，那么价格就可以实时进行更新。价格调整越频繁，对于偏离共谋的行为就可以立即给予报复，企业就越容易勾结。

（三）在透明的市场中，经营者可以更容易找到共同认可的超竞争价格均衡

经济学界关于市场透明度促进共谋的争论已经持续了几十年，支持者往往是从透明度有利于经营者观察彼此的行动并识别偏差这一角度论述。新近，定价算法的发展使这一争议获得了新的论据。例如，通过算法处理所有可用信息，能够监控、分析或预测竞争对手对当前和未来价格的反应，如此一来竞争者可以更容易地找到他们能够达成一致的可持续的超竞争价格均衡。[2]

综上所述，当平台内经营者认识到通过降低价格、提高产量等竞争性措施无法获得更多利润时，协同行为无疑成为厂商确保经营利润的选择之一。较高的市场透明度使得电子商务平台市场成为滋生价格协同行为的温床，智能算法会成为经营者实施协同行为的强有力工具。

二、算法参与型协同行为对主、客观结合认定标准的挑战

随着定价算法的智能化发展和在电子商务平台的推广应用，平台内经营者利用算法等技术手段实施的协同行为将呈现出智能化、隐匿化的特点。依据协同行为认定的主、客观结合标准对此类行为进行认定将存在下述的问题和挑战：

（一）经营者意思联络的弱化加重主观要件的证明困难

主、客观要件相结合的认定标准是美国、欧盟、我国等大多数市场经济

---

〔1〕 See OECD（2017），*Algorithms and Collusion：Competition Policy in the Digital Age*，at 22，available at http：//www. oecd. org/daf/competition/Algorithms－and－colllusion－competition－policy－in－the－digital－age. pdf.

〔2〕 See OECD（2017），*Algorithms and Collusion：Competition Policy in the Digital Age*，at 22，available at http：//www. oecd. org/daf/competition/Algorithms－and－colllusion－competition－policy－in－the－digital－age. pdf.

国家反垄断法规制协同行为时采用的违法认定标准。一致的行为是协同行为的基本外在特征，构成了协同行为认定的客观要件。仅仅凭借客观要件来识别违法协同行为是不足的，"协同行为作为垄断协议的分支，其认定必须要考虑行为主体之间是否存在意思联络，形成了协同的合意，否则就不能归之为'协议'。"[1] 依据主、客观结合标准认定协同行为，主观要件和客观要件缺一不可，协同行为的认定因循着：首先证明竞争者的行为具有一致性，进而证明一致的行为盖因竞争者的合意所致这一进路展开。

在传统的协同行为案件中，意思联络在主观要件的证明中发挥着关键的作用。反垄断执法机关和法院主要依据沟通证据证明各参与人存在协同的合意，即对合作、协调以规避竞争带来的市场行为的不确定性形成了集体认识和信赖预期。在数字经济领域中，平台内经营者借助特定类型的算法，凭借算法在数据获取和监督、分析、预测等方面的优势，以较少的沟通甚至无需沟通就能形成合作、协调以规避竞争风险的合意。意思联络的弱化减少了沟通证据的数量，使得反垄断执法机关和司法机关陷入协同合意的证明困境。

本文以下列两种情况为参照，解释算法参与的协同行为中主观要件的证明困难：

1. 平台内经营者自行开发、使用定价算法并以此实施的价格领导策略

在已经倾向于反竞争协调的市场中，定价算法更容易促成合谋。对那些在线下市场惯于以价格领导制保持合作的寡头企业来说，将产品或者服务迁移到互联网市场并通过算法定价为价格领导和跟随策略的实施提供了充足的便利条件。经济合作与发展组织（OECD）在 2017 年发布的《算法与合谋——数字经济的竞争政策》报告中归纳和阐述了四类促进合谋实践的算法，它们分别是：监测类算法（Monitoring Algorithms）、平行算法（Parallel Algorithms）、信号类算法（Signaling Algorithms）、自主学习类算法（Self-learning Algorithms）。[2] 本文运用前三类算法对平台内经营者实施的价格领导策略进行模拟，阐明算法发挥的替代意思联络和沟通的自动化协调功能。

价格领导者可以通过信号算法向潜在的合作者发送涨价信号，在信号发

〔1〕 转引自孙瑜晨：《反垄断中价格协同行为的认定及其规制逻辑》，载《北京理工大学学报（社会科学版）》2017 年第 5 期，第 129 页。

〔2〕 See OECD（2017），*Algorithms and Collusion：Competition Policy in the Digital Age*, at 26-31, available at http：//www.oecd.org/daf/competition/Algorithms-and-colllusion-competition-policy-in-the-digital-age.pdf.

送后监测潜在跟随者对信号作出的反应，以达成协调配合的共同认识。若跟随者对价格领导者的"合作要约"表示认同并在价格上给予回应，价格领导者可以进一步设置合谋组织的最优价格。如此一来，经营者无需进行实际的沟通或意思联络，以数字信号传输的方式，就能达成初步的价格合作的合意。

在上一阶段，经营者通过信号算法已经达成了价格合作的意向，这将有效的强化价格领导者和跟随者在价格合作方面的预期和信赖。为保证价格领导策略的实施，价格跟随者可在其定价算法中置入平行算法，跟踪价格领导者的定价。该类算法能够确保价格跟随者的定价与领导者保持同步的变化，省去了合谋者因为价格频繁调整而不得不从事的沟通和联络。为了防止价格跟随者的欺骗和背离，价格领导者可以在定价算法中置入监督算法，定期收集和监测价格跟随者的定价数据，分析、判断后者是否偏离了合谋的路径并及时对欺骗者给予报复（发起价格战），以强制其执行共谋价格。

上述平台内经营者利用特定算法实施的价格领导策略表明：企业无需明确的意思联络或沟通，通过观察和默契的配合，自主设计并使用特定的价格算法，依靠算法在收集、分析数据方面的自动化功能，就可以达成联合限制价格竞争的效果。

2. 平台内经营者使用大数据服务商提供的相同定价算法

除了上述经营者独立开发定价算法的情形之外，平台内经营者还可以使用上游算法服务商提供的定价算法。这种做法实际比自己开发并单独收集数据训练算法更有效率，算法服务商可以使用其自行收集或者客户收集的行业数据来训练算法以优化价格。然而，这样的安排可能意味着同一行业范围中的竞争对手使用相同的算法为产品定价，如果产品的成本和经营者设置的利润函数相同，则有可能产生相同的价格决策，这样的结果在平台内经营者共享由算法服务商提供的相同的数据池时可能被加剧。[1] 对于此类情况，可以借用美国反托拉斯法上的"中心辐射式"合谋理论来解释：上游算法服务商作为轴心企业可以帮助具有竞争关系的轮辐企业在价格方面进行协调，无需轮辐企业发生实际的联络和沟通。

---

〔1〕 The 127th meeting of OECD Committee, Roundtable on Algorithms and collusion, 21–23 June 2017, *Algorithmic Collusion: Problem and Counter - Measure*, at10, DAF/COM/WD（2017）25（Ariel Ezrachi &Maurice E. Stucke）.

（二）算法加剧的有意识平行行为在主、客观结合标准下难以认定

如何对算法加剧的有意识平行行为作出法律定性是算法参与型协同行为认定课题中存在的另一个困境。

经济学的"寡头相互依赖"理论认为，反垄断法不应当对寡头厂商的有意识平行行为进行干预，这只不过是寡头厂商"根据相关经济情势做出的个体理性决策"。[1] 在特定情况下，寡头垄断者可以通过观察、识别竞争对手的可能反应来调整自己的决策，进而将价格维持在高于边际成本的水平并获得超竞争利润。换言之，寡头垄断者可以凭借彼此在战略选择上的相互依赖性，无需实际的沟通和意思联络实现与协同行为相同的效果。

"寡头相互依赖"理论在非合作性的古诺模型下能够得到很好的解释。企业为了实现利润最大化会根据其残余需求曲线，按边际成本等于边际收入来确定价格，一旦达到均衡，任何全面的降价将会减少行为人自己的利润（假定其他企业的产出不变的化），如果其他企业也降低价格，它损失的利润更多。因此，在古诺均衡下，销售者若想保持利润最大化，最好的办法就是维持均衡，而不是发动降价。[2] 古诺模型之下，企业维持高于竞争水平的古诺均衡价格是符合利润最大化的理性选择，销售者不需要达成明示的协议或默示的合意，基于彼此的相互依赖就可维持在高于竞争水平的价格或低于竞争水平的产量上，从而在非合作的前提下实现合作的结果。

经济学理论模型并不总与市场现实相吻合，上述理论模型蕴含了一些特殊的经济条件，在相关市场具备这些条件时，寡头厂商基于寡占的相互依赖而采取的有意识平行行为更易于发生。在生产和产品特性方面，如果寡头厂商的成本结构和生产过程相似、涉案产品是标准化产品或者具有较强的同质性、产品的需求弹性相似，价格和产出的协调和均衡将变得更为容易；[3] 在市场结构方面，如果市场上的卖方比较集中、买方不集中、没有外围小企业、

---

〔1〕 ［美］理查德·A. 波斯纳：《反托拉斯法》（第2版），孙秋宁译，中国政法大学出版社2003年版，第65页。

〔2〕 参见［美］赫伯特·霍温坎普：《联邦反托拉斯政策：竞争法律及其实践》（第3版），许光耀、江山、王晨译，法律出版社2009年版，第172页。

〔3〕 参见许光耀：《"经济学证据"与协同行为的考察因素》，载《竞争政策研究》2015年第1期，第92页。

市场进入需要较长的时间，有意识的平行行为将易于维持。[1] 市场透明度作为一个非结构性因素在形成和维持价格或产量的均衡过程中发挥着决定性的作用。"集中化市场上的销售者不愿意发动降价，因为他知道会迅速引发匹配降价，这种观点背后的假设是，在最初的降价和反应之间没有明显的时间滞后"。[2] 如果寡头厂商的行为发生在信息完全透明的市场中，上述假设会更具有说服力。当我们把目光从经济学理论模型转移到现实的市场时，情况发生了很大的变化，价格并不总是透明，竞争对手也难以及时匹配降价。在价格不透明的市场环境中，厂商依然具有价格竞争的激励，即便在生产、产品特性和市场结构方面的条件都满足情况下，市场透明度也是一个阻碍有意识平行行为发生的因素。

前文已述，在线数据的增多以及"算法军备竞赛"的发展有效地提高了电子商务平台市场的透明度。不断提高的价格透明度使得平台内经营者能够观察、了解彼此的经营决策，及时识别竞争对手的降价行为。动态定价的功能使平台内经营者可能实时调整价格并匹配降价。如此一来，寡头相互依赖理论中描述的情形成为可能：当一个寡头经营者降价以后，其他经营者的定价算法可以迅速察觉，作出符合利润要求的匹配降价。如果寡头经营者普遍使用定价算法，且每个算法能够迅速匹配竞争对手的降价，那么"未来的报复"将使每一个寡头经营者都不愿意降价，从而消除了经营者成为第一个合谋背叛者的动机。经过一段时间的反复互动，经营者将会意识到他们各自的战略选择是相互依存的，通过匹配彼此的行为将价格维持在超竞争水平，而不需要实际的沟通。[3]

有关有意识的平行行为的生成条件和电子商务平台市场的特殊性，从到此为止的讨论中可以得出下述结论：电子商务平台上全行业范围内的寡头经营者使用智能算法定价时，有意识的平行行为将从理论演变为实践，并可能在相当长的时间内维持，进而危及消费者的福利和经济效率。考虑到主观要

---

〔1〕　参见许光耀：《"经济学证据"与协同行为的考察因素》，载《竞争政策研究》2015 年第 1 期，第 92 页。

〔2〕　[美]理查德·A. 波斯纳：《反托拉斯法》（第 2 版），孙秋宁译，中国政法大学出版社 2003 年版，第 66 页。

〔3〕　See OECD（2017），*Algorithms and Collusion: Competition Policy in the Digital Age*, at 34, available at http://www.oecd.org/daf/competition/Algorithms-and-colllusion-competition-policy-in-the-digital-age.pdf.

件的欠缺，意图通过协同行为的规制制度追究该等行为的反垄断法责任将存在一定的挑战。

三、算法参与型协同行为认定标准的考辨与重塑

在数字经济引领国家经济向更高形态转型的背景下，协同行为认定的主、客观结合标准能否有效的规制和化解数字经济领域中出现的反价格竞争行为和风险成为反垄断法实施中亟待回答和解决的问题。本文从观念内核和法律技术两个维度探索在算法参与型协同行为的认定中沿用主、客观结合标准的正确性和可行性，在此基础上，另辟蹊径于《反垄断法》之外为算法加剧的有意识平行行为提供有效的规制方案。

（一）主、客观结合认定标准的守成和沿用

首先，探及算法参与型协同行为的本质，主、客观结合认定标准更符合反垄断法对协同行为的规制意图。

法律并不禁止类似的产品或者服务采取相同的价格。反垄断法禁止的协同行为是发乎于主观之合意而实施的协调性行动，与企业独立判断所致的平行行为有所区分。行为的客观一致性系由人为刻意努力所致，是协同行为认定和规制的基本逻辑。在数字技术的加持下，算法参与的协同行为可以在较少的沟通或者无需沟通的情况下完成，促使该类行为的特征发生一定的变化，然而，该等行为并不会因数字技术的融入而褪去经营者联合限制竞争的本质。在行为人的主观方面仍然存在通过共同决策规避竞争风险的集体认识和信赖预期。因此，在涉及算法的协同行为案件中，采用主、客观结合认定标准更符合协同行为的制度逻辑。

其次，从法律实施的效用来看，主、客观结合认定标准更契合于反垄断法的价值宗旨。

"反垄断法的价值目标是反垄断立法和实施中的核心和前置性问题。"[1]囿于反垄断法条文的"不确定性"特征，明确的价值指引在确保反垄断法实施的内在一致性方面凸显出重要的作用。我国《反垄断法》第1条规定的立法目标是："保护市场公平竞争，提高经济运行效率，维护消费者利益和社会公共利益，促进社会市场经济健康发展。"上述规定表明，我国反垄断法追求的价值目标具有非唯一性，是由公平竞争、经济效率、维护消费者利益和社会公共利益等四重价值形成的价值体系。在这四重价值之间，实际上存在着

---

〔1〕 叶卫平：《反垄断法的价值构造》，载《中国法学》2012年第3期，第135页。

不同价值的冲突与竞争。如何协调和平衡多元价值之间的冲突、在规制市场行为的过程中形成统一的价值共识是反垄断法理论研究和制度实践中共同关注的核心问题。

从西方的反垄断法发展历史来看，一国在特定时期的经济发展的目标和相应的经济政策直接影响着反垄断执法和司法，在反垄断法的价值选择中发挥着不容忽视的作用。当前，我国经济发展面临着国内外环境重大变化带来的严峻考验和挑战。自 2008 年国际金融危机以来，我国经济增速放缓，面临较大的下行压力，经济发展进入新常态。在国际方面，国际金融危机的冲击和深层影响依旧存在，中美贸易摩擦持续升级，在美国经济民族主义政策影响下，全球贸易持续低迷。在此背景下，政府提出以消费为导向的供给侧改革政策，旨在继续优化产业结构，淘汰落后产能，培育以新技术、新产业为核心的经济增长新动能，以加快实现新旧经济动能转换。以互联网、云计算、大数据、人工智能等技术驱动的数字经济是新常态下供给侧结构改革要培育和发展的主攻方向,[1] 承担着帮助传统产业升级、促进动能优化和塑造新兴业态培育新动能的双重职能。反垄断法在这一领域的实施应与宏观经济政策保持适当的协调性。在法律价值的选择上，应当保证效率与公平能够被兼顾，为数字经济的发展塑造有利于技术创新的制度环境，促进行业的发展和国家竞争力的提升，最终实现包括消费者利益在内的社会整体利益和经济繁荣。

定价算法的广泛应用以及在其基础上的研发活动将有效提高市场运行的静态效率和动态效率。[2] 对涉及定价算法的疑似价格协同行为案件，反垄断法的实施应当保持一定的谦抑态度，确保经济效率的实现不受法律过度干预的威胁。主、客相结合的认定标准更加审慎，在确认价格一致的基础上还需查证涉案当事人是否存在固定价格的协同合意，符合谦抑性的要求。在算法参与型的协同行为认定中沿用主、客观结合标准，一定程度上能够有效避免

---

〔1〕 参见徐晨等主编：《数字经济：新经济 新治理 新发展》，经济日报出版社 2017 年版，第 12 页。

〔2〕 在静态效率方面，动态定价降低了经营者作出定价决策的时间成本和物理成本，甚至能在同一时间内对数百万个产品定价，提高了经营者的经营效率；此外，经营者可以通过价格调整主动干预供求关系，促使世纪销售价格不断趋近于均衡价格，令市场接近出清。在动态效率方面，大数据分析技术在定价领域的应用充满了创新的前景。大数据服务商通过全渠道、内外部数据的深度挖掘，以动态定价算法为基础进一步研发和创新，可解决销售费用分配、渠道价格管理、促销定价、清仓定价捆绑定价等覆盖产品全生命周期的价格问题。

过度规制，为技术研发自由和技术研发的试错、迭代预留一定的空间，有利于促进行业效率的实现和发展。

（二）主观要件认定思路的调适与创新

算法参与型协同行为与传统的协同行为在行为过程、特征上存有差异。当算法等技术手段成为平台内经营者实施协同行为的工具时，行为人可以通过定价算法交换敏感市场信息，观察潜在合谋者的经营决策，经过计算和分析获得合谋行动的基本预判，从而形成对其他成员实施协调性活动的信赖预期，进而继续采取技术性措施保证协调性行为能够在一个较长的时期内维持。反垄断执法机关在调查时如果能够对设计算法和算法运行时获取、分析数据的技术特征给予充分的重视，技术行为发生时留存在计算机和相关设备中的电子证据就能够反应行为人所持有的内心动机甚至解释违法行为的实施过程。另外，在已经倾向于反竞争协调的市场中，定价算法的使用更易于诱发协同行为，因此，反映特定市场特征的经济学证据在算法参与型协同行为的认定中将发挥重要作用。对算法参与型协同行为的认定，在难以获得意思联络证据时，可尝试构建电子证据和案件事实的关联关系，依据电子证据，必要时联合经济学证据共同推定经营者间是否存在协同之合意。

1. 电子证据在协同合意推论中的运用

证据法学家认为，电子证据是存储有电子数据的电、磁、光记录物，这些电子数据是在计算机系统运行过程中产生的，并能够以其内容证明案件事实的，以数字形式存在的证据。电子证据与需要证明的案件事实的关联性受到科学技术水平等因素的影响，当人们无法获取、保存、分析计算机及其相关设备上与案件事实相关的数据时，这些证据就很难具备关联性。现在，由于计算机取证技术的发展，人们可以科学的运用提取和证明方法，对从电子数据源提取的电子证据进行保护、收集、验证、鉴定、分析、解释、存档和出示，从而使电子证据在构建案件事实方面的价值获得认可。[1]

（1）定价算法运行时的信息交流证据与协同合意的推论。

协同行为与信息交流休戚与共，信息交流贯穿于协同意图的产生、协同行为维持到协同行为的消亡，可以说"抓住了信息交流就抓住了协同行为的

---

〔1〕 参见丁丽萍：《计算机取证：实时可取证操作系统理论与实务》，群众出版社 2006 年版，第24 页。

'脉搏'"〔1〕。在认定算法参与型协同行为时，有关信息交流的电子证据对于推论经营者之间存有合作、协调以规避竞争带来的市场行为的不确定性的集体认识和信赖预期具有重要的意义。

定价算法运行的基础是高质量的数据输入，数据可用性的提高使定价算法逐渐盛行于零售、物流等行业。在电子商务平台上，平台内经营者制定合理的价格决策依赖于对与定价相关的本公司经营数据、竞争者经营数据、市场数据的获取情况。竞争者经营数据在一定程度上决定了经营者的定价是否具有竞争性。数据获取技术的发展为平台内经营者收集竞争对手的经营数据提供了可能。〔2〕在定价算法的合法使用中，竞争者间收集经营数据并作为重要的数据输入定价算法具有促进竞争、提高社会经济效率的积极作用。然而，对竞争对手数据的过度收集和观察也会制造更高的市场透明度，导致本身竞争的企业采取协调性措施，诱发协同行为。欧共体委员会在其发布的《企业间合作领域的协议、决议和协同行为的通告》中指出，如果信息交流成为企业间协调其市场行为的工具，这种信息交流就是违法的。〔3〕定价算法运行中进行的数据交互行为在事实上形成了与信息交流的相同的后果。因此，在涉及定价算法的疑似协同行为案件中，有必要对定价算法运行中进行的数据交互行为进行竞争性评估，区分促进竞争与提高效率的正常交互行为和限制、排斥竞争的协调性交互行为。事实上，这样的区分也构成了判断平台内经营者是否存有协同的合意的关键一环。

我国国家工商总局 2010 年发布的《工商行政管理机关禁止垄断协议行为的规定》细化了《反垄断法》中关于禁止垄断协议的规定。该规定第 3 条是有关协同行为认定的条款，将信息交流作为认定协同行为时要考虑因素，纳入其他协同行为的规制范畴。该规定吸纳了反垄断经济学对协同行为的最新研究成果而体现出一定的进步性。但是具体到信息交流构成其他协同行为时应当考虑的因素和违法认定标准，却没有给出明确的解释和说明。2019 年 6

〔1〕 孙瑜晨：《反垄断中价格协同行为的认定及其规制逻辑》，载《北京理工大学学报（社会科学版）》2017 年第 5 期，第 129 页。

〔2〕 依据当前的技术条件，平台内经营者主要通过网络爬虫算法抓取竞争者公布在网络上的经营信息。网络爬虫算法是按照预设的规则，在互联网上自动抓取信息的程序或者脚本，为平台内经营者及时获取竞争者的价格、销量数据提供了技术条件。

〔3〕 参见孙炜：《论欧盟竞争法中的企业信息交流规制》，载《价格理论与实践》2014 年第 9 期，第 21 页。

月，国家市场监督管理总局颁布了《禁止垄断协议的暂行规定》，该规定也只是承继《工商行政管理机关禁止垄断协议行为的规定》中的做法，将"信息交流"作为认定其他协同行为时要考虑的因素，没有对信息交流的法律边界加以清晰的限定。除了上述规定之外，立法机关、执法部门、司法机关并未制定相应的配套文件和司法解释，再加上协同行为反垄断实践经验的匮乏，对于如何认定企业间信息交流，如何评估信息交流的反竞争风险都缺乏可行的依据。

2011年欧盟委员会在其修订的《横向合作协议指引》（以下简称《指引》）中，专门增加了一章的内容，对企业间的信息交流的竞争性评估做了系统、全面的分析。笔者认为在涉及定价算法的疑似价格协同行为案件中，如果有电子证据证明涉案的平台内经营者存在信息交流，可以借鉴欧盟委员会《指引》的做法，从信息交流的方式、内容、频率等方面进行分析，将分析结论与其他类型的电子证据以及反映市场特征的经济学证据（见后文）相结合，综合判断平台内经营者是否在使用定价算法的过程中产生了协同的合意并利用算法实施了排斥、限制竞争的协调性行为：

①信息交流的方式。

对信息交流方式的考察有助于分析、判断涉案经营者之间是否存在便利协同行为实施的共同意图和集体认识。一般来说，企业间私下的交流难以被反垄断执法机关所发现，也不为其他非协调企业和消费者所知，相较于公开信息交流，更有可能服务于一个违法的目的。定价算法运行中信息交流公开与否的情况较为复杂，需结合定价算法的来源区别分析：

第一，平台内经营者自行研发、使用定价算法。

在平台内经营者自行研发、使用定价算法的情况下，信息交流可通过数据抓取和数据订阅两种方式进行。虽然两者都属于私下的信息交流，对竞争者之间是否存在便利协同行为实施的意图和认识的判断却不可一概而论，需要在具体的情境下审慎分析：

A：数据抓取。

前文已述，定价算法具有"监视竞争"，即抓取竞争对手的经营数据的功能。定价算法作为一种新生事物，平台内经营者在最初投入使用的阶段可能更加重视对竞争对手数据的获取，对由其公布给消费者的经营数据被竞争对手的算法抓取的后果持包容态度。按照一般的商业逻辑，在激烈的同业竞争中，经营者为了确保自己在经营策略上"先发制人"，一般不愿向竞争对手曝露过多的经营信息。随着定价算法抓取数据次数的增加，平台内经营者会逐渐意识到，如果在抓取竞争对手经营信息的同时能避免自己的经营信息被竞争对手获悉，那么自己将处于有利的竞争地位。如此一来，平台内经营者将主动对其公布在网络上的经营信息采取保护措施。其效果是，尽管消费者和竞争者能够在网页上知悉相关信息，但技术性的保护措施会阻碍网络爬虫抓取数据。由此，在使用定价算法的同时对自己的经营数据设置技术保护措施将成为平台内经营者的普遍做法。

结合上文对平台内经营者使用定价算法的心理机制的分析，在涉及定价算法的疑似协同行为案件中，判断经营者是否存有便利协同行为实施的意图需结合定价算法的使用情况进一步剖判：

在定价算法的最初使用中，竞争者相互抓取数据的信息交流行为的目的并不容易判断，是否存在实施协同行为的意图还需结合信息交流的其他特征（内容、频率、时效）以及具体时空下大量的"环境因素"综合分析。

在定价算法多次抓取数据后，若涉案经营者均未对自己的经营信息采取保护措施，默许容任其他涉案经营者抓取数据，这种情况因有悖于"商业竞争中经营者防备竞争对手"的逻辑规律，行为主体间很可能存在便利协同行为实施的共同意图和集体认识。与上述事实有关的信息交流的证据可以作为协同合意认定的间接证据来使用。

B：数据订阅。

数据订阅是平台内经营者使用定价算法进行信息交流的另一种技术手段，它可以帮助竞争者实时交互价格和销量等敏感信息。在商业竞争中，没有什么合法的商业理由会要求竞争者之间实时交互自己的市场敏感信息，除非是为了实施共同决策以规避竞争风险的垄断协议行为。平台内经营者在使用定价算法时，如果弃置算法软件自带的数据抓取的功能不用，通过技术改进自行约定采用数据订阅的方式监视竞争，则很容易令人联想到行为人之间存在一个协议。

在数据订阅信息交流模式下，订阅范围内的信息一旦发生变化或者变化超过一定的范围，就会通知订阅其数据的竞争者并发送数据。如此一来，平台内的经营者可以在第一时间观察、了解彼此的经营决策，这样的做法不仅有利于合谋组织更容易地找到他们能够达成一致的可持续的超竞争价格均衡，而且有助于经营者及时的观察、识别偏离合谋的背叛行为。在算法参与的疑似价格协同行为案件中，如果涉案经营者不仅对其网页没有采取技术保护措施，甚至采用数据订阅的方式共享、交换价格、销量等信息，行为人在主观上必然存在实施协同行为的共同意图和集体认识，数据订阅是行为主体为方便观察、交流彼此的经营信息而采取的技术措施。与上述事实有关的信息交流证据可以作为协同合意认定的间接证据来使用。

第二，平台内经营者使用上游算法服务商提供的相同定价算法，此时竞争者间的信息交流可通过两类方式进行：

第一类与经营者自行开发、使用定价算法的情况相同，竞争者通过数据抓取或者数据订阅进行信息交流，经营者之间主观意图的判断可借鉴上述平台内经营者自行开发、使用定价算法时的规则。

第二类方法是具有竞争关系的平台内经营者使用上游算法服务商提供的相同定价算法并由服务商提供的外源数据协助其进行信息交流。在这种情况下，信息交流的发生需涉案经营者实施以下步骤的行为：其一，算法服务商需征得每一个平台内经营者的同意，要求其作出收集数据的授权许可，并且告知每一个经营者：在提供其自有数据的同时可以获得其他竞争者的经营数据。其二，组建行业的数据池，向具有竞争关系的平台内经营者开放数据池辅助其进行信息交流。一般情况下，提供相同产品或服务的竞争者向其他竞争对手提供其敏感市场信息是不被允许的。因此，平台内经营者授权许可算法服务商收集其数据并提供给同业竞争者的行为需要合法的理由。一种可能是，算法服务商提供的定价算法难以通过数据抓取或者其他手段获得竞争者的经营数据，平台内经营者为了正常使用定价算法将其自有经营数据作为换取竞争者数据的对价，许可算法服务商收集其经营数据。如果平台内经营者明知定价算法具备数据抓取的功能，仍对算法服务商作出数据收集的授权许可，则有必要进一步对经营者的主观状态进行考察。基于每一个经营者都被算法服务商告知其他的竞争者也将被提出相同的条件作出授权许可，在每一个经营者作出许可时，主观上皆抱有其他的竞争者也会作出同样授权许可的平行认识，这就在算法服务商和平台内经营者之间形成了"纵向直接联系+平行认识"的间接信息交换结构。这时离证明具有竞争关系的平台内经营者存在固定价格的合意只差"经营者认识到只要通过算法服务商协助进行信息交流，价格固定就比较容易实现"这一小步。事实上，如果经营者认识到市场的具体条件是有利于协同行为实施的，并且知悉彼此都在使用由同一算法服务商提供的相同定价算法，那么，产生"由算法服务商法协助其进行更为全面的信息交流有利于固定价格"的想法，并作出数据收集的授权许可，更符合行为人的经济理性。因此，在这种情况下，算法服务商协助平台内经营者进行信息交流的事实可以作为间接证据来使用，结合信息交流的其他特征以及经济学证据综合推断经营者之间是否存有协同合意。

②信息交流的内容。

在一般的协同行为案件中，信息交流内容的考察对推断经营者主观要件、认定协同行为起着决定性的作用。企业对产品价格、客户名单、生产成本、销售数量、营业额、销售额等敏感信息的交流可能诱发反竞争合作的意识，导致本身竞争企业实施协调性活动，通常被视为具有一定的反竞争性。然而，定价算法自其产生之初就具备监督竞争者定价决策的功能，其设计初衷即辅助经营者适度参考竞争者的定价从而促进竞争，因而，平台内经营者使用定价算法进行的价格数据交互并不必然违法。在认定平台内经营者的主观要件时，需结合信息交流的方式、频率等方面的线索综合分析。

③信息交流的频率。

协同行为的维持离不开必要的信息交流，借助于交流频率的分析可以判断信息交流行为是否具有"为维持合谋而实施的监督行为"的性质，进而推论竞争者间是否存有实施合作、协调以规避竞争风险的信赖预期。

在定价算法正常使用中，价格每发生一次变化，算法就会抓取一次竞争者的数据，随着价格的动态变化，经营者的数据抓取行为可随时发生。然而，竞争者单方面的数据抓取并不能形成交互式数据交流，仅在两个或多个竞争者同时或者先后抓取彼此的数据时才构成交互式的数据交流。交互式的数据交流从本质上属于平台内经营者对市场敏感资讯的交换。"根据有关国家或地区反垄断执法机关的经验，如果经营者之间外观上有相同或类似的价格协同行为，且经营者之间有紧密的意思联络，如经常交换敏感的市场资讯，或者互相传达经营策略，或交换商业情报等，就基本可以推断为有形成卡特尔。"[1] 在认定算法参与型协同行为时，应重点分析交互式数据交流的发生次数、频率和集中度。如果经营者就彼此的价格、销量、销售条款等敏感数据频繁甚至实时交互，超过正常商业行为的合理限度，则很可能是平台内经营者为维持合谋而实施的监督行为。与此有关的电子证据可以作为认定协同合意的间接证据来使用，用于推定平台内经营者存有实施协同行为的信赖预期。

---

[1] 刘继峰：《依间接证据认定协同行为的证明结构》，载《证据科学》2010 年第 1 期，第 87 页。

（2）特殊算法设计的证据与协同合意的推论。

在平台内经营者借助定价算法实施的协同行为中，某些特定类型的价格算法由于具有固定价格的功能，可被竞争者作为监督和维持合谋的特殊机制来使用。此类证明行为人对定价算法作出特殊改进的电子证据表明行为人正在实施固定价格，可作为推论协同合意的直接证据来使用。

第一，平行算法。在动态市场上，合谋组织需适应供需的变化适时调整成员的价格、产出和其他交易条件，因此，合谋者必须通过会议、电话、电子邮件或者第三方重新协商共谋协议。这增加了被反垄断执法机关的查处的风险。平行算法的使用为合谋组织提供了自动化的解决方案。价格跟随者可使用算法复制价格领导者制定的最优价格，以保证对市场条件的任何变化作出反应，并在定价结果上与价格领导者保持同步和一致。[1] 平行算法能够直接起到了固定价格的作用，足以说明行为人之间存有合作、协调以规避竞争风险的集体认识和信赖预期，可以作为推定行为人存在协同的合意直接证据来使用。

第二，监督算法。监督算法是用于识别协议的背叛者并发起价格战的特殊算法。经营者收集的竞争者价格等信息被输入定价软件后，监督算法将进行数据的筛选和分析，判断其他经营者是否偏离合谋路径，一旦发现有背叛者，算法将马上采取触发战略（发起价格战）。[2] 价格领导者使用该类算法，能够有效约束价格跟随者背离合谋的动机，防止成员背叛合谋。监督算法促使每一个成员按价格领导者设定的价格定价，一旦背离则面临着惩罚的威胁，从而起到固定价格的作用，可以作为推定行为人存有协同的合意的直接证据来使用。

（3）目标函数、算法参数证据与协同合意的推论。

目标函数和算法参数也可以提供一些算法能够实现协同行为的信息。

为实现默示合谋，经营者必须愿意牺牲短期利润，以实现更长期、更有利可图的结果。如果算法的目标函数是非常短期的，例如只在每次销售中实

---

〔1〕 See OECD （2017）, *Algorithms and Collusion：Competition Policy in the Digital Age*, at 27, available at http：//www. oecd. org/daf/competition/Algorithms－and－colllusion－competition－policy－in－the－digital－age. pdf.

〔2〕 See OECD （2017）, *Algorithms and Collusion：Competition Policy in the Digital Age*, at 27, available at http：//www. oecd. org/daf/competition/Algorithms－and－colllusion－competition－policy－in－the－digital－age. pdf.

现最大化利润，而不考虑当前行为对未来利润的影响，则算法不太可能导致协调性结果。如果算法的目标函数是长期的，则有可能导致协调性的结果。

在平台内经营者使用上游的算法服务商提供的定价算法时，同一行业范围中的竞争对手可能在使用相同的算法为产品定价。但是，算法相同并不意味着定价结果的一致，在技术方面还需要经营者设置相同的利润函数。如果有电子证据表明竞争对手的定价算法被编程为使用相同的参数，经营者实施协同行为的解释则更具有说服力。

由于这上述两种证据只是提供了或然性信息，因此只能作为认定协同合意的间接证据促进论证。

2. 经济学证据在协同合意推论中的运用

经济学证据是指客观存在的有利于协同行为发生的市场条件的证据。这类证据有助于分析和揭示经营者行为的合理性，从而对协同合意的推论发挥促进作用。

在涉及定价算法的疑似协同行为案件中，如果取证人员获得的电子证据足以作出协同合意的认定，那么就没有必要获取经济学方面的专家证据促进论证。然而，由于电子证据具有易改变和易损毁的特点，人为删除、更改、破坏，腐蚀和强磁场的作用等都会造成原始证据的改变和消失。所以，很难确保取证人员搜集到的证据是完善的，也很难确保证据没有被修改过。通过上文对电子证据证明效力的分析，能够独立证明经营者存有协同合意的直接证据并不多见，多数电子证据属于只能提供"部分信息"的间接证据。在取证人员获取的电子证据不足以作出协同合意的推论时，联合经济学证据则能够说明问题：如果经营者的行为与合谋时的行为特征相似，市场的具体条件又有利于合谋的产生，若当事人难以阐明一致的行为存在其他合理的原因，那么推定当事人之间存在协同的合意是符合逻辑规律的。

在相关市场具备下列特征时，平台内经营者利用定价算法进行的信息交流更易于产生限制竞争的效果，因而，竞争者从主观上更倾向于利用定价算法实施协同行为。下列事实可以作为经济学证据来使用：①涉案产品或服务具有同质性且成本结构相似；②较小的需求价格弹性；③所涉产品是耐用品；④产品或者服务的固定成本对可变成本的比率较高；⑤产品或服务的价格竞争比其他方式的竞争更重要；⑥产品或服务不存在价格歧视；⑦市场上的卖方相对集中;[1] ⑧涉案产品或服务仅在电子商务平台上销售或提供;⑨市场进入的门槛较高;⑩市场的供需情况比较稳定;⑪涉案的经营者实施过协同行为。

（三）算法加剧的有意识平行行为的认定和规制

在算法实现的有意识平行行为情境中，每一个企业都独立开发计算机算法，意图通过对市场上竞争者的行动作出反应从而实现利润最大化。当计算机在一个数字化的市场环境中运行时，他们将使市场更加透明，并且预测彼此的行动。在那些商品可以轻易的在供应商间转移且商品具有同质性的市场上，计算机算法可以快速察觉到竞争对手的降价行为，同时还能预测到竞争对手的算法对不同的竞争性反应可能作出如何回应。最终，计算机将选择一种能最大化利润的竞争性反应方式，即匹配降价。当每一个企业都不大可能从其竞争举措（降价）中获利时，跟随他人的价格上涨将成为计算机算法的优势策略，进而使有意识的平行行为得到维持。[2] 由此可见，算法实现的有意识的平行行为是计算机算法对市场动态作出的独立、理性反应，在此过程中并不存在沟通与合谋。

在沿用主、客观结合标准认定协同行为的前提下，寡头市场上全行业范围使用算法实现的有意识平行行为因不具备主观构成要件被排除在反垄断法的管辖范围之外。对此，早有学者提出，由于企业可以在不违法的情况下实现串通的结果，反垄断法在寡头垄断市场存在着执法"差距"。[3] 不论特定时期反垄断法的完善程度如何，现实生活对法律的需要并不以法律是否完善为转移，对于反垄断法不能完善的给予调整的问题，法律适用者必须能动满足当时社会对法律体制的现实需要。如果未来的研究支持"算法将加剧有意识的平行行为"这一结论，法律适用者应当考虑他们目前对有意识的平行行为的法律处理方法是否需要调整。

计算机对市场动态作出的理性反应本身并不违反《反垄断法》，问题是，算法实现的强制性价格平行的市场条件是人为创造和维持的。当平台内经营

---

〔1〕 一般来说，如果竞争者的数量较少，协同行为更易于组织和维持。在电子商务平台市场中，计算机算法的自动化协调功能使得竞争者数量的多少在影响协同行为实施的难度和成本方面没有太大的差异，因此，卖方市场的集中度证据在算法参与的协同行为案件中的推断效力将略有减弱。

〔2〕 参见韩伟主编：《数字市场竞争政策研究》，法律出版社 2017 年版，第 350~352 页。

〔3〕 The 123rd meeting of OECD Competition Committee, 16-18 June 2015, *Competition Enforcement In Oligopolistic Market*, at 3-5, DAF/COMP（2015）2（May19, 2015）.

者普遍存在一种认识：使用定价算法能够轻易获取竞争对手的价格信息，预测到竞争对手的算法对不同的竞争性反应可能作出如何回应；在所有厂商使用相似的算法时只要共同设置最大化利润函数就可能促进价格水平的长期稳定。这种平行的、普遍的认识虽尚不构成协同的合意，但将其付诸实施却可能导致产品或服务价格的普遍提高。其后果是，消费者难以通过差异化的价格决定自己的消费行为，进而阻碍了价格发挥资源配置作用。平台内寡头经营者基于上述主观认识不约而同地使用定价算法以此促进产品或服务价格普遍提高的行为具有不正当性，应当受到法律的谴责和制约。

反垄断法颁布之前，各部门法中有很多与垄断行为相关的法律规范，其中《中华人民共和国价格法》（以下简称《价格法》）对价格垄断行为进行了比较系统的规定。[1] 在《反垄断法》颁布之后，两部法律规范中出现了部分的内容交叉和功能竞和。有关价格垄断行为，《反垄断法》对横向垄断协议的规定与《价格法》对"相互串通，操纵市场价格"的不正当价格行为的规定存在竞合关系。换言之，经营者的价格行为可能既符合垄断协议的构成要件而违反《反垄断法》，也可能符合"相互串通，操纵市场价格"行为的构成要件违反《价格法》。此时，法律适用者需要在两部法律中作出选择。证据的充分性为该问题的解决提供了一个可行的办法：当案件中的证据满足横向垄断协议的证明标准时，应当适用威慑力更大的《反垄断法》；当证据不能满足证明标准时，可以结合案件的具体情况适用《价格法》。[2]

《价格法》第 14 条第 1 款规定："经营者不得相互串通，操纵市场价格，损害其他经营者或者消费者的合法权益"。"相互串通，操纵市场价格"是指两个以上的经营者进行了一定的沟通，意图破坏价格形成的市场机制，人为影响市场价格变动的行为。此类行为扰乱市场价格的自发形成秩序，损害价格的资源配置功能，属于价格法上的不正当价格行为。在涉及定价算法的疑似价格协同行为案件中，如果穷尽已查明的电子证据和经济学证据都不足以认定平台内经营者存在协同的合意，那么可以根据已有的证据尝试将该等行为认定为"相互串通，操纵市场价格"的不正当价格行为。在行为方式上，

---

〔1〕 参见张倩倩：《〈反垄断法〉与〈价格法〉的竞合与协调问题研究》，载《当代经济》2016 年第 9 期，第 97 页。

〔2〕 参见孙瑜晨：《反垄断中价格协同行为的认定及其规制逻辑》，载《北京理工大学学报（社会科学版）》2017 年第 5 期，第 133 页。

如果有证据证明平台内经营者使用定价算法就敏感信息进行频繁的交互，借助算法监测、分析、判断竞争者的经营决策，说明行为人之间存在人为增强市场透明度的意图，并且进行了一定的沟通，符合行为要件"相互串通"的要求；在行为结果方面，如果产品或服务价格长期保持一致并超出竞争水平，说明上述行为产生了人为影响市场价格变动的效果，导致产品或服务价格的增高，符合"操纵市场价格"要件的要求；此时，对该等行为可依照《价格法》第14、40条的规定给予处罚。

结 论

云计算、大数据、物联网、人工智能等数字技术的发展和应用正在改写商业竞争的版图。平台内经营者利用算法等技术手段实施的协同行为不会因为数字技术的加持而异化其本质。寡头市场上全行业范围使用定价算法而实现的有意识平行行为并不违反反垄断法。对算法参与型协同行为的认定应当沿用主、客观结合标准。

电子证据在算法参与型协同行为认定中的证明效力应当得到关注。定价算法设计和运行时遗留的电子证据为协同行为主观要件的认定提供了丰富的线索。然而，此类证据具有易改变和易损毁的特点。在凭借电子证据不足以作出协同合意的推论时，对经营者行为的解释还需结合具体的市场条件。本文以电子证据和经济学证据为核心为算法参与型协同行为认定的主观要件构建基本的证明规则，限于案例收集范围的广度、对智能算法的认知限度和笔者的理解能力，本文只是做了浅尝辄止的初步探索，笔者认为电子证据和经济学证据在算法参与型协同行为的认定中具有不容忽视的证明效力，因此相信对该问题的研究是有价值的。

中美两国嵌入全球价值链分工的动态演进模式研究
——基于生产分割长度的测算*

贺娅洁**　　李景华***

　　摘　要：基于全球价值链视角和投入产出模型框架，通过测算 2001—2012 年间中美两国的国内、国际和全球生产长度，对中美不同技术水平下的制造业、不同密集型特点下的服务业进行比较分析，并总结出中美两国各特征行业在全球价值链上的演进模式，寻求中美产业演进特征及规律，以期为当前贸易摩擦背景下中美两国各个类型行业的贸易地位和关系提供参考。研究结果表明：①中国的低技术、高技术制造业的国内、全球生产长度以及 GDP 占比均远高于美国的制造业生产长度，呈"倒 S 型"上升，其高技术制造业的演进基本为全面扩张的趋势，美国制造业的 GVC 演进过程总体呈现出空心化的趋势。②中美服务业的全球价值链位置互补性强，演变格局趋向竞争。现阶段中国国内的服务业仍是以人口红利和资本拉动为主，而美国主要优势在公益性服务业和知

　　* 本文是中国政法大学博士研究生创新实践活动项目（编号：2017BSCX32）的阶段性成果。
　　** 贺娅洁，中国政法大学商学院世界经济专业 2017 级博士研究生。
　　*** 李景华，中国政法大学商学院教授、博士生导师。

识型服务业。中美两国的劳动密集型和知识密集型均向全面扩张演进，中美两国的资本密集型和公益性服务业均从扩张型转为收缩或者空心化。该趋势表明中美两国在未来的博弈可能会更加激烈。③未来中国应大力发展服务业，促进制造业继续转型升级，加强国际合作和区域价值链布局，以提升各产业的国际竞争力和经贸谈判的话语权。

关键词：全球价值链　投入产出模型　生产长度　演进模式

一、引言

自 1950 年以来，随着经济全球化的不断深入，世界经济发生了显著的变化。一个突出的特征表现就是根据地区间的资源要素禀赋状况在全球范围内进行匹配重组，使不同国家的企业处于某一特定生产阶段进行专业化生产，由多个国家的生产链和贸易链构成整个生产过程，最终形成全球生产分工和合作的新型贸易体系。在近些年的研究中，这种新的贸易体系被称为全球价值链分工体系。各国嵌入了全球价值链体系的不同环节后形成的生产分割和分工地位引起了学界广泛关注。

改革开放和进入 WTO 以后，中国积极参与全球价值链分工并成为名副其实的"世界工厂"，其进出口贸易总额从 1978 年的 206 亿美元增长到 36 855 亿美元，尤其是 2001 年中国进入 WTO 以后，中美贸易快速增长且互为进出口贸易伙伴大国。但是作为以加工贸易为主的发展中国家，在海关统计方法下中国的出口总额被严重高估，所以当前由美国发起的双边经贸摩擦即以中美贸易巨大逆差为由，从贸易战不断升级为产业链战和技术战。其根本原因是特朗普认为中国的全球价值链分工地位已经对美国造成威胁和挑战。因此如何就中美在全球价值链中的真实分工地位及变化情况进行比较和客观分析，对于正确认识中美两国在全球价值链上的演进模式和贸易关系，以及制定贸易摩擦战略和对策具有重大意义。

中国与美国作为当今世界最大的两大经济体，两国在参与全球价值链分工过程中所扮演的角色差异一直以来备受学界关注。约翰逊（Johnson）和诺格拉（Noguera）（2012）从产品最终消费的角度[1]测算出的结果表明增加值贸易核算与传统进出口贸易核算存在显著差异。孟猛（2012）测算并比较了

---

〔1〕　Johnson R C, Noguera G, "Accounting for intermediates: Production Sharing and Trade in Value Added", *Journal of international Economics*, 86 (2), 224, 236 (2012).

中美两国最终出口的国内技术水平和全部技术水平，[1] 发现美国最终出口的技术含量平均增速比中国高得多。王岚、李宏艳（2015）通过对中美双边贸易利得进行贸易附加值测算和分解，[2] 发现分工地位越高获得的贸易利益越多。尹伟华（2017）利用 WWZ 模型测算并比较了中美两国国内及出口增加值，[3] 发现中国服务业参与 GVC 地位低于美国。赵璐（2017）从增加值分解角度比较了中美服务业的 GVC 参与度和地位指数等，[4] 认为中国服务业在全球价值链中处于劣势。

然而，这些指标都是从贸易增加值的测算方式来衡量一国或某产业参与国际生产分工的体量，并未充分反映其所参与的生产长度或经济结构的复杂度。对于中国而言，单纯追求国际贸易的增加值是片面的，只有生产长度增长了，才能体现出经济结构的深化。法利（Fally）（2012）构建了生产分割长度的基本概念，[5] 并对美国的生产分割长度进行测算表明美国的国内生产长度在变短，但其测算忽略了美国国际生产长度大幅增长以及国际的产业联系。安特拉（Antras）等（2012）首次定义了上游度（U）的概念，[6] 代表了从产品起始部门到其最终需求部门的距离，通过对美国和欧洲细分行业上游度的测算表明美国和欧洲各行业上游度的差异很大，但并未进行国内和国际方面的比较。倪红福等（2016）对法利（2012）的单国模型进行了拓展，[7] 将生产分割长度细分为国内生产长度和国际生产长度，测算结果表明总体上中国的国内生产分割长度迅速增长，美日等发达国家的国际生产长度变长，制造业外迁趋势明显，但未从细分行业进行比较。王（Wang）等（2017）定义

〔1〕 孟猛：《中国在国际分工中的地位：基于出口最终品全部技术含量与国内技术含量的跨国比较》，载《世界经济研究》2012 年第 3 期，第 17~52 页。

〔2〕 王岚、李宏艳：《中国制造业融入全球价值链路径研究——嵌入位置和增值能力的视角》，载《中国工业经济》2015 年第 2 期，第 76~88 页。

〔3〕 尹伟华：《中美服务业参与全球价值链分工程度与地位分析——基于最新世界投入产出数据库》，载《世界经济研究》2017 年第 9 期，第 120~131 页。

〔4〕 赵璐、杨志远：《中美服务业在全球价值链上的地位对比分析》，载《山东工商学院学报》2017 年第 3 期，73~79 页。

〔5〕 Fally T，*Production Staging：Measurement and Facts*，Boulder，Colorado，University of Colorado Boulder，155，168（May 2012）.

〔6〕 Antras P，Chor D，Fally T，et al.，"Measuring the Upstreamness of Production and Trade Flows"，*The American Economic Review*，412，416（2012）

〔7〕 倪红福、龚六堂、夏杰长：《生产分割的演进路径及其影响因素——基于生产阶段数的考察》，载《管理世界》2016 年第 4 期，10~23 页。

了平均生产长度的概念,[1] 测算了一国及其行业在全球价值链中的嵌入程度,结果表明全球的总体生产长度在变长,但不同国家和行业的生产长度特征各异。因此,在全球价值链的视角下,构建可区分国内生产长度和国际生产长度的测算模型,对各特征行业的生产长度进行分类分析并就其空间演进模式进行评价,对于反映一国空间经济结构的复杂度和国内外产业布局特征具有理论和现实意义。

本文基于倪红福等(2016)对生产分割长度的测算方法和扩展定义,从行业异质性的角度构建国内、国际和全球生产长度的指标,以期探索中美两国在全球价值链中的真实地位对比和空间演进模式。本文的创新之一在于,通过对国内外生产长度的测算以及产业的 GDP 占比等指标综合构建出一国嵌入全球价值链的演进模式。创新之二在于,从行业异质性的角度充分评估自中国加入 WTO 以来的 12 年间,中美两国不同技术水平下的制造业、不同密集型特点下的服务业在全球价值链中的真实地位,并总结出中美两国各特征属性行业在全球价值链上的演进模式,寻求中美产业演进特征及规律,以期为当前贸易摩擦背景下中美两国各个类型行业的贸易地位和贸易关系提供参考。

二、相关模型、测度方法及数据处理

(一)全球投入产出模型

投入产出模型是用数学形式体现投入产出表所反映的经济内容的线性代数方程组。它是由美国经济学家列昂惕夫(W. Leontief)在 20 世纪 30 年代提出。全球投入产出表(WIOT)提供了全球经济中各国的产业和最终使用者之间所有交易的汇总结果。为了便于理解,此处在三国两部门的全球投入产出模型框架下进行简单说明。假设有 3 个国家(分别以 C、J、U 来表示),每国有 2 个生产部门(以部门 1 和部门 2 来表示)。表 1 是三国两部门的简化全球

---

〔1〕 Z. Wang, S. Wei, X. Yu, K. Zhu, *Characterizing Global Value Chains:Production Length and Up-streamness*, NBER, Working Paper, No. 23261 (2017).

投入产出表。[1]

表 1　三国每国两个产品部门的全球投入产出表

		中间使用						最终使用			总产出
		C		J		U		C	J	U	
		1	2	1	2	1	2	Y^C	Y^J	Y^U	X
C	1	z_{11}^{CC}	z_{12}^{CC}	z_{11}^{CJ}	z_{12}^{CJ}	z_{11}^{CU}	z_{12}^{CU}	y_1^{CC}	y_1^{CJ}	y_1^{CU}	x_1^C
	2	z_{21}^{CC}	z_{22}^{CC}	z_{21}^{CJ}	z_{22}^{CJ}	z_{21}^{CU}	z_{22}^{CU}	y_2^{CC}	y_2^{CJ}	y_2^{CU}	x_2^C
J	1	z_{11}^{JC}	z_{12}^{JC}	z_{11}^{JJ}	z_{12}^{JJ}	z_{11}^{JU}	z_{12}^{JU}	y_1^{JC}	y_1^{JJ}	y_1^{JU}	x_1^J
	2	z_{21}^{JC}	z_{22}^{JC}	z_{21}^{JJ}	z_{22}^{JJ}	z_{21}^{JU}	z_{22}^{JU}	y_2^{JC}	y_2^{JJ}	y_2^{JU}	x_2^J
U	1	z_{11}^{UC}	z_{12}^{UC}	z_{11}^{UJ}	z_{12}^{UJ}	z_{11}^{UU}	z_{12}^{UU}	y_1^{UC}	y_1^{UJ}	y_1^{UU}	x_1^U
	2	z_{21}^{UC}	z_{22}^{UC}	z_{21}^{UJ}	z_{22}^{UJ}	z_{21}^{UU}	z_{22}^{UU}	y_2^{UC}	y_2^{UJ}	y_2^{UU}	x_2^U
增加值		va_1^C	va_2^C	va_1^J	va_2^J	va_1^U	va_2^U				
总投入		x_1^C	x_2^C	x_1^J	x_2^J	x_1^U	x_2^U				

从行向来看，投入产出表描述了国家产品部门的使用去向（即作为中间投入和最终使用）。而列向量体现的是某产品生产链上其他部门的生产成本构成，包括中间投入和增加值。WIOT 的一个重要会计性质是，每个行业的总产出（由每列的最后一个元素给定）和所有使用该行业产品的消费的总和（由每行的最后一个元素给定）相等。

（二）测度方法

不同时期内一国的技术水平和国际分工都呈现出不同的特征，国内生产

---

[1]　注：简单来说，行向表示国家产品部门的使用去向，分为中间使用和最终使用，且都区分作为国内的中间投入（最终）使用和国外中间投入（最终）使用。列向表示国家产品部门的生产构成，分为中间投入和增加值（劳动和资本要素的报酬），中间投入进一步区分为来自国内和国外。令 g，h ∈ {C，J，U}，i，j ∈ {1，2}，其中，x_i^g 为 g 国家产品部门 i 的总产出价值，va_i^g 为 g 国家产品部门 i 的增加值，z_{ij}^{gh} 为 h 国家的 j 部门产品对 g 国 i 部门的中间需求价值量。y_i^{gh} 为 h 国家对 g 国部门 i 产品部门的最终消费价值量。

长度和国际生产长度并不是独立不相关的，其内部结构和演变反映了一国各行业参与全球价值链的演变方式、程度和类型。本文在已有研究方法的基础上，利用生产分割长度对中美两国 56 个行业融入全球价值链进行量化测算；并采用中美各行业的 GDP 占比与国内生产长度、国际生产长度、国际生产长度参与度和全球生产长度构造面板数据；然后从行业异质性的角度对中美两国不同技术水平下的制造业、不同密集型特点下的服务业进行划分，对比中美两国产业演进趋势特征，概括产业演进机理。

全球投入产出框架下的生产分割长度。作为全球价值链的重要测度指标之一，法利（2012）定义的生产分割长度（Production Length）是在一国序贯生产过程中，以价值链各阶段参与 i 产品生产序列的加权和，计算产出从初始投入阶段到最终需求阶段经历的平均生产阶段数（N_i）。其计算公式为

$$N_i = 1 + \sum_j a_{ji} N_j$$

上式中的 a_{ji} 表示的是 WIOT 中的直接消耗系数矩阵，即每单位的 i 产品需直接消耗 a_{ji} 单位的 j 产品。N_j 表示的是相应中间产品自身的生产阶段数，那么每个产品隐含的生产阶段数对应一个方程，向后递推求和可求解生产阶段数 N_i。此公式扩展到 i 国 k 部门的全球投入产出模型后：

$$N_k^i = 1 + \sum_{j,l} a_{lk}^{ji} N_l^j$$

将两国两部门的全球投入产出模型的矩阵形式简化可得 $N^T = U^T + N^T A$，其中 T 为转置，利用 $B = (I-A)^{-1}$，可得到 $N^T = [u^T u^T] \begin{bmatrix} B^{11} & B^{12} \\ B^{21} & B^{22} \end{bmatrix}$，那么扩展到 i 国的全球生产阶段数为

$$N^{iT} = [u^T u^T] \begin{bmatrix} B^{1i} \\ B^{2i} \end{bmatrix} = u^T L^{ii} + u^T (B^{ii} - l^{ii}) + u^T \sum_{j \neq i} B^{ji}$$

由于 $B^{ii} - l^{ii} = \sum_{j \neq i} L^{ii} A^{ij} B^{ii}$，那么推广到 N 国 M 部门的全球投入产出模型中的分解公式为

$$N^{iT} = u^T L^{ii} + u^T (\sum_{j \neq i} L^{ii} A^{ij} B^{ii}) + u^T \sum_{j \neq i} B^{ji}$$

其中 i、j 表示国家，$u^T L^{ii}$ 表示 i 国的国内生产长度，L^{ii} 是局部的列昂惕夫逆矩阵，等于公式（1）中封闭经济下法利（2012）定义的生产分割长度。

"$\sum_{j \neq i} L^{ii} A^{ij} B^{ii}$" 表示 i 国的国际生产长度，即 i 国和 j 国相互之间、双向的

中间投入需求引起的对方国隐含的生产阶段数（B^{ji} 表示 i 国的最终产品需要中间投入 j 国的产品；A^{ij} 表示 j 国的产品又需要中间投入 i 国的产品）。在增加值测算中，此项数值越大，表示中间产品交易越频繁，生产阶段数就越大。

"$u^T \sum\limits_{j \neq i} B^{ji}$" 表示 i 国生产的最终产品引发的其他国家中间需求的产出增加，从而得到的 i 国产品的隐含生产长度。最后两项的和表示国际生产长度，用来衡量 i 国的国际生产分割。

需要注意的是，基于投入产出模型的定义的生产长度，更多的是反映了国家行业部门生产过程的复杂程度和上下游情况，而非实际经济中的"长度"。

（三）全球价值链的演进模式

下表是根据 GDP 占比、国内生产长度、国际生产长度和全球生产长度的变化趋势构造的参与全球价值的演进模式，从功能演进和空间演进的视角，各自构建了四种特征的演进路径，可较全面和准确的评价一国在全球价值链上的演进过程。

表2　参与全球价值链的演进路径与模式

演进路径		类　型	表现特征	GDP占比	国内生产长度	国际生产长度	全球生产长度
功能演进	路径1	全面扩张型	一国在全球范围内同时进行功能和空间演进，国内和国际生产网络协同发展并呈现互补效应。	增加	增加	增加	增加
	路径2	产业升级型	国内和国际生产网络进行功能和空间演进，质量有所提高，但是数量（GDP）占比下降。	减少	增加	增加	增加
	路径3	全面收缩型	国内外产业间分工降低，生产网络退步，或者产业内分割水平降低，功能和空间演进均出现收缩。	减少	减少	减少	减少

演进路径		类 型	表现特征	GDP占比	国内生产长度	国际生产长度	全球生产长度
	路径4	垂直一体化	国内外的企业兼并重组，使得国内外的生产分割长度降低，提高了生产效率，GDP占比提高。	增加	减少	减少	减少
空间演进	路径1	对内回流型	产业向国内转移和回流，国内和国际生产网络出现替代效应。且全球生产网络和国内GDP占比有所提高。	增加	增加	减少	增加
	路径2	对外扩张型	生产网络出现空间分离，国际生产分割替代国内生产分割，但是全球生产网络和GDP占比有所提高。	增加	减少	增加	增加
	路径3	逆全球化型	产业向国内转移和回流，国内和国际生产网络出现替代效应。但是全球生产网络和国内GDP占比有所降低。	减少	增加	减少	减少
	路径4	空心化型	生产网络出现空间分离，国际生产分割替代国内生产分割，但是全球生产网络和GDP占比有所降低。	减少	减少	增加	减少

（四）数据说明

本文采用的是 WIOD 数据库于 2016 年发布的最新数据，其中涵盖了 2000—2014 年间 44 个国家和地区以及每国 56 个细分行业的投入产出数据。一方面是因为该数据库拥有相对统一的统计单位且产业部门较齐全，可以更加准确和细致的比较中美两国的测算数据。另一方面传统的总值贸易测算方法无法反映出制造业产品中的服务业投入部分和跨国企业的销售服务。但是 WIOT 中直接体现了隐含在全球贸易中上下游国家的服务增加值以及中间投入，可以更准确的测算服务业的生产长度和结构特征。另外，中美两国分类特征下的统一口径的 GDP 数据只涵盖到 2012 年，所以本文基于生产分割长度和 GDP 占比数据的考察期为 2001—2012 年。

三、结果比较与分析

基于以上介绍的生产分割长度模型，我们对中美两国 56 个部门在 2001—2012 年间的生产长度进行测算，继而构造了 GDP 占比、国内生产长度、国际生产长度和全球生产长度的数据集。在此基础上得到国家和行业层面的演进变化并据此进行比较分析。

（一）中美制造业细分行业比较

本文将 23 个制造业行业划分为低技术行业与高技术行业（研发强度高于制造业整体均值为高技术行业，低于制造业整体均值为低技术行业），以此为标准观察中美两国不同技术水平下的细分行业在 GDP 占比、国内、全球生产长度方面的差异。

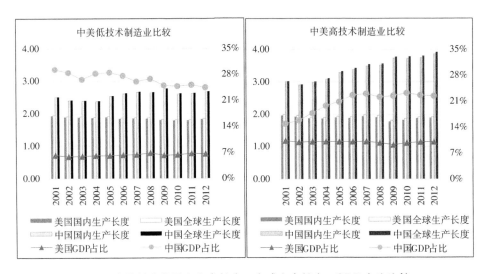

图 1　中美制造业国内生产长度、全球生产长度、GDP 占比比较

从图 1 关于中美制造业国内、全球生产长度与 GDP 占比来看，中国的低技术、高技术制造业的国内、全球生产长度和 GDP 占比均远高于美国的制造业生产长度，呈"倒 S 型"上升，且中国的高技术制造业显著高于其低技术制造业，上升趋势显著，而美国的低技术、高技术制造业的生产长度差距不大，总体稳定，仅在 2008 年金融危机时有小幅波动。另外，中美两国的国内、全球生产长度与 GDP 占比的变化趋势和波动较为一致，正相关性强。

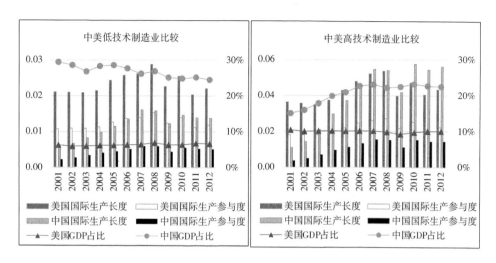

图 2　中美制造业国际生产长度、国际生产参与度、GDP 占比比较

　　图 2 是中美两国国际生产长度、国际生产参与度以及 GDP 占比的趋势图。中美两国的国际生产长度走势相近，总体上均呈"M 型"。虽然中国的低技术制造业国际生产长度明显低于美国，但是中国的高技术制造业迅速增长，不断缩小与美国的差距且在 2009 年后超越美国的国际生产长度。从国际生产参与度来说，中国低技术、高技术制造业均低于美国，虽然均呈上升趋势但不显著，并且与 GDP 变化趋势的相关性不强。

　　从阶段性变化分析来看（由于美国的阶段性变化不显著，此处主要分析中国的阶段性变化原因）。2001—2004 年间，中国低技术制造业为持续下降期，高技术制造业为振荡反弹期。其原因一是国有经济实行兼并重组的结构性改革，抓大放小，导致大部分低技术制造业企业数量大幅减少，国内生产长度降低。原因二是中国在 2001 年加入 WTO，国外技术的引进以及政策上鼓励发展高技术制造业，所以导致高技术制造业的生产长度在短暂调整后迅速上升。2005—2008 年间，中国低技术、高技术制造业均处于加速上升期，其原因是通过跨国贸易经营和投资收购等方式增强了与其他国家的产业配套联系，加速细化中国国内外产业分工并融入全球价值链，从而使得高技术行业的国内、国际和全球生产长度协同式增长，中国逐渐成为世界制造业基地。

2009—2012 年为微调平整期，受 2008 年金融危机的滞后性影响，全球消费市场乏力，中小企业经历了一轮倒闭潮，使得国内生产长度和国际生产长度出现替代效应。

（二）中美服务业细分行业的比较

根据赵书华、张弓（2009）以及拉赫曼（Rahman）和赵（Zhao）（2013）提出的行业要素密集度分类标准，[1] 将服务业分为劳动密集型服务业、资本密集型服务业、知识密集型服务业以及公益性服务业等四个特征密集型类别。在此基础上，对中美两国细分服务业在全球价值链上的演进过程进行比较。

1. 中美服务业 GDP 占比、国内生产长度比较分析

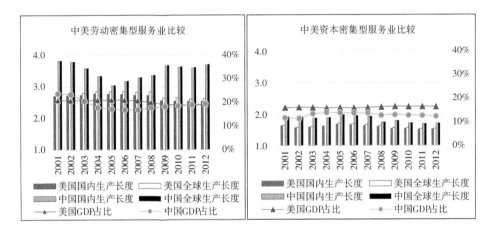

---

〔1〕 服务业要素密集度分类标准：劳动密集型服务业包括污水处理与废弃物收集回收、建筑业、汽车和摩托车外的批发贸易和零售贸易、食宿服务。资本密集型服务业包括电与煤气蒸汽空调供应、水供应、陆路运输与管道运输、水上运输、航空运输、储存和运输辅助、邮政和邮递、房地产。知识密集型服务业出版、电影录像和出版、电信、计算机程序设计咨询及相关、保险之外的金融服务、强制性社会保障旨在的保险、金融保险、法律和会计、建筑和工程、科学研究与发展、广告业和市场调研、科学和技术。公益性服务业包括行政和辅助、公共管理与国防以及强制性社会保障、教育、人体健康和社会工作、其他服务、国际组织和机构。

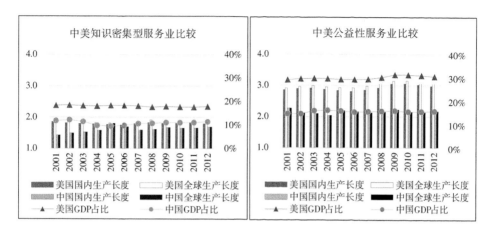

图 3　中美服务业 GDP 占比、国内生产长度比较

图 3 是中美两国四种密集型服务业的国内生产长度和 GDP 占比的趋势图，可以看出中国的劳动密集型和资本密集型服务业的国内生产长度和全球生产长度总体上高于美国；两国劳动密集型服务业呈反向变化，且中国的劳动密集型呈明显的"倒 S 型"变化，但是中美劳动密集型的国内生产长度均与其GDP 占比呈正相关变化；中国资本密集型服务业的生产长度虽然高于美国，但是美国的 GDP 占比远高于中国。美国的知识密集型和公益性服务业的国内生产长度和全球生产长度总体高于中国，且其 GDP 占比也分别是中国的 1.6倍和 3 倍，但是从中美两国以上两种密集型服务业的变化趋势来看也呈现为反向变化。

以上对比表明，中美服务业的分工地位各具优势，中国国内的服务业仍是以人口红利和资本拉动为主，其中生产长度最长的是建筑业、电与煤气蒸汽供应、汽车批发贸易以及陆地运输业。而美国国内主要以公益性服务业和知识型服务业见长，尤其是国防、金融和医疗方面颇为突出。但是从本考察期的 GDP 占比均值来说，美国服务业 GDP 占比高达 87%，中国服务业 GDP占比仅有 52%。`

2. 中美服务业国际生产长度比较分析

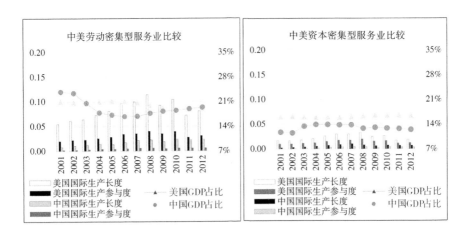

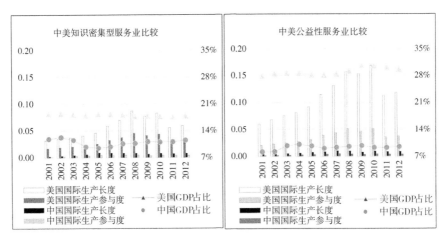

图 4 中美服务业国际生产参与度、国际生产长度比较

从中美服务业国际生产长度的对比来看，美国所有服务业的国际生产长度都比中国的长，且差距相当明显。以考察期的均值来计算，其中美国的公益性服务业的生产长度是中国的 15 倍，国际生产长度参与度为中国的 10 倍；知识密集型的国际生产长度是中国的 8.5 倍，国际生产长度参与度为中国的 7 倍，劳动密集型和资本密集型的国际生产程度差距略小，分别是中国的 4.7 倍和 3.5 倍，但是这两种密集型的国际生产参与度分别是中国的 6 倍和 4 倍。

说明国际生产长度在全球生产长度中的占比具有一定的独立变化性，中国加入 WTO 以及 2008 年金融危机是呈现出这种不一致性变化的重要原因。

从变化特征来看，美国服务业的国际长度基本经历了 2007 年和 2010 年两次大的增长，受 2008 年金融危机影响严重，均呈"M 型"趋势，其国际生产长度最突出的是公益性服务业，其中以国防和社会保障、健康医疗的生产链最长。反观中国只有劳动密集型的国际生产长度增长比较显著，其他三种密集型服务业变化不大，且整体水平较低，国际竞争力不强。说明我国服务业的国际发展还是以劳务输出为主，其中以建筑业和汽车以外的批发贸易的生产长度最长，也可以看出虽然近些年倡导大力发展服务业，但这种发展规模加速扩大的态势还未体现出我国参与国际竞争的优势产业，未来中国服务业国际生产链发展的道路漫长。应该在遵从产业升级规律的基础上，客观承认本国服务业的发展现状和劣势之处，依托优势产业带动劣势产业进步，在全球价值链分工体系中更全面的发展。

（三）中美参与全球价值链的产业演进路径与模式

表 3　中美两国参与全球价值链的演进模式

行　业 ＼ 时　间		美　国			中　国		
		2001—2004	2005—2008	2009—2012	2001—2004	2005—2008	2009—2012
制造业	低技术制造业	空心化	对外扩张	对内回流	空心化	产业升级	空心化
	高技术制造业	空心化	产业升级	全面扩张	全面扩张	全面扩张	全面扩张
服务业	劳动密集型	全面扩张	空心化	全面收缩	空心化	全面扩张	全面扩张
	资本密集型	空心化	对外扩张	全面收缩	对外扩张	空心化	空心化
	知识密集型	空心化	产业升级	全面收缩	产业升级	垂直一体化	全面扩张
	公益性	全面扩张	全面扩张	全面收缩	对外扩张	空心化	空心化

中美两国各细分行业生产链长度的变化趋势反映了其嵌入全球价值链的演进路径（见表 3）。从制造业来看，美国的低技术制造业基本遵循空间演进的路径，从空心化、对外扩张到对内回流，体现了美国"去工业化"向国外进行产业转移的特征，经历了 2008 年金融危机后，国外产业萧条、制造业又

向国内回流的特点。中国的低技术制造业从空间演进转为功能演进的路径，从 2001 年进入 WTO 以后积极开拓国外市场，而国内市场经历产业合并有所降低。2005 年后这一阶段全球和中国经济快速增长，发达国家加快向中国进行制造业产业转移，中国产业链不断延长和升级。2009 年后受金融危机影响使得中国国内低技术产业链有所下降，出现中小企业倒闭的现象，总体呈现空心化特征。而高技术制造业方面，美国从空间演进转为功能演进，分阶段来看是从空心化转为产业升级再到全面扩张，但是总体体量变化不大，除去中间的轻微波动，总体呈空心化的趋势，国内生产长度、全球生产长度和 GDP 占比均有下降。而中国的高技术制造业无论从分阶段还是总体来看均为全面扩张模式，从加入 WTO 以来积极引进发达国家高端产业链，逐渐成为世界制造业基地，同时也积极参与全球价值链分工体系，发展中国的国际产业链。

从服务业的演进路径来看，美国的四种密集型服务业均在 2008 年金融危机后出现全面收缩的特征。分开来看，中美两国的劳动密集型呈相反的路径演进，美国是从全面扩张到空心化到全面收缩，而中国是从空心化到全面扩张，体现了中美在劳动密集型服务业的替代性和竞争性，具体来说美国的劳动密集型经历了全面扩张的时代，但是从 2005 年开始国内生产长度开始缩短，到 2009 年国内外生产长度全面缩短；而中国从 WTO 之后打开出国的大门，首先对外输出的就是劳动密集型服务业，从空心化转为全面扩张，国内外生产长度协同增长，并带动 GDP 占比大幅增长。

而从资本密集型和公益性服务业来看，中美两国均从扩张型转为收缩或者空心化，因为国内生产长度变短最终导致全球生产长度和 GDP 占比有所下降。具体来说美国主要受 2008 年金融危机的影响，导致资本密集型和公益性从全面扩张转为全面收缩。而中国的服务业生产长度水平一致较低，在 2001—2004 年间受国内外产业链交流影响有所扩张，但是 2005—2012 年间发展缓慢，除了国际生产长度有所增长，国内和全球生产长度及 GDP 占比均下降。

中美两国知识密集型的演进路径就略复杂，美国经历了空心化、产业升级到全面收缩，其国际生产长度虽然增长显著，但是 GDP 占比在三个阶段是持续下降。而中国基于功能演进的模式下，分别经历了产业升级、垂直一体化和全面扩张阶段，从 2001 年起，国内外生产网络进行升级，但是未体现 GDP 占比增长，2005 年开始，虽然生产长度趋势有下降，但是总体水平已提高，其原因主要是国内产业政策开始从粗放型向集约型转化，企业内的生产链延长和升级导致生产长度下降，但是对 GDP 占比贡献增长。并在 2009 年后进入全面扩张时代。

四、结论与思考

在当前中美贸易摩擦的关键时期，准确分析中美两国制造业和服务业在全球价值链上的分工差距和演进模式具有必要性和紧迫性，并对如何向价值链中高端攀升具有重要的政策意义。本文基于全球投入产出模型的框架下，结合全球投入产出表对 2001 年到 2012 年间中美两国国在全球价值链上的国内、国际生产长度地位进行测度。从行业异质性的角度对中美两国不同技术水平下的制造业、不同密集型特点下服务业的 GDP 占比、生产长度进行国际比较，并充分分析中美两国在全球价值链中的空间动态演进过程，构建出中美两国各种特征下制造业和服务业嵌入全球价值链的不同演进路径，得出了以下主要结论：

（一）中美制造业的分工地位竞争性强，演进路径相反

首先，中国的低技术、高技术制造业的国内、全球生产长度以及 GDP 占比均远高于美国的制造业生产长度，呈"倒 S 型"上升，且中国的高技术制造业显著高于其低技术制造业，上升趋势显著，表明中国制造业已向高附加值的生产环节攀升。但是价值链长度越大对外依存度也相对较高，在贸易摩擦中，中国可能会面临比美国更多的负面冲击。其次，中美两国制造业的国际生产长度走势相近，总体上均呈"M 型"，美国的大部分制造业国际生产长度优于中国，但是中国的高技术制造业迅速增长，并在金融危机后超越美国的国际生产长度。表明美国的跨国企业发展较早，规模较大，国际产业链相对成熟，而中国加入 WTO 后积极参与国际分工，在国际舞台上扮演着越来越重要的角色。

随着经济全球化不断深入，美国"去工业化"的产业升级使得其大部分制造业的国内、国际生产长度变短，GDP 占比较低，所以美国制造业的 GVC 演进路径总体呈现出空心化的趋势，同时中国的制造业从低附加值的加工贸易阶段向微笑曲线的两端延伸，反映了国内制造业产业结构逐渐从简单走向复杂化及高端化，其高技术制造业的演进路径基本为全面扩张的趋势。以上分析说明，不论是在贸易摩擦中还是实现全球价值链攀升，本质上是分工利益的获取能力，除了拓展更高更长的技术密集型生产链，也要推进现有专业化生产的纵向"深耕"，更好的发挥对经济增长的提升作用。

（二）中美服务业的全球价值链位置互补性强，演变格局趋向竞争

中美服务业的分工地位各具优势，互补性强。现阶段中国国内的服务业仍是以人口红利和资本拉动为主，其中生产长度最长的是建筑业、电与煤气蒸汽供应、汽车批发贸易以及陆地运输业。而美国国内主要以公益性服务业和知识型服务业见长，尤其是国防、金融和医疗方面颇为突出。但是美国服务业的国际竞争优势显著，其所有密集型服务业的国际生产长度均远长于中国。以上结论说明，虽然中国制造业已经向全球价值链中高端攀升，但其服务业分工地位和结构仍与美国有较大差距。

尽管从服务业的演进路径来看，美国的四种密集型服务业均在 2008 年金融危机后出现全面收缩的特征。分开来看，中美两国的劳动密集型和知识密集型均向全面扩张演进，中美两国的资本密集型和公益性服务业均从扩张型转为收缩或者空心化。以上发展趋势表明中美两国在未来的博弈可能会更加激烈，中国的价值链"攀升"与美国的"反攀升"将成为博弈的重点。

（三）大力发展服务业，促进制造业转型升级

上述分析结果帮助我们全面深入的认识中美各分类特征下行业在全球价值链上的演变趋势和分工位置的同时，也对国际贸易政策的制定有一定启示。①正确认识中国在全球价值链中的真实分工阶段以及中美各特征下行业的差距，需保持积极、稳健的宏观经济政策，也要防范产业链复杂度过高的风险。②大力发展制造业服务化，增加服务环节的投入来推动传统制造业的转型升级、鼓励企业积极发展产品技术研发以及售后增值服务等新兴服务贸易，提升服务业的全球价值链分工地位。③在"一带一路"和"大湾区"倡议的区域价值链背景下，鼓励企业主动对接全球制造业产业链，扩大服务业对外开放水平，进一步提高金融、教育等领域的开放力度，加强国际合作和区域价值链布局，以提升各产业的国际竞争力和经贸谈判的话语权。

中日双边贸易效率及潜力研究

——基于时变随机前沿引力模型的测算

李一丁*　钟　洁**　李　雪***

　　摘　要：研究中日双边贸易效率及潜力的影响因素，可为进一步提高中日双边贸易效率及挖掘贸易潜力提供参考。本文选取 1998—2017 年相关面板数据，利用时变随机前沿引力模型和贸易非效率模型研究中日贸易效率及未来贸易发展潜力。研究结果表明：清关效率、贸易运输相关基础设施指数和经济自由度水平对中日贸易效率具有显著正影响，关税水平对中日贸易效率的影响显著为负，自贸协定对中日贸易的影响虽为正但表现不显著；中日两国贸易效率较高，但中国对日本出口效率低于双边贸易效率；2017 年中国对日本出口潜力提升空间为0.93%，高于中日双边贸易潜力提升空间，中国对日本出口效率有进一步的提升空间。最后，本文基于研究结果，从升级我国产业结构、强化核心区域合作和共同开拓第三方市场三个方面提出提高中日贸易效率的政策建议。

　　关键词：中日贸易效率　时变随机前沿引力模型贸易非效率模型

　　*　李一丁，中国政法大学商学院世界经济专业博士研究生（100088）。

　　**　钟洁，中国政法大学商学院世界经济专业硕士研究生（100088）。

　　***　李雪，中国政法大学商学院世界经济专业硕士研究生（100088）。

一、引言和文献综述

中国和日本作为世界第二和第三大经济体，在亚洲以及世界具有举足轻重的经济影响力。2017 年，中国是日本的第一大贸易伙伴，日本则是中国的第四大贸易伙伴，[1] 中日贸易在双边国际关系中举足轻重，图 1 展示了1998—2017 年中国对日本贸易赤字情况及中国对日本贸易依赖情况。截止到2002 年，日本一直是中国的第一大贸易伙伴国，中日贸易额占中国对外贸易总额的 15% 以上，自此之后，对中国而言，日本的贸易地位趋于下降；到2017 年，日本已连续七年稳定地成为中国第四大贸易国，双边贸易额占中国贸易总额的比重降至 7.38%。虽然中日双边贸易总额下降明显，但中国对日本始终存在巨额贸易逆差，2011 年之后贸易赤字规模所降低，但降幅并不显著，日本对中国的贸易地位下降的言论为时过早。

图 1　1998—2017 年中日两国贸易依存关系演变

数据来源：根据国家统计局对外经济贸易数据计算得出。

2013 年中国提出建设"丝绸之路经济带"和"海上丝绸之路"（"一带一路"）的倡议之后，随着中国在推动经济全球化及区域经济发展的贡献日益增

---

〔1〕　2015 年，中国超越美国成为日本第二大贸易伙伴；2011 年之前日本是中国第三大贸易伙伴，2011 年之后，东盟取代日本成为中国第三大贸易伙伴，日本退居第四，本文所提到的"中国"均指以关境作为统计依据的中国概念。

大，贸易地位逐渐提高，日本对"一带一路"的关注度不断提高，态度也在相应转变，从最初的排斥，到观望，再到合作，中日关系也随之变化。2017年，日本首相安倍晋三在 G20 峰会期间，首次就"一带一路"向中国表达合作意向；当年 11 月下旬，史上规模最大的日本经济界访华团到访中国，与我国总理深入探讨两国在经贸领域的合作潜力，重点关注其参与"一带一路"建设项目的可能性和具体商机，以积极参与的态度加入到"一带一路"建设中来。可见，日本意欲将中日经济合作作为缓和两国关系的切入点，而"一带一路"作为全球规模最大的区域性经济合作倡议，参与其中必然会获得可观的经济报酬。日本参与"一带一路"建设，不仅对其本身大有裨益，对中国亦是一个拓展带路合作国、加强与日本合作的契机。

虽然中日两国双边贸易依存度略有不同，但两国贸易结构相互融合性较高，贸易总量较大，贸易总金额稳定增长，中日两国的双边贸易已达到相互支持，相互依赖的程度。在此背景下，研究中日贸易效率及潜力有助于减少和规避各种贸易阻力和投资障碍的干扰、推动中日贸易的规范化运行，从而实现中日经贸合作的更有效开展，同时对减少中日贸易持续逆差的现状起到积极的作用。

学术界对中日贸易的研究成果颇丰，研究角度多样。现有研究主要集中于中日贸易的竞争互补性、双边贸易对经济的贡献度、贸易模式和贸易部门、贸易关系变化及区域合作或第三方市场合作五个方面。陆根尧和王晓琳（2011）[1]、康振宇和徐鹏（2015）[2]、徐修德和李琛（2014）[3]分析了中日贸易的竞争性和互补性，研究结果相似，均表明中日贸易具有较强的互补性。穆智蕊和杨翠红（2009）[4]、宁国玉和叶祥松（2012）[5]分别研究了中日出口贸易对双方贡献的总效应及部门效应、中日贸易与中国经济增长的关

〔1〕　陆根尧、王晓琳：《中日自由贸易的竞争性和互补性研究》，载《国际贸易问题》2011 年第 11 期，第 64~76 页。

〔2〕　康振宇、徐鹏：《全球价值链时代的中日贸易分析——基于增加值的视角》，载《国际贸易问题》2015 年第 4 期，第 75~84 页。

〔3〕　徐修德、李琛：《中日经贸合作的依存互补性与敏感性》，载《日本问题研究》2014 年第 1 期，第 9~15 页。

〔4〕　穆智蕊、杨翠红：《中日贸易对双方影响的比较分析》，载《管理评论》2009 年第 5 期，第 97~102 页。

〔5〕　宁国玉、叶祥松：《中日贸易对中国宏观经济波动同步性的影响研究》，载《宏观经济研究》2012 年第 12 期，第 93~97 页。

系。郭沛和吴云霞（2016）[1]、金华林和刘伟岩（2017）[2] 研究了中日两国的贸易模式，均发现产业内贸易已替代产业间贸易成为两国主要贸易模式。黎峰（2015）[3]、苑生龙（2016）[4]、江瑞平（2016）[5] 研究了中日经贸关系的发展特点。金仁淑（2018）[6]、崔健和刘伟岩（2018）[7]、沈海涛（2018）[8]研究了中日区域合作或第三方市场合作，均指出，中日双方应积极扩大共同利益，增进战略互信，共同促进东亚经济一体化的发展。

综上所述，目前关于中日贸易相关研究鲜有涉及中日贸易潜力、贸易效率及其具体测度的研究。鉴于中日两国贸易关系的发展对两国自身及区域经济发展具较为至关重要的影响，本文将选取 1998—2017 年中日贸易相关面板数据，考虑影响双边贸易效率的自然因素和人为因素，构建"时变随机前沿引力模型"和"贸易非效率模型"，勾勒中日贸易效率现状，分析其影响因素，在此基础上提出促进中日贸易发展、降低中日贸易逆差以及寻求双边贸易新增长点的对策建议。

〔1〕 郭沛、吴云霞：《中日双边贸易中的国内生产要素分解：基于 WIOD 数据库的实证分析》，载《现代日本经济》2016 年第 5 期，第 38~50 页。

〔2〕 金华林、刘伟岩：《中日双边贸易相关测算指数分析》，载《现代日本经济》2017 年第 2 期，第 56~68 页。

〔3〕 黎峰：《全球价值链分工下的双边贸易收益核算：以中日贸易为例》，载《现代日本经济》2015 年第 4 期，第 30~41 页。

〔4〕 苑生龙：《日本经济形势及中日经贸关系》，载《宏观经济管理》2016 年第 9 期，第 89~92 页。

〔5〕 江瑞平：《当前中日经济关系的困境与出路》，载《日本学刊》2016 年第 1 期，第 1~19 页。

〔6〕 金仁淑：《中日与东盟区域经济合作战略及其经济效应》，载《日本学刊》2018 年第 3 期，第 82~100 页。

〔7〕 崔健、刘伟岩：《"一带一路"框架下中日与第三方市场贸易关系的比较分析》，载《现代日本经济》2018 年第 5 期，第 23~38 页。

〔8〕 沈海涛：《新时代中日和平友好关系的展望与课题》，载《现代日本经济》2018 年第 5 期，第 17~22 页。

二、模型原理

(一) 随机前沿模型的发展

随机前沿分析由 Meeusen 和 Broeck（1977）[1] 以及 Aigner、Lovell 和 Schmidt（1977）[2] 等人首先提出，通过对既定要素投入下实际产出与理论上可能存在的"帕累托最优"产出相比计算效率，并在模型中将传统随机扰动项分解为相互独立的两部分——随机误差项 v 和非负的非效率项 u，进一步讨论造成非效率的原因。随即前沿分析方法最初用于测算给定生产函数条件下的生产效率问题，后经学者拓展，逐渐引申至规模效率、技术效率、贸易效率等领域，取得了较为满意地应用效果。该方法在建模时主要有两种假设，即时不变随机前沿模型和时变随机前沿模型（时变衰减模型）。

时不变随机前沿模型假定，非效率项 u_i 不随时间变化，具体模型形式如式（1）~（3）所示。

$$Y_{it} = f(X_{it}, \beta) \exp(v_{it} - u_i) \tag{1}$$

$$Y_{it}^* = f(X_{it}, \beta) \exp(v_{it}) \tag{2}$$

$$TE_{it} = \frac{Y_{it}}{Y_{it}^*} = \exp(-u_i) \tag{3}$$

其中，Y_{it} 和 Y_{it}^* 分别表示 t 时期 i 样本的实际产出和最优生产前沿，也即最优产出；X_{it} 表示 t 时期 i 样本的投入变量；TE_{it} 表示技术效率[3]；β、v_{it} 和 u_i 是待估计参数向量，v_{it} 和 u_i 相互独立。v_{it} 代表外界随机冲击，服从均值为零、方差为 σ^2 的正态分布；u_i 代表非效率因素，通常假定为非负值，服从半正态分布、对数分布或截尾正态分布。

该模型在研究短期问题时是满足研究需要的，但是当时间跨度较大时，时间趋势带来的影响使得"时不变"假定就不再合理。为此，Battese 和 Coelli（1992）[4] 等学者放松此项假定，建立了时变随机前沿模型，又叫时变衰减模

〔1〕　W. Meeusen & J. van Broeck, "Efficiency Estimation from Cobb-Douglas Production Functions with Composed Error", 18 *International Economic Review*, 435, 439 (1977).

〔2〕　Dennis Aigner, C. A. Knox Lovell & Peter Schmidt, "Formulation and Estimation of Stochastic Frontier Production Function Models", 6 *Journal of Econometrics*, 21, 29 (Feb. 1977).

〔3〕　经济学意义上的技术效率是指投入与产出之间的关系。指在既定的投入下实现了产出最大化，或者在生产既定的产出时实现了投入最小化。

〔4〕　G. E. Battese & T. J. Coelli, "Frontier Production Functions, Technical Efficiency and Panel Data: With Application to Paddy Farmers in India", 1 *Journal of Productivity Analysis*, 153, 161 (June 1992).

型，在早期模型的基础上加入了非效率项的时变特性限制条件使随即前沿模型的适用范围得到大大的扩展时变随机前沿模型表达形式如式（4）～（7）所示：

$$Y_{it} = f(X_{it}, \ \beta) \ \exp \ (v_{it} - u_{it}) \tag{4}$$

$$Y_{it}^* = f(X_{it}, \ \beta) \ \exp \ (v_{it}) \tag{5}$$

$$TE_{it} = \frac{Y_{it}}{Y_{it}^*} = \exp \ (-u_{it}) \tag{6}$$

$$u_{it} = \{ exp [- \eta(t - T)] \} u_i \tag{7}$$

其中，t 表示观察时期；T 表示观察期数；u_{it} 是时变非效率项，服从截尾正态分布；η 是待估参数，$\eta > 0$ 表示非效率水平随时间递减；$\eta < 0$ 表示非效率水平随时间递增；$\eta = 0$ 表示非效率水平不随时间变化，此时 $u_{it} = u_i$，时变模型转变为时不变模型。

（二）随机前沿模型与引力模型中的结合

传统贸易引力模型将双边贸易额看作是两国或地区经济规模和空间距离的函数，即两国双边贸易规模与他们的经济总量成正比，与两国之间的距离成反比，后经学者们逐步拓展，引入了人口、语言、边界等短期内不会改变的其他变量，增强了模型的解释性，得以广泛应用。该模型虽应用广泛，但它的设定和运用存在一定的缺陷。首先，其拟合值结果只能在一定程度上代表各解释变量产生的平均效应；其次，模型中的假定"不存在贸易阻力，或由冰山成本代替贸易阻力"不符合现实；最后，该模型的解释变量往往选取的是易测量的指标，诸多重要影响因素，如贸易过程中的信息不完全、政策限制等难以测量的贸易负面因素只能笼统地归于不可观测的随机扰动项，导致贸易阻力的问题一直没有得到理想地解决，使得贸易潜力的测算值不准确。

各国或地区在对外贸易中追求自身贸易利益最大化的前提下，贸易双方都期望双边贸易实现最小成本和最大贸易量，这本质上与企业生产函数相似，因此可以利用时变随机前沿模型分析双边贸易的最佳前沿水平；由于随机前沿模型在分析随机冲击的同时，还可以分析技术无效项，因此可以用其同时研究影响双边贸易效率的自然因素和人为因素。近年来谭秀杰和周茂荣

（2015）[1]、王亮和吴浜源（2016）[2]、方英和马芮（2018）[3]等学者均应用随即前沿引力模型对贸易潜力即贸易效率问题进行过探讨，且取得了丰富成果。

参照已有研究，时变随机前沿引力模型的具体形式由式（8）～（11）给出。

$$T_{ijt} = f(X_{ijt}, \beta) exp (v_{ijt} - u_{ijt}) \tag{8}$$

$$T_{ijt}^* = f(X_{ijt}, \beta) exp (v_{ijt}) \tag{9}$$

$$TE_{ijt} = \frac{T_{ijt}}{T_{ijt}^*} = exp (-u_{ijt}) \tag{10}$$

$$u_{ijt} = \{exp[-\eta(t-T)]\} u_{ij} \tag{11}$$

其中，各参数的基本定义和性质与随机前沿模型一致，经济含义发生了变化。u_{ijt} 为贸易非效率项，表示没有纳入引力方程的贸易阻力，包括影响贸易量的认为限制因素和促进因素，非负的设定表示限制因素是贸易阻力的主导因素。T_{ijt} 为 t 时期 i 国对 j 国的贸易水平；X_{ijt} 为影响双边贸易的核心因素，如经济规模、空间距离、人口、语言、边界等。T_{ijt}^* 是贸易潜力，表示 t 时期 i 国对 j 国贸易水平的最大可能值，此时非效率项为零，这时的贸易被视为无摩擦贸易。TE_{ijt} 是贸易效率，可以揭示两国或地区贸易发展的水平和潜力，即当 $u_{ijt} = 0$ 时，两国不存在贸易非效率，双边贸易为无摩擦贸易，实际贸易量达到最大值等于贸易潜力，$TE_{ijt} = 1$；当 $u_{ijt} > 0$ 时，两国存在贸易非效率，实际贸易量小于贸易潜力，$TE_{ijt} \in (0, 1)$。

将上述表达式进行对数处理后可得到模型的对数形式，如式（12）～（14）所示：

$$lnT_{ijt} = lnf(X_{ijt}, \beta) + v_{ijt} - u_{ijt} \tag{12}$$

$$lnT_{ijt}^* = lnf(X_{ijt}, \beta) + v_{ijt} \tag{13}$$

$$lnTE_{ijt} = u_{ijt} \tag{14}$$

其中 $u_{ijt} = \{exp[-\eta(t-T)]\} u_{ij}$。

〔1〕 谭秀杰、周茂荣：《21 世纪"海上丝绸之路"贸易潜力及其影响因素——基于随机前沿引力模型的实证研究》，载《国际贸易问题》2015 年第 2 期，第 3～12 页。

〔2〕 王亮、吴浜源：《丝绸之路经济带的贸易潜力——基于"自然贸易伙伴"假说和随机前沿引力模型的分析》，载《经济学家》2016 年第 4 期，第 33～41 页。

〔3〕 方英、马芮：《中国与"一带一路"沿线国家文化贸易潜力及影响因素：基于随机前沿引力模型的实证研究》，载《世界经济研究》2018 年第 1 期，第 112～121 页。

为进一步研究贸易非效率的影响因素，需要以时变随机前沿引力模型估计的技术无效项为被解释变量，建立贸易非效率模型，参照其基本形式为：

$$u_{ijt} = \alpha z_{ijt} + \varepsilon_{ijt} \tag{15}$$

其中，z_{ijt} 是影响贸易非效率的外生变量，ε_{ijt} 是随机扰动项，α 待估参数向量，u_{ijt} 服从均值为 αz_{ijt} 的截尾正态分布。

将（15）式带入（12）式可同时获得非效率项的估计值 u_{ijt} 及其与贸易量核心影响因素 X_{ijt} 的关系，此时双边实际贸易额的对数表现形式调整为：

$$lnT_{ijt} = lnf(X_{ijt}, \ \beta) + v_{ijt} - \langle \alpha z_{ijt} + \varepsilon_{ijt} \rangle \tag{16}$$

由此看来，随机前沿引力模型不仅解决了贸易阻力的存在性问题，还进一步测算了其大小，并解释了其影响因素。

三、中日贸易效率及潜力的实证检验

（一）模型设定和变量说明

1. 时变随即前沿引力模型设定

本文首先依照式（12）～（14）选取经济规模、空间距离、人口规模、共同边界、共同语言五个变量作为核心解释变量，建立时变随机前沿引力模型，分析中国对日本出口贸易、进出口贸易总额的核心影响因素和贸易非效率项随时间变动情况，如（17）～（18）所示。

出口模型：

$$\ln EXP_{ijt} = \beta_0 PGDP_{it} + \beta_1 PGDP_{jt} + \beta_3 POP_{it} + \beta_4 POP_{jt} + \beta_5 DIS_{ij} + \beta_6 BOD_{ij} + \beta_7 LANG_{ij} + v_{ijt} - u_{ijt} \tag{17}$$

进出口模型：

$$\ln T_{ijt} = \beta_0 PGDP_{it} + \beta_1 PGDP_{jt} + \beta_3 POP_{it} + \beta_4 POP_{jt} + \beta_5 DIS_{ij} + \beta_6 BOD_{ij} + \beta_7 LANG_{ij} + v_{ijt} - u_{ijt} \tag{18}$$

其中，EXP_{ijt}、T_{ijt} 分别表示 t 时期 i 国对 j 国对出口额和进出口贸易总额；$PGDP_{it}$ 和 $PGDP_{jt}$ 分别为 t 时期 i 国和 j 国的人均 GDP，反映两国经济发展程度和居民消费水平；POP_{it} 和 POP_{jt} 分别代表 t 时期 i 国和 j 国的人口规模，反映两国市场规模；DIS_{ij} 为两国空间距离，反映双边贸易的运输成本；BOD_{ij} 表示两国有无共同边界，若两国接壤则取值 1，否则取值 0；$LANG_{ij}$ 代表两国有无共同语言，$LLANG_{ij} \in [0, 1]$，0 表示两国语言完全不同，1 表示两国语言完全相同。上述指标除 DIS_{ij} 的系数假定为负之外，其余指标系数都假定为正。

2. 非效率模型设定

随后依照式（15）～（16）采用一步法，分别从中国对日本出口和进出口总额两方面构建贸易非效率模型，将自由贸易协定、关税及关税便利化水平、贸易运输相关基础设施质量和经济自由度等指标纳入贸易非效率模型，研究中对日出口、进出口贸易的非效率项影响因素。式（19）~（20）展示了具体模型，以估计中日双边贸易阻力。

在借鉴已有研究成果的基础上，本文基于上述思路，

$$u_{ijt} = \alpha_0 + \alpha_1 FTA_{ijt} + \alpha_2 TRF_{jt} + \alpha_3 CPE_{jt} + \alpha_4 TTI_{jt} + \alpha_5 ECF_{jt} + \varepsilon_{ijt} \tag{19}$$

$$u_{ijt} = \alpha_0 + \alpha_1 FTA_{ijt} + \alpha_2 TRF_{it} + \alpha_3 TRF_{jt} + \alpha_4 CPE_{it} + \alpha_5 CPE_{jt} + \alpha_6 TTI_{it} + \alpha_7 TTI_{jt} +$$
$$\alpha_8 ECF_{it} + \alpha_9 ECF_{jt} + \varepsilon_{ijt} \tag{20}$$

贸易非效率模型中解释变量可分为四组：第一，自由贸易协定指标 FTA_{ijt}，该指标为虚拟变量，若两国存在已生效的自贸协定则取值 1，否则取值 0；第二，关税及关税便利化指标，其中 i 国和 j 国的平均关税水平 TRF_{it} 和 TRF_{jt} 代表两国关税水平，进口清关程序效率 CPE_{it} 和 $CCPE_{jt}$（1＝很低、5＝很高）代表两国贸易便利化程度；第三，贸易及运输相关基础设施指数 TTI（1＝很低、5＝很高），两国的该指数分别为 TTI_{it} 和 TTI_{jt}，衡量进口国港口、铁路、道路及信息技术等基础设施状况，取值越高表示基础设施越完备；第四，经济自由度指数 ECF，两国的该指数分别为 ECF_{it} 和 ECF_{jt}，$ECF \in$（0，100），取值越高表示国家对经济的干预程度越低。上述除指标 TRF 的系数假定为正外，其余指标系数都假定为负。

以上两模型中，各变量代理指标选择说明和数据来源如表 1 所示。

表 1　指标说明和数据来源

指　标	指标说明	数据来源
中日双边贸易总额 & 中国对日本出口额	/	国家统计局
GDP	/	世界银行公开数据库
人口	/	
空间距离	首都（联盟总部）之前的直线距离	法国智库国际经济研究中心
共同边界	虚拟变量，接壤取指 1，否则取值 0	世界地图

续表

指　标	指标说明	数据来源
共同语言	/	法国智库国际经济研究中心
自由贸易协定	虚拟变量，若两国存在已生效的自贸协定则取值1，否则取值0	中国自由贸易区服务网
关税水平	代表两国贸易自由化水平	世界银行公开数据库
进口清关程序效率	代表两国贸易便利化程度（1=很低 至 5=很高）	
贸易及运输相关基础设施指数	代表两国基础设施完备程度（1=很低 至 5=很高）	
经济自由度	0~100，取值越高表示国家对经济的干预程度越低	美国传统基金会

（二）模型适用性检验

在应用随机前沿引力模型前，需运用最大似然比 LR 统计量对模型进行适用性检验：一是检验是否存在贸易非效率，二是检验贸易非效率是否随时间变化。这两个检验的方法是，分别在零假设 H0：$\gamma = \mu = \eta = 0$ 和零假设 $\eta = 0$ 条件下，根据无约束和有约束两种情况下的对数似然值计算出 BC 统计量的值并与1%著性水平下 X^2 分布的临界值进行比较，得出拒绝或接受零假设的结论。式（21）给出了 γ 的计算方法。

$$\gamma = \sigma_\mu^2/(\sigma_v^2 + \sigma_\mu^2) \tag{21}$$

γ 代表随机扰动项中贸易非效率项所占比重。γ 越趋近于 0，说明实际贸易量与前沿贸易量的差距主要来源于不可避免或不可预测的随机因素；当 $\gamma = 0$ 时，可直接利用 OLS 估计；γ 越趋近于 1，说明实际贸易量与前沿贸易量的差距主要来自于人为的贸易非效率因素。

检验结果如表 2 所示。BC 统计量的值大于临界值，进出口模型和出口模型均拒绝原假设，两个模型均存在贸易非效率并且贸易非效率随时间而变化，故随即前沿引力模型适用于本文研究问题。应该选择时变随机前沿引力模型进行方程估计。

表 2　模型适用性检验结果

	原假设 H0	无约束条件下 ln (H0)	有约束条件下 ln (H0)	LR 统计量	自由度	1%临界值	结论
出口模型	γ＝μ＝η＝0	−280.5919	−437.786	375.1874	3	11.345	拒绝
	η＝0	−235.1082	385.1407	336.2841	2	9.21	拒绝
进出口模型	γ＝μ＝η＝0	−286.7996	443.9937	375.1874	3	11.345	拒绝
	η＝0	−237.1108	387.1433	336.2841	2	9.21	拒绝

（三）结果分析

本文依据设定的模型，利用 frontier4.1 分析工具，对 1998—2017 年的面板数据分别估计进出口和出口的时变随机前沿引力模型和贸易非效率模型。

1. 时变随机前沿引力模型结果分析

运用时变随机前沿引力模型测算贸易效率结果如表 3 所示。

表 3　贸易效率测算结果

	出口模型		进出口模型	
解释变量	系　数	t 统计量	系　数	t 统计量
Lnpgdpit	2.8604	2.9611***	3.470 493	3.6774**
Lnpgdpjt	3.725 096	3.5632***	2.583 09	2.3721**
Lnpopit	−4.987 024	−2.5935***	11.986 75	−1.7128*
Lnpopjt	29.936 31	5.4692***	56.494 91	9.8902***
Lndisij	−0.3638	1.6234	−0.3528	−1.3347
Lnlangij	1.2125	1.6588*	1.1902	2.2658**
常数项	−212.6272	−7.323 34***	−378.2769	−5.1433***
σ^2	5.3041***	1.9741**	4.7539	2.0468**
μ	0.3853	3.6215***	0.4271	2.9805***
η	−0.035 72	1.7854*	−0.0199	2.4459**

续表

解释变量	出口模型		进出口模型	
	系　数	t 统计量	系　数	t 统计量
γ	0. 8649	2. 3122 **	0. 8934	5. 7237 ***
对数似然值	13. 8652		−34. 2276	
LR 统计量	365. 1483		298. 5717	

注：*** 表示 1% 水平显著，** 表示 5% 水平显著，* 表示 10% 水平显著。

　　从引力模型解释变量来看，中日人均 GDP 都具有显著的正估计弹性，表明两国经济发展水平对贸易有显著的促进作用。两国人口规模对出口和进出口总额的影响存在差异：出口模型中中国人口变量的系数为负，日本人口变量系数为正，说明中国较大的人口规模可构成较大的国内市场，从而减少了对国外进口的依赖，而贸易进口国人口越多越有利于中国出口贸易的发展；进出口模型中，两个指标都为正，表明贸易双方的市场规模对双边贸易具有明显的促进作用。空间距离的系数为负但是对贸易的负效应并不显著，表明运输成本虽然是阻碍贸易的因素之一，但距离导致的运输成本对贸易的阻碍作用已微不足道。共同语言系数为正但不显著，说明中日语言文化同源，共同语言有利于双边贸易的开展，但是在双方利用英语或专业口译的背景下共同语言的效应正在减弱。

　　从模型的各估计参数来看，两个模型中的 u 值均为正，η 值均为负，表明双边贸易中存在非效率因素，且贸易非效率有随时间递增的趋势，表明中国对日贸易存在更多的贸易壁垒，所处的国际贸易环境恶化。γ 值在两个模型中都接近 1，说明实际贸易水平与贸易潜力存在较大差异，且该差异主要由贸易非效率项造成。

2. 贸易非效率模型结果分析

表 4　贸易非效率模型结果

解释变量	出口模型		进出口模型	
	系　数	t 统计量	系　　数	t 统计量
FTAijt	−0.0076	−2.7538 ***	−0.0031	−3.1351 ***
TRFit	−	−	1.0732	1.9972 **
TRFjt	1.6251	1.7392 *	1.6147	1.7836 **
CPEit	−	−	−0.1031	3.1147 ***
CPEjt	−0.1803	1.9746 **	−0.2683	2.2766 **
TTIit	−	−	−1.3582	2.5237 **
TTIjt	−1.7942	2.3674 **	−1.6479	3.8893 ***
ECFit	−	−	−1.9103	3.0914
ECFjt	−2.2839	3.4627 ***	−2.2748	−3.4738 ***
σ^2	4.0118	1.7749 *	4.7539	1.7368 *
γ	0.9724	76.2147 ***	0.8639	88.2156 ***
LR 统计量	376.1157		279.4531	

注：*** 表示 1% 水平显著，** 表示 5% 水平显著，* 表示 10% 水平显著。

如表 4 所示，出口和进出口的贸易非效率模型中，γ 值均接近 1，与时变随机前沿引力模型中的实证结果具有一致性，再次证明随机前沿的设置合理，贸易非效率因素是阻碍双边贸易的主要因素。

首先，就自由贸易协定而言，自贸协定对中日贸易的影响虽为正但不显著，这与模型预期和中日经贸实际情况一致，中国虽一直在为推动中日韩自贸区的建设而努力，但并未取得显著进展。其次，就关税及清关效率而言，关税水平与贸易非效率显著正相关，而清关效率与贸易非效率显著负相关，表明关税壁垒阻碍了双边贸易发展，而较高的清关效率对贸易有显著的促进作用。再次，贸易运输相关基础设施指数系数为负，表明发达的贸易交通运输基础设施有助于降低贸易成本，提高贸易效率。最后，经济自由度水平对双边贸易效率也存在显著正效应，表明政府放松对市场的管制能有效促进国际贸易的开展。

3. 中日贸易效率及潜力分析

本文通过时变随机前沿引力模型和贸易非效率模型，得到中日贸易效率的估计值。进而利用双方实际贸易额和贸易效率计算得出贸易潜力，并将各解释变量的原始数值带入已估计的时变随机前沿引力方程中得到拓展的贸易潜力。

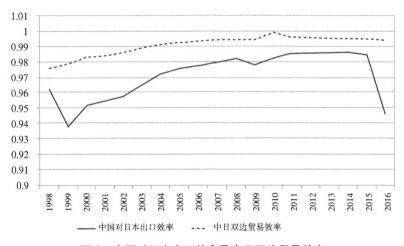

图2　中国对日本出口效率及中日双边贸易效率

表5　中国对日本出口潜力和中日双边贸易潜力估计（单位：亿美元）

年　度	中国对日本出口潜力估计				中日双边贸易潜力估计			
	实际出口额	出口潜力	拓展的出口潜力	出口潜力提升空间[1]	实际贸易额	贸易潜力（亿美元）	拓展的贸易潜力	贸易潜力提升空间[2]
1998	296.60	308.24	318.01	3.17%	579.35	593.93	606.91	2.19%

[1]　出口潜力提升空间＝拓展的出口潜力/贸易潜力-1
[2]　贸易潜力提升空间＝拓展的贸易潜力/贸易潜力-1

续表

年　度	中国对日本出口潜力估计				中日双边贸易潜力估计			
	实际出口额	出口潜力	拓展的出口潜力	出口潜力提升空间	实际贸易额	贸易潜力（亿美元）	拓展的贸易潜力	贸易潜力提升空间
1999	324.11	345.62	355.15	2.76%	661.74	676.32	689.30	1.92%
2000	416.54	438.06	447.82	2.23%	831.64	846.22	859.21	1.53%
2001	449.58	471.09	479.86	1.86%	877.54	892.12	905.10	1.45%
2002	484.34	505.86	515.66	1.94%	1019.00	1033.58	1046.56	1.26%
2003	594.09	615.61	625.39	1.59%	1335.57	1350.14	1363.12	0.96%
2004	735.09	756.61	767.41	1.43%	1678.36	1692.94	1705.92	0.77%
2005	839.86	861.38	871.10	1.13%	1843.94	1858.52	1871.50	0.70%
2006	916.23	937.74	947.45	1.03%	2072.95	2087.53	2110.51	1.10%
2007	1020.09	1041.60	1051.30	0.93%	2359.51	2374.10	2387.08	0.55%
2008	1161.32	1182.84	1192.57	0.82%	2667.33	2682.00	2694.98	0.48%
2009	978.68	1000.19	1009.98	0.98%	2287.83	2302.50	2321.18	0.81%
2010	1210.43	1231.95	1242.95	0.89%	2977.80	2981.38	8982.74	0.02%
2011	1482.70	1504.22	1514.03	0.65%	3428.34	3442.92	3455.90	0.38%
2012	1516.22	1537.74	1547.54	0.64%	3294.56	3309.14	3322.12	0.39%
2013	1501.32	1522.84	1532.64	0.64%	3123.78	3138.36	3151.34	0.41%
2014	1493.91	1515.43	1525.23	0.65%	3123.12	3137.70	3150.68	0.41%
2015	1356.16	1377.68	1387.48	0.71%	2785.19	2799.77	2812.75	0.46%
2016	1294.10	1365.78	1378.82	0.95%	2750.81	2764.58	2789.42	0.90%
2017	1372.59	1403.41	1416.46	0.93%	3030.53	3087.46	3108.15	0.67%

从图 2 和表 5 可知，1998—2017 年中国对日本出口效率高于中日双边贸

易效率，且前者表现稳定，后者波动较大；出口潜力和贸易潜力提升空间整体而言呈先降后升趋势，且样本期间中国对日本的出口潜力提升空间远高于中日双边贸易潜力提升空间，如果采取有效措施，中国在未来存在扭转中日贸易逆差的可能性。

四、结论及政策

（一）主要结论

本文运用时变随机前沿引力模型和贸易非效率模型估计了中日出口贸易和进出口贸易的贸易效率，研究了影响贸易非效率的外生因素，并利用模型运算结果测算了双边贸易潜力及其提升空间，得出以下结论。

第一，中日人均GDP对两国出口和进出口都具有显著的正估计弹性；双方人口规模对出口和进出口总额的影响存在差异，出口模型中中国人口变量的系数为负，日本人口变量系数为正，进出口模型中，两个指标都为正，表明出口国市场规模越大该国贸易对进口的依赖性越小，而贸易双方的市场规模越大越能促进双边贸易发展；空间距离和共同语言与贸易额分别是负相关和正相关，但是两者系数并不显著的系数为负但是对贸易的负效应并不显著，两者对贸易的影响效果正在减弱。

第二，时变随机前沿引力模型中，出口和进出口方程的 u 值均为正，η 值均为负，表明双边贸易中存在非效率因素，且贸易非效率有随时间递增的趋势，γ 值在两个模型中都接近1，说明实际贸易水平与贸易潜力存在较大差异，且该差异主要由贸易非效率项造成。

第三，就影响贸易非效率的外生变量而言，自贸协定对中日贸易的影响虽为正但非常不显著，这与模型预期和中日经贸实际情况一致，中国虽然一直在为推动中日韩自贸区的建设而努力，但并未取得显著进展；关税水平与贸易非效率显著正相关，而清关效率与贸易非效率显著负相关；贸易运输相关基础设施指数的系数为负，发达的贸易交通运输基础设施有助于降低贸易成本，提高贸易效率；经济自由度水平对双边贸易存在显著正效应。

第四，样本期间，中日出口潜力和贸易潜力提升空间整体而言均呈先降后升趋势，且中国对日本的出口潜力提升空间远高于中日双边贸易潜力提升空间。

（二）提高中日贸易效率对策

本文基于以上研究结论，从贸易结构、核心区域合作和第三方市场合作三个角度，提出进一步提高中日贸易效率、激发贸易潜力的建议。

第一，升级我国产业结构，实现双边贸易均衡发展。进一步调整我国产业结构，完善进出口政策，培育我国核心产品，向产业链附加值更高的领域发展，增强我国产品在日本市场上的竞争力。同时，利用中日双边贸易互补性和契合度，立足于长期发展战略，拓宽双边经贸合作领域，深度挖掘双边贸易合作的新增长点。

第二，建立3小时经济圈，强化核心区域合作。利用东北与日本相邻的地理位置优势，以3小时飞行距离圈定核心经济区域，促成东北与日本人才、信息、科技、货物等领域互联互通，实现核心区域经济一体化。尤其是，充分发挥辽宁自由贸易试验区、大连跨境电子商务综合试验区等平台优势，吸引更多日本商品电商平台落户试验区，以此推进与日本的进出口贸易。

第三，强强联手，共同开拓第三方市场。结合中日与"一带一路"国家贸易结构特点，基于初级产品—中间产品—最终产品链条发展成为"中—日—带路国家"贸易产业链。加强中日在"一带一路"沿线国家的合作，携手建设"一带一路"沿线地区，实现合作三赢。同时，抓住现有的东盟"10+3"模式下中日双方畅通交流合作的平台，积极谋求双边经贸发展。

对信用风险的动态和静态评估研究

——以上市通讯电子类（企业）为例

汪霜傲 *

　　摘　要：信用风险管理对打造信用体系和维护经济健康运行有重要的作用。本文采用真实场景的金融数据，分别使用 KMV 模型，因子分析，聚类分析等动态和静态的方法分析上市电子通信类企业信用，对信用风险进行评估及分类。使用动态与静态两种分析方法，使识别信用风险的评判机制更加科学，同时为将来进一步使用更复杂的机器学习来研究分析企业信用风险打下了基础。

　　关键词：信用风险　KMV 模型　聚类分析

一、引言

　　在信息化社会的今天，信息的获取与传播至关重要，通信行业作为维持现代社会正常运转不可或缺的一项关键行业，在经济社会中的作用举足轻重。随着当今通信科技的飞速发展，我国通信产业的发展也是日新月异，通信运营商为全国十多亿的用户提供通讯信息服务，通信项目日趋尖端化、复杂化、科技含量越来越高，通讯电子类企业产品更新换代快，外部条件变化快，部分核心

　　* 汪霜傲，中国政法大学商学院世界经济专业 2017 级博士研究生（100088）。

芯片被国外企业垄断，同时上下游产业高度相关，存在一损俱损一荣俱荣的关联效应，上述问题导致该类企业不可避免地存在经营风险，而经营风险的存在会导致企业的信用风险。信用风险又称违约风险，是金融市场中最重要的金融风险形式，即企业在运营中不能完全履行合同的风险。对信用风险进行精确度量是信用风险管理中最基础的环节，只有准确度量出信用风险水平才能对其进行合理定价评级。中国银监会《关于进一步加强信用风险管理的通知》指出，要掌握客户动态信用变化情况，加强对授信客户信用风险评估，从而有效前瞻预警和防控风险。[1] 中国人民银行、中国证监会等机构 2018 年联合发布公告，称将全面加强对信用评级的监管，加强信息披露，逐步实现统一的市场化评价体系。[2] 可见，针对通信企业信用风险的学术研究十分有意义。

企业的信用风险管理模型主要包括如下 Credit Portfolio View（CPV）模型、Credit Metrics 模型、Credit Risk+模型、Wilson 模型和 KMV 模型等。[3] 具体来看，Credit Metrics 模型需要企业长期的历史违约数据并假设所有负债个体的风险敞口都是确定的，Credit Risk+模型需要企业贷款的违约概率和风险暴露两个参数，CPV 模型需要有关资信的历史数据和跨行业的宏观数据，Wilson 模型需要大量国家、行业数据，而我国数据库的不完善影响了这四个模型的实际应用。

因为我国的信用评级体系不健全，信用数据的收集水平较西方发达国家落后，而 KMV 模型运用期权定价理论，模型使用的是股票市场上的公开数据，数据较易获得，经过多方比较，KMV 模型较为适合研究我国通讯企业的信用风险问题。本文尝试结合使用多种方法来对通讯企业信用风险进行划分和管理。在本文中，我们将基于某一时间段横截面数据进行违约风险度量的模型称为静态模型；将基于对所建模型进行随时间调整的动态监控模型称为动态模型。KMV 模型属于动态模型，为进一步验证模型预测结果的可靠性，本文还使用静态违约概率模型——因子分析和聚类分析进行对照预测。信用评级的过程是先提取财务指标数据分析因子权重，随后在因子综合得分的基

---

〔1〕 参见《中国银监会关于进一步加强信用风险管理的通知》（银监发〔2016〕42 号）。
〔2〕 参见中国人民银行与中国证监会联合发布的 2018 年第 14 号公告。
〔3〕 白一池：《现代信用风险管理模型和方法的比较研究》，载《现代营销（经营版）》2018 年第 9 期，第 207 页。

础上进行聚类分析，最终对上市公司的信用等级进行评价，反映企业信用风险的高低。

二、文献综述

有关金融市场波动率的相关探讨在经济、金融等相关领域里有很重要的地位。对此学者们提出过各种不同的方法，从而对波动率进行估算。而这里面最典型的代表当属 Engle （1982）[1]、Bollerslev （1986）[2] 提出的 ARCH/GARCH 类模型，对于描述波动率聚集效应和尖峰厚尾的现象描述比较准确。国内学者龚锐和陈仲常等（2005）[3] 在计算中国股市在险价值（VaR）风险时利用 GARCH 模型确定波动风险模型的参数；刘向华和李林娜（2015）[4] 借助 GARCH （1，1）模型使用股票信息估计上市公司股票回报的波动率。

KMV 模型的核心思想源于 Black 和 Scholes （1973）[5] 的期权定价理论以及 Merton （1974）[6] 的公司债务定价理论。KMV 模型自 1993 年推出以来便受到广泛关注，国外学术界对其可行性进行了诸多实证分析，方向主要集中于对模型的有效性检验和模型改进。Kurbat 和 Korablev （2002）[7] 运用水平确认法 （Level Validation） 和校准法 （Calibration） 对 KMV 进行了验证，研究结果证实 KMV 模型中会对 EDF 的预测结果产生影响的包括选取样本规模的大小、样本公司的资产相关性的大小和 EDF 的偏态分布。

一方面，KMV 模型的理论基础和模型框架是国内学者前期主要研究和探

〔1〕 R. F. Engle，"Autoregressive Conditional Heteroscedasticity with Estimates of The Variance of United Kingdom Inflation. Econometrica"，*Journal of the Econometric Society* 987，1007 （1982）.

〔2〕 T. Bollerslev，"Generalized Autoregressive Conditional Heteroskedasticity"，31 *Journal of Econometrics* 307，327 （1986）.

〔3〕 龚锐、陈仲常、杨栋锐：《GARCH 族模型计算中国股市在险价值（VaR）风险的比较研究与评述》，载《数量经济技术经济研究》2005 年第 7 期，第 67~81 页。

〔4〕 刘向华、李林娜：《基于 KMV-GARCH-t-copula 模型的上市公司 BDS 定价研究》，载《统计与决策》2015 年第 3 期，第 162~165 页。

〔5〕 F. Black，M. Scholes，"The pricing of Options and Corporate Liabilities"，81 *Journal of Political Economy*，637-654 （1973）.

〔6〕 R. C. Merton，"On The Pricing of Corporate Debt：The Risk Structure of Interest Rates"，29 *The Journal of Finance* 449，470 （1974）.

〔7〕 M. Kurbat，I. Korablev，*Methodology for Testing the Level of the EDFTM Credit Measure*，Moody's KMV （unpublished，San Francisco Coporation Press 2002）.

讨的地方，比如研究 KMV 模型的理论合理性并加以修正，如都红雯和杨威
(2004)[1]等。薛锋和董颖颖等（2005）[2]结合我国资本市场的情况，主要围
绕非流通股的市场定价、历史违约数据缺乏和联立方程求解等三个方面的问
题对 KMV 模型进行修正。张智梅和章仁俊（2006）[3]则针对流通股和非流通
股的分别计价问题对 KMV 模型进行了参数的改进。

　　另一方面，有些学者开始对 KMV 模型的应用进行实证分析。如张玲等
(2004)[4]运用 ROC 曲线说明 KMV 模型能够应用于提前识别上市公司个体信
用风险差异。陈晓红等（2008）[5]用 KMV 模型进行信用风险评估，认为中小
上市公司违约的可能性高于大型企业。曾诗鸿和王芳（2013）[6]选取了 42 家
中国制造业 ST 和 * ST 上市公司的财务数据，使用 KMV 模型对信用风险进行
了评价。蒋彧和高瑜（2015）[7]使用 KMV 的修正模型对全部上市公司信用风
险评估研究，但是其时间跨度小，尤其对于模型的修正部分语焉不详。

　　外国学者 Robert Graig West（1985）[8]通过因子分析得到影响美国商业银
行信用风险的公共因子，结合 logit 估计法对不同信用的银行加以区分，为建
立风险预警模型提供了一个有效途径。Timothy J. Gallagher（1999）[9]对聚类

〔1〕　都红雯、杨威：《我国对 KMV 模型实证研究中存在的若干问题及对策思考》，载《国际金融研究》2004 年第 11 期，第 22~27 页。

〔2〕　薛锋、董颖颖、石雨欣：《上市公司违规行为对违约距离和预期违约率影响的实证研究——兼论 KMV 模型的修正》，载《经济管理》2005 年第 20 期，第 65~73 页。

〔3〕　张智梅、章仁俊：《KMV 模型的改进及对上市公司信用风险的度量》，载《统计与决策》2006 年第 18 期，第 157~160 页。

〔4〕　张玲、杨贞柿、陈收：《KMV 模型在上市公司信用风险评价中的应用研究》，载《系统工程》2004 年第 11 期，第 84~89 页。

〔5〕　陈晓红、张泽京、王傅强：《基于 KMV 模型的我国中小上市公司信用风险研究》，载《数理统计与管理》2008 年第 1 期，第 164~174 页。

〔6〕　曾诗鸿、王芳：《基于 KMV 模型的制造业上市公司信用风险评价研究》，载《预测》2013 年第 2 期，第 60~69 页。

〔7〕　蒋彧、高瑜：《基于 KMV 模型的中国上市公司信用风险评估研究》，载《中央财经大学学报》2015 年第 9 期，第 38~45 页。

〔8〕　R. G. West, A Factor-analytic Approach to Bank Condition, 9 Journal of Banking & Finance 253-266 (1985).

〔9〕　Timothy J. Gallagher, D. Joseph, *Financial Management*: *Principal and Practice* (Tsinghua Uni. Press 1999).

分析法等信用风险分析统计方法进行了详细的介绍。国内学者刘淑莲等（2008）[1]在综合评价上市公司的信用风险时，利用财务数据进行因子分析，根据综合得分进行聚类分析，构造上市公司信用评级模型。奚胜田和詹原瑞等（2009）[2]运用因子分析和聚类分析方法，对在沪深交易所上市的农业机械和建筑机械行业的生产企业进行信用评级分析，并对照标准普尔（S&P）的评级体系确定各个企业的评级级别。胡俊超和王丹丹（2016）[3]采用主成分分析、因子分析、聚类分析和判别分析的方法对"一带一路"沿线国家国别风险进行刻画和评价。张慧和周春梅（2012）[4]选用因子分析和聚类分析对我国旅游上市公司经营业绩进行评价。韦云和朱权聪（2018）[5]验证了聚类分析和因子分析相结合的统计方法对评估中小企业信用风险的适用性。

前述学者的研究中还存在一些问题，如计算股权价值波动率的方法比较陈旧，没有考虑到时间序列的波动效应等，从而导致精确度较低。目前来看，国内的诸多学者已经证明了 KMV 模型在我国企业信用风险量化管理中应用的有效性，所以本文不将研究 KMV 模型的适用性当作重点。当前企业违约风险研究发现，违约是一个逐步发展的过程，通常从财务正常到财务危机需要一段时间，因此应分析事发前的多期财务数据。当前对动态违约概率模型研究中存在着诸如数据样本规模设定过小、时间期限设定太短、波动率精确度不足等问题，本篇文章将尽力解决上述问题。

本文的创新点有两处：一是初步使用机器学习当中的聚类分析法并结合修正后的 KMV 模型来分析企业信用风险，使得评判企业信用风险的预测机制更加科学合理。二是通过研究发现，这种综合分析的方法使获得的结果更可信，研究凸显了部分关键变量对企业违约风险测度的重要影响。这些变量的发掘，使得本文的研究对指导企业有效避免信用违约风险有很强的实践意义。

---

〔1〕 刘淑莲、王真、赵建卫：《基于因子分析的上市公司信用评级应用研究》，载《财经问题研究》2008年第7期，第53~60页。

〔2〕 奚胜田、詹原瑞、韩著钊：《因子分析与聚类分析在企业信用评级中的应用》，载《中国农机化》2009年第1期，第44~47页。

〔3〕 胡俊超、王丹丹：《"一带一路"沿线国家国别风险研究》，载《经济问题》2016第5期，第1~6页。

〔4〕 张慧、周春梅：《我国旅游上市公司经营业绩的评价与比较——基于因子分析和聚类分析的综合研究》，载《宏观经济研究》2012年第3期，第85~92页。

〔5〕 韦云、朱权聪：《基于聚类分析和因子分析法的中小企业信用风险评价模型及应用研究》，载《征信》2018年第4期，第32~35页。

三、模型介绍

(一) GARCH 模型

GARCH 模型即广义自回归条件异方差模型 (Generalized Auto-regressive Conditional Heteroscdasticity)。此模型通过对时间序列的异方差性进行分析,进一步对误差的方差建模,从而体现出历史数据长期记忆的特性,对数据波动的动态特性有比较好的刻画作用。

恩格尔和克拉格在对宏观数据的分析时发现,扰动方差稳定性时间序列模型总是劣于通常假设的稳定性。[1] 从而反映了在分析通货膨胀模型时,会出现大大小小预测误差的情况,进一步研究发现存在一种异方差,预测误差的方差取决于后续扰动项的大小。预测能力随时期的不同而有相当大的变化。金融市场的波动性会受到诸如谣言、政局变动、政府货币与财政政策变化等等的影响,而这些都会影响预测的准确性。从而说明预测误差的方差中有某种相关性。

为了刻画这种相关性,恩格尔提出自回归条件异方差 (ARCH) 模型。ARCH 的主要思想是时刻 t 时 u_t 的方差 ($= \sigma_t^2$) 对时刻 (t-1) 的平方误差的大小有依赖,即依赖于 u_{t-1}^2。

设在第 i 天末市场的收盘价为 Si,定义资产对数收益率为 $y_t = \ln \dfrac{S_i}{S_{i-1}}$。

建立模型如下:

$$y_t = \mu_t + a_t \quad a \in N(0, \sigma_t^2)$$
$$\sigma_t^2 = \alpha_0 + a a_{t-1}^2 + \beta \sigma_{t-1}^2$$

其中 μ_t 为期望收益率。称 a_t 服从 GARCH (1, 1) 模型。由该方程确定的无条件方差为: $\sigma^2 = \dfrac{\alpha_0}{1 - \alpha - \beta}$,转化为年波动率 $\sigma_E = \sqrt{\sigma^2 t}$。t 代表股票一年内实际交易天数。从而使用 GARCH 模型就可以得到企业的股权价值波动率 σ_E。

在具体操作中,需要先对时间序列数据进行处理,进行取对数后进行差分,差分的目的主要是消除一些波动和干扰因素,使数据趋于平稳。差分后进行 ADF 检验和相关性检验,判断平稳性和相关性,日收益率的均值方程可

---

〔1〕 T. Bollerslev, "Generalized Autoregressive Conditional Heteroskedasticity", 31 *Journal of econometrics* 307, 327 (1986).

以计算得出，然后求出收益率残差使用，判断是否有 Arch 效应，如果有则可以用 GARCH（1，1）该模型。然后我们可以使用 Eviews 的功能模块，也可以使用 MATLAB 的 fsolve 函数，求得日波动率。最后一步是将全年日波动率加总并乘以交易日总天数的开根号，得出其股票年波动率的结果。

（二）KMV 模型

KMV 模型选择把公司权益和负债看作期权，即选取了公司所有者权益作为看涨期权，公司负债作为看跌期权，公司的价值则遵循几何布朗运动。认为违约概率是与债务额以及公司资产结构相关的内生变量。当公司的资产价值低于设定的水平时，违约就可能会发生，在这个水平上的公司资产价值被定义为违约点（Default Point，DP）。同时，模型假设——投资组合是高度分散的，并且可以预先确定市场利率和总体经济状态。

违约距离 DD 和预期违约概率 EDF 可以作为公司信用风险度量指标，违约距离 DD 越小，预期违约概率 EDF 越大，从而表示公司的违约风险越大。股权的市场价值我们用 E 表示，债务的价值则用 D 表示，V_A 代表资产价值，表示无风险利率则使用 r 来表示，债务的到期时间使用 T 表示，股权价值波动率 σ_E 表示，σ_A 代表资产价值波动率，累积分布函数用 $N(\cdot)$ 来表示标准正态分布。

KMV 模型使用了两个主要的数学公式，是：

$$E = V_A N(d_1) - e^{-rT} D N(d_2) \tag{3.1}$$

股权价值波动率与股票的价格波动性有关，据莫顿假设，股权价值与时间有关，根据 Ito's Lemma，Lemma，σ_E 满足：

$$\sigma_E = \frac{V_A}{E}\left(\frac{\partial E}{\partial V_A}\right)\sigma_A \tag{3.2}$$

对（3.1）式两边求导可以得到：

$$\frac{\partial E}{\partial V_A} = N(d_1) \tag{3.3}$$

因此公司价值和其股票波动的关系为：

$$\sigma_E = \frac{N(d_1)V_A}{E}\sigma_A \tag{3.4}$$

其中：

$$d_1 = \frac{\ln\left(\frac{V_A}{D}\right) + \left(r + \frac{1}{2}\sigma_A^2\right) T}{\sigma_A\sqrt{T}} \qquad (3.5)$$

$$d_2 = d_1 - \sigma_A\sqrt{T} \qquad (3.6)$$

预期违约概率 EDF 计算步骤如下：

1. 计算资产价值（V_A）和资产价值的波动性（σ_A）

E（股权价值）、D（债务价值）和可以从资本市场上获得。σ_E（股权价值波动率）根据 GARCH（1，1）模型得到。具体来说，首先是收集无风险利率和企业的市场股票价值 E；接下来是选择一个预测的时间范围和公司债务的账面价值 D，我们所阅读的中文文献中研究 KMV 模型，所选择的债务期限通常为一年，故而本文将继续同样的取法，将债务期限设定为一年，即 $T=1$；第三步是利用 GARCH（1，1）模型估计股权价值日收益率的波动率，最后将日波动率转化为股权价值的年波动率 σ_E。执行这三步之后，根据方程（3.1）和（3.4）求出和 V_A 和 σ_A。

2. 估计违约点 DP

KMV 公司的实证分析，大多数的违约发生最频繁的分界点多选择为在短期负债+50%长期负债处，即：

$$DP = SD + 0.5 \times LD \qquad (3.7)$$

估计违约距离（Distance to Default，DD），假设公司资产价值服从正态分布，且在研究期间内不变，违约距离是相对距离，此时公司的资产价值自当前水平与将要达到违约点之间的长度可以用公式表示为：

$$DD = \frac{资产市场 - 违约点}{资产市值 \times 资产价值波动率} = \frac{V_A - DP}{V_A\sigma_A} \qquad (3.8)$$

3. 估计预期违约率 EDF

理论的 EDF，假定 V_A 符合正态分布，已知 V_A 和 σ_A 即可得 EDF。但是，假定 V_A 符合正态分布是否合理，本身就是一个问题，考虑到这一点，KMV 公司采用了经验的 EDF：

$$EDF = P(V_T \le D) = N\left[-\frac{\ln\dfrac{V_A}{D} + \left(\mu - \dfrac{1}{2}\sigma_A^2\right) T}{\sigma_A\sqrt{T}}\right] = N(-DD) \qquad (3.9)$$

（三）因子分析

当使用因子分析法在做公司信用评级模型过程中，运用财务指标，来提取公共因子，再根据主成分分析方法给提取的公共因子赋予权重，计算因子的综合评价值得分。即用归结成的几个因子反应原始数据的信息。减少变量所反映的信息的重复带来的复杂化问题，常常采用主成分分析法对所使用的数据进行降维处理。主成分分法借助正交变换，将元随机向量的协方差矩阵变换成为对角阵，从而将分量相关的元随机向量转化成为分量不相关的新随机向量。

假设有随机变量 x_1，x_2，x_3，……，x_i，样本的标准差为 S_1，S_2，S_3，……，S_i，标准化转换即为：$C_j = a_{j1}x_1 + a_{j2}x_2 + …… + a_{ji}x_i$，$j = 1$，2，……，$i$

若 $C_1 = a_{11}x_1 + a_{12}x_2 + …… + a_{1i}x_i$，且 $Var(C_1)$ 最大，则称 C_1 为第一主成分。

若 $C_2 = a_{21}x_1 + a_{22}x_2 + …… + a_{2i}x_i$，$(a_{21}, a_{22}, ……, a_{2i})$ 垂直于 $(a_{11}, a_{12}, ……, a_{1i})$，且 $Var(C_2)$ 比其他大则可称 C_2 为第二主成分。

类似的，其他成分分别称之为第三、第四主成分，主成分最多有 i 个。

在使用财务指标来模拟信用评级时，往往出现这种情况，即变量太多的问题，而且各个财务指标还存在线性相关性，因此这时往往通过用因子分析降低变量的数量，从而达到用较少的变量获得尽可能多的指标信息。

（四）聚类分析

聚类分析是通过比较各个数据之间的差异，根据性质差异大小将数据归为不同类和同一类的统计方法。但由于归类的标准和方法不同，不同人对于同一组数据进行聚类分析，往往会得到不同的结果。

按照远近程度来聚类首先需要明确两个概念：点和点之间的距离、类和类之间的距离。点和点的距离有很多定义方式，最简单的是欧式距离（$\sqrt{\sum_i (x_i - y_i)^2}$）。另外也可以用相似性等概念来描述点间距离，两点相似度越大等同于距离越短。当一个类是由一个个点组成时，点间的距离就是类间距离；当一个类不止由点组成时，类间距离就需要我们另外获取。类间距离以用不同方式衡量，可以用两类之间最近点之间的距离来衡量〔$D_{pq} = \min d(x_i, x_j)$〕；或是用两类中最远点之间的距离来衡量〔$D_{pq} = \max d(x_i, x_j)$〕；或是用每一类的中心之间的距离来衡量。聚类方法主要有层次聚类法、K-均值方法、基于密度的方法、基于网格的方法、基于模型的方法等。

四、实证研究

（一）样本选取

动态研究：为验证修正的 KMV 模型在通讯行业企业信用风险预测的适用性和准确性，本文选取沪深两市从 2015 年到 2017 年三年所有上市通讯企业股票数据，筛除数据缺失和不符合 GARCH 模型要求的数据后进行计算。

本文所选取上市通讯企业数据来源为 wind 数据库。进行实证分析使用了 STATA 和 MATLAB 软件，分别用 STATA14 软件进行 GARCH 和波动率计算；使用 MATLAB 进行 KMV 数值计算。

静态研究：利用 SPSS 软件选取财务数据主因子，然后进行聚类分析，对信用等级进行划分。

（二）实证过程及结果

实证研究大致为下面的步骤：首先，对参数进行估计与设定；其次，计算资产价值和资产价值波动率 σ_A；最后，计算各个上市公司近三年的违约距离 DD 和预期违约概率 EDF。

ST 上市公司实际上接近于 KMV 模型中认定的违约情况，因此在实证分析中，本文将 ST 公司视为违约公司。本文从 2015 年新被 ST 的公司入手，并选择与上述公司总资产规模相近且同一行业的上市公司作为比较样本。公司基本资料如下表所示：

表 1　上市公司基本数据（单位：元）

ST 上市公司		非 ST 上市公司	
股票名称	股权价值	股票名称	股权价值
＊ST 凡谷	7 722 703 004	长江通信	4 584 690 000
＊ST 大唐	19 509 915 863	梅泰诺	6 419 221 828
＊ST 上普	20 329 151 441	福日电子	4 440 924 684
天津普林	2 099 335 754	初灵信息	2 764 831 540
＊ST 山水	4 037 459 163	三峡新材	4 580 299 868
东晶电子	2 632 452 533	瑞丰光电	2 932 659 991
融捷股份	5 395 201 489	光韵达	5 272 174 493

1. 波动率的计算

大量的实证研究发现：大部分金融变量的方差具有异方差性特性。已经有大量的学者研究表明，我国股票市场的波动率符合 GARCH（1，1）。因此我们对股票波动率就采用 GARCH（1，1）模型做拟合计算。用每日波动率可以相对地提高实证研究结果的精度。并假设上市公司股票价格满足对数正态分布。使用 2015 年 1 月 1 日到 2017 年 12 月 31 日的收盘价，每只股票有 732 个数据，保证了模型的稳定性。仅以 ST 普林的波动率预估作为例子，使用 STATA14.0 版本进行处理，其他的建模过程是相似的。

（1）对普林的股票价格计算日对数收益率，并对日对数收益率进行统计分析和描述。下图为对数收益率进行差分所得。由图像可见其"尖峰厚尾"特征。

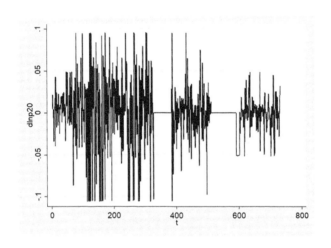

图 1　日对数收益率曲线

经 Shapiro-Wilk（S-W）检验，显著的拒绝了服从正态分布的假设。所以，计算 ST 普林对数收益率，其差分结果表现出非正态分布所具有特征——"尖峰厚尾"，因而判断使用 GARCH 来做日波动率拟合来对是比较适合的。

（2）对 ST 普林对差分数收益率的平稳性检验。在对股票日对数收益序列进行分析之前，先确定其平稳性是必须的。目前检验时间序列数据平稳性的标准方法中单位根检验是应用性比较好的，而 ADF 检验法则有更好的性能，所以本文采用 ADF 方法检验序列的平稳性，检验结果如图 2 所示。可以得出，该统计量的 t 值远远低于 1% 的显著水平所要求的水平，具有明显的稳定性。也可以证明，我们可以运用该日对数收益率序列来完成时间序列的分析。

```
. dfuller dlnp20

Dickey-Fuller test for unit root                    Number of obs   =      730

                        ------------ Interpolated Dickey-Fuller ------------
               Test           1% Critical         5% Critical        10% Critical
            Statistic            Value               Value               Value

Z(t)         -22.989            -3.430              -2.860              -2.570

MacKinnon approximate p-value for Z(t) = 0.0000
```

图 2　普林日对数收益率的平稳性检验

（3）确定模型的最优滞后解。用信息准则来确定自回归模型阶数，将 ARMA（p）视为一维的 VAR，可使用 varsoc 确定最优滞后解，按照少数服从多数的原则，选择最优滞后解为滞后 17 阶。

```
Selection-order criteria
Sample:  22 - 732                           Number of obs    =      711

 lag     LL       LR      df    p      FPE       AIC        HQIC       SBIC

  0    1352.38                        .001308  -3.80135   -3.79887   -3.79492
  1    1361.57  18.384   1   0.000    .001278  -3.82439   -3.81943*  -3.81155*
  2    1361.59  .03508   1   0.851    .001282  -3.82163   -3.81419   -3.80236
  3    1361.61  .04118   1   0.839    .001285  -3.81887   -3.80895   -3.79318
  4    1363.44  3.6527   1   0.056    .001282  -3.8212    -3.80879   -3.78908
  5    1364.6   2.3278   1   0.127    .001282  -3.82166   -3.80677   -3.78312
  6    1364.74  .27719   1   0.599    .001285  -3.81924   -3.80187   -3.77428
  7    1365.02  .56949   1   0.450    .001287  -3.81722   -3.79738   -3.76584
  8    1366.01  1.9828   1   0.159    .001287  -3.8172    -3.79487   -3.75939
  9    1366.67  1.3044   1   0.253    .001289  -3.81622   -3.79141   -3.75199
 10    1369.9   6.4756   1   0.011    .001281  -3.82252   -3.79522   -3.75186
 11    1370.24  .66199   1   0.416    .001283  -3.82063   -3.79086   -3.74356
 12    1370.6   .72433   1   0.395    .001285  -3.81884   -3.78659   -3.73534
 13    1372.08  2.9561   1   0.086    .001284  -3.82018   -3.78545   -3.73026
 14    1373.82  3.4803   1   0.062    .001282  -3.82227   -3.78505   -3.72592
 15    1375.24  2.8567   1   0.091    .001279  -3.82347   -3.78378   -3.72071
 16    1375.73  .96229   1   0.327    .001281  -3.82201   -3.77983   -3.71282
 17    1379.44  7.4292*  1   0.006    .001272* -3.82965*  -3.78499   -3.71404
 18    1379.84  .80498   1   0.370    .001277  -3.82797   -3.78083   -3.70593
 19    1379.98  .28268   1   0.595    .001277  -3.82555   -3.77593   -3.69709
 20    1380.04  .11191   1   0.738    .00128   -3.8229    -3.77079   -3.68802

Endogenous:  dlnp20
  Exogenous:  _cons
```

图 3　最优滞后阶数选择

用 OLS 估计模型 AR（17），17 阶滞后的系数依然显著的不为零，必须完成回归以后，再对模型进行 ARCH-LM 检验，判断是否有 ARCH 效应。

```
. estat archlm,lags(1/17)
LM test for autoregressive conditional heteroskedasticity (ARCH)
```

lags(p)	chi2	df	Prob > chi2
1	36.860	1	0.0000
2	83.192	2	0.0000
3	108.355	3	0.0000
4	126.557	4	0.0000
5	128.047	5	0.0000
6	127.902	6	0.0000
7	130.526	7	0.0000
8	130.455	8	0.0000
9	131.282	9	0.0000
10	134.692	10	0.0000
11	135.680	11	0.0000
12	135.809	12	0.0000
13	147.493	13	0.0000
14	150.635	14	0.0000
15	150.469	15	0.0000
16	152.028	16	0.0000
17	151.700	17	0.0000

```
H0: no ARCH effects     vs.  H1: ARCH(p) disturbance
```

图 4　ARCH 效应

由上图可知，检验结果拒绝原假设，存在明显的 ARCH 效应，说明使用该序列计算 GARCH（1, 1）是合理的。进一步检验 OLS 的残差是否存在自相关。从所得结果看（图 5），无论是自相关还是偏相关，OLS 的残差平方序列 {et} 存在自相关，故扰动项存在条件异方差，即波动集聚性。为确定 p，估计残差平方序列 {et} 的滞后阶数。

```
Selection-order criteria
Sample: 23 - 732                        Number of obs    =      710
```

lag	LL	LR	df	p	FPE	AIC	HQIC	SBIC
0	3284.62				5.6e-06	-9.24963	-9.24715	-9.2432
1	3303.43	37.63	1	0.000	5.4e-06	-9.29982	-9.29485	-9.28696
2	3328.68	50.497	1	0.000	5.0e-06	-9.36812	-9.36067	-9.34883
3	3343.33	29.298	1	0.000	4.8e-06	-9.40657	-9.39663	-9.38085
4	3354.31	21.961*	1	0.000	4.7e-06*	-9.43468*	-9.42226*	-9.40253*

```
Endogenous: e2
 Exogenous: _cons
```

图 5　偏自相关数据

根据滞后阶数推荐，进一步进行 GARCH（1，1）模型计算。对 GARCH 模型进行参数估计并进行检验。下一步预测条件方差，将所得的日波动率分别加总乘以总交易日数的开平方，可计算出三年的年波动率。但计算收益率波动率并不能得出经营业绩差的公司波动一定比经营业绩好的公司的波动大的结论。

2. KMV 结果负债与违约点的确定

无风险利率的选择，由于我国利率并未市场化，参考以前的文献经验，本文觉得采用中国人民银行公布的一年期定期存款利率为无风险利率，三年均为 3.25%。在确定了 5 个关键参数 E、r、T、B、σE 后，通过运用先前所述的 KMV 模型的原理，联立期权定价方程与股权与资本波动方程建立一个方程组，即可求出上市公司的资产价值及其波动性。这是非线性方程组，我们可以使用 fsolve 函数来计算（Matlab 软件），得出 14 个公司的违约距离和概率。

下表为经计算后整理的违约距离和概率（这里仅列举 2017 年结果，其余略）。

表2　上市公司的负债总额和违约点（单位：元）

ST 上市公司			非 ST 上市公司		
股票名称	违约距离	违约概率	股票名称	违约距离	违约概率
*ST 凡谷	1.617 648	0.107 816	长江通信	2.353 345	0.025 021
*ST 大唐	2.332 69	0.026 261	梅泰诺	1.751 639	0.086 03
*ST 上普	3.960 051	0.000 157	福日电子	1.993 725	0.054 672
天津普林	1.262 832	0.179 728	初灵信息	3.357 637	0.001 422
*ST 山水	2.546 627	0.015 583	三峡新材	2.962 635	0.004 954
东晶电子	4.698 461	0.064 284	瑞丰光电	3.176 346	0.002 571
融捷股份	1.918 876	0.063 293	光韵达	2.080 734	0.045 791

为了更加便于直观地了解违约距离和违约概率的变化，将两个样本组的结果做柱状图。在违约距离 DD 和预期违约概率上的数值，从上图数据和下图

可以清晰看到，KMV 模型可以在一定程度上判断出 ST 公司与非 ST 公司之间的信用差异度。从柱状图可以清楚地看到，非 ST 公司的违约距离更高，也就是说离违约的距离较远，而一般来说 ST 公司的财务状况较差，故而违约距离更近。

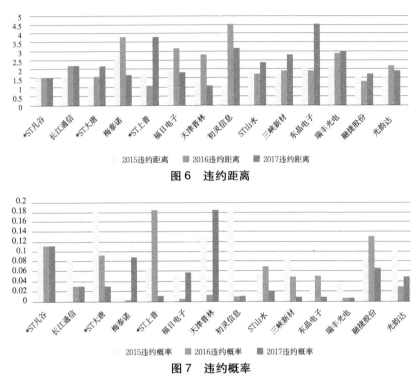

图 6　违约距离

图 7　违约概率

同时，从违约概率的柱状图可以清楚地看到，ST 公司的违约概率更高，而非 ST 公司的违约概率更低，这也与实际状况相一致。通过上面的图表，我们也能从整体上看到非 ST 公司的违约距离在增加，也就意味着公司经营状况正在改善；而部分 ST 公司的违约距离在缩短，违约概率在增加，这也就是说公司经营状况可能在恶化。

本次分析运用统计软件 SPSS19.0 对选定的样本数据进行独立样本 T 检验和相关性分析，结果如下表所示：

表3 ST公司和NST公司的资产变动率、DD和EDF的描述性统计分析

	组　别	N	均　值	标准差	均值的标准误
资产变动率	ST	7	0.504 069	0.139 043 7	0.052 553 6
	NST	7	0.284 511	0.095 097 2	0.035 943 4
DD	ST	7	1.869 756	0.556 954 9	0.210 509 2
	NST	7	3.118 759	0.960 832 0	0.363 160 4
EDF	ST	7	0.088 507	0.057 172 6	0.021 609 2
	NST	7	0.014 594	0.018 000 0	0.006 803 4

对2016年的数据进行T检验：

表4 ST公司和NST公司的资产变动率、DD和EDF的均值差异检验

		方差方程的Levene检验		均值方程的t检验						
		F	Sig.	t	df	Sig.（双侧）	均值差值	标准误差值	差分的99%置信区间	
									下　限	上　限
资产变动率	假设方差相等	1.290	0.278	3.448	12	0.005	0.219 558 7	0.063 669 5	0.025 077 8	0.414 039 7
	假设方差不相等			3.448	10.606	0.006	0.219 558 7	0.063 669 5	0.020 326 6	0.418 790 8
DD	假设方差相等	2.406	0.147	-2.976	12	0.012	-1.249 003 2	0.419 761 3	-2.531 180 7	0.033 174 4
	假设方差不相等			-2.976	9.623	0.014	-1.249 003 2	0.419 761 3	-2.591 103 8	0.093 097 4
EDF	假设方差相等	4.531	0.055	3.263	12	0.007	0.073 912 5	0.022 654 9	0.004 712 3	0.143 112 7
	假设方差不相等			3.263	7.178	0.013	0.073 912 5	0.022 654 9	-0.004 703 0	0.152 528 0

由上表可得知 ST 公司与 NST 公司在资产变动率、违约距离以及预期违约概率上都存在显著性差异，由描述性分析表得知 ST 的资产变动率均值显著高于 NST 的资产变动率均值，ST 公司的违约距离均值显著低于 NST 公司的违约距离，ST 公司的预期违约概率均值显著高于 NST 公司的预期违约概率均值。

表 5　资产波动率与 DD 和 EDF 的相关性

		DD	EDF	资产变动率
资产变动率	Pearson 相关性	-.0862**	0.914**	1
	显著性（双侧）	0.000	0.000	
	N	14	14	14
** 在 0.01 水平（双侧）上显著相关。				

由上表得知资产波动率与 DD 呈现显著的负相关性，相关系数为-0.862，与 EDF 呈现显著的正相关性，相关系数为 0.914。

3. 聚类进行信用层级分析

数据选取的是 331 家不同公司的 15 个经济指标，考虑到数据的冗余性，在进行聚类分析之前，我们首先利用 SPSS 对 18 个经济指标做因子分析，达到降维的目的，找出主要的因子指标，然后根据主要的因子指标进行聚类分析。下面 18 个因子，15 个如下。

表 6　因子指标

流动比率 X1	每股净资产 X2	营运资本 X3	净利润 X4	每股未分配利润 X5	销售毛利润 X6	净利润同比增长率 X7	资产负债率［单位］% X8
经营活动产生的现金流量净额/负债合计 X9	总资产净利率 X10	净资产收益率 X11	营业利润 X12	全部资产回收率 X13	总资产（同比增长）X14	每股收益 X15	

对于我们的指标进行了赋值列示如下表：

（1）因子分析（SPSS 分析结果）。

表 7　因子累积贡献率

变　量	1	2	3	4	5	6	7	8	9
贡献率	25.221	10.53	8.986	7.75	6.264	6.084	5.057	4.712	4.436
累计贡献率%	25.221	35.752	44.738	52.487	58.751	64.835	69.892	74.603	79.039
变　量	10	11	12	13	14	15	16	17	18
贡献率	4.139	3.674	3.451	2.786	2.177	1.474	1.058	0.973	0.726
累计贡献率%	83.178	86.853	90.304	93.09	95.267	96.741	97.799	98.772	100

由 SPSS 输出结果可知前 7 个主要因素的累积贡献率达到 69.892%，因此，在此我们选择前 7 个经济指标对各股票进行聚类分析。把因子 1 作为基本的偿债因子；因子 2 主要由净资产决定，所以作为盈利的因子之一；因子 3 由营运资本决定，所以作为资金周转的因子；后面的 4 个因子都与利润分配相关，可以分别作为发展盈利综合的因子。

（2）聚类分析。由上述的因子分析得到的 7 个主成分因子，经过典型筛选，我们选取了 30 个典型的上市通讯企业数据进行聚类分析，对 30 只证券进行分类，在此只列示了 20 家公司的聚类结果；为使得各个公司的区别较为明显，我们分别进行 5 个等级类别和 7 个类别的聚类分析，并发现 7 个类别时的区别性较大。

表 8　公司层级分类

公　司	天津普林	长江通信	平治信息	光韵达	光环新网	中国联通	融捷股份	茂业通信	瑞丰光电	三峡新材
类　别	1	1	1	2	2	2	2	3	3	3
公　司	东晶电子	ST大唐	梅泰诺	会畅通讯	ST山水	ST上普	福日电子	初灵信息	ST凡谷	*ST保千
类　别	3	3	4	4	4	5	6	6	6	7

表中带下划线的为在 KMV 模型中的 ST 公司。类别中第一等级的收益性较高而风险性较小，第二等级的收益性低于等级一且风险性略高于等级一，由第一至第七等级，依次向后，等级越靠后的公司的收益性越低风险性越高。

由表格数据知，ST 公司的等级较为靠后，比如 ST 凡谷和 ST 保千，说明该类公司的收益率较低，运营风险较高。非 ST 公司的等级比较靠前，主要集中在第一至第三等级，如表中的长江通信、梅泰诺、三峡新材和东晶电子等公司。相对而言，此类公司的收益性高且信用风险较小，但也有部分的非 ST 公司的等级较为靠后，例如福日电子公司。总体上 ST 公司的风险性大都较高于非 ST 公司，但具体问题也要具体分析，估计结果和实际情况也会有些许误差。

上文通过选取不同上市通信公司的股市数据进行分析，对结果进行检验，作行业间企业信用状况的比较分析，量化上市通信公司系统性风险的大小和特征，从而对信用风险有更为明晰的研判。针对 KMV 模型在 Garch 方面的研究也更加具体深入，克服了前述许多研究语焉不详的问题。

五、结论与讨论

通过分别使用静态分析和动态分析的方法对上市 ST 和非 ST 进行评估，评估结果基本符合非 ST 公司的信用等级高违约风险低，而 ST 公司信用等级低违约风险高的特点。这两种方法各有千秋，聚类分析的财务指标更具体，KMV 模型则在通用性方面更胜一筹。针对上述信用风险的实证结果的共同点，我们总结出了防范企业信用风险的一般启示：第一，KMV 模型和聚类分析对于公司资产的刻画重点不同，聚类分析对于财务指标更加细分。有相当规模的企业，比如固定资产较大的企业，对于信用风险有较强的抵御力，比如大唐电信是 ST 类企业，虽然债务额度高，但由于其固定资产价值高，KMV 测度的信用风险违约概率仍相对较低，而在聚类分析里，其信用等级被划为中等。可见公司资产规模的大小对信用风险有很重要的影响。KMV 模型和聚类分析共同显示，企业的资产规模越大，信用风险就越低。第二，KMV 和聚类分析均显示了企业应当注意其负债比率，核心是要控制企业的流动性负债的比例。比如文中的 ST 凡谷，其流动性债务比例较高，在 KMV 和聚类分析中的信用风险均比较高。可见防范信用风险的发生，控制负债是关键。

同时使用静态分析和动态分析两种分析方法进行信用风险等级管理是当前学者较少研究的领域，本文的研究方法是一种技术上的新尝试，聚类分析是机器学习中的一种基础方法，可能还存在许多不足之处，在后续的使用更复杂的机器学习方法测度信用风险的相关论文中，将进一步完善。

政治与社会

腐败是如何产生的：公务员腐败预测模型的提出[*]

腐败是如何产生的：公务员腐败预测模型的提出 [*]

陈奕帆 [**]

摘　要： 通过对职务犯在押人员及在职公务员的回溯性研究，构建公务员腐败的一个可能的预测模型。以30名职务犯在押人员及115名在职公务员作为被试。通过量表施测，对两类群体在各预测变量上的得分进行测量，并通过二元逻辑回归分析构建腐败发生的预测模型。研究结果显示，包含13个预测变量的整体模型可以有效预测腐败的发生，其中婚姻状况、职位行政级别、权力感、权威主义人格、心理权利、道德推脱和宜人性这7个变量可以有效预测腐败，教育水平、社会取向权力观、尽责性、外倾性、马基雅维利主义人格和社会支配取向这6个变量无法有效预测腐败。

关键词： 腐败预测　职务犯　公务员　二元逻辑回归

---

　　* 本文系中国政法大学校级人文社会科学研究资助项目"'不想腐'的心理机制与实现路径研究"（编号：15ZFG82011）之阶段性成果。

　　** 陈奕帆，中国政法大学刑事司法学院刑法学专业2018级博士研究生（100088）。

一、引言

腐败至今缺乏一个被普遍接受的定义，但大多数定义都围绕着"滥用公共权力以获得私人利益"而展开。[1]腐败现象在世界各国均普遍存在，尤其成为发展中国家的一个痼疾，有学者指出，腐败已经成为当代中国面临的突出问题之一。[2]关于腐败，不同学科的研究者都进行了大量探讨，如人类学家认为"礼物赠予"这一文化现象与贿赂在中国的盛行密不可分；[3]社会学家将腐败视为一种特殊的社会关系，是庇护人与被庇护人基于"互惠"原则形成的一种不平等关系；[4]政治学家则从权力的监控与制约探讨腐败的产生，其中最著名的表述为英国学者阿克顿的"权力导致腐败，绝对权力导致绝对腐败"；近年来实验经济学家则通过大量的情境模拟实验来探讨腐败决策的博弈模型。[5]而心理学对于腐败的研究开始得较晚，关注点主要集中于文化与权力两个领域。[6]心理学家通常使用包括腐败态度、[7]腐败意向、[8]腐败感知[9]等概念描述腐败，但这些概念都无法直接替代现实生活中实际发生的腐败行为。根据著名的计划行为理论，个体对待一件事物或行为的态度、主观

---

〔1〕 Johann Graf Lambsdorff, *Consequences and Causes of Corruption—What Do We Know from a Cross-Section of Countries?* in *International Handbook on the Economics of Corruption*, vol. 3, 4, 6 (Susan Rose-Ackerman ed., Edward Elgar 2006).

〔2〕 过勇、宋伟：《腐败测量》，清华大学出版社 2015 年版，第 1 页。

〔3〕 A. Smart, "Gifts, Bribes, and Guanxi: A Reconsideration of Bourdieu's Social Capital", 3 *Cultural Anthropology* 388, 400 (1993).

〔4〕 J. C. Scott, "The Analysis of Corruption in Developing Nations", 3 *Comparative Studies in Society and History* 315, 332 (1969).

〔5〕 A. Barr & D. Serra, "Corruption and Culture: An Experimental Analysis", 94 *Journal of Public Economics* 862, 862-869 (2010). 参见雷震：《集体与个体腐败行为实验研究——一个不完全信息最后通牒博弈模型》，载《经济研究》2013 年第 4 期，第 143-156 页。

〔6〕 N. Mazar & P. Aggarwal, "Greasing the Palm: Can Collectivism Promote Bribery?", 7 *Psychological Science* 843, 843-848 (2011). C. J. Torelli & S. Shavitt, "Culture and Concepts of Power", 4 *Journal of Personality and Social Psychology* 703, 703-723 (2010).

〔7〕 F. Wang & X. W. Sun, "Absolute Power Leads to Absolute Corruption? Impact of Power on Corruption Depending on the Concepts of Power One Holds", 1 *European Journal of Social Psychology* 77, 80 (2016).

〔8〕 R. Fischer, M. C. Ferreira, T. Milfont & R. Pilati, "Culture of Corruption? The Effects of Priming Corruption Images in a High Corruption Context", 10 *Journal of Cross-Cultural Psychology* 1594, 1596 (2014).

〔9〕 B. Dong, U. Dulleck, & B. Torgler, "Conditional Corruption", 33 *Journal of Economic Psychology* 609, 615 (2012).

规范和知觉行为感知共同作用于行为意向，进而影响实际行为，[1]这样就首先需要同时使用多个预测指标来共同描述腐败。但目前，国内外尚缺乏有效的腐败测量工具，这就限制了研究者通过这一路径对腐败进行研究的可能。因此，本研究将着眼于现实生活中实际发生的腐败行为，采用回溯式的研究思路，对已经发生的腐败行为进行腐败成因的探究。

腐败的具体表现形式十分复杂，根据我国现行刑法的规定，仅贪污贿赂罪一项就有十三种具体罪行，可见，从每一罪行出发来探讨各种罪行的成因是不现实的，另外，各种腐败行为都存在某种程度上的共性，例如大多数研究者都认同腐败行为包含自利性与欺骗性。[2]因此，本研究将各类职务犯罪类型都归于腐败这一大概念之下，以期探讨具有共性的腐败成因，进一步构建腐败行为的预测模型。下面，本文将首先梳理国内外过往可能的腐败成因。

关于腐败成因，最先想到的应该就是权力，权力研究领域最负盛名的研究者、加州伯克利大学的克特纳教授在其《权力的悖论》一书中指出，权力具有以下四个特点：①权力消磨同理心，泯灭道德情操；②权力使人自私自利，令人冲动；③权力使人倨傲无礼；④权力使人备感优越。[3]大量的实证研究证明，拥有权力的人更缺乏同理心、[4]更易冲动、[5]道德虚伪、[6]倍感

〔1〕 参见段文婷、江光荣：《计划行为理论述评》，载《心理科学进展》2008年第2期，第315~320页。

〔2〕 M. J. Williams, "Serving the Self from the Seat of Power: Goals and Threats Predict Leaders' Self-Interested Behavior", 5 *Journal of Management* 1365, 1370 (2014). H. C. Triandis, et al., "Culture and Deception in Business Negotiations: A Multilevel Analysis". 1 *International Journal of Cross-Cultural Management* 73, 76 (2001).

〔3〕 ［美］达契尔·克特纳：《权力的悖论：影响力，怎样获取，又是如何失去的》，胡晓姣等译，中信出版社2016年版，第104页。

〔4〕 M. W. Kraus, C. Huang & D. Keltner, "Tactile Communication, Cooperation, and Performance: An Ethological Study of the NBA", 10 *Emotion* 745, 745-749 (2010).

〔5〕 N. J. Fast, N. Halevy & A. D. Galinsky, "The Destructive Nature of Power without Status", 48 *Journal of Experimental Social Psychology* 391, 391-394 (2012).

〔6〕 J. Lammers, D. A. Stapel & A. D. Galinsky, "Power Increases Hypocrisy: Moralizing in Reasoning, Immorality in Behavior", 5 *Psychological Science* 737, 737-744 (2010).

优越、[1]违反交通规则、[2]入店行窃[3]等。可见，"绝对的权力"的确会导致"绝对的腐败"。起初，权力被视作一种结构变量，[4]表现为一种对重要资源的控制以及影响他人行为结果的能力。[5]近年来，随着社会认知领域研究的兴起，研究者引入了"个人权力感"（Personal Sense of Power）的概念，表现为个体对于自身权力状态的一种主观感知。[6]这种主观感知与实际的权力状态并不一定是对称的，[7]一个权力感水平很高的个体可能实际拥有的权力却很少，该概念更加注重个体差异，并且已被大量理论与研究证实会对个体的行为产生重要的影响。[8]因此，"个人权力感"是本文探讨的第一个可能的腐败成因，本文假设高的"个人权力感"会提升个体腐败的可能性。

权威主义人格是与权力感相关联的一个概念，权威主义人格具有服从权威和以权威自居的双重心理特征，包含右翼权威主义（Right-Wing Authoritarianism, RWA）和社会支配倾向（Social Dominance Orientation, SDO）两个方面。[9]谭（Tan）等人通过研究，验证了右翼权威主义和社会支配倾向可以分别正向预测腐败意向。[10]李小平、杨晟宇和李梦遥通过实验发现权威主义人

---

[1] M. W. Kraus & D. Keltner, "Social Class Rank, Essentialism, and Punitive Judgment", 105 *Journal of Personality and Social Psychology* 247, 247-261 (2013).

[2] P. K. Piff, D. M. Stancato, S. Côté, R. Mendoza-Denton & D. Keltner, "Higher Social Class Predicts Increased Unethical Behavior", 109 *Proceedings of the National Academy of Sciences* 4086, 4086-4091 (2012).

[3] C. Blanco, et al., "Prevalence and Correlates of Shoplifting in the United States: Results from the National Epidemiological Survey on Alcohol and Related Conditions (NESARC)", 165 *American Journal of Psychiatry* 905, 905-913 (2008).

[4] A. D. Galinsky, D. H. Gruenfeld & J. C. Magee, "From Power to Action", 3 *Journal of Personality and Social Psychology* 453, 454 (2003).

[5] D. Keltner, D. H. Gruenfeld & C. Anderson, "Power, Approach, and Inhibition", 110 *Psychological Review* 265, 268 (2003).

[6] C. Anderson, O. P. John & D. Keltner, "The Personal Sense of Power", 2 *Journal of Personality* 313, 317 (2012).

[7] D. D. Rucker, A. D. Galinsky & D. Dubois, "Power and Consumer Behavior: How Power Shapes Who and What Consumers Value", 3 *Journal of Consumer Psychology* 352, 352-368 (2012).

[8] 参见郑睦凡、赵俊华：《权力如何影响道德判断行为：情境卷入的效应》，载《心理学报》2013 年第 11 期，第 1274~1282 页。

[9] 参见李琼、郭永玉：《作为偏见影响因素的权威主义人格》，载《心理科学进展》2007 第 6 期，第 981~986 页。

[10] X. Y. Tan, L. Liu, W. W. Zheng & Z. W. Huang, "Effects of Social Dominance Orientation and Right-Wing Authoritarianism on Corrupt Intention: The Role of Moral Outrage", 3 *International Journal of Psychology* 213, 213-219 (2015).

格（狭义的权威主义人格即指右翼权威主义）的效应会受到权力感的影响，当高权威主义人格者不具有权力感时，他们会存在变通与固执、顺从与进逼的双重心理特点，他们进而认为，权力感会激发高权威者的权威心理。[1]因此，本文将（狭义的）权威主义人格和社会支配倾向两个变量纳入研究，并希望探讨在个人权力感的影响下，二者对个体腐败的影响。本文假设，权威主义人格和社会支配倾向能够正向预测个体腐败的发生。

在以往关于自利行为的研究中，研究者发现，在面对资源困境时，持有权力的领导者往往取用的公共资源数量更多，更不采用平均分配的原则，这是因为在他们心中，认为自己有权拿得更多，这就引出了心理权利（Psychological Entitlement）的概念。[2]在坎贝尔（Campbell）等人具有开创性的研究中，认为心理权利是个体的一种稳定且弥漫的感觉，其特点是个体认为自己应该理所当然地比别人获得得更多而损失得更少；实验结果表明心理权利倾向高的个体更容易表现出自私行为，例如在公共物品两难困境中的竞争性选择，或者在浪漫关系中的自私取向。[3]通常，如果个体感受到的心理权利越多，也就意味着对于资源的期望也越多，期望也更难得到满足，而如果个体在先前已经遭遇过不公平的对待或一些负性事件，由于补偿心理，他们在未来就更希望获得好的结果，这会使得他们更容易产生自利行为。[4]在前文中提到，研究者普遍认同腐败行为带有较强的自利性特征，因此本文假设心理权利也会对个体的腐败行为产生影响，心理权利的水平越高，个体越可能产生腐败行为。

道德推脱（Moral Disengagement）是个体产生的一些特定的认知倾向，这些认知倾向给原先不道德的行为披上一层"道德的"外衣，其最常用的策略

---

〔1〕 参见李小平、杨晟宇、李梦遥：《权威人格与权力感对道德思维方式的影响》，载《心理学报》2012年第7期，第964~971页。

〔2〕 D. De Cremer & E. V. Dijk, "When and Why Leaders Put Themselves First: Leader Behavior in Resource Allocations as a Function of Feeling Entitled", 35 *European Journal of Social Psychology* 553, 554 (2005).

〔3〕 W. K. Campbell, A. M. Bonacci, J. Shelton, J. J. Exline & B. J. Bushman, "Psychological Entitlement: Interpersonal Consequences and Validation of a Self-Report Measure", 1 *Journal of Personality Assessment* 29, 29-45 (2004).

〔4〕 E. M. Zitek, A. H. Jordan, B. Monin & F. R. Leach, "Victim Entitlement to Behave Selfishly", 98 *Journal of Personality and Social Psychology* 245, 250 (2010).

是责任扩散或替换责任;[1]以往关于权力造成腐败的研究发现，高的责任感会抑制权力持有者的自利行为，例如，由于选举领导比指定领导的社会责任感更强因而产生更少的自利行为;[2]而个体通过责任扩散产生较低水平的责任感知，因而会产生较多的自利行为，这与实证研究的结论是一致的，如道德推脱会引发腐败,[3]道德宽容会增加腐败。[4]因此，本文将道德推脱纳入研究，假设个体的道德推脱水平越高，则其产生腐败的可能性越大。

权力观（Power Concept）本质上是个体的一种价值观，其指向的对象是个体在运用权力时所要实现的目的，可分为个人取向（personalized）和社会取向（socialized）两个方向，前者强调利用权力控制他人，因而更多地追求个人利益，后者则强调利用权力帮助组织成功，因而更追求组织利益。[5]实证研究表明，持社会取向权力观的个体会表现出更少的腐败行为。[6]将权力观纳入腐败研究的一个很大的出发点，就是为了弥补权力感研究的不足，权力感更多地强调权力状态感知的有或无、高或低，其很难解释现实中面临的一个问题，即拥有同等水平权力感的两个个体，为什么会产生行为上的差异，为什么有的人拥有权力会为己牟利，有的人则会造福他人，这就使得引入权力的另一个维度（目的性）变得必要。因此，本研究拟将权力观纳入公务员腐败的预测模型，又因为个人取向权力观与社会取向权力观是"权力观"的一体两面，个体的社会取向权力观越高则个人取向权力观越低，两者呈现高的负相关关系，为了降低预测模型的多重共线性，本研究仅将社会取向权力观纳入预测模型。本文假设，个体的社会取向权力观越高，则腐败的可能性

〔1〕 N. Mazar, O. Amir & D. Ariely, "The Dishonesty of Honest People: A Theory of Self-Concept Maintenance", 6 *Journal of Marketing Research* 633, 636 (2008).

〔2〕 D. De Cremer & E. V. Dijk, "Leader-Follower Effects in Resource Dilemmas: The Roles of Leadership Selection and Social Responsibility", 11 *Group Processes and Intergroup Relations* 355, 355-369 (2008).

〔3〕 C. Moore, "Moral Disengagement in Processes of Organizational Corruption", 1 *Journal of Business Ethics* 129, 129-139 (2008).

〔4〕 M. C. Ferreira, R. Fischer, J. B. Porto, R. Pilati & T. L. Milfont, "Unraveling the Mystery of Brazilian Jeitinho: A Cultural Exploration of Social Norms", 3 *Personality and Social Psychology Bulletin* 331, 331-344 (2012).

〔5〕 J. K. Maner & N. L. Mead, "The Essential Tension between Leadership and Power: When Leaders Sacrifice Group Goals for the Sake of Self-Interest", 3 *Journal of Personality and Social Psychology* 482, 483 (2010).

〔6〕 F. Wang & X. W. Sun, "Absolute Power Leads to Absolute Corruption? Impact of Power on Corruption Depending on the Concepts of Power One Holds", 1 *European Journal of Social Psychology* 77, 77-89 (2016).

越小。

西方文化对于权力的解读很大程度上受到了一个人及一部作品的影响，这就是文艺复兴时期意大利著名的政治活动家尼科洛·马基雅维利（Niccolò Machiavelli）和他于 16 世纪创作的《君主论》。在这部对后世影响深远的著作中，马基雅维利认为权力就其本质来说与暴力、欺骗、残酷和侵犯密不可分。马基雅维利主义人格就是研究者根据这部作品总结出的一类人所具有的一种人格特质，其特点包括无视道德、擅长欺骗与操纵，[1]研究者通过元分析，对职业人产生不道德行为的三类原因进行探讨，研究结果确认了具有马基雅维利主义人格的个体在工作中更易通过操纵他人来满足自己的需要，为了实现自身目标而进行不道德行为。[2]国内研究者也深刻地指出，在中国文化语境中，等同于西方马基雅维利主义的"权谋-厚黑"行为在官场上大行其道，这指明了在中国文化下探讨马基雅维利主义人格对于腐败影响的重要性。[3]因此，本文也将探讨马基雅维利主义人格对于个体腐败的可能影响，本文假设，马基雅维利人格的倾向越高，则其腐败的可能性越大。

此外，本研究还将几项背景变量纳入预测模型，如受教育程度、婚姻状况与行政职务的级别等，这些背景变量的水平不同会影响个体的权力感知。并且根据过往研究证明，大五人格中的尽责性、宜人性与外倾性会对个体的权力获得产生影响。[4]基于前述有关"权力"与腐败相关关系的实证研究，在本文中，拟将上述三个背景变量与三种人格特质纳入腐败预测模型，探讨在这些变量与"权力"变量（权力感、权力观等）共存的情况下，个体的腐败行为究竟会受到哪些变量的何种影响。下面，本文将系统地展现研究的步骤与统计建模过程。

---

〔1〕 J. F. Rauthmann & T. Will, "Proposing a Multidimensional Machiavellianism Conceptualization", 39 *Social Behavior and Personality* 391, 392 (2011).

〔2〕 J. J. Kish-Gephart, D. A. Harrison & L. K. Treviño, "Bad Apples, Bad Cases, and Bad Barrels: Meta-Analytic Evidence about Sources of Unethical Decisions at Work", 1 *Journal of Applied Psychology* 1, 1-31 (2010).

〔3〕 参见耿耀国等：《马基雅维里主义人格特质研究述评》，载《中国临床心理学杂志》2014 年第 5 期，第 816~820 页。

〔4〕 参见［美］达契尔·克特纳：《权力的悖论：影响力，怎样获取，又是如何失去的》，胡晓姣等译，中信出版社 2016 年版，第 40~42 页。

二、研究方法

（一）被试

抽取北京市某监狱的职务犯服刑人员 30 人，以及北京市某机关在职公务员共 121 人完成系列问卷，当场测试当场回收，最后得到有效问卷 145 份。有效被试的背景变量信息详见表 1。

表 1　有效被试的背景变量信息

变量	类别	职务犯人数 （共 30 人）	在职公务员人数 （共 115 人）	总人数百分比 （%）
性别	男	30	62	63.4
	女	0	53	36.6
年龄	90 年代后	0	15	10.3
	80 年代后	1	35	24.8
	70 年代后	2	28	20.7
	60 年代后	15	37	35.9
	50 年代后	12	0	8.3
婚姻状况	未婚	2	21	15.9
	已婚	22	89	76.5
	离异或丧偶	6	5	7.6
行政职务	基层公务员	4	41	31.0
	科级	0	60	41.4
	处级	19	14	22.8
	局级	7	0	4.8
受教育程度	大专或高中及以下	6	2	5.5
	本科	20	89	75.2
	研究生	4	24	19.3

（二）工具

1. 个人权力感量表

采用的是安德森（Anderson）等编制的量表，共有 8 个项目，正向与反向题各 4 题。采用李克特（Likert）7 点记分，从 1（非常不符合）到 7（非常符合），代表项目如"我能让别人听从我所说的"。[1]在本研究中的内部一致性阿尔法系数（Alpha）为 0.72。该量表采用回译程序翻译成中文。

2. 权威主义人格量表

采用的是阿特梅耶（Altemeyer）于 1981 年编制、刘爱芳修订的"权威主义问卷"，包含 24 个题项，正向与反向题各 12 道。采用李克特 7 点记分，从 1（非常不同意）到 7（非常同意），代表项目如"对权威的服从和尊重是儿童应该学习的最重要美德"。[2]在本研究中的阿尔法系数为 0.70。

3. 社会支配倾向量表

由李（Li）等人根据普拉托（Pratto）等人编制的 16 项社会支配倾向量表，在中国文化下修订而成，新增了 3 个题项，共 19 题，其中包含反向题 8 题。采用李克特 7 点记分，从 1（完全不同意）到 7（完全同意），代表题项如"为了在一生中出人头地，有时候拿别人当梯子是必要的"。[3]在本研究中的阿尔法系数为 0.80。

4. 马基雅维利主义人格量表

该量表为西乌（Siu）基于马氏量表第四版（MACH IV），使用中国被试进行验证而形成的修订版，共有 13 个条目，其中 7 题为反向题。[4]包含犬儒主义（Cynicism）、欺骗（Deceit）、不道德（Immorality）、奉承谄媚（Flattery）4 个因子。[5]在本研究中，对马基雅维利主义人格的四因子模型进行了结构效度检验，验证性因素分析的结果表明：初始模型的 $\chi^2 = 118.20$，$df = 59$，p<0.001，CFI = 0.780，TLI = 0.710，SRMR = 0.078，RMSEA = 0.083，AIC = 6667.735，BIC = 6801.688，由于指标不理想，参考修正指数结果，允许条目 5 与条目 6、条目 3 与条目 7、条目 3 与条目 8、条目 12 与条目 13 的误差相关，修正后模型的各项指标都得到改善，$\chi^2 = 80.19$，$df = 55$，p<0.05，CFI =

---

〔1〕　C. Anderson, O. P. John & D. Keltner, "The Personal Sense of Power", 2 *Journal of Personality* 313, 313-344 (2012).

〔2〕　参见刘爱芳：《公务员权威人格分析》，南京师范大学 2009 年硕士学位论文，第 27 页。

〔3〕　Z. Li, L. Wang, J. Shi & W. Shi, "Support for Exclusionism as an Independent Dimension of Social Dominance Orientation in Mainland China", 9 *Asian Journal of Social Psychology* 203, 206 (2006).

〔4〕　W. S. Siu, "The Applicability of the MACH IV Scale to Banking Executives in Hong Kong, Singapore and Australia: A Research Note", 5 *The Service Industries Journal* 150, 150-161 (2003).

〔5〕　J. E. Hunter, D. W. Gerbing & F. J. Boster, "Machiavellian Beliefs and Personality: Construct Invalidity of the Machiavellianism Dimension", 6 *Journal of Personality and Social Psychology* 1293, 1298 (1982).

0.91>0.90，SRMR＝0.067<0.08，RMSEA＝0.056<0.06，各项拟合指标优秀，说明该量表的结构效度较好；但内部一致性阿尔法系数较差，仅为 0.49。马基雅维利主义人格四因子模型中，条目 1、4、10、11 属于因子一（犬儒主义），条目 5、6、7、8 属于因子二（欺骗），条目 3、9、13 属于因子三（不道德），条目 2、12 属于因子四（奉承谄媚）。因子一与因子四的相关显著，成强的正相关（r＝0.591，p＝0.000）；因子二与因子三的相关显著，成强的正相关（r＝0.719，p＝0.000）；因子二与因子四的相关显著，成中等程度的负相关（r＝-0.435，p＝0.016）；因子三与因子四的相关显著，成弱的负相关（r＝-0.244，p＝0.033）。

5. 心理权利量表

采用的是坎贝尔（Campbell）等人编制的量表，共 9 题，无反向题。采用李克特 7 点记分，从 1（非常不符合）到 7（非常符合），代表项目如"我想要得到最好的，因为我值得获得最好的"。[1] 在本研究中的阿尔法系数为 0.87。该量表采用回译程序翻译成中文。

6. 社会取向权力观量表

采用的是王芳等人编制的权力观量表中的社会取向权力观分量表，共 6 题，无反向题。采用李克特 7 点记分，从 1（非常不符合）到 7（非常符合），代表项目如"如果我拥有权力，我会首先考虑他人的福祉与利益"。[2] 在本研究中的阿尔法系数为 0.76。该量表采用回译程序翻译成中文。

7. 道德推脱量表

采用的是卡普拉拉（Caprara）等人编制的道德推脱问卷，共有 32 题，不含反向题。采用李克特 5 点记分，从 1（完全不同意）到 5（完全同意），代表题项如"当没有有效的垃圾处理设施时，人们在街上乱丢垃圾就不应该受到谴责"。[3] 在本研究中的阿尔法系数为 0.90。该量表采用回译程序翻译成

〔1〕 W. K. Campbell, A. M. Bonacci, J. Shelton, J. J. Exline & B. J. Bushman, "Psychological Entitlement: Interpersonal Consequences and Validation of a Self-Report Measure", 1 *Journal of Personality Assessment* 29, 29-45 (2004).

〔2〕 F. Wang & X. W. Sun, "Absolute Power Leads to Absolute Corruption? Impact of Power on Corruption Depending on the Concepts of Power One Holds", 1 *European Journal of Social Psychology* 77, 77-89 (2016).

〔3〕 G. V. Caprara, R. Fida, M. Vecchione, C. Tramontano & C. Barbaranelli, *Assessing Civic Moral Disengagement: Dimensionality and Construct Validity*, 5 Personality and Individual Differences 504, 506 (2009).

中文。

8. 中国大五人格问卷简式版

采用的是王孟成、戴晓阳和姚树桥编制的量表，共 40 题，其中包括 7 题反向题。采用李克特 6 点记分，从 1（非常不符合）到 6（非常符合）。[1]在本研究中，各维度的阿尔法系数分别为：神经质（0.83），尽责性（0.80），宜人性（0.76），开放性（0.87），外倾性（0.70）。

（三）统计过程

首先，对原始数据进行缺失值分析，发现 31 号、100 号、101 号、125号、110 号、139 号被试的缺失率高于 5%（缺失率依次为 8.2%、11.2%、11.2%、11.8%、12.4%和 18.8%），对这些被试的数据进行删除后得到的数据，因此有效样本量为 145。其次，对含有反向计分题的变量进行反向计分处理。由于各变量的缺失值率均小于 5%，因此对计量变量的缺失值进行平均值插补。同时，计算各变量的得分，并对所有变量进行内部一致性系数分析。另外，使用 Mplus 7 软件对马基雅维利主义人格的四因子模型进行验证性因素分析。再对各变量间的相关性进行相关分析。为了满足逻辑回归分析（logistic regression）的要求，将几个分类变量的类别划分重新调整，并进行虚拟编码，将各预测变量纳入预测模型，进行逻辑回归分析。以上步骤除验证性因素分析之外均通过 SPSS 23.0 软件实现。

三、结果

（一）腐败预测模型各变量间的相关分析

各预测变量间的相关分析结果见表 2 所示，其中，相关显著且具有启发意义的结果有：职位行政级别与权力感成正相关（r=0.179，p=0.031），与心理权利成负相关（r=-0.175，p=0.036）；权力感与心理权利成负相关（r=-0.204，p=0.014），还与社会取向权力观成正相关（r=0.169，p=0.042）；权威主义人格与社会取向权力观成正相关（r=0.272，p=0.001），还与马基雅维利主义人格成负相关（r=-0.200，p=0.016）；心理权利与道德推脱成正比（r=0.374，p=0.000），与马基雅维利主义人格成正比（r=0.254，p=0.002）；道德推脱分别与尽责性与宜人性成 0.01 水平的负相关，还与马基雅维利主义人格成正相关（r=0.388，p=0.000）；社会取向权力观

---

〔1〕 参见王孟成、戴晓阳、姚树桥：《中国大五人格问卷的初步编制Ⅲ：简式版的制定及信效度检验》，载《中国临床心理学杂志》2011 年第 4 期，第 454~457 页。

分别与尽责性、宜人性与外倾性在 0.001 水平上成正相关，还与马基雅维利主义人格成负相关（r=-0.196，p=0.018）；马基雅维利主义人格分别与尽责性与宜人性成负相关，还与社会支配取向成正相关（r=0.466，p=0.000）。

表 2　各变量间的相关系数表

	EL	AR	PSP	AP	PE	MD	SPC	C	A	E	MP	SDO
EL	1											
AR	0.009	1										
PSP	0.070	0.179*	1									
AP	-0.017	-0.016	0.069	1								
PE	0.061	-0.175*	-0.204*	-0.006	1							
MD	-0.041	-0.080	-0.046	-0.153	0.374**	1						
SPC	0.008	0.170*	0.169*	0.272**	0.125	0.028	1					
C	-0.007	0.188*	0.174*	0.321**	0.109	-0.215**	0.363**	1				
A	0.004	0.068	-0.073	0.327**	-0.033	-0.337**	0.306**	0.427**	1			
E	0.023	0.164*	0.171*	0.262**	0.111	-0.031	0.296**	0.288**	0.260**	1		
MP	-0.042	-0.073	0.070	-0.200*	0.254**	0.388**	-0.196*	-0.191*	-0.486**	-0.023	1	
SDO	0.068	-0.131	0.066	0.079	0.347**	0.311**	-0.113	-0.093	-0.345**	0.021	0.466**	1

Note："EL"=受教育程度；"AR"=行政职务；"PSP"=权力感；"AP"=权威主义人格；"PE"=心理权利；"MD"=道德推脱；"SPC"=社会取向权力观；"C"=尽责性；"A"=宜人性；"E"=外倾性；"MP"=马基雅维利主义人格；"SDO"=社会支配取向人格。*p<0.05；**p<0.01.

（二）腐败预测模型的二元逻辑回归分析

1. 类别预测因素的编码

由于预测变量中教育水平、婚姻状况和职务行政级别三个变量都是类别变量，且均包含两个以上类别，因此采取虚拟编码：教育水平拆分为两个虚拟编码（本科 vs. 高中或中专及以下，研究生 vs. 高中或中专及以下）；婚姻状况拆分为两个虚拟编码（未婚 vs. 已婚，离异或丧偶 vs. 已婚）；行政级别拆分为两个虚拟编码（科级 vs. 基层公务员，处级或局级 vs. 基层公务员）。因此，纳入腐败预测的逻辑回归的预测因素共包括16项：教育水平（1）、教育水平（2）、婚姻状况（1）、婚姻状况（2）、行政级别（1）、行政级别（2）、权力感、权威主义人格、心理权利、道德推脱、社会取向权力观、尽责性、宜人性、外倾性、马基雅维利主义人格和社会支配取向人格。

2. 模型拟合优度检验

在逻辑回归中，比较全模型与基线模型对目标变量的预测力的差异是通过卡方统计值的统计显著性来检验的，结果如表3所示，该模型预测公务员的腐败发生率在统计上显著，χ^2（16）= 105.53，p<0.001，表明该模型可以预测公务员的腐败发生率。

表3 总检验模型系数表

		Chi-square	df	Sig.
Step 1	Step	105.534	16	0.000
	Block	105.534	16	0.000
	Model	105.534	16	0.000

3. 霍斯默-莱梅肖（Hosmer-Lemeshow）拟合优度检验

进行逻辑回归需要满足预测因素的加权组合与结果变量发生比的自然对数之间存在线性相关的假设，该假设通过霍斯默-莱梅肖拟合优度检验来验证，该检验的结果如表4所示，结果显示卡方统计值不显著，χ^2（8）= 8.52，p=0.39，表明模型数据拟合良好。此外，数据拟合情况还可以通过列联表来反映，如表5所示，十分位组从低到高，其参照类别（是）的频率增加，其相反类别（否）的频率降低，描述了预期的数据拟合良好的趋势。

表4 霍斯默-莱梅肖检验系数表

Step	Chi-square	df	Sig.
1	8.518	8	0.385

表 5　霍斯默–莱梅肖检验列联表

		腐败与否＝不腐败		腐败与否＝腐败		Total
		Observed	Expected	Observed	Expected	
Step1	1	15	15.000	0	0.000	15
	2	15	15.000	0	0.000	15
	3	15	15.000	0	0.000	15
	4	15	15.000	0	0.000	15
	5	15	14.995	0	0.005	15
	6	14	14.867	1	0.133	15
	7	15	13.798	0	1.202	15
	8	10	8.803	5	6.197	15
	9	1	2.433	14	12.567	15
	10	0	0.103	10	9.897	10

4. 预测因素显著性检验

在该模型中，各预测因素变量的显著性检验通过瓦尔德（Wald）检验来实现，结果如表 6 所示，有 7 个回归系数在统计上显著：$B_1 = 4.22$［婚姻状况（2）］，$\chi^2(1) = 6.10$，$p = 0.014$，Exp（B）＝ 67.784；$B_2 = 4.44$［行政级别（2）］，$\chi^2(1) = 10.99$，$p = 0.001$，Exp（B）＝ 84.504；$B_3 = 1.45$（权力感），$\chi^2(1) = 4.38$，$p = 0.036$，Exp（B）＝ 4.241；$B_4 = -0.12$（权威主义人格），$\chi^2(1) = 5.82$，$p = 0.016$，Exp（B）＝ 0.884；$B_5 = -0.16$（心理权利），$\chi^2(1) = 5.75$，$p = 0.016$，Exp（B）＝ 0.850；$B_6 = 0.08$（道德推脱），$\chi^2(1) = 4.82$，$p = 0.028$，Exp（B）＝ 1.080；$B_7 = 0.35$（宜人性），$\chi^2(1) = 6.81$，$p = 0.009$，Exp（B）＝ 1.415。这表明，当所有其他因素相等时，①处于离异或丧偶状态公务员腐败的发生比是处于已婚状况公务员的 67.784 倍；②处级或局级公务员腐败的发生比是科员级别公务员的 84.504 倍；③当权力感每增加一个单位，腐败的发生比增加为原先的 4.241 倍；④当权威主义人格得分每增加一个单位，腐败的发生比减少为原先的 0.884 倍；⑤当心理权利得分每增加一个单位，腐败的发生比减少为原先的 0.850 倍；⑥当道德推脱的水平每增加一个单位，腐败的发生比增加为原先的 1.080 倍；⑦当宜人

性得分每增加一个单位，腐败的发生比增加为原先的 1.415 倍。

表 6　预测模型变量表

| | B | S. E. | Wald | df | Sig. | Exp（B） | 95%C. I. for EXP（B） | |
							Lower	Upper
权力感	1.445	0.690	4.383	1	0.036	4.241	1.097	16.405
权威主义人格	-0.123	0.051	5.816	1	0.016	0.884	0.800	0.977
心理权利	-0.163	0.068	5.753	1	0.016	0.850	0.744	0.971
道德推脱	0.077	0.035	4.821	1	0.028	1.080	1.008	1.157
社会取向权力观	-0.314	0.473	0.442	1	0.506	0.730	0.289	1.845
尽责性	0.005	0.121	0.002	1	0.965	1.005	0.794	1.274
宜人性	0.347	0.133	6.814	1	0.009	1.415	1.090	1.836
外倾性	-0.150	0.114	1.734	1	0.188	0.860	0.688	1.076
马基雅维利主义人格	0.020	0.071	0.078	1	0.780	1.020	0.887	1.173
社会支配取向人格	0.045	0.043	1.083	1	0.298	1.046	0.961	1.139
受教育程度			3.683	2	0.159			
受教育程度（1）	-3.299	2.698	1.495	1	0.221	0.037	0.000	7.311
受教育程度（2）	-5.477	3.157	3.011	1	0.083	0.004	0.000	2.033
婚姻状况			7.351	2	0.025			
婚姻状况（1）	-3.905	3.258	1.436	1	0.231	0.020	0.000	11.958
婚姻状况（2）	4.216	1.707	6.100	1	0.014	67.784	2.388	1924.066
行政职务			10.989	2	0.004			
行政职务（1）	-20.568	3766.905	0.000	1	0.996	0.000	0.000	
行政职务（2）	4.437	1.338	10.989	1	0.001	84.504	6.132	1164.527
Constant	-3.472	8.418	0.170	1	0.680	0.031		

5. 效果量的类 R^2 测量

在逻辑回归的效果量测量中，优先考虑内戈尔科（Nagelkerke）R^2，本研究中类 R^2 测量的结果如表 7 所示，$R_N^2 = 0.809$，表明由 16 个预测因素整体预测公务员腐败的解释效应相对较高。

表7　效果量测量表

Step	−2 Log likelihood	Cox & Snell R Square	Nagelkerke R Square
1	42.313[a]	0.517	0.809

6. 分类表

分类表中的描述信息如表 8 所示，显示了该腐败预测模型优秀的击中率（95.2%），预测的灵敏度（参照类别中的正确预测比例）也较高（89.7%）；特异性（相反类别中的正确预测比例）也非常优秀（96.6%）；另外，假阳性为 2.6%，假阴性为 13.3%，均处于较低水平，也表明了该模型预测的准确性。

表8　分类表

Observed		Predicted		Percentage Correct
		腐败与否		
		不腐败	腐败	
腐败与否	不腐败	112	3	97.4
	腐败	4	26	86.7
Overall	Percentage			95.2

7. 全模型与限定模型的比较

综上，本研究可以验证由 16 个预测因素来对公务员腐败进行预测的模型是有效的，综合结果如表 9 所示，为了简化该模型（全模型），本研究考虑通过去除某几个预测因素来得到更为简洁的模型（限定模型），当去除教育水平、社会取向权力观等 7 个预测因素时，全模型与限定模型的卡方统计结果显示，两个模型间卡方差异为 $\triangle \chi^2 = \chi_{Full}^2 - \chi_{Restr}^2 = 105.53 - 98.22 = 7.31$，自由度之差为 $\triangle df = df_{Full} - df_{Restr} = 16 - 9 = 7$；当自由度为 7 时，在 0.05 水平上的临界值为 14.07，卡方差异（$\triangle \chi^2 = 7.31$）没有超过临界值（14.07），因此，在预测腐败上，全模型与限定模型在统计上没有差异，表明从全模型中去除以上 7

个预测因素，这个模型的预测能力在统计上没有显著变化。限定模型的 χ^2 (9) = 98.22，p<0.001；R_N^2 = 0.770；击中率为 94.5%，灵敏度为 84.3%，特异性为 97.3%，假阳性为 4.3%，假阴性为 10.0%。因此，可以使用更加简洁的包含 7 个预测因素的限定模型，限定模型的综合结果见表 10。

表 9　全模型汇总表

Variables	B	Wald χ^2	Odds Ratio	95% Confidence Interval for Odds Ratio	
				Lower	Upper
权力感	1.445	4.383 *	4.241	1.097	16.405
权威主义人格	−0.123	5.816 *	0.884	0.800	0.977
社会支配取向	0.045	1.083	1.046	0.961	1.139
马基雅维利主义人格	0.020	0.078	1.020	0.887	1.173
心理权利	−0.163	5.753 *	0.850	0.744	0.971
社会取向权力观	−0.314	0.442	0.730	0.289	1.845
道德推脱	0.077	4.821 *	1.080	1.008	1.157
尽责性	0.005	0.002	1.005	0.794	1.274
外倾性	−0.150	1.734	0.860	0.688	1.076
宜人性	0.347	6.814 **	1.415	1.090	1.836
受教育程度					
本科 vs. 大专或高中以下	−3.299	1.495	0.037	0.000	7.311
研究生 vs. 大专或高中以下	−5.477	3.011	0.004	0.000	2.033
婚姻状况					
未婚 vs. 已婚	−3.905	1.436	0.020	0.000	11.958
离异或丧偶 vs. 已婚	4.216	6.100 *	67.784	2.388	1924.066
行政职务					
科级 vs. 基层公务员	−20.568	0.000	0.000	0.000	
处级或局级 vs. 基层公务员	4.437	10.989 **	84.504	6.132	1164.527
(Constant)	0.744	0.008			

Note：Wald（*df* = 1）

* p<0.05；** p<0.01

表 10　限定模型汇总表

Variables	B	Wald χ^2	Odds Ratio	95% Confidence Interval for Odds Ratio	
				Lower	Upper
权力感	1.196	4.232*	3.308	1.058	10.340
权威主义人格	−0.133	8.659**	0.876	0.802	0.957
心理权利	−0.124	6.473*	0.884	0.803	0.972
道德推脱	0.055	4.508*	1.057	1.004	1.112
宜人性	0.241	6.361*	1.272	1.055	1.534
婚姻状况					
未婚 vs. 已婚	−1.540	0.643	0.214	0.005	9.252
离异或丧偶 vs. 已婚	4.624	7.491**	101.897	3.717	2793.652
行政职务					
科级 vs. 基层公务员	−21.602	0.000	0.000	0.000	
处级或局级 vs. 基层公务员	3.764	11.797**	43.122	5.033	369.440
（Constant）	2.386	0.244			

Note：Wald（df=1）

* p<0.05；** p<0.01

四、讨论

（一）权力感、权力观与心理权利

在本研究中，关于腐败预测模型中所涉及的变量的选择，主要着眼于腐败的两个特性：自利与欺骗。在自利这一特性上，过往的大量研究表明，权力感、权力观与心理权利都会影响个体的自利行为，即个体的权力感越高、社会取向权力观的水平越低以及心理权利的水平越高，那么该个体更可能表现出自利行为。其中，关于权力感，本研究得出的结果与过往研究一致，如国外研究者通过实验发现，权力感水平越高的个体表现出更多的自利行为；[1]但国内研究者牛冰钰等通过研究得出了相反的结果，他们发现高权力感的被试更不倾向于做出受贿决策，而低权力感的被试则更倾向于做出受贿

---

〔1〕　K. A. DeCelles, D. S. DeRue, J. D. Margolis & T. L. Ceranic, "Does Power Corrupt or Enable? When and Why Power Facilitates Self-Interested Behavior", 3 *Journal of Applied Psychology* 681, 685 (2012).

决策。[1]究其原因，仍需要进一步细致地考察其他变量在权力感与自利行为（腐败、受贿等）间的中介或调节作用。关于权力观，本研究的结果并不支持社会取向权力观是个体腐败的一个保护性因子，这与王芳等的研究结果不一致。[2]可能的原因包括：在王芳等的研究中，其测查的是个体对于腐败行为的容忍程度而非实际的腐败行为，且在他们的研究中，并没有纳入其他变量的影响。在本研究中，社会取向权力观对个体腐败行为的作用可能受到权力感或心理权利等变量的影响，因此，有必要在未来的研究中进一步探讨三者的交互作用。关于心理权利的研究结果，本研究的结果与过往研究的结论相反，在腐败预测模型的逻辑回归分析中，心理权利负向预测腐败的发生，对于这一结果，我们可以从职务犯所处的背景环境来进行解释，考虑到职务犯在日常的监狱管理活动中，会接受大量有针对性的教育矫治活动，他们的心理权利水平可能会在该过程中逐渐减弱，两组被试所处的环境背景不同很可能成为影响研究结果的额外变量。这也是回溯研究中所存在的一个很大问题，即无法得到职务犯在腐败行为发生时的变量数据。在未来的研究中，可以进一步以情境模拟实验的方式，通过构建腐败行为的发生情境（如行贿游戏范式）[3]来考察心理权利对个体腐败行为的作用机制，这样可以避免因被试群体所处环境的不同所造成的无关影响。

（二）道德推脱与马基雅维利主义人格

在腐败的欺骗特性上，道德推脱与马基雅维利主义人格分别表现了不同对象上的两种欺骗，前者可以看作是一种"自我欺骗"，而后者则包含了"欺骗他人"，两者间的关联性可以通过表 2 所示的两个变量呈显著的正相关看出。在本研究中，高水平的道德推脱可以正向预测腐败的发生，可以看作是腐败发生的高风险因子；道德推脱与尽责性呈显著的负相关，这与杨继平等的研究结果一致，[4]可以看出，道德推脱水平高的个体通过责任转移或责任

---

〔1〕 参见牛冰钰、李衷恕、定险峰：《权力对受贿决策的影响：性别的调节作用》，载《中国临床心理学杂志》2019 年第 4 期，第 673 页。

〔2〕 F. Wang & X. W. Sun, "Absolute Power Leads to Absolute Corruption? Impact of Power on Corruption Depending on the Concepts of Power One Holds", 1 *European Journal of Social Psychology* 77, 77−89 (2016).

〔3〕 A. Barr & D. Serra, "Corruption and Culture: An Experimental Analysis", 94 *Journal of Public Economics* 862, 864 (2010).

〔4〕 参见杨继平等：《道德推脱与大学生学术欺骗行为的关系研究》，载《心理发展与教育》2010 年第 4 期，第 364~370 页。

分散策略而产生较低水平的责任感知；此外，道德推脱还与心理权利呈显著的正相关，这与先前研究也是一致的，格雷（Gray）和韦格纳（Wegner）认为心理权利往往表现出一种逃避道德责任的倾向，[1]而道德推脱实际上就是通过一种内在的认知重建，在一定程度上提高受谴责行为的道德可接受性。对于马基雅维利主义人格，在本研究中并没有体现出其对腐败行为的预测力，并且不论在量表总分，还是在其包含的四个因子的得分上，职务犯在押人员与在职公务员两个群体均没有显著差异。对于该结果可能存在以下两方面原因：第一，马基雅维利主义人格作为一种人格特质，并不是所有被试都具有的，这取决于取样被试的样本量大小，本研究的有效样本量仅有 145 人，很难从中筛选出具有典型马基雅维利主义人格的个体，其得分只能够体现被试群体在马基雅维利主义人格上所具有的倾向大小；第二，目前对于马基雅维利主义人格的测量尚缺乏有效的测量工具，虽然马氏量表第四版是目前得到最广泛使用的马基雅维利主义人格测量工具，[2]但该量表在跨文化研究中仍表现出测量信度不稳定等问题，[3]因此后续研究者在其基础上进行修订的版本就多达 8~9 种之多[4]。本研究使用的是西乌基于中国被试编制的修订版，在原有问卷的基础上删除了 7 个条目，在结构上包含 4 个因子，这与亨特（Hunter）等人的研究结果一致，[5]本研究通过对四因子模型进行验证性因素分析，结果显示各项结构效度指标优秀，验证了四因子结构在公务员群体中的适用性，但同时也发现该量表不论在总量表、还是在各分量表内部，其内部一致性信度指标较差，这也在一定程度上影响了该量表在本研究中的使用效力，因此马基雅维利主义人格无法正向预测腐败发生也可能受制于测量工具的信度不足。

---

〔1〕 K. Gray & D. M. Wegner, "To Escape Blame, Don't be a Hero-Be a Victim", 2 *Journal of Experimental Social Psychology* 516, 516-519 (2011).

〔2〕 J. Moss, "Race Effects on the Employee Assessing Political Leadership: A Review of Christie and Geis' (1970) MachIV Measure of Machiavellianism", 2 *Journal of Leadership and Organizational Studies* 26, 27 (2005).

〔3〕 J. J. Ray, "Defective Validity of the Machiavellianism Scale", 119 *The Journal of Social Psychology* 291, 291-292 (1983).

〔4〕 参见秦峰、许芳：《黑暗人格三合一研究述评》，载《心理科学进展》2013 年第 7 期，第 1248~1261 页。

〔5〕 J. E. Hunter, D. W. Gerbing & F. J. Boster, "Machiavellian Beliefs and Personality: Construct Invalidity of the Machiavellianism Dimension", 6 *Journal of Personality and Social Psychology* 1293, 1298 (1982).

（三）权威主义人格与社会支配取向

权威主义人格与社会支配取向是（广义）权威人格的两个方面，前者更多地表现出对权威的服从，后者则体现出以权威自居，从而对他人进行支配的特征。在本研究中，高水平的权威主义人格被验证能够负向预测腐败的发生，因此可以认为权威主义人格是个体发生腐败的一个保护性因子，在表2所反映的各变量的相关系数中，权威主义人格与社会取向权力观呈显著正相关，与三种正向的人格特质（尽责性、宜人性、外倾性）也均呈显著正相关，与马基雅维利主义人格呈显著负相关，这些结果都反映了权威主义人格在某种程度上的正向性。该结果与谭等人的研究结论不一致，他们的研究发现，权威主义人格可以正向预测腐败意图。[1]我们可以通过以下两个方面解释两研究在这一结论上的不一致：第一，权威主义人格表现为一种对权威的服从，其在中国的文化传统中具有特殊的文化内涵，刘爱芳的研究就从中国历史上长期存在的专制制度、家国一体的宗法族制、作为国家意识形态化的儒学盛行，以及独特的自然地理环境等方面论述了权威主义人格在中国文化语境中的特殊形成原因，[2]因此这与西方文化背景下所形成的右翼权威主义人格还是存在较大差别的，在中国的文化背景下，对权威的服从可能被认为是一种正确的行为，这种对权威人物的服从与对规则、制度、法律的服从具有同根性，因而体现为对于腐败的抗拒。第二，在谭等人的研究中，仅仅验证了权威主义人格对于腐败意图的预测性，但腐败意图与事实上的腐败行为并不具有直接的因果性，一个人可能具有腐败意图，但他还会考虑腐败的现实风险与所获得的收益间的得失平衡，任何一个理性人在腐败这一问题决策中都会存在复杂的博弈过程，腐败意图是否会最终转化为腐败行为仍然受到许多其他因素的影响。而对于社会支配取向，本研究的结果显示，高水平的社会支配取向不能预测腐败的发生，对于该阴性结果的解释，我们认为，这可能与社会支配取向量表的高社会赞许性有关，本研究的被试是公务员群体以及受到高度监管的职务犯在押人员，他们在回答诸如"为了在一生中出人头地，有时候拿别人当梯子是必要的"等问题时，会很大程度上受到社会赞许性的

---

〔1〕　X. Y. Tan, L Liu, W. W. Zheng & Z. W. Huang, "Effects of Social Dominance Orientation and Right-Wing Authoritarianism on Corrupt Intention: The Role of Moral Outrage", 3 *International Journal of Psychology* 213, 213–219 (2015).

〔2〕　参见刘爱芳：《公务员权威人格分析》，南京师范大学2009年硕士学位论文，第17~21页。

影响而规避负向的作答反应，因此社会支配倾向量表是否适合对公务员群体进行施测还有待后续研究的验证。

（四）其他影响变量

此外，在本研究得出的腐败预测模型中，还包含婚姻状况、职位行政级别两个背景变量以及宜人性这一人格变量。关于婚姻状况的结果显示，离婚或丧偶会很大程度上提高腐败的发生率，是腐败发生的高风险因素，可能的解释原因是家庭关系的不和睦会影响公务员对于腐败行为的选择，[1]但对于该结果的进一步解释需要后续研究的佐证。关于行政级别的结果显示，高级别（处级或局级）公务员发生腐败的概率远远高于低级别（科员级）公务员发生腐败的概率，这与高行政级别公务员所掌握的权力有关，也与他们拥有更高的腐败机遇有关，国内研究者李晓明、任慧就鲜明地指出，在腐败心理向腐败行为的外化过程中，机遇处于中介地位。[2]最后，关于宜人性的结果表明，高水平的宜人性会正向预测腐败的发生，这启示我们，存在腐败行为的公务员也同样可能拥有我们惯常所认同的正向人格品质，"好人"也可能做出"坏行为"。[3]这一结果的发现让我们意识到腐败这一问题的复杂性，需要未来大量研究的深入探讨。

五、结论

在包含 13 个预测变量的公务员腐败预测模型中，婚姻状况、职位行政级别、权力感、权威主义人格、心理权利、道德推脱和宜人性这 7 个变量可以有效预测腐败的发生；其中，离婚或丧偶、高行政职务、高权力感、高道德推脱和高宜人性可以正向预测腐败的发生，高权威主义人格和高心理权利负向预测腐败发生；而教育水平、社会取向权力观、尽责性、外倾性、马基雅维利主义人格和社会支配取向这 6 个变量无法有效预测腐败的发生。

六、局限性与未来展望

本研究所得结论的推广受制于两个方面的局限性，其一，受到取样条件的限制，职务犯在押人员样本的性别全部为男性，因此无法将性别这一重要

---

〔1〕 参见谢红星：《家族主义伦理：传统中国腐败的文化之维》，载《湖北社会科学》2016 年第 9 期，第 124~127 页。

〔2〕 李晓明、任慧：《腐败心理形成及其动态轨迹分析》，载《国家检察官学院学报》2007 年第 4 期，第 101 页。

〔3〕 任俊等：《好人可能做出坏行为的心理学解释——基于自我控制资源损耗的研究证据》，载《心理学报》2014 年第 6 期，第 841~842 页。

人口学变量纳入预测模型的验证中，此外，取样的职务犯在押人员的行政级别较高，大部分曾经为县处级及以上级别的公务员，这与在职公务员群体在行政级别这一变量上无法实现匹配，可能成为无关变量影响最终的分析结果。其二，取样被试的样本量较小，可能无法在统计上实现各类变量的预测力验证，例如马基雅维利主义人格、权威主义人格、社会支配取向等变量，样本量较小可能在一定程度上会减损统计分析的效力，未来研究应当提高样本量，进一步扩大取样范围，并且可以通过上述人格量表，在大样本中筛选出高得分组与低得分组，通过实验研究的方法来进一步验证这些人格变量对于腐败的影响作用。本研究虽然仍有不少的局限，但却是国内第一篇使用职务犯在押人员及在职公务员作为被试的实证研究，摆脱了过往研究往往采用大学生作为被试的局限，具有较强的生态效度，也为后续研究者在公务员腐败这一重大社会问题上的研究提供了实证数据与新的思路；并通过指明有效的预测变量，为公务员腐败行为的预测提供了一个可供参考的模型，具有一定的理论与实践意义。

青年马克思探索"自由"的方法论转向

——以《莱茵报》和《德法年鉴》时期为考察中心[*]

贾亚南[**] 白 雪[***]

摘 要: 1842 年初至 1844 年春,马克思的自由观因遭遇现实问题而产生苦恼的疑问,这种"现有"与"应有"之间的矛盾,激发了他从唯心主义逐步向唯物主义立场转变,理论中轴逐渐从哲学抽象转向客观经济现实。他的关注点从理性国家转向由物质利益构成的社会关系领域,开始对这些客观关系的总和——"市民社会"展开剖析,并以之为切入点探求自由的现实条件、现实路径和物质力量,这为他 1844 年后更深入政治经济学研究和向历史唯物主义转变做了重要铺垫。通过法哲学、政治哲学到经济学的立体分析,青年马克思对自由的探索实现了从抽象理性到客观现实、从抽象法到市民社会、从法哲学批判到政治经济学批判的"实践"思维方式与方法论转变。

关键词: 青年马克思 自由 人类解放 理性 市民社会

---

[*] 本文系中国政法大学创新项目"马克思'类存在'的当代语境"(2016SSCX2016093)的阶段性成果。

[**] 贾亚南,中国政法大学马克思主义学院马克思主义基本原理专业 2017 级博士研究生(100088)。

[***] 白雪,中国政法大学马克思主义学院马克思主义基本原理专业 2016 级硕士研究生(100088)。

自由是马克思的重要思想和毕生价值追求。学术界以往讨论马克思自由思想的流行范式存在两个问题：一是较多解读和阐释马克思《1844年经济学哲学手稿》以及之后成熟时期文本中以劳动（实践）为核心展开的自由观，[1] 相对较少历时性地揭示其早期(《莱茵报》和《德法年鉴》时期）思想所面临的疑难、转变；二是对马克思早期自由思想的研究侧重于局部，[2] 如往往只立足某一或某些文本，或揭示宗教的解放、人的解放，或与德国古典哲学和青年黑格尔派的自由观进行比较等，较少正向地从发展史视角、动态地整体把握其思维方式和方法论的复杂的转变历程。充分理解和把握马克思在《莱茵报》和《德法年鉴》时期由探索自由问题所引发的立场和思维方式的转变，揭示青年马克思在实现其哲学变革过程中所经历的多重疑难、苦恼，能够为我们从中窥得马克思思想体系缘何诞生的秘密提供重大线索。我们固然不能认为马克思一出场就是一个成熟的马克思主义者，但也决不能否定青年马克思。他的思想和他的人一样，都是在不断成长和发展的。因此，对他早期心路历程和思想变革过程的研究，以及理清这些早期经历对他后来思想的影响，是十分必要的。

马克思对自由问题的探索，从博士论文准备和创作阶段就已经开始了。在此期间，他的关注点由法学转向哲学，并通过哲学与现实、应然与实然的矛盾分析，加之得自《莱茵报》的实践感悟，最终否定了当时流行的自由观（法、权利的问题等）所赖以确立的思维方式和方法论——主要是黑格尔式的抽象思辨方法，包括青年黑格尔派的抽象的自我意识，青年黑格尔派依然站

---

〔1〕 解读马克思1844年之后文本中的自由思想的，如孙舒景、王峰明：《从人的发展悖论到自由个性——〈资本论〉及其手稿中马克思的自由观辨析》，载《天津社会科学》2018年第2期；林苑嘉：《探析〈共产党宣言〉中人的自由发展》，载《岭南学刊》2012年第6期；杨丽珍：《〈德意志意识形态〉中的马克思自由观阐释》，载《社会主义研究》2009年第1期；李波：《从自由观的角度看马克思〈经济学手稿（1857—1858）〉的重要性》，载《湖北社会科学》2009年第7期；等等。

〔2〕 一是以马克思自由思想的某个方面为切入点进行研究的，如张霄：《原子偏斜、国家制度与异化劳动——马克思自由伦理思想的发展轨迹（1841—1844）》，载《齐鲁学刊》2018年第4期；黄杰：《论马克思主义的自由时间思想》，吉林大学2014年博士学位论文；王盛辉：《"自由个性"及其历史生成研究——基于马克思恩格斯文本整体解读的新视角》，人民出版社2011年版；等等。二是把马克思自由思想与其他人进行比较研究的，如姜佑福：《黑格尔、马克思自由观念的根本差异与人类解放问题》，载《山东社会科学》2018年第2期；陈飞：《在先验与经验之间》，吉林大学2013年博士学位论文；等等。三是以对马克思某一文本中的自由思想进行研究的，如林国荣：《浅议马克思的自由观——读〈论犹太人问题〉》，载《中国特色社会主义研究》2012年第2期；曹典顺：《自由的尘世根基》，中国社会科学出版社2009年版；等等。

在黑格尔哲学的立场上，也始终未能找到由抽象范畴的王国转向现实世界的道路。直到费尔巴哈的人本学批判将黑格尔的唯心主义体系撕开了一道口子，马克思借助这道口子而又行进得更远，从人的现实活动中找寻自由实现的力量和条件，最终告别了德国古典哲学的自由理念和法哲学体系，以及支配这些思想的抽象的思辨逻辑，转向市民社会和经济学批判，实现了探讨自由问题的方法论转换。他深刻体会到自由（法权等）从来不是纯粹的理性形而上学问题，而是与社会现实密切相关的实践问题。可以说，理解马克思的自由思想从理性转到历史实践的整体脉络和逻辑进路，关键在于理解和把握他是如何从法哲学批判转向政治经济学批判的？

一、出发点：从抽象理性自由到由客观现实出发

在大学学习与博士论文创作时期，马克思就对自由问题表现出极大兴趣和关注。1837 年起他成为青年黑格尔派成员，借助黑格尔哲学从理性角度切入现实，反对一切阻碍自我意识自由发展的势力和观念。随后为找到黑格尔之后哲学的发展方向，以及服务于青年黑格尔派的政治理论需要，他开始研究古希腊哲学并以之作为博士写作计划。在博士论文中，马克思肯定了要求个性自由的自我意识哲学，通过对伊壁鸠鲁哲学的研究，认可了其通过用"原子脱离直线做偏斜运动"的论断来阐明人的意志自由和独立性。这一论断从自然的视角为"人在必然性中拥有获得自由的可能性"提供了佐证，因为"偏斜表述了原子的真实灵魂即抽象个别性的概念"，[1] 而"抽象可能的东西，可以想象的东西，不会妨碍思维着的主体，也不会成为这个主体的界限"，[2] 抽象的个别性彰显了个性自由。同时，他也指出伊壁鸠鲁将"自我意识的绝对性和自由"作为原则，[3] 实际上把自由视为脱离外界的"自我意识的心灵宁静"、把自由绝对化了，马克思不赞成这种"脱离定在的自由"，而要求在"定在"中实现自由。概言之，马克思最初主要从黑格尔关于理性、自由、法的客观唯心主义观念出发，经由青年黑格尔派加工过的"自我意识"，后又逐步否定和超越黑格尔式的抽象思辨范畴，发现抽象的自由预设与现实生活不一致的矛盾。这促使他关注和思考现实生活，从"应有"与"现

---

〔1〕 《马克思恩格斯全集》（第 1 卷），人民出版社 1995 年版，第 35 页。

〔2〕 《马克思恩格斯全集》（第 1 卷），人民出版社 1995 年版，第 28 页。

〔3〕 参见马克思：《德谟克利特的自然哲学与伊壁鸠鲁的自然哲学的差别》，载《马克思恩格斯全集》（第 1 卷），人民出版社 1995 年版，第 63 页。

有"事物的矛盾出发，求得统一。这实际成为青年马克思研究"自由"的出发点，不是从形而上出发，而是从现实出发。因为当他认识到哲学需要在对社会现实的批判中检验它的原则时，他就力图"摆脱单纯从远处作反映的状况，以便对具体现实采取积极的立场"。[1] 促成马克思自由观及其方法论转换的因素有很多：最为直接的就是在批判青年黑格尔派杜撰的各种抽象概念时，他意识到必须抛弃那套抽象思辨的方法，转向具体的现实生活。当然，更主要的还是同时代的现实实践：关于书报检查制度的评论，和对莱茵省议会、几起法律案子的评论。

（一）将自由看作"合乎理性的本质"

马克思通过博士论文的写作以及之后的一系列研究与思考，逐渐有感于，青年黑格尔派对自由的解释都是从狭隘视野中去探讨黑格尔思辨哲学中理性与非理性的问题，萌生了一种急于了解现实的冲动。他不认为自由是与现实生活相脱离的，而是致力于将二者加以结合。青年黑格尔派缺少了黑格尔深刻的历史感与活生生的辩证法，却用"自我意识"等抽象概念冒充深刻。鲍威尔的"无限的自我意识"、施蒂纳的"唯一者"，都是从抽象的人出发，将其阐释为纯粹的概念。甚至费尔巴哈的"类"概念也是直观和狭隘的。青年马克思曾一度执迷于自我意识哲学，在博士论文阶段受鲍威尔的影响，把"自我意识"看作是人的本质存在。初入《莱茵报》时，他也没能摆脱青年黑格尔派的影响，还把人看作是精神的普遍存在，是真理之所在。这时的马克思还没有意识到，对人的本质的理解，是抽象的和虚假的；也没有认识到黑格尔（包括青年黑格尔派）所谓的"人"，是抽象的精神性的概念，而不是具体的和现实的存在。

在《莱茵报》初期，马克思最初对自由的理解局限在"抽象自由"，没有深入到法和现实的领域当中，在剖析法的矛盾的时候，假定了理性法的存在。例如，在评书报检查制度时，他言道："在追求倾向的法律中，立法的形式是同内容相矛盾的……政府所颁布的法律本身就是被这些法律奉为准则的那种东西的直接对立面。"[2] 在这里，马克思预设了关于法的理想状态和人的自由之间的关系，但实际上"现有"法违背了"应有"法，取消了"客观

---

〔1〕 ［英］鲁·托马斯：《不为人知的青年马克思》，载《马克思早期思想研究译文集》，熊子云、张向东译，重庆出版社1983年版，第82页。

〔2〕 《马克思恩格斯全集》（第1卷），人民出版社1995年版，第122页。

标准"，而将"倾向"作为主要依据。此时马克思讨论"自由"，是将其当作不言自明的真理，即自由就是合乎理性的本质。他还把"出版自由"归结为精神自由，视其为"人类的精神特权"；认为人的自由与理性、精神与新闻出版自由是相同的，精神的自由就是"对真理的探索"。在他看来，客观精神、理性是普遍的，是代表整个人类的，而人作为精神存在物，自由就是人的一般本性。[1] 这一时期他将人的本质看作是应然的状态，设定了理想的人，对"人"的理解是抽象的，试图通过"理性"来获得自由，将实现自由的途径寄希望于自由报刊。初入《莱茵报》的马克思尽管对 1842 年的许多重要政治问题都发表了意见，但尚未形成自己独立的批判话语体系，从其评论中我们可以发现他仍承袭康德、黑格尔的唯心主义遗迹，将"抽象法"作为阐述人的理性、自由的思想资源和理论工具，从价值悬设出发展开伦理批判，必然带有一定的抽象性。

（二）由国家理性与私人利益的冲突引发的转向

随着马克思在写作《关于林木盗窃法的辩论》（1842 年 10 月）和《摩泽尔记者的辩护》（1843 年 1 月）等文章的过程中，他初次面对现实经济问题，逐步意识到在权利、法、自由等问题上，"理应如此"的与实际所做、实际存在的完全是两码事。他的思考方式逐渐异于启蒙思想家、德国古典哲学家的抽象思辨的理性主义，视线开始从应然的法与现实社会的矛盾对立转移到物质利益的实质上来。在关于莱茵省议会辩论的论文中，他通过剖析抽象法与习惯法、成文法之间的矛盾，已感受到其背后所存在的经济利益关系。在《关于林木盗窃法的辩论》一文中，他指出在莱茵地区普鲁士政府把"捡枯枝"列为"盗窃"，将对林木所有者私人利益的触犯扩大为整个社会行为，对贵族等级、特权阶层私人的特殊利益的维护剥夺了贫苦农民的权利，林木占有者的利益成了左右整个机构的灵魂，特权等级的私人利益"成为国家活动的范围和准则"。[2] 这种理性自由的虚假性与现实中存在的人的等级（权利）差别，对马克思思想造成了很大冲击，使他认识到理性主义国家观的缺陷，即国家和法在实际生活中被私人利益所决定。在对摩塞尔河畔地区农民贫困状况考察之后，他发现政府虽然承认葡萄种植者的困苦处境，但却没表示要

---

〔1〕 参见《马克思恩格斯全集》（第 1 卷），人民出版社 1995 年版，第 166~171 页。

〔2〕 《马克思恩格斯全集》（第 1 卷），人民出版社 1995 年版，第 261 页。

消除这种状况,[1] 反而甘愿沦为某些阶级保护私有财产的工具。他意识到立法者代表的实际上是地主资产阶级的利益,真正的立法过程是由物质利益所决定的,而非受理性自由的规律支配。这里马克思似已触摸到由社会利益形成的客观社会关系了,但他还未能明确说明这些关系的性质。到稍后主编《德法年鉴》时,马克思进一步体察到,资产阶级自由是以私有制为基础的,所谓"政治自由只是财产自由,自由这一人权的实际应用其实就是私有财产"。[2]

马克思通过《莱茵报》和《德法年鉴》初期的亲身经历逐渐体会到:法的问题不是按照启蒙思想家和德国古典哲学家所描绘的理性形而上学的思路,社会各层都会受到物质利益的干扰,法、制度并非由"理性"自由所决定,而是由物质利益所决定,通过"理性"认识自由是行不通的,理性国家中普遍性的实现终会成为幻想。后来马克思在《政治经济学批判》序言中回顾了自己当初这一心路历程:第一次遭遇到要对物质利益发表意见的难事,促使自己意识到自己同原先的出发点(黑格尔哲学)和曾经的同路人(青年黑格尔派)的思想差别,力图摆脱与超越黑格尔的思辨和理性主义国家观,由此得出结论:"法的关系正像国家的形式一样,既不能从它们本身来理解,也不能从所谓人类精神的一般发展来理解,相反,它们根源于物质的生活关系",这些物质生活关系的总和就是"市民社会","而对市民社会的解剖应该到政治经济学中去寻求"[3]。因此,他不得不重新审视社会中的物质利益,去研究物质关系的总和——"市民社会",以及通过政治经济学研究来解答市民社会的秘密。

二、思维主线与逻辑演进:从理性国家到市民社会

虽然马克思在《莱茵报》时期获得了部分的社会实践经验,原有的唯心主义观念开始松动,将目光集中到物质利益、经济关系等层面上,但彼时的他还未跳出黑格尔体系的藩篱,对自由思想的阐发重现着黑格尔理性主义的影子,仍停留在抽象法的思辨领域。随着马克思逐步深入到现实社会,他深切感到:德国哲学的致命缺陷是脱离了外部物质世界的存在,陷入抽象思辨中;哲学要想对现实发生实际作用,必须真实地走进社会历史。青年黑格尔

---

[1] 《马克思恩格斯全集》(第 1 卷),人民出版社 1995 年版,第 369~370 页。
[2] 《马克思恩格斯文集》(第 1 卷),人民出版社 2009 年版,第 41 页。
[3] 《马克思恩格斯全集》(第 31 卷),人民出版社 1998 年版,第 412 页。

派和黑格尔一样，都把人消解在纯粹的概念中，自由变成了单纯的意识活动，而马克思意识到需要从人的历史和现实活动中去探索自由的道路。于是，他开始广泛研究历史、政治学等著作，一面摘录写了五册笔记本的《克罗茨纳赫笔记》，一面撰写了《黑格尔法哲学批判》，他抓住被黑格尔神秘化的政治国家（普遍利益体系）和市民社会（私人利益体系）的关系问题，通过对现实的社会关系的考察，发现了世俗经济生活的基础——市民社会，而市民社会（财产关系）构成国家与法的基础，他得出结论：所有制决定政治与法，存在决定观念。如此一来，黑格尔的观念决定论就不成立了，于是马克思对黑格尔的理性主义国家观展开"清算"，在费尔巴哈人本主义的基础上实现了对国家和市民社会关系的唯物主义"颠倒"，完成了自己的一次重大逻辑思维和立场转变。其转变的缘由主要有以下几点：一是面对现实问题遭遇的挫折和困惑；二是他从社会历史和现实角度进行的历史、政治学研究以及在此基础上的理论确认，经由费尔巴哈唯物主义的中介并又超越了费尔巴哈的局限。

（一）对理性主义国家观的反思与批判

《莱茵报》时期马克思无奈地发现"物质利益总是占上风"，使他不自觉地反省以往所坚持的民主主义自由理性。他在利用黑格尔法哲学解释现实问题时，感觉到的严重障碍仍然是"现实的东西和应有的东西之间的对立"——此时主要表现为物质利益的权威与理性主义信念之间的尖锐对立。黑格尔虽然也承认自由和现实社会的结合，但在他那里，塑造现实的基本力量最终导向了精神。黑格尔认为，理性、绝对观念和普遍性、整体性密切联系着，国家代表普遍利益体系。"国家"作为伦理理念的现实，是家庭、市民社会的基础；家庭与市民社会仅是中介环节，是要被扬弃的有限领域和私人利益体系；在国家中，伦理实体的自由取得了最高、最后的实现形式。[1] 而在马克思看来，"理性国家"的价值理想并没有它所宣称的那样具有普遍性和必然性，在普遍主义承诺背后，隐含着特殊利益和特殊意志，通过理性实现人的自由这一承诺带有虚假性，对人的自由问题的探讨需要从政治国家（观念和形式的普遍性）转移到"本质的矛盾""市民社会自身的矛盾"。因而，他转向对物质利益以及由物质利益构成的"市民社会"的研究，致力于解答市民社会与国家、法之间的真正关系问题。这集中表现在他的《黑格尔法哲学批判》（1843 年 3 月中—9 月底）中。

---

〔1〕 ［德］黑格尔:《法哲学原理》，范扬、张企泰译，商务印书馆 1961 年版，第 173~309 页。

马克思对现实的思考方式，也是他对黑格尔理性主义的批判方式。在清理政治国家和市民社会的关系时，他认识到黑格尔思想的不彻底性、肤浅、保守，尽管后者比较深刻地洞见到市民社会和政治社会的分离与对立，但错误的是仅止步于从表面和形式上解决这种矛盾，并"把这种表面现象当作本质"。[1] 换言之，黑格尔单纯是从伦理、逻辑的角度来解决问题的，而这只是对问题的虚假解决。[2] 在马克思看来，黑格尔所认为的市民社会中的个体来服从政治国家的普遍意识是行不通的，市民社会中的司法、警察、同业工会等使得其特殊性和普遍性的结合无法解决问题，从概念到概念、范畴到范畴的形而上学式的阐发不触及现实社会——资本主义制度——是无法得出革命性的理论来指导自由的实现的。马克思批判黑格尔不是将本应作为现实基础的市民社会看作是实体本身，却将国家看作是合乎全部理性、精神的存在，以抽象的观念作为出发点；而事实上，是市民社会决定国家与法，而不是相反，市民社会是基础和前提条件，是国家真正的活动者和构成部分。法和国家制度不能通过自身或是在抽象思辨理性的范畴内去理解，它们只能在物质关系的运动中找到其根源。此时的马克思觉察到市民社会背后的物质力量，重心开始转向对市民社会（及其经济学性质）的关注和揭示。

总的说来，国家与市民社会的彼此分离，是马克思与黑格尔政治哲学的共同基础。尽管马克思通过对历史和政治的考察研究，以及借助费尔巴哈人本学唯物主义的拐杖，将被黑格尔颠倒的国家与市民社会的关系再倒正回来，但他并没有跳出黑格尔"政治国家与市民社会"的二元框架，仍坚持市民社会与国家的分离并以之为直接前提。由于此前马克思关注的焦点是黑格尔的国家哲学，对二者关系的理解尚未获得来自实证科学（尤其是政治经济学）的理论支撑，总体上仍囿于黑格尔的国家观之下。或者说，在走向历史和政治学的过程中，马克思逐渐偏离黑格尔式的抽象思辨逻辑，摒弃了原先的理性形而上学思维方法，但他关于克服市民社会矛盾的方案仍是在黑格尔政治哲学的"语境"中进行的。直到他从 1843 年 10 月开始系统研究经济学之后，才逐渐认识到不能寄希望于理性国家解决市民社会的矛盾，而要在现实的社会生活中即在经济学的内部找寻批判市民社会经济形态的动力。

---

〔1〕 《马克思恩格斯全集》（第 3 卷），人民出版社 2002 年版，第 94 页。

〔2〕 参见 ［德］黑格尔：《法哲学原理》，范扬、张企泰译，商务印书馆 1961 年版，第 224～231 页。

（二） 对欧洲历史与政治学的考察研究

马克思在批判黑格尔法哲学的中途，1843 年 7、8 月间转去写了大量关于历史、政治、社会学的手稿——《克罗茨纳赫笔记》，他得以从历史和现实的事实中找到批判黑格尔理性主义哲学的依据。置身于社会历史现实考察中的马克思思考线索主要呈现为两点：一是欧洲封建社会、资产阶级社会的政治状况，二是所有制与财产关系。虽然当时他只是从历史和政治学的大量史实中零星地获得经济知识，但是为其对黑格尔政治哲学的批判提供了有力论据，为 1843 年 10 月以后着手研究政治经济学打下政治、经济和社会基础，因为这些大量史实已经凸显出经济关系和经济力量在社会生活中扮演着重要作用。此外，1843 年 11 月恩格斯寄给《德法年鉴》的《国民经济学批判大纲》和次年 1 月赫斯寄给《德法年鉴》的《论货币的本质》也对马克思清理黑格尔理性主义自由观产生了影响。恩格斯用历史的观点展开分析，看到资产阶级社会经济现象、经济关系的范畴和规律都归为私人所有制，提出要消灭私有制；[1] 赫斯察觉到金钱贵族制（利己主义私有制）所带来的社会不公以及人与“类”的分离，从伦理价值批判转向了经济批判，指出实现共产主义是解决国家和社会二元问题的最好出路。[2] 这些都无形中促进和催化了马克思对现实生活和政治经济学的研究，他开始面对“财产是整个历史（私有制社会）的基础”这一事实。而这些历史与现实都表明：国家与法的基础在于财产关系。由此马克思确立了社会历史研究中的一般唯物主义前提，即市民社会决定国家与法。因而，务必要在市民社会中从经济学视界，去透视和索解人的自由的秘密，而不是黑格尔在描绘成大厦之顶的政治国家中。

马克思通过《黑格尔法哲学批判》和历史、政治学研究以及对经济学的粗浅涉猎，认识到市民社会是政治国家赖以存在的基础和前提，但是尚未转到自觉的历史唯物主义的立场上。一方面，他还没有完全破除对于黑格尔理性形而上学的迷信；另一方面，他对“类概念”的界定服膺于费尔巴哈的理解，还没有发现真正的“现实的人”，没有认识到“现实的人”的自由和解放才是通往共产主义的现实途径。而对人的本质之谜的解答又需借助于对费

---

〔1〕 参见恩格斯：《国民经济学批判大纲》，载《马克思恩格斯全集》（第 3 卷），人民出版社 2002 年版，第 442~473 页。

〔2〕 参见［德］赫斯：《论货币的本质》，刘晓星译，载［德］莫泽斯·赫斯：《赫斯精粹》，邓习议编译，南京大学出版社 2010 年版，第 137~154 页。

尔巴哈人本学思想的进一步拓展和深入。

（三）对费尔巴哈人本主义哲学的整合创新

在青年马克思自由观的思维方式实现由黑格尔的唯心主义转向一般唯物主义的过程中，费尔巴哈起到了比较重要的作用，他提供了新的哲学原则和方法，使马克思找到了摆脱黑格尔思辨哲学局限性的路径。费尔巴哈在《关于哲学改造的临时纲要》（1842年）和《未来哲学原理》（1843年）中，唯物主义地阐明了观念（思维）和具体现实之间的关系，将黑格尔式的思辨唯心主义颠倒了回来。[1] 他用哲学人本学改造了自康德至黑格尔的古典唯心主义，将"有限者"即感性直接当作人的自由的出发点。在费尔巴哈主宾倒置批判方法的启发下，马克思批判了黑格尔法哲学思想中的"逻辑的、泛神论的神秘主义"，抽象地（说其"抽象"是因为此时的马克思认可的是费尔巴哈"类"本质概念所带有的批判性，但由于其自身没有经济学实证知识的独立体会，仍未清除掉先验性和抽象性，他是到1845年的《关于费尔巴哈的提纲》中才真正明确意识到这一点的）表达了财产与国家、法的关系上的唯物主义。可以说，1842年到1843年期间，马克思对"市民社会"的理解在很大程度上受到了费尔巴哈及其"类存在"思想的启发，此时的市民社会批判是立足于自然唯物主义的"感性"具体直接性。[2] 直到1843年末，马克思借助于对费尔巴哈式人类学术语的进一步理解和自己对政治经济学的初步研究体会，在《论犹太人问题》中将"市民社会的原则"表达为"实际需要""利己主义""私人利益和私人权利"。[3] 这时相较于直观肤浅的费尔巴哈他显得更深刻一些了，他已把握到那种社会生活中感性的活动以及这些活动形成的关系了。[4] 马克思通过对黑格尔市民社会理论的批判和对费尔巴哈唯物主义的合理吸收，确立了市民社会对于国家的基础性地位。

然而有必要指出，费尔巴哈的"感性"思想对马克思是灵光一现的触发，

---

〔1〕　参见〔德〕路德维希·费尔巴哈：《费尔巴哈哲学著作选集》（上卷），荣震华、李金山译，商务印书馆1984年版，第114页。

〔2〕　费尔巴哈对市民社会的理解是"类存在"，指的是社会人和人之间交往处于自在、自然的状态。

〔3〕　《马克思恩格斯全集》（第3卷），人民出版社2002年版，第163-198页。

〔4〕　在《论犹太人问题》时期马克思更倾向于赫斯了，尽管他还没看到赫斯正在写的《论货币的本质》，但赫斯在很多场合都宣称过自己的观点，而且1843年10月到次年3月间马克思与赫斯、海涅等人交往甚密，马克思极有可能听到过。科尔纽就指出：赫斯关于货币的本质和作用的观点对当时青年马克思"那种还是哲学政治的理解打下坚实的社会经济基础"。

使得后者从理性形而上学中突围出来，但是影响有限。在1843年3月马克思给卢格的信中就提到自己不满于费尔巴哈"过多地强调自然，过少地强调政治"。[1] 即是说，他不满于费尔巴哈的地方恰恰在于后者不是唯物主义的那个领域（即法律、政治、经济领域）。换言之，费尔巴哈将市民社会中的人视为"类存在"，局限于自然的领域，停留在人类学本体论层面，仍是一种非历史的抽象。而随着马克思自己对经济学研究的深入，他逐渐自觉地将唯物主义运用于对社会历史理论的批判，对市民社会的阐发开始有意用政治经济学范畴替换费尔巴哈人本学话语，将立足点转移到现实历史的基础上来。

正是通过对历史、政治与现实的研究分析（《黑格尔法哲学批判》《克罗茨纳赫笔记》），青年马克思开启了自己思想中的一次重大转变——由民主主义与自由主义转向共产主义立场、由唯心主义转向一般唯物主义，也正是这一新的逻辑转向，成为他从1843年末开始进一步深入研究经济学并得以完成这一转变的主导思路和方法前提。

三、论证方式：从法哲学批判到政治经济学批判

马克思从法哲学研究转向政治经济学研究，视角、立场和研究方法都发生了很大变化，除了他自己的现实研究，与别人（费尔巴哈、赫斯、青年恩格斯等）对他的影响也有十分密切的关系。这些都是促使他思想转变的催化剂和参照物，但他的思考绝不是这些人思想的简单叠加，而是一个不断抽离、扬弃和整合创新的复杂的动态过程。随着对现实领域的不断深入，马克思认识到黑格尔的理性主义国家观存在着保守性和虚幻性，自由理念不能只在思辨的理性王国内绕圈，需要对黑格尔主宾颠倒的市民社会与国家的关系进行认真"清算"，将"定在中的自由"实现出来。那么最为关键的问题脱胎而出——如何实现这一自由？答案就是新的思维方式和方法转向，即从对天国的批判转向对尘世的批判，从法哲学批判转向政治经济学批判。这一思考结晶主要呈现在1843年10月中旬至12月间的《论犹太人问题》和《黑格尔法哲学批判》导言中。

在这一阶段的探索和思考中，马克思尝试从政治国家（观念天国）转向市民社会（世俗）的现实条件中，去寻找克服人的政治异化问题的手段和路径，走向现实自由的道路。

---

〔1〕 参见《马克思恩格斯全集》（第27卷），人民出版社1972年版，第442~443页。

（一）从宗教批判到政治解放再到人类解放

如果说马克思在《黑格尔法哲学批判》中还未能摆脱青年黑格尔派的国家批判和宗教批判的政治立场，那么《论犹太人问题》则是对前一文本的自我批判与进一步反思，因为"国家从宗教中解放出来并不是现实的人从宗教中解放出来"。[1] 在《论犹太人问题》一文中，马克思揭示出宗教解放与人的解放具有深层的内在关联。写作的直接动机虽是为了批判鲍威尔，然其焦点仍是人的异化及其克服。鲍威尔在《犹太人问题》《现代犹太人和基督教徒获得自由的能力》两文中从抽象的宗教观点出发讨论犹太人的解放问题，将之视为宗教层面的问题。他认为犹太人问题是由其自身的狭隘性和排他性所造成的，"犹太人作为市民社会的特殊成员，只是市民社会的犹太精神的特殊表现"，[2] 只有"摆脱宗教"，将自身解放为"人"，才能从基督教的压迫下解放出来。如此一来，犹太人解放的问题就变成宗教批判问题了。马克思借助费尔巴哈的人本主义——用感性的人的现实生活取代抽象的神，认为必须联系所在的现实世俗生活，揭示社会非人化来源于尘世生活，即宗教问题实质是世俗问题，而不能简单地把政治解放归结为单纯的宗教批判。

在马克思看来，单纯地讨论解放的主体以及解放路径是不够的，必须明白"只有对政治解放本身的批判，才是对犹太人问题的最终批判"[3]，必须上升到普遍的人的解放的高度。鲍威尔对资产阶级革命活动缺乏批判性，不明白政治解放是有限度的。具体来说，完成了政治解放的国家中，宗教并没有消灭，它不仅存在，而且表现出了生命力。取得政治革命胜利的国家非但没有废除私有制，反而以私有财产（私有制）为基础，在政治上所确立的"人权"也只是市民社会成员的利己主义权利。在这样的国家中，人的存在和本质被二重化，一方面在市民社会中因利己主义驱使，不同等级、身份的人处于对立和分离之中；另一方面在政治国家（虚幻的共同体）中，人作为社会存在物，过着虚假的类生活，市民社会和政治国家愈趋对立。因此，绝不能止步于政治解放，必须在现实社会生活中争取人类解放和自由。此时马克思的思考已较他在《黑格尔法哲学批判》中唯物主义地重新倒正主客体关系更为深中肯綮了。

---

〔1〕 《马克思恩格斯全集》（第3卷），人民出版社2002年版，第180页。
〔2〕 《马克思恩格斯全集》（第3卷），人民出版社2002年版，第194页。
〔3〕 《马克思恩格斯全集》（第3卷），人民出版社2002年版，第167页。

因而，马克思明确指出，"政治解放本身还不是人的解放。"[1] 他强调必须超越政治解放的限度，克服市民社会自身固有的矛盾。"任何解放都是使人的世界和人的关系回归于人自身",[2] 显然政治解放没有完成这一点，而"人的解放"就是要将分裂的"私人"与 citoyen（公民）在同一个体身上重新统一起来，因而，实现人类解放就表现为市民社会中人的自我异化的克服。由此，马克思把理性形而上学批判与市民社会批判结合起来，把克服市民社会中人的异化与实现人的解放和自由结合起来，认识到革命不能停顿，必须从政治解放上升到人类解放。

而找到完成人类解放的手段与路径，就要依靠现实的力量（现实的个人的感性活动），这是他在《黑格尔法哲学批判》导言中要解答的主题。

（二）由法哲学分析进展到政治经济学分析

经过宗教批判的过渡和推动，马克思重点关注"此岸世界"。即在揭穿宗教、神等神圣形象对人的自由的束缚和压制后，服务于历史和现实需要的哲学的紧迫任务是要揭穿"非神圣形象的自我异化"，也就是实际存在着的资本主义社会的法、政治与国家的异化。马克思看到现代资产阶级国家制度造成了人的分裂——过表面上平等的因而也是作为"抽象的人"存在的政治生活，和实质上不平等的却是现实存在的物质生活。他把关注重心回落到市民社会的物质的生活关系中，这一转向主要体现在《黑格尔法哲学批判》导言中。在此文中，马克思指出德国人落后制度与先进理念的分裂，难以开展现实的社会活动。而对黑格尔法哲学的批判，就是要变革这一理性形而上学抽象而不切实际的状况，把德国提高到法国等现代国家"最近的将来要达到的人的高度的革命"[3]。不同于黑格尔要求对观念和现实的和解，马克思面对德国先进理论和落后实践相脱节、旧现状和人类解放之间相断裂的状况，力图找到担负起"人类自由与解放"这一历史任务的现实力量。

通过对市民社会的剖析研究，他发现了市民社会的辩证法的体现者——"一个并非市民社会阶级的市民社会阶级",[4] 即无产阶级，它一面出身于市民社会内部，一面又被剥夺了本该享有的资格与权利，这种既作为市民社会

---

[1] 《马克思恩格斯全集》（第 3 卷），人民出版社 2002 年版，第 180 页。
[2] 《马克思恩格斯全集》（第 3 卷），人民出版社 2002 年版，第 189 页。
[3] 《马克思恩格斯全集》（第 3 卷），人民出版社 2002 年版，第 207 页。
[4] 《马克思恩格斯全集》（第 3 卷），人民出版社 2002 年版，第 213 页。

成员却又被排挤在市民社会之外的自相悖反，充分彰显了人之存在的自我异化。所以，无产阶级本身是需要解放自己的阶级，它只有解放其他一切社会领域才能最终解放自己，是"只有通过人的完全回复才能回复自身"的阶级。因而，也只有无产阶级而非什么官僚机构或议会，才能担负起凭借市民社会的自身力量去完成人类解放这一使命。"无产阶级要求否定私有财产，只不过是把社会已经提升为无产阶级原则的东西，把未经无产阶级的协助就已作为社会的否定结果而体现在它身上的东西提升为社会的原则。"[1] 马克思正是在这样的基础上提出人的解放：作为"特殊权利"的统治阶级与作为"普遍利益"代表的无产阶级的矛盾必须在"社会的原则"上加以解决，而特殊本身不能代表普遍；必须要在市民社会内部找到"普遍性"。而作为市民社会一份子的无产阶级就是这样一个特殊利益能符合"普遍意志"的"特殊等级"。[2] 在此，有必要指出，马克思此时的"无产阶级"主要还是在借鉴黑格尔"普遍等级"的意义上使用的，因为此时他有限的经济学知识尚不足以支撑他独立自觉地概括和阐发这一经济学范畴，所以他并未给无产阶级做出更深刻的阐释，只留下"解放的头脑是哲学，其心脏是无产阶级"这样的话就收笔了。不妨推测，这也是他在《1844年经济学哲学手稿》序言里事先强调他的结论是建立在"通过完全经验的、对政治经济学进行认真的批判研究的基础上"的一个十分重要的导因。[3] 在《1844年经济学哲学手稿》中，他立足于政治经济学视域，得出了新的重要认识：客观的社会经济发展是人的解放的基础和决定力量。

概言之，青年马克思经由对黑格尔政治哲学、法哲学的批判实现了自由观的转变，不仅得出"市民社会决定国家与法"的唯物主义结论；而且通过对市民社会的初步考察与剖析，认识到政治解放的局限性，进而提出要超越"政治革命"、实现人类解放与自由的更高追求，并找到了无产阶级这一承担这项历史任务的主体和现实力量。纵观整体，马克思的思路和方法相比此前《莱茵报》时期发生了重大转变，"他已经从逻辑上完成了'市民社会的矛盾不能依靠外部的理性国家予以克服，消除其矛盾的力量只能产生自市民社会自身'的论证。"

---

〔1〕 《马克思恩格斯全集》（第3卷），人民出版社2002年版，第213页。
〔2〕 参见《马克思恩格斯全集》（第3卷），人民出版社2002年版，第213页。
〔3〕 参见《马克思恩格斯全集》（第3卷），人民出版社2002年版，第219页。

经由对市民社会的法哲学分析，马克思意识到以往单纯法哲学、政治哲学立场的限度，逐步确认：要使人的解放现实化、具体化，就必须研究市民社会人的"实践"——主要是经济活动，深入分析无产阶级的经济规定，揭示"市民社会"的经济学意蕴，而"市民社会的科学，就是政治经济学"。于是，此后马克思开始系统从经济学角度剖析市民社会（资产阶级社会），进一步阐发和论证：通过市民社会的人自身的实践来消除其中人的生存的异化，实现人的解放和自由。这也是马克思集中精力全身心地投入到自己的第一次系统深刻的经济学研究（《巴黎笔记》《1844 年经济学哲学手稿》）中去的初衷。

总而言之，马克思的自由思想是不断发展和深化的，其经历过一个复杂的探索过程，在其早期思想中已经蕴含着他以后的唯物主义新世界观与方法论转变的种子。马克思决不满足仅止步于黑格尔思辨哲学或费尔巴哈一般唯物主义的语境之内，他必然要摆脱这些抽象思辨和人本学方法，走向实践和历史辩证法，在《1844 年经济学哲学手稿》《德意志意识形态》和《资本论》等著作中，他通过异化劳动、劳动、生产、实践、资本等概念分析，从市民社会的私有财产出发，深入研究政治经济学和剖析资本主义社会。他深切认识到：要解决自由和现实的关系问题，必须深入到历史唯物主义视野中去，去系统深刻地考察资本主义生产方式，进入更为宏大的世界历史的领域去揭示自由的真正现实主体、实现条件和实现途径，在生产发展、交往普遍化、人的本质力量提升的前提条件下谋求人的自由全面发展的实现。

新中国成立 70 年以来我国公务员职业道德建设的历史变迁[*]

孙　磊[**]

摘　要：公务员职业道德即公务员在依法履行公职的过程中应当遵循的职业态度、职业观念、职业纪律和职业风气等具有职业特征的道德要求和行为准则，具有鲜明的政治性、高度的责任性和相应的强制性。新中国成立 70 年以来，我国公务员职业道德建设可以划分为萌芽期、初步探索期、规范发展期、法制建设期、全面深化期五个阶段，始终围绕时代发展的中心任务，聚焦国家政治生活发展的需要，彰显人民性的核心价值追求。遵循实现公共利益的最大化、提高中国共产党的执政能力、提升政府的工作效能三大目标，未来我国公务员职业道德建设应遵循法治化的发展路向，实现德治和法治的有效结合，应着力于健全刚性制度，提高权力制约的法治化程度；完善社会监督和舆论监督；弘扬法治精神，培育廉政文化。

关键词：公务员职业道德　演进特征　发展路向

---

　　*　本文系北京高校中国特色社会主义理论研究协同创新中心（中国政法大学）阶段性成果。

　　**　孙磊，中国政法大学马克思主义学院博士研究生（100088）。

我国公务员职业道德建设从 1949 年新中国成立至今已经走过了 70 年的发展历程，取得了显著成就，形成了独具特色的中国经验。系统回顾和梳理我国公务员职业道德建设内容的发展脉络，深入探究我国公务员职业道德建设的阶段划分、变迁特点和经验启示，具有重要的理论意义和实践价值，不仅有助于系统总结我国公务员职业道德建设的成就和经验，而且有助于我们对新时代我国公务员职业道德建设的发展趋势进行科学预判。

一、公务员职业道德建设的本质内涵

公务员职业道德即公务员在依法履行公职的过程中应当遵循的职业态度、职业观念、职业纪律和职业风气等具有职业特征的道德要求和行为准则。与一般的职业道德不同，公务员职业道德因公务员肩负的使命和担当，所以公务员职业道德要求更高、更严，不仅要约束公务员的职业行为，还要为社会大众树立道德表率，增强党和政府在民众中的威信。由此，公务员职业道德主要体现出鲜明的政治性、高度的责任性和相应的强制性。

鲜明的政治性体现在公务员职业道德对公务员思想政治素质的要求。政府公务员要较好地执行公务，首先，必须具备良好的政策理解力，即从思想上与感情上领会、认同、支持党和国家的路线、方针、政策，以及上级部门和单位内部有关工作的目标任务和政策内容及其精神实质，能够正确处理和协调各种利益关系，对有关大政方针和政策不折不扣地予以执行。只有理解上准确无误，认识上不出现偏差，方向上把握准确，才能真正提高公务活动的执行力。其次，公务员还应把握正确的政治方向，坚定正确的政治立场。当前，以自由主义、实用主义等为表现形式的各种社会思潮在各个领域不同程度地影响着人们的思想和行为，公务员只有具有良好的政治辨别力和政治敏锐性，才能在纷繁复杂的社会中认识到工作职责的艰巨性和责任性，在利益诱惑面前保持定力。最后，公务员还应具备良好的政治理论素养。履行公职的公务员不仅要认识到为民众服务的工作职责，更要从理论上深刻认识为什么要为民服务以及如何为民服务。尤其作为基层公务员，工作任务紧迫、工作内容繁杂，常常需要和基层民众打交道，需要群众的理解和配合。在与群众交流的过程中，仅凭借良好的工作热情和责任感还远远不够，更需要具备深刻的理论修养，才能做好政策的宣传工作，让民众乐于接受和理解，才能有效保证政策的执行。

高度的责任性体现在公务员职业道德对公务员工作职责的高要求和严标准。我国是人民民主专政的社会主义国家，国家的一切权力属于人民，政府人民性的特征决定了政府满足民众利益诉求的本质属性。我国政府是在马克思主义政党中国共产党的领导下成立的，中国共产党作为执政党，是我国基层政府的领导者，中国共产党全心全意为人民服务的立党宗旨也决定着我国政府是为人民服务的政府，人民性是我国基层政府的本质属性。政府的行政权不是从天而降的，而是人民授权予政府，委托政府管理各项公共事务。因此，公务员必须以人民的利益为核心，服务于广大民众利益的需要。公职人员要以维护公共利益为行动出发点，不能利用职务之便为自己、家人或朋友谋取私人利益，假公济私。恪尽职守是为了更好地忠于国家、服务人民；而要忠于国家和服务人民，又必须恪尽职守。这里，"恪尽"两个字对公务员而言，具有特殊的内涵，它体现了公务员必须全心全意为人民服务的职业信念，这需要公务员具有崇高的无私献身精神。公务员在工作中只有具备崇高的责任感和责任意识，才能更好地处理个人利益和社会利益的关系，在无私奉献的过程中牺牲小我，更好地服务民众。

相应的强制性表现在公务员职业道德的法治化。"政府"有广义的政府与狭义的政府之分，广义政府是指国家的立法机关、行政机关和司法机关等公共机关的总和，代表着社会公共权力。狭义的政府指国家政权机构中的行政机关，即一个国家政权体系中依法享有行政权力的组织体系。无论是广义政府，还是狭义政府，一些政府机构的工作人员滥用行政自由裁量权，为了本部门或自身的利益最大化，对公共政策随意执行，相同状况不同对待或者不同状况同等对待，严重违反行政合理性原则，造成了政府信用的损害。正是由于公务员的职业态度和职业行为选择关系到"国家意志"的执行和国家权力的正当行使，因而在职业道德上必须对他们提出很严格的要求。公务员的职业道德不能完全像其他道德一样依靠社会舆论、风俗习惯等外部的约束来发挥作用，其行政行为通常都有法律强制力来保障实施，由此才能更好地行使公共权力。西方发达国家注重公务员伦理道德法治化和制度化建设的成功经验表明，加强公务员伦理道德法律法规建设不仅提升了公务员职业道德管理的法律层次，也提高了公务员遵守职业道德的自觉性，更为规范公务员行政行为提供了强制性依据。由此，公务员职业道德在实现方式上具有了相应的强制性特点

二、我国公务员职业道德建设的阶段划分

通过探究我国公务员职业道德建设的相关政策、文件、法律、法规等，可以从中窥视我国公务员职业道德建设 70 年的发展历程，依据不同时期我国

公务员职业道德相关政策文件和法律法规的特点，可以分为萌芽期、初步探索期、规范发展期、法制建设期、全面深化期五个阶段。

（一）萌芽期（1949—1977年）

新中国成立初期，为了巩固新生的政权，党中央注重加强领导干部的理论教育和文化教育，这一时期相关政策文件并未出现"公务员"的字眼，主要通过政治动员的方式对领导干部开展教育，具有鲜明的政治性，突出干部培养的政治标准，开启了我国领导干部职业道德建设的探索。1949年，中共中央组织部（以下简称"中组部"）颁发了《关于干部鉴定工作的规定》，提出干部素质建设的内容包括政治立场、群众关系、纪律执行、学习态度等。1951年2月，党中央在《关于加强理论教育的决定（草案）》提出加强干部的理论教育。1951年12月，中共中央提出《关于实现精兵简政、增产节约、反对贪污、反对浪费和反对官僚主义的决定》的三反运动，有效惩治了领导干部的贪污浪费和官僚主义作风。1953年底，中央出台《关于加强干部文化教育工作的指示》，明确要求"大量培养与提拔工农干部，和有计划地提高他们的政治、文化、业务水平，使他们成为各项建设事业中的骨干，乃是贯彻党在过渡时期总路线的一项重大的政治任务和组织任务"[1]。这一文件的颁布，将领导干部的文化教育作为一项政治任务加以高度重视，要求各级党委、政府要充分认识干部文化教育对社会主义建设事业的重要性。同时，根据干部的不同情况，采取循序渐进的方式推进学习教育。"政治常识的学习由党的地委和大城市的市委进行考试，理论常识的学习由党的省委和大城市的市委进行考试，理论著作的学习由党的中央局进行考试。"[2] 通过政治常识、理论常识、理论著作三个层次的考试来确定干部的理论水平和文化素养，并以此决定干部学习的内容。1964年，中组部又颁发了《关于科学技术干部管理工作条例试行草案的报告》，强调考察科技干部的道德品质情况。

1966年到1977年，我国陷入了"左倾"的政治狂热之中，党内干部成了阶级斗争的工具。1969年，我国政治生活中倡导的"用毛泽东思想统帅一切"表面上是坚持贯彻执行毛泽东思想，实则背离了毛泽东思想的精髓——"实事求是"。干部队伍建设呈现"左"的倾向，社会各个层面形成了政治暴力，激化了人们的政治狂热。

---

〔1〕 《干部教育手册》，中共中央党校出版社1990年版，第38页。

〔2〕 李小三、吴黎宏：《干部教育研究》，党建读物出版社2006年版，第58页。

（二）初步探索期（1978—1992 年）

1978 年全国组织工作会议上，党中央首次提出干部"德、能、勤、绩"四个方面的考核标准；1979 年中组部颁布《关于实行干部考核制度的意见》，通过正式文件将四个方面的干部考核标准用制度化的形式固定下来。1983 年，中共中央下发《关于实现党校教育正规化的决定》和《关于第二次全国党校工作会议情况的报告》的通知，中组部又印发《全国干部培训规划要点》进一步探索我国干部队伍建设的正规化、规范化发展的路径。1988—1989 年，有关基层干部考核的具体文件相继出台，涉及内容包括工作态度、语言表达、改革创新等方面。1991 年制定下发《1991—1995 年全国干部培训规划要点》，初步实现干部教育培训制度化和规范化。

（三）规范发展期（1993—2005 年）

1993 年后，随着我国社会主义市场经济的初步探索和建立，中国的政治体制正在逐渐地脱离过去那种具有人格化色彩的、非制度化的、不稳定的体制特征[1]。随之发生的变化主要表现为，我国公务员职业道德建设进入规范化发展的轨道，高度重视领导干部建立与市场经济发展相适应的素质和能力的培训。据统计，"从 2003 年至 2006 年 3 月底，全国参加各类脱产学习培训的党政干部约 1600 万人次"[2]。1993 年《国家公务员暂行条例》正式实施，这是我国出台的首个明确规定公务员职业行为的条例，标志着我国公务员制度的初步确立，将公务员职业道德的内容由概括性要求转变为更加具体细化的内容，使得我国公务员职业道德建设朝着规范化、制度化的方向迈进了重要一步。1996 年制定下发《1996 年—2000 年全国干部教育培训规划》，基本实现有中国特色干部教育体系的建设目标。1998 年，随着我国社会主义市场经济体制的逐步建立和发展，中组部出台的《党政领导干部考核工作暂行规定》首次提出了"廉洁自律"的考核标准，标志着了我国公务员职业道德素质的拓展。2001 年 1 月，中央印发《2001 年—2005 年全国干部教育培训规划》，这是进入 21 世纪干部教育的第一个五年规划，对五年的干部教育工作作出了总体部署，对做好新世纪干部教育培训工作具有重要的指导意义。2002 年，《国家公务员行为规范》发布，这是我国第一个公务员行为的规范

---

〔1〕　徐湘林：《以政治稳定为基础的中国渐进政治改革》，载《战略与管理》2000 年第 5 期，第 16 页。

〔2〕　李小三、吴黎宏：《干部教育研究》，党建读物出版社 2006 年版，第 17 页。

性文件，首次提出了国家公务员应当遵循的职业道德行为准则，具体包括
"政治坚定、忠于国家、勤政为民、依法行政、务实创新、清正廉洁、团结协
作、品行端正"，内容涉及思想政治素质、工作态度、工作作风、工作能力等
方面。

（四）法制建设期（2006—2011 年）

2006 年，我国颁布了《中华人民共和国公务员法》（以下简称《公务员
法》），使得我国公务员管理有了法律依据，形成了公务员职业道德规范的法
律，实现了公务员职业道德建设的法治化拓展，在公务员职业道德建设过程
中具有里程碑的重要意义。2009 年，《中共中央关于加强和改进新形势下党的
建设若干重大问题的决定》中提出坚持"德才兼备、以德为先"的考核标准，
更加突出了"德"的重要程度。

2011 年，中组部专门印发了《关于加强对干部德的考核意见》的通知，
明确提出了坚持政治性、先进性、示范性要求，将对党忠诚、服务人民、廉
洁自律视为重点。还明确提出要根据干部不同层级和岗位，分级分类提出德
的考核重点。尤其提出，对基层领导干部，要突出考核宗旨意识、群众观念、
办事公道和工作作风等方面的情况。还明确将干部德的考核和干部选拔任用、
培养教育、管理监督联系起来。同年，国家公务员局制定的《公务员职业道
德培训大纲》，专门将职业道德培训作为文件的名称，体现了对职业道德的重
视。这一文件对公务员职业道德建设的核心内容作出明确规定，提出"忠于
国家、服务人民、恪尽职守、公正廉洁"，还专门规定了公务员的培训时间不
少于 6 学时。同时，2011 年还出台了《关于加强对干部德的考核意见》，明
确了考核要注重行为表现，注重群众评价、注重创新方法，尤其提倡将考核
和教育培训、提拔任用结合起来。

（五）全面深化期（2012 年至今）

2012 年至今，随着我国全面从严治党重要部署的逐步推进，相继出台了
《中国共产党纪律处分条例》《中国共产党问责条例》《中国共产党廉洁自律
准则》等规范性文件，为我国公务员职业道德建设内容提供了重要指导。
2014 年，《党政领导干部选拔任用工作条例》经过修订后出台，明确了干部
选拔任用的"七项原则"，明确将"党管干部"作为首项原则，还提出了
"德才兼备、以德为先"的党政领导人才选拔原则。

2016 年，《关于新形势下党内政治生活的若干准则》和《中国共产党党
内监督条例》的相继出台，具体规定了新形势下公务员廉洁自律的职业道德

要求，还明确了各级党委的监督责任，重视发挥党内监督、民主监督和群众监督的合力作用。中央颁布的《2010—2020 年干部教育培训改革纲要》明确提出下一步的目标是：到 2020 年，建立健全与中国特色社会主义事业相适应，与建设马克思主义学习型政党要求相符合，与干部人事制度改革相衔接，更加开放、更具活力、更有实效的中国特色干部教育培训体系。

2016 年，中组部、人力资源社会保障部、国家公务员局联合出台了《关于推进公务员职业道德建设工程的意见》，首次提出将公务员职业道德建设作为一项工程，体现了战略高度和意义，具有重要的指导意义。

2017 年 9 月修订、2018 年 1 月 1 日颁布的《公务员法》增加了对公务员的思想政治、履行职责、作风表现、遵守纪律等情况进行监督的规定，明确开展勤政廉政教育，建立日常管理监督制度。如果说 1993 年《国家公务员暂行条例》的颁布出台是"开始萌芽"，2006 年《公务员法》的实施是"规范完善"，2018 年《公务员法（修订草案）》的制定是"全面深化"，标志着我国公务员依法管理实现了从无到有、从有到强的变化，体现我国公务员职业道德建设法治化的进程。

三、我国公务员职业道德建设的演进特征

（一）始终围绕时代发展的中心任务

我国公务员职业道德建设不是从来就有的，也不是一成不变的，而是随着时间、实践的不断演进而不断深化、丰富，体现出鲜明的时代性。

西方政治学家爱弥尔·涂尔干指出，"道德随着践行道德的能动者而发生变化"[1]，随着人们对公务员职业道德认识越来越深刻，我国公务员职业道德随着时代发展变化呈现出与时俱进的特点，但始终围绕时代发展的中心任务展开。公务员职业道德规范的内容从新中国成立初期的政治性到"文革"时期的泛政治化，再到改革开放之后逐步迈向科学化、规范化、专业化、法治化的发展路程，总是和我国经济、政治体制的建立和完善密切相连，随着时代的发展而发展，经过探索和曲折后走上了正轨。改革开放初期，《县（市、区）党政领导干部年度工作考核方案》《地方政府工作部门领导干部年度工作考核方案》《中央、国家机关司处级领导干部年度工作考核方案》等领导干部管理的文件相继出台，体现了改革开放初期对基层干部素质和能力的

---

〔1〕 ［法］爱弥尔·涂尔干：《职业伦理与公民道德》，渠东、付德根译，上海人民出版社 2006 年版，第 13 页。

基本要求，更加细化地规定了基层干部工作过程中的基本要求。改革开放的巨大成就，为新形势下我国公务员职业道德建设奠定坚实的物质基础，同时我国进入经济社会发展的攻坚克难阶段，加快经济发展和维护社会稳定和谐的现实任务更加迫切艰巨复杂，经济社会发展出现新趋势和新特点，从新中国成立初期对干部队伍提出的"又红又专"到 20 世纪 80 年代提出的"四化"要求，再到 2002 年党的十六大报告中提出的"加强党的执政能力建设"，再到习近平总书记提出的 24 个字的好干部标准，这对我国公务员职业道德建设提出了新的更高的要求和众多前所未有的时代课题。

2014 年，中组部发布的《关于在干部教育培训中加强理想信念和道德品行教育的通知》中专门针对干部的理想信念和道德品行教育的意义、内容、具体实施提出要求，明确提出，开展理想信念教育关键在于引导干部理性认同科学理论、正确认识历史规律、准确把握基本国情。2016 年《关于推进公务员职业道德建设工程的意见》专门围绕公务员职业道德建设出台专门的意见，增加了"坚定信念"和"依法办事"的要求，体现了新时代政治生活对公务员思想政治素养和法治素养的政治要求。"坚定信念"要求公务员树立马克思主义的信仰和社会主义的信念，坚守"四个自信"，主要从思想政治素质上对公务员提出职业要求。"依法办事"的提出，是中共中央全面推进依法治国的战略部署的时代要求，即要求公务员牢固树立社会主义法治理念，具备良好的法治素养，在法律执行过程中能够做到依法决策，严格按照法定的权限、程序和方式执行公务。

（二）聚焦国家政治生活发展的需要

我国公务员职业道德建设突出的政治性表现为两个方面，一是从内容上看，我国公务员职业道德规范总是聚焦国家政治生活的发展需要，聚焦我国政治体制改革发展的需要，逐步与政治意识、大局意识、核心意识与看齐意识"四个意识"高度契合，是"四个意识"在公务员队伍建设中的具体体现和生动实践。

2011 年，经过 2010 年试行的重要文件《中国共产党党员领导干部廉洁从政若干准则》（现已失效）正式颁布实施，提出领导干部应该具备的 52 个"不准"，为领导干部行使公共权力应遵循的道德规范做出了制度性安排，为加强公务员职业道德提供了强大的制度保障，标志着我国公务员廉洁从政这一职业价值观的确立。2014 年，《党政领导干部选拔任用工作条例》出台了相关配套规范，对收受礼品、政务公开和收入申报进行了详细规定，细化了公务员职业行为的相关规范。

2016 年《关于推进公务员职业道德建设工程的意见》这一文件明确将"坚定信念、忠于国家、服务人民、恪尽职守、依法办事、公正廉洁"作为公务员职业道德建设的主要内容，明确提出了公务员职业道德建设的要求——政治性、示范性、约束性、可操作性。政治性与公务员的岗位特征密切相联；示范性体现了公务员职业道德建设在整个社会道德建设中的重要作用；约束性体现了公务员岗位权限的要求；可操作性体现了对公务员职业道德建设务实性、实效性的要求。同时，这一文件提出了公务员职业道德建设的四个原则：相结合原则、相统一原则、相衔接原则、相配套原则。相结合原则即坚持职业道德建设与集中性、经常性学习教育相结合，强调公务员职业道德建设要针对不同阶段和不同行业的实际情况、突发问题开展；相统一原则即教育引导、行为规范和实践养成相统一，强调实现知行、自律他律、引领示范相结合的方式推进；相衔接原则即整体推进和分类指导相衔接，强调处理好普遍性和特殊性的关系；相配套原则即推进工作和完善制度相配套，强调实践建设和制度建设并举，尤其提出健全公务员守信激励失信惩戒制度，探索建立投诉举报处理和问责制度，完善奖惩机制，将职业道德考核情况作为公务员选拔任用、培养教育、管理监督的重要依据。

二是从程度上看，相比于其他行业和职业，公务员职业道德建设的政治要求更高和更严。公务员要求有最坚定的马克思主义理想信念和最严格的政治纪律、政治规矩，任何时候都要坚定政治方向和政治立场，把对党忠诚作为做好工作的首要政治原则，作为党员群众的首要政治本色，作为干部的首要政治品质；要以实际行动表现忠诚，以最大的执行力度不折不扣地落实中央的决策部署，做到中央提倡的坚决响应，中央决定的坚决照办，中央禁止的坚决杜绝，确保中央政令畅通、落实到基层。2007 年《行政机关公务员处分条例》出台，对违反公务员职业道德的行为提出了惩戒措施，提出"严重违反公务员职业道德，造成不良影响的，给予警告、记过或记大过处分"。同年，《公务员考核规定（试行）》颁发，这一文件明确提出了"德、能、勤、绩、廉"五大考核标准，将廉洁自律作为公务员职业道德建设的重要内容，明确提出"德"包括政治品德、职业道德、社会公德和家庭美德。2018 年，《公务员法（修订草案）》中增加了"公务员制度坚持中国共产党领导""贯彻新时代中国共产党的组织路线""重点考核政治素质和工作实绩""带头践行社会主义核心价值观"等内容，突出了政治标准，体现了公务员职业突出的政治性。

（三）彰显人民性的核心价值追求

公务员作为政府的工作人员，是社会的管理者和服务者，代表民众行使管理社会公共事务权力与执行公共权力。公务员是公共事务组织和管理工作的重要承担者，是党和政府部门形象的直接体现者，是"以人民为中心"发展理念的重要践行者。我国国家政权代表人民的利益，这决定着代表国家政权行使权力的公务员要为人民做好事，为人民办实事，一切都为了人民。由此，我国公务员职业道德建设虽然历经 70 多年的创新发展历程，但人民性这一核心价值追求没有改变。公务员只有将群众植根于自身的情感体系中，内化为自己的观点和言行，才能真正为人民利益而努力工作，从而引发群众对政府心理上的赞同和支持，同时引发公务员对自身职业的归属感和自豪感。由此，公务员职业道德建设只有坚守人民性的核心价值理念，才能形成从认知到行为驱动的精神动力价值。只有坚守为人民服务的价值追求，我国公务员职业道德建设才能发挥其应有的价值功能。为了更好地发挥公务员服务人民的职业价值，我国公务员职业道德建设的政策和法律、法规一直处于修改和完善的过程中，但仍然有万变不离其宗的内容。比如 2006 年我国颁布的《公务员法》规定，我国公务员坚持"任人唯贤、德才兼备"的原则，提出公务员要全心全意为人民服务，接受群众监督；遵守纪律，恪守职业道德，模范遵守社会公德；清正廉洁，公道正派。2018 年颁布修订后的《公务员法》和 2006 年颁布的《公务员法》都明确规定了公务员为人民服务的岗位职责。2018 年完善修订的《公务员法》将"勇于担当"作为奖励的重要情形，努力为社会树立崇尚担当作为的价值导向；还增加了"违反国家的民族和宗教政策，破坏民族团结和社会稳定""不担当不作为""违反家庭美德"等禁止性纪律规定，符合时代发展和人民美好生活对公务员职业的期待。

四、我国公务员职业道德建设的展望和路向

当前，中国特色社会主义建设进入新时代，我国公务员职业道德建设不仅是公务员自身职业发展的内在要求，更是全面从严治党、建立服务型政府的关键环节，为我国实现国家治理体系和治理能力现代化目标提供了强有力的组织保证和人才支持，对社会道德风气的形成具有重要的导向作用，对党和政府以德修身、以德立威、以德服众具有重要意义，直接影响中国特色社会主义事业的兴衰成败。习近平总书记在讲话中屡屡提到公务员职业道德建设对于依法执政，科学执政和民主执政的重要性。习近平总书记还多次强调，人民对美好生活的向往，就是我们的奋斗目标。这充分体现了新一届中央领导集体尊重人民、依靠人民，为国尽责、为民奉献的执政理念。提高公务员服务人民的能力和水平，就必须进一步树立和强化群众观念，要以人民的利益为基本导向，切实解决好人民群众最关心最直接最现实的利益问题；要广泛听取群众意见，激发群众热情；制定方针政策的出发点和归宿，要以人民拥护不拥护、赞成不赞成、高兴不高兴、答应不答应作为最终标准。"八项规定"和"三严三实"的提出就很好地表明了国家领导人对公务员职业道德建设的重视程度，希望公务员做到他律与自律的统一，将他律内化于心，变成自身的自律。未来我国公务员职业道德建设要将德治和法治有效结合起来，尤其要推进公务员职业道德的法治化建设。

（一）健全刚性制度，提高权力制约的法治化程度

公务员职业道德作为一种自律机制，它是公务员在行政活动中必须遵循的一项基本准则，是公务员在行政实践中一条无形的行为标准。公务员职业道德不同于其他社会道德，它是党和人民群众对于我国公务员行政活动的特殊要求，是在践行行政行为的过程中必须遵循的规范化要求，我国公务员必须遵守。只靠道德约束，寄希望于公务员自律，并没有任何约束和强制力。因而在当今世界上许多国家广泛呈现出公务员职业道德法治化的趋势，通过相关法律法规的颁布实施，使公务员职业道德逐步步入法治化的轨道中。法律应要求公务员在进行行政行为时必须忠实履行其职责，还应要求公务员在履行职务时必须为政清廉。我国相当重视公务员职业道德的法治化建设，在《公务员法》和其他一些地方性法律法规中对于公务员职业道德规范都有一些明文规定和条令。这些法律条令极大程度上改善和促进了我国公务员职业道德品质。但由于其过于分散，使得操作性、权威性和强制性远远不够，与新时代社会发展对公务员职业道德要求相比，我们仍有必要出台更具操作性的实施办法。

在公务员的日常工作中，没有责任约束的权力，就容易造成权力的滥用，也使权力失去应有的权威。尤其要提高外部监督制约机制的法治化程度，加强立法工作，使外部监督制约有法可依。加快政府职能的转变，应当按照社会主义市场经济新形态新形势，加快转变政府职能和管理方式，把政府职能定位切实转到经济调节、市场监督、社会管理和公共服务上来。凡是市场、企业和社会可以自行调节和管理、不需政府介入的事项和领域，政府应该主动退出。按照权力的分工制衡原理，对政府部门中过于集中且容易被滥用的

权力，特别是对重要岗位和关键环节的权力进行适当的分解，确立分工制衡的关系，形成以权制权的制约机制，防止因权力过分集中又不受制约而产生权力腐败。按照权责一致的原则，授予权力的同时必须权责明确，落实行政责任制，防止出现有权无责或有责无权，使上下左右之间分工明确，各负其责，分别对各自职责范围内的事项负责，出现了问题也可以通过权责分工体系及时查漏补缺和找到直接责任人进行追责。

（二）完善社会监督和舆论监督

构建社会主义和谐社会，必须注重社会公平，正确反映和兼顾不同方面群众的利益，正确处理人民内部矛盾和其他社会矛盾，妥善处理协调各方面的利益关系。公务员行政与人民的利益息息相关，因此公务员道德建设有必要建立道德舆论评价机制和监督机构，使其行为处于人民群众的监督和评价之中。积极鼓励广大人民群众对国家公务员的职业道德相关方面进行严厉监督，这是一种自下而上的监督，是最直接的监督方法。尤其是当今时代，网络和自媒体大兴其时，通过网络渠道，民众越来越开始发挥民主监督的作用，对一些基层公务员的违法乱纪、不作为乱作为的行为进行举报揭露。尤其要建立举报补偿制度，维护举报人的合法权利。对于提供举报线索和有力证据的人民群众应当给予物质奖励，鼓励广大人民群众勇于举报和揭露。要从根本上改善举报环境，提供强有力的法律援助和物质补偿等。此外，舆论监督被马克思称为社会的"第三种权力"。腐败作为一种不道德行为，最怕曝光。腐败者"不怕会上检讨，就怕纸上曝光。"强化新闻传媒对公务员的监督，是世界各国反腐败的一种普遍做法。新闻传媒群体要做好两方面的工作，一方面要大力褒奖具有高尚道德品质的公务员，另一方面要大力揭露抨击违反公务员道德行为规范的相关人员，指出其中的教训，以警戒和教育广大公务员。并且在舆论监督层面上，我们要不断开拓新渠道，探索新的监督方式，以发挥舆论监督的最大效力。

（三）弘扬法治精神，培育廉政文化

习近平总书记 2012 年 12 月 4 日在首都各界纪念现行宪法公布施行 30 周年大会上的讲话中强调："各级领导干部要提高运用法治思维和法治方式深化改革、推动发展、化解矛盾、维护稳定能力，努力推动形成办事依法、遇事找法、解决问题用法、化解矛盾靠法的良好法治环境，在法治轨道上推动各项工作。"〔1〕 全面推进依法治国，公务员是关键。作为治国理政的执政主体，公务员必须提高法治修养，弘扬法治精神，努力实现国家各项工作的法治化，真正尊崇并带头遵守宪法和法律，运用法治思维和法治方式来处理国家和社会治理中的各项工作。

廉政文化是一种深层次的观念形态。深化道德教育，建立共同的社会价值核心体系是廉政文化建设的基础。廉政文化是廉政思想意识"精神信仰"价值观念等与廉政制度的结合体，它是在反复总结公共权力活动中的经验教训，经历长时间的规范与反规范的行为较量之后逐渐形成的，是道德理性长期积累沉淀而形成的结晶。人民群众是推动廉政文化建设的根本动力，整体的价值观决定着社会对腐败的认知程度，只有全体公民的认知水平和道德水平的提高，才能将现实中一些替换制度规划的"潜规则""隐规则"从思想上行动上彻底清除，这是廉政文化建设取得成功的基础。习近平总书记所作的党的十九大报告，深刻阐述了社会主义核心价值观的丰富内涵和实践要求，对培育和践行社会主义核心价值观作出许多新的重大部署，深入践行社会主义核心价值观，有助于廉政文化的培育和养成。高度倡导反腐倡廉有助于加快廉政文化的培育。纪检监察、组织人事、新闻宣传等部门要统筹规划、形成合力，做好经常性的反腐倡廉教育工作。应大力宣传我们党反对腐败的坚定决心、采取的政策措施和取得的重大成果，引导广大干部群众正确看待腐败斗争的形势；大力宣传立党为公、执政为民的先进典型，弘扬新风正气，抵制歪风邪气，在全社会形成浓厚的廉政文化氛围。制度建设既是廉政文化建设的保障，也是廉政文化的重要内容。一种文化滋养一种制度，任何一种制度都有与之相匹配的文化，先进的制度背后必然有一套先进的文化为支撑。同时，合法有效的监督机制是廉政建设的重要保证，也是廉政文化建设的重要组成部分。我们也要在培育廉政文化的过程中，重视领导干部的带头作用，领导人的率先垂范是廉政文化建设中的榜样力量。

总之，新中国成立 70 年以来我国公务员职业道德建设经历了萌芽期、初步探索期、规范发展期、法制建设期、全面深化期五个阶段，始终围绕时代发展的中心任务，聚焦国家政治生活发展的需要，彰显人民性的核心价值追求。目前我国公务员职业道德建设取得了长足的进步，有效推动了我国行政

---

〔1〕 习近平：《在首都各界纪念现行宪法公布施行 30 周年大会上的讲话》（2012 年 12 月 4 日），载新华网，http：//www.xinhuanet.com/politics/2012-12/04/c_113907206.htm.

体制改革和政府现代化建设。随着我国法治建设的不断完善，我国新修订、新出台相关法律法规，从法律的强制性角度规范公务员的职业行为。加之我国公务员职业行为的监督体系也在逐步完善，监督力量、监督渠道日益科学有效，尤其随着党的十八大以来我国反腐力度的不断加大，公务员群体的规则意识与法律观念逐步提升，我国公务员的职业道德意识明显加强。遵循实现公共利益的最大化、提高中国共产党的执政能力、提升政府的工作效能三大目标，应充分总结新中国 70 年来公务员职业道德建设的经验，未来应着力于推进公务员职业道德建设的法治化，围绕监督体系、教育培训、文化氛围等不同方面展开，为公务员职业道德建设提供刚性规范、全面保障、过程监控、内力塑造和环境优化。规范公务员职业道德、培育公务员精神，是一个系统工程，需要我们从多个层面、运用多种方式来探索具有中国特色、时代特征的公务员职业道德培育体制，建设一支政治坚定、业务精湛、作风过硬、人民满意的首都核心区公务员队伍，为新时代中国特色社会主义建设提供坚实的人才保障。

高校毕业生就业政策主题聚焦点的变迁

——基于中央层面政策文本的共词聚类分析

付　晶*　刘振宇**

　　摘　要：为了推动高校毕业生高质量充分就业，有效的政策指导至关重要，分析就业政策变迁是理解政策的有效途径。运用政策文献量化、词频统计和共词聚类等方法，以 1949—2018 年期间中央政府颁布的 335 份政策为样本进行分析，可以发现，每个阶段高校毕业生就业政策都有不同的主题聚焦点，变迁体现在就业模式、就业市场、就业支持等方面，反映了不同阶段政策目标、价值理念和利益博弈的演变过程。在国家分配和双向选择阶段，由国家主导毕业生就业。国家分配到自主择业的变迁实现了向市场主导毕业生就业的转变。为更好发挥政策的导向作用和实现毕业生的合理配置，需要对自主择业阶段政策按主题聚焦点进行细分，分别为全面试行、就业促进、就业优先、精准就业等阶段。当下，我国已经形成以市场为主导、政府进行宏观调控的高校毕业生就业政策体系，对毕业生就业的指导思想愈加明确。

　　关键词：高校毕业生　就业政策　政策变迁　主题聚类

---

　　* 付晶，中国政法大学公共政策量化分析专业博士研究生（100088）。
　　** 刘振宇，中国政法大学公共政策量化分析专业博士研究生（100088）。

一、引言

实现高校毕业生的高质量充分就业，是建设和谐社会的重大民生问题，关乎人才兴国战略和全面小康社会目标的实现。鉴于此，中央政府出台多项政策、优化就业政策体系，以实现更好促进毕业生高质量充分就业的目的。通过梳理高校毕业生就业政策，全面掌握各个阶段政策主题聚焦点的特征，对正确领会政策精神，全面且系统地解决毕业生就业问题有重要的现实意义。

信息时代的核心竞争力是人才，高校毕业生是人才的主要供给源，如何以最高的效率配置高校毕业生资源，做到人尽其才，实现充分就业，是毕业生就业政策的目标。目前对高校毕业生就业政策变迁阶段的划分已有学者做出相关研究，主要有两种观点：第一种观点是三阶段论。[1] 支持三阶段划分的学者虽然对阶段划分的时间并不完全一致，但普遍认同我国高校毕业生就业政策划分为三个阶段即："国家分配""供需见面、双向选择""自主择业"。第二种观点是二阶段论。[2] 认为高校毕业生就业政策根据经济体制的不同划分为国家调配阶段和市场导向阶段。另有学者对地方的就业政策进行分析，如朱华鹏等对西藏地区的高校毕业生就业政策十年改革进行研究，分析了西藏高校毕业生就业政策经历政府主导向市场主导转变、又回归政府主导的改革历程，这和当地毕业生参与市场竞争的能力和竞争意识有直接关系。[3] 有学者分析了辽宁省高校毕业生就业、创业政策、[4] 积极就业政策[5]。通过对地方就业政策内容和政策效果的分析，可为理解中央政府就业政策在地方运行效果和进行调整提供现实依据。陈成文等通过实证分析，证

---

〔1〕 赖德胜：《缓解大学生就业困境的政府职责》，载《中国大学生就业》2008 年第 8 期，第 10~12 页。安锦：《高校毕业生就业促进政策研究综述》，载《社会科学论坛》2013 年第 3 期，第 232~236 页。徐自强、龚怡祖：《我国高校毕业生就业政策的范式转移研究——基于政策文本的内容分析》，载《大学教育科学》2013 年第 1 期，第 100~106 页。

〔2〕 韦颖：《改革开放以来我国大学生就业政策的变迁：基于支持联盟框架的分析》，载《高等教育研究》2015 年第 5 期，第 48~53 页。王宏：《社会管理视阈下我国高校毕业生就业政策的变迁与评析》，载《现代教育管理》2014 年第 7 期，第 65~68 页。

〔3〕 朱华鹏、王琳、周圣良：《反思与展望：西藏高校毕业生就业政策改革十年》，载《西藏大学学报（社会科学版）》2017 年第 3 期，第 195~202 页。

〔4〕 陈洪玲、韩毅：《辽宁省促进高校毕业生就业、创业政策研究》，载《现代教育管理》2010 年第 6 期，第 122~125 页。

〔5〕 英明、魏淑艳：《中国特色积极就业政策效果：一个评估框架》，载《东北大学学报（社会科学版）》2016 年第 3 期，第 288~295 页。

明大学生就业政策对就业行为、就业机会、就业能力有明显影响。[1] 无论是三阶段论还是二阶段论，抑或对地方就业政策的分析，均对理解就业政策的变迁提供了有益的启示，但是不足也比较明显。目前研究未对社会主义市场经济体制下的自主择业阶段就业政策进行详细划分，不利于积极有效指导就业工作。目前对毕业生就业政策变迁的研究主要通过质性方法，进行描述性分析，未能深入分析每份政策的关键内容，不利于把握政策的核心思想，因此，对精英教育转向大众教育阶段高校毕业生就业的指导意义和导向性不明确。在国家分配和供需见面阶段，由国家负责毕业生的就业，这一时期并未形成严峻的就业问题。随着招生并轨尤其是 1999 年扩招以来，毕业生数量增多，就业岗位增加有限，就业形势日益严峻，亟需国家政策指导以缓解就业压力。

本研究在认可三阶段论的前提下，为实现充分高质量就业，发挥政策导向作用，对自主择业时期的政策文本在进行关键内容梳理的基础上，进行了详细的阶段划分，并基于主题词识别和聚类分析尝试解释政策的变迁。对自主择业阶段的政策主题进行细分的意义在于明确政策指导思想，以积极引导和指导毕业生就业。通过政策文本内容及主题的变化，分析人才供需和就业形势的变化，同时根据变化规律对未来的供需结构进行预测，及时根据形势变化调整政策思路及内容，对经济发展进入新常态的新时代毕业生就业提供明确指引，促进就业政策体系的完善，积极推动高校毕业生实现高质量充分就业。

二、数据来源及研究方法

（一）数据来源

通过国务院、教育部、人力资源和社会保障部、财政部、工业和信息化部等官方网站、中华人民共和国重要教育文献及北大法宝等，对 1949—2018 年以来我国中央政府层面的高校毕业生就业政策文本进行收集，不列入收集数据库的政策文本包括：①各部门公示的毕业生录取名单、体检名单；模范就业单位公示名单；就业见习基地示范名单等。②领导人的讲话、信函。③地方政府和机构颁布和制定的政策文件。

经过搜集、分析和筛选，共整理出从新中国成立至 2018 年的高校毕业生

---

[1] 陈成文、杨歌舞、谭日辉：《就业政策与大学毕业生就业的关系——基于 2008 届大学毕业生的实证研究》，载《高等教育研究》2008 年第 11 期，第 88~93 页。

就业政策文本335份，包括法律、决定、指示、规定、计划、纲领、通知、意见等文本类属，通过政策文本的梳理，对近70年的发展历史进行回顾、分析和总结，结合国家经济体制及招生政策改革的经验，将我国高校毕业生就业政策划分为三个大阶段，根据主题不同将自主择业阶段划分为四个阶段，并对各个阶段文本数量进行统计（图1）。阶段划分为：国家分配阶段（1949—1984）、供需见面阶段（1985—1997）、自主择业（1998—2018），其中自主择业阶段又划分为：全面开始阶段（1998—2002）、就业促进阶段（2003—2009）、就业优先阶段（2010—2015）、精准就业阶段（2016—2018）。

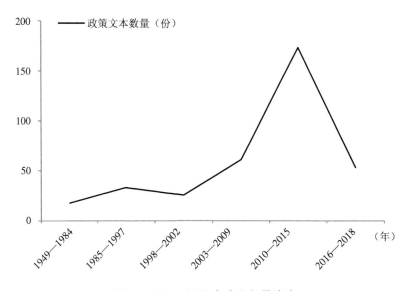

图1　1949—2018年发文数量统计

　　从政策发文数量分析，呈现阶段上升的趋势，就业优先阶段的政策数量最多，精准就业阶段总量不多，原因在于阶段周期短，其中2016年发文23份、2017年发文21份，年均发文量远高于平均数，证明政府的关注度和注意力呈持续上升的态势。

　　（二）研究方法

　　1. 主题词构造

　　主题词又称叙词，是在标引和检索中用以表达文献主题的人工语言，具有概念化和规范化的特征,[1] 和文献中的关键词作用相似,因此借鉴文献计量学中对关键词分析的方法,[2] 为每份高校毕业生就业政策文本确定至少 3 个主题词,共确定主题词 648 个,通过对主题词的词频分析,确定高频主题词 142 个。

2. 聚类分析

共词分析可以通过统计一组主题词两两出现在同一篇文献中的次数,发现这些词之间的亲疏关系。为了便于统计共现主题词的词频,对高频主题词构建共词矩阵,对矩阵运用 SPSS22.0 进行聚类分析,即将共词矩阵中主题词按出现的频次时序、距离远近进行运算,将距离较近的主题词聚类,形成一个个群组,用共词形成的词簇来展现不同主题。[3] 每个阶段不同的群组反映这一时期政策聚焦点的变化,通过政策聚焦点变化反映这一时期政策特点和政策主题,以此研判政策的演变规律和变迁趋势。

三、高校毕业生就业政策变迁的实证分析

自新中国成立以来,我国改变民国时期高校毕业生自谋职业的就业方式,调整为国家有计划地进行分配,为新中国建设集聚人才资源,这有利于实现快速恢复生产和发展经济的目标。随着经济的发展以及高校扩招政策的实施,毕业生数量增多,就业呈现出结构性矛盾,形势日益严峻。党的十七大提出积极做好高校毕业生就业工作,党的十八报告提出就业是民生之本,积极推动实现高质量就业,党的十九大报告更是提出就业是最大的民生问题,提出实现更高质量和更充分就业,足见政府对就业问题的重视。大学生就业状况是衡量国家高层次人才资源配置效率的关键,大学生高质量充分就业是人才强国战略实施的保障,因此,国家极为重视大学生就业问题。从政策数量分析,从 1949 年至 1984 年第一阶段共 16 份增长至 2017 年一年 21 份,可见政府对就业问题的注意力在提高。我们亟需系统梳理毕业生就业政策文本,领会政策的精神实质,促进就业政策系统的完善,以实现积极地指导毕业生就业。

---

〔1〕 张稚鲲、李文林主编:《信息检索与利用》(中医院校用),南京大学出版社 2015 年版,第 32~33 页。

〔2〕 黄萃、赵培强、李江:《基于共词分析的中国科技创新政策变迁量化分析》,载《中国行政管理》2015 年第 9 期,第 116 页。

〔3〕 黄萃、赵培强、李江:《基于共词分析的中国科技创新政策变迁量化分析》,载《中国行政管理》2015 年第 9 期,第 116~117 页。

（一）国家分配阶段：1949—1984 年

自新中国成立始，我国高校毕业生即实施国家分配的就业政策，这一阶段国家建设急需大量优秀人才，毕业生数量少，在供不应求的时代背景下，国家分配政策能保证优秀人才更好地服务于国家经济发展和社会建设。这一时期共收集政策文本 16 份，提取重要主题词，并按词频进行统计，见于表 1：

表 1　1949—1984 年高校毕业生就业政策高频主题词

主题词	频　数	主题词	频　数	主题词	频　数
国家分配	14	服从	4	派遣	4
计划	3	调配	3	配备	2
学用一致	3	集中	2	说服	2
思想政治教育	3	国家利益	2	抽成调剂	2

通过对表 1 中的 12 个重要主题词构建共词矩阵，并进行聚类分析，可知这一时期高校毕业生就业政策聚焦为三个群组：国家分配、国家利益、抽成调剂。为全面而详细了解这一时期每个就业政策群组所代表的具体涵义，回顾分析包含该主题词的政策文本，并对聚焦点标志性政策的主要内容进行详细分析，综合表 1、图 2 可知：①国家分配。在国家建设的重要时期，本着学用一致的原则，我国形成按指标进行派遣的分配模式。《关于 1952 年暑假全国高等学校毕业生统筹分配工作的指示》中进一步提出"集中使用，重点配备"，如果不符合学用一致或其他特殊情况，可由相关负责部门进行调配，提高人才资源的配置效率。②国家利益。在新中国建设阶段，以满足国家需要为目标的国家统包统分模式在满足国家人才需求方面有明显的优势。该模式以国家利益、人民利益为重，通过积极说服、思想教育等方式，引导毕业生服从国家分配。③抽成调剂。统包统分模式在取得明显成效的同时，弊端日益明显。国家统一分配，缺少竞争机制，致使人才服务地方经济发展的积极性不足。为了更合理配置资源和适应经济政治体制改革的需求，中央实施抽成调剂。从《关于 1960 年至 1962 年高等学校理工科毕业生分配问题的报告》中中央在部门主管院校和地方院校抽成四成进行调剂分配，余下由地方分配，至《关于改进 1981 年普通高等学校毕业生分配工作的报告》中央抽成 10%~

20%进行调剂分配,可见中央政府在逐渐增加地方政府的分配权利。

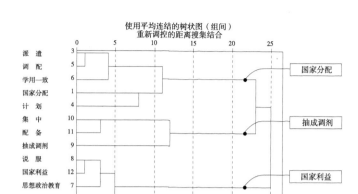

图2　1949—1984 年高校毕业生就业政策主题词聚类图

(二)供需见面,双向选择阶段:1985—1997 年

为满足经济和社会发展对高层次人才的需求,积极调动毕业生和用人单位的积极性,在国家制度安排下,逐渐形成了供需见面、双向选择的就业模式。随着市场经济的发展,尤其是招生并轨后,逐渐形成系统的信息网络,加强对就业市场的监管和毕业生的就业指导,形成了兼顾国家利益和个人发展的人才配置方式。与第一阶段相比,第二阶段的政策数量增加至 34 份,提取高频主题词,并按统计频次进行排序,见于表2:

表2　1985—1997 年高校毕业生就业政策高频主题词

主题词	频　数	主题词	频　数	主题词	频　数
双向选择	12	供需见面	11	自主择业	9
计划招生	7	就业市场	6	就业指导	5
国家分配	5	就业计划	4	招生并轨	4

通过对表2中高频主题词构建共词矩阵并进行聚类分析,可知这一阶段毕业生就业政策聚类为三个群组:就业和招生方式、就业指导、就业市场。

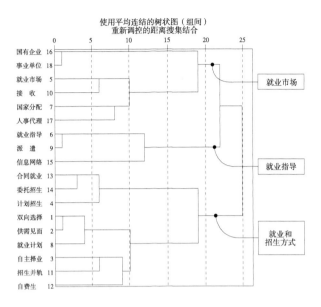

图 3　1985—1997 年高校毕业生就业政策主题词聚类图

综合高频主题词表 2 和聚类图 3，分析这一阶段政策聚焦点：①就业和招生方式。随着教育体制和毕业生分配制度的改革，在国家计划安排下，招生方式以国家计划招生为主、辅之委托培养和计划外招生，就业也呈现不同方式，计划内招生初步形成供需见面、双向选择的就业模式，委托招生实施合同就业，自费生在招生并轨后实施自主择业。②就业市场。在毕业生接收方面，计划招生的毕业生在国家计划安排下，学校和用人单位按国家分配计划接收毕业生，形成以国有企业和事业单位为主的就业市场。③就业指导。为提高毕业生的就业能力，增强就业竞争力，应积极发挥就业指导机构的作用，重视和加强就业培训，强化就业服务。

（三）自主择业阶段：1998—2018 年

自主择业是毕业生就业政策由国家主导向市场主导范式转变的结果。自主择业全面试行阶段依然以国家利益为导向，更多体现政策权威对市场经济体制和高等教育体制改革的回应。[1] 自主择业阶段的市场导向体现为市场经

---

〔1〕　徐自强、龚怡祖：《我国高校毕业生就业政策的范式转移研究——基于政策文本的内容分析》，载《大学教育科学》2013 年第 1 期，第 103 页。

济对毕业生就业能力要求日益提高的现实，高校成立专门的就业机构，进行就业培训和指导，提高毕业生的就业技能。国家关注和支持高等教育发展，随着招生规模的扩大，就业形势日益严峻，就业政策中不仅关注国家利益需求，也关注学校和用人单位的利益需求，同时逐渐体现毕业生的个人利益诉求，如对毕业生创业提供税收、收费等优惠。为缓解城市就业压力，提高就业率，自 2003 年起国家开始出台多项单项政策促进毕业生就业，如鼓励毕业生到基层就业，提供基层就业岗位，为基层就业毕业生提供多重保障措施。随着大数据技术的发展和成熟，用于指导毕业生就业，可以实现供需信息的有效对接，提高信息有效性，实现精准就业。可见自主择业阶段，毕业生就业政策主题呈现出明显的不同，政策思想和政策目标也发生了明显变化。从自主择业全面试行期关注就业数量，鼓励毕业生到中小微企业和基层就业，支持毕业生创业，其政策目标是提高毕业生就业数量，实现充分就业。到政府提出高质量充分就业后，政策的关注点和目标就不仅仅关注就业数量，还关注就业质量，在主题聚焦点上的表现就是精准就业，提供精准服务，实现信息的有效对接，提高就业质量。从政策工具视角来看，中央政府不仅重视人才培养，同时积极关注就业指导服务，对毕业生就业以策略性影响为主，如完善就业市场、提供财政补助和法律援助等。政府对扩大市场需求和促进就业方面还有提升空间。[1] 因此，对自主择业时期的政策进行细分，能明确政策的指导思想和政策目标，有助于指导教育部门和学校有针对地指导毕业生就业。

1. 自主择业全面试行阶段：1998—2002 年

随着《面向 21 世纪教育振兴行动计划》的实施，我国积极发展高等教育，教育规模稳步扩大，随着毕业生数量的增加，就业问题越发凸显。自这一阶段起，我国毕业生就业进入自主择业的全面试行阶段。发文数量增多至 30 份，年均 6 份，年均政策发文量明显增多。由此可见，随着政策范式的变迁，实施以市场为主导的就业制度安排，政府的宏观调控力度并没有减弱。提取政策主题词，并按频次进行排序，见于表 3：

〔1〕 葛蕾蕾、方诗禹、杨帆：《政策工具视角下的高校毕业生就业政策文本量化分析》，载《国家行政学院学报》2018 年第 6 期，第 168 页。

表 3 1998—2002 年高校毕业生就业政策高频主题词

主题词	频 数	主题词	频 数	主题词	频 数
基层就业	7	培训	5	结构性矛盾	4
就业指导	6	国有企业	5	事业单位	4
双向选择	6	农村	5	非公企业	3
人才市场	5	自主择业	5	科教兴国	3

通过对表 3 中主题词构建共词矩阵，进行聚类分析，可知这一阶段的毕业生就业政策的政策聚焦为三大群组：自主择业、就业渠道、人才市场。综合高频主题词表 3 和聚类图 4，并对这一阶段的标志性政策进行梳理，分析政策主要内容，得到这一阶段政策指导思想变化显著：①就业渠道。在自主择业全面试行阶段，不仅要做好国家机关、事业单位及国有企业对毕业生的接收工作，同时积极鼓励并及时疏通毕业生到非公有制经济单位就业，拓宽就业渠道。《关于选拔高校毕业生到农村基层工作有关问题的通知》的颁布，为鼓励和选拔毕业生到农村基层工作，积极落实毕业生参与支教、支医、支农及扶贫等农村基层工作提供了政策依据。②人才市场。为了合理配置毕业生资源，要以市场为导向进行人才培养模式和专业结构设置，构建以高校校园市场为主，允许和规范社会组织、中介组织进入的人才市场。政府应该强化就业市场监管，加强信息系统建设，实现毕业生就业市场从传统的劳动密集型管理向以信息技术为基础的现代管理模式转变。③自主择业。随着科教兴国战略的实施，国家加大对高校发展的支持力度，自 1999 年实施扩招以来，毕业生数量增多，就业压力增大，高等教育更加注重素质教育和职业能力培养，提高毕业生的就业能力，就业模式从自费生自主择业、在一定范围内的自主择业转向全面自主择业。

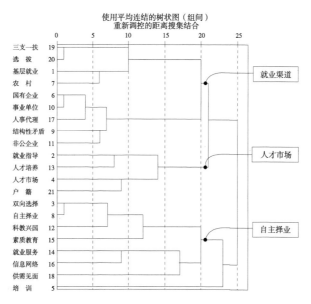

图4　1998—2002 年高校毕业生就业政策主题词聚类图

2. 就业促进阶段：2003—2009 年

随着人才强国战略的实施，国家高度重视高层次人才的培养，以实现人才资源大国向人才资源强国的转变。国家积极支持高校发展，高校规模持续扩大，毕业生数量继续增加，就业形势更加严峻。2003 年作为扩招后本科毕业的首年，毕业生人数达到 212 万人，相比 2002 年增长 46.2%，就业形势日益严峻，市场导向的自主择业就业模式迫切需要政府发挥宏观调控作用。政府出台多项单项政策积极促进毕业生就业，在一定程度上取得了积极效果。这一阶段收集政策文本 56 份，提取主题词 174 个，并按统计频次对大于 4 的主题词进行排序，如表 4：

表4　2003—2009 年高校毕业生就业政策高频主题词

主题词	频　数	主题词	频　数	主题词	频　数
基层就业	29	就业促进	11	援助	6
自主创业	19	西部计划	9	就业能力	5
就业见习	17	非公企业	9	生活补贴	6

续表

主题词	频　数	主题词	频　数	主题词	频　数
灵活就业	12	就业服务	9	专项经费	5
就业指导	11	中小企业	8	到村任职	5
培训	11	就业信息	7	创业带动就业	4
三支一扶	11	就业观	6		

对表4中的高频主题词构建共词矩阵并进行聚类分析，得知这一阶段毕业生就业政策聚类为六个群组：就业观、基层就业、保障措施、就业促进、就业率、就业指导。综合高频主题词表4和聚类图5，梳理标志性政策，分析关键性内容，可知这一阶段的政策关注：①就业观。信息技术的发展及就业信息不对称的共存，需要积极宣传并构建新的就业观，相关部门积极制定保障政策，加大对中小企业、非公企业等吸纳高校毕业生的政策支持力度，促使其积极吸纳毕业生。②保障措施。为鼓励毕业生到基层就业，逐渐完善相应保障措施。如给予生活补贴，提供社会保险、划拨专项经费、发放服务证等措施鼓励毕业生到基层就业。③基层就业。为促进就业，自2003年起政府出台多项单项政策，如三支一扶、西部计划、特岗计划、到村任职等，鼓励和支持毕业生到基层就业。并给与相应的补贴和优惠政策。受城乡二元体制的制约和单项就业政策就业方式短期性特点的约束，从长远来看，对解决就业问题的效果并不明显。④就业促进。促进高校毕业生就业是一项事关社会稳定的重大问题。国家实施积极就业政策，多渠道创造就业岗位，实现促进毕业生就业的目标。通过提供就业培训、创业培训、优化创业环境等服务提高就业和创业能力，实现创业带动就业，并积极帮助就业困难者就业，全方位促进就业。⑤就业率。就业率作为客观反映毕业生就业情况的指标，[1] 是政府促进就业的一项重要政策工具。不仅作为高校专业调整的依据，而且作为评估高校绩效的重要指标，[2] 有利于促进高校为实现毕业生就业而采取积极措施，如加强就业指导培训、积极举办招聘会等。可见做好高校毕业生的

---

〔1〕　黄敬宝：《教育扩展与大学生就业率的变化》，载《北京社会科学》2007年第3期，第38页。

〔2〕　徐自强、龚怡祖：《我国高校毕业生就业政策的范式转移研究——基于政策文本的内容分析》，载《大学教育科学》2013年第1期，第102页。

就业统计，不仅可以直观了解毕业生就业情况，而且可以发挥就业率的专业结构调整功能，实现专业设置更好地服务于市场需求和国家需求。为提高毕业生就业率，将就业率纳入高校评估指标体系，以就业为导向统筹管理高校的专业设置，可以更好促进毕业生就业。⑥就业指导。借助网络信息技术，建立现代化就业服务体系，通过就业信息网络为毕业生提供政策咨询和就业指导，实现供需信息的对接和共享，提高人岗的匹配度。对就业困难的群体进行帮扶，包括提供就业信息、进行就业培训、提供临时就业岗位等。

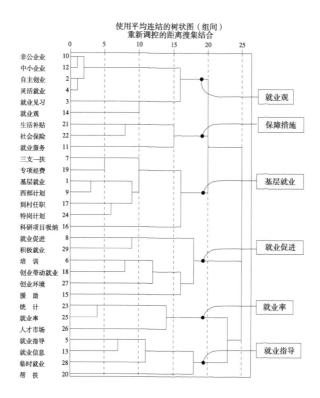

图5　2003—2009 年高校毕业生就业政策主题词聚类图

3. 就业优先阶段：2010—2015 年

受金融危机的持续影响，全球经济增长速度呈现放缓的趋势，我国经济发展进入新常态。政府更加关注民生问题，但是就业总量压力大和结构性矛盾共存，使得就业问题更加凸显，因此，这一阶段提出就业优先的指导战略。

这一阶段共收集政策文本 156 份，提取文本中的重要主题词，见于表 5。

表5　2010—2015 年高校毕业生就业政策高频主题词

主题词	频　数	主题词	频　数	主题词	频　数
网络招聘	42	就业见习	17	就业服务	16
离校未就业	27	培训	16	援助	10
公共服务立体化平台	23	网络平台	15	自主创业	10
就业促进	18	实名登记	12	现场招聘	9
就业指导	17	公共就业	17	就业信息	9

对表 5 中的重要主题词构建共词矩阵，进行聚类分析，得出这一阶段的聚类群组为：就业优先、就业促进、就业网络和招聘方式。

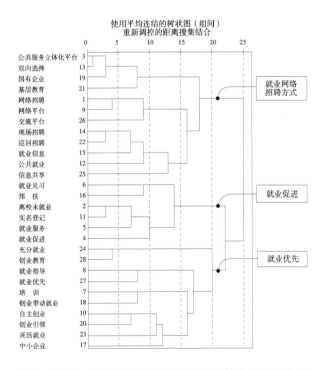

图6　2010—2015 年高校毕业生就业政策主题词聚类图

结合高频主题词表 5 和政策聚类图 6，可知这一阶段的政策着力点为：①就业优先。《十二五规划纲要》中提出就业优先战略，提出要把就业放到重要的位置，凸显就业在经济发展中的重要地位，把就业当作最大的民生问题，大学生就业是就业中要重点解决的问题，因为关系国家建设和社会秩序的稳定。各部门积极通过就业指导、职业培训等方式提高毕业生就业能力，增强就业竞争力。同时支持和鼓励毕业生到中小企业就业、自主创业，扩宽就业渠道，优先解决就业问题。国家还出台《关于实施大学生"创业引领计划"的通知》，给予创业指导、进行创业培训、开展创业教育，提高创业技能，实现创业带动就业。国家实施积极就业政策，落实就业支持政策，稳定毕业生就业形势，提高就业质量。②就业网络和招聘方式。为减少就业信息的不对称，信息时代依托公共服务立体化平台、网络联盟等成立就业信息服务系统，实现信息的交流、共享，提高人岗匹配度，不仅增加就业机会，而且提高就业质量。为增加就业机会，采取多元招聘方式，如网络招聘、现场招聘、巡回招聘、专场招聘等，为毕业生提供多元化的应聘渠道，扩大就业规模。③就业促进。这一阶段就业促进依然是关注的重点。为了更好促进就业，提供有针对性就业服务、提供就业见习机会，提高就业能力，构建解决就业问题的长效机制。对离校未就业毕业生采取实名登记，进行有针对性就业指导，给予培训补助，进行重点帮扶等促进这一群体的充分就业。

4. 精准就业阶段：2016—2018 年

大数据技术对生产和生活产生了极大的影响，对就业政策体系的影响体现在以精准服务推进就业，减少由于信息不对称而造成的就业不充分，提高就业指导和就业帮扶的针对性，实现高质量充分就业。这一阶段收集政策文本 54 份，年均 18 份，提取文本主题词 101 个，将频次大于 3 的主题词并按词频的时序排列，见于表 6。

表6　2016—2018 年高校毕业生就业政策高频主题词

主题词	频　数	主题词	频　数	主题词	频　数
网络招聘	16	网络平台	9	基层就业	5
就业创业	14	离校未就业	5	提升能力	4

主题词	频数	主题词	频数	主题词	频数
精准服务	14	公共服务立体化平台	8	精准推送	4
创新创业	10	创业促进就业	6	就业指导	6
帮扶	9	一站式服务	4	中小企业	4

对这一阶段的高频主题词构建共词矩阵，进行聚类分析，可知有三个政策群组：精准就业、就业优先、开发新岗位。

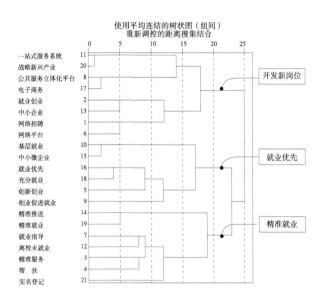

图 7　2016—2018 年高校毕业生就业政策主题词聚类图

综合高频主题词表 6 及政策聚类图 7，分析本阶段的政策聚焦点：①开发新岗位。国家积极扶持战略新兴产业和电子商务行业的发展，为高校毕业生提供更为优质的就业岗位。为提高就业服务质量，建立一站式服务系统，充分挖掘人才市场的就业信息，通过公共服务立体化平台、就业联盟网等网络平台实现供需信息的共享，减少信息交流的障碍，实现充分就业。②就业优先。发挥政府宏观调控作用，继续实施就业优先的战略，解决结构性供需矛盾。积极完善毕业生在中小微企业就业、吸纳能力强企业就业、基层就业相关保障措施，扩大就业范围和就业规模。鼓励创新创业，提供和培育创业平台、优化创业环境、融入创业教育、拓宽融资渠道等实现创业促进就业，实现就业优先的战略目标。③精准就业。教育部办公厅《关于开展全国普通高校毕业生精准就业服务工作的通知》的发布，标志高校毕业生就业政策进入精准就业阶段。搭建网络化服务平台，建立供需信息数据库，实现就业和招聘信息的精准推送，提高就业服务和帮扶的针对性，实现毕业生高质量就业。这一阶段依然关注离校未就业群体，完善实名制精准服务制度，逐个联系、逐一了解未就业毕业生需求，提供职业指导和职业培训，帮助制定个性化求职就业方案，同时深入挖掘岗位信息、了解用人需求，指导用人单位合理设置招聘条件，向用人单位推送未就业毕业生信息，积极促进人岗匹配。通过提供精准服务、精准指导、实名登记等措施实现供需信息的精准对接。大数据时代的精细化服务，通过提高服务质量，提升数据信息的价值，提供个性化服务，实现就业率和就业质量的双提高。

四、结论

本文采用政策文本量化分析，通过词频统计和共词聚类分析，借助主题词聚类和聚焦点帮助我们全面分析高校毕业生就业政策不同阶段的政策特征及其变迁。通过对高校毕业生就业政策的实证分析发现每个阶段的政策聚焦点有显著历史演进关系，既有范式的变迁（从国家分配到自主择业的转变），又有渐进变化，即自主择业阶段的就业促进、就业优先、精准就业的变化均为市场主导的自主择业模式，只是每个阶段政策的核心思想侧重有所不同。可见高校毕业生就业政策变迁过程不是简单的替代，而是范式变迁和渐进变化互相交替的过程。本文主要贡献是对自主择业阶段的政策，依据高频主题词和共词聚类的结果进行客观地分析，划分为全面试行、就业促进、就业优先和精准就业等阶段。划分意义在于明确每个阶段的政策指导思想，总结阶段变迁的规律，不仅指导现阶段毕业生就业，同时预估未来就业形势和问题，对解决毕业生就业问题可以起到一定指导作用。本文分析比较了三个阶段高校毕业生就业政策文献主题词的聚类结果，初步形成了高校毕业生就业政策变迁的轨迹，为更形象化展示政策聚焦点的变化，用可视化的图形进行演示。

表 7　各阶段核心聚焦点的标志性政策及主要内容

内容 阶段	核心 聚焦点	代表性政策	政策主要或关键内容
1949 至 1984	国家分配 国家利益 抽成调剂	《关于改革学制的决定》 《关于加强高等学校毕业生思想政治教育工作的联合通知》	高等学校毕业生的工作由政府分配。 国家对毕业生实行计划分配，应该根据国家需要来考虑个人志向，把国家利益、人民利益放在首位。
1985 至 1997	就业方式 就业市场 就业指导	《中共中央关于教育体制改革的决定》 《关于做好 1995 年全国高等学校毕业生接收工作的通知》 《关于继续做好 1996 年高校毕业生和毕业研究生就业工作的通知》	计划招生由本人选报志愿、学校推荐、用人单位择优录用的制度。委托招生应按合同规定到委托单位工作。 指导国有企业根据自身发展的需要，积极接收毕业生。积极为事业单位接收毕业生创造条件。 做好毕业教育和就业指导工作，保证毕业生顺利就业。
1998 至 2002	自主择业 人才市场 就业渠道	《面向 21 世纪教育振兴行动计划》 《关于做好 2001 年全国高等学校毕业生接收工作的通知》	由学校和有关部门推荐、通过人才劳务市场双向选择、自主择业的毕业生就业制度。 充分发挥人才市场作用，切实做好高校毕业生接收服务工作，指导和推动毕业生通过人才市场自主择业。

续表

阶段 \ 内容	核心聚焦点	代表性政策	政策主要或关键内容
2003 至 2009	就业促进 基层就业 就业观 就业率 就业指导 就业促进	《国务院关于做好促进就业工作的通知》 《关于引导和鼓励高校毕业生面向基层就业的意见》 《关于进一步做好促进高校毕业生就业工作的意见》	鼓励、支持和引导个体、私营等非公有制经济发展以及加快发展服务业等促进就业。 引导大学生树立正确的世界观、人生观、价值观和就业观，踊跃到基层锻炼成才。 建立网上就业服务体系，向毕业生提供就业政策指导，实现供需对接。
2010 至 2015	就业优先 就业促进 就业网络 和招聘方式	《十二五规划纲要》 《关于实施2010高校毕业生就业推进行动大力促进高校毕业生就业的通知》	坚持把促进就业放在优先位置，健全劳动者自主择业、市场调节就业、政府促进就业相结合的机制。 建立并完善促进高校毕业生就业的长效机制。
2016 至 2018	精准就业 就业优先 开发新岗位	《关于开展全国普通高校毕业生精准就业服务工作的通知》 《关于进一步做好新形势下就业创业工作的意见》	精准就业服务是提升就业指导服务水平、做好新形势下高校毕业生就业创业工作的必然要求。 党中央、国务院高度重视，坚持把稳定和扩大就业作为宏观调控的重要目标，大力实施就业优先战略。

通过图、表的研究发现，受不同经济体制和政治环境的影响，高校毕业生就业政策的关注点出现规律性变迁：①就业模式。在新中国成立之初的计划经济时期为快速发展经济，国家亟需人才服务经济发展和社会建设，于是实施国家分配的就业模式。在计划经济向社会主义市场经济转变阶段，就业模式转向供需见面、双向选择，在实现国家利益的同时，兼顾教育部门、学

校的利益，由学校作为向社会推荐人才的主要主体，安排供需见面，毕业生和用人单位进行双向选择。随着高校扩招，招生规模不断扩大、毕业生数量增加，就业压力增大，逐渐实施以市场为主导、政府宏观调控的自主择业模式，这种模式可以避免国家分配导致大学生消极的学习态度和分配不对口而形成的工作消极性。自主择业模式对毕业生的就业能力要求提高，对专业需求更明确，有利于调动学生的学习积极性和高校专业设置的合理性，有利于促进高校培养模式的改革。为了更好发挥就业政策的导向作用，自主择业时期的就业主题细分为：全面试行、就业促进、就业优先、精准就业，为实现高质量充分就业提供政策依据和指导思想。在自主择业初期的全面试行阶段，政府拓宽毕业生就业渠道，鼓励毕业生到非公企业就业，鼓励和支持毕业生自主创业，通过给予税费优惠、收费减免、提供资金支持等措施达到促进就业的目的，并逐渐允许中介组织和社会组织介入规范的人才市场；就业促进阶段，鼓励毕业生到基层和中小企业就业，提供就业指导和就业服务，促进就业率的提高；就业优先阶段，国家出台创业引领计划，优化创业环境、加强就业培训、开展创业教育、给予创业指导等实现创业带动就业，提供多种招聘方式，搭建一体化信息平台，实现供需信息对接，优先解决毕业生就业问题；精准就业阶段提供精准就业、创业培训和服务，鼓励创新创业，通过融入创业教育、开展创业培训、拓宽融资渠道、开创创业平台等实现创业促进就业。②就业市场。从建国初期包分配、包当干部以机关和国有企事业单位为主的就业市场，发展到社会主义市场经济阶段，允许和规范社会组织中介组织介入职业介绍的人才市场，需要毕业生转变就业观念，提高就业能力。鼓励毕业生到中小企业、非公企业、基层就业，逐渐形成以信息技术为基础的现代化人才市场。为扩大就业范围，积极调整产业结构，发展第三产业和战略新兴产业，努力开发新岗位，为毕业生提供渠道更广、更成熟的人力资源市场，同时加强市场监管，实现公平就业。③就业支持。面对严峻的就业形势，为实现毕业生充分就业，建立并完善政策支持系统，变迁体现在：就业指导经历了从无专业指导机构到建立专业指导机构、到配备专业师资开设专业就业指导课程的转变。就业指导从普遍性转向专业性、针对性、精准性，有效提高毕业生的就业能力。传统时代的就业网络不能实现信息的有效传递和共享，限制了毕业生和就业单位之间信息交流，呈现出结构性矛盾，导致用人单位招不到合适的人才和毕业生找不到合适岗位共存的现象。在网络技术支持下，建立起信息共享和均衡的就业网络，实现就业和招聘信息的供需平衡，促进毕业生资源的合理配置。[1] 逐渐完善就业服务体系，依赖公共服务立体化平台、网络平台、一站式服务系统等实现就业信息的精准推送和对接，建立就业市场、就业生、培养单位的大数据信息系统，不仅实现信息的收集和发布，而且通过信息挖掘，实现预判和提供个性化服务，构建服务、指引、帮扶、考核四位一体的精准就业服务体系，[2] 从而减少信息不对称而引致的就业不充分，同时要加大技术开发力度，实现信息安全、数据安全，创新服务模式，助力精细化服务。加强对中小企业和基层就业和非公企业就业的保障措施，解决户籍、社保等相关保障，积极推动毕业生就业。从图上看政策支持的发展曲线规律性不明显，说明高校毕业生就业政策的支持体系还需完善和调整，才能积极服务于毕业生充分就业。

随着大数据技术的发展和人工智能的应用，毕业生就业政策将会更加精准和智慧地服务毕业生和用人单位，精准信息识别从招生和培养阶段起始，实现就业信息的精准对接，提高人岗的匹配度，进入智慧就业时代。

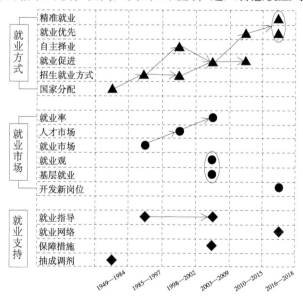

图8　高校毕业生就业政策聚焦点可视图

〔1〕　韦颖：《改革开放以来我国大学生就业政策的变迁——基于支持联盟框架的分析》，载《高等教育研究》2015年第5期，第53页。

〔2〕　王美丽：《大数据时代高校精准就业服务工作研究》，载《思想理论教育》2016年第6期，第86~87页。

原始积累与资本主义发展

——马克思资本原始积累理论探析

徐宝剑*

摘　要： 马克思原始积累理论是马克思资本积累理论的重要组成部分，具有丰富的内涵。原始积累不仅存在于资本主义诞生初期，而且在资本主义发展的全过程中都持续发挥着重要作用，并不断变换出新的形式。原始积累是资本主义的内在要求，对资本主义的存在和发展具有重要意义。

关键词： 原始积累　持续　过度积累

《资本论》中马克思对原始积累的论述，主要是对以亚当·斯密为代表的古典政治经济学家关于原始积累观点的反驳，揭露原始积累的过程不是"田园诗"，资本的获得也不是源于资本家的节俭和勤劳，而是与暴力和掠夺紧紧联系在一起。马克思运用科学的唯物史观和逻辑与历史相统一的方法，创造性地分析了资本主义生产方式产生的前提与过程，分析了资本家与雇佣劳动者的形成过程，分析了资本原始积累发生的基本动因、主要过程和主要方法，是资本主义生产理论的重要一环。如何理解原始积累，关系到如何理解资本积累理论，如何看待

---

*　徐宝剑，中国政法大学马克思主义学院博士研究生（100088）。

资本主义的发展过程和资本主义的本质特征。

一、马克思原始积累概念的内涵

马克思的原始积累概念具有丰富的内涵。"原始积累"一词包含两个部分"原始"和"积累",通过这两部分界定了原始积累的涵义。"原始"两个字在马克思的语境里有两方面的意义:①指时间和逻辑上的在前,是指资本主义之前。按照马克思的生产理论,资本主义要持续存在就必须不断积累资本,资本积累是通过剩余价值转化为资本扩大再生产来实现的,但剩余价值的生产是在资本主义生产过程中实现的,也就是说"资本积累以剩余价值为前提,剩余价值以资本主义生产为前提,而资本主义生产又以商品生产者握有较大量的资本和劳动力为前提"。[1] 必须假定在资本主义之前有一种原始积累来创造资本主义生产的条件,"单个商品生产者手中一定程度的资本积累,是特殊的资本主义的生产方式的前提。因此,在从手工业到资本主义生产的过渡中,我们必须假定已经有这种积累。这种积累可以叫作原始积累,因为它不是特殊的资本主义的生产的历史结果,而是这种生产的历史基础。"[2] 原始积累解释了初始资本从何而来,自由劳动者如何产生,进而资本主义生产关系如何确立的问题。②指积累方式的特殊性,与资本主义时期生产过程中的资本积累不同,是一种比较野蛮的行为。资本主义生产过程中的积累是生产性积累,而原始积累具有与资本主义生产性积累相区别的性质,具有非生产性。马克思时期的政治经济学家鼓吹原始积累是田园诗式的自然过程,是上帝的安排,资本主义从起源到发展是一部经济的自然发展史。马克思对这一说法进行了驳斥。马克思用大量史实说明,原始积累是与掠夺和暴力紧紧结合在一起的,是依靠国家权力来实现的,这一过程毫无诗意可言。"事实上,原始积累的方法决不是田园诗式的东西"[3],而是"用最残酷无情的野蛮手段,在最下流、最龌龊、最卑鄙和最可恶的贪欲的驱使下完成的"[4]。因此,原始积累之所以原始,并不仅仅是因为其发生在资本主义之前,更是因为其非经济非生产的特性。"所有这些方法都利用国家权力,也就是利用集中的、有组织的社会暴力,来大力促进从封建生产方式向资本主义生产方式的转化

---

〔1〕 [德] 马克思:《资本论》,人民出版社 2004 年版,第 820 页。
〔2〕 [德] 马克思:《资本论》,人民出版社 2004 年版,第 720 页。
〔3〕 [德] 马克思:《资本论》,人民出版社 2004 年版,第 821 页。
〔4〕 [德] 马克思:《资本论》,人民出版社 2004 年版,第 873 页。

过程，缩短过渡时间”。[1]

"积累"一词是指资本积累。马克思认为，"资本不是一种物，而是一种以物为中介的人和人之间的社会关系。""生产资料和生活资料，作为直接生产者的财产，不是资本。它们只有在同时还充当剥削和统治工人的手段的条件下，才成为资本。"[2] 所以，资本积累不仅仅是货币财富的积累，更重要的是雇佣劳动关系的建立，是货币财富转化为扩大再生产。原始积累概括起来就是以非经济的方式，依靠国家权力和暴力，通过掠夺和强制方式制造失去生产资料的自由劳动者，攫取货币财富，确立资本主义生产方式的过程。马克思以西欧特别是英国的社会发展为例，从三方面阐述了原始积累的主要内容：①圈地运动促使劳动者与生产资料的分离，制造大量一无所有的自由劳动者。马克思对自由劳动者的定义是："他们本身既不像奴隶、农奴等等那样，直接属于生产资料之列，也不像自耕农等等那样，有生产资料属于他们，相反地，他们脱离生产资料而自由了，同生产资料分离了，失去了生产资料"。[3] 这些自由劳动者不是自然产生的，一方面，劳动者从农奴地位和封建行会的束缚下解放出来，获得了人身自由，另一方面，又被剥夺了一切生产资料和旧封建制度给予他们的一切保障之后成为自身的出卖者。圈地运动赶走农村居民，剥夺农民土地，大量的农民和其他劳动者失去生产资料，变为一无所有的自由劳动者，为资本主义生产提供源源不断的劳动力。"掠夺教会地产，欺骗性地出让国有土地，盗窃公有土地，用剥夺方法、用残暴的恐怖手段把封建财产和克兰财产转化为现代私有财产……为城市工业造成了不受法律保护的无产阶级的必要供给"。[4] ②通过海外殖民和国债、税收、保护关税等方式为资本家掠夺积累大量货币财富，转化为资本。殖民制度在早期资本主义发展中起着决定作用，在欧洲以外直接靠掠夺、奴役和杀人越货而夺来的财宝，源源流入宗主国，转化为资本，推动了国内资本主义的发展，"标志着资本主义生产时代的曙光"是随着"美洲金银产地的发现，土著居民的被剿灭、被奴役和被埋葬于矿井，对东印度开始进行的征服和掠夺，非洲变成商业性地猎获黑人的场所……"[5] 而出现的。国债制度也是原始积累的

---

[1]　[德] 马克思：《资本论》，人民出版社 2004 年版，第 861 页。
[2]　[德] 马克思：《资本论》，人民出版社 2004 年版，第 878 页。
[3]　[德] 马克思：《资本论》，人民出版社 2004 年版，第 821 页。
[4]　[德] 马克思：《资本论》，人民出版社 2004 年版，第 842 页。
[5]　[德] 马克思：《资本论》，人民出版社 2004 年版，第 861 页。

最强有力的手段之一，这一制度造就了食利者阶级，使金融家大发横财，进一步推动了交易所投机和银行的兴盛，并因为随之而产生的国际信用制度，使资本走出国界，成为一些国家原始积累的来源。现代税收制度是对一切中等阶级下层分子的暴力剥夺，公债和与之相适应的财政制度在财富的资本化和对群众的剥夺中发挥了重大作用。保护关税制度是"制造工厂主、剥夺独立劳动者、使国民的生产资料和生活资料资本化、强行缩短从旧生产方式向现代生产方式的过渡的一种人为手段"，它把国库的资金补助给工业家成为原始资本，掠夺本国人民的同时摧毁了附属邻国的一切工业。③通过血腥立法等强制劳动者走进工厂，确立雇佣劳动关系。当具备了可以转化为资本的财富和可以转变为雇佣劳动者的自由劳动者两个因素后，并不意味着资本主义的生产关系就能够建立起来。必须让自由劳动者走进工厂，让资本家去剥削，才能真正确立资本主义生产方式。马克思指出，"单是在一极有劳动条件作为资本出现，在另一极有除了劳动力以外没有东西可出卖的人，还是不够的。这还不足以迫使他们自愿地出卖自己"[1]。那些因为封建家臣的解散和被剥夺土地而产生的大量无产阶级，大批地转化为乞丐、盗贼、流浪者。必须采取一定的措施，让劳动者出卖自己的劳动力，从而让资本与这些自由劳动者结合起来，建立起资本主义的生产关系。国家颁布了惩治流浪者的血腥法律，强迫其出卖自己的劳动力，成为雇佣劳动者，"这样，被暴力剥夺了土地、被驱赶出来而变成了流浪者的农村居民，由于这些古怪的恐怖的法律，通过鞭打、烙印、酷刑，被迫习惯于雇佣劳动制度所必需的纪律"[2]。同时，资产阶级还动用国家立法，将工资强制限制在有利于赚钱的界限内，强制延长工作日，限制工人解除雇佣契约，禁止工人结社。就这样，通过国家强制力，资本主义的生产关系得以确立起来。

二、原始积累在资本主义发展过程中持续发挥作用

原始积累不仅存在于前资本主义向资本主义的过渡阶段，在资本主义确立后，原始积累并没有消失，在资本主义向非资本主义的渗透和扩张中原始积累发挥着主要作用，在资本主义发展过程中，掠夺、暴力、强制等非生产性（非经济）的原始积累，通过更加隐秘的方式依然不同程度在使用。"原始积累在资本主义发展过程中，是一股关键的力量——不仅是在资本主义之前

---

〔1〕 ［德］马克思：《资本论》，人民出版社 2004 年版，第 821 页。
〔2〕 ［德］马克思：《资本论》，人民出版社 2004 年版，第 821 页。

的过去，或甚至在某些幻想出来的封建社会突然变成资本主义的时刻。而是，原始积累作为资本主义发展的一部分，一直在扮演着角色。"[1]

第一，资本主义扩张过程中原始积累发挥主要作用。资本主义生产方式不是同时在各地建立的，其确立全球的统治地位是一个漫长的过程，最早在西欧发展起来。在欧美等地建立资本主义时，世界上绝大多数地区仍然处于非资本主义生产方式统治之下。资本主义建立之初，扩大积累的内在要求促使其向全球扩张，将所有地区都纳入资本主义体系之中，国家权力支撑的暴力和掠夺是其首要选择。罗莎·卢森堡就认为，"强力是资本所采用的唯一解决方法。作为一个历史过程来看，资本的积累不仅在它诞生时，而且直至今日，都使用强力作为一个永久的武器。"[2] "因此资本主义积累，作为一个整体，作为一个具体的历史过程来看，具备着二个不同的方面。其一是商品市场和剩余价值的生产场所……资本积累另一方面，涉及资本主义与非资本主义的生产方式之间的关系……在这里是完全赤裸裸的暴露出公开的暴力、欺诈、压迫和掠夺。"[3] "'从头到足每个毛孔都渗透着血和污物'，这不仅在资本主义诞生时如此，而且资本主义在世界上每一步的进展中，也都是如此。"[4] 可以看到，卢森堡把资本主义积累看作两个方面，一个是资本主义经济过程中的剩余价值生产，另一个是国际上资本主义对非资本主义的殖民和掠夺，非常清楚地指出了资本主义发展中原始积累的作用，不只是资本的历史性前提，而是同生产中的积累并存且贯穿资本主义全程的积累方式。在资本主义确立后，资本主义的世界统治体系中，强制和掠夺的原始积累依然发挥重要作用。当今世界，形成了以发达资本主义为中心向外围扩散的格局。在这一格局下，中心国家依靠经济和军事实力，通过制定各种国际规则，来掠夺外围国家，在市场经济平等交换的背后，却是用政治和军事掌控的掠夺和欺诈。根据统计，二战以来，除了原有的西欧、美国、日本等发达资本主

---

〔1〕 [英] 迈克尔·佩罗曼：《资本主义的诞生——对古典政治经济学的一种诠释》，裴达鹰译，广西师范大学出版社 2001 年版，第 412 页。

〔2〕 [德] 卢森堡：《资本积累论》，彭坐舜、吴纪先译，生活·读书·新知三联书店 1959 年版，第 293 页。

〔3〕 [德] 卢森堡：《资本积累论》，彭坐舜、吴纪先译，生活·读书·新知三联书店 1959 年版，第 364 页。

〔4〕 [德] 卢森堡：《资本积累论》，彭坐舜、吴纪先译，生活·读书·新知三联书店 1959 年版，第 365 页。

义国家，全球仅有少数几个国家和地区达到中等发达以上水平，绝大部分国家和地区发展停滞不前，其中很重要的原因即是中心国家对外围国家的掠夺。这些掠夺有些时候是赤裸裸的军事和政治手段，有些时候是利用国际规则披上了经济的外衣，其本质上都具有原始积累的特征。资本主义建立并极力维护的世界资本主义体系，实际上是中心国家掠夺压迫外围国家的重要工具。

第二，在资本主义发展新的阶段，原始积累进一步深化，变换出新的形式。国家垄断资本主义利用国家权力，实施有利于资本积累的政策和制度，不仅从剩余价值上剥削大众，还通过种种隐秘手段将财富从普通民众转移给资本家，以掠夺方式满足资本无限积累的需要，这实际上是一种深度原始积累。形式更加丰富的原始积累逐渐取代生产性积累，越来越成为资本主义的常态化积累模式。这些新的形式主要包括以下方面：①私有化。与马克思对原始积累的描述一样，资产阶级占有公有土地和国有资产，从而为过度积累的资本打开了广阔的盈利空间。各种形式的公共设施、社会福利供给、公共机构，甚至战争，在某种程度上被私有化。通过世界贸易组织建立的知识产权，将基因材料、遗传资源变为私有财产，加重了对大众的掠夺。②金融化。马克思曾经提到的国债、信用体系等机制经过调整和演变，形成了资本主义经济的金融化特征，发挥了更为强大的作用。金融体系通过投机、掠夺、欺骗、偷窃，成为再分配活动的主要中心之一，金融资本成为掠夺、诈骗的重要手段。股票和房地产泡沫、庞氏骗局、由通货膨胀而导致的整体资产的破坏、债务水平的提高，使大众陷入用劳役还债的境地。③操控危机。通过对现有资本资产和劳动力进行贬值可以创造新的盈利空间，人们可以以极低的价格购买贬值后的资本资产，然后资本再次将其投入赢利性的资本循环之中。通过操控危机，可以实现资产的贬值，为资本创造进入的条件。世界范围内局部地区出现的债务危机以及部分产业的结构性危机，实际上是资本精心制造的一次次掠夺。④国家再分配。在马克思对原始积累的论述中，圈地运动、现代税收制度、关税保护制度等都是国家再分配的典型形式。在当代，国家实施私有化和削减公共支出，不断加重民众的负担；实施税法改革，为企业减税、免税并提供一系列补贴，将财富从下层阶级转移到上层阶级，这与原始积累并无二致。新的阶段的原始积累与马克思所论述的前资本主义时期的原始积累相比，其作用和功能又存在很大的不同。前资本主义的原始积累使用野蛮手段为资本主义创造了物质条件，确立了资本主义生产方式，开启了扩大再生产的道路，从而推动了整个社会生产力的巨大发展，虽然原始积累的过程极其残酷，但却具有历史进步性。而新的历史阶段的原始积累则起到了一种破坏性作用，新时期的原始积累其目的只是对现有财富的瓜分和强占，私有化、金融化、危机操控等都没有创造新的物质财富，甚至为了资本家的利润还会毁灭财富（如制造局部性危机，被形象地称之为"剪羊毛"）。这也是前资本主义的原始积累与新阶段的原始积累的根本性区别。

可以看到，原始积累并不仅仅存在于前资本主义向资本主义的过渡时期，而是随着资本主义的发展一直发挥着重要作用。不同时期的原始积累表现为不同的形式，并发挥不同的功能和作用，但其根本目标是一致的，那就是推动和促进资本主义的发展，维护资本主义的统治地位。

三、原始积累是资本主义存在和发展的内在要求

首先，资本主义生产方式的建立以原始积累为前提。劳动产品和劳动本身的分离，客观劳动条件和主观劳动力的分离，是资本主义生产过程事实上的基础或起点。资本主义生产方式的物质前提是有大量失去生产资料的自由劳动者即无产阶级和资本家占有大量财富，其中最核心的是自由劳动者。自由劳动者的产生不是奴隶和农奴直接转化而来，因而不是单纯的形式变换，它意味着直接生产者的被剥夺，即以自己劳动为基础的私有制的解体，但劳动者不可能自愿被剥夺，只能通过强制和暴力的方式。通过暴力迫使劳动者与生产资料相分离，运用暴力促成货币财富的大量积累，通过血腥立法将新的雇佣关系、所有制关系固定下来，逐渐确立资本主义制度。从剥夺农民土地到强制流浪者进入工厂，从海外殖民侵略到现代财税制度，通过原始积累一步步建立起资本主义生产方式。资本主义生产方式的建立意味着在社会经济中雇佣劳动关系的确立，意味着个人的小生产转化为社会化大生产。劳动者对他的生产资料的私有权是小生产者基础，这种方式以土地和其他生产资料的分散为前提。原始积累将劳动者与生产资料分离，个人的分散的生产资料转化为社会的积聚的生产资料，为资本主义的社会化大生产奠定了物质条件。因此，原始积累是资本主义生产链条不可或缺的初始一环，通过集中的、有组织的强制力和暴力，为资本主义发展准备了所需的物质基础，大大加快了封建生产方式向资本主义生产方式的转化过程。

其次，资本主义竞争法则迫使资本家采用一切手段进行资本积累。资本主义竞争从形式上表现为利润的竞争，利润关系着资本家的生死存亡。从资本主义总体来说，利润来源于剩余价值，来源于资本主义生产，但具体到个别的资本家，利润并不仅仅来源于生产过程，可以有多种方式获得，如证券投机、诈骗、强制占有等等，这意味着资本家会采用生产性和非生产性积累两种方式进行资本积累。利润的表现形式是货币财富，资本家关心的是最终得到的货币数量，并不关心获取利润的过程。因此就会看到，投资纺织厂的资本和投资东印度公司的资本都会获得利润，但其获得利润的方式和途径却有很大的区别；金融资本利用投机实现财富再分配可以获得利润，产业资本通过生产也可以获得利润；但是在这些获得利润的途径中，一些资本使用非经济的方式实现了对他人财富的占有，这就具有了原始积累的特征。在资本主义社会中，资本家进行资本积累并不直接表现为剩余价值的再投入，而表现为利润的再投入，而个别资本的利润可以分为两部分：生产过程中的剩余价值和对他人财富的占有，因此，资本主义积累也必然分为生产性积累和原始积累（非生产性积累）。"资本害怕没有利润或利润太少，就像自然界害怕真空一样。一旦有适当的利润，资本就胆大起来。如果有10%的利润，它就保证到处被使用；有20%的利润，它就活跃起来；有50%的利润，它就铤而走险；为了100%的利润，它就敢践踏一切人间法律；有300%的利润，它就敢犯任何罪行，甚至冒绞首的危险。如果动乱和纷争能带来利润，它就会鼓励动乱和纷争。走私和贩卖奴隶就是证明。"单个资本要求利润回报，其获得的途径和方式可以是多种多样的。在资本主义竞争法则下，利润是资本的生死线，参与市场竞争的主体利润一旦为零或亏损，就无法继续存在，这就迫使其使用一切方式获得利润，无论是生产性，还是强制占有的非生产性方式，都会成为资本的选择。

最后，资本无限积累的要求与资本过度积累之间的矛盾，在资本主义生产的框架内无法解决。马克思在《资本论》中论述的原始积累是资本主义的前史，是非资本主义向资本主义的过渡阶段，解决的主要问题是积累不足，需要通过非经济的方式加快积累速度，确立资本主义生产方式。但随着资本主义的迅猛发展，资本很快由积累不足变为过度积累，从第一次经济危机开始，资本过度积累就成为资本主义发展的重要问题。"特定地域系统的过度积累意味着该地域出现了劳动盈余（表现为不断上升的失业率）和资本盈余（表现为市场上大量没有卖掉而只能亏损处理掉的商品，表现为闲置的生产能力和缺少生产性和盈利性投资的货币资本的盈余）"。[1] 资本主义国家试图在资本主义生产的框架内解决过度积累问题，普遍采用福特主义和凯恩斯主义政策。这些政策的核心在于认为经济危机的原因是有效需求不足，通过国家的社会福利政策、财政政策、货币政策等改善需求端，为过度积累的资本创造新的市场需求，但这一政策的实行，在 20 世纪 70 年代造成了西方资本主义社会的滞胀，资本过度积累的问题并没有解决。大卫·哈维对福特主义和凯恩斯主义政策进行了否定，认为资本主义生产内部无法解决资本过度积累的问题，提出了"剥夺性积累"的概念。"剥夺性积累"是哈维对马克思"原始积累"的替换，"直到今天，在资本主义历史地理学之中，上述马克思所提及的有关原始积累的所有特征仍然强有力地存在着"，"现在，马克思所着重指出的某些原始积累的机制经过调整，比过去发挥了更为强大的作用"[2]，为了避免产生误解，哈维用"剥夺性积累"代替了"原始积累"概念。哈维认为剥夺性积累解决了资本主义过度积累问题，让资本主义得以延续，"剥夺性积累所做的是以极低的价格（在某些时候甚至完全免费）释放一系列资产（其中包括劳动力）。过度积累的资本能够抓住这些资产，并迅速利用这些资产进行赢利活动"[3]。剥夺性积累实际上是对现有财富进行再分配，用掠夺的方式让资本获得利润，只要资本能够获得利润，资本主义的运行机制就能持续下去。

四、结论

自马克思写著《资本论》以来，资本主义获得了长足发展，触角伸向全球的各个角落，但在资本主义的发展过程中，一直充斥着暴力、强权和掠夺，伴随着国家权力的身影，曾经在马克思原始积累中所描述的现象并没有减少和消失，在某一个时期或阶段甚至更加剧烈地发生着。资本主义的建立没有产生文明的积累方式，没有完全采用和平的经济手段，强力和掠夺依然是其首要选择，甚至会由于生产力的提高，经济和军事实力的增强，资本意识的觉醒，采取更加强烈和残暴的手段。资本主义并没有完全在资本主义生产性

〔1〕 ［英］大卫·哈维：《新帝国主义》，初立忠、沈晓雷译，社会科学文献出版社 2009 年版，第 89 页。

〔2〕 ［英］大卫·哈维：《新帝国主义》，初立忠、沈晓雷译，社会科学文献出版社 2009 年版，第 118 页。

〔3〕 ［英］大卫·哈维：《新帝国主义》，初立忠、沈晓雷译，社会科学文献出版社 2009 年版，第 121 页。

积累的框架内解决发展中的问题，当资本不能用自身的力量来维护其统治地位和保护其经济利益时，就会转而求助于直接的暴力和强制。原始积累并不是资本主义某一个阶段的特殊现象，而是伴随着整个资本主义发展，这是由资本主义的本质规律所决定的。

大型公共工程建设移民的社会融合问题研究

——以 J 省 X 县外省迁入水库移民为例

洪丹丹 *

摘　要：本文将水库移民的社会融合分为经济融入、社会文化融入、政治融入、身份认同四个维度，并依据对 J 省 X 县三个外省迁入水库移民群体的 137 份问卷调查，采用统计分析方法考察 X 县不同移民群体的社会融合状况。在这四个维度上，X 县水库移民的社会融合状况表现为湖南移民社会融合状况最好，浙江移民次之，而三峡移民整体的社会融合状况不佳。研究表明移民融合状况的差异受到移民安置方式、移民时间、政府相关政策、原籍地的社会文化网络以及经济发展程度等方面的影响，这对今后 X 县乃至国家的水库移民政策制定和实施提供了一定的启示。

关键词：水库移民　社会融合　维度差异　身份认同

移民的社会融合，即移民个人或群体与当地居民之间在文化、生活方式等各方面的相互适应和相互配合。移

---

　　* 　洪丹丹，中国政法大学政治与公共管理学院政治学理论专业博士研究生（100088）。

民社会融合有利于一个移民社区政治的稳定，减少社会问题。在当代中国，由政府主导的大型公共工程建设往往会引起大量的移民。水利工程建设导致的社会移民，是其中一类——最为典型的莫过于因三峡工程而产生的水库移民。在我国，截至 2017 年，根据我国水利部发布的统计公报，全国已建成各类水库 98 756 座，其中大型水库 732 座，占总库容量 78.2%。[1] 这些大型水库在产生了重要的社会和经济效益的同时，也产生了数以千万计的水库社会移民[2]，数量庞大的移民对社会融合和政治稳定提出了巨大的挑战。有效的移民融合能够改善移民社区的社会经济状况，使得移民能够在新的安置地安居乐业。

一、问题的提出

移民与当地社会融合现状如何？是当今社会学和政治学的重要课题。本文以 J 省 X 县[3]水库移民为例，探究了当地水库移民社会融合现状，并通过建立四维测量模型分析了其中的原因，以期为未来水库移民政策提供一定的实践启示。

国内关于水库移民的研究涵盖了政治、经济、社会、文化等各个方面。20 世纪 90 年代以前，这些文章主要关注国家制度、政策，涉及移民的经济发展问题、移民早期政策规划、移民的安置方式、移民后期的补偿机制、水库工程的制度建设等。如有学者提出作为独立的水库移民工程监测机构，其制度的建立反映了我们经济发展和制度建设更加开放，与国际惯例接轨的努力。[4] 黄耀飞 1987 年发表的《水库移民重建生活的责任归属及补偿问题》一文提出，水库工程带来的经济效益与水库移民生活重建问题很不协调，这

---

〔1〕　中华人民共和国水利部编：《2017 年全国水利发展统计公报》，中国水利水电出版社 2017 年版，第 8 页。

〔2〕　根据统计资料显示，1985 年以前产生水库移民约 1000 万人，到 2008 年人口繁衍约有 1500 万人（参见姚凯文编著：《水库移民安置研究》，中国水利水电出版社 2008 年版，第 16 页）；至 2005 年，总共产生水库移民 2000 多万，2016 年、2017 年每年增加水库搬迁移民分别约 12.76 万和 14.73 万（资料数据来源于《全国水利发展统计公报》）。

〔3〕　X 县为典型的农业县。根据统计资料显示，X 县辖有 6 个镇、5 个乡，共 11 个乡级行政区；辖区有 84 个村民委员会、6 个居民委员会，下设 990 个村民小组、22 个居民小组。全县人口约为 18 万人。

〔4〕　参见赵勇：《水库移民工程建设监理制度刍议》，载《水力发电》1996 年第 7 期，第 38～39 页。

一结果归因于移民生活重建责任归属与工程管理收益的体制不统一。[1] 这些对于制度政策的讨论为后来的制度完善提供了一定的借鉴意义。在这些文章中，有少量研究关注到社会文化对移民的影响，注意到了区域文化的差异对远距离移民的返迁产生了巨大的影响。[2]

20 世纪 90 年代以来，尤其是三峡水电站的建设带来的庞大的水库移民，引发了一系列对于水库移民的研究。这些研究集中在对移民迁移的动力、模式、移民安置政策、移民社会适应性和移民社会发展等方面。在测量维度和测量指标的选择上，有研究根据距离衰减理论对水库移民安置效果进行研究分析，认为不同地区移民安置效果不同是由多种因素共同作用造成的：其中安置效果与移民地区的资源环境、社会经济发展水平、社会环境接纳能力以及迁移时间的长短成正比；而在相同条件下，空间距离越近越有利于移民的生产适应，但也方便了移民的回流，不利于移民安置的稳定；再者"相对于移民空间距离，由自然环境、社会、文化等方面差异所造成的距离因素对移民的社会适应性更具有实质性影响"。[3]

学者风笑天在对跨省外迁三峡农村移民的社会适应研究当中，认为安置地政府和居民对移民的接纳状况是影响移民社会适应的最主要因素；同时，移民的住房状况、与当地居民的关系、相互之间的交往、对当地语言的熟悉程度以及两地习俗的差别等因素，也对移民社会适应有一定的影响。[4] 他在另一篇文章中提出经济适应、文化适应、生活适应和环境适应四个维度是影响移民社会适应的重要因子。[5] 其中社会适应指"移民对安置地生活各方面的习惯程度和满意情况"[6]，但他并没有对移民的身份认同进行充分讨论

---

〔1〕 参见黄耀飞：《水库移民重建生活的责任归属及补偿问题》，载《治淮》1987 年第 2 期，第 14～18 页。

〔2〕 参见王茂福、张明义：《中国水库移民的返迁及原因》，载《社会科学》1997 年第 12 期，第 68～71 页。

〔3〕 周宜君等：《三峡工程农村外迁移民安置效果区域差异及其启示》，载《经济地理》2011 年第 8 期，第 1356 页。

〔4〕 风笑天：《生活的移植——跨省外迁三峡移民的社会适应》，载《江苏社会科学》2006 年第 3 期，第 78～82 页。

〔5〕 风笑天：《"落地生根"？——三峡农民移民的社会适应》，载《社会学研究》2004 年第 5 期，第 19～27 页。

〔6〕 风笑天：《生活的移植——跨省外迁三峡移民的社会适应》，载《江苏社会科学》2006 年第 3 期，第 80 页。

分析。

"同化论"是讨论移民社会融合的重要理论之一,有研究认为水库移民社会融合是一个长期的过程,需要经过"定居、适应和同化"三个阶段;[1]与"同化论"相似,有研究提出:"移民要实现与迁入地社区的整合,并完成实质性的融合,要经历一个较长的时期,主要表现为'嵌入'—结合—整合—融合四个阶段"[2]。这些研究都同意移民的社会融合是一个长期的过程。进而,还有研究较为全面地概括了移民社会融入的几个方面,认为移民的社会融入涉及经济生活融入、政治生活融入、文化心理融入和社会关系融入。[3]

总的说来,这些对水库移民社会融合(社会融入/社会适应)的研究取得了不俗的研究成果,但同时存在一定的缺陷。一方面,在内容上很少关注身份认同。一个有效的移民社会融合最终要达到移民的身份认同,以往对于水库移民社会融合的研究偏重于对水库移民的安置效果、社会适应或社会整合的研究,而缺少对于更深层次的身份认同的社会融合。另一方面,在案例分析的对象选择上,更多的是研究单个水库移民——尤其以三峡移民最为典型——的社会融合,几乎没有针对一个地方的不同水库移民的比较研究。而两方面的缺陷是本文希望能够突破的地方。

水库移民是一种非自愿的移民,在户籍身份上受到强制的变迁,但移民的社会融合,从移民角度而言,强调的是一个整体的融入[4]。本文对 X 县水库移民的调查研究借鉴学者梁波、王海英综合国外移民社会融合研究构建的四维模型,建立新的"四维模型",以水库移民的社会融合为因变量,将测量维度分为四个维度——经济融入、社会文化融入、政治融入以及身份认同。融合是一个动态的不断递进的一个过程,这四个维度在移民社会融合过程中,从基础的经济融入出发发展到更为复杂的包括社会文化融入、政治融入、身份认同等方面的移民社会融合。总之,经济融入、社会文化融入、政治融入以及身份认同这四个维度能更全面地概括移民社会融合的影响因素。

---

〔1〕 参见王蜀见:《三峡工程移民的社会融合问题研究》,西安工业大学 2007 年硕士学位论文。

〔2〕 孙中锋等:《三峡外迁移民社区的整合与发展研究——以丰峡村为例》,载《合肥学院学报(社会科学版)》2006 年第 3 期,第 29 页。

〔3〕 参见范晶晶:《外迁三峡移民社会融入研究》,山东理工大学 2014 年硕士学位论文。

〔4〕 本文考察水库移民的社会融合问题,以水库移民为考察对象,融合是一个双向的过程,融入强调的是移民为主体的主动性问题,因此在对水库移民的社会融合维度的分析使用主动的"融入",而不使用"融合"。

二、移民社会融合的测量办法：新的"四维模型"

（一）移民社会融合基本问题

移民的社会融合是对移民进入到另一个地区或国家的生活状态及其演变过程的一个概括与描述。学者温弗里德·艾林森（Winfried Ellingsen）在研究欧洲族群的社会融合时认为，社会融合是"移民个体或者群体被包容到主流的社会各个领域的状态和过程，在这一状态过程中包含着移民与新的社会的相互适应"[1]。同样地，有学者认为社会融合，是指"个体和个体之间、不同群体之间，或不同文化之间的相互配合、相互适应的过程"[2]。总的说来，移民社会融合是移民与移民移居的主流社会群体之间的一个相互配合和相互适应的长期的动态的过程。移民社会融合研究理论源自于西方学者对国际移民社会融合问题的研究。这些研究能够为我国水库移民社会融合研究提供重要的借鉴和启发。

西方学者从社会学视角研究移民社会融合的理论，主要是由美国学者在研究国际移民与主流社会的融合问题所提出的，产生了"同化论"和"多元论"两个不同流派。[3]"同化论"的代表人物弥尔顿·戈登（Milton M. Gordon），他在 1964 年出版的关于美国社会生活中族群的同化一书提出社会融合包含了文化融合、社会关系融合以及心理融合等三个方面，同时强调这三个方面的递进关系；为此，他提出了测量族群同化的七个变量：文化同化、社会结构同化、族际通婚、身份认同、内心接纳性、行为接纳同化以及公民同化。他对这七个变量关系进行了假设，在他看来，主流社会族群与少数族群的接触过程中，最先进行的是文化同化，并且是持续不断的；如果结构同化在文化同化之后，那么其他类型的同化也就不可避免；结构同化和婚姻同化是相继的，接着就产生了认同同化以及之后的其他同化。[4]

"多元论"，即多元文化论，则认为移民融合的过程并不是一个必然的结

---

〔1〕 梁波、王海英：《国外移民社会融入研究综述》，载《甘肃行政学院学报》2010 年第 2 期，第 19 页。

〔2〕 任远、邬民乐：《城市流动人口的社会融合：文献述评》，载《人口研究》2006 年第 3 期，第 87 页。

〔3〕 ［美］马丁·N. 麦格：《族群社会学：美国及全球视角下的种族和族群关系》，祖力亚提·司马义译，华夏出版社 2007 年版，第 91~118 页。

〔4〕 参见 Milton M. Gordon, *Assimilation in American life: the role of race, religion, and national origins* (New York, Oxford University Press, 1964).

果，呈现出一种多样化、差异化的特征，它更注意移民群体的主体性，以及不同族群的社会融合的多元化，如亚力汗德罗·波特斯（Alejandro Ports）和周敏提出了多向分层同化理论，"这一理论强调社会结构因素和文化因素的互动关系，提出同化的原因不仅与移民族群内在文化有关，还与族裔社区的社会经济资源和主流社会的社会分层与政策取向紧密相关。"[1]

在测量维度上，梁波与王海英总结了西方学者关于移民社会融合的测量类型化研究，他们认为具有代表性的有三类：一是以戈登为代表的"二维模型"（包括文化性融入和结构性融入）；二是以乔西·杨格-塔斯（Josine Junger-Tas）等人为代表的"三维模型"（包括结构性融入、社会-文化性融入以及政治-合法性融入）；三是以韩·恩泽格尔（Han Entzinger）等人为代表的"四维模型"（经济融入、社会融入、政治融入和文化融入）。[2] 这三种不同维度的划分越来越具体，"三维模型"加入了政治合法性维度，使得对移民社会融入内涵的理解更为清晰。但在某种程度上，它并未超越"二维模型"中的变量，戈登的七个变量就包含了某些政治合法性融入。而四维模式则强调移民社会融合的过程是主流的社会群体与移民群体之间相互调适的过程。综合这些维度的讨论，梁波与王海英总结了在结构性与文化性之下的"四维模型"给移民社会融合提供了一个研究的基本框架，这四个维度包括经济融入、社会融入、政治融入和文化融入。其中经济融入的测量指标包括市场就业、收入水平、职业地位、劳动福利等；社会融入的测量指标包括社区交往、朋友关系、组织参与、支持网络等；政治融入的测量指标包括公民身份、选举权利、政党参与等；文化融入的测量指标包括规范习得、语言学习、观察认同等。[3]

梁波与王海英总结的"四维模型"为我国水库移民社会融合可操作性的实证和经验研究提供了借鉴，但这一模型中的两维——社会融入和文化融入——并不能清楚地区别开来，社区交往、组织参与等测量指标本身与语言的学习和规范习得密切相关；梁波与王海英在总结国际移民融合理论上做了

---

〔1〕 石长慧：《社会融合：概念、理论及国内外研究》，载李强等主编：《城镇化与国内移民理论与研究议题》，社会科学出版社 2015 年版，第 45 页。

〔2〕 梁波、王海英：《国外移民社会融入研究综述》，载《甘肃行政学院学报》2010 年第 2 期，第 20~22 页。

〔3〕 梁波、王海英：《国外移民社会融入研究综述》，载《甘肃行政学院学报》2010 年第 2 期，第 20~22 页。

一个很重要的努力，但其中的一些指标并不适合分析我国的水库移民。基于此，本文对四维模型做了一个适当的改造，产生在文化性和结构性下的新的"四维模型"（见图 1）：这四维包括：移民经济融入、社会文化融入、政治融入、身份认同。

（二）新的"四维模型"

经济、政治、社会文化以及移民自身角色转换认同这四个方面是移民能否与当地居民有效融合的主要维度。其中政治上包括政策评价、政治参与等，经济直观地体现在收入水平上，社会文化融合则能够为经济和政治政策的有效实施提供精神动力，移民身份角色的有效转变是移民融合的最终体现。如图 1 所示，本文移民融合的四个维度分别是移民经济融入、社会文化融入、政治融入、身份认同。

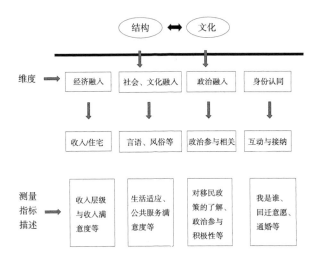

图 1　移民社会融合测量指标体系图

对于测量指标的选择上，首先，移民的经济融入体现在两个方面：一方面表现为有稳定的经济收入；另一方面表现为移民收入要达到当地居民平均水平，同时要有一个稳定的住所。而住宅方面，我国的移民政策强调移民要"居有所"，因而同一个地方的住宅区别不大，故而本文在经济融入方面更关注和强调收入。国外学者卡尔森（Carlsson）和鲁斯（Rooth）在研究关于瑞典劳工市场种族歧视的文章中提出当移民与本地居民收入基本相等时，说明移民的社会融合状况较好。[1] 因此，对于经济适应的测量指标本文主要考察收入满意度以及收入层级的自我认定。

其次，社会文化融入包括社会和文化两个方面。有学者认为社会文化适应包含对主流社会的一个文化学习能力以及社交能力，强调的是"fit in"[2]，即融入。通婚是加速移民与当地居民融合的重要方式，是建立移民新的社会交往网络的一个重要渠道，也是反映移民融合的一个重要变量。也有学者将文化和社会融入分开，认为文化融入主要是指适应迁入地的社会文化，如语言、风俗习惯等；社会融入则表现为对迁入地公共服务等各方面的满意度，如张文宏和雷开春在研究城市移民的社会融入指标中提出的对职业、住房、社会等各个方面的满意度[3]。移民的社会、文化融入的对象是迁入地的社会和文化，对语言和风俗习惯等的适应和融入——文化融入，与各种社会满意度之间相互交叠，无法完全分开的。因此，本文把社会和文化二者合并为社会文化融入维度，将包括语言、天气适应、生活习惯适应和农业生产方式适应的生活适应，以及包括基础设施建设文卫教育服务等公共服务设施满意度作为它的测量指标。

再次，移民的政治融入主要表现在移民参与迁入地政治活动，表达政治诉求等。X县水库移民主要为农业人口，迁入地也在农村，之后自然发展的人口中有因工作等变动转化为城市人口的，但比重较低，也就是说水库移民的政治身份差异不大。对当地政府政策的了解以及政治参与的积极性这两个测量指标能够体现出水库移民对了解政治政策、参与政治活动的主动性和积极性程度，因而，本文考察的测量指标为对政府移民政策的了解程度以及政治参与的积极性[4]。

最后，身份认同是指移民在与本地原有居民的社会交往过程中对于自身身份的一个认同，是一个情感的偏向问题，难以用客观的数据表达。对于测

---

〔1〕　参见 Magnus Carlsson & Dan-Olof Rooth, "Evidence of Ethnic Discrimination in the Swedish Labor Market Using Experimental Data", 14 (4) *Labour Economics* 716-729 (2006).

〔2〕　C. Ward, A. Kennedy, "The Measurement of Sociocultural Adaptation", 23 (4) *International Journey and Intercultural Relation* 659, 660 (1999).

〔3〕　张文宏、雷开春：《城市新移民社会融合结构、现状与影响因素分析》，载《社会学研究》2008 年第 5 期、第 117~141 页。

〔4〕　在移民对政府的了解程度五个数值分表示：1 为很了解、2 为比较了解、3 为一般、4 不大了解、5 很不了解；政治参与的积极性五个数值分别表示：1 表示有机会都参加、2 为经常参加、3 为偶尔参加、4 为参加过一两次、5 没参加过。

量指标而言，本文选取了自我的身份认同[1]、通婚的支持与否、回迁意愿这三个测量指标。身份认同能够通过回答自己是谁（哪里人）来表明自己的身份认同偏向；对当地人通婚则反映移民对当地人的一种交往意愿；虽然从身份上已经无法回到原籍地，但回迁意愿同样可以反映移民对现居地和原籍地的一种情感偏向。

通过四个维度及其测量指标的描述，构成了本文研究 J 省 X 县水库移民社会融合的新的"四维模型"（见上文图 1）。

三、J 省 X 县外省迁入水库移民研究分析

（一）案例样本

X 县存在两种类型的水库移民：一是大中型水库远迁农业安置移民，他们主要由于国家大型水库工程建设而产生的外省迁入移民，从外省划分到 J 省，进而分配到 J 市 X 县；二是当地小一、小二型水库移民，主要是当地的水库移民，以水库移民后靠安置为主。本文主要探讨第一类水库移民——外省迁入水库移民。

X 县是国家水库移民的安置大县，自 1968 年至 2002 年，X 县先后接收了湖南、"两江"、三峡等三批 6 次国家大中型水库移民[2]，分布在 X 县的十个乡镇，移民总户数达 1593 户，最初总人数达 7777 人，截至 2006 年，自然发展人口达到 12 192 人（表 1）。同时，移民的安置方式主要有插队安置、集中安置或者二者相结合。

表 1　X 县移民情况表

移　民	湖南移民		浙江移民		三峡移民	
年　份	1968 年	1969 年	1970 年	1971 年	2000 年	2001 年
移民安置方式	插队安置	集中安置为主	单独建队和分散插队结合		集中安置	

---

[1]　在身份的自我认同上主要考察对 X 县人身份的认同，在数值中：1 表示 J 省 X 县人，2 表示 X 县人，3 表示 X 县湖南/四川/重庆/浙江等人，4 表示半个 X 县人，5 表示湖南/四川/重庆/浙江等人。

[2]　X 县外省迁入水库移民：湖南移民主要是修建湖南水府庙、白马、长江、桃林等水库产生的移民；"两江"移民指新安江和富春江水库移民，主要为浙江省淳安县移民，后称浙江移民；三峡移民是三峡水库移民。

续表

移　民	湖南移民		浙江移民		三峡移民	
年　份	1968 年	1969 年	1970 年	1971 年	2000 年	2001 年
最初户数及人口	992 户 4749 人		363 户 1835 人		238 户 1093 人	
移民分布状况	9 个乡镇 30 个村委 118 个村小组		4 个乡镇 10 个村委 18 个村小组		6 个乡镇 13 个村小组	
2006 年移民人口总数[1]	8104 人		2890 人		1201 人	
移民费补助	每人每年 600 元					

注：根据 X 县移民局数据整理而成。

根据表 1，相较于其他接收水库移民的县市，X 县有其独特性：①安置移民占人口比重大：截至 2006 年，全县大中型水库外省迁入移民人口达到 12 105 人，超过该县人口总数的十八分之一；②移民批次多：X 县先后接收了 6 次三批不同省份的水库移民；③时间跨度长：移民批次的跨越时间比较长，不仅有 1970 年前后的湖南和浙江水库移民，也有 2000 年初三峡移民；④移民来源不同：移民有"两江"水库的浙江移民、湖南多处水库的湖南移民以及三峡水库的四川、重庆移民等；⑤移民安置点分布较广：涵盖了全县的 11 个乡镇中的 10 个乡镇。这些特点使得不同批次不同省份的移民在移民的社会融合方面有着不一样的展现。

本调查对接收水库移民的 10 个乡镇中的 4 个乡镇的 8 个村 137 人次，进行了入户问卷调查（表 2）。为了更好地反映 X 县三批不同移民群体社会融合状况，本文将抽出问卷调查中的几个变量，进行基本的描述统计分析，指标的取值范围从 1 分到 5 分，均值越小表示适应状况越好；其中关于"回迁意愿"取值范围从 1 分到 4 分，而均值越小说明回迁意愿越强烈。

本研究的因变量是水库移民的社会融合，移民的社会融合体现为移民对于在 X 县生产生活各方面的满意度和习惯程度以及身份认同上。因变量包括经济融入、社会文化融入、政治融入和身份认同等四个维度。问卷中的自变

---

[1]　指自然发展后的人口总数。

量包括移民的原归属地、文化程度、搬迁安置方式、对移民政策的满意度等。

表 2　X 县移民调查样本分布表

移民批次	安置地	移民时间	调查人数	调查时间
湖南移民 50 份	R 镇 D1 村	1969 年	23	
	R 镇 D2 村	1970 年	27	
浙江移民 50 份	M 镇 M 村 H 家村小组		17	
	M 镇 X 村 F 村小组	1970 年	25	
	F 乡 G 村 H 村小组		8	2016 年 7—8 月
三峡移民 37 份	J 乡 X 村 J1 村小组		8	
	J 乡 C 村 J2 村小组	2001 年	8	
	J 乡 N 村 J3 村小组		21	
总　计			137	

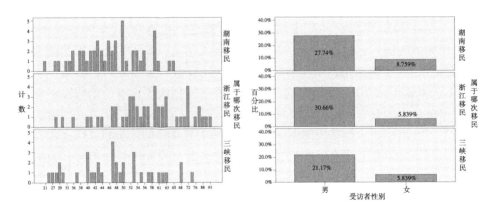

图 2　受访者年龄以及性别分布图

在受访者年龄以及性别分布上，图 2 显示，被调查者多分布在 35 岁到 65 岁之间，其中湖南移民这一年龄段的调查人数为 46 人，比重达到 92%；浙江移民为 35 人，比重为 70%；三峡移民有 28 人处于这一年龄段，比重为 75.68%。年龄分布较为合理；性别上以男性为主，三批移民情况类似，具有一定的可比性。

（二）案例分析

下面本文将根据新的"四维模型"对 X 县水库移民的样本数据和部分访谈结果进行案例分析。

1. 经济融入差异影响分析

对移民的经济融入的测量指标主要考察收入满意度以及收入层级的自我认定。从表 3 中，我们可以清晰地看到：中等及以上的收入，浙江移民比重最大达到 76%，三峡移民的比重为 54.04%，而湖南移民的比重低于半数为48%；在收入满意度上，满意及以上的比重类似，但一般的评价浙江移民达到 48%，而湖南和三峡移民一般评价分别为 20% 和 21%。图 3 以中等收入层级数值 3 为界限，反映了浙江移民的收入层级均值在 2 和 3 之间，而三峡移民和湖南移民均略高于 3 的标准线，湖南移民略高于三峡移民；图 3 中三个批次收入满意度，浙江移民的均值略低但接近 3 为 2.97，湖南和三峡移民的均值均高于 3，同时湖南移民的满意度均值达到 3.58，三峡移民为 3.35。整体的移民收入满意度和收入层级之间存在着正相关的关系[1]，也就是说收入层级越高收入满意度越高。而具体的情况却相反，需要指出的是，虽然浙江移民的收入层级在中等以及以上的比重远大于其他两地移民，但其收入满意度在满意及其之上的比重和其他两批移民的比重类似；湖南移民收入水平相对于浙江移民和三峡移民而言较低，但是满意度却高于三峡移民，略低于浙江移民。

表 3　各批次移民受访者对收入层级的自我认定以及收入满意度（%）[2]

频率

标准 地区	收入层级的自我认定[3]							对当前收入的满意度						
	富裕	中上等	中等	中等及以上收入	中下等	低收入	中等以下	很满意	满意	满意及以上	一般	不满意	很不满意	一般及不满意
湖南	18.00	12.00	18.00	**48.00**	28.00	24.00	**52.00**	2.00	24.00	**26.00**	20.00	22.00	32.00	**64.00**

〔1〕　根据 pearson 相关性检验，收入满意度和收入在当地居民水平的比较相关性为 0.778 显著。

〔2〕　数值取小数点后两位，四舍五入。

〔3〕　等级标准：20 000 以上为富裕，15 000 到 20 000 为中上等收入；10 000 到 14 999 为中等收入；7000 到 9999 为中下等收入；7000 以下为低收入户。中等及以上收入比重为富裕、中上等收入和中等收入的比重和，即收入在 10 000 元及 10 000 元以上的被访问者；中等以下为中下等和低收入户比重和，即收入在 10 000 元以下的收入比重。同理，收入满意度中重点标注的也是前面变量的比重之和。

续表

地区\标准	收入层级的自我认定[1]							对当前收入的满意度						
	富裕	中上等	中等	中等及以上收入	中下等	低收入	中等以下	很满意	满意	满意及以上	一般	不满意	很不满意	一般及不满意
浙江	24.00	36.00	16.00	**76.00**	24.00	2.00	**26**	8.00	20.00	**28.00**	48.00	22.00	2.00	**72.00**
三峡	29.72	13.51	10.81	**54.04**	5.41	40.54	**45.95**	0	24.32	**24.32**	21.62	48.65	5.41	**75.68**

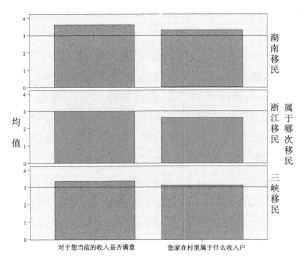

图 3　湖南、浙江、三峡移民收入满意度和收入层级均值比较分析图

　　根据在样本数据之外的访谈，笔者了解到，首先，湖南移民主要是以务农为生（图4），农业生产受土地、天气和市场影响较大，收入不稳定且比较低；但基本达到了当地居民的收入水平。其次，浙江移民务农比重大，但农业生产者使用机器情况较早，同时外出经商者也多于湖南移民，所以其收入水平远高于湖南移民；而满意度较低的原因，在于浙江移民与原籍联系较为

---

〔1〕　等级标准：20 000 以上为富裕，15 000 到 20 000 为中上等收入；10 000 到 14 999 为中等收入；7000 到 9999 为中下等收入；7000 以下为低收入户。中等及以上收入比重为富裕、中上等收入和中等收入的比重和，即收入在 10 000 元及 10 000 元以上的被访问者；中等以下为中下等和低收入户比重和，即收入在 10 000 元以下的收入比重。同理，收入满意度中重点标注的也是前面变量的比重之和。

密切，对比原居住地浙江居民的收入水平，相差较大，因此村民对于收入满意度不高。最后，三峡移民多以外出打工为生，且属于集中安置，有多个受访者表示其原籍重庆、成都等地的社会发展较快，社保以及亲戚朋友打工的收入都较之偏高因此满意度也不高。

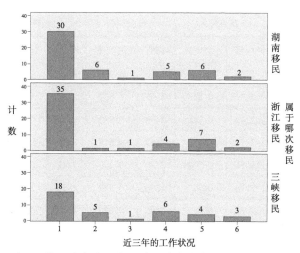

注：工作状况中，1指"常年或大部分时间在家务农"，2指"常年或大部分时间在家务工经商"，3指"常年或大部分时间在家教书、行医"，4指"常年或大部分时间在外地务农或务工经商"，5指"在家从事家务劳动"，6指"其他"。

图4 湖南、浙江、三峡移民近三年的工作情况

因此，在经济融入方面，对比表5中湖南移民的身份认同数值，湖南移民最为成功，其经济收入水平并不是最高，但从心理的比较以及收入满意度上看，能比较好地适应移民生活。而三峡移民，外出打工经商者比重最大，在本地的居民较少，经济融合就地缘性而言，并不是很好。浙江移民的移民时间长达46年，虽然收入满意度不高，但与当地居民收入水平相比，收入层级较高，其经济适应性较好。

2. 社会文化融入差异影响分析

社会文化融入在生活适应、公共服务满意度两个测量指标上（表4）：前者，浙江和湖南移民的数值都接近于2.6，也就是说基本适应当地天气、语言、农业生产活动。而三峡移民却达到3，在语言以及生活习惯上三峡移民的数值都高于浙江和湖南移民，主要与其迁移时间相对较短，集中安置方式具有一定的封闭性，同时外出打工比重大有很大的关系。后者，浙江和湖南移民的满意度达到 2 以下，说明他们对于公共服务的满意度较高，而三峡移民的满意度高于 3，对于公共服务的评价一般。

表4 相同指标不同批次移民的社会文化融入的状况

		湖南移民		浙江移民		三峡移民		总 计	
		均值	标准差	均值	标准差	均值	标准差	均值	标准差
社保政策满意	公共服务设施满意	2.36	0.749	2.71	0.986	**3.27**	0.652	2.73	0.892
住宅条件是满意		2.32	0.868	2.67	0.887	**3.32**	0.915	2.72	0.967
周边道路交通满意		2.42	0.785	2.69	0.883	**2.81**	0.701	2.62	0.812
医疗条件满意		2.74	0.876	2.69	0.812	**3.35**	0.789	**2.88**	0.872
供电供水满意		**2.56**	0.812	2.20	0.849	2.11	0.774	2.30	0.834
环境卫生满意		2.74	0.777	2.86	0.939	**3.14**	1.004	2.89	0.910
子女教育条件满意		2.64	0.827	2.65	0.820	**3.43**	0.647	2.86	0.851
村文化体育设施满意		2.94	0.890	2.92	0.821	**3.54**	0.605	3.09	0.836
会说 X 县语言么？	生活适应	1.72	0.882	1.98	0.927	**3.70**	0.702	2.35	1.188
天气适应		1.50	0.580	1.78	0.673	2.51	0.804	1.88	0.787
生活习惯适应		1.72	0.757	1.71	0.610	3.11	0.699	2.09	0.924
农业生产方式适应		1.86	1.050	1.82	0.793	2.81	0.739	2.10	0.976
均值差[1]		**2.22**		**1.71**		**2.57**		**1.9**	
生活适应[2]		2.59	0.70	2.67	0.51	3.12	0.48	2.76	0.62
公共服务设施满意度[3]		1.70	0.67	1.82	0.54	3.03	0.35	2.10	0.79

在公共服务满意度上，整体满意度较好相对比较一致，但具体指标上，在八个指标中，除了供水供电外，三峡移民的满意度均远低于浙江和湖南移

---

[1] 最大均值与最小均值的差距。

[2] 生活适应赋值为天气适应、生活习惯适应、生产适应、语言掌握四个变量的平均值。

[3] 公共设施满意度的值为社保、道路、体育文化设施、水电供应、子女教育、环境卫生、医疗条件、住宅条件八个具体指标值的均值。

民，数值基本达到 3 以上。主要原因在于湖南移民和浙江移民所在村庄在政府扶持和社会主义新农村建设上相对较好；而三峡移民在政府安置的村庄的房屋建设等方面还存在一定的异议。据笔者观察，在移民初期，浙江移民和湖南移民均曾面临基本生活困难，由于 40 多年过去了，在房屋、子女教育等方面，移民村庄逐渐接近或超越了当地居民平均水平，因此满意度较高。而三峡移民由于上述同样的原因，与当地居民的交往较少，而心理上，由于认为迁出地较现在居住地条件更好，移民融合也就相对比较缓慢。这说明移民时间、安置方式以及原籍的社会发展状况会影响移民的社会融合。

总的说来，X 县水库三个移民群体在生活上基本适应；公共服务满意度上受政府扶持力度的影响、移民时间以及比较心理的影响在具体指标上则有不同的表现。就以上的几个指标而言，整体上，湖南移民和浙江移民在社会文化适应上强于三峡移民，而湖南移民强于浙江移民。

3. 政治融入差异影响分析

移民的政治融入对政府移民政策的了解程度以及政治参与的积极性[1]这两个测量指标上。

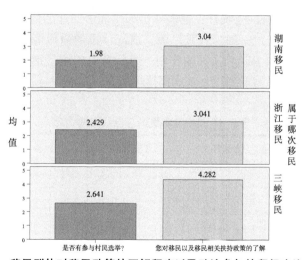

图 5 移民群体对移民政策的了解程度以及政治参与的积极度比较图

---

〔1〕 在移民对政府的了解程度测量指标的五个数值分表示：1 为很了解、2 为比较了解、3 为一般、4 为不大了解、5 为很不了解；政治参与的积极性五个数值分别表示：1 为有机会都参加、2 为经常参加、3 为偶尔参加、4 为参加过一两次、5 为没参加过。

在这两个测量指标上（图 5）：浙江移民和湖南移民的对国家政策的了解数值在 3 偏上，属于一般了解；而三峡移民的数值接近 4.3，属于不了解状态。浙江移民和湖南移民在政策了解度上远高于三峡移民，由于 X 县是农业县，而浙江移民和湖南移民历史较久，居民渴望融入当地政治社会的各个方面，因此在政策的了解上也更为积极。在政治参与度上，湖南移民和浙江移民数值为 1.9 和 2.7 介于偶尔参加和经常参加之间；三峡移民的政治参与数值在最高，属于政治参与度不高，这主要的原因在于三峡移民中有占一个大比重的人口外出打工并存在人口回流现象[1]。

总之，政治融入的两个具体测量指标中，湖南移民和浙江移民的融入状况好于三峡移民，同时湖南移民的融入状况略好于浙江移民。

4. 身份认同差异影响分析

身份认同主要分析自我的身份认同[2]、通婚的支持意愿和回迁意愿这三个测量指标。表 5 显示，在身份的自我认同上，浙江移民和湖南移民的均值分别为 2.3 和 2.52，认同自己是 X 县人的身份，同时也有自己原籍地的身份感受；而三峡移民的数值达到 3.5，他们对自己 X 县人的身份认同度不高，自我意识中还是认为自己与原籍地的联系更为强烈。在回迁意愿上，浙江移民的回迁意愿最为强烈；三峡移民也表现出如果能够回迁的话，他们更加支持回迁；而湖南移民则态度一般。究其原因，浙江移民的强烈情感倾向主要由于原籍地经济发展的吸引力起着很大的作用。通婚意愿的测量指标中，三批移民都表现出比较活泛和宽容的态度，基本都体现为支持和理解与当地居民通婚。

表 5　X 县水库移民的身份认同的状况

	湖南移民		浙江移民		三峡移民		总　计	
	均值	标准差	均值	标准差	均值	标准差	均值	标准差
身份认同	2.30	0.678	2.51	1.377	3.51	0.804	2.70	1.130
回迁意愿	3.04	0.533	1.47	0.902	2.46	1.169	2.30	1.105

〔1〕　X 县人口回流现象表现为，移民身份不变，户口还是在 X 县，但是生产和生活转移到原来的省份。

〔2〕　在身份的自我认同上主要考察对 X 县人身份的认同，在数值中：1 表示 J 省 X 县人，2 表示 X 县人，3 表示 X 县湖南/四川/重庆/浙江等人，4 表示半个 X 县人，5 表示湖南/四川/重庆/浙江等人。

续表

	湖南移民		浙江移民		三峡移民		总　计	
	均值	标准差	均值	标准差	均值	标准差	均值	标准差
支持通婚	1.36	0.749	1.45	0.832	1.73	0.693	1.49	0.776
均值差[1]	2.22		1.71		2.57		1.9	

总的说来，在身份认同上，浙江移民和湖南移民的身份认同度较高，而三峡移民的身份认同还有待进一步的发展。而在支持通婚的程度上，都比较开放。在回迁意愿上，浙江移民和三峡移民一样表现得更为积极。所以，在身份认同维度上，就自我身份认同以及通婚与否的支持度上，浙江移民与湖南移民优于三峡移民，三峡移民的身份认同度最低；就浙江移民和湖南移民而言，后者地认同度更高。

四、结论

根据 X 县外省迁入水库移民的问卷调查以及访谈的结果显示，X 县水库移民的社会融合状况：浙江移民、湖南移民和三峡移民在不同维度的社会融合状况不同——在生活适应方面，各批次的移民适应状况比较好；在经济收入水平上，湖南移民较低，而在社会文化融入以及身份认同上则有不同的表现。这与 X 县的社会经济发展状况、政府对移民安置地的扶持程度以及移民的社会心理等有着密切的联系。

研究结果表明：移民社会融合最先开始的是生活的适应，如语言、天气、生活习惯、农业生产方式等。在经济融入、社会文化融入、政治融入和身份认同四个维度上，湖南移民和浙江移民的社会融合状况较好，二者在身份认同、政治参与等各个具体指标上都有比较突出的表现；但在回迁意愿上浙江移民表现出强烈的回迁愿望，且与原籍地居民的联系更为频繁，收入满意度上浙江移民略高于湖南移民。总的说来，湖南移民总体而言社会融合状况最好，浙江移民次之，而三峡移民整体的社会融合状况不佳。

研究结果还表明：移民安置方式在移民安置时间较短的情况下会对移民的社会融合产生一定的影响，如三峡移民的集中安置不利于其后续的社会融合的发展；而随着搬迁时间的延长，移民安置方式的影响力下降，浙江移民

---

[1]　最大均值与最小均值的差距。

和湖南移民搬迁方式对于移民的其他各项指标的相关性不显著可以证明这一点。同时，类似推拉理论，原籍地的吸引力包括社会文化网络、经济发展等对移民有着强烈的影响，即使是社会融合状况较好的浙江移民，如果有机会回迁他们也会想要回到浙江。

总的说来，在经济融入、社会文化融入、政治融入、身份认同四个维度上，X 县水库移民的社会融合状况表现为湖南移民社会融合状况最好，浙江移民次之，而三峡移民整体的社会融合状况不佳。研究表明移民融合状况的差异受到移民安置方式、移民时间、政府相关政策以及原籍地的社会文化网络以及经济发展程度等方面的影响，这对今后 X 县乃至国家的移民工作和政策提供了一定的实践意义和启示。

（一）实践意义

对 X 县政府移民工作而言，移民融合问题应得到进一步的重视：

第一，对于不同的移民群体须用不同的政策——分析不同移民在社会融合方面不同维度的不同状况，有针对性地制定相关扶持政策和采取有效措施。在现有国家制度政策环境下，X 县可以依托现有的县移民局和乡镇移民办，结合新农村建设、扶贫攻坚、城镇化发展等，根据不同乡镇发展的特点、不同移民群体当前移民融合状况，采取相应的、有针对性的政策和措施。如 R 镇湖南移民拥有大批良田，政府可以整合农业资源，通过贷款优惠、技术指导等方式，发展现代农业，提高农民收入，促进湖南移民的经济融合；三峡移民多外出务工，政府的移民工作可以从外出务工的权益保护，加强政策宣传、法律知识普及，以强化三峡移民的身份认同；F 乡的浙江移民生产生活良好，主要解决其水源污染问题等。

第二，重视移民群体回流问题，要加强移民迁出地与移民安置地之间的联系，通过移民纽带，互利互惠，发展新的移民社会文化网络[1]。移民回流是水库移民安置不可避免的问题，X 县三峡移民回流问题相对凸出。三峡移民中部分重庆和成都移民很大一部分已经回到原籍地工作和生活。移民迁出地和迁入地之间在经济、文化和政治等方面有着比较大的差异，这是劣势也

---

〔1〕 费孝通提出的"差序格局"社会中，认为传统中国是一个"差序结构"的社会，血缘、地缘关系起着支配作用。在 X 县的三峡移民除了保留家庭为单位的血缘关系，其他的邻里、村庄、亲戚等基础的社会关系网络基本遭到破坏，而且很难短时间内在安置区得到恢复和重建。这也是三峡移民社会融合状况较差的一个原因。

是优势，X 县政府应该把握这种落差。一方面，可以利用移民与迁出地之间的联系，加强双方的经济贸易合作，制定相关的招商引资政策，引进资金发展经济；鼓励双方的联系，通过移民外出务工等方式促进移民家庭的经济收入。另一方面，政府应发展移民安置点的基础设施建设，发展区域经济，鼓励、支持和引导个体、私营等经济发展的方针政策，吸引移民就业，减少单方面的因为迁入地与迁出地巨大的落差而形成的移民回流现象。通过这些措施，联结移民迁出地和迁入地之间新的社会文化网络建设，促进水库移民融合。

第三，重视移民经济生产方式的发展，发展移民安置地经济，通过经济发展带动移民的社会融合。经济是基础，X 县水库移民融合的分析显示，浙江移民善于经商和使用农业现代技术；湖南移民安于现状，基本融入当地社会的政治经济生活，但农业技术水平较低；三峡移民，相对年轻，多外出务工，出现移民回潮现象。X 县是一个农业县，可以发挥农业特色，促进农业产业化发展，创造更多的就业机会，吸引三峡移民在本地就业；推动湖南移民群体的农业经营模式的转变；利用浙江移民优势，引进资金，发展现代农业和促进经济交流。

第四，整合当前移民工作管理机构，建立移民问题监督管理委员会，明确政府相关部门的责权，让移民的问题有地方可以反映。移民问题监督管理委员作为一个独立的监督机构，它要有一套明确的监督机制，委员会有移民代表参与，监督政府各级部门的移民工作的实施和评估。笔者在访谈过程中，发现浙江移民群体存在与当地居民的土地纠纷问题、地下水污染问题；三峡移民的政府安置房屋问题、就业问题等，而受访者多数反映不知道该去哪反映这些问题，而反映过的却没有相关部门来解决问题。而移民问题监督管理委员会的建立能够提高移民参与 X 县政治生活的积极性，也能推动 X 县移民工作的有效开展。

（二）实践启示

对于整体的国家水库移民政策而言，要宏观把握全局，推动水库移民的社会融合。

第一，探索合理的利益分享机制。当前我国水利工程"既具有经营性又具有公益性，但是目前水利开发已经基本实现市场化"[1]，水库移民、政府、

---

〔1〕 王凤科、温芳芳：《城镇化过程中社会融合问题研究》，科学出版社 2016 年版，第 171 页。

企业应该共享工程带来的利益。虽然2006年开始国家对于水库移民进行资金补偿[1]，但每人每年600元的补助并不能对于移民生活产生多大的影响，也无法带动他们其他各方面的发展。移民补助政策的合理性有待进一步探讨。

第二，对于移民安置地的选择要慎重，重视移民地和移民安置地之间的差异，尤其在经济层面上，对于选择安置地的经济发展水平远低于迁出地的方式要持谨慎态度。在调研过程中，三峡移民的回流问题，主要是因为X县经济水平与移民迁出地差距较大，同时，X县工作机会少的缘故。

第三，重视移民心理和文化的发展，重视移民社会网络文化的建设。以往我国对于移民安置主要重视移民的日常生活问题，而缺乏对于移民心理和文化建设的重视，这两方面却是移民融合的关键因素。因此，在政策方针制定时，要加大对移民安置地文化教育投入，加强移民与当地居民之间的文化交流，提供文化交流平台，引导移民对安置地的心理认同。

第四，重视移民安置后期工作的监测与评估。移民工作是一个长期的持续性的事情。当前我国对于移民前期的安置工作有一个较为完善的移民安置监督管理机制，但在移民安置后期发展缺乏有效的持续的监测和评估体系。在调研过程中，笔者发现地方政府对移民后期安置缺乏对移民的关注以及移民融合工作的重视，访谈过程中，有移民反映自己是"二等公民""被遗忘的群体"。这一问题还表现在"主管部门没有强调和具体规定，技术上也没有统一的规程规范"[2]。在这一方面，可以借鉴我国世界银行贷款关于水利工程移民安置项目的监测评估经验，与地方高校合作，定期开展移民安置工作的监测和评估工作，形成一个完整的监测流程和机制。

---

[1] 2006年，国务院发布《关于完善大中型水库移民后期扶持政策意见》，旨在从2006年7月1日起，通过20年时间，由国家统筹资金，帮助水库移民提高生产生活条件。
[2] 姚凯文编著：《水库移民安置研究》，中国水利水电出版社2008年版，第91页。